U0915916

Yearbook of the Chinese Lotteries 2023

中国彩票年鉴编辑委员会

中国彩票年鉴

中国财经出版传媒集团
中国财政经济出版社

图书在版编目（CIP）数据

中国彩票年鉴 . 2023 / 中国彩票年鉴编辑委员会编
. -- 北京：中国财政经济出版社，2024.1
ISBN 978-7-5223-2652-8

Ⅰ. ①中… Ⅱ. ①中… Ⅲ. ①彩票—中国—2023—年
鉴 Ⅳ. ①F832.5-54

中国国家版本馆CIP数据核字（2024）第013377号

责任编辑：陆宗祥　　责任印制：张　健
封面设计：卜建辰　　责任校对：徐艳丽

中国彩票年鉴2023
ZHONGGUO CAIPIAO NIANJIAN 2023

中国财政经济出版社 出版

URL：http：//www.cfeph.cn
E-mail：cfeph @cfemg.cn
（版权所有　翻印必究）
社址：北京市海淀区阜成路甲28号　邮政编码：100142
营销中心电话：010-88191522
天猫网店：中国财政经济出版社旗舰店
网址：https：//zgczjjcbs.tmall.com
北京时捷印刷有限公司印刷　各地新华书店经销
成品尺寸：210mm × 285mm　16开　30印张　768 000字
2024年1月第1版　2024年1月北京第1次印刷
定价：220.00元
ISBN 978-7-5223-2652-8
（图书出现印装问题，本社负责调换，电话：010-88190548）
本社质量投诉电话：010-88190744
打击盗版举报热线：010-88191661　QQ：2242791300

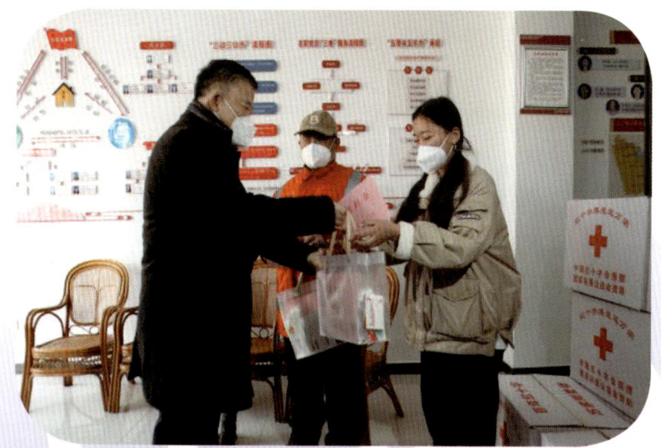

◀ 2022年，十三届全国人大常委会副委员长、中国红十字会会长陈竺，中国红十字会党组书记、常务副会长王可等领导参加国家彩票公益金支持的“红十字博爱送万家”活动。

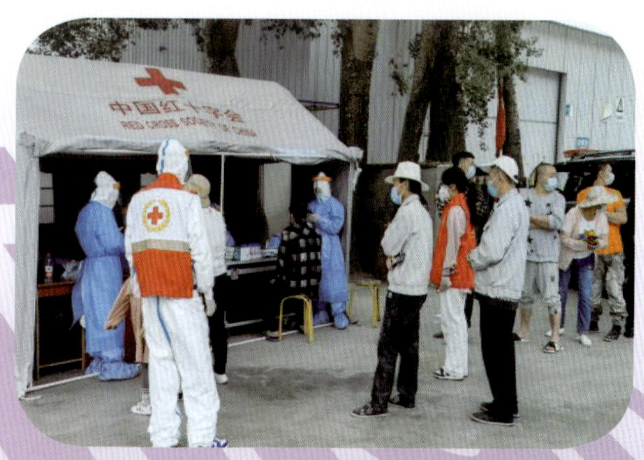

▶ 2022年，中央专项彩票公益金支持红十字人道救助救援项目：国家彩票公益金支持采购的帐篷、医用防护服等物资助力29个省份的疫情防控工作。

▶ 2022 年，中央专项彩票公益金支持全国低收入家庭高校毕业生就业帮扶项目（宏志助航计划）：新疆石河子大学开展走基层实践活动。

◀ 2022 年，中央专项彩票公益金支持教育助学项目（"润雨计划"资助）：捐赠新疆、西藏抗疫药品及疫情防护用品。

▶ 2022 年，中央专项彩票公益金支持教育助学项目（"励耕计划"资助）：内蒙古自治区正镶白旗教育局给困难教师发放资助金。

◀ 2022 年，中央专项彩票公益金支持幼儿普通话教育项目（童语同音计划）：上海财经大学在云南省红河州蒙自市举办"童语同音计划"专项培训。

◀2022 年，中央专项彩票公益金支持残疾人事业项目：参加北京冬残奥会。

▶2022 年，中央专项彩票公益金支持残疾人事业项目：全国残疾人排舞公开赛。

◀2022 年，中央专项彩票公益金支持残疾人事业项目：云南特殊教育职业学院的电商直播实训室系统。

▶2022 年，中央专项彩票公益金支持中小学生校外研学实践活动项目：乳山营地——“追寻领袖足迹，汲取奋进力量”走进华夏城。

◀2022 年，中央专项彩票公益金支持中小学生校外研学实践活动项目：北京营地举办的陶瓷艺术馆研学。

▶2022 年，中央专项彩票公益金支持中小学生校外研学实践活动项目：张掖营地——先烈足迹遍甘州，红色基因代代传。

▶ 2022 年，大学生足球公益项目：贵州大学体院杯八人制足球赛。

◀ 2022 年，县域青少年足球公益项目：福建省南安市第十一届中小学生足球联赛。

▶ 2022 年 8 月 10 日，重庆市秀山土家族苗族自治县龙池镇中心校乡村学校少年宫开展“喜迎二十大　争做好少年”文艺活动。

▲ 2022 年 9 月 14 日，安徽省六安市霍山县诸佛庵镇中心学校乡村学校少年宫开展舞龙训练活动。

▲ 2022 年，中央专项彩票公益金资助采购的全民健身冰雪器材助力新疆维吾尔自治区第一届冬季运动会城市对抗赛在博州温泉县举行。

◀2022年，中央专项彩票公益金资助项目：民族舞蹈诗剧《只此青绿》，参评第十三届中国艺术节，荣获第十七届中国文化艺术政府奖——文华大奖。

▶2022年12月，中央专项彩票公益金支持出生缺陷干预救助项目：浙江省杭州市召开遗传代谢病检测及救助技术培训班，线上线下共518人参加培训。

◀2022年，中央专项彩票公益金支持多地低收入妇女“两癌”救助项目：甘肃省白银市平川区“两癌”救助金发放仪式。

▶2022年，中央专项彩票公益金支持人体器官捐献项目：云南楚雄开展“生命之约·大爱传递”人体器官捐献志愿登记宣传活动。

▲2022年1月1日起，安徽福彩在合肥高铁南站候车厅打造福利彩票品牌展厅，为福彩事业发展营造“人人皆可公益”的良好氛围。

▲2022年2月11日，福彩志愿者走进福州市鼓楼区鼓东街道中山社区，通过“集五福”的方式引导广大居民关注“福”文化。

▲2022年4月21日，“从心出发，画出美好——青岛福彩关爱孤独症儿童公益活动”走进青岛市儿童发育行为康复中心。

◀2022年5月16日，即开型福利彩票“状元卷”全国云首发仪式暨“百店齐刮”营销推广活动在山东青州举行。

◀2022 年 6 月 11 日，山东潍坊福彩联合市自行车运动协会开展“绿色健康·公益福彩”环城骑行活动，倡导绿色低碳出行。

▲2022 年 6 月 18 日，天津福彩携手 FM99 天津音乐广播开展“福从天降”主题系列活动，传播福彩好声音。

▲2022 年 6 月 21 日，由山东省福利彩票发行中心主办的“喜迎二十大·助力乡村振兴”——山东福彩媒体采风活动在沂蒙革命老区淄博市沂源县举行。

▶2022 年 7 月 14 至 15 日，广东省河源市福彩中心举办“福彩圆梦·情暖童心”关爱农村留守儿童福彩公益夏令营活动。

▶2022年7月22日，福彩刮刮乐再度亮相第32届青岛国际啤酒节。

▲2022年7月27日，在中国福利彩票迎来第35个生日之际，全国福彩系统在新疆乌鲁木齐市召开责任彩票报告集中发布仪式。

▲2022年8月4日（农历七月初七），江苏福彩推出的"为爱定制，相约七夕"主题活动，传达一份美好祝福，宣传婚俗改革，倡导文明新风。

▲2022年8月25日，"中国福利彩票"高铁冠名列车首发仪式在辽宁省沈阳北站举行。

▲2022 年 8 月 25 日，重庆福彩使用 40 万元公益金，向北碚区、璧山区慈善会各捐赠 20 万元，定向用于两地山火救灾。

▲2022 年 10 月 27 日，江苏省“福彩杯”养老服务机构老年人营养餐大赛决赛在扬州市举办。

◀2022 年 11 月 17 日，在“世界儿童日”和彝历新年即将到来之际，四川省福彩中心走进新河小学举办“四川福彩·我们益起来”系列活动。

▶2022 年，中国福彩为凉山彝族自治州普格县大槽乡中心小学资助爱心音乐器材、音乐教室，助力孩子们实现音乐梦想。

◀ 2022 年 1 月 1 日，“中国体育彩票”全国新年登高健身大会主会场活动在湖南省张家界市武陵源举行。

▶ 2022 年 1 月 5 日，“中国体育彩票”辽宁省暨沈阳市庆祝北京冬奥会倒计时 30 天系列活动、辽宁省第一届青少年冬季运动会开幕仪式，在沈阳市和平区全民健身中心冰场火热举办。

▲ 2022 年 2 月 24 日，云南青基会首个青少年体育专项公益基金——“筑梦未来冠军公益基金”在昆明正式宣布成立。

▲ 2022 年 2 月 26 日，中国体育彩票开奖现场迎来了北京奥运会女子体操高低杠冠军何可欣。她在现场目睹了体彩开奖流程的严谨，真正感受到了体彩开奖的公开、公平、公正。

◀2022 年 3 月 7 日，“公益体彩、快乐操场”辽宁省出征仪式在沈阳体育学院举行。

▶2022 年 5 月 7 日，“中国体育彩票·彩云公益行嘉年华”活动走进彝乡楚雄。

◀2022 年 5 月 27 日，河南省“公益体彩、快乐操场”体育支教活动举行出征仪式。

▶2022 年 7 月 5 日，由国家体彩中心开展的以“汇聚微公益 添彩新征程”为主题的体彩公益金资助项目采访活动走进山东，多家中央主流媒体及行业媒体共同组成采访团，探访优秀公益金资助项目。

▶2022 年 8 月 2 日，“2022 年全国体育彩票市场形势分析会”以视频方式召开。

▲ 2022 年 8 月 23 日，“全民健身‘赣’得精彩”——江西省体彩公益金报道赣鄱行在南昌启动。

▲2022 年 9 月 21 日，中国体育彩票微光行动——福建省登协山地救援队捐赠仪式在福建省登山协会攀岩训练场举行。国家体彩中心和福建体彩中心向省登山协会山地救援队捐赠价值 60 万元的物资及经费。

◀2022 年 10 月 14 日，2021 年中国体育彩票（1+31）社会责任报告新闻发布会在京举行。

◀2022 年 10 月 26 日，中国体育彩票微光行动之 2022 年江西省“公益体彩、快乐操场”捐赠仪式暨全员运动会，在赣南中央苏区的崇义县开启。

▶2022 年 11 月 15 日，2021 年浙江省体育彩票（1+12）社会责任报告发布会暨浙江体彩首批公益形象代言人受聘仪式在杭州举行。这是浙江省体育彩票连续第 5 年向社会发布责任主题报告。

◀2022 年 11 月 18 日，由中国体育彩票制作的特别节目《一日店长》正式与大家见面。央视“名嘴”韩乔生带队，与知名体育节目主持人刘语熙、知名歌手王铮亮作为助理店长携手合作，体验经营体彩店的快乐。

▶2022 年 12 月 30 日，宁夏体彩助力的第九届全国大众冰雪季（宁夏分会场）暨全国大众高山滑雪公开赛正式开赛。

中国彩票年鉴2023

编 辑 委 员 会

主　任　王东伟

副主任　林泽昌　方向阳　李卫华　安　宁　张　弛　许正明

委　员

郭　梅　夏晓曦　缪　丽　郑胜利　徐　鸣　艾　郁
裴　赓　廖明刚　李　杰　陈鲁南　董红芳　王海新
王　健　文建中　刘东崎　曾波彦　娄小晶　雷选沛
史桂梅　丘晓敏　高增起　曾小龙　张　毅　肖力竑
薛朝阳　孙良权　张文书　蓝　挺　高东勋　林克华
刘向梅　杨卓毅　问树林　梁其发　崔　伟　廖学志
潘巨春　赵　畅　刘　强　何亚雄　李江岭　温华川
葛　辉　陈　希　何　彦　江　涛　刘延辉　张小波
李凤双　包　波　秦　岭　杜晓虎　侯要斌　陈万鹏
程　伟　王文荣　邵宁宁　杨春媛　王　鑫　鲁　明
赵学群　张素美　周　文　嘉　措　陈恭伟　张　锦
肖艳菱　薛建刚　朱长引　李哲宏　朱长河　方春雷（洛松扎西）
彭高俊　卢昌辉　傅　昕　王　晖　王振璋　赵　锋
刘春荣　王　政　张江龙　司光远　刘　军　孙亚雯
余　彦　黄　培　周　强　刘希伟　王海飞　赵景山
王道昌　闫海涛　万野平　李永峰　何东昌　纳　莉
何祖军　　　　　王　伟　张　军　翟培建　程晋平
　　　　　　　　叶　川　林清泉
　　　　　　　　邓　宏

中国彩票年鉴2023

编辑出版工作人员

编辑工作小组

方向阳　李卫华　郭　梅　夏晓曦　顾兆霞　刘　艺

李　伟　刘建鲁　盛飒飒　秦　川　罗　姗

责任编辑

陆宗祥

英文目录翻译

吴楚松

英文校订

陆宗祥

封面设计

卜建辰

版式设计

南博文化

责任校对

徐艳丽

印制监督

史大鹏

编辑部电话

010−88190608

010−881900645（传真）

编辑说明

一、《中国彩票年鉴》是财政部综合司组织中国福利彩票发行管理中心和国家体育总局体育彩票管理中心等单位共同编纂的有关中国彩票业年度发展基本情况的综合信息密集型工具书，自2002年起每年出版一卷，已成系列。现奉献给读者的是该系列中的第二十二本。

二、年鉴工具书一般是以出版年号为卷次名称，具有按年度连续编纂的特点。2023年卷次主要收录从2022年1月1日到2022年12月31日中国彩票业的市场发展概况，汇集这期间的相关资料。

三、《中国彩票年鉴》不仅收录了最新彩票管理制度、游戏规则、玩法说明，而且还汇集了如按系统、按类型、分地区，历年或按年、按月等多种方式叠加的彩票游戏销售统计数据，更加有利于读者从不同维度深入了解全国彩票市场的发行销售品种、结构和数量，有利于行业研究者开发出更加切合销售实际的彩票游戏新品种，整个统计体系脉络清晰，划分得当。

四、本年卷主体分为七个部分，包括彩票市场发展概况，彩票大事记，彩票制度、政策和文献，彩票统计资料，中央专项彩票公益金使用情况，附录及彩票票样等，其中彩票票样仍由中国福利彩票发行管理中心和国家体育总局体育彩票管理中心提供。

五、自2011年卷开始，年鉴已把“四、统计资料”部分的“（三）历年彩票游戏销售统计资料”栏目中“历年”的时间跨度改为十年，本年卷即为“2013—2022年”，以后仍逐年递推，敬请读者留意。

六、为扩大彩票公益金使用效果宣传，便于社会各界了解中央专项彩票公益金使用情况，自2012卷开始，增添“中央专项彩票公益金使用情况”栏目，内容逐年增加，越来越丰富。

七、本年卷文字记述中，凡涉及数据的，一般满亿的以亿为单位，不足亿的以万为单位，保留两位小数，四舍五入；读者如采用数据，请以统计资料中的数字为准；凡未注明提供者的统计数据均由财政部综合司提供，特此说明。

八、为进一步诠释国家彩票发行事业的“公益”理念，图文并茂，增强可读性，在正文前设置了若干主要由教育部、民政部、文化和旅游部、中国红十字会总会、全国妇联妇女发展部、中国残疾人联合会、扶贫机构、教育机构，以及中国福利彩票发行管理中心、国家体育总局体育彩票管理中心等部门提供的专题彩色插页，力求生动、鲜活地反映2022年度彩票行业的发展风貌。凡是来稿中注明摄影者的，本书采用时就予以署名，而其他图片不再一一注明供稿机构。

九、为开阔读者视野，年鉴在附录中按照不同地区或品种，用19张附表详细统计了世界彩票销售情况，以飨读者。

十、《中国彩票年鉴2023》是集体协作的结晶，编辑过程中，特别得到了财政部综合司及两国家级彩票发行管理中心领导的热情支持。在此，谨向他们及其他为本年鉴的编辑出版付出辛勤劳动、给予大力支持的个人和单位，一并致以最诚挚的谢意！

中国彩票年鉴编辑委员会

2023年10月

目录

Contents

Ⅳ. Statistics of Lottery ······ (121)

一、2022 年彩票市场发展概况

全国彩票市场发展概况

2022年，我国彩票事业持续平稳健康发展。全国累计销售彩票4 246.52亿元，同比增加513.67亿元，增长13.8%。其中，福利彩票机构销售1 481.31亿元，同比增加58.76亿元，增长4.1%；体育彩票机构销售2 765.22亿元，同比增加454.91亿元，增长19.7%。财政部会同有关部门推动优化彩票品种结构，规范彩票市场调控资金管理，着力加强彩票公益金管理，切实维护彩票市场秩序。

一是优化彩票品种和游戏结构。履行彩票行政审批管理职责，合理布局全国彩票市场，按程序审核批复即开型彩票游戏的新设、停止及销毁事项，包括25款福利彩票、45款体育彩票的上市销售，45款福利彩票、83款体育彩票的停止销售，以及65款体育彩票的销毁；组织开展专家论证，审核批复基诺型彩票游戏试点期结束后继续销售事项，并提出相关政策要求。

二是规范彩票市场调控资金管理。2022年彩票市场调控资金规模11.83亿元，主要用于统筹全国彩票市场省际之间、机构之间、品种之间协调发展，维护发行销售安全、彩票市场秩序，宣传彩票公益属性和社会责任等。财政部督促指导各地进一步规范彩票市场调控资金的分配使用和管理，加大转移支付资金与地方财政资金的统筹，强化项目管理与跨年度资金安排，推进绩效监控和评价结果应用，切实提高资金使用效益，支持彩票事业持续健康发展。

三是着力加强彩票公益金管理。组织做好2022年中央专项彩票公益金项目实施，采取更多惠民生、暖民心举措，着力解决一批人民群众急难愁盼问题。深入研究2023年中央专项彩票公益金项目安排建议。修订印发《中央专项彩票公益金支持地方社会公益事业发展资金管理办法》，加强2022年中央专项彩票公益金支持革命老区公益事业发展情况调研。按时发布全国彩票销售情况月报，及时向社会发布2021年全国彩票公益金筹集分配和使用情况。

四是切实维护彩票市场秩序。财政部会同相关部门和单位，常态化开展彩票市场违规行为查处工作，持续清理整治有关违法违规行为。调整完善擅自利用互联网销售彩票发现、核查、处置机制，分批次处置涉彩违法违规网站、手机APP，压缩查处时间、提升查处效力。持续推进彩票监管有关信息系统建设，进一步提升彩票监管能力和技术手段。加强对境外涉赌涉彩有害信息的管控清理力度，聚焦难点问题开展研究。依法依规妥善处理网民、信访反映的问题，积极落实责任彩票理念，开展防范非理性购彩研究，切实维护彩票市场秩序。

（财政部综合司供稿）

全国福利彩票市场发展概况

2022年，全国福彩系统坚持以习近平新时代中国特色社会主义思想为指导，深入学习贯彻党的二十大精神，聚焦福利彩票转型发展中心任务，坚决落实疫情要防住、经济要稳住、发展要安全的要求，坚持稳字当头、稳中求进，发挥韧性优势，夯实安全基础，狠抓渠道拓展，强化品牌建设，提升健康销量，推动福彩事业发展取得新成绩。

一、全国福利彩票市场基本情况

（一）总体情况

2022年全国福利彩票发行销售1 481.31亿元，同比增加58.76亿元、增长4.1%，为近四年来首次实现增长（见图1），主要受益于主力游戏派奖营销、快乐8第五批试点、强化渠道规范管理及拓展、快开游戏退市等因素共同作用。

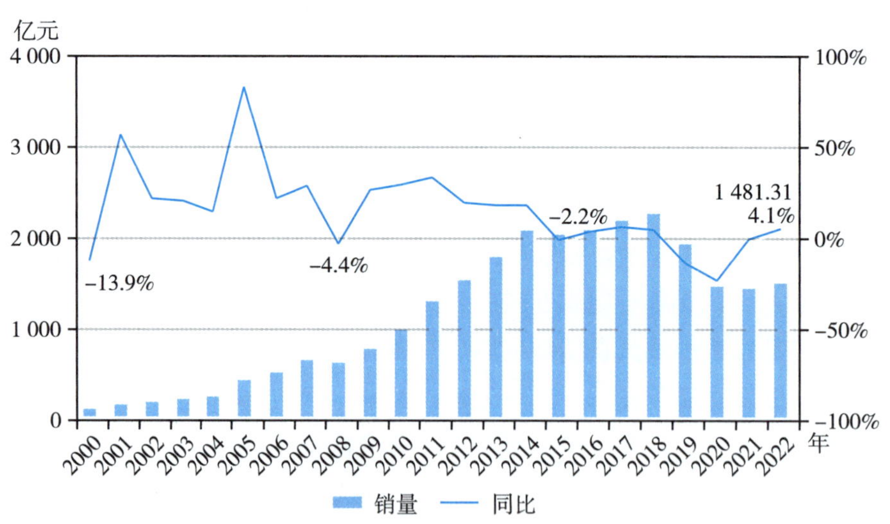

图1　2000—2022年福利彩票销量与同比增速情况

2022年福利彩票筹集公益金（不含弃奖）约461亿元，同比增长3.9%；公益金筹集率约为31.1%，连续第二年保持在31%以上（见图2）。

（二）分月销售情况

2022年1-12月，福利彩票月销量受疫情等因素影响呈现小幅波动，月均销量为123亿元（见图3）。1月因即开票全国派奖以及受疫情影响较小等因素作用，销量为全年最高；2月因春节休市等因素影响，销量为全年最低；3月至9月受快乐8全国派奖、双色球和即开票全国主题营销、各地针对3D等主力游戏开展营销以及渠道拓展成果逐步显现等因素共同作用，月销量实现增长；10月至12月受全国疫情影响加重、即开票受政策调整10月未能开展全国派奖等因素影响，月销量同比小幅下降。

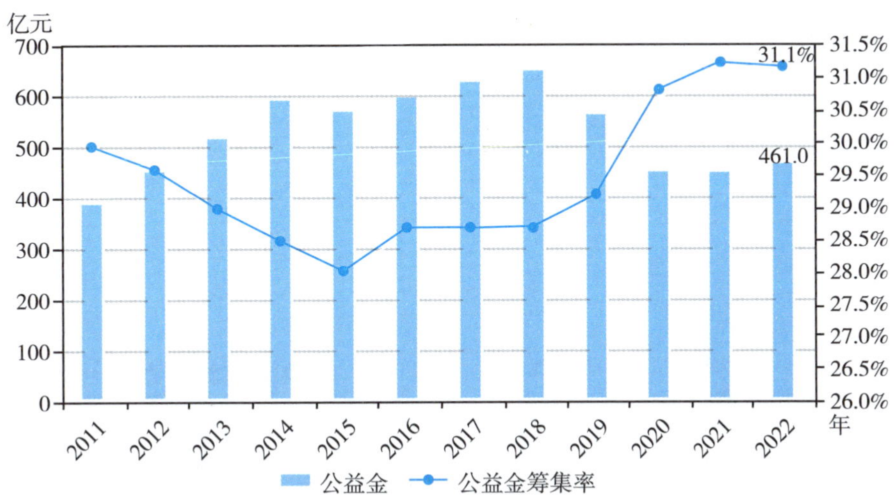

图2　2011—2022年福利彩票筹集公益金与公益金筹集率情况

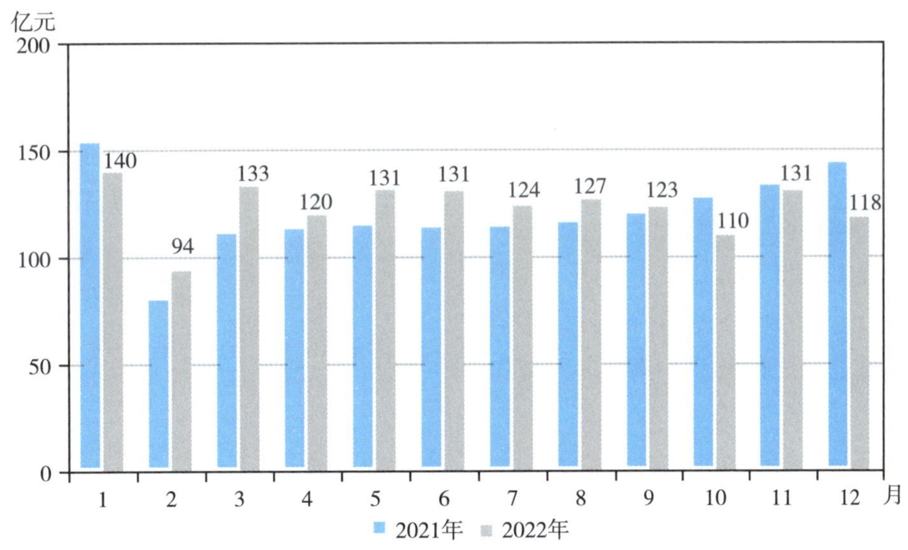

图3　2021—2022年福利彩票月销量

二、分类型销售情况

（一）主力游戏销售情况

2022年，乐透数字型彩票销售889.24亿元，同比减少24.6亿元，下降2.7%。其中，双色球销售555.13亿元，同比减少24.95亿元，下降4.3%（见图4）；3D销售315.90亿元，同比增加68.84亿元，增长27.9%。即开型彩票销售303.47亿元，同比增加21.59亿元，增长7.7%。基诺型彩票销售288.60亿元，同比增加61.77亿元，增长27.2%。2022年全年，乐透数字型、即开型、基诺型彩票销售量分别占福利彩票销售总量的60%、20.5%和19.5%。

（二）主力游戏占比情况

2022年，福彩主力游戏结构更加均衡。双色球、3D、即开型、快乐8四大主力游戏销量分别占福利彩票销售总量的37.5%、21.3%、20.5%和

19.5%。除双色球占比下降外，其他主力游戏占比均有所提高。其中，3D游戏受营销活动拉动、快乐8游戏受第五批试点及全国派奖拉动，两游戏占比分别提高4个百分点和3.5个百分点；即开票游戏受渠道拓展效果逐渐显现等因素拉动占比提升0.7个百分点、至20%以上，为近十年来最高。

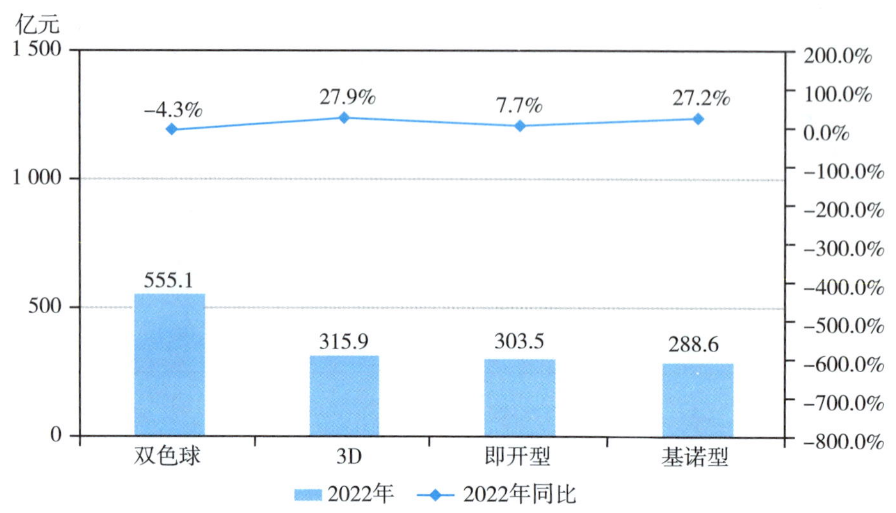

图4 2022年全国福利彩票主力游戏销量及同比情况

三、各省销售情况

（一）从销售总量上看

2022年，销量排名前10位的省份贡献了全国福利彩票总销量的58.7%。其中，销量在100亿元以上的有两省（见图5）、与上年相同，分别是广东（172.82亿元）、浙江（124.36亿元）。销量在60亿元至100亿元之间的省份有5个、增加1个，依次是山东（91.83亿元）、江苏（91.18亿元）、四川（78.20亿元）、云南（76.95亿元）和湖北（60.04亿元）。销量在50亿元至60亿元之间的省份有4个，分别是新疆（59.33亿元）、湖南（58.48亿元）、陕西（56.60亿元）和辽宁（51.18亿元）。销量在30亿元至50亿元之间的省份有10个，分别是河南（49.45亿元）、河北

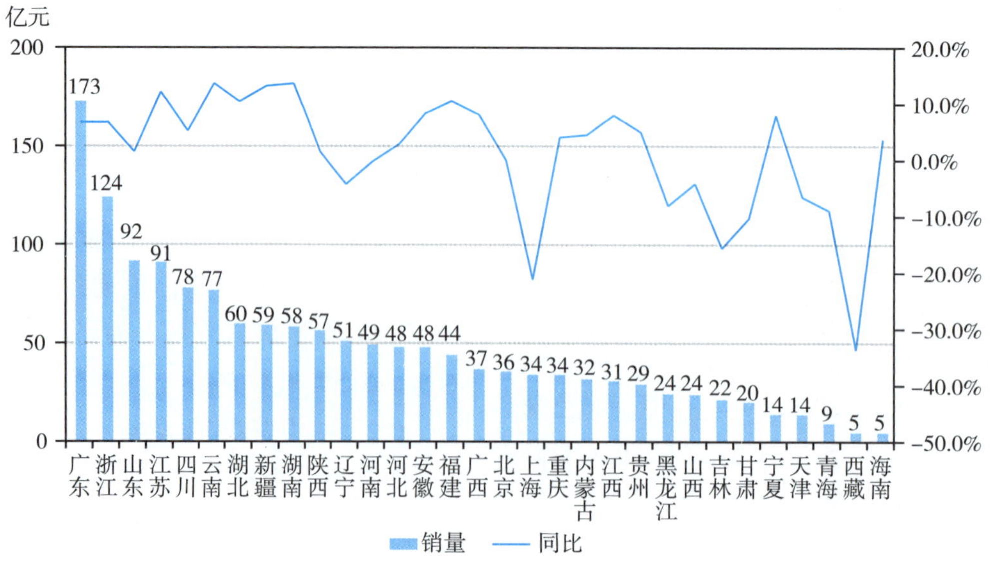

图5 2022年福利彩票各省份销量及同比情况

（48.19亿元）、安徽（48.11亿元）、福建（44.16亿元）、广西（37.00亿元）、北京（35.82亿元）、上海（34.21亿元）、重庆（34.18亿元）、内蒙古（31.98亿元）、江西（31.01亿元）。销量在30亿元以下的有10个省份，分别是贵州（29.35亿元）、黑龙江（24.46亿元）、山西（24.09亿元）、吉林（21.57亿元）、甘肃（20.29亿元）、宁夏（13.96亿元）、天津（13.82亿元）、青海（9.35亿元）、西藏（4.70亿元）和海南（4.64亿元）。

（二）从同比增速上看

2022年全国有21个省份福利彩票年销量实现增长，比上年增加4个。其中，云南、湖南增速均达13.7%，为全国增速最高两省份；新疆同比增长13.3%，排名第三。同比增幅在10%以上的还有3个省份，分别是江苏（12.2%）、福建（10.6%）、湖北（10.5%）。同比增速在5%至10%的有8个省份，分别是安徽（8.4%）、广西（8.2%）、江西（8.1%）、宁夏（8.1%）、浙江（6.9%）、广东（6.8%）、四川（5.3%）、贵州（5%）。同比增幅在5%以内的有7个省份，分别是内蒙古（4.5%）、重庆（4.1%）、海南（3.8%）、河北（2.9%）、陕西（1.6%）、山东（1.6%）、北京（0.03%）。同比降幅在10%以内的有6个省份，分别是河南（–0.2%）、山西（–4.1%）、辽宁（–4.2%）、天津（–6.5%）、黑龙江（–8%）和青海（–8.9%）。降幅在10%至35%的有4个省份，分别是甘肃（–10.3%）、吉林（–15.6%）、上海（–21.2%）、西藏（–33.6%）。

四、发行管理工作情况

（一）强党建，政治引领取得新成效

一是始终坚持和加强党对福彩事业的全面领导，坚定拥护“两个确立”、坚决做到“两个维护”，以习近平总书记关于彩票工作重要批示精神为根本遵循，扎实推进十九届中央第九轮巡视整改，积极落实各级巡视巡察、审计等整改要求，着力推动安全规范运行、平稳健康发展，不断增强高质量发展的政治自觉、思想自觉、行动自觉。**二是始终**坚持学懂弄通做实习近平新时代中国特色社会主义思想，深入学习贯彻习近平经济思想，迎接学习贯彻党的二十大精神，立足中国式现代化新征程，围绕福利彩票“怎么看”“怎么办”，强化理论武装，坚定使命担当。**三是始终**坚持围绕中心、服务大局，深入贯彻落实党中央、国务院重大决策部署，制定实施全面推进福利彩票高质量发展的意见，有力统筹疫情防控和发行销售，福利彩票实现质的有效提升和量的合理增长。

一年来，新时代党的建设新的伟大工程在各级福彩机构落实落细，取得新的成效，内蒙古、安徽、福建、山东、河南、广东、新疆7家省级福彩中心获得“先进基层党组织”称号，上海、安徽、江西、山东、陕西5家省级福彩中心被评为优秀单位，1名干部荣获省级“五一”劳动奖章，8名干部被评为优秀共产党员或优秀党务工作者。

（二）抓产品，健康销量展现新业绩

2022年，全国福利彩票发行销售1 481亿元，同比增加59亿元，增长4%，筹集公益金461亿元，筹集率31%，为公益事业发展作出新贡献。**一是即开票再创新高。**扛住“降库存”和“压预算”双重压力，及时优化预算支出和印制结构，销售303亿元，同比增加21亿元，增长7%，连续两年实现高速增长。研发上市“唐潮”“状元卷”“浙里有福”“北京发现”“丝路明珠”“美味食足”等新游戏，展现地域特色、助力文化传承，其中，“唐潮”销售超过10亿元，传统文化主题票的独特魅力进一步显现。有17个省份实现增长，海南增幅超过50%，湖北、贵州、广东超过20%，发展态势积极向好。**二是双色球总体稳定。**销售555亿元，虽然同比下降4%，但市场份额上升到56%，购彩群体基本稳定；浙江、云南、安徽、福建、湖南销量实现增长，北京、上海、江西等19个省份市场份额提升，双色球“彩市航母”的地位得到巩固。**三是3D高速增长**。加强统筹协调，推动经验互鉴，销售315亿元，同比增加68亿元，增长28%，连续两年实现20%以上增长，增量、增幅在各游戏中名列第一。1D、2D、包选等新玩法逐渐被市场接受，小盘游戏的独有潜力得到充分挖掘；全部省份实现增长，其中，新疆、福建、陕西、宁夏增幅超过50%，江苏、广东等省份超过40%，有力发挥带动作用。**四是快乐8扩点增量**。持续扩大试点规模，销售288亿元，同比增加61亿元，增长27%，福彩独有产品魅力逐渐显现。销售网点超过12万个，覆盖率超过60%；动态调整、精准培训等手段持续发力，实现网点数量增加、单机销量保持稳定；有29个省份实现增长，其中，天津增幅超过80%，江苏、云南超过50%，湖北、青海、西藏超过40%；选六、选二等潜力玩法持续推广，大中小盘玩法共同发力的局面逐步形成。通过3年来持续努力，快乐8试点取得成功，已经成为福利彩票调结构、稳市场、促发展的关键变量。

（三）拓渠道，网点建设迈出新步伐

推进渠道基础信息摸底，优化公开征召模式，及时清理长期无销量网点，初步建立网点动态管理机制；通过降低设备押金、免收耗材费、发放疫情补贴、举办销售竞赛等举措，为网点增收6.3亿元；山东、浙江、重庆等地推进商业综合体渠道建设，湖南、陕西、新疆等地推进综合体验中心建设，渠道拓展方式多样、主体多元、成效明显。全年净增网点约1.3万个，新增就业岗位约2.5万个，稳市场稳就业贡献凸显。

（四）塑品牌，形象建设获得新进展

注重内容策划，把握节奏进度，强化系统集成，整体营销效果再上台阶。一是精心设置选题，加强内容建设，策划“谈转型发展”系列专访、推出35周年评论员文章、开展“中华慈善日”等主题宣传，公益形象不断提升。二是开展责任彩票专项研讨，首次联合19个省份集中发布责任彩票年度报告，积极申报世界彩票协会责任彩票四级认证，责任理念不断深入。三是召开“阳光开奖”专题研讨会，拓展新媒体渠道，优化开奖节目制播，普及传播开奖知识，加强“阳光开奖”品牌塑造，阳光品牌逐步推广。四是积极开展内容丰富、形式多样的公益活动，“关爱留守儿童”“福彩乡村美育计划”“福彩希望图书室”“圆梦大学生行动”等活动广受好评，有力提升了福彩形象。

（五）保安全，核心能力酝酿新突破

一是推进产品设计、开发测试和基础环境搭建，系统统一取得实质性进展；制定数据安全标准与运维规范，加强数据挖掘分析，提升决策支持水平。二是积极稳妥应对疫情冲击，优化开奖人员调度，抓实落细应急预案，强化应急培训演练，实现开奖工作安全、有序，有力支撑发行销售业务平稳运行。三是完善工作机制，开展专项检查、第三方“神秘顾客”市场监测、销售异常数据分析等工作，不断加强系统内部监督；强化资金风险防控，推进系统内控评价，防范化解重大风险，守住安全运行底线。

（中国福利彩票发行管理中心供稿）

全国体育彩票市场发展概况

一、2022年体育彩票市场基本情况

2022年是“十四五”规划的关键之年，全国体彩系统深入学习贯彻党的二十大精神，按照“强党建、防风险、转方式、增后劲、促发展”总体思路，积极应对市场环境复杂多变的严峻形势，努力推动体育彩票转型发展，进一步提升发行销售管理水平。

2022年，全国体育彩票共销售2 765.22亿元，同比增长19.7%（见图1和表1），为国家筹集体彩公益金677.47亿元。其中，乐透数字型彩票销售664.94亿元；竞猜型彩票销售1 809.27亿元；即开型彩票销售291.00亿元。海南省体育娱乐视频电子即开彩票游戏的共销售58.93万元。

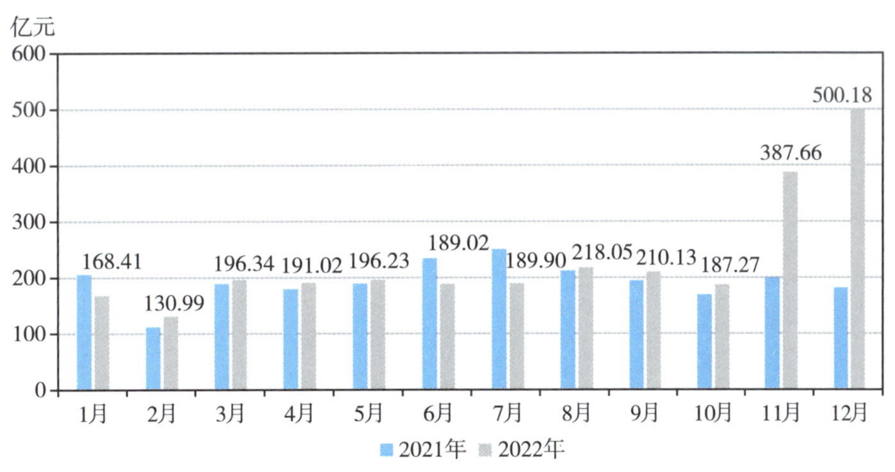

图1　2022年1–12月体育彩票销售量与上年同期比较情况

表1　**2022年体育彩票分类型销售情况与2021年同期比较**　单位：亿元

2021年					2022年				
	乐透数字型	竞猜型	即开型	所有游戏合计		乐透数字型	竞猜型	即开型	所有游戏合计
1月	97.92	88.82	18.71	**205.44**	1月	53.20	82.45	32.77	**168.41**
2月	44.48	53.44	13.21	**111.14**	2月	38.69	70.10	22.20	**130.99**
3月	58.80	102.33	27.54	**188.68**	3月	58.55	107.38	30.40	**196.34**
4月	59.07	95.97	24.35	**179.39**	4月	60.04	106.66	24.33	**191.02**
5月	64.04	101.26	23.54	**188.84**	5月	61.75	108.97	25.51	**196.23**

续表

	2021年					2022年			
	乐透数字型	竞猜型	即开型	所有游戏合计		乐透数字型	竞猜型	即开型	所有游戏合计
6月	55.84	156.20	21.83	**233.87**	6月	58.65	104.49	25.88	**189.02**
7月	54.14	177.14	18.64	**249.91**	7月	58.02	108.74	23.14	**189.90**
8月	54.67	139.75	17.15	**211.58**	8月	58.74	137.39	21.92	**218.05**
9月	55.30	116.53	22.12	**193.95**	9月	53.59	128.92	27.62	**210.13**
10月	47.43	99.93	20.71	**168.08**	10月	52.97	113.42	20.89	**187.27**
11月	56.12	115.33	27.73	**199.19**	11月	57.44	310.81	19.41	**387.66**
12月	57.26	96.29	26.68	**180.23**	12月	53.31	429.95	16.92	**500.18**
合计	**705.08**	**1 342.99**	**262.23**	**2 310.30**	**合计**	**664.94**	**1 809.27**	**291.00**	**2 765.22**
比例（%）	**30.52**	**58.13**	**11.35**	**100**	**比例（%）**	**24.05**	**65.43**	**10.52**	**100**

二、产品销售情况

竞猜型彩票受世界杯赛事拉动影响，占比上升；即开型彩票、乐透数字型彩票占比下降。乐透数字型彩票销售量占比为24.05%，较上年下降6.47个百分点；竞猜型彩票销售量占比为65.43%，较上年上升7.30个百分点；即开型彩票的销售量占比为10.52%，较上年下降0.83个百分点。

（一）游戏销售情况

2022年，全国共销售乐透数字型彩票664.94亿元，同比上年减少40.14亿元，下降5.7%（见图2）。其中，超级大乐透429.93亿元，同比上年减少20.86亿元，下降4.63%；7星彩30.26亿元，同比上年减少0.93亿元，下降2.98%；排列3/排列5 189.66亿元，同比上年增加41.69亿元，上涨28.17%；其他游戏15.09亿元。

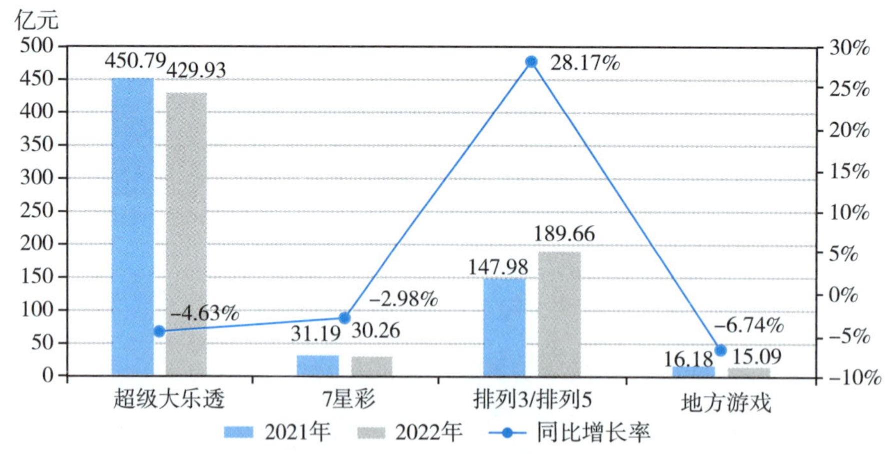

图2　2022年体育彩票乐透数字型游戏销售量及同比增长率

2022年，全国发行销售竞猜型彩票1 809.27亿元，同比上年增加466.28亿元（见图3）。其中，竞彩1 628.44亿元，同比上年增加446.30亿元；传统足彩85.48亿元，同比上年减少3.54亿元；传统单场95.34亿元，同比上年增加23.52亿元。三类玩法占竞猜型彩票销量的比重分别为90.0%、4.7%和5.3%。

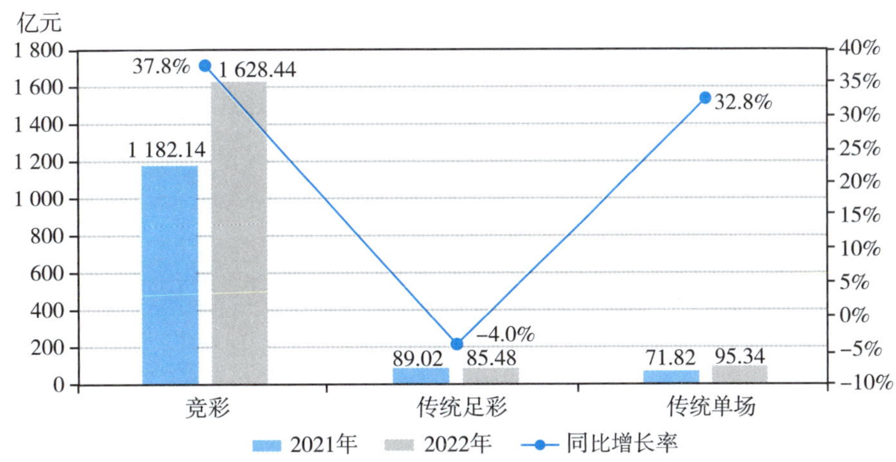

图3　2022年体育彩票竞猜型游戏销售量及同比增长率

2022年即开票销售291.00亿元，同比上年增加28.77亿元，上涨11.0%。

（二）2022年体育彩票市场特点

1.市场发展保持较快增长，市场优势继续扩大。2022年，体彩销量保持较快增长，销售水平已超过2019年。体育彩票增量主要来自竞彩、排列3、顶呱刮。总体看来，体育彩票市场表现良好。

2.产品基本格局发生较大改变，部分游戏市场表现突出。竞猜型、即开型彩票均有不同程度的增长，乐透型彩票较上年有所下降。竞猜型彩票受世界杯等重点赛事带动，占比大幅提升，乐透型、即开型彩票占比则有所回落。

竞彩、排列3市场表现较好。在世界杯的助力下，竞猜游戏除传统足彩外，竞彩、传统单场销量增幅较大。乐透型彩票除排列3外，其他游戏销量均有所下降。即开型多数游戏销量均有所增长。

3.分地区来看，省市销量增幅差异略有缩小。除西藏、海南外，有29个省（区、市）销量实现了增长，2022年的省（区、市）之间的增幅差异较上年有所缩小。

三、省（区、市）销售情况

（一）彩票销售量

彩票销售量在100亿元以上的省份有11个，依次为广东（269.73亿元）、江苏（228.61亿元）、浙江（217.91亿元）、山东（200.96亿元）、河南（179.43亿元）、四川（144.26亿元）、湖北（136.42亿元）、云南（118.21亿元）、河北（113.59亿元）、福建（103.51亿元）、安徽（101.86亿元）。

彩票销售量在50亿–100亿元的省份有9个，依次为江西（75.60亿元）、陕西（74.06亿元）、北京（72.88亿元）、湖南（72.61亿元）、重庆（71.91亿元）、贵州（63.82亿元）、辽宁（62.49亿元）、天津（61.73亿元）、内蒙古（56.78亿元）。

彩票销售量在50亿元以下的省份有11个，依次为新疆（46.65亿元）、黑龙江（46.04亿元）、上海（45.11亿元）、甘肃（43.54亿元）、山西（43.25亿元）、吉林（38.12亿元）、广西（32.97亿元）、宁夏（18.07亿元）、青海（8.57亿元）、西藏（8.32亿元）、海南（8.19亿元）。

（二）彩票销售量同比增长率

2022年相比2021年，有29个省份体彩销量同比增长，有2个省份体彩销量同比下降（见表2）。

销量同比2021年增幅在20%以上的省份有13个，依次为安徽（35.5%）、天津（31.8%）、浙江（28.8%）、新疆（25.6%）、江苏（24.8%）、湖南（24.6%）、广东（24.4%）、陕西（24.2%）、河北（23.8%）、贵州（23.6%）、广西（22.4%）、湖北（20.7%）、山东（20.5%）。

销量同比2021年增幅在10%–20%的省份有13个，依次为甘肃（18.4%）、山西（18.4%）、重庆（18.1%）、云南（17.2%）、内蒙古（17.2%）、辽宁（16.8%）、四川（16.2%）、宁夏（15.7%）、黑龙江（14.1%）、江西（13.4%）、青海（12.6%）、福建（11.6%）、北京（10.3%）。

销量同比2021年增幅低于10%的省份有3个，依次为河南（8.5%）、吉林（4.6%）、上海（0.8%）。

销量同比2021年下降的省份有2个，依次为海南（–2.5%）、西藏（–4.4%）。

表2　2022年体育彩票各省份销售情况

省份	2022年销售额（亿元）	2021年销售额（亿元）	同比（%）
北京	72.88	66.07	10.3%
天津	61.73	46.85	31.8%
河北	113.59	91.78	23.8%
山西	43.25	36.55	18.4%
内蒙古	56.78	48.45	17.2%
辽宁	62.49	53.52	16.8%
吉林	38.12	36.45	4.6%
黑龙江	46.04	40.34	14.1%
上海	45.11	44.77	0.8%
江苏	228.61	183.17	24.8%
浙江	217.91	169.13	28.8%
安徽	101.86	75.19	35.5%
福建	103.51	92.77	11.6%
江西	75.60	66.69	13.4%
山东	200.96	166.76	20.5%
河南	179.43	165.31	8.5%
湖北	136.42	113.01	20.7%
湖南	72.61	58.26	24.6%
广东	269.73	216.84	24.4%
广西	32.97	26.94	22.4%
海南	8.19	8.40	–2.5%
重庆	71.91	60.88	18.1%
四川	144.26	124.20	16.2%
贵州	63.82	51.65	23.6%
云南	118.21	100.85	17.2%
西藏	8.32	8.71	–4.4%
陕西	74.06	59.64	24.2%
甘肃	43.54	36.78	18.4%
青海	8.57	7.61	12.6%
宁夏	18.07	15.61	15.7%
新疆	46.65	37.14	25.6%

四、2022年体育彩票主要工作情况

（一）坚持全面从严治党，为体彩事业发展提供强大动力

2022年，全国体彩系统坚持学思践悟习近平新时代中国特色社会主义思想，认真学习贯彻落实党的二十大精神，深刻领悟“两个确立”的决定性意义，切实增强“四个意识”、坚定“四个自信”、做到“两个维护”，压紧压实管党治党政治责任，推进全面从严治党向纵深发展。

1.坚持从政治上看体彩事业，不断提高政治站位，把牢政治方向，提高政治判断力、政治领悟力、政治执行力，始终坚持人民至上，自觉把体彩工作放到党和国家发展大局中谋划和布局。

2.严肃开展作风建设，严格落实中央八项规定精神，突出整治形式主义、官僚主义，深入推进“学查改”专项工作和巡视问题整改、专项审计整改的监督落实。持续开展廉洁从业警示教育活动，组织廉洁主题宣传教育，营造风清气正的政治生态。

3.坚持党建和业务同谋划、同部署、同落实、同考核，实现党建和业务融合互促、同频共振，以高质量党建推进体育彩票转型发展。云南、广东、内蒙古等地建设“共产党员服务店”，安徽在全省星级门店增设党建公益宣传角，将实体店打造为公益宣传窗口和便民服务窗口，推动党建和公益向销售一线延伸落地。浙江、重庆等

地与渠道合作伙伴建立党建和业务融合的联系机制，为实体店提供一站式服务。江西、宁夏等地结合党建工作开展主题品牌营销活动，充分挖掘典型人物和好人好事，传播体彩正能量。

（二）强化风险意识，责任彩票建设和风险防控体系建设走向深入

全国体彩系统围绕“发挥责任先导作用、深度渗透业务流程、重点议题取得突破、参与主体达成共识”目标，在实体店推广实施引导理性购彩举措，工作部署中开展责任评估，深化责任彩票建设。

1.进一步深化风险防控工作，加强发行销售业务各环节的风险评估，研究制定风险防控纲领性文件，在全国范围内深入开展全业务风险隐患排查，更新了风险库与事件库，切实提升了风险评估质量和防控措施效果。建立了全覆盖、全链条、常态化的风险防控体系，筑牢了风险防控长效机制的基础。

2.强化合规监管工作，建立了多层级协同工作机制，总局中心和省（区、市）中心各负其责，提升销售合规管理效能。组织修订了黑名单管理办法，开展了实体店常态化异常监测和专项整治工作，通过第三方检查、飞行检查、互联网售彩平台协查等措施，保持了对违规行为的“零容忍”。世界杯期间，通过协同配合、上下联动，有效管控不规范、高风险销售行为，保障了市场有序平稳运行。

3.持续开展风险防控培训和法治宣传教育，全系统风险防控和责任彩票实践能力进一步提升。河南自主开发系列小微课程，针对兼营渠道开展责任彩票培训；云南建立了形式多样的利益相关方沟通机制，多渠道宣传理性购彩，展示责任彩票建设成果，广泛提升社会影响力。

4.强化安全生产工作。总局中心出台了销售场所安全生产管理办法、营销活动安全生产管理办法，组织全系统开展安全生产专项整治工作。各省（区、市）中心进一步落实安全生产主体责任，组织所有实体店进行全面自查和机构巡查，对排查出的问题和隐患进行及时整改，全年没有发生重大安全生产事件。

（三）精准聚焦、深耕细作，责任公益公信价值传播成效显著

全国体彩系统持续深化“责任为先，公益公信为核心”的品牌形象建设，创新打造特色化品牌营销活动，积极传递品牌价值。开展“喜庆二十大 奋进新征程”主题宣传，彰显体育彩票的公益初心和责任担当。借势冬奥会、世界杯等社会热点和赛事热点，分类分策实施品牌营销，“体彩新春季”“棋王争霸赛”等品牌IP影响力逐步提升，“我的两块动出精彩”“快乐看球体彩相守”主题活动广获好评，有效提升了品牌认知度与认可度。积极尝试与携程、《流浪地球》的跨界合作，建立资源置换的合作新模式，助力品牌破圈。以“微光行动”为抓手，持续打造“公益体彩快乐操场”IP，推动体彩公益活动品牌化。邀请奥运冠军、公益金受助者现场见证体彩开奖，全方位宣传展示开奖全流程，不断强化公众对体彩公开、透明的正向认知，提升体彩公信力。

各省（区、市）品牌营销活动形式不断创新。江苏、浙江、安徽、四川、贵州、云南、陕西围绕全民健身和热点赛事创新开展特色主题活动；河南建设乐小星主题公园；湖北联袂当地电视台打造热门节目；湖南、山东借助年轻人喜爱的知名音乐节开展跨界合作；浙江、云南、四川、广西主动与当地公安厅合作宣传打击非法彩票和私彩，在传播体育彩票品牌价值、强化社会正向认知方面取得良好效果。

（四）游戏产品定位更加明晰，不同产品的特色和价值进一步展现

2022年，中国体育彩票立足风险防控、提质增效，根据各游戏产品的特点，进一步明确不同游戏的业务定位，挖掘不同游戏的潜在价值，深入构建结构合理、功能互补、层次清晰的产品体

系，游戏综合运营能力进一步增强，综合价值得以提升。

超级大乐透、7星彩等大盘游戏市场培育工作稳步推进，完成了超级大乐透15周年品牌焕新，打造了7星彩主题购彩日营销新模式。安徽、河南、湖北以超级大乐透 15 周年为契机，用漫画、短视频、主题歌曲等年轻人喜闻乐见的方式开展品牌推广和市场培育工作；广东、重庆等地开展大盘游戏长票、套票营销及7星彩组合投注试点，促进了新客户的转化。

即开型游戏深化客群研究，优化产品结构，加强供应管理，优化“一票一案”和渠道销售分类施策，推进营销宣传精准触达。各地提高了对即开游戏的重视程度和推广力度，很多省（区、市）把即开游戏当作锻炼队伍的重要抓手，提升整体工作能力和工作效果。福建、宁夏等地采取差异化支持政策推进新渠道销售即开票；江苏、浙江以即开票全国重点游戏和地方特色游戏上市为抓手，结合产品特色和不同渠道制订营销方案和销售策略，不断提升即开票综合价值。

竞猜型游戏围绕“突出体育特色、强化风险防控、传递竞猜价值”三条主线，稳健推动游戏成长。发布了《竞猜型体育彩票发展蓝皮书》，社会认知逐步改善。浙江省借势世界杯开展主题系列活动，传递竞猜健康、娱乐、理性的价值，提升了竞彩游戏正向认知。四川、贵州等地加强竞猜游戏高销量实体店管理，加大中、低销量实体店帮扶，有效改善了竞猜游戏渠道销售结构，渠道集中度明显改善。

2022年，全体彩系统加强宣传引导，统筹市场推广，使不同游戏产品的特色和价值得以进一步挖掘和展现，相互促进。

（五）渠道结构持续优化，精细化管理基础初步构建

全国体彩实体店规模稳步增长，渠道结构和质量进一步优化。

渠道制度体系基本建立并有序落实，总局中心牵头优化了渠道标签体系和经营分析系统，各省（区、市）中心尝试使用渠道标签，开展细分业务实践，创新开展精细化运营，渠道与各业务进一步融合，初步形成渠道策略矩阵。

便利连锁渠道实现了数量和质量的同步提升，在品牌宣传和吸引目标客户方面显示出明显优势。展示体验中心拓展进度加快，在全国地级市和百强县的覆盖率达到60%，宣传展示、游戏体验、拓展新客户等综合效益明显。为进一步促进传统专营渠道提升形象、丰富功能、增收引流、稳定就业、激发活力，各省（区、市）中心全面启动了“体彩+”建设工作，建立了推进机制，工作初见成效。

（六）加强统筹协同，综合管理效能有效提升

全国体彩系统牢固树立系统观念，贯彻“全产品、全渠道、全价值链”管理思维，一体化推进体育彩票各项业务和基础工作，提高了全要素生产率和综合管理效能。

通过构建高效协同、安全可控、精细集约的运营管理体系，加强全系统、全流程的安全运营、合规管控，不断提升运营管理的质量与效率。全面梳理体育彩票资金流，规范彩票资金数据标准，建立G3资金管理系统，初步构建了业财融合的体育彩票资金运营机制，促进了业务与技术、业务与财务的深度融合。明确了数字业务产品架构和规划，进一步丰富场景，加强数字业务前端应用，提升了对产品营销、代销者管理、合规销售等工作的数字化赋能水平。总局中心通过了世界彩票协会安全控制标准认证。

在技术统筹方面，G3系统全面承接发行销售业务，网络安全规划建设有力推进。总局中心积极推进技术管理向省（区、市）中心外延，省（区、市）中心专业能力逐步提升。在配合G3系统实体渠道终端切换工作中，山西勇担第一台终端技术验证工作，贵州第一个承担全省大规模切换工作，为全国切换工作积累了宝贵的实践经

验。在首批大范围切换试点工作中，安徽、河南、广西、海南、重庆、青海等6个省（区、市）克服困难，协助总局中心进一步验证了G3平台在承担较大规模业务量下的可用性。

2022年，总局中心强化组织文化建设，出台了总局中心及核心企业人才队伍建设实施纲要，向各省（区、市）中心印发了队伍建设指导意见，推进了队伍分类管理和专业化建设；全面贯彻创新驱动发展战略，落实《中国体育彩票创新发展指导意见》，推动创新成果向实践转化。

（国家体育总局体育彩票管理中心供稿）

二、2022 年彩票大事记

2022年

1月

1日，“中国体育彩票”2022年全国新年登高健身大会主会场活动在湖南省张家界市武陵源举行，福建福州、新疆阿勒泰、贵州贵阳等全国多个举办地同步联动。

5日，北京冬奥会倒计时30天。“中国体育彩票”辽宁省暨沈阳市庆祝北京冬奥会倒计时30天系列活动、辽宁省第一届青少年冬季运动会开幕仪式，在沈阳市和平区全民健身中心冰场火热举行。

19日，发布首份《中国福利彩票年度整体品牌宣传方案》，对全年福利彩票品牌宣传工作作出安排，整合资源，形成合力。

21日，中国福利彩票发行管理中心（以下简称“中福彩中心”）以视频会议形式召开2022年全国福利彩票发行销售工作会议。

2月

11日，中国福利彩票即开型彩票全国工作视频会议召开。

24日，云南青基会首个青少年体育专项公益基金——“筑梦未来冠军公益基金”在昆明正式宣布成立。

2月，奥运冠军何可欣、吕小军分别来到体彩开奖大厅和体彩运营主控中心，共同揭开体彩数据封存、开奖、计奖以及计奖验证等工作的神秘面纱。

3月

9日，《人民政协报》刊发文章《心怀“国之大者”勇担使命责任　中国体育彩票高质量发展再上新台阶》对体彩发行工作给予了高度的表扬与肯定。

14日，下发《中福彩中心关于进一步规范中国福利彩票销售渠道拓展工作的通知》，要求各地强化培训开展自查、加强监管，确保渠道工作安全、健康发展。

22日，中福彩中心组织全国33个福利彩票机构、分16个小组开展专题视频会议交流，全面研讨中国福利彩票发行销售管理系统（简称“福彩统一系统”）业务需求，为后续系统设计奠定了基础。

4月

2日，“中国瓷·龙泉窑”主题即开型体育彩票上市发布仪式在浙江龙泉举行。“中国瓷·龙泉窑”主题即开票是体育彩票与瓷器的首次结合，也是中国体育彩票助力浙江共同富裕示范区建设和山区26县发展的创新尝试。

2日起，国家体育总局体育彩票管理中心（以下简称“总局中心”）开展为期一个月的超级大乐透品牌口号及品牌LOGO征集活动。

4日，中福彩中心纸质票发行销售管理系统在重庆试点上线。

6日，2022年全国体育彩票工作会议召开。会议指出，要加强党对体育彩票工作的领导，持续推进廉政建设，始终抓牢风险防控，保就业、稳市场，推动体育彩票实现高质量发展。

29日，中福彩中心会同中国社会保障学会、清华大学公益慈善研究院、《中国民政》杂志社向社会公开发布2022年“福利彩票助力共同富裕”系列课题研究的申报指南，诚邀各界学者开展五个方向的课题研究。

5月

7日，“唐潮—新彩绘散乐浮雕”即开型彩票游戏营销活动开启，使用新国潮画法对国家文物《彩绘散乐浮雕》进行二次创作，彩票+文物的跨界合作取得良好效果。

11日，下发《中福彩中心关于抓紧落实福利彩票销售场所疫情防控工作的通知》，要求各地落实疫情防控工作，统筹做好彩票销售工作。

12日，首批全国优秀体育科普作品名单出炉，体彩《买彩票的钱去哪了》榜上有名。

17日，下发《中福彩中心关于加强福利彩票渠道基础信息管理的通知》，要求各地开展渠道基础情况摸底调查、建立动态管理机制。

28日，超级大乐透迎来上市15周年纪念日，“小梦想，大乐透”成为超级大乐透新的品牌口号。

31日，由中国体育彩票联合网易科技打造的“流星溢彩 乐透共此时”主题直播活动，吸引了全国百万网友观看并留言，这是体彩发行28年以来，首次举办流星雨直播活动。

6月

1日，在第72个国际儿童节来临之际，全国各地体彩为少年儿童送上关爱，河北石家庄体彩开展“体彩微光 爱心书屋”活动、山东青岛体彩开展爱心助学公益行活动。中国体育彩票在支持教育事业发展中不断为促进“体教融合”发力。

16日，中福彩中心联合相关单位成立工作专班，福彩统一系统建设正式启动。

30日，福建省体育彩票数字人民币应用上线，这是全国首次通过系统对接实现数字人民币在彩票销售场景的应用。

7月

1日，财政部印发《财政部关于停止销售“幸福温州”等45款即开型福利彩票游戏的审批意见》。

5日，由总局中心开展的以“汇聚微公益 添彩新征程”为主题的体彩公益金资助项目采访活动走进山东，多家中央主流媒体及行业媒体共同组成采访团，探访优秀公益金资助项目，一起见证体彩公益的力量。

12日，中国体育彩票与中国石油昆仑加油卡积分商城强强联合，积分兑换体彩体验券业务全面上线。

13日，确定宁夏、湖南、北京三省（直辖市、自治区）作为福彩统一系统首批试点单位。

13日，2022年“福利彩票助力共同富裕”系列课题成功立项8个，且立项课题后续均通过了专家评审，顺利结项，为深化对我国福利彩票事业的研究、培养为福利彩票健康发展助力的专家队伍贡献力量。

14日，第17届中国商业地产节在广州圆满落幕。中国体育彩票在展会现场呈现了全新的视觉形象，以开放、合作的积极态度与众多商业地产品牌方进行深入交流，开阔渠道建设新思路，共探零售商业发展的新趋势。

20日，中福彩中心纸质票发行销售管理系统在湖南试点上线。这次试点工作的顺利完成，为建设覆盖多票种的全国发行销售系统、健全福彩技术系统上下协同的工作机制积累了经验。

26日，中福彩中心召开2022年全国福利彩票年中市场分析会议。

27日，中福彩中心联合各省中心共同发布责任彩票年度报告，并就责任彩票建设进行研讨，推动福彩系统责任彩票建设走深走实，加强信息公开，提升福彩形象。

8月

2日，2022年全国体育彩票市场形势分析会以视频方式召开。会议强调，要强化政治引领，加强党对彩票工作的领导；要坚持稳中求进总基调，体育彩票要围绕体育强国建设，融入体育元素，突出体育特色；要抓好体彩队伍建设。

8日，体彩新上市“全民健身 我来啦”系列即开票。该系列即开票以全民健身作为主题游戏，票面设计将运动形象和8月8日全民健身日相结合，展示了体育运动的丰富多彩和体彩的体育特色。

8日，福建土楼（南靖）世遗主题地方即开型体育彩票全国首发仪式暨“8·8”全国全民健身日体彩“云”动会（福建区）专场活动在漳州市南靖县云水谣景区怀远楼前举行。

18日，福彩系统首次采用专用摇奖设备开奖省份的开奖工作培训在北京召开。

19日，福利彩票“阳光开奖”业务交流会在北京顺利举行。民政部慈善事业促进和社会工作司领导、采用专用摇奖设备开奖的省级福彩中心工作人员、行业专家、第三方咨询机构及媒体记者参加，会后形成“阳光开奖”品牌发展研究报告。

22日，中福彩中心组织北京、黑龙江、福建、山东、河南、湖南、广东、贵州、陕西、宁夏10省（直辖市、自治区）福利彩票销售机构的技术专家，召开福彩统一系统概要设计现场专题研讨会。

27日，福利彩票“喜相逢”系列营销活动开启，活动有效推广刮刮乐品牌知名度，促进即开型彩票游戏销量提升。

31日，中福彩中心印发《中福彩中心关于停止销售“幸福温州”等45款即开票游戏的通知》。

9月

1日，2022年服贸会各大展区正式开放，北京体彩打造的中国体育彩票“与爱同行 温暖有光”主题展览在体育消费服务专题展区与观众见面，获评服贸会体育服务板块优秀展示奖。

15日，中福彩中心印发《中国福利彩票即开型彩票发行销售异常情况处理办法的通知》。

15日，中福彩中心组织召开中国福利彩票统一系统技术工作视频会议，围绕福彩统一系统建设在全国福利彩票系统内统一思想、凝聚共识、统筹部署，以“全国一盘棋”战略思路推进福利彩票系统统一。

20日，中福彩中心邀请社会责任和彩票行业专家，面向各省级福彩中心，召开责任彩票系统专题研讨会，进一步加强各省福彩中心对责任彩票建设工作的重视程度，增强责任意识，提升工作效能。

27日，中福彩中心召开福利彩票渠道工作推进会议，向全国通报渠道总体规模、规范管理、拓展进展等情况，组织交流渠道管理及拓展经验。

29日，全国体彩系统安全稳定工作视频会议召开。会议指出，安全稳定是体育彩票事业的生命线。要保持高度警惕、高度警醒、高度负责、高度谨慎的工作态度，以“时时放心不下”的责任感，把安全稳定工作放在心上，把风险化解抓在手上，以实际行动确保体育彩票系统安全稳定。

30日，中福彩中心印发《中国福利彩票即开型彩票游戏管理办法的通知》。

10月

8日，中国福利彩票即开型彩票游戏征集活

动开启。

10日，中福彩中心开始开展渠道规范化示范建设工作。

14日，2021年中国体育彩票（1+31）社会责任报告新闻发布会在京举行。这也是该系列《报告》首次获得中国企业社会责任报告评级委员会的五星级评价。

19日，为了更好地推动《中国体育彩票数据分类分级管理规范》《中国体育彩票数据提取和调整规范》，总局中心运营管理处、技术管理处组织开展全国制度宣贯培训暨工作部署视频会议。

21日，中国福利彩票即开型彩票市场形势分析视频会议召开。

25日，财政部印发《财政部关于“非常有戏”等25款即开型福利彩票游戏的审批意见》。

28日，中福彩中心印发《中福彩中心关于西藏调整“一路福星”等9款即开票游戏停销停兑时间的批复》《中福彩中心关于新疆调整“幸福温州”等45款即开票游戏停兑时间的批复》。

31日，中福彩中心捐赠200万元资助莲花县肉牛养殖和兴国县艾草产业发展，落实乡村振兴战略。

11 月

1日，中福彩中心开展2022年省级福彩中心责任彩票年度报告评级工作，逐一点评，并形成专业评估报告，对各省级福彩中心责任彩票建设工作提出建议。

11日，体彩携手手机天猫，进行跨界合作助力亚运。

15日，中福彩中心调整即开型彩票游戏票面《购票须知》，进一步贴合市场需求和购彩实际情况。

17日，总局中心组织开展卡塔尔世界杯体育彩票突发事件示范性综合应急演练。

18日，由中国体育彩票制作的特别节目《一日店长》正式与大家见面，由央视“名嘴”韩乔生带队，知名体育主持人刘语熙、知名歌手王铮亮作为助理店长携手合作，体验经营体彩店的一天。

12 月

29日，完成综合体验中心体验游戏系统上线，指导各地依托自有销售场所优势，推进福彩综合体验中心建设。

12月，中国体育彩票在卡塔尔世界杯期间开展的“一日店长”主题传播活动的同时，同步上线“明星足球解说”抖音挑战赛。

截至27日，中国福利彩票即开型彩票年销量突破300亿元，全年销量达到303亿元，创造历史最高年销售记录。

三、彩票制度、政策和文献

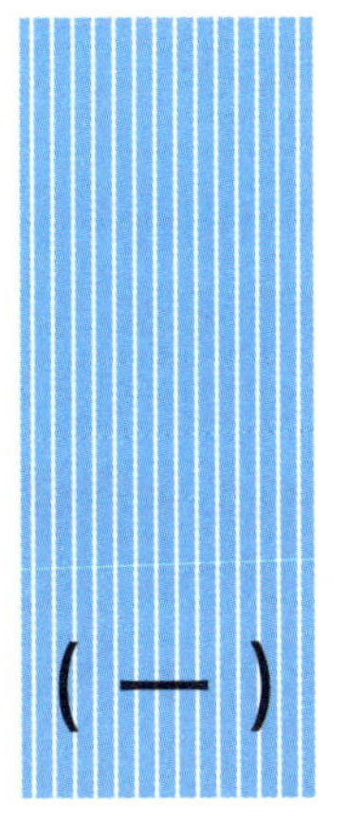

（一）国家彩票监督管理制度、政策和文献

中华人民共和国财政部公告

（2022 年 8 月 22 日　2022 年第 26 号）

2021年，财政部门认真贯彻落实党中央、国务院决策部署，与民政、体育等部门密切配合，积极开展彩票公益金筹集分配使用工作，推动我国彩票事业持续健康发展。现将2021年彩票公益金筹集分配情况和中央集中彩票公益金安排使用情况公告如下：

一、2021年全国彩票公益金筹集情况

2021年，全国发行销售彩票3 732.85亿元。分机构看，福利彩票机构发行销售彩票1 422.55亿元，体育彩票机构发行销售彩票2 310.30亿元。分类型看，发行销售乐透数字型彩票1 618.92亿元、竞猜型彩票1 342.99亿元、即开型彩票544.11亿元、基诺型彩票226.83亿元，乐透数字型、竞猜型、即开型、基诺型彩票销售量分别占彩票销售总量的43.3%、36.0%、14.6%和6.1%；视频型彩票销售0.01亿元。详见附件1。

根据现行彩票管理规定，彩票公益金来源于彩票发行销售收入和逾期未兑奖的奖金。彩票发行销售收入中，根据不同彩票品种，彩票公益金提取比例有所不同，主要有以下5种类型：一是乐透数字型彩票。其中，全国性乐透数字型彩票，彩票公益金提取比例约为36%，彩票奖金和彩票发行费提取比例约为51%和13%；地方性乐透数字型彩票，大部分彩票游戏的彩票公益金提取比例为34%，彩票奖金和彩票发行费提取比例为53%和13%。2021年乐透数字型彩票筹集彩票公益金567.67亿元。二是竞猜型彩票。大部分彩票游戏的彩票公益金提取比例为21%，彩票奖金和彩票发行费提取比例为70%和9%。2021年竞猜型彩票筹集彩票公益金283.64亿元。三是即开型彩票。彩票公益金提取比例为20%，彩票奖金和彩票发行费提取比例为65%和15%。2021年即开型彩票筹集彩票公益金108.82亿元。四是基诺型彩票。彩票公益金提取比例为30%，彩票奖金和彩票发行费提取比例为58%和12%，2021年基

诺型彩票筹集彩票公益金68.05亿元。五是视频型彩票。彩票公益金提取比例为21%，彩票奖金和彩票发行费提取比例为67%和12%。2021年视频型彩票筹集彩票公益金0.002亿元。2021年逾期未兑奖奖金18.48亿元。综上，2021年共筹集彩票公益金1 046.66亿元。详见附件2。

二、2021年全国彩票公益金分配情况

根据国务院批准的彩票公益金分配政策，彩票公益金在中央和地方之间按各50%的比例分配，专项用于社会福利、体育等社会公益事业，按政府性基金管理办法纳入预算，实行财政收支两条线管理。地方留成彩票公益金，由省级财政部门商民政、体育等有关部门研究确定分配原则。中央集中彩票公益金在全国社会保障基金、中央专项彩票公益金、民政部和体育总局之间分别按60%、30%、5%和5%的比例分配。

2021年中央财政当年收缴入库彩票公益金520.46亿元，加上2020年度结转收入144.18亿元，共664.64亿元。经全国人大审议批准，2021年中央财政安排彩票公益金支出502.7亿元。考虑收回结余资金、补充预算稳定调节基金等因素，收支相抵，期末余额156.14亿元。按上述分配政策，结合上年结余等情况，分配给全国社会保障基金理事会310.89亿元，用于补充全国社会保障基金；分配给中央专项彩票公益金139.99亿元，用于国务院批准的社会公益事业项目；分配给民政部25.91亿元，用于资助老年人福利、残疾人福利、儿童福利等方面（详见附件3）；分配给体育总局25.91亿元，用于落实全民健身国家战略，提升竞技体育综合实力，丰富体育供给，推动群众体育和竞技体育协调发展，加快推进体育强国建设（详见附件4）。

三、2021年中央专项彩票公益金安排使用情况

2021年，中央专项彩票公益金139.99亿元的具体支出安排如下：

（一）中小学生校外研学实践活动1.9亿元。该项目由教育部组织实施，主要用于支持全国中小学生研学实践教育基地、营地，开展中小学研学实践教育活动。详见附件5。

（二）乡村学校少年宫建设2.83亿元。该项目由中央文明办组织实施，主要用于脱贫县新建乡村学校少年宫修缮装备补助以及已开展活动的乡村学校少年宫运转补助。详见附件6。

（三）教育助学10亿元。该项目由教育部委托中国教育发展基金会组织实施，主要用于资助中西部地区家庭经济困难的普通高校新生到校报到的交通费和入学后短期生活费，资助家庭经济特别困难教师，资助遭遇突发紧急事件的学校或相关单位。详见附件7。

（四）幼儿普通话教育0.31亿元。该项目由教育部组织实施，主要用于对新疆、西藏、内蒙古、四川、甘肃、青海、云南有关民族地区农村（乡村、镇区、镇乡结合地区）幼儿园教师，开展国家通用语言文字应用能力培训，加快推进幼儿普通话工作。详见附件8。

（五）低收入家庭高校毕业生就业帮扶0.49亿元。该项目由教育部组织实施，主要用于面向全国低收入家庭高校毕业生开展线上线下就业能力培训。

（六）医疗救助19.8亿元。该项目由国家医保局组织实施，主要用于资助困难群众参加城乡居民基本医疗保险，并对其难以负担的基本医疗自付费用给予补助。2021年该项目实际执行中调整收回资金0.17亿元。详见附件9。

（七）居家和社区基本养老服务提升11亿元。该项目由民政部组织实施，主要用于为符合条件的经济困难失能、部分失能老年人建设家庭养老床位、提供居家养老上门服务。详见附件10。

（八）欠发达革命老区乡村振兴20亿元。该项目由国家乡村振兴局组织实施，主要用于支持欠发达革命老区统筹实施必要的农村人居环境整

治和公益性基础设施建设、促进脱贫劳动力就业增收、发展农业特色产业等。详见附件11。

（九）文化公益事业5亿元。该项目由国家艺术基金管理中心组织实施，主要用于支持艺术创作生产、传播交流推广和人才培养等项目。

（十）残疾人事业25.2亿元。该项目由中国残联组织实施，主要用于残疾人康复、残疾人体育、盲人读物出版、盲人公共文化服务等。详见附件12。

（十一）红十字事业6.06亿元。该项目由中国红十字会总会组织实施，主要用于大病儿童救助、中国造血干细胞捐献者资料库、红十字人道救助救援、红十字生命健康安全教育、人体器官捐献等项目。

（十二）法律援助1.3亿元。该项目由司法部委托中国法律援助基金会组织实施，主要用于开展对农民工、残疾人、老年人、妇女和未成年人等群体的法律援助。详见附件13。

（十三）低收入妇女“两癌”救助2.87亿元。该项目由全国妇联委托中国妇女发展基金会组织实施，主要用于救助符合条件的患有乳腺癌和宫颈癌的农村低收入妇女。详见附件14。

（十四）出生缺陷干预救助2.58亿元。该项目由卫生健康委委托中国出生缺陷干预救助基金会组织实施，主要用于出生缺陷救助、出生缺陷检测、出生缺陷防治宣传和健康教育。

（十五）罕见病诊疗水平能力提升0.64亿元。该项目由卫生健康委委托中国医学科学院北京协和医院组织实施，主要用于罕见病多学科诊疗、罕见病遗传检测、罕见病诊疗能力培训。

（十六）支持地方社会公益事业发展30亿元。该项目主要支持社会公益事业发展相对落后的中西部地区、原中央苏区和山东沂蒙革命老区等，促进区域协调发展。详见附件15。

特此公告。

附件：1. 2021年全国彩票销售情况表

2. 2021年全国彩票公益金筹集情况表

3. 2021年中央集中彩票公益金由民政部安排使用资金表

4. 2021年中央集中彩票公益金由体育总局安排使用资金表

5. 2021年中央专项彩票公益金支持中小学生校外研学实践活动项目资金分配表

6. 2021年中央专项彩票公益金支持乡村学校少年宫项目资金分配表

7. 2021年中央专项彩票公益金支持教育助学项目资金分配表

8. 2021年中央专项彩票公益金支持幼儿普通话教育项目资金分配表

9. 2021年中央专项彩票公益金支持医疗救助项目资金分配表

10. 2021年中央专项彩票公益金支持居家和社区基本养老服务提升行动项目资金分配表

11. 2021年中央专项彩票公益金支持欠发达革命老区乡村振兴项目资金分配表

12. 2021年中央专项彩票公益金支持残疾人事业项目资金分配表

13. 2021年中央专项彩票公益金支持法律援助项目资金分配表

14. 2021年中央专项彩票公益金支持低收入妇女“两癌”救助项目资金分配表

15. 2021年中央专项彩票公益金支持地方社会公益事业发展项目资金分配表

附件 1：

2021 年全国彩票销售情况表

单位：万元

地区	全国销售量	分机构		分类型				
		福利彩票	体育彩票	乐透数字型	竞猜型	即开型	视频型	基诺型
北　京	1 018 821	358 072	660 749	486 458	331 154	175 518	0	25 691
天　津	616 318	147 830	468 488	192 886	338 894	69 945	0	14 592
河　北	1 385 929	468 089	917 840	643 010	480 760	180 593	0	81 566
山　西	616 735	251 282	365 453	247 418	263 075	67 501	0	38 742
内蒙古	790 451	305 972	484 478	345 263	274 469	136 753	0	33 966
辽　宁	1 069 517	534 284	535 234	530 752	290 651	169 270	0	78 845
吉　林	620 003	255 472	364 531	244 803	189 446	135 396	0	50 359
黑龙江	669 372	265 961	403 411	325 614	208 529	102 316	0	32 913
上　海	881 625	433 949	447 676	482 911	210 180	158 540	0	29 993
江　苏	2 644 266	812 544	1 831 722	1 192 084	934 990	413 334	0	103 858
浙　江	2 854 178	1 162 870	1 691 308	1 275 585	890 667	500 319	0	187 607
安　徽	1 195 794	443 931	751 863	547 962	462 831	111 645	0	73 357
福　建	1 327 068	399 332	927 736	714 100	347 593	182 131	0	83 244
江　西	953 814	286 962	666 852	319 959	492 500	72 273	0	69 082
山　东	2 571 674	904 099	1 667 575	940 065	1 112 419	335 838	0	183 353
河　南	2 148 368	495 296	1 653 072	795 414	1 022 233	238 574	0	92 146
湖　北	1 673 481	543 344	1 130 137	643 618	824 308	100 333	0	105 221
湖　南	1 096 855	514 304	582 550	467 067	425 353	104 350	0	100 085
广　东	3 786 758	1 618 339	2 168 419	1 548 444	1 292 639	700 920	0	244 755
广　西	611 352	341 984	269 368	266 320	179 189	100 273	0	65 570
海　南	128 736	44 717	84 020	81 327	26 729	16 824	97	3 758
重　庆	937 057	328 301	608 756	303 760	462 247	83 757	0	87 293
四　川	1 984 802	742 848	1 241 954	812 519	793 242	238 548	0	140 492
贵　州	796 050	279 585	516 465	376 392	275 817	80 608	0	63 234
云　南	1 685 039	676 531	1 008 509	955 993	404 970	267 609	0	56 468
西　藏	157 846	70 793	87 053	70 578	20 925	62 889	0	3 454
陕　西	1 153 435	557 081	596 354	514 946	373 031	178 571	0	86 887
甘　肃	593 877	226 092	367 785	272 128	210 052	91 034	0	20 664
青　海	178 740	102 633	76 107	105 499	34 676	31 625	0	6 940
宁　夏	285 324	129 189	156 135	155 767	72 243	42 420	0	14 893
新　疆	895 255	523 807	371 447	330 510	184 046	291 382	0	89 316
合　计	**37 328 539**	**14 225 493**	**23 103 046**	**16 189 153**	**13 429 856**	**5 441 089**	**97**	**2 268 344**

注：因数据四舍五入，各分项数和合计数之间存在尾差。下表同。

附件 2：

2021 年全国彩票公益金筹集情况表

单位：万元

地　区	彩票公益金	彩票品种					弃奖奖金
		乐透数字型	竞猜型	即开型	视频型	基诺型	
北　京	289 243	170 844	70 759	35 104	0	7 707	4 829
天　津	160 029	67 026	72 678	13 989	0	4 378	1 959
河　北	393 851	225 443	101 341	36 119	0	24 470	6 478
山　西	169 153	86 291	55 328	13 500	0	11 623	2 412
内蒙古	218 782	119 774	57 727	27 351	0	10 190	3 741
辽　宁	308 083	184 096	61 329	33 854	0	23 654	5 150
吉　林	169 790	84 889	39 881	27 079	0	15 108	2 833
黑龙江	191 923	113 429	43 867	20 463	0	9 874	4 289
上　海	261 112	170 112	44 555	31 708	0	8 998	5 739
江　苏	741 545	417 148	196 842	82 667	0	31 157	13 730
浙　江	806 845	448 830	187 816	100 064	0	56 282	13 853
安　徽	340 383	193 350	97 390	22 329	0	22 007	5 307
福　建	395 220	254 445	73 322	36 426	0	24 973	6 053
江　西	255 449	113 139	103 659	14 455	0	20 725	3 473
山　东	698 212	329 316	233 946	67 168	0	55 006	12 777
河　南	579 312	281 267	214 847	47 715	0	27 644	7 840
湖　北	456 801	226 280	173 593	20 067	0	31 566	5 295
湖　南	310 570	164 549	89 752	20 870	0	30 026	5 373
广　东	1 055 002	542 372	278 137	140 184	0	73 428	20 880
广　西	177 356	94 650	37 960	20 055	0	19 671	5 020
海　南	40 393	28 788	5 648	3 365	20	1 128	1 444
重　庆	251 028	107 239	97 345	16 751	0	26 188	3 505
四　川	553 083	286 907	167 031	47 710	0	42 148	9 287
贵　州	230 934	132 337	58 046	16 122	0	18 970	5 460
云　南	502 670	333 628	85 212	53 522	0	16 940	13 369
西　藏	42 324	23 314	4 401	12 578	0	1 036	995
陕　西	324 016	178 515	78 496	35 714	0	26 066	5 225
甘　肃	165 499	94 002	44 179	18 207	0	6 199	2 913
青　海	52 921	36 302	7 298	6 325	0	2 082	915
宁　夏	84 272	54 551	15 204	8 484	0	4 468	1 565
新　疆	240 805	113 905	38 767	58 276	0	26 795	3 063
合　计	**10 466 607**	**5 676 738**	**2 836 354**	**1 088 218**	**20**	**680 505**	**184 772**

附件 3：

2021 年中央集中彩票公益金由民政部安排使用资金表

单位：万元

地区（单位）	老年人福利	残疾人福利	儿童福利	社会公益	乡村振兴衔接专项	彩票公益金第三方绩效评价、评审和审计等	合计
中央本级	0	0	0	0	0	502	502
北　京	1 860	356	356	2	0	0	2 574
天　津	660	302	243	7	0	0	1 212
河　北	7 195	2 046	1 214	704	0	0	11 159
山　西	3 184	1 003	981	2 236	0	0	7 404
内蒙古	2 176	888	771	582	838	0	5 255
辽　宁	4 739	1 131	1 112	805	0	0	7 787
吉　林	4 190	939	581	614	0	0	6 324
黑龙江	3 763	1 103	890	635	0	0	6 391
上　海	3 611	410	109	4	0	0	4 134
江　苏	5 438	1 663	1 082	109	0	0	8 292
浙　江	2 718	1 238	541	28	0	0	4 525
安　徽	6 684	2 341	1 370	1 134	0	0	11 529
福　建	2 230	984	641	42	0	0	3 897
江　西	3 585	1 435	1 581	779	1 223	0	8 603
山　东	9 331	2 686	1 783	127	0	0	13 927
河　南	9 816	3 322	3 007	1 011	0	0	17 156
湖　北	5 887	1 808	1 677	900	0	0	10 272
湖　南	7 650	2 300	3 088	1 072	0	0	14 110
广　东	5 559	1 868	2 139	92	0	0	9 658
广　西	4 997	1 657	2 003	2 107	1 307	0	12 071
海　南	654	226	282	525	0	0	1 687
重　庆	2 696	868	1 289	355	378	0	5 586
四　川	9 577	2 978	4 005	2 308	1 073	0	19 941
贵　州	2 938	1 332	2 661	819	1 851	0	9 601
云　南	3 365	1 764	1 932	1 605	2 200	0	10 866
西　藏	261	152	1 082	200	4 829	0	6 524
陕　西	3 470	1 645	1 077	988	607	0	7 787
甘　肃	4 213	1 056	1 646	1 941	1 574	0	10 430
青　海	474	242	461	473	1 087	0	2 737
宁　夏	498	319	267	228	350	0	1 662
新　疆	4 266	565	756	784	8 478	0	14 849
新疆兵团	500	0	85	47	0	0	632
合　计	**128 185**	**40 627**	**40 712**	**23 263**	**25 795**	**502**	**259 084**

附件4：

2021年中央集中彩票公益金由体育总局安排使用资金表

单位：万元

地区（单位）	合计
中央本级	84 900
北　京	2 225
天　津	24 093
河　北	82 367
山　西	5 197
内蒙古	1 667
辽　宁	4 475
大　连	150
吉　林	1 882
黑龙江	2 042
上　海	2 386
江　苏	2 368
浙　江	2 555
宁　波	0
安　徽	1 194
福　建	3 990
厦　门	150
江　西	1 060
山　东	2 145
青　岛	0
河　南	2 020
湖　北	2 689
湖　南	1 015
广　东	1 245
深　圳	150
广　西	887
海　南	3 550
重　庆	1 032
四　川	4 187
贵　州	1 047
云　南	4 207
西　藏	1 384
陕　西	6 677
甘　肃	817
青　海	747
宁　夏	852
新　疆	1 732
新疆兵团	0
合　计	**259 084**

附件5：

2021年中央专项彩票公益金支持中小学生校外研学实践活动项目资金分配表

单位：万元

地区（单位）	金额
北　京	500
天　津	150
河　北	650
山　西	1 150
内蒙古	1 000
辽　宁	650
吉　林	1 000
黑龙江	1 150
上　海	1 000
江　苏	1 150
浙　江	650
安　徽	1 150
福　建	650
江　西	150
山　东	1 150
河　南	650
湖　北	1 000
湖　南	500
广　东	150
广　西	650
海　南	0
重　庆	150
四　川	650
贵　州	150
云　南	0
西　藏	0
陕　西	150
甘　肃	1 000
青　海	650
宁　夏	150
新　疆	1 000
新疆兵团	0
合　计	**19 000**

附件6：

2021年中央专项彩票公益金支持乡村学校少年宫项目资金分配表

单位：万元

地区（单位）	金 额
北 京	0
天 津	0
河 北	1 267
山 西	543
内蒙古	465
辽 宁	0
吉 林	183
黑龙江	353
上 海	0
江 苏	0
浙 江	0
安 徽	794
福 建	0
江 西	641
山 东	0
河 南	1 072
湖 北	689
湖 南	1 168
广 东	0
广 西	740
海 南	93
重 庆	614
四 川	3 664
贵 州	1 657
云 南	1 608
西 藏	4 197
陕 西	1 702
甘 肃	5 431
青 海	456
宁 夏	225
新 疆	740
新疆兵团	0
合 计	**28 302**

附件 7：

2021 年中央专项彩票公益金支持教育助学项目资金分配表

单位：万元

地区（单位）	金额
北　京	220
天　津	0
河　北	8 812
山　西	5 210
内蒙古	3 222
辽　宁	671
吉　林	2 985
黑龙江	2 292
上　海	0
江　苏	0
浙　江	0
安　徽	5 041
福　建	0
江　西	4 657
山　东	264
河　南	11 921
湖　北	4 458
湖　南	6 396
广　东	0
广　西	5 905
海　南	1 784
重　庆	2 470
四　川	7 481
贵　州	5 197
云　南	6 327
西　藏	741
陕　西	4 426
甘　肃	3 263
青　海	1 725
宁　夏	886
新　疆	3 266
新疆兵团	380
合　计	**100 000**

附件 8：

2021 年中央专项彩票公益金支持幼儿普通话教育项目资金分配表

单位：万元

地 区	金额
内蒙古	385
四 川	462
云 南	578
西 藏	193
甘 肃	385
青 海	385
新 疆	693
合 计	**3 080**

附件9：

2021年中央专项彩票公益金支持医疗救助项目资金分配表

单位：万元

地 区	金 额
北 京	351
天 津	927
河 北	5 666
山 西	3 939
内蒙古	3 062
辽 宁	2 609
吉 林	2 925
黑龙江	3 976
上 海	504
江 苏	2 285
浙 江	1 466
安 徽	11 130
福 建	2 214
江 西	5 462
山 东	4 037
河 南	11 856
湖 北	9 261
湖 南	11 036
广 东	3 089
广 西	11 018
海 南	1 814
重 庆	3 804
四 川	12 087
贵 州	17 987
云 南	17 602
西 藏	4 617
陕 西	8 572
甘 肃	23 797
青 海	–3 127
宁 夏	2 582
新 疆	11 452
合 计	**198 000**

注：2021年调整收回医疗救助资金1 732万元，实际支出196 268万元。

附件 10：

2021 年中央专项彩票公益金支持居家和社区基本养老服务提升行动项目资金分配表

单位：万元

地区（单位）	金 额
北 京	269
天 津	372
河 北	3 766
山 西	3 384
内蒙古	2 128
辽 宁	4 315
吉 林	2 562
黑龙江	1 630
上 海	623
江 苏	3 329
浙 江	1 875
安 徽	5 977
福 建	4 449
江 西	5 423
山 东	4 285
河 南	9 318
湖 北	5 767
湖 南	7 169
广 东	5 355
广 西	3 900
海 南	995
重 庆	772
四 川	9 025
贵 州	2 029
云 南	5 595
西 藏	265
陕 西	3 298
甘 肃	6 471
青 海	2 131
宁 夏	1 469
新 疆	1 580
新疆兵团	474
合 计	**110 000**

附件 11：

2021 年中央专项彩票公益金支持欠发达革命老区乡村振兴项目资金分配表

单位：万元

地区（单位）	金 额
北 京	5 000
天 津	5 000
河 北	10 000
山 西	10 000
内蒙古	5 000
辽 宁	5 000
吉 林	5 000
黑龙江	5 000
上 海	5 000
江 苏	10 000
浙 江	10 000
安 徽	10 000
福 建	5 000
江 西	10 000
山 东	10 000
河 南	10 000
湖 北	10 000
湖 南	10 000
广 东	10 000
广 西	10 000
海 南	5 000
重 庆	5 000
四 川	5 000
贵 州	5 000
云 南	5 000
西 藏	0
陕 西	5 000
甘 肃	5 000
青 海	0
宁 夏	5 000
新 疆	0
新疆兵团	0
合 计	**200 000**

附件 12:

2021 年中央专项彩票公益金支持残疾人事业项目资金分配表

单位：万元

地区（单位）	残疾人康复等	残疾人体育	盲人读物出版、盲人公共文化服务等	合计
中国残疾人联合会	0	18 305	3 371	21 676
北　京	823	0	0	823
天　津	1 303	0	0	1 303
河　北	10 842	0	0	10 842
山　西	5 444	0	0	5 444
内蒙古	4 710	0	0	4 710
辽　宁	7 277	0	0	7 277
吉　林	5 210	0	0	5 210
黑龙江	6 303	0	0	6 303
上　海	0	0	0	0
江　苏	10 045	0	0	10 045
浙　江	6 505	0	0	6 505
安　徽	10 913	0	0	10 913
福　建	6 623	0	0	6 623
江　西	7 948	0	0	7 948
山　东	14 564	0	0	14 564
河　南	18 326	0	0	18 326
湖　北	9 986	0	0	9 986
湖　南	12 167	0	0	12 167
广　东	14 915	0	0	14 915
广　西	10 674	0	0	10 674
海　南	1 588	0	0	1 588
重　庆	5 404	0	0	5 404
四　川	15 819	0	0	15 819
贵　州	8 440	0	0	8 440
云　南	8 932	0	0	8 932
西　藏	1 409	0	0	1 409
陕　西	8 069	0	0	8 069
甘　肃	5 912	0	0	5 912
青　海	1 798	0	0	1 798
宁　夏	2 023	0	0	2 023
新　疆	5 559	0	0	5 559
新疆兵团	813	0	0	813
合　计	**230 344**	**18 305**	**3 371**	**252 020**

注：“残疾人康复等”包括残疾儿童康复救助、残疾学生助学、困难残疾人家庭无障碍改造以及残疾人文化服务等支出；残疾人体育项目主要用于备战和参加残奥会、备战冬残奥会、实施冬季残奥运动提升计划、开展残疾人健身体育和康复体育等方面支出。

附件 13：

2021 年中央专项彩票公益金支持法律援助项目资金分配表

单位：万元

地区（单位）	金　额
中国法律援助基金会	260
北　京	1 120
天　津	95
河　北	637
山　西	266
内蒙古	189
辽　宁	473
吉　林	300
黑龙江	276
上　海	76
江　苏	274
浙　江	221
安　徽	650
福　建	168
江　西	618
山　东	735
河　南	683
湖　北	309
湖　南	455
广　东	177
广　西	241
海　南	75
重　庆	304
四　川	597
贵　州	512
云　南	816
西　藏	227
陕　西	548
甘　肃	473
青　海	294
宁　夏	335
新　疆	403
新疆兵团	205
合　计	**13 012**

附件 14：

2021 年中央专项彩票公益金支持低收入妇女“两癌”救助项目资金分配表

单位：万元

地区（单位）	金　额
中央本级	124
北　京	27
天　津	233
河　北	2 057
山　西	458
内蒙古	1 980
辽　宁	440
吉　林	763
黑龙江	465
上　海	5
江　苏	243
浙　江	15
安　徽	1 450
福　建	90
江　西	1 520
山　东	835
河　南	2 603
湖　北	1 258
湖　南	2 570
广　东	195
广　西	2 158
海　南	68
重　庆	585
四　川	2 295
贵　州	1 216
云　南	1 253
西　藏	20
陕　西	1 238
甘　肃	1 157
青　海	29
宁　夏	92
新　疆	865
新疆兵团	368
合　计	**28 675**

附件 15：

2021 年中央专项彩票公益金支持地方社会公益事业发展项目资金分配表

单位：万元

地区（单位）		金额
西　藏		45 000
新　疆		32 000
贵　州		30 000
革命老区原中央苏区	江　西	17 300
	福　建	9 900
	广　东	3 500
	山　东	4 500
河　北		10 648
山　西		6 944
内蒙古		5 139
吉　林		6 598
黑龙江		7 285
安　徽		8 049
河　南		12 569
湖　北		7 606
湖　南		10 169
广　西		9 064
海　南		8 590
重　庆		4 286
四　川		13 006
云　南		6 735
陕　西		6 496
甘　肃		7 975
青　海		10 809
宁　夏		8 632
新疆兵团		7 200
合　计		**300 000**

中华人民共和国财政部公告

（2022年12月26日　2022年第39号）

根据《彩票管理条例》及其实施细则、《国务院办公厅关于2023年部分节假日安排的通知》（国办发明电〔2022〕16号）等有关规定，现将2023年彩票市场休市安排公告如下：

一、休市时间。春节10天，休市时间为2023年1月19日0：00至1月28日24：00。国庆节4天，休市时间为2023年10月1日0：00至10月4日24：00。

二、休市期间，除即开型彩票外，停止全国其他类型彩票游戏的销售、开奖和兑奖。具体彩票游戏的开奖、兑奖等时间调整安排，由彩票发行机构、彩票销售机构提前向社会公告。

三、休市期间，即开型彩票的销售活动由彩票销售机构根据彩票发行机构的要求和本地实际情况自行决定。要充分尊重彩票代销者的意愿，不得强行要求销售。彩票销售机构要制定全面细致的销售工作方案，切实加强安全管理。

四、彩票发行机构、彩票销售机构要妥善保管休市前形成的销售数据，确保数据安全；要充分利用休市间隙对彩票销售系统及设备进行调整和维护，为休市结束后的彩票销售活动做好准备。

特此公告。

财政部关于“为中国力量加油　冰雪”等15款即开型体育彩票游戏的审批意见

（2022年1月10日　财政部　财综〔2022〕2号）

体育总局体育彩票管理中心：

你中心《关于发行“为中国力量加油 冰雪”等15款纸质即开型体育彩票游戏的请示》（体彩字〔2021〕373号）收悉。为优化即开型彩票游戏结构，促进彩票市场健康发展，经研究，根据《彩票管理条例》（国务院令第554号）、《彩票管理条例实施细则》（财政部 民政部 体育总局令第96号）和《彩票发行销售管理办法》（财综〔2018〕67号）等相关规定，现就有关事项通知如下：

一、同意你中心印制发行“为中国力量加油 冰雪”等15款即开型体育彩票游戏，具体游戏规则见附件。“为中国力量加油 冰雪”等15款即开型体育彩票游戏按其销售总额的65%、15%和20%分别计提彩票奖金、彩票发行费和彩票公益金。

二、“为中国力量加油 冰雪”等15款即开型体育彩票游戏上市销售前，你中心应及时向社会发布公告，并在公告中注明财政部批准的文件名称、文号、上市销售日期以及《“为中国力量加油 冰雪”等15款即开型体育彩票游戏规则》等。

三、即开型体育彩票游戏的兑奖工作应当严格按现行有关规定进行。其中，彩票中奖奖金应当以人民币现金或者现金支票形式一次性兑付，彩票中奖者应当自开奖之日起60个自然日内，持中奖彩票到指定的地点兑奖。

四、你中心应当切实履行彩票发行机构主体责任，严格遵守政府采购等相关规定，统筹衔接好游戏报批、预算编列、印制物流、上市销售、停止销售等工作环节，并指导彩票销售机构节约成本、提高效率、规范运营，确保即开型彩票持续健康发展。

附件：“为中国力量加油 冰雪”等15款即开型体育彩票游戏规则

附件：

“为中国力量加油 冰雪”等15款即开型体育彩票游戏规则

一、宝石之王

（一）面值：5元。

（二）奖组：3 600万张（1.8亿元）。

（三）玩法规则：游戏1：刮开覆盖膜，如果出现“¥50”标志，即中得50元。

游戏2：刮开覆盖膜，如果出现“¥100”标志，即中得100元。

游戏3：刮开覆盖膜，如果出现钻戒标志"💍"，即中得该标志下方所示的奖金金额；如果出现王冠标志"👑"，即中得该标志下方所示奖金金额的两倍。

中奖奖金兼中兼得。

（四）设奖方案：

奖级	中奖金额（元）	中奖个数	中奖小计（元）
1	500 000	5	2 500 000
2	100 000	10	1 000 000
3	10 000	50	500 000
4	1 000	1 000	1 000 000
5	400	10 000	4 000 000
6	200	30 000	6 000 000
7	100	60 000	6 000 000
8	50	60 000	3 000 000
9	20	1 200 000	24 000 000
10	10	3 000 000	30 000 000
11	5	7 800 000	39 000 000
合 计		**12 161 065**	**117 000 000**

二、爱赢

（一）面值：5元。

（二）奖组：18万张（90万元）。

（三）玩法规则：刮开覆盖膜，如果你的号码中任意一个号码与中奖号码之一相同，即中得该号码下方所示的金额；如果出现赢标志"赢"，即中得刮开区内所示的6个金额之和。中奖奖金兼中兼得。

（四）设奖方案：

奖级	中奖金额（元）	中奖个数	中奖小计（元）
1	10 000	5	50 000
2	1 000	10	10 000
3	500	20	10 000
4	100	300	30 000
5	50	850	42 500
6	20	3 750	75 000
7	15	3 000	45 000
8	10	9 000	90 000
9	5	46 500	232 500
合 计		**63 435**	**585 000**

三、超级加倍

（一）面值：5元。

（二）奖组：180万张（900万元）。

（三）玩法规则：刮开覆盖膜，如果出现倍数标志"1倍"、"2倍"、"5倍"、"10倍"、"20倍"，即中得该标志下方所示的金额乘以该倍数；如果在"全中"区出现赢标志"赢"，即中得刮开区内所示的8个金额之和。中奖奖金兼中兼得。

（四）设奖方案：

奖级	中奖金额（元）	中奖个数	中奖小计（元）
1	200 000	1	200 000
2	10 000	5	50 000
3	1 000	10	10 000
4	500	100	50 000
5	200	600	120 000
6	100	15 000	1 500 000
7	50	17 650	882 500
8	20	15 000	300 000
9	10	60 000	600 000
10	5	427 500	2 137 500
合 计		**535 866**	**5 850 000**

四、红包来啦 好事会发生

（一）面值：10元。

（二）奖组：360万张（3 600万元）。

（三）玩法规则：主玩法：刮开覆盖膜，如果出现金额标志，即中得该金额。主玩法中奖奖金兼中兼得。

附加玩法：刮开覆盖膜，如果出现一个或一个以上红包标志"🧧"，即中得右方奖金对照表中所对应的金额。附加玩法中奖奖金不可兼中兼得。

总中奖金额＝主玩法中奖金额＋附加玩法中奖金额

奖金对照表	
1个🧧	20元
2个🧧	50元
3个🧧	100元

（四）设奖方案：

奖级	中奖金额（元）	中奖个数	中奖小计（元）
1	880 000	1	880 000
2	88 000	5	440 000
3	8 800	100	880 000
4	880	1 000	880 000
5	600	1 000	600 000
6	100	15 100	1 510 000
7	80	12 000	960 000
8	50	30 000	1 500 000
9	30	105 000	3 150 000
10	20	300 000	6 000 000
11	10	660 000	6 600 000
合计		**1 124 206**	**23 400 000**

五、宝石之王

（一）面值：10元。

（二）奖组：3 600万张（3.6亿元）。

（三）玩法规则：游戏1：刮开覆盖膜，如果出现“¥50”标志，即中得50元。

游戏2：刮开覆盖膜，如果出现“¥100”标志，即中得100元。

游戏3：刮开覆盖膜，如果在任意一局游戏中，出现两个相同的标志，即中得该局游戏下方所示的奖金金额。

游戏4：刮开覆盖膜，如果你的号码中任意一个号码与中奖号码之一相同，即中得该号码下方所示的金额。

中奖奖金兼中兼得。

（四）设奖方案：

奖级	中奖金额（元）	中奖个数	中奖小计（元）
1	1 000 000	5	5 000 000
2	250 000	10	2 500 000
3	100 000	20	2 000 000
4	10 000	100	1 000 000
5	1 000	2 500	2 500 000
6	400	40 000	16 000 000
7	200	80 000	16 000 000
8	100	60 000	6 000 000
9	50	900 000	45 000 000
10	20	3 000 000	60 000 000
11	10	7 800 000	78 000 000
合计		**11 882 635**	**234 000 000**

六、超级加倍

（一）面值：10元。

（二）奖组：180万张（1 800万元）。

（三）玩法规则：刮开覆盖膜，如果出现倍数标志“1倍”、“2倍”、“5倍”、“10倍”、“20倍”、“50倍”，即中得该标志下方所示的金额乘以该倍数；如果在“全中”区出现赢标志“赢”，即中得刮开区内所示的10个金额之和。中奖奖金兼中兼得。

（四）设奖方案：

奖级	中奖金额（元）	中奖个数	中奖小计（元）
1	500 000	1	500 000
2	100 000	1	100 000
3	10 000	10	100 000
4	1 000	100	100 000
5	500	1 200	600 000
6	200	4 200	840 000
7	100	6 100	610 000
8	50	45 000	2 250 000
9	20	120 000	2 400 000
10	10	420 000	4 200 000
合计		**596 612**	**11 700 000**

七、中国瓷

（一）面值：10元。

（二）奖组：72万张（720万元）。

（三）玩法规则：刮开覆盖膜，如果出现雅标志“雅”，即中得该标志下方所示的金额；如果出现韵标志“韵”，即中得该标志下方所示金额的两倍；如果出现传世标志“传世”，即中得该标志下方所示金额的5倍。中奖奖金兼中兼得。

（四）设奖方案：

奖级	中奖金额（元）	中奖个数	中奖小计（元）
1	250 000	1	250 000
2	10 000	4	40 000
3	1 000	20	20 000
4	500	100	50 000
5	200	600	120 000
6	100	3 000	300 000
7	50	12 000	600 000
8	30	12 000	360 000
9	20	48 000	960 000
10	10	198 000	1 980 000
合 计		**273 725**	**4 680 000**

八、虎丘风光

（一）面值：10元。

（二）奖组：72万张（720万元）。

（三）玩法规则：幸运游戏：刮开幸运游戏覆盖膜，如果出现金额标志，即中得该金额。

主游戏：刮开覆盖膜，如果你的号码中任意一个号码与中奖号码之一相同，即中得该号码下方所示的金额；如果出现虎丘标志“虎丘”，即中得该标志下方所示金额的5倍。

中奖奖金兼中兼得。

（四）设奖方案：

奖级	中奖金额（元）	中奖个数	中奖小计（元）
1	250 000	1	250 000
2	5 000	2	10 000
3	1 600	20	32 000
4	800	60	48 000
5	400	100	40 000
6	100	3 000	300 000
7	50	5 600	280 000
8	30	36 000	1 080 000
9	20	60 000	1 200 000
10	10	144 000	1 440 000
合 计		**248 783**	**4 680 000**

九、为中国力量加油 冰雪

（一）面值：20元。

（二）奖组：720万张（1.44亿元）。

（三）玩法规则：幸运游戏：刮开幸运游戏覆盖膜，如果出现金额标志，即中得该金额。

主游戏：刮开覆盖膜，如果你的号码中任意一个号码与中奖号码之一相同，即中得该号码下方所示的金额；如果出现加油标志“**加油**”，即中得该标志下方所示金额的两倍；如果出现奖牌标志“”，即中得该标志下方所示金额的5倍。

中奖奖金兼中兼得。

（四）设奖方案：

奖级	中奖金额（元）	中奖个数	中奖小计（元）
1	1 000 000	1	1 000 000
2	100 000	1	100 000
3	10 000	40	400 000
4	1 000	400	400 000
5	500	13 000	6 500 000
6	200	12 000	2 400 000
7	100	240 000	24 000 000
8	50	120 000	6 000 000
9	30	360 000	10 800 000
10	20	2 100 000	42 000 000
合 计		**2 845 442**	**93 600 000**

十、超级加倍

（一）面值：20元。

（二）奖组：900万张（1.8亿元）。

（三）玩法规则：刮开覆盖膜，如果出现倍数标志“**1倍**”、“**2倍**”、“**5倍**”、“**10倍**”、“**20倍**”、“**50倍**”、“**100倍**”，即中得该标志下方所示的金额乘以该倍数；如果在“全中”区出现赢标志“**赢**”，即中得刮开区内所示的20个金额之和。中奖奖金兼中兼得。

（四）设奖方案：

奖级	中奖金额（元）	中奖个数	中奖小计（元）
1	1 000 000	1	1 000 000
2	100 000	10	1 000 000

续表

奖级	中奖金额（元）	中奖个数	中奖小计（元）
3	10 000	100	1 000 000
4	1 000	10 000	10 000 000
5	500	20 500	10 250 000
6	200	15 000	3 000 000
7	100	30 000	3 000 000
8	50	375 000	18 750 000
9	30	900 000	27 000 000
10	20	2 100 000	42 000 000
合计		**3 450 611**	**117 000 000**

十一、红红火火

（一）面值：20元。

（二）奖组：900万张（1.8亿元）。

（三）玩法规则：游戏一：刮开覆盖膜，如果出现“¥50”标志，即中得50元；

游戏二：刮开覆盖膜，如果出现“¥100”标志，即中得100元。

游戏三：刮开覆盖膜，如果你的号码中任意一个号码与中奖号码之一相同，即中得该号码下方所示的奖金金额；如果出现倍数标志“2倍”、“5倍”、“10倍”、“20倍”、“50倍”，即中得该标志下方所示的奖金金额乘以该倍数。

中奖奖金兼中兼得。

（四）设奖方案：

奖级	中奖金额（元）	中奖个数	中奖小计（元）
1	1 000 000	1	1 000 000
2	100 000	10	1 000 000
3	10 000	50	500 000
4	1 000	2 750	2 750 000
5	600	15 000	9 000 000
6	400	30 000	12 000 000
7	100	150 000	15 000 000
8	50	225 000	11 250 000
9	30	750 000	22 500 000
10	20	2 100 000	42 000 000
合计		**3 272 811**	**117 000 000**

十二、国宝Ⅱ

（一）面值：20元。

（二）奖组：900万张（1.8亿元）。

（三）玩法规则：刮开覆盖膜，如果出现国宝标志“国宝”，即中得该标志下方所示的金额；如果出现顶呱刮标志“”，即中得该标志下方所示金额的5倍。中奖奖金兼中兼得。

（四）设奖方案：

奖级	中奖金额（元）	中奖个数	中奖小计（元）
1	1 000 000	1	1 000 000
2	10 000	6	60 000
3	3 000	20	60 000
4	600	20 000	12 000 000
5	400	28 500	11 400 000
6	100	24 800	2 480 000
7	60	375 000	22 500 000
8	30	900 000	27 000 000
9	20	2 025 000	40 500 000
合计		**3 373 327**	**117 000 000**

十三、虎丘风光

（一）面值：20元。

（二）奖组：360万张（7 200万元）。

（三）玩法规则：幸运游戏：刮开幸运游戏覆盖膜，如果出现金额标志，即中得该金额。

主游戏：刮开覆盖膜，如果你的号码中任意一个号码与中奖号码之一相同，即中得该号码下方所示的金额；如果出现虎丘标志“虎丘”，即中得该标志下方所示金额的5倍。

中奖奖金兼中兼得。

（四）设奖方案：

奖级	中奖金额（元）	中奖个数	中奖小计（元）
1	1 000 000	4	4 000 000
2	100 000	1	100 000
3	10 000	10	100 000
4	5 000	20	100 000
5	1 000	800	800 000

续表

奖级	中奖金额（元）	中奖个数	中奖小计（元）
6	500	9 600	4 800 000
7	100	30 000	3 000 000
8	60	120 000	7 200 000
9	40	240 000	9 600 000
10	20	855 000	17 100 000
合 计		**1 255 435**	**46 800 000**

十四、万里长城

（一）面值：30元。

（二）奖组：900万张（2.7亿元）

（三）玩法规则：游戏一：刮开覆盖膜，如果出现龙标志“龙”，即中得该标志下方所示的金额。

游戏二：刮开覆盖膜，如果出现3个相同的金额标志，即中得该单一金额；如果出现“**¥10 000**”标志，即中得1万元。

游戏三：刮开覆盖膜，如果你的号码中任意一个号码与中奖号码之一相同，即中得该号码下方所示的金额；如果出现长城标志“长城”，即中得该标志下方所示金额的5倍。

中奖奖金兼中兼得。

（四）设奖方案：

奖级	中奖金额（元）	中奖个数	中奖小计（元）
1	1 000 000	1	1 000 000
2	100 000	10	1 000 000
3	10 000	100	1 000 000
4	5 000	200	1 000 000
5	800	22 500	18 000 000
6	500	31 000	15 500 000
7	300	10 000	3 000 000
8	100	337 500	33 750 000
9	50	675 000	33 750 000
10	30	2 250 000	67 500 000
合 计		**3 326 311**	**175 500 000**

十五、超级加倍

（一）面值：50元。

（二）奖组：900万张（4.5亿元）。

（三）玩法规则：游戏一：刮开覆盖膜，如果出现“**¥100**”标志，即中得100元。

游戏二：刮开覆盖膜，如果出现“**¥200**”标志，即中得200元。

游戏三：刮开覆盖膜，如果出现“**¥500**”标志，即中得500元。

游戏四：刮开覆盖膜，如果出现“**¥1 000**”标志，即中得1 000元。

游戏五：刮开覆盖膜，如果出现倍数标志“**1倍**”、“**2倍**”、“**5倍**”、“**10倍**”、“**20倍**”、“**50倍**”、“**100倍**”、“**200倍**”，即中得该标志下方所示的金额乘以该倍数；如果在“全中”区出现赢标志“**赢**”，即中得游戏五刮开区内所示的30个金额之和。

中奖奖金兼中兼得。

（四）设奖方案：

奖级	中奖金额（元）	中奖个数	中奖小计（元）
1	1 000 000	1	1 000 000
2	500 000	2	1 000 000
3	100 000	10	1 000 000
4	10 000	50	500 000
5	5 000	400	2 000 000
6	1 000	56 250	56 250 000
7	500	18 750	9 375 000
8	200	10 000	2 000 000
9	150	112 500	16 875 000
10	100	900 000	90 000 000
11	50	2 250 000	112 500 000
合 计		**3 347 963**	**292 500 000**

财政部关于停止销售“彩蛋”等12款即开型体育彩票游戏的审批意见

（2022年2月28日　财政部　财综〔2022〕39号）

国家体育总局体育彩票管理中心：

你中心《关于停止销售“彩蛋”等12款即开型体育彩票的请示》（体彩字〔2022〕19号）收悉。根据《彩票管理条例》（国务院令第554号）、《彩票管理条例实施细则》（财政部 民政部 体育总局令第96号）和《彩票发行销售管理办法》（财综〔2018〕67号）等有关规定，现就有关事项通知如下：

一、为进一步优化体育彩票游戏结构，促进彩票市场健康发展，同意你中心停止销售“彩蛋”等12款即开型体育彩票游戏（见附件）。你中心应当自批准之日起2个月内向社会发布公告，公告内容包括财政部的批准文件名称及文号、停止销售日期、兑奖截止日期等。自公告之日起满60个自然日后，停止销售上述12款彩票游戏。

二、上述12款彩票游戏停止销售后，在兑奖期内，应当按照规定兑付奖金。兑奖期结束后，你中心应与彩票销售机构做好彩票资金结算工作。逾期未兑奖奖金纳入彩票公益金，奖金结余转为一般调节基金，超兑奖金在彩票发行销售风险基金中列支。兑奖期结束后，你中心和彩票销售机构应当在60个自然日内分别向同级财政部门提交书面报告，报告内容包括彩票发行销售、彩票奖金提取、兑付、结余划转等情况。

三、你中心应当严格按照现行彩票管理制度规定，督促彩票销售机构加强销售安全管理和风险控制，切实做好公告、兑奖、结算等相关工作。要合理规划即开型彩票游戏结构，统筹衔接好游戏报批、编列预算、印制物流、上市销售、停止销售等工作环节，切实节约成本、提高效率，确保即开型彩票持续健康发展。

附件：同意停止销售的“彩蛋”等12款即开型体育彩票游戏

附件：

同意停止销售的“彩蛋”等12款即开型体育彩票游戏

序号	彩票游戏名称	游戏面值（元）	财政部批复文号
1	招财猫	2	财办综〔2010〕5号
2	彩蛋	2	财办综〔2016〕124号
3	好运123	5	财办综〔2016〕124号
4	芝麻开门	10	财办综〔2016〕124号
5	中国结	5	财办综〔2016〕124号
6	魅力内蒙古 辉煌70年	10	财综〔2017〕23号
7	强力5	10	财综〔2017〕23号
8	富贵有余	30	财综〔2017〕23号
9	和气生财	10	财综〔2017〕23号
10	景彩骑妙	5	财综〔2017〕23号
11	天下名钻	10	财综〔2017〕23号
12	巧克力	5	财综〔2017〕23号

关于印发《中央专项彩票公益金支持地方社会公益事业发展资金管理办法》的通知

（2022 年 3 月 14 日　财政部　财综〔2022〕43 号）

各省、自治区、直辖市财政厅（局），新疆生产建设兵团财政局：

为进一步加强中央专项彩票公益金管理，提高资金使用效益，根据财政预算管理规定和彩票管理制度要求，结合中央和地方管理实际，财政部对《中央专项彩票公益金支持地方社会公益事业发展资金管理办法》进行了修订完善，现印发给你们，请遵照执行。

附件：中央专项彩票公益金支持地方社会公益事业发展资金管理办法

附件：

中央专项彩票公益金支持地方社会公益事业发展资金管理办法

第一章　总则

第一条　为规范和加强中央专项彩票公益金支持地方社会公益事业发展资金管理，提高资金使用效益，根据《中华人民共和国预算法》《中华人民共和国预算法实施条例》《彩票管理条例》《彩票管理条例实施细则》等有关规定，制定本办法。

第二条　本办法所称中央专项彩票公益金支持地方社会公益事业发展资金（以下简称“社会公益事业资金”），是指经国务院批准，由财政部下达省级财政部门统筹安排用于补助当地社会公益事业的中央专项彩票公益金。

第三条　社会公益事业资金纳入政府性基金预算管理。各级财政部门应当加强社会公益事业资金与一般公共预算、地方留成彩票公益金的统筹衔接，避免资金重复安排。

第二章　资金支持范围

第四条　社会公益事业资金主要用于支持对中国革命作出重大贡献、经济社会发展相对落后、财政较为困难的革命老区县（自治县、不设区的市、市辖区）特别是原中央苏区县社会公益事业发展。对没有革命老区县的西藏、新疆、青海和其他地区视情予以必要支持。

第五条　社会公益事业资金应坚持国家彩票公益属性和社会责任，突出重点，用于社会公益事业发展薄弱环节和领域，着力解决民生突出问题，资金不得用于以下方面的支出：

（一）因公出国（境）、公务接待、公务用车购置及运行等支出；

（二）行政事业单位的基本支出，如基本工资、津贴、补贴、奖金、绩效工资等人员支出及水电费等日常公用支出；

（三）对外投资和以营利为目的的其他支出；

（四）建设楼堂馆所及职工住宅；

（五）与社会公益事业无关的支出，以及其他国家规定禁止列支的支出。

第三章　组织实施管理

第六条　财政部负责提出资金分配建议按程序报批后下达。资金分配主要采取因素法，坚持“量入为出”，根据彩票公益金年度收入测算规模，按照各省份革命老区县数量定额分配。具体计算公式如下：

分配给某省份的社会公益事业资金=该省份原中央苏区县个数×原中央苏区县的分配标准+该省份视同和比照原中央苏区县个数×视同和比照原中央苏区县的分配标准+该省份其他革命老区县个数×其他革命老区县的分配标准

第七条　对没有革命老区县的西藏、新疆、青海和其他地区，由财政部提出资金分配建议按程序报批后予以明确。

第八条　财政部根据按程序报批后的分配意见，编制资金年度预算。

第九条　省级财政部门按照财政部下达的资金额度、使用方向、分配原则和绩效目标，结合本地社会公益事业发展实际，统筹谋划，组织加强项目申报、筛选，可以采取因素法、项目法、因素法与项目法相结合等方式，提出资金分配方案，报财政部备案，并负责组织实施、管理监督等工作。

第十条　省级财政部门收到财政部下达的资金预算和绩效目标后，应当在规定时限内正式分解下达预算和绩效目标，同时将下达预算文件和分解后的绩效目标报财政部备案并抄送财政部当地监管局（以下简称“监管局”）。

第十一条　各级财政部门应当建立资金分配内部控制制度，强化流程控制，依法合规分配。

第十二条　地方各级财政部门、项目主管部门应当严格按照批复的预算执行，在预算执行过程中发生项目变更、终止，确需调剂预算的，应当按照项目申报程序报批。

第十三条　资金支付按照国库集中支付制度有关规定执行。资金使用过程中涉及政府采购的，按照政府采购有关规定执行。

第十四条　地方各级财政部门应当加强资金管理，加快预算执行进度，结余结转资金处理按预算管理有关规定执行。

第四章　绩效管理

第十五条　各级财政部门、项目主管部门应当按照全面实施预算绩效管理的有关规定，加强绩效管理，严格审核绩效目标，做好绩效评价，并强化绩效评价结果应用，定期总结资金管理使用情况和成效，提高资金使用效益。

第十六条　省级财政部门负责组织开展本行政区域内绩效评价工作，按照有关规定向财政部报送本行政区域内上年度绩效评价报告。各地区可根据需要，委托第三方机构或相关领域专家参与绩效评价工作，并抄送监管局。

第十七条　各级财政部门会同项目主管部门应将绩效评价结果及有关问题整改情况作为完善政策、安排预算和改进管理的重要依据。

第五章　宣传公告

第十八条　省级财政部门应当于每年4月底前，向财政部报送上年度本行政区域内使用资金的规模、资助项目、执行情况等，同时抄送监管局。

第十九条　地方各级财政部门应当于每年6月底前，向社会公告上年度本行政区域内使用资金的总体规模、资助项目、执行情况、支出绩效目标及完成情况等，接受社会监督。

第二十条　项目主管部门应当于每年6月底前，向社会公告上年度具体项目的资金规模、支出内容、执行情况和实际效果等，接受社会监督。

第二十一条 社会公益事业资金资助的基本建设设施、设备或社会公益活动等，应当以显著方式标明“彩票公益金资助—中国福利彩票和中国体育彩票”标识。

第六章 监督检查

第二十二条 各级财政部门应当加强社会公益事业资金的监督。财政部各地监督局按照工作职责和财政部授权，开展社会公益事业资金预算监督工作。项目主管部门应当加强项目建设监督和管理，推动项目全生命周期跟踪监管。分配、管理、使用社会公益事业资金的部门、单位和个人，应当依法接受审计、纪检监察等部门的监督，对发现的问题，应当及时制定整改措施并落实。

第二十三条 各级财政部门和项目主管部门及其工作人员在资金分配、使用管理工作中存在违反规定分配资金，不按规定向社会公告的行为，以及其他滥用职权、玩忽职守、徇私舞弊等违纪违法行为的，依法依规追究相应责任。

第七章 附则

第二十四条 本办法由财政部负责解释，自公布之日起施行，有效期至2025年12月31日。《财政部关于印发〈中央专项彩票公益金支持地方社会公益事业发展资金管理办法〉的通知》（财综〔2021〕21号）同时废止。

财政部关于停止销售“幸福温州”等45款即开型福利彩票游戏的审批意见

（2022年7月1日　财政部　财综〔2022〕64号）

中国福利彩票发行管理中心：

你中心《关于停止销售“幸福温州”等45款即开型福利彩票游戏的请示》（中彩发字〔2022〕79号）收悉。根据《彩票管理条例》（国务院令第554号）、《彩票管理条例实施细则》（财政部 民政部 体育总局令第96号）和《彩票发行销售管理办法》（财综〔2018〕67号）等有关规定，现就有关事项通知如下：

一、为进一步优化福利彩票游戏结构，促进彩票市场健康发展，同意你中心停止销售“幸福温州”等45款即开型福利彩票游戏（见附件）。你中心应当自批准之日起2个月内向社会发布公告，公告内容包括财政部的批准文件名称及文号、停止销售日期、兑奖截止日期等。自公告之日起满60个自然日后，停止销售上述45款彩票游戏。

二、上述45款彩票游戏停止销售后，在兑奖期内，应当按照规定兑付奖金。兑奖期结束后，你中心应与彩票销售机构做好彩票资金结算工作。逾期未兑奖奖金纳入彩票公益金，奖金结余转为一般调节基金，超兑奖金在彩票发行销售风险基金中列支。兑奖期结束后，你中心和彩票销售机构应当在60个自然日内分别向同级财政部门提交书面报告，报告内容包括彩票发行销售、彩票奖金提取、兑付、结余划转等情况。

三、你中心应当严格按照现行彩票管理制度规定，督促彩票销售机构加强销售安全管理和风险控制，切实做好公告、兑奖、结算等相关工作。要合理规划即开型彩票游戏结构，统筹衔接好游戏报批、编列预算、印制物流、上市销售、停止销售等工作环节，切实节约成本、提高效率，确保即开型彩票持续健康发展。

附件：同意停止销售的“幸福温州”等45款即开型福利彩票游戏

附件：

同意停止销售的“幸福温州”等45款即开型福利彩票游戏

序号	彩票游戏名称	游戏面值（元）	财政部批复文号
1	幸福温州	10	财办综〔2015〕9号
2	好运123	5	财办综〔2016〕125号
3	福运红包	10	财办综〔2016〕125号
4	金玉满堂	20	财办综〔2016〕125号
5	临川四梦	5	财综〔2017〕45号
6	幸运宝10	10	财综〔2017〕42号
7	风花雪月	10	财综〔2017〕72号
8	天生一对	10	财综〔2017〕72号
9	赢在2018	2	财综〔2017〕72号
10	小黄人	5	财综〔2017〕72号
11	福满人间	10	财综〔2017〕72号
12	怀袖清风	5	财综〔2017〕72号
13	金光闪耀	20	财综〔2017〕72号
14	冠军荣耀	10	财综〔2017〕72号
15	财源广进	10	财综〔2017〕72号
16	魅力宁波	10	财综〔2017〕72号
17	群英会	10	财综〔2017〕72号
18	沙漠寻宝	20	财综〔2017〕72号
19	7开得胜	5	财综〔2017〕72号
20	一路福星	20	财综〔2017〕72号
21	祝你快乐	5	财综〔2017〕72号
22	八仙过海	10	财综〔2018〕25号
23	金沙滩	2	财综〔2018〕25号
24	福袋	5	财综〔2018〕25号
25	24K金	5	财综〔2018〕25号
26	美丽三沙	5	财综〔2018〕25号
27	青蛙过河	5	财综〔2018〕25号
28	积金至斗	10	财综〔2018〕25号
29	开心夹夹乐	10	财综〔2018〕25号
30	苍狼啸月	10	财综〔2018〕25号
31	丹桂飘香－金桂银桂	10	财综〔2018〕25号
32	女书	10	财综〔2018〕25号
33	越剧	10	财综〔2018〕25号
34	圣诞快乐	10	财综〔2018〕25号
35	己亥猪－金猪银猪	5	财综〔2018〕71号

续表

序号	彩票游戏名称	游戏面值（元）	财政部批复文号
36	己亥猪－福猪拱门	10	财综〔2018〕71 号
37	己亥猪－喜事连连	20	财综〔2018〕71 号
38	繁荣昌盛	10	财综〔2019〕24 号
39	锦绣江山	10	财综〔2019〕24 号
40	南岳衡山	10	财综〔2019〕56 号
41	福	20	财综〔2019〕56 号
42	承德风光	10	财综〔2020〕20 号
43	大美湘中	10	财综〔2020〕20 号
44	美好生活	10	财综〔2021〕15 号
45	大美新疆	20	财综〔2021〕15 号

财政部关于“全民健身　我来啦”等15款即开型体育彩票游戏的审批意见

（2022年7月1日　财政部　财综〔2022〕65号）

体育总局体育彩票管理中心：

你中心《关于发行“全民健身 我来啦”等15款纸质即开型体育彩票游戏的请示》（体彩字〔2022〕171号）收悉。为优化即开型彩票游戏结构，促进彩票市场健康发展，经研究，根据《彩票管理条例》（国务院令第554号）、《彩票管理条例实施细则》（财政部 民政部 体育总局令第96号）和《彩票发行销售管理办法》（财综〔2018〕67号）等相关规定，现就有关事项通知如下：

一、同意你中心印制发行“全民健身 我来啦”等15款即开型体育彩票游戏，具体游戏规则见附件。“全民健身 我来啦”等15款即开型体育彩票游戏按其销售总额的65%、15%和20%分别计提彩票奖金、彩票发行费和彩票公益金。

二、“全民健身 我来啦”等15款即开型体育彩票游戏上市销售前，你中心应及时向社会发布公告，并在公告中注明财政部批准的文件名称、文号、上市销售日期以及《“全民健身 我来啦”等15款即开型体育彩票游戏规则》等。

三、即开型体育彩票游戏的兑奖工作应当严格按现行有关规定进行。其中，彩票中奖奖金应当以人民币现金或者现金支票形式一次性兑付，彩票中奖者应当在规定时间内，持中奖彩票到指定的地点兑奖。

四、你中心应当切实履行彩票发行机构主体责任，严格遵守政府采购等相关规定，统筹衔接好游戏报批、预算编列、印制物流、上市销售、停止销售等工作环节，并指导彩票销售机构节约成本、提高效率、规范运营，确保即开型彩票持续健康发展。

附件：“全民健身 我来啦”等15款即开型体育彩票游戏规则

附件：

“全民健身 我来啦”等15款即开型体育彩票游戏规则

一、全民健身 我来啦

（一）面值：5元。

（二）奖组：72万张（360万元）。

（三）玩法规则：主游戏：刮开覆盖膜，如果你的号码中任意一个号码与中奖号码之一相同，即中得该号码下方所示的金额。

幸运游戏：刮开幸运游戏覆盖膜，如果出现金额标志，即中得该金额。

中奖奖金兼中兼得。

（四）设奖方案：

奖级	中奖金额（元）	中奖个数	中奖小计（元）
1	100 000	1	100 000
2	8 800	5	44 000
3	880	20	17 600
4	500	40	20 000
5	200	200	40 000
6	100	1 000	100 000
7	50	3 468	173 400
8	30	6 000	180 000
9	20	13 500	270 000
10	10	25 500	255 000
11	5	228 000	1 140 000
合 计		**277 734**	**2 340 000**

二、保持微笑

（一）面值：5元。

（二）奖组：72万张（360万元）。

（三）玩法规则：刮开覆盖膜，如果出现微笑标志“☺”，即中得该标志下方所示的金额；如果出现开心标志“♡”，即中得该标志下方所示金额的两倍。中奖奖金兼中兼得。

（四）设奖方案：

奖级	中奖金额（元）	中奖个数	中奖小计（元）
1	100 000	1	100 000
2	1 000	5	5 000
3	500	40	20 000
4	200	100	20 000
5	100	1 500	150 000
6	50	4 600	230 000
7	20	15 000	300 000
8	15	15 000	225 000
9	10	36 000	360 000
10	5	186 000	930 000
合 计		**258 246**	**2 340 000**

三、翻倍好运

（一）面值：5元。

（二）奖组：72万张（360万元）。

（三）玩法规则：刮开覆盖膜，在任意一场游戏中，如果你的号码中任意一个号码与中奖号码之一相同，即中得该场游戏右方所示的奖金金额乘以相同中奖号码所对应的倍数。中奖奖金兼中兼得。

（四）设奖方案：

奖级	中奖金额（元）	中奖个数	中奖小计（元）
1	100 000	1	100 000
2	1 000	4	4 000
3	500	40	20 000
4	200	100	20 000
5	100	660	66 000
6	50	6 000	300 000
7	40	6 000	240 000
8	30	6 000	180 000
9	20	15 000	300 000
10	10	36 000	360 000
11	5	150 000	750 000
合 计		**219 805**	**2 340 000**

四、全民健身 我来啦

（一）面值：10元。

（二）奖组：72万张（720万元）。

（三）玩法规则：幸运游戏：刮开幸运游戏覆盖膜，如果出现金额标志，即中得该金额。

主游戏：刮开覆盖膜，如果你的号码中任意一个号码与中奖号码之一相同，即中得该号码下方所示的金额；如果出现8.8标志“**8.8**”，即中得该标志下方所示金额的两倍。

中奖奖金兼中兼得。

（四）设奖方案：

奖级	中奖金额（元）	中奖个数	中奖小计（元）
1	250 000	1	250 000
2	8 800	5	44 000
3	880	40	35 200
4	500	100	50 000
5	200	804	160 800
6	100	6 000	600 000

续表

奖级	中奖金额（元）	中奖个数	中奖小计（元）
7	50	6 000	300 000
8	30	12 000	360 000
9	20	66 000	1 320 000
10	10	156 000	1 560 000
合 计		**246 950**	**4 680 000**

五、翻倍好运

（一）面值：10元。

（二）奖组：72万张（720万元）。

（三）玩法规则：刮开覆盖膜，在任意一场游戏中，如果你的号码中任意一个号码与中奖号码之一相同，即中得该场游戏右方所示的奖金金额乘以相同中奖号码所对应的倍数。中奖奖金兼中兼得。

（四）设奖方案：

奖级	中奖金额（元）	中奖个数	中奖小计（元）
1	250 000	1	250 000
2	10 000	4	40 000
3	1 000	40	40 000
4	500	280	140 000
5	200	2 000	400 000
6	100	6 000	600 000
7	50	6 000	300 000
8	40	6 000	240 000
9	30	15 000	450 000
10	20	36 000	720 000
11	10	150 000	1 500 000
合 计		**221 325**	**4 680 000**

六、8

（一）面值：10元。

（二）奖组：180万张（1 800万元）。

（三）玩法规则：游戏①：刮开覆盖膜，如果出现“**¥80**”标志，即中得80元。

游戏②：刮开覆盖膜，如果出现“**¥800**”标志，即中得800元。

游戏③：刮开覆盖膜，如果出现黑色的8标志“**8**”，即中得该标志下方所示的金额；如果出现红色的8标志“**8**”，即中得该标志下方所示金额的两倍。

中奖奖金兼中兼得。

（四）设奖方案：

奖级	中奖金额（元）	中奖个数	中奖小计（元）
1	500 000	1	500 000
2	80 000	1	80 000
3	8 000	10	80 000
4	800	1 000	800 000
5	200	6 200	1 240 000
6	80	15 000	1 200 000
7	50	30 000	1 500 000
8	20	90 000	1 800 000
9	10	450 000	4 500 000
合 计		**592 212**	**11 700 000**

七、棋王

（一）面值：10元。

（二）奖组：72万张（720万元）。

（三）玩法规则：幸运游戏：刮开幸运游戏覆盖膜，如果出现金额标志，即中得该金额。

主游戏：刮开覆盖膜，如果出现将军标志“将军”，即中得该标志下方所示的金额；如果出现胜标志“胜”，即中得该标志下方所示金额的两倍。

中奖奖金兼中兼得。

（四）设奖方案：

奖级	中奖金额（元）	中奖个数	中奖小计（元）
1	250 000	1	250 000
2	10 000	4	40 000
3	1 000	40	40 000
4	500	100	50 000
5	200	600	120 000
6	100	3 400	340 000
7	50	9 000	450 000
8	30	15 000	450 000

续表

奖级	中奖金额（元）	中奖个数	中奖小计（元）
9	20	36 000	720 000
10	10	222 000	2 220 000
合 计		**286 145**	**4 680 000**

八、我爱中国Ⅱ

（一）面值：10元。

（二）奖组：72万张（720万元）。

（三）玩法规则：幸运游戏：刮开幸运游戏覆盖膜，如果出现金额标志，即中得该金额。

主游戏：刮开覆盖膜，如果出现五角星标志“☆”，即中得该标志下方所示的金额；如果出现爱心标志“♡”，即中得该标志下方所示金额的两倍。

中奖奖金兼中兼得。

（四）设奖方案：

奖级	中奖金额（元）	中奖个数	中奖小计（元）
1	250 000	1	250 000
2	10 000	4	40 000
3	1 000	40	40 000
4	600	100	60 000
5	300	500	150 000
6	100	6 000	600 000
7	50	12 000	600 000
8	30	24 000	720 000
9	20	36 000	720 000
10	10	150 000	1 500 000
合 计		**228 645**	**4 680 000**

九、任意球大师

（一）面值：10元。

（二）奖组：360万张（3 600万元）。

（三）玩法规则：游戏一：刮开覆盖膜，如果出现进球标志“⚽”，即中得该标志下方所示的金额。

游戏二：刮开覆盖膜，如果任意一注投注任意球数与实际任意球数相同，即中得该球数下方所示的金额。

游戏三：刮开覆盖膜，如果你的进球数大于对手的进球数，即中得游戏三所示的金额。

中奖奖金兼中兼得。

（四）设奖方案：

奖级	中奖金额（元）	中奖个数	中奖小计（元）
1	500 000	1	500 000
2	50 000	5	250 000
3	10 000	20	200 000
4	1 000	100	100 000
5	500	500	250 000
6	200	2 500	500 000
7	100	30 000	3 000 000
8	50	90 000	4 500 000
9	30	90 000	2 700 000
10	20	210 000	4 200 000
11	10	720 000	7 200 000
合 计		**1 143 126**	**23 400 000**

十、说走就走

（一）面值：10元。

（二）奖组：72万张（720万元）。

（三）玩法规则：游戏一：刮开覆盖膜，如果出现“¥20”标志，即中得20元。

游戏二：刮开覆盖膜，如果出现“¥100”标志，即中得100元。

游戏三：刮开覆盖膜，如果出现“¥50”标志，即中得50元。

游戏四：刮开覆盖膜，如果出现“¥200”标志，即中得200元。

游戏五：刮开覆盖膜，如果你的号码中任意一个号码与中奖号码相同，即中得该号码下方所示的金额；如果出现旅行箱标志“🧳”，即中得该标志下方所示金额的两倍。

中奖奖金兼中兼得。

（四）设奖方案：

奖级	中奖金额（元）	中奖个数	中奖小计（元）
1	100 000	1	100 000
2	10 000	4	40 000
3	1 000	20	20 000
4	500	200	100 000
5	200	2 000	400 000
6	100	3 600	360 000
7	50	12 000	600 000
8	20	60 000	1 200 000
9	10	186 000	1 860 000
合 计		**263 825**	**4 680 000**

十一、福建土楼

（一）面值：10元。

（二）奖组：90万张（900万元）。

（三）玩法规则：幸运游戏：刮开幸运游戏覆盖膜，如果出现金额标志，即中得该金额。

主游戏：刮开覆盖膜，如果你的号码中任意一个号码与中奖号码之一相同，即中得该号码下方所示的金额；如果出现土楼标志“”，即中得该标志下方所示金额的两倍。

中奖奖金兼中兼得。

（四）设奖方案：

奖级	中奖金额（元）	中奖个数	中奖小计（元）
1	250 000	1	250 000
2	10 000	5	50 000
3	1 000	50	50 000
4	500	150	75 000
5	200	500	100 000
6	100	3 000	300 000
7	50	7 500	375 000
8	30	45 000	1 350 000
9	20	120 000	2 400 000
10	10	90 000	900 000
合 计		**266 206**	**5 850 000**

十二、翻倍好运

（一）面值：20元。

（二）奖组：900万张（1.8亿元）。

（三）玩法规则：游戏一：刮开覆盖膜，如果出现“**¥50**”标志，即中得50元。

游戏二：刮开覆盖膜，如果出现“**¥100**”标志，即中得100元。

游戏三：刮开覆盖膜，在任意一场游戏中，如果你的号码中任意一个号码与中奖号码之一相同，即中得该场游戏右方所示的奖金金额乘以相同中奖号码所对应的倍数。

中奖奖金兼中兼得。

（四）设奖方案：

奖级	中奖金额（元）	中奖个数	中奖小计（元）
1	1 000 000	1	1 000 000
2	100 000	1	100 000
3	10 000	100	1 000 000
4	1 000	2 500	2 500 000
5	500	31 300	15 650 000
6	200	30 000	6 000 000
7	100	150 000	15 000 000
8	50	225 000	11 250 000
9	30	750 000	22 500 000
10	20	2 100 000	42 000 000
合 计		**3 288 902**	**117 000 000**

十三、8

（一）面值：20元。

（二）奖组：1 800万张（3.6亿元）。

（三）玩法规则：游戏①：刮开覆盖膜，如果出现“**¥80**”标志，即中得80元。

游戏②：刮开覆盖膜，如果出现“**¥800**”标志，即中得800元。

游戏③：刮开覆盖膜，如果你的号码中任意一个号码与中奖号码之一相同，号码颜色不限，即中得该号码下方所示的金额；如果出现红色的8标志“8”，即中得该标志下方所示金额的两倍；如果出现黑色的88标志“88”，即中得该标志下方所示金额的5倍。

中奖奖金兼中兼得。

（四）设奖方案：

奖级	中奖金额（元）	中奖个数	中奖小计（元）
1	1 000 000	1	1 000 000
2	80 000	10	800 000
3	8 000	100	800 000
4	800	60 000	48 000 000
5	200	6 200	1 240 000
6	80	27 000	2 160 000
7	50	750 000	37 500 000
8	30	1 950 000	58 500 000
9	20	4 200 000	84 000 000
合 计		**6 993 311**	**234 000 000**

十四、中国腾冲

（一）面值：20元。

（二）奖组：360万张（7 200万元）

（三）玩法规则：幸运游戏：刮开幸运游戏覆盖膜，如果出现金额标志，即中得该金额。

游戏一：刮开覆盖膜，如果出现腾冲标志“腾冲”，即中得该标志下方所示的金额；如果出现云标志“云”，即中得该标志下方所示金额的5倍。

游戏二：刮开覆盖膜，如果你的号码中任意一个号码与中奖号码之一相同，即中得该号码下方所示的金额。

中奖奖金兼中兼得。

（四）设奖方案：

奖级	中奖金额（元）	中奖个数	中奖小计（元）
1	1 000 000	1	1 000 000
2	50 000	4	200 000
3	5 000	20	100 000
4	1 000	900	900 000
5	400	16 000	6 400 000
6	200	6 500	1 300 000
7	100	60 000	6 000 000
8	50	150 000	7 500 000
9	30	240 000	7 200 000
10	20	810 000	16 200 000
合 计		**1 283 425**	**46 800 000**

十五、8

（一）面值：50元。

（二）奖组：900万张（4.5亿元）。

（三）玩法规则：游戏①：刮开覆盖膜，如果出现“**¥80**”标志，即中得80元。

游戏②：刮开覆盖膜，如果出现“**¥800**”标志，即中得800元。

游戏③：刮开覆盖膜，如果出现黑色的8标志“8”，即中得该标志下方所示的金额；如果出现红色的8标志“8”，即中得该标志下方所示金额的两倍。

游戏④：刮开覆盖膜，如果你的号码中任意一个号码与中奖号码之一相同，号码颜色不限，即中得该号码下方所示的金额；如果出现红色的8标志“8”，即中得该标志下方所示金额的两倍；如果出现黑色的88标志“88”，即中得该标志下方所示金额的5倍。

中奖奖金兼中兼得。

（四）设奖方案：

奖级	中奖金额（元）	中奖个数	中奖小计（元）
1	1 000 000	1	1 000 000
2	500 000	2	1 000 000
3	80 000	10	800 000
4	8 000	150	1 200 000
5	1 000	25 250	25 250 000
6	800	45 000	36 000 000
7	200	112 500	22 500 000
8	150	112 500	16 875 000
9	100	450 000	45 000 000
10	80	450 000	36 000 000
11	50	2 137 500	106 875 000
合 计		**3 332 913**	**292 500 000**

财政部关于同意销毁“金豆豆”等 65 款即开型体育彩票的通知

（2022 年 9 月 26 日　财政部　财综〔2022〕78 号）

体育总局体育彩票管理中心：

你中心《关于销毁“金豆豆”等65款已停售即开型体育彩票库存尾票的请示》（体彩字〔2022〕300号）收悉。经研究，根据《彩票管理条例》（国务院令第554号）、《彩票管理条例实施细则》（财政部 民政部 体育总局令第96号）和《彩票发行销售管理办法》（财综〔2018〕67号）等有关规定，现就有关事项通知如下：

一、同意你中心组织销毁已经停止销售的“金豆豆”等65款即开型体育彩票，共计19 865.074万张，票面总值共计132 978.62万元。具体数量和票面价值见附件。

二、请你中心根据彩票管理有关规定和程序，在体育总局监督下，选择符合要求的销毁地点，采用打浆方式组织销毁。发现问题的，应当立即停止销毁，查明原因并处置后再行销毁。你中心应当在本通知印发之日起30个工作日内完成销毁工作，在销毁工作完成之后20个工作日内向财政部报送销毁情况报告。

三、你中心应当按程序及时销毁积压彩票，加强即开型彩票发行销售的成本核算和仓储运输管理，节约发行销售费用。督促彩票销售机构切实加强彩票数据和安全管理等工作，确保即开型彩票市场平稳健康发展。

附件：“金豆豆”等65款即开型体育彩票游戏表

附件：

“金豆豆”等65款即开型体育彩票游戏表

序号	游戏名称	面值（元）	数量（万张）	面值金额（万元）
1	7乐无穷	10	11.604	116.04
2	GO好运	10	0.018	0.18
3	LOVE	5	1 032.756	5 163.78
4	八桂红	10	523.995	5 239.95
5	百步穿杨	10	57.264	572.64
6	棒棒糖	1	562.080	562.08
7	报喜	2	60.240	120.48
8	冰雪极限	5	156.168	780.84
9	步步登高	5	182.292	911.46
10	财运到	10	89.622	896.22
11	彩运来	10	84.264	842.64
12	吃西瓜	5	107.652	538.26
13	大红包	20	20.982	419.64
14	大吉大利	5	588.660	2 943.30
15	发财树	5	264.264	1 321.32
16	丰彩	1	121.630	121.63
17	丰彩	5	103.064	515.32
18	丰彩	10	78.206	782.06
19	丰彩	20	81.068	1 621.36
20	福禄寿喜	10	57.822	578.22
21	富贵竹	20	14.331	286.62
22	恭喜发财	5	617.628	3 088.14
23	滚雪球	10	62.100	621.00
24	豪门盛宴	10	345.708	3 457.08
25	好彩头	30	25.384	761.52
26	好开心	5	461.508	2 307.54
27	红色印迹	2	3 203.880	6 407.76
28	红色印迹	5	831.804	4 159.02
29	环岛高铁	10	60.696	606.96
30	环青海湖	10	133.872	1 338.72
31	皇家金典	20	390.666	7 813.32
32	黄金之城	10	631.236	6 312.36
33	吉祥如意	20	11.085	221.70
34	金豆豆	2	696.390	1 392.78
35	金鸡纳福	10	111.018	1 110.18

续表

序号	游戏名称	面值（元）	数量（万张）	面值金额（万元）
36	金猪贺岁	5	276.318	1 381.59
37	金猪贺岁	10	251.604	2 516.04
38	金猪纳财	10	313.440	3 134.40
39	津彩全运	10	90.000	900.00
40	精彩冬运	10	24.090	240.90
41	开门大吉	5	64.752	323.76
42	乐在 7 中	10	2.874	28.74
43	年终奖	2	121.260	242.52
44	抢红包	10	121.518	1 215.18
45	日进斗金	20	231.045	4 620.90
46	神灯	10	288.462	2 884.62
47	十二生肖	10	107.055	1 070.55
48	体彩顶呱刮十周年庆	5	1 239.888	6 199.44
49	体彩顶呱刮十周年庆	10	638.052	6 380.52
50	体彩顶呱刮十周年庆	20	431.454	8 629.08
51	挖财宝	5	163.152	815.76
52	旺旺	2	116.625	233.25
53	旺旺	5	222.528	1 112.64
54	旺旺	10	180.825	1 808.25
55	卧虎藏龙	5	136.140	680.70
56	卧虎藏龙	10	127.422	1 274.22
57	卧虎藏龙	20	324.723	6 494.46
58	小红包	5	204.300	1 021.50
59	幸福时光	5	113.144	565.72
60	一路平安	10	271.332	2 713.32
61	有礼了	10	26.442	264.42
62	长征	5	1 667.372	8 336.86
63	长征	10	252.874	2 528.74
64	至尊宝	30	33.708	1 011.24
65	足够精彩	10	41.718	417.18
合计			**19 865.074**	**132 978.62**

财政部关于试点期结束后继续销售中国福利彩票快乐8游戏的审批意见

（2022年10月21日　财政部　财综〔2022〕81号）

中国福利彩票发行管理中心：

你中心《关于试点期结束后继续销售中国福利彩票快乐8游戏的请示》（中彩发字〔2022〕130号）收悉。根据《彩票管理条例》（国务院令第554号）、《彩票管理条例实施细则》（财政部 民政部 体育总局令第96号）和《彩票发行销售管理办法》（财综〔2018〕67号）等相关规定，现就有关事项通知如下：

一、为进一步优化彩票游戏结构，促进国家彩票事业持续健康发展，同意你中心在试点期结束后继续销售中国福利彩票快乐8游戏。具体游戏规则、组织开奖活动、日常运营管理等，继续按照《财政部关于变更中国福利彩票快乐8游戏规则等有关事项的审批意见》（财综〔2020〕31号）等有关规定及要求执行。

二、你中心应当按规定向社会发布公告，并注明财政部批准继续销售的文件名称、文号、销售日期等。要强化正面宣传，不得开展虚假性、误导性宣传活动，引导购彩者理性购彩。

三、你中心应当切实履行主体责任，结合试点情况，组织彩票销售机构妥善做好试点期结束后继续销售的各项衔接工作。进一步加强销售系统管理，确保系统安全、可靠、稳定运行；密切跟踪市场情况，合理布局销售场所，审慎稳妥确定销售范围；不断优化和完善风险控制方案，有序组织销售活动，保护购彩者合法权益。要研判分析并主动防范化解潜在风险，依法依规及时妥善处置各类风险，维护良好的彩票发行销售秩序。

财政部关于“非常有戏”等25款即开型福利彩票游戏的审批意见

（2022年10月25日　财政部　财综〔2022〕82号）

中国福利彩票发行管理中心：

你中心《关于发行“非常有戏”等25款即开型福利彩票新游戏的请示》（中彩发字〔2022〕132号）收悉。为优化即开型彩票游戏结构，促进彩票市场健康发展，经研究，根据《彩票管理条例》（国务院令第554号）、《彩票管理条例实施细则》（财政部 民政部 体育总局令第96号）和《彩票发行销售管理办法》（财综〔2018〕67号）等相关规定，现就有关事项通知如下：

一、同意你中心印制发行“非常有戏”等25款即开型福利彩票游戏，具体游戏规则见附件。“非常有戏”等25款即开型福利彩票游戏按其销售总额的65%、15%和20%分别计提彩票奖金、彩票发行费和彩票公益金。

二、“非常有戏”等25款即开型福利彩票游戏上市销售前，你中心应及时向社会发布公告，并在公告中注明财政部批准的文件名称、文号、上市销售日期以及《“非常有戏”等25款即开型福利彩票游戏规则》等。

三、即开型福利彩票游戏的兑奖工作应当严格按现行有关规定进行。其中，彩票中奖奖金应当以人民币现金或者现金支票形式一次性兑付，彩票中奖者应当在规定时间内，持中奖彩票到指定的地点兑奖。

四、你中心应当切实履行彩票发行机构主体责任，严格遵守政府采购等相关规定，统筹衔接好游戏报批、预算编列、印制物流、上市销售、停止销售等工作环节，并指导彩票销售机构节约成本、提高效率、规范运营，确保即开型彩票持续健康发展。

附件：“非常有戏”等25款即开型福利彩票游戏规则

附件：

“非常有戏”等25款即开型福利彩票游戏规则

一、非常有戏

（一）面值：10元。

（二）奖组：20万张。

（三）玩法：刮开覆盖膜，如果刮出“戏”图符，即可获得该图符右侧所对应的奖金。中奖奖金兼中兼得。

（四）设奖方案：

奖级	中奖金额（元）	中奖个数	奖金小计（元）
1	100 000	1	100 000
2	1 000	8	8 000
3	500	80	40 000
4	200	80	16 000
5	100	800	80 000
6	50	4 800	240 000
7	20	19 200	384 000
8	10	43 200	432 000
合计		**68 169**	**1 300 000**

二、大赢家10元

（一）面值：10元。

（二）奖组：100万张。

（三）玩法：本彩票共有两个玩法，两个玩法区内的中奖奖金兼中兼得。

玩法一：刮开覆盖膜，如果刮出任何奖金金额，即可获得该奖金。中奖奖金兼中兼得。

玩法二：刮开覆盖膜，如果任意一个“我的号码”与任意一个“中奖号码”相同，即可获得该“我的号码”下方所对应的奖金，中奖奖金兼中兼得。如果任意一个“我的号码”与“通吃号码”相同，即可获得玩法二所有的奖金之和。

（四）设奖方案：

奖级	中奖金额（元）	中奖个数	奖金小计（元）
1	250 000	1	250 000
2	10 000	2	20 000
3	1 000	400	400 000
4	500	400	200 000
5	200	400	80 000
6	100	1 500	150 000
7	50	40 000	2 000 000
8	30	20 000	600 000
9	20	42 000	840 000
10	10	196 000	1 960 000
合计		**300 703**	**6 500 000**

三、福文化

（一）面值：10元。

（二）奖组：100万张。

（三）玩法：刮开覆盖膜，如果任意一个“我的号码”与任意一个“中奖号码”相同，即可获得该“我的号码”下方所对应的奖金。中奖奖金兼中兼得。

（四）设奖方案：

奖级	中奖金额（元）	中奖个数	奖金小计（元）
1	300 000	1	300 000
2	5 000	2	10 000
3	1 000	50	50 000
4	500	600	300 000
5	200	800	160 000
6	100	6 000	600 000
7	50	12 000	600 000
8	30	30 000	900 000
9	20	80 000	1 600 000
10	10	198 000	1 980 000
合计		**327 453**	**6 500 000**

四、浙里有福10元

（一）面值：10元。

（二）奖组：2 000万张。

（三）玩法：刮开覆盖膜，如果任意一个“我的号码”与任意一个“中奖号码”相同，即可获得该“我的号码”下方所对应的奖金；如果刮出“**浙里有福**”图符，即可获得该图符下方所对应的奖金。中奖奖金兼中兼得。

（四）设奖方案：

奖级	中奖金额（元）	中奖个数	奖金小计（元）
1	300 000	5	1 500 000
2	10 000	100	1 000 000
3	1 000	2 000	2 000 000
4	500	18 200	9 100 000
5	100	300 000	30 000 000
6	50	120 000	6 000 000
7	30	440 000	13 200 000
8	20	1 200 000	24 000 000
9	10	4 320 000	43 200 000
合计		**6 400 305**	**130 000 000**

五、世界高黎贡

（一）面值：10元。

（二）奖组：20万张。

（三）玩法：刮开覆盖膜，如果刮出“[图符]”图符，即可获得该图符下方所对应的奖金。中奖奖金兼中兼得。

（四）设奖方案：

奖级	中奖金额（元）	中奖个数	奖金小计（元）
1	200 000	1	200 000
2	8 000	1	8 000
3	500	80	40 000
4	100	800	80 000
5	50	4 000	200 000
6	20	20 000	400 000
7	10	37 200	372 000
合计		**62 082**	**1 300 000**

六、武隆印象

（一）面值：10元。

（二）奖组：100万张。

（三）玩法：刮开覆盖膜，如果任意一个“我的号码”与任意一个“中奖号码”相同，即可获得该“我的号码”下方所对应的奖金，中奖奖金兼中兼得。如果刮出“**武隆**”图符，即可获得玩法区内所有的奖金之和。

（四）设奖方案：

奖级	中奖金额（元）	中奖个数	奖金小计（元）
1	300 000	1	300 000
2	1 000	40	40 000
3	500	1 000	500 000
4	100	2 000	200 000
5	30	36 000	1 080 000
6	20	38 000	760 000
7	10	362 000	3 620 000
合计		**439 041**	**6 500 000**

七、印象河北

（一）面值：10元。

（二）奖组：100万张。

（三）玩法：刮开覆盖膜，如果任意一个“我的号码”与任意一个“中奖号码”相同，即可获得该“我的号码”下方所对应的奖金；如果刮出“**燕赵文化**”图符，即可获得该图符下方所对应奖金的10倍。中奖奖金兼中兼得。

（四）设奖方案：

奖级	中奖金额（元）	中奖个数	奖金小计（元）
1	250 000	1	250 000
2	5 000	10	50 000
3	1 000	50	50 000
4	500	800	400 000
5	200	1 000	200 000
6	100	8 000	800 000
7	50	10 000	500 000
8	30	20 000	600 000
9	20	85 000	1 700 000
10	10	195 000	1 950 000
合计		**319 861**	**6 500 000**

八、粤来越好

（一）面值：10元。

（二）奖组：50万张。

（三）玩法：刮开覆盖膜，如果刮出“**粤**”图符，即可获得该图符下方所对应的奖金，中奖奖金兼中兼得。如果刮出“**好**”图符，即可获得玩法区内所有的奖金之和。

（四）设奖方案：

奖级	中奖金额（元）	中奖个数	奖金小计（元）
1	100 000	2	200 000
2	1 000	40	40 000
3	100	4 000	400 000
4	50	14 000	700 000
5	20	50 000	1 000 000
6	10	91 000	910 000
合计		**159 042**	**3 250 000**

九、浙里有福20元

（一）面值：20元。

（二）奖组：1 000万张。

（三）玩法：刮开覆盖膜，在同一局游戏中，如果刮出3个相同的图符，即可获得该局游戏右侧所对应的奖金；如果在任意一局游戏中刮出“**浙里有福**”图符，即可获得该局游戏右侧所对应奖金的两倍。共有12局游戏，中奖奖金兼中兼得。

（四）设奖方案：

奖级	中奖金额（元）	中奖个数	奖金小计（元）
1	800 000	4	3 200 000
2	100 000	10	1 000 000
3	10 000	80	800 000
4	1 000	4 000	4 000 000
5	500	20 000	10 000 000
6	200	50 000	10 000 000
7	100	90 000	9 000 000
8	50	400 000	20 000 000
9	30	800 000	24 000 000
10	20	2 400 000	48 000 000
合计		**3 764 094**	**130 000 000**

十、奖

（一）面值：20元。

（二）奖组：100万张。

（三）玩法：刮开覆盖膜，如果刮出任何奖金金额，即可获得该奖金；如果刮出“**中**”图符，即可获得60元奖金；如果刮出“**赢**”图符，即可获得100元奖金。中奖奖金兼中兼得。

（四）设奖方案：

奖级	中奖金额（元）	中奖个数	奖金小计（元）
1	1 000 000	1	1 000 000
2	5 000	200	1 000 000
3	1 000	200	200 000
4	500	400	200 000
5	100	16 000	1 600 000
6	60	26 000	1 560 000
7	40	52 000	2 080 000
8	30	44 000	1 320 000
9	20	202 000	4 040 000
合计		**340 801**	**13 000 000**

十一、锦绣·如意

（一）面值：20元。

（二）奖组：100万张。

（三）玩法：刮开覆盖膜，如果任意一个“我的号码”与任意一个“中奖号码”相同，即可获得该“我的号码”下方所对应的奖金；如果刮出“”图符，即可获得该图符下方所对应奖金的5倍。中奖奖金兼中兼得。

（四）设奖方案：

奖级	中奖金额（元）	中奖个数	奖金小计（元）
1	800 000	1	800 000
2	5 000	8	40 000
3	1 000	400	400 000
4	500	400	200 000
5	200	4 000	800 000
6	100	20 000	2 000 000
7	50	20 000	1 000 000
8	40	40 000	1 600 000
9	30	80 000	2 400 000
10	20	188 000	3 760 000
合计		**352 809**	**13 000 000**

十二、梦寐以求

（一）面值：20元。

（二）奖组：100万张。

（三）玩法：本彩票共有两个玩法，两个玩法区内的中奖奖金兼中兼得。

玩法一：刮开覆盖膜，如果刮出“”图符，即可获得该图符下方所对应的奖金；如果刮出“”图符，即可获得该图符下方所对应奖金的两倍。中奖奖金兼中兼得。

玩法二：刮开覆盖膜，如果任意一个“我的号码”与任意一个“中奖号码”相同，即可获得该“我的号码”下方所对应的奖金。中奖奖金兼中兼得。

（四）设奖方案：

奖级	中奖金额（元）	中奖个数	奖金小计（元）
1	1 000 000	1	1 000 000
2	50 000	1	50 000
3	1 000	200	200 000
4	500	400	200 000
5	200	1 750	350 000
6	100	12 000	1 200 000
7	60	8 000	480 000
8	50	24 000	1 200 000
9	40	40 000	1 600 000
10	30	64 000	1 920 000
11	20	240 000	4 800 000
合计		**390 352**	**13 000 000**

十三、奇幻圣境—西游之旅

（一）面值：20元。

（二）奖组：50万张。

（三）玩法：刮开覆盖膜，如果刮出任何奖金金额，即可获得该奖金；如果刮出“”图符，即可获得50元奖金。中奖奖金兼中兼得。

（四）设奖方案：

奖级	中奖金额（元）	中奖个数	奖金小计（元）
1	600 000	1	600 000
2	10 000	12	120 000
3	1 000	200	200 000
4	500	400	200 000
5	100	4 000	400 000
6	50	22 000	1 100 000
7	30	60 000	1 800 000
8	20	104 000	2 080 000
合计		**190 613**	**6 500 000**

十四、心想事成—西游

（一）面值：20元。

（二）奖组：500万张。

（三）玩法：刮开覆盖膜，如果任意一个“我的号码”与任意一个“中奖号码”相同，即可获得该“我的号码”下方所对应的奖金；如果刮出“”图符，即可获得该图符下方所对应奖金的两倍。中奖奖金兼中兼得。

（四）设奖方案：

奖级	中奖金额（元）	中奖个数	奖金小计（元）
1	1 000 000	2	2 000 000
2	100 000	2	200 000
3	10 000	10	100 000
4	1 000	500	500 000
5	500	2 000	1 000 000
6	200	5 000	1 000 000
7	100	200 000	20 000 000
8	50	60 000	3 000 000
9	40	400 000	16 000 000
10	30	40 000	1 200 000
11	20	1 000 000	20 000 000
合计		**1 707 514**	**65 000 000**

十五、新疆好地方—美味新疆

（一）面值：20元。

（二）奖组：100万张。

（三）玩法：刮开覆盖膜，如果任意一个“我的号码”与任意一个“中奖号码”相同，即可获得该“我的号码”下方所对应的奖金；如果刮出“新疆好地方”图符，即可获得50元奖金。中奖奖金兼中兼得。

（四）设奖方案：

奖级	中奖金额（元）	中奖个数	奖金小计（元）
1	1 000 000	1	1 000 000
2	10 000	5	50 000
3	1 000	150	150 000
4	500	800	400 000
5	200	6 000	1 200 000
6	100	8 000	800 000
7	50	40 000	2 000 000
8	30	100 000	3 000 000
9	20	220 000	4 400 000
合计		**374 956**	**13 000 000**

十六、新疆好地方—中国雪都

（一）面值：20元。

（二）奖组：100万张。

（三）玩法：刮开覆盖膜，如果任意一个“我的号码”与任意一个“中奖号码”相同，即可获得该“我的号码”下方所对应的奖金；如果刮出“新疆好地方”图符，即可获得50元奖金。中奖奖金兼中兼得。

（四）设奖方案：

奖级	中奖金额（元）	中奖个数	奖金小计（元）
1	1 000 000	1	1 000 000
2	10 000	5	50 000
3	1 000	150	150 000
4	500	800	400 000
5	200	6 000	1 200 000
6	100	8 000	800 000
7	50	40 000	2 000 000
8	30	100 000	3 000 000
9	20	220 000	4 400 000
合计		**374 956**	**13 000 000**

十七、幸运123

（一）面值：20元。

（二）奖组：100万张。

（三）玩法：本彩票共有3个玩法，3个玩法区内的中奖奖金兼中兼得。

玩法一：刮开覆盖膜，如果刮出3个相同的图符，即可获得玩法一奖金区中所对应的奖金。

玩法二：刮开覆盖膜，如果刮出任何奖金金额，即可获得该奖金。中奖奖金兼中兼得。

玩法三：刮开覆盖膜，如果任意一个“我的号码”与任意一个“中奖号码”相同，即可获得该“我的号码”下方所对应的奖金。中奖奖金兼中兼得。

（四）设奖方案：

奖级	中奖金额（元）	中奖个数	奖金小计（元）
1	1 000 000	1	1 000 000

续表

奖级	中奖金额（元）	中奖个数	奖金小计（元）
2	50 000	1	50 000
3	5 000	6	30 000
4	1 000	200	200 000
5	500	2 000	1 000 000
6	200	4 000	800 000
7	100	12 000	1 200 000
8	50	44 000	2 200 000
9	30	56 000	1 680 000
10	20	242 000	4 840 000
合计		**360 208**	**13 000 000**

十八、喜相逢50元

（一）面值：50元。

（二）奖组：200万张。

（三）玩法：本彩票共有两个玩法，两个玩法区内的中奖奖金兼中兼得。

玩法一：刮开覆盖膜，如果刮出任何奖金金额，即可获得该奖金。中奖奖金兼中兼得。

玩法二：刮开覆盖膜，如果刮出“喜”图符，即可获得该图符下方所对应的奖金；如果刮出“囍”图符，即可获得该图符下方所对应奖金的两倍。中奖奖金兼中兼得。

（四）设奖方案：

奖级	中奖金额（元）	中奖个数	奖金小计（元）
1	1 000 000	1	1 000 000
2	10 000	20	200 000
3	1 000	2 000	2 000 000
4	800	3 000	2 400 000
5	500	10 000	5 000 000
6	300	10 000	3 000 000
7	150	30 000	4 500 000
8	100	120 000	12 000 000
9	80	180 000	14 400 000
10	50	410 000	20 500 000
合计		**765 021**	**65 000 000**

十九、癸卯兔5元

（一）面值：5元。

（二）奖组：200万张。

（三）玩法：刮开覆盖膜，如果刮出任何奖金金额，即可获得该奖金。中奖奖金兼中兼得。

（四）设奖方案：

奖级	中奖金额（元）	中奖个数	奖金小计（元）
1	200 000	1	200 000
2	5 000	20	100 000
3	500	800	400 000
4	100	4 000	400 000
5	50	18 000	900 000
6	20	60 000	1 200 000
7	10	130 000	1 300 000
8	5	400 000	2 000 000
合计		**612 821**	**6 500 000**

二十、癸卯兔10元

（一）面值：10元。

（二）奖组：1 000万张。

（三）玩法：刮开覆盖膜，如果刮出任何奖金金额，即可获得该奖金。中奖奖金兼中兼得。

（四）设奖方案：

奖级	中奖金额（元）	中奖个数	奖金小计（元）
1	400 000	2	800 000
2	10 000	40	400 000
3	1 000	1 000	1 000 000
4	500	8 000	4 000 000
5	100	80 000	8 000 000
6	60	80 000	4 800 000
7	50	200 000	10 000 000
8	20	800 000	16 000 000
9	10	2 000 000	20 000 000
合计		**3 169 042**	**65 000 000**

二十一、癸卯兔20元

（一）面值：20元。

（二）奖组：500万张。

（三）玩法：刮开覆盖膜，如果刮出任何奖金金额，即可获得该奖金；如果刮出“兔”图符，即可获得50元奖金。中奖奖金兼中兼得。

（四）设奖方案：

奖级	中奖金额（元）	中奖个数	奖金小计（元）
1	800 000	2	1 600 000
2	50 000	2	100 000
3	5 000	60	300 000
4	1 000	2 000	2 000 000
5	500	4 000	2 000 000
6	100	90 000	9 000 000
7	60	100 000	6 000 000
8	50	120 000	6 000 000
9	40	380 000	15 200 000
10	20	1 140 000	22 800 000
合计		**1 836 064**	**65 000 000**

二十二、癸卯兔30元

（一）面值：30元。

（二）奖组：100万张。

（三）玩法：刮开覆盖膜，如果任意一个“我的号码”与“中奖号码”相同，即可获得该“我的号码”下方所对应的奖金；如果刮出“ ”图符，即可获得该图符下方所对应奖金的两倍。中奖奖金兼中兼得。

（四）设奖方案：

奖级	中奖金额（元）	中奖个数	奖金小计（元）
1	1 000 000	1	1 000 000
2	100 000	1	100 000
3	10 000	20	200 000
4	1 000	1 000	1 000 000
5	500	1 000	500 000
6	200	3 000	600 000
7	100	40 000	4 000 000
8	60	40 000	2 400 000
9	50	50 000	2 500 000
10	30	240 000	7 200 000
合计		**375 022**	**19 500 000**

二十三、癸卯兔50元

（一）面值：50元。

（二）奖组：200万张。

（三）玩法：本彩票共有3个玩法，3个玩法区内的中奖奖金兼中兼得。

玩法一：刮开覆盖膜，如果刮出“2023”图符，即可获得该图符下方所对应的奖金。中奖奖金兼中兼得。

玩法二：刮开覆盖膜，在同一局游戏中，如果刮出两个“”图符，即可获得该局游戏右侧所对应的奖金。共有4局游戏，中奖奖金兼中兼得。

玩法三：刮开覆盖膜，如果任意一个“我的号码”与任意一个“中奖号码”相同，即可获得该“我的号码”下方所对应的奖金。中奖奖金兼中兼得。

（四）设奖方案：

奖级	中奖金额（元）	中奖个数	奖金小计（元）
1	1 000 000	1	1 000 000
2	100 000	2	200 000
3	10 000	200	2 000 000
4	1 000	2 000	2 000 000
5	500	4 000	2 000 000
6	200	50 000	10 000 000
7	100	100 000	10 000 000
8	80	100 000	8 000 000
9	60	180 000	10 800 000
10	50	380 000	19 000 000
合计		**816 203**	**65 000 000**

二十四、出彩兔子

（一）面值：10元。

（二）奖组：4万张。

（三）玩法：刮开覆盖膜，如果刮出任何奖金金额，即可获得该奖金。中奖奖金兼中兼得。

（四）设奖方案：

奖级	中奖金额（元）	中奖个数	奖金小计（元）
1	10 000	1	10 000
2	500	20	10 000
3	200	50	10 000
4	100	400	40 000
5	50	400	20 000
6	20	4 500	90 000
7	10	8 000	80 000
合计		**13 371**	**260 000**

二十五、时来运转

（一）面值：20元。

（二）奖组：100万张。

（三）玩法：本彩票共有两个玩法，两个玩法区内的中奖奖金兼中兼得。

玩法一：刮开覆盖膜，在同一局游戏中，如果刮出两个相同的图符，即可获得该局游戏所对应的奖金。共有8局游戏，中奖奖金兼中兼得。

玩法二：刮开覆盖膜，如果刮出任何奖金金额，即可获得该奖金。中奖奖金兼中兼得。

（四）设奖方案：

奖级	中奖金额（元）	中奖个数	奖金小计（元）
1	1 000 000	1	1 000 000
2	5 000	100	500 000
3	1 000	200	200 000
4	500	1 000	500 000
5	200	2 000	400 000
6	100	8 000	800 000
7	80	20 000	1 600 000
8	60	20 000	1 200 000
9	40	20 000	800 000
10	30	40 000	1 200 000
11	20	240 000	4 800 000
合计		**351 301**	**13 000 000**

财政部关于“为中国力量加油　亚运会”等15款即开型体育彩票游戏的审批意见

（2022年10月25日　财政部　财综〔2022〕83号）

体育总局体育彩票管理中心：

你中心《关于发行“为中国力量加油 亚运会”等15款纸质即开型体育彩票游戏的请示》（体彩字〔2022〕317号）收悉。为优化即开型彩票游戏结构，促进彩票市场健康发展，经研究，根据《彩票管理条例》（国务院令第554号）、《彩票管理条例实施细则》（财政部 民政部 体育总局令第96号）和《彩票发行销售管理办法》（财综〔2018〕67号）等相关规定，现就有关事项通知如下：

一、同意你中心印制发行“为中国力量加油 亚运会”等15款即开型体育彩票游戏，具体游戏规则见附件。“为中国力量加油 亚运会”等15款即开型体育彩票游戏按其销售总额的65%、15%和20%分别计提彩票奖金、彩票发行费和彩票公益金。

二、“为中国力量加油 亚运会”等15款即开型体育彩票游戏上市销售前，你中心应及时向社会发布公告，并在公告中注明财政部批准的文件名称、文号、上市销售日期以及《“为中国力量加油 亚运会”等15款即开型体育彩票游戏规则》等。

三、即开型体育彩票游戏的兑奖工作应当严格按现行有关规定进行。其中，彩票中奖奖金应当以人民币现金或者现金支票形式一次性兑付，彩票中奖者应当在规定时间内，持中奖彩票到指定的地点兑奖。

四、你中心应当切实履行彩票发行机构主体责任，严格遵守政府采购等相关规定，统筹衔接好游戏报批、预算编列、印制物流、上市销售、停止销售等工作环节，并指导彩票销售机构节约成本、提高效率、规范运营，确保即开型彩票持续健康发展。

附件：“为中国力量加油 亚运会”等15款即开型体育彩票游戏规则

附件：

“为中国力量加油　亚运会”等15款即开型体育彩票游戏规则

一、有礼了

（一）面值：2元。

（二）奖组：18万张。

（三）玩法规则：刮开覆盖膜，如果出现金额标志，即中得该金额。

（四）设奖方案：

奖级	中奖金额（元）	中奖个数	中奖小计（元）
1	1 000	3	3 000
2	100	100	10 000
3	50	940	47 000
4	20	1 500	30 000
5	10	1 200	12 000
6	5	3 600	18 000
7	2	57 000	114 000
合计		**64 343**	**234 000**

二、超级加倍Ⅱ

（一）面值：5元。

（二）奖组：180万张。

（三）玩法规则：刮开覆盖膜，如果出现倍数标志“1倍”、“2倍”、“5倍”、“10倍”、“20倍”，即中得该标志下方所示的金额乘以该倍数；如果在“全中”区出现赢标志“赢”，即中得刮开区内所示的8个金额之和。中奖奖金兼中兼得。

（四）设奖方案：

奖级	中奖金额（元）	中奖个数	中奖小计（元）
1	200 000	1	200 000
2	10 000	5	50 000
3	1 000	10	10 000
4	500	100	50 000
5	200	800	160 000
6	100	6 550	655 000
7	50	22 500	1 125 000
8	20	30 000	600 000
9	10	97 500	975 000
10	5	405 000	2 025 000
合计		**562 466**	**5 850 000**

三、卯兔

（一）面值：5元。

（二）奖组：180万张。

（三）玩法规则：刮开覆盖膜，如果出现金额标志，即中得该金额；如果出现兔标志“🐇”，即中得20元。中奖奖金兼中兼得。

（四）设奖方案：

奖级	中奖金额（元）	中奖个数	中奖小计（元）
1	100 000	1	100 000
2	10 000	5	50 000
3	1 000	50	50 000
4	500	100	50 000
5	200	500	100 000
6	100	1 500	150 000
7	50	11 000	550 000
8	30	18 750	562 500
9	20	37 500	750 000
10	10	82 500	825 000
11	5	532 500	2 662 500
合计		**684 406**	**5 850 000**

四、超级加倍Ⅱ

（一）面值：10元。

（二）奖组：180万张。

（三）玩法规则：刮开覆盖膜，如果出现倍数标志“1倍”、“2倍”、“5倍”、“10倍”、“20倍”、“50倍”，即中得该标志下方所示的金额乘以该倍数；如果在“全中”区出现赢标志“赢”，即中得刮开区内所示的10个金额之和。中奖奖金兼中兼得。

（四）设奖方案：

奖级	中奖金额（元）	中奖个数	中奖小计（元）
1	500 000	1	500 000
2	100 000	1	100 000
3	10 000	10	100 000
4	1 000	100	100 000
5	500	1 200	600 000
6	200	4 200	840 000
7	100	6 100	610 000
8	50	45 000	2 250 000
9	20	120 000	2 400 000
10	10	420 000	4 200 000
合计		**596 612**	**11 700 000**

五、玉兔贺岁

（一）面值：10元。

（二）奖组：1 800万张。

（三）玩法规则：刮开覆盖膜，在任意一场游戏中，如果出现两个相同的兔标志“”，即中得该场游戏右方所示的奖金金额；如果出现灯笼标志“”，即中得该场游戏右方所示奖金金额的3倍。中奖奖金兼中兼得。

（四）设奖方案：

奖级	中奖金额（元）	中奖个数	中奖小计（元）
1	300 000	5	1 500 000
2	10 000	200	2 000 000
3	5 000	300	1 500 000
4	1 000	1 000	1 000 000
5	500	4 000	2 000 000
6	200	20 000	4 000 000
7	100	90 000	9 000 000
8	50	300 000	15 000 000
9	30	450 000	13 500 000
10	20	1 200 000	24 000 000
11	10	4 350 000	43 500 000
合 计		**6 415 505**	**117 000 000**

六、红包来啦　让好事发生

（一）面值：10元。

（二）奖组：360万张。

（三）玩法规则：主玩法：刮开覆盖膜，如果出现金额标志，即中得该金额。主玩法中奖奖金兼中兼得。

附加玩法：刮开覆盖膜，如果出现一个或一个以上红包标志“”，即中得右方奖金对照表中所对应的金额。附加玩法中奖奖金不可兼中兼得。

总中奖金额＝主玩法中奖金额＋附加玩法中奖金额

奖金对照表	
1个	20元
2个	50元
3个	100元

（四）设奖方案：

奖级	中奖金额（元）	中奖个数	中奖小计（元）
1	880 000	1	880 000
2	88 000	5	440 000
3	8 800	20	176 000
4	880	200	176 000
5	600	400	240 000
6	100	11 780	1 178 000
7	80	12 000	960 000
8	50	45 000	2 250 000
9	30	120 000	3 600 000
10	20	270 000	5 400 000
11	10	810 000	8 100 000
合 计		**1 269 406**	**23 400 000**

七、爱冰雪　一起赢

（一）面值：10元。

（二）奖组：72万张。

（三）玩法规则：游戏一：刮开覆盖膜，如果出现3个相同的金额标志，即中得该单一金额。

游戏二：刮开覆盖膜，如果出现雪花标志“”，即中得该标志下方所示的金额；如果出现赢标志“WIN”，即中得该标志下方所示金额的两倍。

中奖奖金兼中兼得。

（四）设奖方案：

奖级	中奖金额（元）	中奖个数	中奖小计（元）
1	250 000	1	250 000
2	10 000	4	40 000
3	1 000	40	40 000
4	500	120	60 000
5	100	1 200	120 000
6	50	6 000	300 000
7	30	30 000	900 000
8	20	72 000	1 440 000
9	15	54 000	810 000
10	10	72 000	720 000
合 计		**235 365**	**4 680 000**

八、体育科普　即刻出彩

（一）面值：10元。

（二）奖组：72万张。

（三）玩法规则：刮开覆盖膜，如果出现出彩标志“出彩”，即中得该标志下方所示的金额；如果出现倍数标志“2倍”、“5倍”，即中得该标志下方所示的金额乘以该倍数。中奖奖金兼中兼得。

（四）设奖方案：

奖级	中奖金额（元）	中奖个数	中奖小计（元）
1	250 000	1	250 000
2	10 000	4	40 000
3	1 000	20	20 000
4	500	100	50 000
5	200	500	100 000
6	100	2 600	260 000
7	50	6 000	300 000
8	30	18 000	540 000
9	20	60 000	1 200 000
10	10	192 000	1 920 000
合 计		**279 225**	**4 680 000**

九、共富浙江　绿水青山篇

（一）面值：10元。

（二）奖组：72万张。

（三）玩法规则：刮开覆盖膜，如果在任意一场游戏中的任意号码与中奖号码相同，即中得该场游戏右方所示的奖金金额；如果出现共富标志“共富”，即中得该场游戏右方所示奖金金额的两倍。中奖奖金兼中兼得。

（四）设奖方案：

奖级	中奖金额（元）	中奖个数	中奖小计（元）
1	250 000	1	250 000
2	5 000	4	20 000
3	1 600	20	32 000
4	800	80	64 000
5	400	100	40 000
6	100	3 740	374 000
7	50	6 000	300 000

续表

奖级	中奖金额（元）	中奖个数	中奖小计（元）
8	30	36 000	1 080 000
9	20	60 000	1 200 000
10	10	132 000	1 320 000
合 计		**237 945**	**4 680 000**

十、超级加倍Ⅱ

（一）面值：20元。

（二）奖组：900万张。

（三）玩法规则：刮开覆盖膜，如果出现倍数标志“1倍”、“2倍”、“5倍”、“10倍”、“20倍”、“50倍”、“100倍”，即中得该标志下方所示的金额乘以该倍数；如果在“全中”区出现赢标志“赢”，即中得刮开区内所示的20个金额之和。中奖奖金兼中兼得。

（四）设奖方案：

奖级	中奖金额（元）	中奖个数	中奖小计（元）
1	1 000 000	1	1 000 000
2	100 000	10	1 000 000
3	10 000	100	1 000 000
4	1 000	5 000	5 000 000
5	500	32 500	16 250 000
6	200	10 000	2 000 000
7	100	30 000	3 000 000
8	50	375 000	18 750 000
9	30	900 000	27 000 000
10	20	2 100 000	42 000 000
合 计		**3 452 611**	**117 000 000**

十一、瑞兔呈祥

（一）面值：20元。

（二）奖组：1 800万张。

（三）玩法规则：刮开覆盖膜，如果出现兔标志“”，即中得该标志下方所示的金额；如果出现中国结标志“”，即中得该标志下方所示金额的两倍；如果出现元宝标志“”，即中得刮开区内所有的金额之和。中奖奖金兼中兼得。

（四）设奖方案：

奖级	中奖金额（元）	中奖个数	中奖小计（元）
1	1 000 000	1	1 000 000
2	500 000	4	2 000 000
3	100 000	20	2 000 000
4	10 000	400	4 000 000
5	1 000	3 000	3 000 000
6	500	75 000	37 500 000
7	200	30 000	6 000 000
8	100	150 000	15 000 000
9	50	750 000	37 500 000
10	30	1 500 000	45 000 000
11	20	4 050 000	81 000 000
合 计		**6 558 425**	**234 000 000**

十二、为中国力量加油　亚运会

（一）面值：20元。

（二）奖组：360万张。

（三）玩法规则：幸运游戏：刮开覆盖膜，如果出现金额标志，即中得该金额。

主游戏：刮开覆盖膜，如果你的号码中任意一个号码与中奖号码之一相同，即中得该号码下方所示的金额；如果出现加油标志“加油!”，即中得该标志下方所示金额的两倍。

中奖奖金兼中兼得。

（四）设奖方案：

奖级	中奖金额（元）	中奖个数	中奖小计（元）
1	1 000 000	1	1 000 000
2	100 000	1	100 000
3	10 000	20	200 000
4	1 000	500	500 000
5	500	10 000	5 000 000
6	200	5 000	1 000 000
7	100	60 000	6 000 000
8	50	120 000	6 000 000
9	30	300 000	9 000 000
10	20	900 000	18 000 000
合 计		**1 395 522**	**46 800 000**

十三、火凤凰

（一）面值：30元。

（二）奖组：900万张。

（三）玩法规则：幸运游戏：刮开覆盖膜，如果出现金额标志，即中得该金额。

主游戏：刮开覆盖膜，如果你的号码中任意一个号码与中奖号码相同，即中得该号码下方所示的金额；如果你的号码中任意一个号码与翻倍号码相同，即中得该标志下方所示金额的两倍。

中奖奖金兼中兼得。

（四）设奖方案：

奖级	中奖金额（元）	中奖个数	中奖小计（元）
1	1 000 000	1	1 000 000
2	100 000	5	500 000
3	10 000	50	500 000
4	1 000	1 500	1 500 000
5	600	45 000	27 000 000
6	400	25 000	10 000 000
7	100	225 000	22 500 000
8	50	900 000	45 000 000
9	30	2 250 000	67 500 000
合 计		**3 446 556**	**175 500 000**

十四、超级加倍Ⅱ

（一）面值：50元。

（二）奖组：900万张。

（三）玩法规则：游戏一：刮开覆盖膜，如果出现“**¥100**”标志，即中得100元。

游戏二：刮开覆盖膜，如果出现“**¥200**”标志，即中得200元。

游戏三：刮开覆盖膜，如果出现“**¥500**”标志，即中得500元。

游戏四：刮开覆盖膜，如果出现“**¥1 000**”标志，即中得1 000元。

游戏五：刮开覆盖膜，如果出现倍数标志“**1倍**”、“**2倍**”、“**5倍**”、“**10倍**”、“**20倍**”、“**50倍**”、“**100倍**”、“**200倍**”，即中得该标志下

方所示的金额乘以该倍数；如果在“全中”区出现赢标志“赢”，即中得游戏五刮开区内所示的30个金额之和。

中奖奖金兼中兼得。

（四）设奖方案：

奖级	中奖金额（元）	中奖个数	中奖小计（元）
1	1 000 000	1	1 000 000
2	500 000	2	1 000 000
3	100 000	10	1 000 000
4	10 000	50	500 000
5	1 000	30 000	30 000 000
6	800	40 000	32 000 000
7	500	11 250	5 625 000
8	200	10 000	2 000 000
9	150	112 500	16 875 000
10	100	900 000	90 000 000
11	50	2 250 000	112 500 000
合计		**3 353 813**	**292 500 000**

十五、新春大吉

（一）面值：50元。

（二）奖组：1 800万张。

（三）玩法规则：幸运游戏：刮开覆盖膜，如果出现金额标志，即中得该金额。

游戏一：刮开覆盖膜，如果出现兔标志“兔”，即中得该标志下方所示的金额；如果出现新春标志“春”，即中得该标志下方所示金额的两倍。

游戏二：刮开覆盖膜，如果你的号码中任意一个号码与中奖号码之一相同，即中得该号码下方所示的金额；如果出现大吉标志“吉”，即中得该标志下方所示金额的5倍。

中奖奖金兼中兼得。

（四）设奖方案：

奖级	中奖金额（元）	中奖个数	中奖小计（元）
1	1 000 000	5	5 000 000
2	500 000	10	5 000 000
3	100 000	50	5 000 000
4	10 000	400	4 000 000
5	1 000	17 000	17 000 000
6	800	90 000	72 000 000
7	500	31 500	15 750 000
8	200	225 000	45 000 000
9	150	225 000	33 750 000
10	100	1 575 000	157 500 000
11	50	4 500 000	225 000 000
合计		**6 663 965**	**585 000 000**

财政部关于停止销售“金光闪烁7”等71款即开型体育彩票游戏的审批意见

（2022年12月7日　财政部　财综〔2022〕94号）

体育总局体育彩票管理中心：

你中心《关于停止销售“金光闪烁7”等71款即开型体育彩票的请示》（体彩字〔2022〕345号）收悉。根据《彩票管理条例》（国务院令第554号）、《彩票管理条例实施细则》（财政部 民政部 体育总局令第96号）和《彩票发行销售管理办法》（财综〔2018〕67号）等有关规定，现就有关事项通知如下：

一、为进一步优化体育彩票游戏结构，促进彩票市场健康发展，同意你中心停止销售“金光闪烁7”等71款即开型体育彩票游戏（见附件）。你中心应当自批准之日起2个月内向社会发布公告，公告内容包括财政部的批准文件名称及文号、停止销售日期、兑奖截止日期等。自公告之日起满60个自然日后，停止销售上述71款彩票游戏。

二、上述71款彩票游戏停止销售后，在兑奖期内，应当按照规定兑付奖金。兑奖期结束后，你中心应与彩票销售机构做好彩票资金结算工作。逾期未兑奖奖金纳入彩票公益金，奖金结余转为一般调节基金，超兑奖金按规定列支。兑奖期结束后，你中心和彩票销售机构应当在60个自然日内分别向同级财政部门提交书面报告，报告内容包括彩票发行销售、彩票奖金提取、兑付、结余划转等情况。

三、你中心应当严格按照现行彩票管理制度规定，督促彩票销售机构加强销售安全管理和风险控制，切实做好公告、兑奖、结算等相关工作。要合理规划即开型彩票游戏结构，统筹衔接好游戏报批、编列预算、印制物流、上市销售、停止销售等工作环节，切实节约成本、提高效率，确保即开型彩票持续健康发展。

附件：同意停止销售的“金光闪烁7”等71款即开型体育彩票游戏

附件：

同意停止销售的“金光闪烁 7”等 71 款即开型体育彩票游戏

序号	彩票游戏名称	游戏面值（元）	财政部批复文号
1	金光闪烁 7	5	财办综〔2011〕51 号
2	小金猪	2	财办综〔2015〕109 号
3	发发发	20	财办综〔2016〕124 号
4	10 来运转	10	财办综〔2016〕124 号
5	20 倍现金	20	财综〔2017〕23 号
6	天作之合	10	财综〔2017〕23 号
7	财运旺好运旺	5	财综〔2017〕23 号
8	天降财神	30	财综〔2017〕23 号
9	花开富贵	20	财综〔2017〕23 号
10	粉橙蓝	5	财综〔2017〕23 号
11	西游记	20	财综〔2017〕23 号
12	新时代 动起来	10	财综〔2018〕13 号
13	新时代 动起来	5	财综〔2018〕13 号
14	糖葫芦	2	财综〔2018〕13 号
15	巅峰对决	5	财综〔2018〕31 号
16	数字密码	10	财综〔2018〕31 号
17	天时地利人和	20	财综〔2018〕31 号
18	翻倍赢	10	财综〔2018〕31 号
19	动起来	10	财综〔2018〕31 号
20	动起来	5	财综〔2018〕31 号
21	招财猫	10	财综〔2018〕31 号
22	节气歌	20	财综〔2018〕31 号
23	中中中	5	财综〔2018〕31 号
24	锦绣	20	财综〔2018〕31 号
25	十二星座	10	财综〔2018〕31 号
26	美丽江西	5	财综〔2018〕31 号
27	龙狮争霸	10	财综〔2018〕31 号
28	一投成名	10	财综〔2018〕31 号
29	梅兰竹菊	5	财综〔2018〕31 号
30	五星报喜	10	财综〔2018〕31 号
31	巅峰对决	50	财综〔2018〕41 号
32	全民健身日	10	财综〔2018〕41 号
33	五禽戏	5	财综〔2018〕41 号
34	爱跑	10	财综〔2018〕41 号
35	运	20	财综〔2018〕51 号

续表

序号	彩票游戏名称	游戏面值（元）	财政部批复文号
36	金孔雀	20	财综〔2018〕51号
37	爱冰雪爱运动	5	财综〔2018〕51号
38	扎西德勒	10	财综〔2018〕51号
39	蕉好运	2	财综〔2018〕51号
40	国泰民安	10	财综〔2018〕51号
41	贺新年	20	财综〔2018〕51号
42	团团圆圆	10	财综〔2018〕51号
43	红包来啦	5	财综〔2018〕51号
44	万马奔腾	30	财综〔2019〕15号
45	跃龙门	10	财综〔2019〕15号
46	吉祥如意	10	财综〔2019〕15号
47	华夏古文明·山西好风光	10	财综〔2019〕15号
48	520	5	财综〔2019〕15号
49	好运8	5	财综〔2019〕15号
50	星光闪耀	20	财综〔2019〕15号
51	赢	20	财综〔2019〕15号
52	一触即发	10	财综〔2019〕15号
53	七彩云南	10	财综〔2019〕28号
54	福禄寿喜	20	财综〔2019〕28号
55	粤战越勇	20	财综〔2019〕41号
56	新速度新高度	30	财综〔2019〕41号
57	好运生肖	5	财综〔2019〕41号
58	世界客都	10	财综〔2019〕41号
59	7彩宝石	20	财综〔2019〕41号
60	芝麻开花节节高	10	财综〔2019〕41号
61	一蹴而就	5	财综〔2020〕11号
62	包好运	5	财综〔2020〕11号
63	快赢	10	财综〔2020〕11号
64	三叠字	2	财综〔2020〕11号
65	大熊猫	20	财综〔2020〕11号
66	开口笑	2	财综〔2020〕11号
67	蒸蒸日上	10	财综〔2020〕11号
68	好运	20	财综〔2020〕11号
69	捕鱼大师	10	财综〔2020〕11号
70	金牛贺岁	10	财综〔2020〕45号
71	牛	5	财综〔2020〕45号

（二）福利彩票管理制度和文献

关于印发《中国福利彩票责任彩票报告评价指南》的通知

（2022 年 8 月 31 日　中国福利彩票发行管理中心　中彩发字〔2022〕115 号）

各省、自治区、直辖市福利彩票发行中心，新疆生产建设兵团福利彩票发行中心：

为规范销售机构责任彩票报告评价工作，提升责任彩票意识，强化责任彩票建设，中福彩中心编制了《中国福利彩票责任彩票报告评价指南》。现印发你们，请参照执行。

附件：中国福利彩票责任彩票报告评价指南

附件：

中国福利彩票责任彩票报告评价指南

第一章　总则

第一条　为规范各省级销售机构（以下简称"机构"）中国福利彩票责任彩票报告评价工作，提升责任彩票意识，强化责任彩票建设，制定本评价指南。

第二条　评价指南所使用的评价指标以《中国福利彩票责任彩票报告指标体系》设定议题及指标为主要依据，参考中国社会责任报告评级专家委员会《中国企业社会责任报告评级标准（2020）》制定，是评价机构责任彩票报告的重要技术基础。

第三条　评价工作由中国福利彩票发行管理中心自行开展或者委托第三方进行。

第二章　指标分类

第四条　评价采用综合评分法。

第五条 按照真实、客观、合理的原则，从过程性、实质性、完整性、平衡性、可比性、可读性、创新性七个维度，确定20个实质性议题、40个指标（见附1），并设置不同权重。

第六条 过程性指标

（一）评价内容：机构在报告期内是否对报告编写和使用全过程进行全方位价值管理，充分发挥其在利益相关方沟通、绩效监控中的作用以及提升机构责任彩票管理水平。

（二）考察要点：是否按照组织、策划、界定、启动、研究、撰写、发布和总结八个要素编制报告。

第七条 实质性指标

（一）评价内容：报告是否披露报告期内机构可持续发展的关键性议题及其识别过程。包括对利益相关方的重大影响；披露的实质性内容由机构所属行业、经营环境和机构的关键利益相关方等。

（二）考察要点：是否涵盖行业特征议题、时代议题等关键议题，是否涵盖受其重大影响的关键利益相关方。

第八条 完整性指标

（一）评价内容：报告所涉及的内容是否反映机构在报告期内对经济、社会和环境的重大影响，使利益相关方可据此了解机构责任彩票建设的理念、制度、措施以及绩效。

（二）考察要点：责任彩票领域的完整性，是否涵盖报告前言、责任管理、组织治理、发行销售责任、非理性购彩行为预防和干预、员工、零售商、政府、公众、社区、企业、价值链、环境和后记；披露方式的完整性，是否包含责任彩票的理念、制度、措施及绩效。

第九条 平衡性指标

（一）评价内容：报告能否中肯、客观地披露机构在报告期内的正面信息和负面信息，或者客观分析经营过程面临的风险和机遇，以确保利益相关方可以对整体业绩和可持续发展能力。

（二）考察要点：是否披露了实际发生的负面信息。

第十条 可比性指标

（一）评价内容：报告披露的信息是否有助于利益相关方对机构关键定量责任绩效进行分析和比较。

（二）考察要点：是否披露连续三年的历史数据及与同行业或者其他机构的比较数据。

第十一条 可读性指标

（一）评价内容：报告的披露方式是否易于读者获取、理解和接受。

（二）考察要点：从获取方式、篇章结构、排版设计、语言、图表等方面考察报告的通俗易懂性。

第十二条 创新性指标

（一）评价内容：报告在内容或者形式上有无重大创新。

（二）考察要点：内容创新和形式创新，重点是通过创新提高报告质量。

第十三条 指标权重

过程性指标为10%，实质性指标为25%，完整性指标为20%，平衡性指标为10%，可比性指标为15%，可读性15%，创新性指标为5%。

第三章　评价体系

第十四条 评价原则

（一）全面性。推动报告覆盖前言、责任管理、组织治理、发行销售责任、非理性购彩行为预防和干预、员工与零售商、公众、社区、价值链、环境和后记等13个部分所包括的议题及指标。

（二）特征性。推动销售机构从利益相关方关注程度和可持续发展角度强化议题的特征性。

（三）前沿性。推动销售机构从利益相关方和可持续发展角度出发，考虑未来影响。

（四）公正性。基于公正、统一的评价标准和原则进行评价。

（五）独立性。独立、客观地进行评价。

（六）沟通性。从报告披露信息的深度与广度综合判断报告质量，推动切实回应各利益相关方关切，提升报告公信力，尤其注重与购彩者、代销者、供应商、政府、社区等利益相关方的沟通程度和水平。

（七）传播性。推动责任彩票品牌影响力建设，促进责任彩票品牌广泛传播。

第十五条 评价办法

（一）中国福利彩票发行管理中心是进行销售机构责任彩票报告评价主体，负责责任报告的采集、评价、计算及统计工作。

（二）依照过程性、实质性、完整性、平衡性、可比性、可读性、创新性维度评分，议题指标参照《中国福利彩票责任彩票报告指标体系》执行。

第十六条 分值计算

总得分=过程性×10%+实质性×25%+完整性×20%+平衡性×10%+可比性×15%+可读性×15%+创新性×5%

第十七条 评价流程

（一）基本信息填报和采集。填报基本信息，包括机构名称、机构级别、机构所在区域、报告来源、报告总页数、报告语言、机构第几份报告、报告发布日期、报告发布平台、报告参考标准等十项。

（二）开展评价。

1.过程性评价。根据报告编制流程以及过去12个月和未来关于报告编制的过程性工作进行评价。（详见附2）。

2.实质性评价。根据报告披露的实质性议题数量计算披露比率，进而得出分值。得分=披露比率×100=报告披露实质性指标数量÷实质性指标数量×100（详见附3）。

3.完整性评价。根据报告披露的指标计算披露比率，进而得出分值。得分=披露比率×100=报告披露完整性指标数量÷完整性指标数量×100（详见附4）。

4.平衡性评价。根据报告披露的负面信息阐述情况是否清楚、数量是否完整进行评价。（详见附5）。

5.可比性评价。根据报告披露数据比较情况进行评价。（详见附6）。计算公式如下：

纵向披露比率=纵向个数÷定量指标个数

当纵向披露比率>1时，则得分=90+（横向个数<1时，加0；横向个数≥1时，加［横向个数>1时，加10分；横向个数≤1时，加5分］）

当纵向披露比率≤1时，则得分=纵向披露比率×90+（横向个数<1时，加0分；横向个数≥1时，加［横向个数>1时，加10分；横向个数≤1时，加5分］）

6.可读性评价。结构、条理得分（占45%）、表达形式得分（占45%）、专业词汇解释得分（占10%）。其中结构、条理得分与表达形式根据评分细则评分，专业词汇解释打分应当对报告内容进行考察后评分，则此项得10分，否则不得分；若报告不涉及专业词汇，此项可得满分（详见附7）。

7.创新性评价。通过与国内外报告以及机构历史期报告对比，判断有无创新或者创新是否提高了质量，进行评分。其中内容创新占60%，形式创新占40%（详见附8）。

第十八条 评价结果

综合得分30分以下，为一星级起步阶段报告；得分30–49分，为二星级发展阶段报告；得分50–59分，为三星级追赶阶段报告；得分60–69分，为四星级优秀报告；得分70–79分，为四星半级领先报告；得分80–89分，为五星级卓越报告；得分90–100分，为五星佳级典范报告。

第四章 附则

第十九条 中国福利彩票责任彩票报告评价指南由中国福利彩票发行管理中心制定并解释。

附 1：

实质性议题及指标具体内容

分类	实质性议题	指标
组织治理	守法合规	经济活动合法合规
发行销售责任	游戏产品	兼顾游戏性和安全性
		新游戏产品开发和销售
		社会影响（风险）评估
	广告与营销	诚信营销
		理性购彩宣传
		禁止向未成年人售彩、兑奖宣传
	渠道建设	社会征召
		科学布局
		渠道拓展
		渠道管理和规范化建设
	安全运行	资金安全管理
		信息系统安全等级认证
		开奖安全管理
	优质服务	系统性客服工作机制
		积极应对购彩者咨询
		年度购彩者投诉解决率
非理性购彩行为预防与干预	非理性购彩行为的预防	在销售场所张贴警示标志
		理性购彩宣传手册发放
	非理性购彩行为的干预	口头提醒
员工与零售商	机构内从业者（员工）	培训
		支持员工发展的其他制度和措施
		员工关爱
	机构外从业者（零售商）	基本权益保护
		培训
政府（利益相关方）	社会贡献	彩票年度销售额
	公益金筹集与使用	年度公益金筹集金额
		年度公益金投入使用金额及使用比例
公众（利益相关方）	业务公开	业务公开
	增强与公众互动	其他增强与公众互动的制度和措施（活动）
	社区参与	赞助支持社区居民活动
		员工志愿者数量及志愿活动数据
	社区服务	策划实施社区居民活动
		开展社会弱势群体救助
行业	行业推动	推动行业发展的举措及影响
		技术与管理创新
	市场秩序维护	协助打击非法彩票
环境	环境管理	对环保公益活动的支持
		环境保护的宣传与倡导
	资源节约	绿色办公

附 2：

过程性评价得分基本要求

维度	分值	基本要求
前期准备	10	是否有编写工作组
	10	是否有利益相关方清单
期中撰写	10	是否有利益相关方参与报告编写过程记录
	10	是否有责任彩票实质性议题界定与确认资料
	10	是否有报告编写启动资料
	15	是否有报告撰写过程资料
后期反馈	10	是否有报告发布形式和时间资料
	10	是否有利益相关方的反馈资料
	15	是否有以报告促管理的具体措施及效果

附 3：

实质性得分细则

指标数量	采集员 A			采集员 B（复核）		
39	报告披露实质性指标数量	披露比率	得分	报告披露实质性指标数量	披露比率	得分

附 4：

完整性得分细则

指标数量	采集员 A			采集员 B（复核）		
190	报告披露完整性指标数量	披露比率	得分	报告披露完整性指标数量	披露比率	得分

附 5：

平衡性指标计分标准

披露负面信息指标数量	基本要求与得分
1 个	未进行描述得 42 分，简单描述得 54 分，详细阐述得 60 分
2 个	未进行描述得 49 分，简单描述得 63 分，详细阐述得 70 分
3 个	未进行描述得 56 分，简单描述得 72 分，详细阐述得 80 分
4 个	未进行描述得 63 分，简单描述得 81 分，详细阐述得 90 分
5 个及以上	未进行描述得 70 分，简单描述得 90 分，详细阐述得 100 分

注：如确定无负面信息需披露，可得满分。

附 6：

可比性得分细则

定量指标	采集员 A				采集员 B（复核）			
35 个	纵向个数	横向个数	纵向披露比率	得分	纵向个数	横向个数	纵向披露比率	得分

附 7：

可读性得分细则

维度	占比	分数	基本要求
结构条理	45%	20	是否在“报告规范”或者“报告后记”介绍报告获取方式，是否易于利益相关方获取
		20	是否有目录，逻辑及内容是否与目录相符
		20	章节概述是否涵盖全部内容，章节内容是否重复或者冲突
		20	是否逻辑清晰、结构完整、层次明确，各章节表述遵循“概述—理念—制度—举措—绩效”顺序
		20	语言是否流畅简洁、清晰准确、通俗易懂
表达形式	45%	20	每章节有对应配图（背景图、案例图）超过 3 张，得满分；无图片不得分
		20	每章节有对应图表（流程图、结构图、矢量图、数据可视化图表）等强化内容传达和阅读体验，得满分；无图表不得分
		20	封面、封底、跨页有设计，得满分；只有文字稿报告不得分
		20	排版设计方便阅读，图片图表清晰、有文字说明，得满分
		20	排版精美，辨识度强，嵌入二维码等延伸阅读方式，得满分
专业词汇解释	10%	10	有对专业词汇进行解释，得满分，否则不得分。若报告不涉及专业词汇，此项可得满分

附 8：

创新性指标计分标准

维度	占比	基本要求与得分
内容创新	60%	开篇及每个章节设置专题 / 聚焦 1 个，得 20 分；设置专题 / 聚焦 2 个，得 30 分；开篇及每个章节分别设置专题 / 聚焦得满分
		只以自身视角编制报告，得 20 分；加入第三方证言，得 30 分；加入利益相关方视角（案例、原声），得满分
		使用报告体表述，得 20 分；“报告体 + 讲故事”表达方式，得满分
形式创新	40%	无设计稿，不得分；图文并行无融合，得 10 分；利用拼图、融图等方式较好地结合图文，得 30 分；有亮眼的图文表现形式，得满分
		无设计排版，不得分；有基本设计，页面排版整洁清晰，得 20 分；页面排版有新意，布局有创新，得满分
		无设计稿不得分；配色及设计合理，呼应福彩标志配色，得 25 分；通过创新形式展现福彩标志、文字布局，得满分

关于印发《中国福利彩票即开型彩票发行销售异常情况处理办法》的通知

（2022 年 9 月 15 日　中国福利彩票发行管理中心　中彩发字〔2022〕128 号）

各省、自治区、直辖市福利彩票发行中心，新疆生产建设兵团福利彩票发行中心：

《中国福利彩票即开型彩票发行销售异常情况处理办法》已经2022年8月29日第13次中心主任办公会议审议通过，现印发你们，请遵照执行。

附件：中国福利彩票即开型彩票发行销售异常情况处理办法

附件：

中国福利彩票即开型彩票发行销售异常情况处理办法

第一章　总则

第一条　为规范处理和妥善解决中国福利彩票即开型彩票（以下简称“即开票”）在运输、仓储、销售、停销等环节（以下简称“各环节”）中出现的异常情况，进一步加强对即开票发行销售的管理，维护即开票市场秩序，根据《彩票管理条例》《彩票管理条例实施细则》《彩票发行销售管理办法》《彩票机构财务管理办法》等相关规定，制定本办法。

第二条　本办法所称的异常情况，是指在各环节中出现的非正常业务流程的情况，包括印制质量、丢失或损毁、混组和异地兑奖、兑奖争议等问题。

第三条　异常情况处理应当遵循预防为主、快速响应、分级分类、合理规范的原则。

第二章　印制质量问题处理

第四条　本办法所称的“印制质量问题”，是指在福彩销售机构入库至兑奖过程中发现即开票存在下列情形之一的：

（一）票面信息印制错误、游戏玩法错误、游戏数据错误；

（二）即开票游戏符号空白、残缺不清、错误；

（三）即开票覆盖层内信息可透视；

（四）即开票刮开区裸露，覆盖墨粘连严重，覆盖层撕刮不开或者撕刮时造成游戏符号破损；

（五）销售终端显示的中奖信息与票面中奖信息不符；

（六）其他影响销售、兑奖的情形。

第五条　对于存在印制质量问题的即开票，

应当予以收回，并根据彩票购买者意愿退还其支付款项或者更换同等金额即开票。彩票购买者要求兑奖的，福彩销售机构应当认真核对二维验奖码的验证结果，予以兑奖的，要求中奖者签字确认；不予兑奖的，应当说明原因，并妥善处理。

第六条 福彩销售机构判定会引起重大社会影响的，以及发现或者收到彩票购买者、代销者反馈并确认同一批次多张即开票出现质量问题的，应当立即停止销售本区域该批次即开票，上报中福彩中心研究处理。

第三章 丢失或损毁问题处理

第七条 即开票从中福彩中心仓库运输至福彩销售机构仓库途中（以承运单位人员和福彩销售机构人员交接签字为运输结束点）丢失或损毁的，由中福彩中心负责处理，并发布公告。

第八条 即开票运达福彩销售机构仓库后，由承运单位人员和福彩销售机构人员共同核对游戏品种和数量并签字确认。若运达即开票与发货单不符时，福彩销售机构应当立即与中福彩中心联系，中福彩中心查明原因后及时给出处理意见。

第九条 即开票从福彩销售机构入库至代销者入库（不含）的过程中丢失或损毁的，应当查明原因，根据实际情况明确主体责任，进行相应追责处理，并按以下程序处理：

（一）因不可抗力事件造成丢失或损毁的，福彩销售机构应当保存证据（照片、视频、公证书等），立即上报中福彩中心并提交书面说明，在停销后与其他待销毁即开票一并处理；

（二）因非不可抗力事件造成即开票丢失的，视同销售；

（三）因非不可抗力事件造成即开票损毁的，福彩销售机构应当立即上报中福彩中心并提交书面说明，在停销后与其他待销毁即开票一并处理。

第十条 即开票从代销者入库至销售（不含）的过程中丢失或损毁的，按以下程序处理：

（一）因不可抗力事件造成即开票丢失或损毁的，代销者可保存证据，并立即上报，由福彩销售机构给出最终处理意见；

（二）因非不可抗力事件造成丢失或损毁的，视同销售。

第十一条 即开票批次或游戏停止销售（停销时间以公告内容为准）后，在尾票交接确认前，发生丢失或损毁的，福彩销售机构应当及时向中福彩中心提交书面说明，发生兑奖损失的，由福彩销售机构自行承担。

第四章 混组和异地兑奖问题处理

第十二条 代销者发现非调拨至本省（区、市）的即开票兑奖时，立即上报。由福彩销售机构判断是混组问题还是异地兑奖问题。

本办法所称的混组问题是指不同奖组即开票混装的异常情况。

本办法所称的异地兑奖问题是指不在本区域销售范围内的即开票进行兑奖的异常情况（混组除外）。

第十三条 属于混组问题的，福彩销售机构应当立即停止销售本区域内该批次即开票，收回并根据彩票购买者意愿退还其支付款项或者更换同等金额即开票；中奖者要求兑奖的，应当做好信息登记（姓名、身份证号、联系方式等），待中福彩中心给出处理意见后兑奖，并做好解释工作。

第十四条 属于异地兑奖问题的，福彩销售机构应当告知中奖者到购买地兑付奖金。已发生兑奖的，经福彩销售机构核实后，统一收集异地兑奖即开票，及时联系购买地福彩销售机构处理。福彩销售机构应当指派专人负责异地兑奖工作。

第五章 兑奖争议问题及其他问题处理

第十五条 本办法所称的“兑奖争议问题”，

是指销售过程中，彩票购买者对兑付奖金流程及结果产生异议的异常情况。

第十六条 代销者或福彩销售机构通过二维验奖码或手工验奖码确认中奖信息，确认中奖后兑付奖金。彩票购买者对中奖结果有异议的，代销者或福彩销售机构应当做好解释说明；说明无效或者无法确认中奖信息时，应当立即上报。福彩销售机构统一收集未能兑奖的即开票信息及情况，并按中福彩中心要求提交相关文件，由中福彩中心统一处理。

第十七条 福彩销售机构发现代销者有销售保安区已被刮开的即开票等违规行为的，应当根据福彩代销合同约定处理；存在违法行为的，应当移交公安机关处理。福彩销售机构可对发现问题的人员予以奖励。

第十八条 代销者发现有持疑似伪造、变造的即开票兑奖的，应当注意收集相关信息并立即上报。经核查，若判断涂改、挖补、拼接、伪印等伪造、变造即开票情况属实的，应当移交公安机关依法处理。

第六章 附则

第十九条 因彩票市场变化导致的坏账损失，或者因不可抗力事件等造成的即开票发行销售损失，可根据《彩票机构财务管理办法》向同级财政部门申请使用发行销售风险基金。适用范围包括但不限于本办法第九条及第十条所涉及之情况。

第二十条 对存在违反本办法规定的行为，或者存在滥用职权、玩忽职守、徇私舞弊等违纪违法的行为，依照有关规定处理；涉嫌犯罪的，应当移交司法机关处理。

第二十一条 本办法规定事项以外的，根据实际情况研究处理。

第二十二条 本办法自发布之日起施行。《中国福利彩票即开票发行销售异常情况处理办法》（中彩发字〔2017〕3号）同时废止。

关于印发《中国福利彩票即开型彩票游戏管理办法》的通知

（2022 年 9 月 30 日　中国福利彩票发行管理中心　中彩发字〔2022〕136 号）

各省、自治区、直辖市福利彩票发行中心，新疆生产建设兵团福利彩票发行中心：

《中国福利彩票即开型彩票游戏管理办法》已经2022年9月23日第14次中心主任办公会议审议通过，现印发你们，请遵照执行。

附件：中国福利彩票即开型彩票游戏管理办法

附件：

中国福利彩票即开型彩票游戏管理办法

第一章　总则

第一条　为加强中国福利彩票即开型彩票（以下简称“即开票”）游戏管理，促进即开票市场健康发展，根据《彩票管理条例》《彩票管理条例实施细则》和《彩票发行销售管理办法》等制度规定，制定本办法。

第二条　本办法所指即开票，是由中国福利彩票发行管理中心（以下简称“中福彩中心”）发行，预先设定游戏名称、面值、奖组、玩法和奖级结构等内容，在纸质介质上印有兑奖符号并保密覆盖，刮开或者撕开覆盖层后即产生开奖结果的彩票。

第三条　中福彩中心按照统一发行、统一管理、统一标准的原则，负责全国即开票的发行和组织销售工作。

第二章　游戏设计

第四条　中福彩中心负责组织开展即开票游戏设计并向民政部、财政部申报。

第五条　即开票游戏设计包括游戏主题、名称、面值、画面、最高奖金、奖组、奖级构成等要素，票面及背版内容不得违反有关法律法规规定，游戏设计使用的标识、肖像、字体等内容，涉及知识产权的，必须获得相应的书面授权或者取得相应的所有权。

第六条　即开票游戏设计应当履行专家评审程序。在申报新游戏前，中福彩中心应当组织专家评审。

第七条　即开票新游戏方案经中福彩中心主任办公会审议通过后按照规定程序申报。

第八条　中福彩中心申请发行即开票新游戏或者对已发行销售的即开票游戏规则进行调整

的，应当按照规定程序申报，审批通过后，在规定的时限内上市。

第三章　印制、仓储及物流

第九条　中福彩中心负责制定即开票的版式、规格、制作形式、防伪、包装等印制标准和管理规范。

第十条　中福彩中心负责制定即开票仓储管理相关办法，福彩销售机构应当以此为依据，结合实际情况制定当地的即开票仓储管理办法，并报中福彩中心备案。

第十一条　根据需要对外委托即开票仓储、分拣、运输业务的，应当确保安全。

第十二条　即开票必须在符合纸制品存放条件的专用仓库中储存。专用仓库应当配备专人管理，具备防火、防水、防盗、防潮、防虫等安全功能，不得存放与彩票业务无关的物品。

第十三条　即开票应当实行出入库登记制度，建立库存彩票实物台账。出入库记录单的保存期限不得少于60个月。

第十四条　即开票应当采用铁路、公路及其他安全的方式运输。即开票运达福彩销售机构仓库后，由承运单位人员和销售机构人员共同核对游戏品种、数量后签字确认，若情况不符，应当上报中福彩中心，查明原因后按规定处理。

第四章　销售

第十五条　中福彩中心对即开票销售渠道和场所管理进行指导，福彩销售机构负责实施本行政区域即开票销售渠道和场所的规划和管理。

第十六条　各级福彩机构开展即开票营销宣传、销售等业务时，应当遵守法律法规、规章制度和彩票管理政策，积极履行社会责任，注重舆论的正面引导。

第十七条　中福彩中心和福彩销售机构应当对从事即开票管理、服务和销售业务的人员开展培训。

第十八条　即开票新游戏审批通过后，中福彩中心商相关福彩销售机构选择一个地市级行政区域进行试销，试销满一周未出现异常情况的，在全国范围上市销售；出现异常市场反应的，查明原因后，视情况决定继续或中止上市销售。

第五章　停销

第十九条　经批准发行的即开票新游戏或者调整的即开票游戏，上市销售未满6个月的，原则上不得停止销售。

第二十条　符合以下情形的，中福彩中心可按规定批次停止销售或者申请停止销售即开票游戏：

（一）不适应市场需要；

（二）有质量问题不适宜继续销售；

（三）上市超过60个月；

（四）因其他原因需要停止销售。

第二十一条　中福彩中心申请停止销售即开票游戏，应当经民政部审核同意后，报财政部审批。经批准停止销售即开票游戏的，按以下程序办理：

（一）中福彩中心和相关福彩销售机构自财政部批准印发之日起2个月内向社会发布公告，明确停销和停兑截止日期。

（二）自公告之日起满60个自然日后，中福彩中心和相关福彩销售机构方可停止销售。

（三）即开票批次停销和游戏停销停兑的时间以执行的时间为准，即开票游戏批次停销停兑后，相应资金结转待游戏停销停兑后执行。

（四）在兑奖截止后，中福彩中心和相关福彩销售机构需向同级财政部门上报经批准停止销售的彩票游戏销售情况、奖金兑付情况等。

第二十二条　即开票的使用期限为自印制完成之日起60个月，使用期限到期后，应当停止销售。严禁销售超过使用期限的即开票。中福彩中心应当定期开展游戏的批次停销，在使用期限到期前60个自然日内，向社会公告该批次彩票的停止销售日期，停止销售的日期为使用期限到期的日期；尚未到期但需要停止销售的，至少提前60个自然日向社会公告该批次彩票的停止销售日期。

第六章　销毁

第二十三条　即开票尾票是指按批次停止销售或者游戏停止销售后剩余的未销售彩票，应当定期销毁。

第二十四条　福彩销售机构每年应当对本行政区域内的库存彩票进行核查，确定拟销毁的彩票品种报中福彩中心审核。中福彩中心确认福彩销售机构拟销毁彩票金额与实物一致后，汇总全国的拟销毁彩票数据，做好销毁彩票相关准备工作后，按计划向财政部申请销毁彩票。

第二十五条　经财政部审批同意后，中福彩中心向民政部申请委派人员监督销毁彩票，按照民政部门的监督要求，组织相关福彩销售机构开展彩票销毁工作，应当按照财政部审批的品种、数量实施销毁，不得未经批准销毁彩票。

第二十六条　即开票销毁应当采用粉碎、打浆等方式进行。

第二十七条　彩票销毁由组织人员、实施人员和监销人员按照下列程序共同完成：

（一）核对现场待销毁彩票实物与经批准销毁彩票的名称、面值、数量、金额是否一致；

（二）清点零张票，抽点整本票；

（三）核对无误后，实施销毁，出具销毁确认单并签字、盖章；核对中发现问题的，应当立即暂停销毁工作，查明原因并处置后再行销毁。

第二十八条　中福彩中心和福彩销售机构应当每年编制彩票销毁预算，用于支付彩票销毁相关费用。

第七章　兑奖管理

第二十九条　福彩机构通过技术系统发行销售即开票，即开票中奖与否及中奖金额，以保安区内二维验奖码的验证结果为准。彩票因受损、玷污、覆盖层撕刮不开、兑奖符号残缺等原因无法正确识别的，不予兑奖，因购票者原因造成的，损失由购票者自行承担；非因购票者原因造成的，由福彩机构确认后收回，按彩票购买者意愿退还其购买彩票所支付的款项或者更换同等金额彩票。

第三十条　即开票由代销者兑奖的，中福彩中心或者福彩销售机构应当定期与代销者进行资金结算。

第三十一条　中福彩中心和福彩销售机构依照《彩票管理条例》等规定对中奖者身份信息进行保密。

第三十二条　即开票可以自购买之日起兑奖，兑奖的截止日期为该批次彩票或者该游戏停止销售之日起的第60个自然日。逾期未兑奖的视为弃奖。最后一天为全体公民放假的节日或者彩票市场休市的，顺延至全体公民放假的节日后或者彩票市场休市结束后的第一个工作日。

第三十三条　在兑奖有效期内，中福彩中心、福彩销售机构和代销者应当及时为中奖者兑付奖金。如遇特殊情况（包括但不限于疫情防控、停电、设备故障、兑奖资金不足及其他不可抗力原因），应当与中奖者协商，妥善兑付奖金。

第三十四条　各级福彩机构及其工作人员、代销者不得为购彩者保管未兑付的中奖彩票。

第八章　资金管理

第三十五条　即开票游戏停止销售后的逾期未兑奖金纳入彩票公益金；奖金结余转入一般调节基金；超兑奖金从彩票发行销售风险基金中列支。

第三十六条　中福彩中心和福彩销售机构可以利用业务费、经营收入等资金购买商品或者服务开展即开票促销活动。开展促销活动所需经费，由中福彩中心或者福彩销售机构在预算中提出申请，经同级财政部门审核批准后使用。

第九章　监督管理和责任追究

第三十七条　各级福彩机构应当配合相关民政、财政、审计等部门对即开票发行销售政策和制度执行情况的检查。

第三十八条　福利彩票代销者发生违规行为或者因违规销售被公安机关查处的，纳入中国福利彩票代销者违规名单，3年内各级福彩机构不得与之合作。

第三十九条　对存在违反本办法规定的行为，或者存在滥用职权、玩忽职守、徇私舞弊等违纪违法的行为，依照有关规定处理；涉嫌犯罪的，应当移交司法机关处理。

第十章　附则

第四十条　本办法自发布之日起施行。《中国福利彩票即开型彩票发行销售管理办法》（中彩发字〔2018〕195号）同时废止。

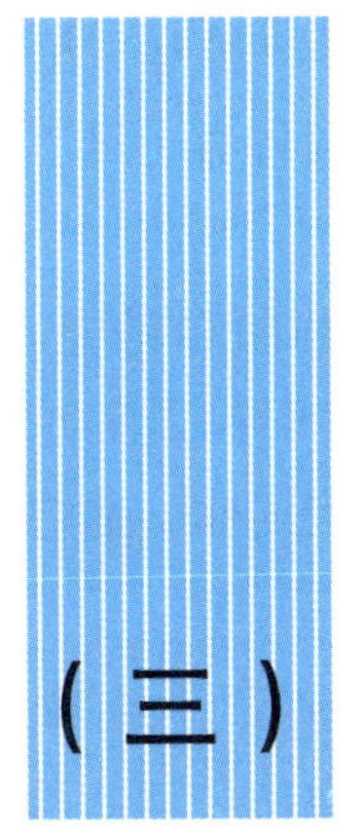

（三）体育彩票管理制度和文献

关于做好2022年超级大乐透与7星彩市场培育工作的通知

（2022年1月29日　国家体育总局体育彩票管理中心　体彩字〔2022〕15号）

各省、自治区、直辖市体育彩票管理中心：

为推动“建设负责任、可信赖、高质量发展的国家公益彩票”工作目标的实现，按照“十四五”体育彩票规划和“十四五”乐透、数字型体育彩票实施纲要的要求，制定《2022年超级大乐透和7星彩市场培育工作计划》。现就有关事项通知如下：

一、明确超级大乐透与7星彩年度工作思路

紧紧围绕“建设负责任、可信赖、高质量发展的国家公益彩票”总体目标，坚持“全产品、全渠道、全价值链”的管理思维和“以客户为中心”的工作思路，将超级大乐透与7星彩作为长期工作重心，继续一体化推进两款游戏的玩法研究、日常宣传、业务培训及渠道赋能等各项基础性工作。在此基础上，重点落实超级大乐透“15周年”市场培育工作，发挥品牌焕新、事件营销、派奖促销的传播合力，努力扩大超级大乐透购彩者群体规模；创新开展7星彩“星期五”购彩日活动，探索常态化工作推进机制，培养代销者销售意识，提高购彩者购买粘性。在销售过程中，应深化落实依法合规、安全生产、风险防控、社会责任的理念与要求，探索责任彩票与游戏业务的深度融合。

二、落实超级大乐透与7星彩年度重点任务

（一）做实、做细超级大乐透15周年内外部传播推广工作

1. 协同推进超级大乐透品牌焕新

根据超级大乐透15周年整体工作安排，总局中心将于5月28日发布超级大乐透全新品牌形象。各省（区、市）体彩中心须在3月底完成并提交本地征集方案，在5月中旬前完成本地作品的征集与初选，以便总局中心在5月下旬完成终选。各省（区、市）体彩中心应明确开展品牌征集工作的目的，即借此提高超级大乐透品牌认知度、美誉度，协同超级大乐透派奖扩大客户群体、培养潜在客户。品牌征集期间，游戏部门与

宣传部门要发挥合力，丰富传播渠道，拓展参与群体，增加收集品牌物件、讲述品牌故事、分享心得体会等环节安排，避免机械式完成征集任务。

2.妥善制定全年营销活动计划

总局中心将于4月上旬启动超级大乐透派奖活动。请各省（区、市）体彩中心以快速恢复市场和客户拉新为目标，在春节后至3月底前完成本地促销，再借助全国派奖巩固和扩大客户群体。若因故无法安排本阶段促销，请在超级大乐透派奖结束后，结合全新品牌识别体系发布启动本地促销，实现派奖期间新客户的留存。通过上述安排，形成促销衔接派奖或派奖衔接促销的节奏安排，使新客户持续关注超级大乐透，形成投注习惯。

在四季度世界杯期间，各省（区、市）体彩中心应充分运用“三全”管理思维，顺势、借势、造势地做好全产品运营销售工作，探索重大赛事期间超级大乐透的市场培育与营销促销模式，要在留存世界杯引流客户、转变代销者短线经营观念等方面下足功夫。

3.重点强化内部培训与宣贯

各省（区、市）体彩中心要充分借助15周年契机，开展面向内部的培训及形式多样的宣贯工作，统一各级人员对于超级大乐透基础性地位的理解。针对代销者，至少要开展以下工作：一是结合超级大乐透派奖促销与品牌焕新安排，开展营销活动培训、荣誉网点评比、经验交流分享等系列工作；二是自6月起，启动实体店内超级大乐透展示要素更新、游戏专区及特色门店建设等工作，进一步强化基层重视；三是要完善超级大乐透培训课程内容、丰富培训内涵，精心设计面向新开业代销者、重点实体店代销者的培训课程。

（二）做巧、做精7星彩“星期五”常态化推广工作

为培养代销者销售意识、购彩者投注习惯，总局中心制定了以7星彩“星期五”购彩日为抓手的年度计划，请各省（区、市）体彩中心重点落实以下工作：

一是要充分利用总局中心在3月安排的7星彩“星期五”全国导入活动，调配省内各类资源，全面启动相关工作，造势推广“星期五”购彩日概念。

二是要形成适合于本地实际情况的7星彩“星期五”营销活动计划，其中面向购彩者的促销活动时间不少于4个月，即16个星期五。在活动过程中要有意识地收集市场信息、客户反馈，形成持续优化活动方案的迭代策略。

三是要借势“星期五”购彩日开展覆盖全年的7星彩市场培育工作。在非营销活动时段，也要持续开展日常宣传推广、投注方式研究、代销者技能竞技、实体店巡检帮扶等各项工作，巩固“星期五”购彩日概念。重点探索以7星彩为代表的数字型游戏与购彩者日常生活场景的密切关联，建立情感联结，讲好品牌故事。

（三）一体化推进超级大乐透和7星彩的各项基础性工作

1.持续提升客户购彩体验

各省（区、市）体彩中心除做好超级大乐透“追加”、7星彩“3+3”等投注方式推广外，应针对假日等特定时点，有意识地推广超级大乐透与7星彩多期票、周末套票等购买方式。在与规则相关联的客户体验提升方面，总局中心将推出两倍长电脑彩票新营销功能、优化代销者与购彩者APP服务内容、上线票面营销活动省市自主配置功能、完善销售终端机出票功能等。各省（区、市）体彩中心应充分借力，并深入挖掘短视频、微信服务号等媒体平台的功能作用，持续改善信息获知、活动参与、中奖查询等关键环节的客户体验。

2.着力丰富日常宣传内容

依据“十四五”实施纲要中“实现传播全链条工作质量提升”的工作要求，各省（区、市）

体彩中心应在做好中奖宣传的基础上，优化游戏规则普及与卖点亮点介绍的宣传方式，将公益公信品牌、社会责任践行充分融入游戏传播过程，避免宣传、销售两张皮。针对超级大乐透，各省（区、市）体彩中心应把握日常宣传节奏与侧重，上半年以助力市场销售、讲好15年品牌故事为目的，下半年以树立品牌新形象、传播品牌新理念为主线。针对7星彩，要抓紧梳理、建立7星彩日常宣传工作机制。应在充分用活“星期五”购彩日传播话题的基础上，把握每一次一、二等奖奖金分配比例倒置机会，挖掘每一个大奖背后的购彩故事，加深7星彩“为梦想添彩”的品牌印象。

3.深入挖掘传统实体店销售潜力

为培养代销者良好经营习惯，在原“五个一”展示的基础上增加两个日常工作事项（幸运真票展示、私域流量宣传），即提档升级为代销者经营规定动作“5+2”。其中，历史开奖号码展示、海报可借助店内屏幕电子化展示，奖池公告、今日开奖、中奖票应有单独展示载体；幸运真票展示、私域流量宣传应在2021年基础上提升代销者执行覆盖率，各省（区、市）体彩中心应建立监督检查机制，确保工作实效。

为提升代销者经营意识与能力，总局中心将陆续推出短视频制作、新增购买方式介绍等培训课程，并将继续收集优秀代销者销售经验，在代销者APP学习园地等多渠道发布。请各省（区、市）体彩中心充分利用上述培训资源，做好代销者培训督促，开展内容丰富、形式新颖的本地培训；同时，要挖掘7星彩星期五购彩日、“3+3”投注方式推广、大盘套票推广等方面的优秀经验和典型做法，形成视频素材报送至总局中心。

在上述工作落实过程中，应充分运用重点实体店的推手作用。总局中心将检查考核重点实体店“5+2”的执行情况，收集各地优秀经验。各省（区、市）体彩中心应在2021年基础上，进一步细化重点实体店的筛选办法、工作目标、管理举措、帮扶手段和评价办法，重点实体店的数量不低于各类型实体店（不含行业渠道）总数的30%，至少应包含2021年、2022年新开业实体店，须着力优化此类实体店的销售结构，提升基础游戏销量占比。

4.持续探索新渠道销售模式创新

请各省（区、市）体彩中心结合本地实际情况，持续做好便利连锁渠道、小微零售渠道和以商业综合体为主的特殊渠道内乐透数字型游戏运营提升工作。其中，维持便利连锁渠道中奖池公告和终端机包边的基础要求，尝试与即开票相结合的幸运真票展示销售；2021年小微零售渠道的试点省（区、市）体彩中心，要抓紧总结形成可复制推广的销售运营模式，新试点地区要借鉴吸收经验；在商业综合体等特殊渠道，要实现对超级大乐透十五周年和7星彩星期五购彩日的有效传播触达，利用“前置开奖”等新营销工具吸引潜在客户关注和首购。

5.高度重视市场跟踪与研究工作

各省（区、市）体彩中心应结合全年工作主线与重心，充分调动包括代销者在内的各级人员力量，收集行业动态、市场信息、客户声音，提高洞察能力，把握市场规律，服务战略决策。应重点做好7星彩“星期五”活动期间、超级大乐透派奖促销期间、世界杯期间、重点实体店工作推进过程中的市场跟踪与研究工作，要有明确的跟踪成果与研究结论。此外，可以借助总局中心的销量异动模型、营销活动评估模型等指标工具，加工实现本地化，提高精细化运营水平与风险防范能力。

三、制定并报送超级大乐透与7星彩工作实施计划

请各省（区、市）体彩中心根据以上要求和建议，结合本地具体情况，制定超级大乐透与7星彩市场培育工作实施方案，并于3月10日前将实施方案备案至总局中心概率游戏管理处。实施

方案至少应包括以下内容：

（一）超级大乐透15周年工作方案（含品牌征集初步方案）。

（二）7星彩“星期五”购彩日工作方案（至少覆盖上半年）

（三）重点实体店选择标准与名单、年度目标、实施计划及考核方案等。

关于做好区域联网单场竞猜游戏运营管理工作的通知

（2022 年 5 月 28 日　国家体育总局体育彩票管理中心　体彩字〔2022〕22 号）

北京、天津、广东体育彩票管理中心：

在建设负责任、可信赖、高质量发展的国家公益彩票的发展目标指导下，“十四五”期间竞猜型彩票整体工作紧密围绕“突出体育特色、强化风险防控、传递竞猜价值”三条主线开展。为进一步规范游戏发行销售活动，严格落实《彩票管理条例》《彩票管理条例实施细则》《彩票发行销售管理办法》及区域联网单场竞猜游戏（以下简称“北单游戏”）审批文件等相关规定，现就进一步做好北单游戏相关工作提出如下要求：

一、充分认识规范北单游戏运营管理工作的紧迫性

三地体彩中心应提高站位，客观判断彩票行业当前面临的内外部环境，清醒认识北单游戏安全平稳发行销售的重要性，站在推动体育彩票健康持续发展全局的高度，按照“防风险、转方式、调结构、促发展”的思路，对照法律法规和相关批复文件等要求，结合北单游戏区域游戏特点，强化落实游戏运营和销售管理要求，切实防范游戏运营销售风险，规范运营管理工作，不断提升游戏运营管理水平，维护市场销售秩序，切实做好北单游戏运营销售工作。

二、全面排查防控北单游戏运营风险

三地体彩中心应以游戏运营、技术和资金等方面的问题和风险入手，坚持底线思维、增强忧患意识、提高防控能力，对照游戏管理要求全面开展北单游戏运营风险排查和整改工作（附总局中心2021年《区域联网单场竞猜游戏风险评估报告》作为参考，三地中心开展风险排查和整改工作应包括但不限于《报告》所揭示内容）。应将游戏业务风险、技术风险、数据风险、资金风险与政治风险、社会风险、舆论风险和廉政风险的整体防控相结合，对排查出的风险情况逐一制定防控方案，按照重要和紧急程度积极稳妥应对，进一步规范北单游戏运营。要求8月31日前完成高风险整改落实和北单游戏运营机制优化工作。

三、加快建立规范完善的北单游戏运营机制

三地体彩中心按照相关法规制度规定，特别是《彩票管理条例》第14条“彩票发行机构、彩票销售机构负责彩票销售系统的数据管理、开兑奖管理以及彩票资金的归集管理，不得委托他人管理”的规定，进一步厘清理顺游戏运营销售管理职责，切实提高风险防控和合规意识，强化完善相关制度，建立分工明确、高效协作的运营协作机制，不断提高北单游戏发行销售核心业务的自主运营和管理能力，妥善解决游戏资金等遗留问题，确保北单游戏安全、有序、平稳运营。

四、切实筑牢游戏市场秩序规范基础

三地体彩中心要切实履行北单游戏运营管理主体责任，应成立联合工作组，确保如期完成上述工作。同时在优化完善三地运营机制基础上，充分考虑2022年世界杯赛事年的赛事分布特

殊性、游戏运营的复杂性和社会高关注程度，提早谋划、及早部署，严格防范互联网销售、跨区域销售等违法违规问题，持续深入研究应对易忽视、难发现、难监管的市场问题，完善销售管理制度，强化销售网点监管，进一步夯实合规管理基础，维护市场秩序，确保世界杯期间北单游戏市场平稳有序。

附件：区域联网单场竞猜游戏风险评估报告（略）

关于组织开展“体彩+”建设工作进一步助力实体渠道成长的通知

（2022年5月28日　国家体育总局体育彩票管理中心　体彩字〔2022〕166号）

各省、自治区、直辖市体育彩票管理中心：

根据《“十四五”体育彩票发展规划》及实施纲要关于推动体育彩票传统渠道优化转型的要求，为了进一步激发传统专营渠道活力，推动转型升级，总局中心拟在前期探索和实践的基础上，组织开展“体彩+”实体店建设工作，进一步丰富实体渠道功能。现将有关事项通知如下：

一、“十四五”期间工作规划

“十四五”期间，渠道工作要坚持以人民为中心的发展思想，进一步提升形象、丰富功能、增收引流、稳定就业、激发活力，在稳定传统实体店经营的基础上推动其转型提升。积极引导传统实体店尤其是专营店因地制宜，打造成为集彩票销售中心、体育娱乐社交中心、便民服务中心、品牌宣传中心、公益实践中心、社会主义核心价值践行中心等于一体的多功能平台。

（一）“十四五”前期（2021—2022年）

由各省市自主、扎实、务实、个性化地创新功能项目，尝试建设一批有特色、有品位、有实效的“体彩+”实体店，初步渗透“多功能平台”概念。

（二）“十四五”中期（2023—2024年）

综合各业务需求及“体彩+”实体店建设情况，充分挖掘前期优秀案例，总结优秀经验，形成一批可复制项目和可推广优质资源，开展普适性项目推广。通过开展项目创新大赛、建设示范店等手段，广泛动员实体店参与，推动“一店一品”创新、多功能平台项目复制和优质资源推广，扩大“体彩+”实体店规模。针对“体彩+”建设优秀成果及整体效果做好内部及社会公众宣传。

（三）“十四五”后期（2025年）

持续开展普适性项目推广，鼓励实体店差异化创新发展，实现统一与特色并存、功能相对丰富和完善的“体彩+”实体店具备一定规模，基本完成传统专营渠道转型工作。

二、2022年工作思路

（一）工作目标

2022年各省市需在本区域范围内开展“体彩+”的探索与试点，引导和鼓励有条件的实体店结合自身条件、周边环境、人流特征等因素，增加展示、体验、服务等功能，建成主题丰富的特色店。切实吸引客户经常性参与体验，为实体店增加进店客户，在一定程度上增加客户转换率，并为实体店增加收入，降低实体店流失率，稳定销售人员就业，促进传统实体店稳定健康发展。

至2022年底，各省市富有实效的“体彩+”实体店数量不低于传统体彩专营店的10%，同时实现地市级行政区及百强县的全面覆盖，并纳入年终考核。

（二）工作开展原则

1.引导与自主相结合，避免一刀切。机构要广泛宣传和积极引导，同时从实体店实际条件出发，结合代销者意愿开展，不变相加码，不强制实施。

2.因地制宜，突出特色。结合实体店周边环境和人流特征，挖掘具备群众基础和市场基础的项目，注重个性化建设，突出主题特色。

3.加大支持力度，讲求实效。各级机构要从传统实体店稳定健康发展考虑，在政策和投入上给予支持，注重项目水平与效果，切实帮助实体店提升形象、稳定和增加客流、增加收入、提升经营质量。

（三）项目示例

各省市可根据实际情况，创新开展不同主题、不同类型的“体彩+”实体店建设。项目选择要突出特色，可选择1个或多个同类主题项目来突出本店主题；也可在突出1个主题的基础上选择多类主题项目。示例项目如下：

主题特色店：具有较鲜明的数字化主题、地域特色主题、奥运主题、冰雪主题、大型杯赛主题、国家队主题、俱乐部主题、咖啡主题、鹊桥主题等；

便民服务店：具备移动充电宝、便民饮水、打印复印、互联网、共享雨伞、社交电商、便民商品零售、代收发快递、寄存等有偿或无偿的便民服务项目；

公益志愿店：经常性提供骨髓库信息咨询服务、公益金申请咨询服务、法律咨询服务，组织志愿者活动、建设爱心书库、捐赠爱心物品、扶贫义卖等活动；

文化沙龙店：经常性组织棋类等全民健身活动，组织歌唱、书法、读书、舞蹈、乐器等艺术文化活动，组织饮食、茶艺、工艺等民俗文化活动；

体育服务店：具备体育健身器材、体育活动组织、体育赛事直播、体育赛事报名、体育赛事门票销售、体育知识科普等服务项目或宣传内容；

健康体验店：经常性组织或提供健康饮食指导、健身运动指导、应急医药箱、AED、体质检测服务、组织义诊等活动或服务。

三、省市工作要求

（一）充分重视，统筹持续推动

各省市要充分认识“体彩+”建设工作的战略价值与现实意义，理解工作目标与要求，增强行动自觉，提升重视程度，将该项工作放到突出位置，深入研究，持续考核。

（二）积极培训，开展广泛动员

总局中心通知下发后2周内，各省市要通过线上、线下或其他方式完成本区域宣贯培训工作，重点就工作目标、工作方向、工作要求进行宣贯，同时将“体彩+”实体店建设工作纳入本省考核，引导各地市中心和有意愿的代销者广泛参与，激发其积极性和创新主动性。

（三）精心组织，做好充分保障

总局中心通知下发后2周内，各省市应开展本地区体彩专营店相关工作情况、店面人员情况等摸查，结合实际，制定本省“体彩+”建设工作方案，明确实现目标、工作内容、实施路径、保障措施等。相关保障措施包括：

1.组织保障。明确责任部门，专项推进。确认项目对接人，做好与总局中心各项工作的对接，推动本省“体彩+”实体店建设。

2.政策和资源保障。制定长期发展策略，合理组织安排人力、物力，积极组织开展创新活动或培训交流活动，并匹配一定物质奖励与物料、资金投入，激励代销者积极参与。

（四）注重效果，扎实务实推进

各省市应根据实际和群众需求，按照推进策略、工作方案和计划，开展“体彩+”实体店建设，实时掌握本区域建设情况，并积极配合总局中心定期信息收集工作。

与品牌宣传、基层队伍建设、渠道形象建设等工作相结合，统筹资源，有序开展，下沉指导，确保工作落到实处。

（五）深入交流，加强示范引导

各省市应按照打造多功能平台的定位与价值导向，推动各地市中心、实体店积极探索、大胆创新，充分挖掘优秀项目，组织落地效果好的实体店开展经验交流，加强示范引导。建立激励机制，做到上下理解一致，有效推进。

（六）总结梳理，促进创新发展

2022年11月底，各省市应认真总结梳理本省关于“体彩+”建设工作开展的工作举措与成效，总结经验，持续创新，不断提高。同时，将总结报告提交总局中心。

四、总局中心支持工作

（一）工作服务支持

实施1人对接1省的工作机制，为各省市提供专人对接服务，协助省市做好政策咨询解读，开展本地区活动组织、项目落地，收集汇总各省市意见，进行问题解决及资源协调。

（二）组织工作交流

根据工作开展情况和省市需求，协助省市开展跨区交流或组织省市召开交流研讨，就省市优秀创新案例、创意方向、工作经验等内容进行交流，激发大家的创新意识和思路。

五、信息反馈与报备

各省（区、市）中心应根据2022年“体彩+”工作相关要求，提供本地专项负责人名单、工作方案、建设情况、总结报告等资料，并于规定时间内提交至指定对接人。

关于印发《中国体育彩票品牌营销活动安全生产管理办法》的通知

（2022 年 5 月 24 日　国家体育总局体育彩票管理中心　体彩字〔2022〕167 号）

各省、自治区、直辖市体育彩票管理中心：

为加强体育彩票品牌营销活动的安全生产管理工作，防范此类活动生产安全事故发生，促进体育彩票高质量发展，现将《中国体育彩票品牌营销活动安全生产管理办法》印发实施。

请遵照执行。

附件：中国体育彩票品牌营销活动安全生产管理办法

附件：

中国体育彩票品牌营销活动安全生产管理办法

第一章　总则

第一条　为加强体育彩票品牌营销活动的安全生产管理工作，防范此类活动生产安全事故发生，促进体育彩票高质量发展，根据《中华人民共和国安全生产法》《中华人民共和国突发事件应对法》《大型群众性活动安全管理条例》《生产安全事故报告和调查处理条例》《彩票管理条例》《彩票管理条例实施细则》及《彩票发行销售管理办法》等法律、法规和规章制度，结合实际工作需要，制定本办法。

第二条　本办法适用于由体育彩票发行机构（以下简称“发行机构”）、体育彩票销售机构（以下简称“销售机构”）或代销者主办及承办的体育彩票品牌营销活动的安全生产管理工作。

第三条　本办法所称“体育彩票品牌营销活动的安全生产管理”，是指在体育彩票品牌营销活动中，为避免发生人身、财产、公共安全等事故，有效消除或防范潜在风险而采取一系列措施，保障品牌营销活动得以顺利进行的管理活动。

第四条　体育彩票品牌营销活动安全生产工作应牢牢把握以人民为中心的发展理念，以人为本，坚持人民至上、生命至上，把保护人民生命安全摆在首位，树牢安全发展理念，坚持“安全第一、预防为主、综合治理”的方针，遵循以下原则：

（一）统筹安排，分级组织，分级管理，各负其责；

（二）各级体彩机构主要负责人是安全生产第一责任人，对本单位、本部门的安全生产工作负全面责任；

（三）管行业必须管安全，管业务必须管安全，管生产必须管安全，建立全员安全生产责任制。

第五条 品牌营销活动按照“谁主办，谁负责”的原则，由主办方对安全生产管理工作全面负责。组织开展品牌营销活动时，发行机构、销售机构要明确各相关主体的安全生产管理职责和分工，协同落实好安全生产责任。

第二章 安全生产管理职责

第六条 体育彩票发行机构主要职责是：

（一）负责规划体育彩票品牌营销活动安全生产制度体系建设，统筹指导各相关主体建立健全相关制度、工作规范以及应急预案等；

（二）负责制定并落实全国性品牌营销活动安全生产工作，督促、指导相关方配合落实安全生产管理责任；

（三）负责监督、检查销售机构主办或承办的品牌营销活动安全管理工作，督促销售机构落实安全生产整改意见。

第七条 体育彩票销售机构在发行机构的统一组织下，负责本行政区域内开展的品牌营销活动安全生产管理工作，主要职责是：

（一）负责建立健全符合本行政区域特点的品牌营销活动安全生产管理制度和配套标准规范、操作规程等；

（二）负责建设本行政区域内体育彩票品牌营销活动安全生产管理机制，落实安全生产责任制；明确相关部门和从业人员的安全生产职责，持续完善品牌营销活动安全生产管理责任、权利、义务及具体工作内容；

（三）负责组织制定本行政区域内开展的品牌营销活动安全生产应急预案，组织开展生产安全事故风险评估以及事故处置和责任划分，督促、检查安全生产管理工作，定期演练、及时自查自纠，排除安全隐患，向发行机构报告特大、重大生产安全事故信息、事故责任划分和处理措施，落实品牌营销活动安全生产整改意见。

第三章 安全管理规范

第八条 组织开展品牌营销活动须满足以下要求：

（一）品牌营销活动由销售机构组织开展的，销售机构负责制订品牌营销活动实施计划，按计划组织开展品牌营销活动工作，包括协调活动场地、准备宣传物料、组织人员等；

（二）品牌营销活动由代销者自发组织开展的，须由本区域基层服务管理人员提前向销售机构提出申请，批准后可开展；

（三）品牌营销活动由第三方承办的，须严格遵守当地采购或对外合作的有关规定，签订合作协议（应签订专门的安全生产管理协议），并对实施方案进行审核，审核通过后方可开展。

第九条 由第三方承办的品牌营销活动须进行严格审核，明确双方权利和责任，须满足以下审核条件：

（一）与承办方签署合同，合同中约定各自的安全生产管理职责，应重点突出安全生产管理要求，主办方对承办方安全生产工作统一协调、管理；

（二）承办方须经过体育彩票相关知识、宣传、安全防范、突发事件应急处置等内容的培训，务必熟知品牌营销活动的各项流程及规定；

（三）品牌营销活动开展前，主办方与承办方须成立活动联合工作组，制定切实可行的工作方案和应急预案，其中须包括安全生产工作专项工作方案和应急预案；

（四）品牌营销活动开展过程中，省（区、市）中心须提前与活动场地所属街道或商圈管理机构明确责任，对活动场地、周围环境等进行安全隐患排查，做好安全培训；须与属地卫生健康、公安、应急管理等部门密切配合，确保活动安全顺利举行；

（五）大型品牌营销活动须进行报备且须获得相关部门批准后方可开展。单场预计参加人数达到1 000人以上的大型活动，须按照国务院公布的《大型群众性活动安全管理条例》相关要求，在规定时限内提出申请并获得有关部门的批复或许可后方可开展；每场次预计参加人数低于1 000人的户外活动，须按照当地政府部门的有关管理要求，在规定时限内提出申请并获得有关部门的批复或许可后方可开展；

（六）品牌营销活动原则上应由发行机构或销售机构作为活动主办方，按照谁主办、谁负责的原则，严格遵守当地政府部门和上级主管部门的各项要求；

（七）主办方负责制定品牌营销活动方案，须包含安全保障、舆情监测、疫情防控、信息通报机制、应急处置等方面内容。

第十条 品牌营销活动如涉及开奖相关环节的工作，应遵守《开奖工作手册》（2021年版）的相关要求。

第四章 安全保障机制

第十一条 主办方及承办方应对品牌营销活动现场安全风险进行全面、系统的识别，构建安全风险分级管控和隐患排查治理双重预防机制法安全生产，明确品牌营销活动现场风险分级及安全隐患清单和治理标准，制定管理措施，并组织开展隐患排查治理工作，及时发现并消除安全隐患。

第十二条 主办方及承办方应当教育和督促代销者严格执行品牌营销活动安全生产规章制度和操作规程；并指导代销者落实安全生产规范、防范措施以及事故应对措施。

第十三条 主办方及承办方应根据品牌营销活动特点，采用不同方式开展现场环境、设备设施、活动等方面安全检查和针对代销者安全生产知识的测试。

第十四条 主办方及承办方在开展品牌营销活动现场检查时，发现安全问题应当立即纠正或者要求限期改正，检查及处理情况应当如实记录在册。

第十五条 主办方及承办方完成品牌营销活动现场安全生产检查后，对发现问题、整改结果等进行及时总结并向发行机构报告反馈。

第十六条 主办方及承办方负责建立举报渠道，公开受理途径，受理有关安全生产的举报。受理的举报事项经调查核实后，应当形成书面材料并向发行机构上报备案。

第十七条 主办方及承办方应对品牌营销活动现场安全生产规范运行情况进行自评，验证各项安全生产制度措施的适宜性、充分性和有效性，检查品牌营销活动现场安全生产管理目标、指标的完成情况，不断改进和完善。

第十八条 各项品牌营销活动的开展须按各地区疫情防控要求严格做好疫情防控安全保障。

第十九条 各类型品牌营销活动发生生产安全事故时，应依照《中国体育彩票品牌营销活动突发事件应急预案》（编号：CSL-YW-07-2021）及时妥善处理，并按照国家有关规定立即如实报告当地负有安全生产监督管理职责的部门。

第五章 附则

第二十条 本办法自印发之日起实施。

第二十一条 本办法由国家体育总局体育彩票管理中心负责解释。

关于印发《中国体育彩票销售场所安全生产管理办法》的通知

（2022 年 6 月 1 日　国家体育总局体育彩票管理中心　体彩字〔2022〕168 号）

各省、自治区、直辖市体育彩票管理中心：

为规范和加强体育彩票销售场所安全生产管理，防范销售场所生产安全事故，保障销售场所人民群众生命和财产安全，我中心依据相关法律、法规、政策规定和彩票相关安全管理规章制度，结合销售场所安全生产工作要求和发展需求，制订了《中国体育彩票销售场所安全生产管理办法》（以下简称“管理办法”），现印发给你们，并将有关事项通知如下：

一、高度重视销售场所安全生产工作

安全生产事关人民群众生命财产安全，销售场所安全生产事关体育彩票持续稳定、高质量发展，按照“安全生产工作实行管行业必须管安全、管业务必须管安全、管生产经营必须管安全”的原则，各省（区、市）体彩中心须强化销售场所安全生产监督管理责任，建立安全生产方面的保障举措，落实销售场所安全生产责任制。

二、制定本省（区、市）安全生产管理规范

各省（区、市）中心须遵照管理办法，结合本区域销售场所特点、运营模式及岗位设置要求，充分考虑适用性、可操作性和分类施策，进一步完善安全生产各级职责和管理要求，编制符合本省（区、市）销售场所的安全生产管理规范。

三、确保销售场所安全生产工作落实到位

各省（区、市）体彩中心须按照管理办法相关要求，教育和督促代销者严格执行销售场所安全生产规章制度和操作规程，对销售场所安全风险进行全面、系统的识别，组织建立销售场所安全隐患排查治理机制，明确销售场所安全隐患排查清单和治理标准，制定管理措施，组织开展隐患排查治理工作，及时发现并消除事故隐患。

附件：中国体育彩票销售场所安全生产管理办法

附件：

中国体育彩票销售场所安全生产管理办法

第一章　总则

第一条　为规范和加强体育彩票销售场所安全生产管理，预防和减少销售场所生产安全事故，保障销售场所人民群众生命和财产安全，依据《中华人民共和国安全生产法》《彩票管理条例》《彩票管理条例实施细则》《彩票发行销售管理办法》《中国体育彩票实体渠道管理办法》等国家有关法律、法规、规章、政策规定和彩票相关安全管理规章制度，制定本办法。

第二条 本办法适用于各省、自治区、直辖市体育彩票销售场所（以下简称“销售场所”）的安全生产工作。

安全生产是指在生产经营活动中，为避免发生造成人员伤害和财产损失的事故，有效消除或控制危险和有害因素而采取一系列措施，使生产过程在符合规定的条件下进行，以保证从业人员的人身安全与健康、设备和设施免受损失、环境免遭破坏，保证生产经营活动得以顺利进行的相关活动。

第三条 本办法所称销售场所是指经体育彩票发行机构（以下简称“发行机构”）、体育彩票销售机构（以下简称“销售机构”）授权销售体育彩票的各类实体店，以及面向公众开放、能提供销售服务的其他经营场所。

第四条 销售场所的安全生产工作应当以人为本，坚持人民至上、生命至上，树牢安全发展理念，坚持安全第一、预防为主、综合治理的方针，从源头上防范销售场所重大安全风险。按照管行业必须管安全、管业务必须管安全、管生产经营必须管安全的要求，强化和落实代销者主体责任、销售机构管理责任和发行机构的监管责任。

第五条 发行机构、销售机构和代销者应按照本办法，履行对体育彩票各类销售场所的安全管理职责，落实各项安全管理措施，并提供必要的安全生产保障条件。

第二章 销售场所安全生产工作职责

第六条 发行机构按照统一组织管理的原则，负责统筹、指导销售机构开展销售场所安全生产管理工作，主要职责是：

（一）制定和完善体育彩票销售场所安全生产制度；

（二）督促销售机构制定和完善销售场所安全生产有关规章制度、标准规范、操作规程，评估销售场所安全生产规章制度、标准规范、操作规程的适用性和有效性；

（三）检查销售机构关于销售场所安全生产工作落实情况，评估安全生产工作执行情况；

（四）向销售机构通报销售场所生产安全事故和检查结果，督促销售机构落实销售场所安全生产整改意见。

第七条 销售机构在发行机构的统一组织下，负责本行政区域的销售场所安全生产管理工作，并按照消防、防疫等行业有关政府管理部门的管理要求，对相关工作承担协助监督职能。主要职责是：

（一）结合本区域销售场所特点、运营模式以及岗位设置要求，编制符合本区域销售场所的安全生产规范和操作规程；

（二）负责建立、健全销售场所安全生产责任制，明确相关部门和从业人员的安全生产职责，配备相应的销售场所安全生产管理人员，健全销售场所安全生产管理网络，并定期对管理人员安全生产检查、督促落实等工作进行考核；

（三）根据销售场所安全生产规范，结合实际情况，制定总体和年度安全生产工作目标。编制合理的销售场所安全生产预算，确保对安全生产资金、物资、人员的各项投入保障力度，保证销售场所安全生产措施有效实施；

（四）负责开展销售场所安全生产文化建设，建立安全生产激励约束机制，加强各级人员培训工作，组织制定并实施销售场所安全生产教育和培训计划，教育、引导全体从业人员贯彻执行；

（五）组织制定并实施销售场所生产安全事故应急预案，督促、检查安全生产工作，自查自纠，及时排除销售场所安全事故隐患。开展重大生产安全事故台账管理、重大危险源监控和安全风险管控；

（六）向发行机构报告特大、重大生产安全事故信息和处理措施，落实销售场所安全生产整改意见；

（七）负责开展本地区销售场所安全生产评估工作。

第八条 体育彩票代销者（以下简称“代销者”）是所属销售场所落实安全生产工作的责任主体，按照销售机构发布的工作要求，落实本销售场所安全生产工作，主要工作内容如下：

（一）代销者须了解销售场所安全生产规范等相关内容和要求，参加由销售机构组织的生产安全事故隐患、事故案例等方面的教育和安全生产规范、职责、应急处置流程等方面的培训；

（二）代销者须按照销售场所安全生产规范，落实销售场所安全生产工作和管理措施，配备并熟练使用规定的消防及相关安全设施，确保销售场所正常运营；

（三）代销者须按照发行机构和销售机构安全生产工作要求，通过自查方式开展销售场所安全检查工作，及时排查生产安全事故隐患，根据销售场所安全生产规范落实整改措施，并及时向销售机构报备；

（四）发生生产安全事故时，代销者应第一时间按照突发事件应急预案进行处置，并配合销售机构、相关部门开展调查处理。

第三章 体育彩票实体渠道销售场所安全生产规范

第九条 代销者在选址时，应对周边地质情况调查了解，充分考虑周边建筑物及环境的安全状况，不得设置在违法建筑内，不宜设置在燃气锅炉房、柴油发电机房、可燃气体储罐和可燃材料堆场等危险场所附近，不宜设置在地势低洼、易发生地质灾害的区域，并确保销售场所符合当地政府相关要求。销售机构应严格按照本区域安全生产规范及彩票相关规章制度审核销售场所选址方案。

第十条 代销者在落实销售机构安全生产工作要求的同时，还须符合所在销售场所物业和安全管理部门的安全生产规范和相关要求。

第十一条 销售场所安全生产建设须确保符合下列要求：

（一）代销者须严格按照《中国体育彩票实体店形象基础要素设计与使用手册》和销售机构要求，建设销售场所形象。销售机构应对销售场所形象建设进行审核，确保符合相关要求，未经销售机构审核通过，销售场所不得开展运营体育彩票业务；

（二）销售场所内各类设施设备等物资须符合国家、行业相关安全规定和标准；

（三）销售场所建设须遵守当地相关部门的施工安全操作规范，代销者应与施工方签订安全责任书，保证施工作业人员、相邻人员的人身安全和财产安全，防止高空坠物、物体打击，加强临边防护；

（四）销售场所须在台阶处、玻璃门处、疏散通道等区域设置必要的安全警示标志，谨防发生意外。

（五）代销者应做好销售场所防盗工作，加强自身安全防范，并注意销售设备、个人物资、销售款等方面的安全，预防盗抢或其他犯罪行为，视情况采取必要的防范措施，如遇紧急情况及时报警；

（六）代销者应加强销售场所消防安全，视情况为销售场所配备必要的视频监控、火灾报警等安防设备，预防火灾等危害及自然灾害。不得在销售场所放置任何易燃、易爆、有毒等危险品，禁止在销售场所使用明火；执行安全用电规定，严禁在销售场所私拉乱接电源，禁止在销售场所超负荷使用大功率电器、在无人看管情况下为电动车充电等违规现象；禁止将车辆及其它物品放置在安全出口、疏散通道，阻挡（影响）疏散。

第十二条 代销者应按照相关规定开展销售

场所运营，确保符合下列要求：

（一）代销者须具备代销资质，并将代销资质凭证置于销售场所内的显著位置；

（二）代销者应妥善保管各类设备和生产物料，禁止将销售机构配发的各类设备、电脑热敏纸、宣传品等进行出租、转让、变卖或用于销售体育彩票之外的用途；

（三）代销者及终端机使用人员应做好设备保护工作，禁止非销售人员、非管理人员操作销售终端机和信息显示设备。随时关注终端机硬件状况，当发现终端机及其合法外接设备上出现不明外接物品时（如可疑的连接线、可疑的其它外接设备），应立即向所在区域销售机构反映，由销售机构检查该设备的合法性，并对可疑设备进行拆除，代销者应配合销售机构对可疑设备展开调查处理；

（四）涉及专业设备安装、巡检、维修维护或敏感信息检查工作时，工作人员须主动出示有效证件，代销者应进行核实；

（五）代销者应每日对体育彩票设备进行必要的清洁，并检查体育彩票设备使用情况，保证设备正常运营。如发现设备、设施无法正常运行，应第一时间关闭相应的设备、设施，并通知销售机构，严禁代销者自行处理。

（六）禁止代销者或委托他人私自拆卸、维修终端机等专业设备。

第十三条 代销者应严格落实销售场所公共卫生防控措施，加强销售场所公共卫生防控工作，确保销售场所安全有序运营，保障人民群众身体健康与生命安全。

（一）销售机构应按照发行机构、政府相关部门关于公共卫生的防控要求，制定销售场所公共卫生防控措施和应急预案；

（二）代销者作为销售场所公共卫生防控的第一责任人和直接责任人，应严格遵守当地政府机构和销售机构制定的公共卫生防控工作要求，落实销售场所公共卫生防控措施和常态化防控工作；

（三）代销者应根据销售场所公共卫生突发事件应急预案，第一时间对于销售场所公共卫生事件开展处置工作，配合销售机构、相关部门开展调查处理；

（四）代销者应为销售场所配置各类卫生防疫物资，销售机构可结合本区域情况，帮助代销者采购、补充卫生防疫物资；

（五）销售机构应定期开展销售场所公共卫生防控检查工作，确保销售场所各项防控措施落实到位。

第四章　体育彩票公共经营场所安全生产规范

第十四条 在公共场所开展体育彩票经营活动时，按照谁承办、谁负责，谁组织、谁审核的原则，落实安全生产主体责任和管理责任。

第十五条 承办者在公共场所开展体育彩票经营活动时，应严格确保活动现场按照当地政府部门、销售机构相关规定和要求执行。大型公共场所建设须遵守国务院颁布的《大型群众性活动安全管理条例》，并获得当地政府有关部门的批复或许可。

第十六条 销售机构负责本行政区内体育彩票公共经营场所安全生产的审核、检查、监管等工作。

第十七条 经营活动承办者负责制定公共经营场所安全生产工作方案，工作方案应“一场一案”，方案包含但不限于宣传方案、销售方案、安全保障方案、安全事件应急预案、公共卫生突发事件应急预案等内容。方案须经销售机构审核通过后方可执行。

第十八条 销售机构须对公共经营场所的宣传形式和宣传内容做严格审查，内容经审核定稿后不得修改。宣传内容应健康文明，不得做虚假、夸大和有违公序良俗的宣传。

第十九条 公共经营场所应选择开阔、宽敞、有利于人员流动的场地，远离有毒有害、易燃、易爆、放射性物品等较大危险源区域，公共经营场所内应设置明显的安全警示标志。承办者不得擅自变更已获批的公共经营场所位置，不得擅自扩大公共经营场所规模。

第二十条 承办者须安排专人对公共经营场所的现场搭建、用电等涉及安全的设施进行检查，发现隐患及时进行整改。承办者须确保公共经营场所内的建筑、消防、电器电路等设施设备符合安全规程和规定，并持有各项合格资质证明与合法手续。

第二十一条 承办者应针对现场工作人员和销售人员开展体育彩票产品知识、责任彩票宣传、安全生产、突发事件处理等方面的培训工作。

第二十二条 销售机构和承办者须做好公共经营场所突发事件相关设施、设备、资金、技术支持和交通工具等物资的保障工作。

第二十三条 销售机构须派工作人员到公共经营场所现场进行管理，督促承办者按照相关制度及要求做好现场组织工作，确保公共经营场所安全工作有序、可控。

第二十四条 承办者须在当地销售机构的监督下开展公共经营场所的体育彩票运营活动，不得开展与体育彩票无关的销售和宣传活动。

第二十五条 承办者须确保公共经营场所的各项物资须妥善保管，存储或放置场所须具备防火、防水、防盗等功能，环境应当保持干燥、通风。

第二十六条 公共经营场所如人流过大，需及时暂停开展经营活动，有序疏解人群。如产生纠纷，销售机构人员和承办者应将当事人劝离现场进行调解和处理，避免造成围观和聚集。

第五章 销售场所安全生产保障机制

第二十七条 销售机构应对销售场所安全风险进行全面、系统地识别，组织建立销售场所安全隐患排查治理机制，明确销售场所安全隐患排查清单和治理标准，制定管理措施，并组织开展隐患排查治理工作，及时发现并消除事故隐患。

第二十八条 销售机构应当教育和督促代销者严格执行销售场所安全生产规章制度和操作规程；并指导代销者落实安全生产规范、防范措施以及事故应对措施。

第二十九条 销售机构应根据销售场所特点，结合销售场所安全生产的需要和特点，采用不同方式开展销售场所环境、设备设施、销售条件等方面安全检查和针对代销者安全生产知识的测试，代销者应予以配合。每年安全检查不得少于2次，每次检查须覆盖所有销售场所。

第三十条 销售机构在开展销售场所检查时，发现安全问题应当立即纠正或者要求限期改正，检查及处理情况应当如实记录在册。对于拒不配合整改的销售场所及代销者，销售机构可根据体育彩票相关规定或代销合同相关约定采取暂停销售并限期整改、取消代销资格等措施。

第三十一条 销售机构完成销售场所安全生产检查后，对发现问题、整改结果等进行及时总结并向发行机构报告反馈。

第三十二条 销售机构负责建立举报渠道，公开受理途径，受理有关销售场所安全生产的举报。受理的举报事项经调查核实后，应当形成书面材料并向发行机构上报备案。若举报事项经查属实，或调查中发现销售场所存在其他违法违规的情形，则由发行机构或销售机构按照体育彩票相关规定或代销合同相关约定对有关销售场所和代销者进行处理，需要落实整改措施的，报有关负责人签字并督促落实。

第三十三条 销售机构应对销售场所安全生产规范运行情况进行自评，验证各项安全生产制度措施的适宜性、充分性和有效性，检查销售场所安全生产管理目标、指标的完成情况，不断改进和完善。

第六章 销售场所安全生产应急处置

第三十四条 销售场所生产安全事故是指代

销者在开展体育彩票经营活动中突然发生的，伤害人身安全和健康、损坏体育彩票终端设备设施或者造成其他直接经济损失，导致体育彩票经营活动暂时中止或永远终止的意外事件。主要包括销售场所建设和运营等方面的生产事故、水灾和地震等自然灾害、疫情等公共卫生事件引发造成人身伤亡或者直接经济损失的事故。根据销售场所生产安全事故造成的人员伤亡或者直接经济损失不同情况，销售场所生产安全事故分为以下等级：

（一）重大事故：是指在销售场所造成人员死亡或重伤，或者10万元以上直接经济损失的事故；

（二）较大事故：是指在销售场所造成人员轻伤，或者10万元以下1万以上直接经济损失的事故；

（三）一般事故：是指在销售场所造成1万元以下直接经济损失的事故。

第三十五条　销售机构应制定销售场所生产安全事故专项应急预案和现场处置方案，明确各类生产安全事故的应急处置措施，定期组织代销者开展培训、演练工作。

第三十六条　销售场所发生生产安全事故，代销者应采取相应处置措施，并立即向当地销售机构报告。如有人员伤亡，应第一时间拨打医疗急救、报警电话；如发生水灾和地震等自然灾害，代销者应首先疏散人员，并立即撤离到安全区域；如发生疫情等公共卫生事件，代销者应立即向相关部门报告，并按要求采取相应措施。

第三十七条　销售场所发生生产安全事故，销售机构须立即启动事故响应应急预案，及时采取有效措施，组织抢救，防止事故扩大，减少人员伤亡和财产损失。

第三十八条　销售场所发生事故后，销售机构应根据预案要求，第一时间启动应急响应程序，报告事故情况。不得隐瞒不报、谎报或迟报，不得故意破坏事故现场、毁灭有关证据。事故报告应遵循以下原则：

（一）重大事故逐级上报至当地省级体育主管部门和发行机构，并由相关部门和机构报上一级机关；

（二）较大事故上报至当地省级销售机构；

（三）一般事故上报至地市销售机构，视情况可上报省级销售机构。

第三十九条　销售场所发生重大事故后，销售机构应及时组织调查。事故调查应查明事故发生的时间、经过、原因、波及范围、人员伤亡情况及直接经济损失等，分析事故的直接、间接原因和事故责任，提出整改措施和处理建议，向上级主管部门和发行机构提交事故报告、整改措施落实情况报告。

第四十条　代销者应认真落实销售场所生产安全事故防范和整改措施，防止类似事故再次发生。

第四十一条　发行机构和销售机构应根据国家相关法律、法规、规章、政策规定和彩票相关安全管理规章制度，对造成销售场所生产安全事故相关责任人依法、依规处理；涉嫌安全生产违法犯罪行为的，移交相关部门处理。

第七章　附则

第四十二条　本办法自印发之日起实施。

第四十三条　本办法由国家体育总局体育彩票管理中心负责解释。

关于进一步加强区域联网单场竞猜游戏管理工作的通知

（2022 年 10 月 22 日　国家体育总局体育彩票管理中心　体彩字〔2022〕318 号）

北京市、天津市、广东省体育彩票管理中心：

依据《彩票管理条例》《彩票管理条例实施细则》《彩票发行销售管理办法》相关规定以及区域联网单场竞猜游戏（以下简称“北单游戏”）审批文件要求，为进一步规范北单游戏的发行销售活动，明确各方职责，提高风险防控水平，保障北单游戏发行销售安全平稳，现就有关事项通知如下：

一、国家体育总局体育彩票管理中心（以下简称“总局中心”）负责北单游戏发行和销售监督管理和审批赛事选择计划等相关工作。总局中心授权北京市体育彩票管理中心（以下简称“北京中心”）在总局中心批准的年度赛事销售计划范围内，开展日常赛事选择工作。

二、北京中心履行北单游戏的运营管理职责。北京中心应在天津市体育彩票管理中心（以下简称“天津中心”）和广东省体育彩票管理中心（以下简称“广东中心”）的支持配合下开展北单游戏的开奖计奖等游戏运营、系统开发运维、数据管理、资金管理和兑奖管理等相关工作。北京中心负责北单游戏销售系统的数据管理、开奖兑奖管理以及彩票资金的归集管理，不得委托他人管理。

三、北京、天津、广东中心应分别负责本区域的北单游戏销售管理、兑奖管理、资金管理等工作，并建立区域游戏销售管理协同管理机制，共同维护游戏市场秩序。

四、北京中心应牵头会同天津和广东中心建立分工明确、高效协作的区域游戏运营和销售管理协同机制、风险防控机制、应急处置机制以及与当地体育行政部门和总局中心的沟通报告机制，保障北单游戏的发行销售安全。

三地中心应依法依规切实履行北单游戏运营和销售管理的主体责任，在游戏安全合规运营销售的基础上，积极推动解决历史遗留的发行费、运营费等问题，还应充分考虑2022年世界杯赛事的特殊性、游戏运营的复杂性和社会高关注程度，提早谋划部署，加强游戏运营保障，强化销售合规监管，确保世界杯游戏运营销售安全平稳。总局中心将持续支持三地中心对北单游戏相关职责优化、运营提升、销售规范和风险防控工作推进，确保北单游戏发行销售工作安全平稳有序。

特此通知。

关于落实乐透数字型游戏止售时间延后相关工作的通知

（2022 年 11 月 14 日　国家体育总局体育彩票管理中心　体彩字〔2022〕339 号）

各省、自治区、直辖市体育彩票管理中心：

为满足市场需求、改善购彩体验、优化购彩人群结构，自2023年1月1日起，全国联网乐透数字型游戏销售截止时间延至21：00，现就相关工作通知如下：

一、充分认识乐透数字型游戏止售时间延后的意义

各省（区、市）体彩中心应站在推动乐透数字型体育彩票游戏高质量发展的高度，建立专项工作小组，全面落实乐透数字型游戏止售时间延后相关工作，科学研究并充分发挥止售延后一小时的价值，推动《“十四五”体育彩票发展规划》中“优化乐透数字型游戏购彩群体年龄结构，持续提高乐透数字型彩票的品牌认知度、购彩者规模与市场渗透率”目标的实现。

二、认真做好止售时间延后实施工作

（一）做好止售延后宣贯及相关内容的发布工作

1.做好止售延后的宣贯工作

各省（区、市）体彩中心应结合本辖区实际情况，采用合理的方式，确保于2023年1月1日前完成对全部机构工作人员、代销者和销售人员的宣贯工作。同时，要平衡市场需求，注重人文关怀，要明确本辖区销售时间要求（合理设定代销者工作总时长、适当延后开店时间、设置弹性开闭店等），及时做好相关管理制度、代销合同等内容的调整。

2.做好止售延后的对外发布工作

总局中心将于2022年12月21日在中国体彩网、网点屏幕、终端机等渠道发布止售延后工作的相关公告。请各省（区、市）体彩中心最迟于2022年12月22日在本省（区、市）体彩中心网站、微信公众号等官方信息发布渠道做好止售延后公告的转发工作，并结合实际情况，采用多种方式将止售延后信息及时准确传递到购彩者。

3.做好面向公众的服务咨询工作

总局中心将于12月上旬确定止售延后相关客服口径，12月中旬完成各省（区、市）客服团队的培训工作。各省（区、市）体彩中心须认真做好服务咨询工作，及时准确完成省市客服团队业务培训。公告发布之日起一个月内做好95086的运营保障工作，保障电话接起量达到总局中心客服工作要求。同时，在止售延后实施一周内，按日汇总客服接到的咨询问题并反馈至本省（区、市）体彩中心专项工作小组，市场反应稳定后可酌情降低频率。

（二）做好止售延后相关实施工作

为保证实施工作有序顺利推进，现对乐透数字型游戏止售延后实施工作安排如下：

1.做好技术保障工作

总局中心将完成乐透游戏系统、信息发布系统、UMP系统、实体渠道管理系统、客服系统、品牌营销管理系统等系统的开发测试，以上系统的调整对各省（区、市）的影响见附件1，如涉

及调整事项请各省（区、市）及时调整。

另外，各省（区、市）体彩中心须系统梳理本辖区自建系统的调整事项，于2023年1月1日前完成自建系统中止售延后相关的全部调整工作。涉及需总局中心配合联调测试的事项，请及时反馈，如省市自建系统获取开奖信息等。

2.做好运营调整工作

总局中心将完成止售延后相关的开奖、计奖、应急管理等制度和工作流程的调整工作，止售延后实施后，计奖流程时间变化见附件2，2023年1月1日起，新奖期开售时间全国统一为21：10。请各省（区、市）体彩中心系统梳理本辖区涉及止售延后的业务制度、工作流程等内容，于2023年1月1日前完成相关内容的更新调整工作，并按计划参与总局中心止售延后的相关演练工作。

3.做好面向市场的信息更新与收集工作

总局中心将完成两网三端等官方媒体和实体店内宣传素材设计的更新，同步调整线上预约平台、开奖节目的播出频道和时间等内容，12月下旬启动预热宣传，并同步启动专项舆情监控，跟踪市场动态、应对市场变化。请各省（区、市）体彩中心结合总局中心计划，筛查全部自有媒体（官网、官微、官博、客户端等）及合作媒体，完成乐透数字型游戏止售时间相关全部宣传展示信息的更新，结合本辖区实际情况，及时完成实体店内宣传物料的更新工作。同时，做好本辖区舆情监测和突发事件的应急处置保障工作，跟踪代销者、购彩者的行为变化，做好市场研判和调整。

三、其他相关工作

本次全国乐透数字型游戏止售时间延后工作中，计划与总局中心同步调整本地游戏止售时间的省（区、市），在做好全国联网乐透数字型游戏止售延后保障工作的基础上，须同步做好本地游戏止售延后工作，于11月25日前报送本地游戏调整的相关实施计划和重保方案，确保稳定变更。

附件：1.止售延后技术系统调整对各省（区、市）的影响（略）

2.计奖流程时间变化表（略）

四、彩票统计资料

（一）历年综合统计资料

Statistical Data of Past Years

1987—2022 年全国彩票销售统计表（分系统）

Statistical Table of Lottery Sales in Different Organizations in China from 1987 to 2022

单位：万元

Unit：Ten Thousand Yuan

年 份 Year	福利彩票 Welfare Lottery	体育彩票 Sports Lottery	合 计 Total	增长率（%） Rate of Increment
1987	1 739.50	—	1 739.50	—
1988	37 627.76	—	37 627.76	2 063.14
1989	38 315.65	—	38 315.65	1.83
1990	64 731.22	—	64 731.22	68.94
1991	77 388.04	—	77 388.04	19.55
1992	137 550.03	—	137 550.03	77.74
1993	184 288.52	—	184 288.52	33.98
1994	179 823.77	—	179 823.77	（2.42）
1995	573 023.46	100 000.00	673 023.46	274.27
1996	647 521.50	120 000.00	767 521.50	14.04
1997	363 751.40	150 000.00	513 751.40	（33.06）
1998	631 990.40	250 000.00	881 990.40	71.68
1999	1 044 448.50	403 551.00	1 447 999.50	64.17
2000	898 847.26	911 400.40	1 810 247.66	25.02
2001	1 395 735.16	1 492 928.39	2 888 663.55	59.57
2002	1 679 925.25	2 177 313.99	3 857 239.24	33.53
2003	2 000 569.58	2 013 453.28	4 014 022.86	4.06
2004	2 263 753.30	1 541 963.48	3 805 716.78	（5.19）
2005	4 112 077.66	3 026 557.94	7 138 635.60	87.58
2006	4 956 759.24	3 236 292.90	8 193 052.14	14.77
2007	6 315 902.51	3 851 370.97	10 167 273.49	24.10
2008	6 039 795.23	4 561 530.35	10 601 325.58	4.27
2009	7 560 580.05	5 687 306.97	13 247 887.02	24.96
2010	9 680 238.56	6 944 604.20	16 624 842.76	25.49
2011	12 779 719.93	9 378 464.56	22 158 184.49	33.28
2012	15 103 223.19	11 049 195.92	26 152 419.11	18.03
2013	17 652 846.37	13 279 658.55	30 932 504.92	18.28
2014	20 596 815.22	17 640 993.36	38 237 808.57	23.62
2015	20 151 098.97	16 637 325.74	36 788 424.71	（3.79）
2016	20 649 163.80	18 814 963.71	39 464 127.51	7.27
2017	21 697 679.20	20 969 229.54	42 666 908.74	8.12
2018	22 455 611.76	28 691 560.83	51 147 172.59	19.88
2019	19 123 816.68	23 081 517.43	42 205 334.12	（17.48）
2020	14 448 778.51	18 946 280.35	33 395 058.86	（20.87）
2021	14 225 492.54	23 103 046.41	37 328 538.95	11.78
2022	14 813 087.35	27 652 155.51	42 465 242.86	13.76
合 计 **Total**	**264 583 717.08**	**265 712 665.78**	**530 296 382.87**	—

1987—2022年全国彩票销售统计表（分类型）

Statistical Table of Lottery Sales in Different Lottery Games in China from 1987 to 2022

单位：万元

Unit: Ten Thousand Yuan

年份 Year	传统型 Traditional Games	即开型 Instant Games	乐透数字型 Lotto Games	竞猜型 Sports Betting	视频型 Online Instant Win	基诺型 Keno	合计 Total
1987	1 739.50	—	—	—	—	—	1 739.50
1988	14 446.35	23 181.41	—	—	—	—	37 627.76
1989	4 265.32	34 050.33	—	—	—	—	38 315.65
1990	4 333.22	60 398.00	—	—	—	—	64 731.22
1991	5 697.45	71 690.59	—	—	—	—	77 388.04
1992	6 196.90	131 353.13	—	—	—	—	137 550.03
1993	3 831.52	180 457.00	—	—	—	—	184 288.52
1994	2 843.45	176 980.32	—	—	—	—	179 823.77
1995	1 487.00	646 150.53	25 385.93	—	—	—	673 023.46
1996	—	696 208.80	71 312.70	—	—	—	767 521.50
1997	—	401 779.40	111 972.00	—	—	—	513 751.40
1998	—	682 207.00	199 783.40	—	—	—	881 990.40
1999	—	1 042 575.00	405 424.50	—	—	—	1 447 999.50
2000	—	568 023.49	1 242 224.17	—	—	—	1 810 247.66
2001	—	289 993.93	2 465 206.91	133 462.71	—	—	2 888 663.55
2002	—	308 266.49	2 842 639.72	706 333.03	—	—	3 857 239.24
2003	—	404 405.42	2 818 291.62	791 112.78	213.04	—	4 014 022.86
2004	—	122 576.45	3 198 995.66	483 891.25	253.42	—	3 805 716.78
2005	—	26 447.48	6 653 117.10	391 897.83	67 173.19	—	7 138 635.60
2006	—	125 359.91	7 050 408.47	560 723.13	456 560.63	—	8 193 052.14
2007	—	366 038.84	7 901 932.76	579 335.85	1 319 966.04	—	10 167 273.49
2008	—	1 798 686.42	8 057 835.60	538 722.52	206 081.04	—	10 601 325.58
2009	—	2 447 161.08	10 024 861.15	659 663.40	116 201.39	—	13 247 887.02
2010	—	3 089 504.13	11 129 658.88	1 473 623.11	932 056.64	—	16 624 842.76
2011	—	4 000 574.46	14 275 680.65	2 180 541.40	1 701 387.99	—	22 158 184.49
2012	—	3 822 368.16	17 404 801.51	2 682 919.12	2 242 330.32	—	26 152 419.11
2013	—	3 519 179.54	21 135 200.81	3 384 239.04	2 893 885.10	—	30 932 504.92
2014	—	3 434 286.79	24 880 896.59	6 147 988.66	3 774 636.67	—	38 237 808.57
2015	—	3 025 199.88	23 580 003.97	5 892 454.97	4 247 309.48	43 456.41	36 788 424.71
2016	—	2 847 706.58	24 486 440.33	7 649 011.66	4 454 349.01	26 619.94	39 464 127.51
2017	—	2 460 565.91	26 281 446.41	9 285 217.94	4 621 435.78	18 242.69	42 666 908.73
2018	—	2 252 624.14	27 586 925.99	16 550 468.80	4 744 179.83	12 973.83	51 147 172.59
2019	—	2 852 189.71	22 733 706.99	12 194 262.34	4 408 489.32	16 685.76	42 205 334.12
2020	—	2 942 003.32	22 190 789.43	7 491 715.51	679 457.44	91 093.16	33 395 058.86
2021	—	5 441 088.79	16 189 152.79	13 429 855.99	97.16	2 268 344.23	37 328 538.95
2022	—	5 944 681.53	15 541 787.09	18 092 681.17	58.93	2 886 034.15	42 465 242.86
合计 Total	**44 840.71**	**56 235 963.96**	**320 485 883.12**	**111 300 122.20**	**36 866 122.41**	**5 363 450.17**	**530 296 382.87**

注：自2015年起基诺型彩票销量单独统计。

1987—2022 年全国彩票销量折线图

Statistical Line Chart of Lottery Sales in China from 1987 to 2022

单位：亿元

Unit：one hundred million yuan

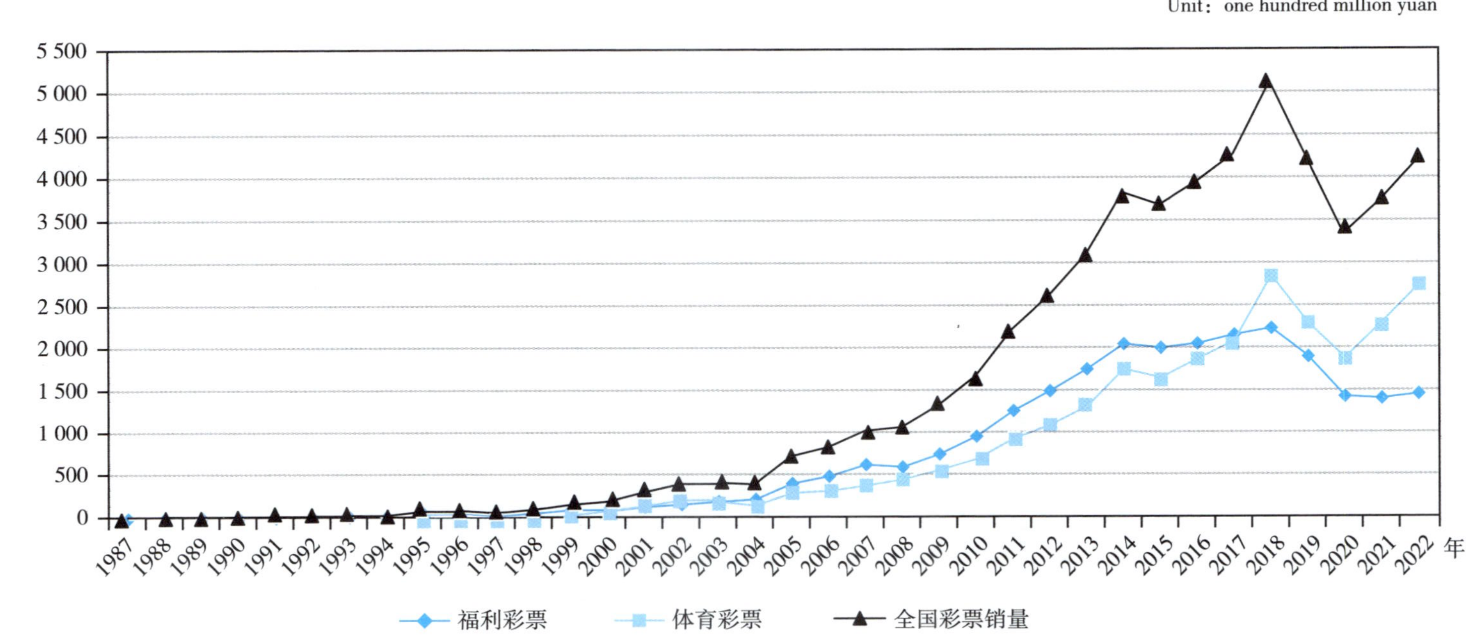

1987—2022 年全国彩票

Statistical Table of Lottery Sales in Different Organizations

年 份 Year	福利彩票 Welfare Lottery					
	传统型 Traditional Games	即开型 Instant Games	乐透数字型 Lotto Games	视频型 Online Instant Win	基诺型 Keno	小计 Subtotal
1987	1 739.50	—	—	—	—	1 739.50
1988	14 446.35	23 181.41	—	—	—	37 627.76
1989	4 265.32	34 050.33	—	—	—	38 315.65
1990	4 333.22	60 398.00	—	—	—	64 731.22
1991	5 697.45	71 690.59	—	—	—	77 388.04
1992	6 196.90	131 353.13	—	—	—	137 550.03
1993	3 831.52	180 457.00	—	—	—	184 288.52
1994	2 843.45	176 980.32	—	—	—	179 823.77
1995	1 487.00	546 150.53	25 385.93	—	—	573 023.46
1996	—	576 208.80	71 312.70	—	—	647 521.50
1997	—	276 969.40	86 782.00	—	—	363 751.40
1998	—	492 640.00	139 350.40	—	—	631 990.40
1999	—	829 178.00	215 270.50	—	—	1 044 448.50
2000	—	393 001.91	505 845.35	—	—	898 847.26
2001	—	196 467.99	1 199 267.17	—	—	1 395 735.16
2002	—	201 349.59	1 478 575.66	—	—	1 679 925.25
2003	—	335 654.76	1 664 701.78	213.04	—	2 000 569.58
2004	—	79 068.61	2 184 431.27	253.42	—	2 263 753.30
2005	—	22 567.47	4 022 337.00	67 173.19	—	4 112 077.66
2006	—	129 359.91	4 370 838.70	456 560.63	—	4 956 759.24
2007	—	350 803.03	4 645 133.44	1 319 966.04	—	6 315 902.51
2008	—	770 040.30	5 063 673.89	206 081.04	—	6 039 795.23
2009	—	927 657.45	6 516 721.21	116 201.39	—	7 560 580.05
2010	—	1 445 717.55	7 302 464.37	932 056.64	—	9 680 238.56
2011	—	2 004 425.65	9 073 906.29	1 701 387.99	—	12 779 719.93
2012	—	2 020 302.00	10 840 590.87	2 242 330.32	—	15 103 223.19
2013	—	1 855 828.18	12 903 133.09	2 893 885.10	—	17 652 846.37
2014	—	1 858 958.92	14 963 219.63	3 774 636.67	—	20 596 815.22
2015	—	1 628 034.12	14 232 867.01	4 246 741.43	43 456.41	20 151 098.97
2016	—	1 491 247.58	14 677 736.45	4 453 559.83	26 619.94	20 649 163.80
2017	—	1 263 402.00	15 795 389.47	4 620 645.04	18 242.69	21 697 679.20
2018	—	1 142 669.18	16 556 516.16	4 743 452.59	12 973.83	22 455 611.76
2019	—	1 496 351.61	13 202 528.71	4 408 250.60	16 685.76	19 123 816.69
2020	—	1 464 256.06	12 214 118.16	679 311.13	91 093.16	14 448 778.51
2021	—	2 818 775.78	9 138 372.54	—	2 268 344.23	14 225 492.54
2022		3 034 685.53	8 892 367.67	—	2 886 034.15	14 813 087.35
合 计 Total	**44 840.71**	**30 329 882.69**	**191 982 837.42**	**36 862 706.10**	**5 363 450.16**	**264 583 717.08**

注：自2015年起福彩基诺型彩票销量单独统计，体彩视频型彩票单独统计。

销售统计表（分系统分类型）

and Different Lottery Games in China from 1987 to 2022

单位：万元

Unit：Ten Thousand Yuan

体育彩票 Sports Lottery					合 计 Total
即开型 Instant Games	乐透数字型 Lotto Games	竞猜型 Sports Betting	视频型 Online Instant Win	小计 Subtotal	
—	—	—	—	—	1 739.50
—	—	—	—	—	37 627.76
—	—	—	—	—	38 315.65
—	—	—	—	—	64 731.22
—	—	—	—	—	77 388.04
—	—	—	—	—	137 550.03
—	—	—	—	—	184 288.52
—	—	—	—	—	179 823.77
100 000.00	—	—	—	100 000.00	673 023.46
120 000.00	—	—	—	120 000.00	767 521.50
124 810.00	25 190.00	—	—	150 000.00	513 751.40
189 567.00	60 433.00	—	—	250 000.00	881 990.40
213 397.00	190 154.00	—	—	403 551.00	1 447 999.50
175 021.58	736 378.82	—	—	911 400.40	1 810 247.66
93 525.94	1 265 939.74	133 462.71	—	1 492 928.39	2 888 663.55
106 916.90	1 364 064.06	706 333.03	—	2 177 313.99	3 857 239.24
68 750.66	1 153 589.84	791 112.78	—	2 013 453.28	4 014 022.86
43 507.84	1 014 564.39	483 891.25	—	1 541 963.48	3 805 716.78
3 880.01	2 630 780.10	391 897.83	—	3 026 557.94	7 138 635.60
—	2 675 569.77	560 723.13	—	3 236 292.90	8 193 052.14
15 236.17	3 256 798.96	579 335.85	—	3 851 370.97	10 167 273.49
1 028 646.12	2 994 161.71	538 722.52	—	4 561 530.35	10 601 325.58
1 519 503.63	3 508 139.94	659 663.40	—	5 687 306.97	13 247 887.02
1 643 786.58	3 827 194.51	1 473 623.11	—	6 944 604.20	16 624 842.76
1 996 148.81	5 201 774.36	2 180 541.40	—	9 378 464.56	22 158 184.49
1 802 066.16	6 564 210.65	2 682 919.12	—	11 049 195.92	26 152 419.11
1 663 351.36	8 232 068.14	3 384 239.04	—	13 279 658.55	30 932 504.92
1 575 327.81	9 917 676.88	6 147 988.66	—	17 640 993.36	38 237 808.57
1 397 163.72	9 347 136.60	5 892 454.97	570.46	16 637 325.74	36 788 424.71
1 356 459.00	9 808 703.87	7 649 011.66	789.17	18 814 963.71	39 464 127.51
1 197 163.92	10 486 056.94	9 285 217.94	790.74	20 969 229.54	42 666 908.74
1 109 954.96	11 030 409.83	16 550 468.80	727.24	28 691 560.83	51 147 172.59
1 355 838.10	9 531 178.28	12 194 262.34	238.71	23 081 517.43	42 205 334.12
1 477 747.26	9 976 671.27	7 491 715.51	146.31	18 946 280.35	33 395 058.86
2 622 313.01	7 050 780.25	13 429 855.99	97.16	23 103 046.41	37 328 538.95
2 909 996.00	6 649 419.41	18 092 681.17	58.93	27 652 155.51	42 465 242.86
25 910 079.53	**128 499 045.32**	**111 300 122.20**	**3 418.72**	**265 712 665.78**	**530 296 382.87**

1987—2022 年全国各

Statistical Table of Lottery Sales in Different

地　区 Region	1987	1988	1989	1990	1991	1992	1993	1994	1995
北　京	—	1 136.68	940.07	2 077.00	2 765.00	3 220.00	5 404.00	6 395.71	13 485.78
天　津	396.60	328.48	1 166.29	1 995.38	1 209.00	769.62	2 474.35	1 799.00	14 313.00
河　北	100.00	1 505.00	1 295.00	2 082.00	2 579.00	3 204.66	3 010.00	11 255.82	28 411.00
山　西	—	1 211.74	826.17	1 136.16	1 516.00	4 175.00	3 300.00	5 010.00	13 801.43
内蒙古	—	14.00	484.68	924.90	549.56	1 766.58	1 293.00	3 838.71	18 800.00
辽　宁	—	3 073.04	2 397.14	6 587.00	3 530.41	3 598.52	4 825.17	14 719.11	27 107.97
吉　林	—	997.98	1 577.14	4 617.10	1 683.33	2 388.21	4 262.68	5 499.95	15 885.96
黑龙江	—	1 550.48	1 463.44	2 214.32	1 417.00	1 650.38	3 185.00	7 313.00	16 879.00
上　海	373.71	701.80	833.99	2 371.89	2 724.00	2 841.00	1 496.60	1 523.00	15 992.00
江　苏	100.00	2 659.00	3 304.65	3 110.30	2 299.87	4 607.66	17 173.00	11 860.76	33 711.20
浙　江	193.90	2 757.89	2 615.25	2 431.00	3 921.82	19 642.22	16 724.97	5 445.48	14 629.72
安　徽	—	1 123.99	1 068.75	1 693.08	2 251.00	2 711.00	8 214.07	12 155.09	22 188.18
福　建	242.84	1 269.65	1 537.63	1 060.00	4 527.96	7 038.50	4 512.05	4 245.70	16 785.62
江　西	—	195.00	300.00	890.21	1 827.72	4 287.92	9 145.99	4 687.03	17 297.56
山　东	—	1 259.19	1 393.80	1 908.46	3 598.37	6 596.13	11 061.04	9 075.51	40 488.45
河　南	198.64	1 130.00	2 041.38	2 540.00	3 230.00	4 220.00	8 000.00	7 040.00	40 850.00
湖　北	133.81	867.40	650.41	787.09	1 107.17	7 962.42	10 882.76	12 679.81	34 767.00
湖　南	—	855.52	950.00	2 010.00	5 625.00	9 117.43	5 009.00	6 454.50	27 172.70
广　东	—	7 396.80	8 271.03	11 278.52	14 275.24	15 554.45	23 138.20	10 582.25	72 291.31
广　西	—	68.88	467.16	4 536.77	6 203.60	7 255.33	12 493.11	8 631.07	26 174.75
海　南	—	512.75	34.87	2 514.53	405.57	227.96	26.21	—	—
重　庆	—	816.18	339.61	1 140.00	733.00	1 463.00	3 444.00	1 051.26	11 727.14
四　川	—	1 795.63	912.58	1 405.59	2 356.00	5 907.00	4 857.81	3 978.24	33 252.38
贵　州	—	290.00	547.87	803.18	527.55	3 117.00	6 394.87	2 115.00	15 096.05
云　南	—	1 910.33	1 329.93	612.46	1 270.00	5 781.07	6 958.58	2 875.51	10 825.06
西　藏	—	—	—	—	—	—	60.00	—	100.00
陕　西	—	1 296.68	990.05	1 071.72	2 778.89	1 931.26	871.06	4 507.64	41 419.93
甘　肃	—	636.26	406.40	654.59	1 003.00	2 591.75	2 365.60	3 006.80	13 986.53
青　海	—	60.00	30.36	100.00	110.00	74.00	96.00	108.00	3 232.34
宁　夏	—	207.41	140.00	177.97	171.99	467.37	629.40	304.00	3 851.00
新　疆	—	—	—	—	1 190.99	3 382.59	2 980.00	11 665.82	28 500.40
中彩中心	—	—	—	—	—	—	—	—	—
合　计 Total	**1 739.50**	**37 627.76**	**38 315.65**	**64 731.22**	**77 388.04**	**137 550.03**	**184 288.52**	**179 823.77**	**673 023.46**

地区彩票销售统计表

Regions in China from 1987 to 2022

单位：万元

Unit：Ten Thousand Yuan

1996	1997	1998	1999	2000	2001	2002	2003	2004	2005
5 452.40	10 003.40	12 722.30	43 131.50	63 118.20	183 426.03	186 984.23	212 481.94	231 696.76	296 639.31
7 259.90	5 843.00	9 717.30	11 712.30	55 439.48	62 878.15	72 439.67	74 972.27	69 962.76	119 600.62
16 559.40	13 528.40	12 499.50	26 277.40	35 183.56	78 277.90	123 133.92	126 060.59	129 222.49	316 761.76
30 227.10	12 877.40	17 973.10	15 337.30	7 556.82	59 527.70	43 995.89	43 391.10	52 268.78	122 840.62
26 400.00	12 846.20	4 318.50	14 977.00	6 523.15	6 461.29	17 007.15	29 466.86	36 534.14	93 438.86
27 892.50	13 833.00	11 716.10	39 806.60	46 842.62	111 621.48	206 723.54	203 604.56	206 744.28	400 758.06
24 455.60	8 507.40	5 647.70	16 878.70	8 027.99	48 248.19	58 025.93	90 297.35	81 510.56	168 178.60
22 697.80	12 155.70	9 568.90	21 969.70	42 058.77	85 260.30	117 798.85	139 917.21	145 173.76	544 557.78
22 770.00	24 833.70	40 900.90	131 004.10	177 625.55	157 562.63	182 801.32	178 651.20	151 761.70	177 276.14
33 926.80	34 324.60	76 061.60	177 922.00	251 908.42	248 549.71	255 104.13	228 805.79	209 357.33	332 088.42
11 622.80	10 609.40	81 921.20	151 933.90	121 948.65	137 212.28	196 464.30	252 183.56	229 524.97	396 910.77
20 129.00	14 650.20	18 902.20	31 695.40	24 559.70	59 261.08	57 630.47	72 671.55	76 483.46	196 571.39
22 663.90	24 925.00	47 528.80	108 638.40	100 047.75	262 631.42	385 834.77	249 397.58	193 359.61	244 091.53
16 776.80	16 508.20	16 970.00	26 132.80	11 690.15	49 749.19	47 804.77	64 517.88	55 083.25	133 705.01
28 738.00	17 257.30	35 253.20	45 327.30	88 189.99	227 938.13	333 516.51	330 205.30	318 519.65	738 111.38
24 649.70	13 207.30	17 302.20	22 013.30	23 157.14	154 390.98	176 796.70	159 270.29	161 142.88	329 627.50
42 408.40	29 090.00	26 587.60	29 308.80	74 845.08	100 171.69	141 856.34	192 607.05	215 459.97	517 317.41
47 291.40	18 565.10	15 684.70	35 218.90	36 432.86	37 239.45	62 677.66	78 911.74	80 893.66	222 888.69
139 585.20	118 132.00	264 180.10	293 098.20	224 923.94	315 492.94	628 070.76	612 706.20	496 055.70	601 556.63
39 601.50	19 799.60	34 670.30	33 950.20	54 054.78	72 449.87	107 097.48	136 795.58	126 466.13	155 693.50
5 420.00	2 680.00	8 644.00	11 536.80	4 855.42	8 374.90	9 509.17	12 092.93	17 888.68	18 420.22
8 648.00	6 857.30	17 589.00	15 456.40	51 301.08	41 999.61	40 775.48	50 373.34	51 979.64	85 626.17
53 626.70	21 683.90	30 833.10	67 514.10	222 815.23	144 497.28	116 733.32	122 764.54	107 251.73	202 844.03
16 560.50	11 769.60	11 216.10	16 439.20	22 314.81	33 481.67	18 622.06	33 560.19	33 953.12	55 320.95
13 228.90	12 084.40	19 255.10	23 888.00	13 832.37	87 714.63	87 157.57	98 595.84	111 534.98	184 731.70
800.00	400.00	820.00	1 147.00	1 930.54	717.70	1 234.39	2 583.28	4 579.57	5 693.45
18 630.40	10 472.70	8 803.10	9 221.60	15 296.50	64 606.28	69 762.04	67 625.38	64 902.44	169 249.10
18 866.60	8 057.90	7 201.20	5 181.90	4 646.90	24 580.28	42 040.26	43 143.79	35 752.11	68 986.63
3 766.20	406.00	630.70	689.10	1 190.38	2 036.49	4 663.22	9 295.74	11 987.66	22 784.49
5 586.60	1 764.00	2 566.00	3 254.40	1 210.01	4 395.50	18 189.21	20 095.16	17 591.70	34 472.85
11 279.40	6 078.70	14 305.90	17 337.20	16 719.82	17 908.80	46 471.02	76 977.07	81 073.31	181 892.02
—	—	—	—	—	—	317.11	—	—	—
767 521.50	**513 751.40**	**881 990.40**	**1 447 999.50**	**1 810 247.66**	**2 888 663.55**	**3 857 239.24**	**4 014 022.86**	**3 805 716.78**	**7 138 635.61**

续表

地 区 Region	2006	2007	2008	2009	2010	2011	2012	2013	2014
北 京	348 667.43	364 205.94	418 725.52	482 920.73	689 761.37	889 971.87	890 313.24	1 048 245.07	1 157 819.29
天 津	132 753.21	154 765.02	156 352.53	195 867.86	286 469.37	418 625.19	529 342.17	652 865.30	1 038 002.08
河 北	366 048.84	444 533.31	422 358.46	445 502.21	539 471.42	717 542.81	852 389.50	1 268 715.78	1 667 174.67
山 西	187 467.71	208 250.04	218 230.57	229 328.74	241 974.19	309 903.51	356 372.51	449 367.91	598 187.78
内蒙古	134 849.96	184 002.56	269 102.99	319 953.66	316 556.99	404 819.59	443 079.49	614 430.65	789 785.68
辽 宁	573 853.54	693 544.08	591 826.33	669 570.30	777 782.54	986 035.55	1 320 996.78	1 426 089.70	1 565 837.71
吉 林	246 662.33	335 385.86	272 217.64	282 356.77	310 482.61	369 346.58	490 751.36	747 339.35	828 214.44
黑龙江	332 262.63	349 002.33	334 752.57	380 371.88	399 893.63	555 524.82	741 169.01	867 065.92	1 220 489.07
上 海	240 564.33	306 813.42	292 498.07	412 311.40	450 127.54	590 816.19	646 935.65	833 034.07	1 344 496.41
江 苏	536 258.76	754 634.01	835 014.45	1 162 346.09	1 656 617.14	2 596 181.24	2 958 408.79	2 842 859.90	3 180 151.94
浙 江	569 548.38	806 654.80	809 606.24	946 078.70	1 261 175.46	1 533 861.39	1 757 255.10	2 107 540.33	2 449 383.64
安 徽	202 123.17	303 947.95	264 403.83	342 026.91	421 931.18	585 611.50	672 592.45	954 914.87	1 154 388.99
福 建	310 985.40	384 498.77	429 791.83	508 755.03	619 002.03	805 928.17	893 882.57	1 078 215.00	1 147 591.91
江 西	118 903.07	153 782.75	174 729.67	234 050.56	368 174.85	523 225.50	713 257.43	993 725.35	1 292 660.52
山 东	624 819.75	784 817.95	746 670.95	1 144 753.59	1 436 484.52	2 049 366.12	2 283 427.69	2 568 489.21	3 066 707.88
河 南	338 440.79	361 520.90	429 574.90	505 308.29	607 782.42	841 837.09	1 085 215.79	1 234 812.98	1 478 137.76
湖 北	421 096.47	491 046.51	442 788.63	482 768.24	602 493.22	711 836.86	870 990.19	1 092 247.60	1 301 352.28
湖 南	236 245.07	291 164.37	237 953.54	319 854.46	428 111.17	645 303.73	849 948.13	971 903.23	1 328 346.85
广 东	729 761.78	865 872.21	1 026 148.02	1 377 659.96	1 886 537.75	2 354 381.63	2 723 203.86	3 078 771.53	3 680 111.56
广 西	157 681.10	178 265.19	161 348.57	187 847.42	263 226.87	354 741.63	461 099.04	564 752.43	829 315.78
海 南	19 030.45	34 514.72	57 590.20	49 504.07	99 040.75	145 996.78	190 335.91	211 361.98	252 261.57
重 庆	116 315.65	164 078.78	162 061.62	204 168.77	320 375.10	491 887.88	531 924.09	626 087.19	902 158.31
四 川	312 249.70	353 850.78	416 268.59	561 413.98	660 079.25	819 856.12	974 965.46	1 039 204.03	1 183 931.31
贵 州	92 637.38	126 307.91	172 817.77	227 136.03	259 770.61	277 968.68	315 059.71	382 704.18	438 063.31
云 南	263 843.48	312 308.21	435 224.78	597 272.40	614 818.06	738 866.59	865 044.73	980 746.14	1 155 058.06
西 藏	9 709.00	13 525.92	33 477.56	47 719.77	39 099.13	57 271.24	57 340.02	72 233.10	111 395.53
陕 西	175 146.14	274 124.27	277 894.21	322 963.02	390 700.63	561 822.71	684 210.58	855 169.33	1 167 960.90
甘 肃	105 921.73	154 676.04	175 918.73	192 774.96	211 623.10	260 378.55	343 119.30	549 525.28	739 278.86
青 海	30 760.42	38 665.04	53 448.93	61 622.99	69 425.66	90 663.43	108 675.63	158 741.01	217 361.27
宁 夏	54 559.75	67 651.55	74 704.95	84 137.64	101 578.48	122 954.85	132 749.93	170 921.74	297 360.82
新 疆	203 884.71	210 862.32	207 822.93	269 540.60	294 275.71	345 656.70	408 363.01	490 424.77	654 822.39
中彩中心	—	—	—	—	—	—	—	—	—
合 计 Total	**8 193 052.14**	**10 167 273.49**	**10 601 325.58**	**13 247 887.03**	**16 624 842.76**	**22 158 184.49**	**26 152 419.11**	**30 932 504.92**	**38 237 808.57**

2015	2016	2017	2018	2019	2020	2021	2022	1987—2022
1 006 505.47	1 074 595.33	1 076 170.71	1 255 505.62	1 125 087.69	789 817.54	1 018 821.04	1 087 003.66	16 005 217.84
742 322.79	682 635.41	718 054.14	875 574.35	659 199.58	532 600.07	616 317.63	755 552.30	9 661 576.19
1 652 129.38	1 698 237.66	1 569 358.27	1 929 245.33	1 549 799.89	1 330 646.45	1 385 929.07	1 617 799.17	20 387 829.62
632 183.47	669 292.53	788 893.95	835 516.27	643 115.31	531 163.98	616 735.14	673 454.12	8 626 410.03
918 710.05	1 030 633.83	1 100 924.15	1 341 222.44	1 014 469.90	744 934.34	790 450.73	887 589.86	11 581 161.44
1 599 075.05	1 647 960.37	1 558 993.78	1 804 188.42	1 469 728.69	1 016 884.39	1 069 517.48	1 136 733.02	21 243 998.84
732 169.49	739 604.32	699 732.25	847 921.70	642 239.44	575 387.51	620 003.25	596 900.39	9 883 405.66
1 087 229.71	1 043 580.67	1 041 472.80	1 089 788.59	898 526.88	666 046.83	669 371.87	704 999.64	13 558 380.24
811 001.32	755 117.34	807 246.70	972 639.24	946 386.47	846 383.43	881 624.68	793 255.19	13 205 296.67
3 143 051.27	3 274 919.87	3 550 762.28	4 450 369.72	3 535 778.72	2 846 999.97	2 644 265.62	3 197 835.37	45 093 330.39
2 557 022.48	2 756 723.28	2 934 787.15	3 740 284.85	3 100 300.46	2 497 918.32	2 854 178.37	3 422 701.33	37 763 714.37
1 163 405.73	1 202 620.57	1 344 264.80	1 731 265.18	1 514 780.41	1 092 994.59	1 195 794.19	1 499 680.49	16 270 706.42
1 279 358.74	1 307 488.36	1 571 150.81	1 711 135.89	1 342 829.02	1 174 103.14	1 327 067.66	1 476 760.65	19 048 883.69
779 278.00	610 496.50	894 776.71	1 340 634.72	1 068 159.11	770 626.14	953 813.59	1 066 159.04	12 534 022.99
3 023 723.77	3 192 410.81	3 334 931.81	4 053 647.64	3 374 740.35	2 408 248.89	2 571 674.13	2 927 940.58	41 831 293.36
1 647 280.89	1 861 462.30	2 025 556.12	2 529 219.60	2 271 208.37	1 713 048.19	2 148 367.84	2 288 848.59	24 518 430.81
1 306 217.45	1 683 396.63	1 957 635.62	2 352 371.01	1 872 044.97	1 352 197.74	1 673 480.97	1 964 606.00	22 018 060.62
1 183 756.01	1 454 473.38	1 709 615.65	1 943 241.86	1 375 725.25	874 830.71	1 096 854.61	1 310 839.95	16 951 166.30
3 574 918.75	3 963 268.77	4 227 822.15	4 898 898.82	3 956 865.90	3 257 271.63	3 786 758.28	4 425 449.73	53 670 291.79
699 110.45	757 706.58	871 456.83	952 406.74	702 863.10	505 367.77	611 352.46	699 746.81	9 804 698.38
304 558.86	311 900.93	274 369.12	309 659.99	163 825.78	95 028.42	128 736.30	128 311.35	2 879 171.19
762 274.13	800 329.25	1 029 954.62	1 179 384.30	992 850.36	718 467.87	937 057.45	1 060 841.94	11 391 537.50
1 288 934.03	1 325 651.05	1 363 838.95	1 772 136.55	1 881 210.74	1 531 776.91	1 984 801.69	2 224 606.17	20 839 804.48
508 144.07	591 941.38	629 946.61	851 425.21	711 148.08	637 778.10	796 049.68	931 727.27	8 232 755.71
1 271 658.65	1 478 980.25	1 517 916.13	1 834 358.68	1 647 987.98	1 463 186.03	1 685 039.31	1 951 595.77	19 497 491.70
158 819.29	228 934.00	356 964.84	341 724.21	287 037.83	305 226.49	157 846.17	130 182.52	2 428 572.55
1 260 782.22	1 416 528.29	1 573 987.94	1 819 197.47	1 485 836.14	1 296 639.31	1 153 434.71	1 306 646.93	16 576 481.58
676 931.22	712 480.46	801 755.67	866 793.17	681 682.25	585 968.28	593 877.15	638 322.62	8 574 135.87
171 495.44	217 531.55	249 555.62	267 758.95	221 146.05	222 848.05	178 739.59	179 140.12	2 598 840.44
240 101.75	272 324.64	293 548.03	350 783.72	274 365.11	248 008.07	285 323.74	320 285.42	3 506 434.75
606 274.75	700 901.17	791 464.50	898 872.37	794 394.29	762 659.66	895 254.56	1 059 726.86	10 112 964.33
—	—	—	—	—	—	—	—	317.11
36 788 424.69	**39 464 127.51**	**42 666 908.74**	**51 147 172.59**	**42 205 334.12**	**33 395 058.86**	**37 328 538.95**	**42 465 242.86**	**530 296 382.87**

1987—2022 年全国彩票

Statistical Table of Lottery Sales in Different Regions and

地 区 Region	1987 福利彩票 Welfare Lottery	1988 福利彩票 Welfare Lottery	1989 福利彩票 Welfare Lottery	1990 福利彩票 Welfare Lottery	1991 福利彩票 Welfare Lottery	1992 福利彩票 Welfare Lottery	1993 福利彩票 Welfare Lottery	1994 福利彩票 Welfare Lottery
北 京	—	1 136.68	940.07	2 077.00	2 765.00	3 220.00	5 404.00	6 395.71
天 津	396.60	328.48	1 166.29	1 995.38	1 209.00	769.62	2 474.35	1 799.00
河 北	100.00	1 505.00	1 295.00	2 082.00	2 579.00	3 204.66	3 010.00	11 255.82
山 西	—	1 211.74	826.17	1 136.16	1 516.00	4 175.00	3 300.00	5 010.00
内蒙古	—	14.00	484.68	924.90	549.56	1 766.58	1 293.00	3 838.71
辽 宁	—	3 073.04	2 397.14	6 587.00	3 530.41	3 598.52	4 825.17	14 719.11
吉 林	—	997.98	1 577.14	4 617.10	1 683.33	2 388.21	4 262.68	5 499.95
黑龙江	—	1 550.48	1 463.44	2 214.32	1 417.00	1 650.38	3 185.00	7 313.00
上 海	373.71	701.80	833.99	2 371.89	2 724.00	2 841.00	1 496.60	1 523.00
江 苏	100.00	2 659.00	3 304.65	3 110.30	2 299.87	4 607.66	17 173.00	11 860.76
浙 江	193.90	2 757.89	2 615.25	2 431.00	3 921.82	19 642.22	16 724.97	5 445.48
安 徽	—	1 123.99	1 068.75	1 693.08	2 251.00	2 711.00	8 214.07	12 155.09
福 建	242.84	1 269.65	1 537.63	1 060.00	4 527.96	7 038.50	4 512.05	4 245.70
江 西	—	195.00	300.00	890.21	1 827.72	4 287.92	9 145.99	4 687.03
山 东	—	1 259.19	1 393.80	1 908.46	3 598.37	6 596.13	11 061.04	9 075.51
河 南	198.64	1 130.00	2 041.38	2 540.00	3 230.00	4 220.00	8 000.00	7 040.00
湖 北	133.81	867.40	650.41	787.09	1 107.17	7 962.42	10 882.76	12 679.81
湖 南	—	855.52	950.00	2 010.00	5 625.00	9 117.43	5 009.00	6 454.50
广 东	—	7 396.80	8 271.03	11 278.52	14 275.24	15 554.45	23 138.20	10 582.25
广 西	—	68.88	467.16	4 536.77	6 203.60	7 255.33	12 493.11	8 631.07
海 南	—	512.75	34.87	2 514.53	405.57	227.96	26.21	—
重 庆	—	816.18	339.61	1 140.00	733.00	1 463.00	3 444.00	1 051.26
四 川	—	1 795.63	912.58	1 405.59	2 356.00	5 907.00	4 857.81	3 978.24
贵 州	—	290.00	547.87	803.18	527.55	3 117.00	6 394.87	2 115.00
云 南	—	1 910.33	1 329.93	612.46	1 270.00	5 781.07	6 958.58	2 875.51
西 藏	—	—	—	—	—	—	60.00	—
陕 西	—	1 296.68	990.05	1 071.72	2 778.89	1 931.26	871.06	4 507.64
甘 肃	—	636.26	406.40	654.59	1 003.00	2 591.75	2 365.60	3 006.80
青 海	—	60.00	30.36	100.00	110.00	74.00	96.00	108.00
宁 夏	—	207.41	140.00	177.97	171.99	467.37	629.40	304.00
新 疆	—	—	—	—	1 190.99	3 382.59	2 980.00	11 665.82
中彩中心	—	—	—	—	—	—	—	—
合 计 Total	**1 739.50**	**37 627.76**	**38 315.65**	**64 731.22**	**77 388.04**	**137 550.03**	**184 288.52**	**179 823.77**

销售统计表（分地区分系统）

Different Organizations in China from 1987 to 2022

单位：万元

Unit：Ten Thousand Yuan

1995			1996			1997		
福利彩票 Welfare Lottery	体育彩票 Sports Lottery	小计 Subtotal	福利彩票 Welfare Lottery	体育彩票 Sports Lottery	小计 Subtotal	福利彩票 Welfare Lottery	体育彩票 Sports Lottery	小计 Subtotal
11 485.78	2 000.00	13 485.78	5 452.40	—	5 452.40	8 003.40	2 000.00	10 003.40
6 113.00	8 200.00	14 313.00	4 159.90	3 100.00	7 259.90	4 043.00	1 800.00	5 843.00
20 611.00	7 800.00	28 411.00	11 559.40	5 000.00	16 559.40	7 928.40	5 600.00	13 528.40
13 001.43	800.00	13 801.43	28 227.10	2 000.00	30 227.10	10 877.40	2 000.00	12 877.40
18 400.00	400.00	18 800.00	24 200.00	2 200.00	26 400.00	8 446.20	4 400.00	12 846.20
23 007.97	4 100.00	27 107.97	21 992.50	5 900.00	27 892.50	11 033.00	2 800.00	13 833.00
14 005.96	1 880.00	15 885.96	19 355.60	5 100.00	24 455.60	5 507.40	3 000.00	8 507.40
9 565.00	7 314.00	16 879.00	18 797.80	3 900.00	22 697.80	7 155.70	5 000.00	12 155.70
9 492.00	6 500.00	15 992.00	11 770.00	11 000.00	22 770.00	5 833.70	19 000.00	24 833.70
21 711.20	12 000.00	33 711.20	29 126.80	4 800.00	33 926.80	27 524.60	6 800.00	34 324.60
12 209.72	2 420.00	14 629.72	8 102.80	3 520.00	11 622.80	4 609.40	6 000.00	10 609.40
19 088.18	3 100.00	22 188.18	15 729.00	4 400.00	20 129.00	10 050.20	4 600.00	14 650.20
14 985.62	1 800.00	16 785.62	18 663.90	4 000.00	22 663.90	10 925.00	14 000.00	24 925.00
15 797.56	1 500.00	17 297.56	13 376.80	3 400.00	16 776.80	12 508.20	4 000.00	16 508.20
39 488.45	1 000.00	40 488.45	23 718.00	5 020.00	28 738.00	12 257.30	5 000.00	17 257.30
39 550.00	1 300.00	40 850.00	21 849.70	2 800.00	24 649.70	10 207.30	3 000.00	13 207.30
30 067.00	4 700.00	34 767.00	36 888.40	5 520.00	42 408.40	23 730.00	5 360.00	29 090.00
22 672.70	4 500.00	27 172.70	42 271.40	5 020.00	47 291.40	13 565.10	5 000.00	18 565.10
61 005.31	11 286.00	72 291.31	130 585.20	9 000.00	139 585.20	105 132.00	13 000.00	118 132.00
23 774.75	2 400.00	26 174.75	34 601.50	5 000.00	39 601.50	13 799.60	6 000.00	19 799.60
—	—	—	2 920.00	2 500.00	5 420.00	680.00	2 000.00	2 680.00
11 727.14	—	11 727.14	8 648.00	—	8 648.00	4 857.30	2 000.00	6 857.30
29 952.38	3 300.00	33 252.38	47 906.70	5 720.00	53 626.70	15 683.90	6 000.00	21 683.90
14 096.05	1 000.00	15 096.05	12 760.50	3 800.00	16 560.50	7 769.60	4 000.00	11 769.60
7 825.06	3 000.00	10 825.06	10 828.90	2 400.00	13 228.90	8 084.40	4 000.00	12 084.40
—	100.00	100.00	—	800.00	800.00	—	400.00	400.00
38 099.93	3 320.00	41 419.93	14 530.40	4 100.00	18 630.40	5 472.70	5 000.00	10 472.70
13 006.53	980.00	13 986.53	15 866.60	3 000.00	18 866.60	5 057.90	3 000.00	8 057.90
3 232.34	—	3 232.34	1 766.20	2 000.00	3 766.20	166.00	240.00	406.00
3 551.00	300.00	3 851.00	3 586.60	2 000.00	5 586.60	764.00	1 000.00	1 764.00
25 500.40	3 000.00	28 500.40	8 279.40	3 000.00	11 279.40	2 078.70	4 000.00	6 078.70
—	—	—	—	—	—	—	—	—
573 023.46	**100 000.00**	**673 023.46**	**647 521.50**	**120 000.00**	**767 521.50**	**363 751.40**	**150 000.00**	**513 751.40**

续表

地　区 Region	1998 福利彩票 Welfare Lottery	1998 体育彩票 Sports Lottery	1998 小计 Subtotal	1999 福利彩票 Welfare Lottery	1999 体育彩票 Sports Lottery	1999 小计 Subtotal	2000 福利彩票 Welfare Lottery	2000 体育彩票 Sports Lottery	2000 小计 Subtotal
北　京	9 442.30	3 280.00	12 722.30	37 931.50	5 200.00	43 131.50	14 439.53	48 678.67	63 118.20
天　津	4 717.30	5 000.00	9 717.30	4 302.30	7 410.00	11 712.30	7 329.81	48 109.67	55 439.48
河　北	6 559.50	5 940.00	12 499.50	23 306.40	2 971.00	26 277.40	9 915.50	25 268.06	35 183.56
山　西	11 973.10	6 000.00	17 973.10	15 137.30	200.00	15 337.30	5 663.91	1 892.91	7 556.82
内蒙古	3 388.50	930.00	4 318.50	12 203.00	2 774.00	14 977.00	4 410.29	2 112.86	6 523.15
辽　宁	7 716.10	4 000.00	11 716.10	38 092.60	1 714.00	39 806.60	40 451.11	6 391.51	46 842.62
吉　林	3 647.70	2 000.00	5 647.70	15 166.70	1 712.00	16 878.70	7 027.99	1 000.00	8 027.99
黑龙江	5 568.90	4 000.00	9 568.90	15 389.70	6 580.00	21 969.70	14 793.15	27 265.62	42 058.77
上　海	30 900.90	10 000.00	40 900.90	87 778.10	43 226.00	131 004.10	127 451.61	50 173.94	177 625.55
江　苏	59 061.60	17 000.00	76 061.60	111 465.00	66 457.00	177 922.00	69 646.57	182 261.85	251 908.42
浙　江	57 921.20	24 000.00	81 921.20	106 897.90	45 036.00	151 933.90	60 531.70	61 416.95	121 948.65
安　徽	13 862.20	5 040.00	18 902.20	25 035.40	6 660.00	31 695.40	16 397.84	8 161.86	24 559.70
福　建	17 528.80	30 000.00	47 528.80	65 630.40	43 008.00	108 638.40	28 880.51	71 167.24	100 047.75
江　西	12 770.00	4 200.00	16 970.00	20 766.80	5 366.00	26 132.80	8 441.16	3 248.99	11 690.15
山　东	29 253.20	6 000.00	35 253.20	36 476.30	8 851.00	45 327.30	75 387.02	12 802.97	88 189.99
河　南	13 302.20	4 000.00	17 302.20	19 731.30	2 282.00	22 013.30	17 382.00	5 775.14	23 157.14
湖　北	17 227.60	9 360.00	26 587.60	23 651.80	5 657.00	29 308.80	31 098.02	43 747.06	74 845.08
湖　南	10 684.70	5 000.00	15 684.70	28 507.90	6 711.00	35 218.90	21 268.46	15 164.40	36 432.86
广　东	215 180.10	49 000.00	264 180.10	211 035.20	82 063.00	293 098.20	133 754.80	91 169.14	224 923.94
广　西	22 670.30	12 000.00	34 670.30	30 539.20	3 411.00	33 950.20	51 230.75	2 824.03	54 054.78
海　南	2 644.00	6 000.00	8 644.00	8 002.80	3 534.00	11 536.80	1 300.67	3 554.75	4 855.42
重　庆	14 589.00	3 000.00	17 589.00	13 131.40	2 325.00	15 456.40	45 989.14	5 311.94	51 301.08
四　川	17 793.10	13 040.00	30 833.10	31 239.10	36 275.00	67 514.10	55 473.45	167 341.78	222 815.23
贵　州	6 796.10	4 420.00	11 216.10	12 335.20	4 104.00	16 439.20	8 437.27	13 877.54	22 314.81
云　南	14 255.10	5 000.00	19 255.10	20 115.00	3 773.00	23 888.00	12 244.00	1 588.37	13 832.37
西　藏	—	820.00	820.00	—	1 147.00	1 147.00	1 186.54	744.00	1 930.54
陕　西	5 803.10	3 000.00	8 803.10	8 740.60	481.00	9 221.60	10 232.62	5 063.88	15 296.50
甘　肃	4 201.20	3 000.00	7 201.20	4 081.90	1 100.00	5 181.90	3 657.95	988.95	4 646.90
青　海	260.70	370.00	630.70	689.10	—	689.10	1 030.38	160.00	1 190.38
宁　夏	2 166.00	400.00	2 566.00	2 754.40	500.00	3 254.40	627.74	582.27	1 210.01
新　疆	10 105.90	4 200.00	14 305.90	14 314.20	3 023.00	17 337.20	13 165.77	3 554.05	16 719.82
中彩中心	—	—	—	—	—	—	—	—	—
合　计 Total	**631 990.40**	**250 000.00**	**881 990.40**	**1 044 448.50**	**403 551.00**	**1 447 999.50**	**898 847.26**	**911 400.40**	**1 810 247.66**

2001			2002			2003		
福利彩票 Welfare Lottery	体育彩票 Sports Lottery	小计 Subtotal	福利彩票 Welfare Lottery	体育彩票 Sports Lottery	小计 Subtotal	福利彩票 Welfare Lottery	体育彩票 Sports Lottery	小计 Subtotal
33 179.03	150 247.00	183 426.03	56 126.23	130 858.00	186 984.23	100 520.93	111 961.01	212 481.94
12 100.15	50 778.00	62 878.15	8 159.23	64 280.44	72 439.67	10 763.39	64 208.88	74 972.27
25 530.36	52 747.54	78 277.90	48 987.11	74 146.81	123 133.92	58 907.49	67 153.10	126 060.59
53 207.86	6 319.84	59 527.70	34 870.99	9 124.90	43 995.89	27 644.61	15 746.49	43 391.10
5 473.39	987.90	6 461.29	10 824.25	6 182.90	17 007.15	16 957.45	12 509.41	29 466.86
75 896.56	35 724.92	111 621.48	105 933.26	100 790.28	206 723.54	126 814.59	76 789.97	203 604.56
33 078.01	15 170.18	48 248.19	25 229.36	32 796.57	58 025.93	46 783.59	43 513.76	90 297.35
41 780.52	43 479.78	85 260.30	67 728.98	50 069.87	117 798.85	84 072.82	55 844.39	139 917.21
100 356.05	57 206.58	157 562.63	80 032.30	102 769.02	182 801.32	102 551.43	76 099.77	178 651.20
71 973.80	176 575.91	248 549.71	72 515.36	182 588.77	255 104.13	68 803.36	160 002.43	228 805.79
54 559.50	82 652.78	137 212.28	53 042.52	143 421.78	196 464.30	84 922.35	167 261.21	252 183.56
35 054.75	24 206.33	59 261.08	23 206.75	34 423.72	57 630.47	27 413.74	45 257.81	72 671.55
81 017.90	181 613.52	262 631.42	67 481.65	318 353.12	385 834.77	29 091.19	220 306.39	249 397.58
39 602.89	10 146.30	49 749.19	30 992.83	16 811.94	47 804.77	34 426.37	30 091.51	64 517.88
185 322.67	42 615.46	227 938.13	265 900.88	67 615.63	333 516.51	288 136.42	42 068.88	330 205.30
71 436.07	82 954.91	154 390.98	68 094.52	108 702.18	176 796.70	73 635.77	85 634.52	159 270.29
32 817.84	67 353.85	100 171.69	40 236.65	101 619.69	141 856.34	78 832.09	113 774.96	192 607.05
24 411.12	12 828.33	37 239.45	42 815.92	19 861.74	62 677.66	55 828.97	23 082.77	78 911.74
172 421.81	143 071.13	315 492.94	287 606.13	340 464.63	628 070.76	314 331.30	298 374.90	612 706.20
58 162.23	14 287.64	72 449.87	84 519.87	22 577.61	107 097.48	111 382.99	25 412.59	136 795.58
3 575.51	4 799.39	8 374.90	3 296.49	6 212.68	9 509.17	2 068.59	10 024.34	12 092.93
29 524.27	12 475.34	41 999.61	22 350.63	18 424.85	40 775.48	31 040.63	19 332.71	50 373.34
19 000.56	125 496.72	144 497.28	13 806.77	102 926.55	116 733.32	28 635.87	94 128.67	122 764.54
12 220.15	21 261.52	33 481.67	6 032.89	12 589.17	18 622.06	18 790.79	14 769.40	33 560.19
25 311.57	62 403.06	87 714.63	24 168.39	62 989.18	87 157.57	27 504.37	71 091.47	98 595.84
550.70	167.00	717.70	572.85	661.54	1 234.39	628.59	1 954.69	2 583.28
52 690.49	11 915.79	64 606.28	42 608.99	27 153.05	69 762.04	37 829.76	29 795.62	67 625.38
23 019.63	1 560.65	24 580.28	32 861.07	9 179.19	42 040.26	30 073.74	13 070.05	43 143.79
1 717.27	319.22	2 036.49	3 545.14	1 118.08	4 663.22	6 992.77	2 302.97	9 295.74
4 395.50	—	4 395.50	15 110.71	3 078.50	18 189.21	13 723.54	6 371.62	20 095.16
16 347.00	1 561.80	17 908.80	41 266.53	5 204.49	46 471.02	61 460.08	15 516.99	76 977.07
—	—	—	—	317.11	317.11	—	—	—
1 395 735.16	**1 492 928.39**	**2 888 663.55**	**1 679 925.25**	**2 177 313.99**	**3 857 239.24**	**2 000 569.58**	**2 013 453.28**	**4 014 022.86**

续表

地区 Region	2004 福利彩票 Welfare Lottery	2004 体育彩票 Sports Lottery	2004 小计 Subtotal	2005 福利彩票 Welfare Lottery	2005 体育彩票 Sports Lottery	2005 小计 Subtotal	2006 福利彩票 Welfare Lottery	2006 体育彩票 Sports Lottery	2006 小计 Subtotal
北京	157 995.61	73 701.15	231 696.76	207 187.56	89 451.75	296 639.31	229 001.22	119 666.21	348 667.43
天津	19 589.60	50 373.16	69 962.76	40 174.97	79 425.65	119 600.62	54 531.44	78 221.77	132 753.21
河北	80 013.37	49 209.12	129 222.49	176 551.16	140 210.60	316 761.76	233 993.59	132 055.25	366 048.84
山西	37 431.99	14 836.79	52 268.78	83 938.78	38 901.84	122 840.62	131 537.22	55 930.49	187 467.71
内蒙古	23 363.02	13 171.12	36 534.14	55 135.96	38 302.91	93 438.86	80 375.24	54 474.73	134 849.96
辽宁	152 600.09	54 144.19	206 744.28	266 384.46	134 373.60	400 758.06	399 046.63	174 806.91	573 853.54
吉林	49 510.98	31 999.58	81 510.56	96 075.33	72 103.27	168 178.60	132 208.30	114 454.03	246 662.33
黑龙江	95 629.70	49 544.06	145 173.76	302 950.17	241 607.61	544 557.78	235 808.29	96 454.34	332 262.63
上海	100 273.42	51 488.28	151 761.70	123 528.65	53 747.48	177 276.14	167 850.45	72 713.88	240 564.33
江苏	75 014.61	134 342.72	209 357.33	136 391.95	195 696.48	332 088.42	210 184.33	326 074.44	536 258.76
浙江	82 221.07	147 303.90	229 524.97	160 436.76	236 474.01	396 910.77	244 239.10	325 309.28	569 548.38
安徽	41 476.63	35 006.83	76 483.46	100 089.03	96 482.37	196 571.39	128 081.78	74 041.39	202 123.17
福建	21 336.50	172 023.11	193 359.61	45 162.07	198 929.46	244 091.53	100 104.26	210 881.14	310 985.40
江西	30 510.91	24 572.34	55 083.25	51 637.78	82 067.23	133 705.01	52 859.06	66 044.01	118 903.07
山东	284 915.79	33 603.86	318 519.65	539 046.67	199 064.71	738 111.38	468 047.68	156 772.06	624 819.75
河南	91 656.07	69 486.81	161 142.88	157 659.30	171 968.20	329 627.50	177 670.69	160 770.10	338 440.79
湖北	123 910.17	91 549.80	215 459.97	278 119.79	239 197.62	517 317.41	265 749.02	155 347.45	421 096.47
湖南	60 041.08	20 852.58	80 893.66	118 344.02	104 544.68	222 888.69	147 414.49	88 830.59	236 245.07
广东	306 563.04	189 492.66	496 055.70	391 173.93	210 382.70	601 556.63	487 050.04	242 711.74	729 761.78
广西	111 488.44	14 977.69	126 466.13	136 391.95	19 301.55	155 693.50	136 514.05	21 167.05	157 681.10
海南	12 918.82	4 969.86	17 888.68	13 857.37	4 562.85	18 420.22	13 112.29	5 918.16	19 030.45
重庆	37 457.36	14 522.28	51 979.64	62 666.48	22 959.69	85 626.17	90 646.02	25 669.64	116 315.65
四川	45 672.66	61 579.07	107 251.73	106 713.86	96 130.18	202 844.03	173 020.19	139 229.52	312 249.70
贵州	23 482.24	10 470.88	33 953.12	39 630.18	15 690.77	55 320.95	61 166.11	31 471.27	92 637.38
云南	52 379.05	59 155.93	111 534.98	105 475.42	79 256.28	184 731.70	149 057.25	114 786.23	263 843.48
西藏	3 651.32	928.25	4 579.57	4 334.58	1 358.87	5 693.45	7 691.78	2 017.22	9 709.00
陕西	35 969.80	28 932.64	64 902.44	106 804.71	62 444.39	169 249.10	116 610.58	58 535.56	175 146.14
甘肃	22 782.61	12 969.50	35 752.11	43 373.18	25 613.45	68 986.63	67 309.07	38 612.66	105 921.73
青海	8 826.95	3 160.71	11 987.66	16 054.81	6 729.68	22 784.49	22 232.30	8 528.13	30 760.42
宁夏	10 684.80	6 906.90	17 591.70	18 688.45	15 784.40	34 472.85	31 646.79	22 912.96	54 559.75
新疆	64 385.60	16 687.71	81 073.31	128 098.35	53 793.67	181 892.02	142 000.00	61 884.71	203 884.71
中彩中心	—	—	—	—	—	—	—	—	—
合计 Total	**2 263 753.30**	**1 541 963.48**	**3 805 716.78**	**4 112 077.66**	**3 026 557.94**	**7 138 635.60**	**4 956 759.24**	**3 236 292.90**	**8 193 052.14**

2007			2008			2009		
福利彩票 Welfare Lottery	体育彩票 Sports Lottery	小计 Subtotal	福利彩票 Welfare Lottery	体育彩票 Sports Lottery	小计 Subtotal	福利彩票 Welfare Lottery	体育彩票 Sports Lottery	小计 Subtotal
238 198.87	126 007.06	364 205.94	264 760.76	153 964.77	418 725.52	311 890.56	171 030.17	482 920.73
72 412.81	82 352.20	154 765.02	64 095.76	92 256.78	156 352.53	83 173.48	112 694.38	195 867.86
272 316.12	172 217.19	444 533.31	260 128.67	162 229.79	422 358.46	279 639.11	165 863.10	445 502.21
157 469.17	50 780.87	208 250.04	125 853.49	92 377.08	218 230.57	148 620.24	80 708.50	229 328.74
110 442.21	73 560.35	184 002.56	165 259.42	103 843.57	269 102.99	193 675.40	126 278.26	319 953.66
493 266.48	200 277.60	693 544.08	400 885.63	190 940.70	591 826.33	474 376.30	195 194.00	669 570.30
214 700.40	120 685.46	335 385.86	159 023.07	113 194.58	272 217.64	156 052.32	126 304.45	282 356.77
224 301.91	124 700.41	349 002.33	212 956.64	121 795.93	334 752.57	233 872.57	146 499.31	380 371.88
221 109.64	85 703.78	306 813.42	195 329.31	97 168.76	292 498.07	291 953.43	120 357.96	412 311.39
320 308.22	434 325.79	754 634.01	334 282.22	500 732.23	835 014.45	478 358.21	683 987.88	1 162 346.09
444 633.66	362 021.14	806 654.80	407 120.26	402 485.98	809 606.24	493 209.76	452 868.94	946 078.70
188 383.13	115 564.82	303 947.95	157 284.48	107 119.35	264 403.83	201 035.41	140 991.50	342 026.91
146 417.77	238 081.00	384 498.77	125 404.77	304 387.06	429 791.83	160 594.20	348 160.83	508 755.03
65 072.47	88 710.28	153 782.75	81 403.05	93 326.62	174 729.67	107 444.82	126 605.74	234 050.56
592 654.30	192 163.66	784 817.95	510 118.51	236 552.44	746 670.95	690 475.14	454 278.45	1 144 753.59
207 361.08	154 159.82	361 520.90	191 362.83	238 212.07	429 574.90	227 658.45	277 649.84	505 308.29
305 241.68	185 804.83	491 046.51	280 791.48	161 997.15	442 788.63	318 822.18	163 946.06	482 768.24
191 915.75	99 248.63	291 164.37	151 375.73	86 577.80	237 953.54	203 959.50	115 894.96	319 854.46
565 821.16	300 051.05	865 872.21	633 992.91	392 155.11	1 026 148.02	833 977.73	543 682.23	1 377 659.96
155 515.47	22 749.72	178 265.19	136 672.69	24 675.88	161 348.57	159 526.95	28 320.47	187 847.42
25 544.39	8 970.32	34 514.72	47 368.49	10 221.71	57 590.20	38 184.09	11 319.98	49 504.07
127 322.18	36 756.60	164 078.78	111 486.31	50 575.31	162 061.62	140 283.50	63 885.27	204 168.77
196 865.49	156 985.30	353 850.78	244 593.94	171 674.65	416 268.59	311 716.13	249 697.85	561 413.98
78 969.03	47 338.89	126 307.91	103 451.21	69 366.56	172 817.77	135 172.12	91 963.91	227 136.03
188 850.64	123 457.57	312 308.21	202 386.33	232 838.45	435 224.78	286 596.57	310 675.83	597 272.40
11 116.17	2 409.76	13 525.92	17 889.68	15 587.88	33 477.56	27 808.32	19 911.45	47 719.77
186 680.07	87 444.20	274 124.27	159 361.70	118 532.51	277 894.21	203 278.41	119 684.61	322 963.02
107 355.26	47 320.78	154 676.04	100 122.40	75 796.32	175 918.73	129 457.73	63 317.23	192 774.96
28 816.76	9 848.28	38 665.04	30 548.01	22 900.92	53 448.93	37 355.34	24 267.65	61 622.99
42 365.13	25 286.42	67 651.55	35 768.60	38 936.36	74 704.95	44 247.36	39 890.28	84 137.64
134 475.11	76 387.21	210 862.32	128 716.89	79 106.04	207 822.93	158 164.72	111 375.88	269 540.60
—	—	—	—	—	—	—	—	—
6 315 902.51	**3 851 370.97**	**10 167 273.49**	**6 039 795.23**	**4 561 530.35**	**10 601 325.58**	**7 560 580.05**	**5 687 306.97**	**13 247 887.02**

续表

地区 Region	2010			2011			2012		
	福利彩票 Welfare Lottery	体育彩票 Sports Lottery	小计 Subtotal	福利彩票 Welfare Lottery	体育彩票 Sports Lottery	小计 Subtotal	福利彩票 Welfare Lottery	体育彩票 Sports Lottery	小计 Subtotal
北 京	382 292.54	307 468.83	689 761.37	503 554.26	386 417.61	889 971.87	507 317.39	382 995.85	890 313.24
天 津	123 844.76	162 624.61	286 469.37	160 714.27	257 910.92	418 625.19	228 000.86	301 341.31	529 342.17
河 北	347 006.56	192 464.86	539 471.42	471 188.65	246 354.16	717 542.81	546 386.83	306 002.67	852 389.50
山 西	159 719.43	82 254.76	241 974.19	213 702.01	96 201.50	309 903.51	254 806.03	101 566.48	356 372.51
内蒙古	200 553.74	116 003.25	316 556.99	258 553.80	146 265.79	404 819.59	281 124.50	161 954.99	443 079.49
辽 宁	543 791.57	233 990.98	777 782.54	627 739.73	358 295.82	986 035.55	798 047.23	522 949.55	1 320 996.78
吉 林	176 023.10	134 459.51	310 482.61	208 013.56	161 333.02	369 346.58	256 357.13	234 394.23	490 751.36
黑龙江	243 383.48	156 510.15	399 893.63	285 501.27	270 023.55	555 524.82	358 206.36	382 962.65	741 169.01
上 海	295 040.81	155 086.73	450 127.54	383 409.73	207 406.46	590 816.19	384 025.82	262 909.83	646 935.65
江 苏	723 258.10	933 359.04	1 656 617.14	1 178 830.30	1 417 350.94	2 596 181.24	1 340 066.74	1 618 342.05	2 958 408.79
浙 江	733 942.15	527 233.31	1 261 175.46	927 216.13	606 645.26	1 533 861.39	1 023 967.93	733 287.17	1 757 255.10
安 徽	251 627.30	170 303.88	421 931.18	355 627.04	229 984.46	585 611.50	436 558.35	236 034.10	672 592.45
福 建	241 186.14	377 815.89	619 002.03	329 024.52	476 903.65	805 928.17	371 984.26	521 898.31	893 882.57
江 西	144 329.17	223 845.68	368 174.85	231 094.96	292 130.54	523 225.50	352 383.78	360 873.65	713 257.43
山 东	898 454.89	538 029.63	1 436 484.52	1 097 297.13	952 068.99	2 049 366.12	1 223 637.80	1 059 789.89	2 283 427.69
河 南	321 660.36	286 122.06	607 782.42	452 936.10	388 900.99	841 837.09	568 890.93	516 324.86	1 085 215.79
湖 北	407 074.95	195 418.27	602 493.22	510 549.41	201 287.45	711 836.86	607 789.85	263 200.34	870 990.19
湖 南	263 449.03	164 662.14	428 111.17	409 434.94	235 868.79	645 303.73	529 189.21	320 758.92	849 948.13
广 东	1 135 538.64	750 999.12	1 886 537.75	1 407 034.45	947 347.17	2 354 381.63	1 695 551.18	1 027 652.68	2 723 203.86
广 西	209 737.98	53 488.89	263 226.87	282 296.16	72 445.47	354 741.63	384 769.57	76 329.47	461 099.04
海 南	84 036.38	15 004.37	99 040.75	118 814.54	27 182.24	145 996.78	143 251.44	47 084.47	190 335.91
重 庆	218 964.71	101 410.39	320 375.10	345 860.20	146 027.68	491 887.88	381 540.93	150 383.16	531 924.09
四 川	367 863.16	292 216.09	660 079.25	486 887.44	332 968.68	819 856.12	595 148.22	379 817.24	974 965.46
贵 州	144 454.78	115 315.83	259 770.61	160 217.70	117 750.99	277 968.68	181 386.47	133 673.24	315 059.71
云 南	330 270.78	284 547.28	614 818.06	396 464.71	342 401.88	738 866.59	448 759.71	416 285.02	865 044.73
西 藏	25 139.88	13 959.25	39 099.13	33 106.41	24 164.83	57 271.24	30 752.25	26 587.77	57 340.02
陕 西	257 242.51	133 458.12	390 700.63	401 325.86	160 496.85	561 822.71	502 854.75	181 355.83	684 210.58
甘 肃	147 863.66	63 759.44	211 623.10	182 711.20	77 667.35	260 378.55	228 036.40	115 082.90	343 119.30
青 海	45 868.17	23 557.49	69 425.66	58 201.79	32 461.64	90 663.43	74 962.26	33 713.37	108 675.63
宁 夏	63 665.31	37 913.17	101 578.48	77 054.53	45 900.32	122 954.85	90 801.09	41 948.84	132 749.93
新 疆	192 954.54	101 321.17	294 275.71	225 357.13	120 299.56	345 656.70	276 667.92	131 695.09	408 363.01
中彩中心	—	—	—	—	—	—	—	—	—
合 计 Total	**9 680 238.56**	**6 944 604.20**	**16 624 842.76**	**12 779 719.93**	**9 378 464.56**	**22 158 184.49**	**15 103 223.19**	**11 049 195.92**	**26 152 419.11**

2013			2014			2015			2016		
福利彩票 Welfare Lottery	体育彩票 Sports Lottery	小计 Subtotal	福利彩票 Welfare Lottery	体育彩票 Sports Lottery	小计 Subtotal	福利彩票 Welfare Lottery	体育彩票 Sports Lottery	小计 Subtotal	福利彩票 Welfare Lottery	体育彩票 Sports Lottery	小计 Subtotal
509 368.74	538 876.33	1 048 245.07	533 561.05	624 258.25	1 157 819.29	503 524.50	502 980.97	1 006 505.47	470 842.43	603 752.90	1 074 595.33
300 405.71	352 459.59	652 865.30	426 338.61	611 663.47	1 038 002.08	378 401.65	363 921.14	742 322.79	380 821.94	301 813.47	682 635.41
703 776.51	564 939.27	1 268 715.78	800 886.64	866 288.03	1 667 174.67	763 716.70	888 412.68	1 652 129.38	626 591.67	1 071 645.99	1 698 237.66
293 196.41	156 171.50	449 367.91	408 477.29	189 710.49	598 187.78	423 735.15	208 448.33	632 183.48	436 420.83	232 871.70	669 292.53
395 704.85	218 725.80	614 430.65	496 141.50	293 644.19	789 785.68	535 893.87	382 816.18	918 710.05	579 730.12	450 903.71	1 030 633.83
929 441.33	496 648.37	1 426 089.70	1 065 603.03	500 234.68	1 565 837.71	1 095 785.72	503 289.33	1 599 075.05	1 095 417.28	552 543.09	1 647 960.37
416 052.71	331 286.64	747 339.35	462 690.96	365 523.48	828 214.44	349 870.46	382 299.03	732 169.49	356 845.77	382 758.55	739 604.32
440 035.04	427 030.88	867 065.92	517 108.71	703 380.36	1 220 489.07	500 557.37	586 672.34	1 087 229.71	505 207.23	538 373.44	1 043 580.67
375 293.73	457 740.34	833 034.07	482 149.32	862 347.09	1 344 496.41	428 851.76	382 149.56	811 001.32	449 770.02	305 347.32	755 117.34
1 285 029.01	1 557 830.89	2 842 859.90	1 390 860.66	1 789 291.28	3 180 151.94	1 444 830.57	1 698 220.70	3 143 051.27	1 487 625.99	1 787 293.88	3 274 919.87
1 244 851.59	862 688.74	2 107 540.33	1 377 688.33	1 071 695.30	2 449 383.64	1 468 661.70	1 088 360.78	2 557 022.48	1 513 054.59	1 243 668.69	2 756 723.28
590 768.95	364 145.92	954 914.87	693 312.85	461 076.14	1 154 388.99	656 254.60	507 151.13	1 163 405.73	681 577.19	521 043.38	1 202 620.57
479 583.00	598 632.00	1 078 215.00	500 083.70	647 508.21	1 147 591.91	508 783.03	770 575.71	1 279 358.74	501 645.17	805 843.19	1 307 488.36
487 034.84	506 690.51	993 725.35	614 656.18	678 004.34	1 292 660.52	323 469.70	455 808.30	779 278.00	296 444.47	314 052.03	610 496.50
1 344 280.28	1 224 208.93	2 568 489.21	1 478 072.70	1 588 635.18	3 066 707.88	1 448 689.14	1 575 034.63	3 023 723.77	1 468 684.45	1 723 726.36	3 192 410.81
617 988.22	616 824.76	1 234 812.98	651 909.83	826 227.93	1 478 137.76	626 568.06	1 020 712.83	1 647 280.89	661 935.53	1 199 526.77	1 861 462.30
738 288.79	353 958.81	1 092 247.60	892 645.33	408 706.95	1 301 352.28	939 140.52	367 076.93	1 306 217.45	1 013 843.03	669 553.60	1 683 396.63
603 054.26	368 848.97	971 903.23	729 030.42	599 316.43	1 328 346.85	777 265.40	406 490.61	1 183 756.01	854 052.11	600 421.27	1 454 473.38
1 899 419.72	1 179 351.81	3 078 771.53	2 068 064.18	1 612 047.38	3 680 111.56	2 050 534.55	1 524 384.20	3 574 918.75	2 112 967.72	1 850 301.05	3 963 268.77
477 437.00	87 315.43	564 752.43	708 822.47	120 493.31	829 315.78	507 303.86	191 806.59	699 110.45	476 749.03	280 957.55	757 706.58
160 175.92	51 186.06	211 361.98	165 704.59	86 556.98	252 261.57	174 374.73	130 184.13	304 558.86	167 183.56	144 717.37	311 900.93
435 129.47	190 957.72	626 087.19	619 904.19	282 254.12	902 158.31	456 499.56	305 774.57	762 274.13	449 407.98	350 921.27	800 329.25
678 348.28	360 855.75	1 039 204.03	781 527.11	402 404.19	1 183 931.31	834 518.02	454 416.01	1 288 934.03	849 549.42	476 101.63	1 325 651.05
202 467.37	180 236.81	382 704.18	215 145.52	222 917.79	438 063.31	249 779.74	258 364.33	508 144.07	269 068.03	322 873.35	591 941.38
499 102.20	481 643.94	980 746.14	583 215.48	571 842.58	1 155 058.06	648 740.69	622 917.96	1 271 658.65	728 835.04	750 145.21	1 478 980.25
42 693.91	29 539.19	72 233.10	72 678.17	38 717.36	111 395.53	106 564.02	52 255.27	158 819.29	157 978.07	70 955.93	228 934.00
631 348.13	223 821.20	855 169.33	757 205.80	410 755.10	1 167 960.90	827 307.58	433 474.64	1 260 782.22	862 320.26	554 208.03	1 416 528.29
330 035.41	219 489.87	549 525.28	465 377.65	273 901.21	739 278.86	453 227.88	223 703.34	676 931.22	450 303.85	262 176.61	712 480.46
95 625.92	63 115.09	158 741.01	113 710.75	103 650.52	217 361.27	116 817.19	54 678.25	171 495.44	153 535.26	63 996.29	217 531.55
107 387.08	63 534.66	170 921.74	154 022.67	143 338.15	297 360.82	153 316.56	86 785.19	240 101.75	171 165.15	101 159.49	272 324.64
339 521.99	150 902.78	490 424.77	370 219.54	284 602.85	654 822.39	398 114.69	208 160.06	606 274.75	419 590.61	281 310.56	700 901.17
—	—	—	—	—	—	—	—	—	—	—	—
17 652 846.37	**13 279 658.55**	**30 932 504.92**	**20 596 815.22**	**17 640 993.36**	**38 237 808.57**	**20 151 098.97**	**16 637 325.74**	**36 788 424.71**	**20 649 163.80**	**18 814 963.71**	**39 464 127.51**

续表

地 区 Region	2017 福利彩票 Welfare Lottery	2017 体育彩票 Sports Lottery	2017 小计 Subtotal	2018 福利彩票 Welfare Lottery	2018 体育彩票 Sports Lottery	2018 小计 Subtotal	2019 福利彩票 Welfare Lottery	2019 体育彩票 Sports Lottery	2019 小计 Subtotal
北 京	467 009.68	609 161.03	1 076 170.71	473 305.37	782 200.25	1 255 505.62	393 203.34	731 884.35	1 125 087.69
天 津	381 685.18	336 368.96	718 054.14	385 149.71	490 424.64	875 574.35	330 403.22	328 796.36	659 199.58
河 北	559 091.98	1 010 266.29	1 569 358.27	588 779.94	1 340 465.39	1 929 245.33	540 260.88	1 009 539.01	1 549 799.89
山 西	439 633.53	349 260.42	788 893.95	407 158.01	428 358.26	835 516.27	332 313.09	310 802.22	643 115.31
内蒙古	626 545.94	474 378.21	1 100 924.15	640 786.70	700 435.74	1 341 222.44	421 550.58	592 919.32	1 014 469.90
辽 宁	1 052 981.89	506 011.89	1 558 993.78	1 050 755.74	753 432.68	1 804 188.42	890 581.64	579 147.06	1 469 728.69
吉 林	346 250.70	353 481.55	699 732.25	396 421.24	451 500.46	847 921.70	258 989.06	383 250.38	642 239.44
黑龙江	476 565.58	564 907.22	1 041 472.80	460 193.02	629 595.57	1 089 788.59	386 529.86	511 997.02	898 526.88
上 海	485 804.71	321 441.99	807 246.70	512 340.77	460 298.47	972 639.24	515 783.21	430 603.26	946 386.47
江 苏	1 537 754.40	2 013 007.88	3 550 762.28	1 597 979.69	2 852 390.03	4 450 369.72	1 262 483.73	2 273 294.99	3 535 778.72
浙 江	1 564 390.98	1 370 396.17	2 934 787.15	1 677 928.21	2 062 356.64	3 740 284.85	1 538 810.43	1 561 490.03	3 100 300.46
安 徽	740 565.50	603 699.30	1 344 264.80	758 482.94	972 782.24	1 731 265.18	691 826.15	822 954.26	1 514 780.41
福 建	506 547.96	1 064 602.85	1 571 150.81	501 364.28	1 209 771.61	1 711 135.89	427 444.85	915 384.18	1 342 829.02
江 西	424 359.99	470 416.72	894 776.71	512 209.88	828 424.84	1 340 634.72	393 629.56	674 529.55	1 068 159.11
山 东	1 515 056.82	1 819 874.99	3 334 931.81	1 529 581.40	2 524 066.24	4 053 647.64	1 359 853.07	2 014 887.28	3 374 740.35
河 南	689 017.68	1 336 538.44	2 025 556.12	701 216.97	1 828 002.63	2 529 219.60	646 884.50	1 624 323.87	2 271 208.37
湖 北	1 027 641.37	929 994.25	1 957 635.62	1 045 917.96	1 306 453.05	2 352 371.01	812 453.36	1 059 591.61	1 872 044.97
湖 南	890 348.20	819 267.45	1 709 615.65	916 609.37	1 026 632.49	1 943 241.86	754 604.46	621 120.79	1 375 725.25
广 东	2 288 433.10	1 939 389.05	4 227 822.15	2 427 035.30	2 471 863.52	4 898 898.82	1 947 740.69	2 009 125.21	3 956 865.90
广 西	551 518.54	319 938.29	871 456.83	551 999.00	400 407.74	952 406.74	452 344.85	250 518.25	702 863.10
海 南	153 623.54	120 745.58	274 369.12	141 796.82	167 863.17	309 659.99	88 437.77	75 388.00	163 825.78
重 庆	555 295.93	474 658.69	1 029 954.62	582 714.75	596 669.55	1 179 384.30	432 843.97	560 006.38	992 850.36
四 川	892 199.95	471 639.00	1 363 838.95	923 632.21	848 504.34	1 772 136.55	988 072.32	893 138.42	1 881 210.74
贵 州	282 275.35	347 671.26	629 946.61	283 381.19	568 044.02	851 425.21	242 653.31	468 494.77	711 148.08
云 南	758 035.67	759 880.46	1 517 916.13	813 535.10	1 020 823.58	1 834 358.68	775 348.34	872 639.65	1 647 987.98
西 藏	268 131.94	88 832.90	356 964.84	239 728.16	101 996.05	341 724.21	189 486.36	97 551.48	287 037.83
陕 西	915 712.41	658 275.53	1 573 987.94	988 513.80	830 683.67	1 819 197.47	952 596.17	533 239.97	1 485 836.14
甘 肃	494 605.55	307 150.12	801 755.67	476 699.66	390 093.51	866 793.17	339 210.52	342 471.73	681 682.25
青 海	167 879.87	81 675.75	249 555.62	162 031.97	105 726.98	267 758.95	139 904.30	81 241.75	221 146.05
宁 夏	177 453.93	116 094.10	293 548.03	186 155.27	164 628.45	350 783.72	134 071.58	140 293.53	274 365.11
新 疆	461 261.32	330 203.18	791 464.50	522 207.32	376 665.05	898 872.37	483 501.52	310 892.77	794 394.29
中彩中心	—	—	—	—	—	—	—	—	—
合 计 Total	**21 697 679.20**	**20 969 229.54**	**42 666 908.74**	**22 455 611.76**	**28 691 560.83**	**51 147 172.59**	**19 123 816.68**	**23 081 517.43**	**42 205 334.12**

2020			2021			2022			1987—2022		
福利彩票 Welfare Lottery	体育彩票 Sports Lottery	小计 Subtotal	福利彩票 Welfare Lottery	体育彩票 Sports Lottery	小计 Subtotal	福利彩票 Welfare Lottery	体育彩票 Sports Lottery	小计 Subtotal	福利彩票 Welfare Lottery	体育彩票 Sports Lottery	合 计 Total
253 356.15	536 461.39	789 817.54	358 071.61	660 749.43	1 018 821.04	358 188.14	728 815.53	1 087 003.66	7 421 149.34	8 584 068.50	16 005 217.84
245 066.53	287 533.54	532 600.07	147 830.09	468 487.55	616 317.63	138 222.92	617 329.37	755 552.30	4 032 690.31	5 628 885.88	9 661 576.19
381 326.92	949 319.53	1 330 646.45	468 088.89	917 840.18	1 385 929.07	481 854.37	1 135 944.80	1 617 799.17	8 819 935.19	11 567 894.43	20 387 829.62
287 096.15	244 067.83	531 163.98	251 282.21	365 452.93	616 735.14	240 935.36	432 518.76	673 454.12	5 051 105.16	3 575 304.89	8 626 410.05
291 073.78	453 860.56	744 934.34	305 972.47	484 478.26	790 450.73	319 839.74	567 750.12	887 589.86	6 094 897.33	5 486 264.11	11 581 161.44
624 958.44	391 925.95	1 016 884.39	534 283.61	535 233.88	1 069 517.48	511 807.39	624 925.62	1 136 733.02	13 497 422.27	7 746 576.58	21 243 998.84
214 488.18	360 899.34	575 387.51	255 472.05	364 531.19	620 003.25	215 687.16	381 213.23	596 900.39	4 911 561.18	4 971 844.47	9 883 405.66
290 288.45	375 758.38	666 046.83	265 961.32	403 410.56	669 371.87	244 600.36	460 399.28	704 999.64	6 563 303.52	6 995 076.72	13 558 380.24
464 545.95	381 837.48	846 383.43	433 948.52	447 676.16	881 624.68	342 116.88	451 138.31	793 255.19	7 222 158.22	5 983 138.45	13 205 296.67
891 881.62	1 955 118.36	2 846 999.97	812 544.04	1 831 721.58	2 644 265.62	911 778.66	2 286 056.71	3 197 835.37	17 996 406.56	27 096 923.81	45 093 330.37
1 176 311.48	1 321 606.84	2 497 918.32	1 162 870.28	1 691 308.09	2 854 178.37	1 243 565.20	2 179 136.13	3 422 701.33	18 981 649.24	18 782 065.12	37 763 714.36
437 733.23	655 261.36	1 092 994.59	443 930.77	751 863.42	1 195 794.19	481 089.49	1 018 591.00	1 499 680.49	8 250 759.84	8 019 946.58	16 270 706.42
306 127.55	867 975.59	1 174 103.14	399 331.80	927 735.87	1 327 067.66	441 612.70	1 035 147.95	1 476 760.65	6 472 377.82	12 576 505.86	19 048 883.69
253 448.10	517 178.04	770 626.14	286 961.53	666 852.06	953 813.59	310 118.32	756 040.72	1 066 159.04	5 229 085.03	7 304 937.96	12 534 022.99
919 042.15	1 489 206.73	2 408 248.89	904 099.09	1 667 575.04	2 571 674.13	918 347.21	2 009 593.38	2 927 940.58	20 181 186.96	21 650 106.40	41 831 293.36
405 817.35	1 307 230.84	1 713 048.19	495 295.98	1 653 071.86	2 148 367.84	494 541.43	1 794 307.16	2 288 848.59	8 751 620.23	15 766 810.59	24 518 430.82
525 038.71	827 159.03	1 352 197.74	543 344.17	1 130 136.80	1 673 480.97	600 364.31	1 364 241.69	1 964 606.00	11 586 346.35	10 431 714.26	22 018 060.61
508 575.98	366 254.73	874 830.71	514 304.28	582 550.32	1 096 854.61	584 789.42	726 050.54	1 310 839.95	9 499 805.37	7 451 360.93	16 951 166.30
1 621 417.04	1 635 854.59	3 257 271.63	1 618 339.43	2 168 418.85	3 786 758.28	1 728 188.97	2 697 260.76	4 425 449.73	28 940 392.11	24 729 899.68	53 670 291.79
315 563.45	189 804.32	505 367.77	341 984.33	269 368.13	611 352.46	370 009.41	329 737.40	699 746.81	6 936 982.30	2 867 716.08	9 804 698.37
38 226.68	56 801.74	95 028.42	44 716.78	84 019.52	128 736.30	46 394.51	81 916.83	128 311.35	1 705 932.68	1 173 238.51	2 879 171.18
310 711.34	407 756.53	718 467.87	328 301.07	608 756.38	937 057.45	341 782.96	719 058.98	1 060 841.94	6 219 663.47	5 171 874.02	11 391 537.50
794 184.04	737 592.87	1 531 776.91	742 847.81	1 241 953.88	1 984 801.69	781 998.62	1 442 607.54	2 224 606.17	11 076 063.54	9 763 740.93	20 839 804.47
195 199.05	442 579.05	637 778.10	279 585.01	516 464.67	796 049.68	293 536.13	638 191.13	931 727.27	3 554 054.55	4 678 701.16	8 232 755.72
639 783.82	823 402.21	1 463 186.03	676 530.62	1 008 508.68	1 685 039.31	769 461.70	1 182 134.08	1 951 595.77	9 223 903.78	10 273 587.91	19 497 491.69
176 480.00	128 746.49	305 226.49	70 792.87	87 053.30	157 846.17	46 982.83	83 199.69	130 182.52	1 536 005.40	892 567.15	2 428 572.55
837 471.03	459 168.28	1 296 639.31	557 080.60	596 354.11	1 153 434.71	566 017.91	740 629.03	1 306 646.93	10 095 157.96	6 481 323.62	16 576 481.58
269 992.68	315 975.60	585 968.28	226 092.42	367 784.73	593 877.15	202 903.86	435 418.76	638 322.62	4 879 951.92	3 694 183.95	8 574 135.87
146 459.03	76 389.02	222 848.05	102 633.05	76 106.54	178 739.59	93 478.66	85 661.47	179 140.12	1 634 920.63	963 919.80	2 598 840.43
115 081.58	132 926.48	248 008.07	129 188.71	156 135.02	285 323.74	139 607.39	180 678.03	320 285.42	1 931 149.60	1 575 285.15	3 506 434.75
512 032.05	250 627.62	762 659.66	523 807.15	371 447.42	895 254.56	593 265.36	466 461.50	1 059 726.86	6 286 079.18	3 826 885.15	10 112 964.33
—	—	—	—	—	—	—	—	—	—	317.11	317.11
14 448 778.51	**18 946 280.35**	**33 395 058.86**	**14 225 492.54**	**23 103 046.41**	**37 328 538.95**	**14 813 087.35**	**27 652 155.51**	**42 465 242.86**	**264 583 717.08**	**265 712 665.78**	**530 296 382.87**

1987—2022 年全国福利

Statistical Table of Public Welfare Funds of

地 区 Region	1987—1988	1989	1990	1991	1992	1993	1994	1995	1996
北京	331.66	279.23	549.80	606.20	770.60	1 332.50	1 550.40	2 780.40	1 265.60
天 津	242.28	322.41	392.60	302.70	191.70	567.60	460.00	1 528.30	1 033.10
河 北	516.60	390.40	578.80	708.90	767.30	753.00	2 810.00	5 152.70	3 154.40
山 西	485.32	248.28	320.40	380.70	1 001.40	641.40	1 168.00	3 187.20	6 756.40
内蒙古	—	134.66	312.00	146.00	439.30	323.20	959.60	4 600.00	5 747.50
辽 宁	1 065.78	676.35	1 510.80	878.10	870.70	1 191.20	3 642.50	5 681.10	5 636.30
吉 林	407.55	616.26	1 114.60	429.60	647.90	1 037.10	1 372.00	3 504.80	4 996.00
黑龙江	239.73	443.32	567.00	375.31	412.20	800.40	1 829.00	2 392.70	4 772.90
上 海	170.24	249.69	615.63	680.90	710.20	374.10	386.80	2 373.00	2 970.00
江 苏	395.41	919.78	662.49	1 007.02	1 382.20	4 524.80	2 925.60	5 454.00	6 853.50
浙 江	443.59	762.12	777.98	1 218.64	5 062.80	4 069.60	1 358.00	2 926.00	1 942.70
安 徽	256.00	238.60	478.10	605.30	675.50	1 912.80	2 849.70	4 723.70	3 962.30
福 建	282.01	447.74	264.70	1 078.12	1 759.60	1 124.80	1 061.70	3 731.10	4 642.30
江 西	58.72	98.40	236.00	475.96	1 014.40	2 252.00	1 171.50	3 912.80	3 537.40
山 东	391.67	381.34	466.20	798.00	1 657.90	2 672.10	2 206.00	9 733.70	5 916.30
河 南	643.20	640.00	842.56	966.70	1 055.00	2 000.00	1 760.00	9 850.80	5 516.40
湖 北	346.47	193.35	281.18	267.40	2 046.10	2 745.70	3 100.70	7 443.20	8 980.10
湖 南	206.80	232.66	691.30	1 127.93	2 027.60	1 252.30	1 613.60	5 716.50	10 615.70
广 东	1 325.72	1 339.04	2 064.60	4 467.14	3 463.00	5 248.80	2 035.70	14 882.40	31 719.80
广 西	—	135.72	1 217.97	1 542.70	1 825.50	3 131.40	2 157.80	5 943.70	8 248.60
海 南	154.94	9.27	668.80	100.20	35.40	5.00	—	—	730.00
重 庆	269.64	88.77	278.20	173.25	359.60	861.00	237.80	2 931.80	2 121.90
四 川	816.55	277.96	165.22	586.45	1 476.70	1 214.50	990.60	7 436.20	11 919.10
贵 州	185.03	149.30	230.50	129.20	779.30	1 598.70	528.70	3 524.00	3 190.10
云 南	543.58	422.43	194.50	314.90	1 432.80	1 740.60	654.60	1 898.90	2 582.80
西 藏	—	—	—	—	—	—	—	—	—
陕 西	479.89	279.00	293.17	701.65	480.60	206.50	913.20	8 819.40	3 530.30
甘 肃	206.15	145.03	196.00	252.00	637.00	591.40	751.70	3 251.60	3 948.10
青 海	37.92	8.46	43.00	41.00	117.00	155.60	76.00	887.70	437.10
宁 夏	24.00	49.44	18.80	27.40	18.50	24.00	27.00	808.10	902.30
新 疆	—	—	—	256.00	963.60	732.00	1 576.80	6 445.10	2 090.50
小计 Subtotal	10 526.45	10 179.01	16 032.90	20 645.37	34 081.40	45 084.10	42 175.00	141 520.90	159 719.50
中央集中 Central Government	2 754.52	2 445.82	3 994.94	4 326.92	6 517.90	9 459.20	11 266.60	27 828.40	31 348.90
合 计 Total	**13 280.97**	**12 624.83**	**20 027.84**	**24 972.29**	**40 599.30**	**54 543.30**	**53 441.60**	**169 349.30**	**191 068.40**

注：本统计表为按福利彩票销量计算的福利彩票公益金筹集数，未包括弃奖奖金。

彩票公益金统计表

Welfare Lottery in China from 1987 to 2022

单位：万元

Unit：Ten Thousand Yuan

1997	1998	1999	2000	2001	2002	2003	2004
1 813.00	2 300.20	9 662.40	1 219.80	5 480.47	8 418.93	15 125.01	23 846.42
1 012.90	1 180.70	1 252.20	1 849.00	2 056.17	1 223.88	1 689.67	3 009.68
1 729.90	1 764.00	6 128.60	2 005.40	4 316.92	7 348.07	9 191.86	12 043.49
2 779.40	2 551.60	3 292.70	1 146.80	8 653.94	5 230.65	4 547.58	6 106.91
1 408.30	1 017.60	1 545.00	988.40	977.31	1 623.64	2 674.52	3 571.25
2 502.90	1 862.00	9 795.50	10 562.40	12 543.96	15 889.99	19 197.34	23 047.29
1 184.50	930.60	1 813.50	1 553.00	5 508.87	3 784.41	7 151.71	7 496.73
1 920.40	1 309.50	3 492.60	3 371.60	6 866.66	10 159.34	12 812.95	14 380.24
1 605.60	7 627.00	21 922.30	26 506.90	16 712.70	12 004.84	16 603.34	15 227.70
6 684.90	14 827.50	27 539.70	14 346.80	11 888.38	10 877.31	11 653.50	11 674.64
917.60	14 481.70	25 784.90	11 646.40	9 926.85	7 956.38	15 355.76	12 562.01
2 457.40	3 321.60	6 251.10	4 472.20	5 785.92	3 481.01	4 390.16	6 235.43
2 645.50	4 541.10	16 505.70	5 334.20	13 992.24	10 122.25	4 776.13	3 200.48
3 315.30	3 108.90	5 131.00	1 723.00	6 568.38	4 648.93	5 653.09	4 585.05
2 762.50	7 847.90	7 190.30	16 878.10	30 797.28	39 885.13	44 120.98	43 466.53
2 551.80	3 414.70	4 451.70	4 717.80	11 673.44	10 214.18	11 363.33	13 848.48
5 629.40	4 277.00	5 950.60	6 613.50	5 402.41	6 035.50	12 575.80	18 586.53
3 404.00	2 278.20	5 811.10	4 217.30	4 027.84	6 422.39	8 699.57	9 112.68
25 403.70	53 784.00	52 758.70	28 912.90	27 862.23	43 140.93	51 235.63	46 643.02
3 446.90	5 659.60	8 536.80	9 231.50	10 190.26	12 677.98	17 259.95	16 850.17
170.00	661.00	2 000.70	291.40	1 072.64	494.47	322.07	1 938.82
1 214.30	3 684.00	3 219.10	10 030.60	4 872.59	3 352.59	4 906.19	5 622.92
3 777.40	4 384.90	7 809.80	16 300.60	3 148.34	2 071.02	4 896.20	6 899.19
1 262.70	1 826.50	3 083.80	1 637.00	2 004.59	904.93	3 194.07	3 522.34
1 888.10	3 568.20	4 990.60	2 657.50	4 496.99	3 625.26	4 301.16	7 882.40
—	—	—	—	212.74	85.93	101.79	568.87
1 186.50	1 480.30	2 041.10	2 109.10	8 860.98	6 391.35	5 876.35	5 421.98
1 212.20	1 062.40	945.60	792.30	3 796.64	4 929.16	4 533.76	3 446.34
191.00	55.00	160.00	130.40	303.49	531.77	1 055.36	1 331.57
41.50	541.50	691.20	205.30	725.26	2 266.61	2 144.76	1 656.92
487.20	2 445.80	3 244.80	2 071.40	2 201.74	6 189.98	9 469.27	9 743.03
86 606.80	157 795.00	253 003.10	193 522.60	232 928.23	251 988.78	316 878.83	343 529.11
14 519.90	38 101.20	51 493.80	48 749.90	186 276.48	335 985.06	383 320.53	448 784.56
101 126.70	**195 896.20**	**304 496.90**	**242 272.50**	**419 204.71**	**587 973.84**	**700 199.35**	**792 313.67**

续表

地 区 Region	2005	2006	2007	2008	2009	2010	2011	2012	2013
北 京	36 257.82	40 075.21	41 684.80	46 169.80	53 321.25	62 758.89	80 253.82	81 297.16	81 416.45
天 津	7 030.62	9 530.61	12 672.20	10 466.53	13 339.66	18 893.37	23 951.07	33 190.78	43 486.63
河 北	30 895.16	40 948.88	46 849.16	42 529.15	46 337.35	54 763.92	71 949.28	83 086.61	102 570.29
山 西	14 689.29	23 019.02	27 454.42	21 464.47	25 224.57	26 077.44	33 203.91	38 897.58	43 990.72
内蒙古	9 648.79	14 059.47	19 253.18	25 479.13	32 288.45	31 711.11	40 233.26	43 175.30	60 012.01
辽 宁	46 306.91	68 123.77	82 550.02	66 626.69	77 452.55	84 539.25	95 591.86	118 755.49	134 779.26
吉 林	16 813.18	23 136.45	35 488.97	26 445.23	26 343.85	28 063.93	31 657.88	37 707.30	58 895.90
黑龙江	53 016.28	40 720.57	38 311.01	35 766.60	39 301.21	40 499.32	45 939.11	55 810.22	66 865.14
上 海	21 572.47	28 580.21	37 737.18	33 097.73	49 539.94	48 478.65	62 206.07	60 725.59	58 939.14
江 苏	23 702.90	36 407.25	54 908.28	54 825.79	77 178.98	107 255.56	168 363.91	190 044.87	178 760.89
浙 江	28 076.43	42 236.66	75 587.26	66 877.86	80 029.63	108 563.76	134 755.72	147 740.95	173 237.40
安 徽	17 485.58	21 841.56	31 613.33	26 337.35	33 310.21	39 377.60	52 544.92	63 259.94	82 572.69
福 建	7 903.36	17 480.75	25 451.51	20 239.45	25 331.11	35 272.14	47 376.55	53 585.90	67 832.48
江 西	9 036.61	9 065.37	11 282.90	13 862.57	17 582.82	23 351.29	36 170.17	55 368.17	75 014.99
山 东	94 333.17	81 397.99	101 406.39	81 333.60	105 963.96	127 961.10	153 636.15	170 438.23	185 807.34
河 南	27 590.38	31 092.37	36 456.85	32 170.44	37 351.38	49 766.78	67 552.55	83 251.53	88 223.30
湖 北	48 390.26	45 870.45	52 531.85	47 452.26	52 720.12	62 857.32	76 430.12	89 384.31	105 108.65
湖 南	20 524.15	25 292.25	32 645.77	25 449.41	34 272.85	42 127.11	60 554.61	75 987.30	84 539.85
广 东	68 426.12	83 241.16	95 294.74	101 914.62	132 438.73	169 057.84	207 638.59	246 642.15	272 618.59
广 西	23 791.02	23 274.97	25 867.56	22 768.27	26 308.23	32 681.03	41 820.99	57 214.67	71 180.02
海 南	2 410.12	2 270.38	4 057.07	5 965.34	5 320.61	10 254.99	14 466.55	17 252.67	18 951.12
重 庆	10 966.63	15 724.25	21 401.43	18 566.09	23 472.16	33 928.07	51 113.44	55 260.24	65 103.46
四 川	18 674.93	30 278.53	34 405.76	38 986.96	50 645.27	58 732.50	75 192.53	89 834.05	98 866.84
贵 州	6 864.54	10 514.34	13 316.06	16 919.49	22 544.53	24 108.00	26 524.26	29 818.35	32 527.45
云 南	18 458.20	26 055.58	32 667.88	34 615.37	46 884.01	54 415.67	63 720.46	71 337.39	77 679.09
西 藏	758.55	1 346.07	1 945.33	3 089.56	4 339.29	4 084.50	5 172.87	4 826.50	6 411.05
陕 西	18 690.82	20 296.65	31 075.13	25 641.13	32 901.19	39 994.23	61 028.64	77 350.03	91 867.19
甘 肃	7 590.31	11 747.58	18 783.42	16 880.79	21 426.09	23 156.97	27 561.77	33 544.44	47 042.22
青 海	2 809.59	3 869.52	4 997.42	5 101.56	6 357.28	7 403.66	8 994.68	11 505.57	14 252.51
宁 夏	3 270.48	5 538.19	7 358.48	6 026.10	7 260.51	9 759.27	11 614.77	13 662.63	16 085.11
新 疆	22 417.21	24 711.22	23 485.57	22 007.45	24 656.34	28 281.25	32 979.64	40 305.87	48 712.85
小计 Subtotal	718 401.90	857 747.28	1 078 540.93	995 076.79	1 231 444.12	1 488 176.51	1 910 200.15	2 230 261.73	2 553 350.65
中央集中 Central Government	718 401.90	857 747.28	1 078 540.93	995 076.79	1 231 444.12	1 488 176.51	1 910 200.15	2 230 261.73	2 553 350.65
合 计 Total	**1 436 803.80**	**1 715 494.56**	**2 157 081.86**	**1 990 153.58**	**2 462 888.24**	**2 976 353.01**	**3 820 400.30**	**4 460 523.45**	**5 106 701.31**

2014	2015	2016	2017	2018	2019	2020	2021	2022	1987—2022
86 111.02	77 736.83	74 234.02	73 065.71	74 071.32	63 551.67	41 644.81	57 699.53	57 267.92	1 205 950.64
62 799.49	52 955.04	53 505.62	53 563.10	53 908.67	46 530.59	36 188.80	22 645.92	21 704.82	594 678.39
113 751.22	107 803.82	91 346.86	82 504.91	86 782.14	81 270.25	61 187.45	75 666.74	78 048.45	1 357 651.97
58 449.16	59 938.58	62 864.59	63 300.37	58 901.55	49 381.96	44 230.84	39 640.92	38 552.51	777 780.58
73 728.94	75 913.92	82 983.88	89 674.24	91 703.63	61 396.79	44 813.58	47 392.62	50 497.94	920 434.52
150 949.37	153 218.81	155 766.58	150 210.11	150 316.76	128 793.18	95 250.90	84 809.85	81 199.01	2 041 794.59
64 575.16	48 999.23	51 313.22	49 767.63	59 002.79	37 950.21	32 754.09	37 688.81	32 526.29	742 679.23
77 410.43	73 776.22	75 284.23	71 022.48	68 724.67	59 135.48	45 188.16	41 795.06	38 623.88	1 033 335.93
75 354.15	64 579.78	68 990.45	75 159.79	78 020.53	79 069.51	73 117.00	68 084.85	54 394.34	1 164 388.30
191 168.67	197 823.40	209 275.12	214 633.68	222 116.93	178 069.19	134 765.98	124 330.66	138 649.18	2 635 898.75
187 865.41	200 575.91	213 077.06	221 206.75	238 149.36	221 664.43	180 390.60	176 412.06	187 373.84	2 801 014.12
95 681.16	88 740.48	94 930.76	102 966.07	105 725.67	98 299.93	68 659.91	71 373.85	77 088.07	1 223 905.90
69 125.35	70 894.67	72 571.57	73 652.22	73 208.48	63 938.25	49 715.34	63 806.67	70 023.88	982 919.34
92 831.96	45 867.71	42 393.67	61 427.58	74 396.94	55 276.55	39 755.76	45 720.06	49 362.83	805 258.76
201 912.06	196 831.82	205 107.74	211 126.84	214 008.30	194 102.12	140 902.48	141 816.36	144 432.12	2 969 689.70
92 048.36	88 139.81	95 818.83	99 784.57	100 728.65	93 500.59	64 912.85	80 178.84	80 297.16	1 334 375.34
124 678.43	129 441.02	141 974.48	144 289.43	147 293.08	116 282.39	81 526.82	87 732.20	94 789.51	1 739 227.62
98 790.24	103 922.81	117 888.57	122 772.13	126 816.06	107 331.63	78 524.15	81 348.30	92 237.79	1 398 482.46
292 414.25	288 671.58	302 521.93	322 137.70	340 371.12	285 568.73	244 735.42	245 221.19	258 635.73	4 353 837.48
101 056.51	72 221.94	71 186.92	83 442.22	82 963.03	65 744.89	49 524.09	52 628.18	56 018.22	1 067 749.30
19 289.95	20 148.01	19 933.40	18 439.71	17 075.66	11 655.53	5 994.61	7 356.48	7 446.11	216 943.01
92 709.74	63 146.03	64 443.89	82 695.49	85 858.90	62 438.63	47 637.49	51 187.73	53 160.10	943 038.03
110 715.75	117 033.00	122 693.95	128 913.51	135 095.58	144 422.77	121 889.39	116 150.81	121 304.49	1 688 007.35
33 811.87	37 690.87	41 450.76	43 186.18	43 605.94	38 598.07	32 452.96	45 961.23	47 533.70	575 179.36
87 426.99	93 898.72	107 959.69	112 237.45	120 716.03	117 667.38	102 402.23	111 744.86	126 940.28	1 450 022.58
10 422.58	15 013.05	22 281.50	37 653.11	33 717.97	27 265.29	25 172.38	9 893.90	6 776.07	221 138.89
107 217.37	116 101.64	123 386.54	131 141.97	141 378.54	138 373.24	124 929.84	85 274.81	87 838.26	1 503 558.57
64 624.23	62 275.25	63 813.61	69 893.66	67 347.11	49 021.67	40 639.42	35 037.97	32 280.45	723 364.35
16 488.21	16 814.89	22 264.25	24 323.18	23 613.36	21 026.05	22 266.35	16 009.40	14 943.90	248 603.73
22 202.09	21 470.61	24 471.94	25 244.04	26 601.58	19 558.61	17 608.97	20 497.85	22 386.50	290 790.31
52 895.87	57 071.84	61 528.56	67 063.23	75 725.86	70 690.34	73 976.65	73 037.81	82 661.42	930 126.18
2 928 506.00	2 818 717.22	2 957 264.14	3 106 499.06	3 217 946.21	2 787 575.92	2 222 759.32	2 218 145.51	2 304 994.76	39 941 825.27
2 928 506.00	2 818 717.22	2 957 264.14	3 106 499.06	3 217 946.21	2 787 575.92	2 222 759.32	2 218 145.51	2 304 994.76	39 232 782.81
5 857 012.01	**5 637 434.44**	**5 914 528.27**	**6 212 998.12**	**6 435 892.42**	**5 575 151.84**	**4 445 518.63**	**4 436 291.03**	**4 609 989.51**	**79 174 608.08**

1994—2022 年全国体育

Statistical Table of Public Welfare Funds

地 区 Region	1994—1995	1996	1997	1998	1999	2000
北 京	—	—	477.20	887.00	1 279.00	10 305.00
天 津	4 000.00	431.35	748.50	1 320.00	2 256.00	10 268.60
河 北	1 510.30	1 280.60	1 057.48	1 545.60	810.00	5 567.90
山 西	117.00	313.80	676.40	1 560.00	54.00	530.00
内蒙古	51.00	370.00	1 019.00	251.10	724.00	622.30
辽 宁	785.00	1 518.60	745.20	1 080.00	189.00	1 705.80
吉 林	223.00	661.00	869.00	540.00	459.00	280.00
黑龙江	—	—	1 169.70	1 130.00	1 734.20	5 694.20
上 海	1 725.00	3 300.00	5 700.00	2 465.00	10 497.80	11 006.20
江 苏	1 131.20	917.90	1 314.00	4 234.30	16 270.00	38 174.10
浙 江	653.40	909.60	1 539.20	5 868.60	11 967.20	13 524.50
安 徽	465.00	800.10	1 256.40	1 329.60	1 728.00	2 056.20
福 建	230.00	1 050.00	2 970.00	7 320.00	10 452.00	15 276.30
江 西	300.00	530.40	995.76	1 156.00	1 419.00	607.90
山 东	200.00	1 069.56	1 063.80	1 560.00	2 229.00	1 931.00
河 南	—	575.40	975.50	1 096.10	634.70	1 432.70
湖 北	1 131.20	917.90	1 314.00	2 328.30	1 469.00	9 386.00
湖 南	1 263.60	1 213.40	1 134.00	1 320.00	1 736.10	3 922.00
广 东	3 385.80	2 160.00	2 940.00	12 352.30	18 534.00	22 323.00
广 西	240.00	1 085.70	1 808.40	2 959.00	918.00	660.30
海 南	—	577.00	985.00	1 560.00	945.00	872.10
重 庆	—	—	—	820.00	621.30	1 358.40
四 川	990.00	1 373.00	1 533.00	3 169.60	8 740.00	34 145.30
贵 州	153.70	987.30	1 039.70	1 230.10	1 109.30	3 374.70
云 南	—	—	928.00	1 284.30	1 042.00	466.00
西 藏	—	302.00	—	239.00	297.00	208.30
陕 西	996.53	763.82	777.94	850.20	136.70	1 417.00
甘 肃	192.00	636.00	630.00	810.00	297.00	277.00
青 海	—	—	—	108.00	147.00	123.70
宁 夏	—	360.00	310.00	78.20	—	61.60
新 疆	743.00	661.00	869.00	1 128.00	868.30	1 093.20
小计 Subtotal	20 486.73	24 765.43	36 846.18	63 580.30	99 563.60	198 671.30
中央集中	2 055.6	3 981.63	5 872.61	12 371.40	21 549.00	75 920.50
合 计 Total	**22 542.33**	**28 747.06**	**42 718.79**	**75 951.70**	**121 112.60**	**274 591.80**

注：本统计表为按体育彩票销量计算的体育彩票公益金筹集数，未包括弃奖奖金。

彩票公益金统计表

of Sports Lottery in China from 1994 to 2022

单位：万元

Unit：Ten Thousand Yuan

2001	2002	2003	2004	2005	2006	2007
22 044.00	19 270.95	16 807.15	12 540.46	14 577.38	17 311.61	18 450.80
7 525.00	9 525.58	9 659.63	8 563.44	13 613.06	12 826.11	13 150.80
8 315.00	10 969.88	10 114.67	8 417.15	24 355.88	22 527.80	28 792.20
1 079.00	1 470.20	2 381.54	2 524.74	6 680.63	9 408.59	8 555.43
281.00	1 025.40	1 930.55	2 245.48	6 616.53	9 224.03	12 527.34
5 183.00	15 155.98	11 568.50	9 278.84	22 749.68	28 415.28	33 175.01
2 202.00	5 055.05	6 633.41	5 452.18	12 412.01	19 392.87	20 527.82
6 596.00	7 866.24	8 492.94	8 427.07	42 084.64	16 324.82	21 293.00
8 863.00	16 481.75	11 574.66	8 799.54	8 728.42	10 632.21	12 891.50
26 428.00	29 672.42	24 440.00	23 096.14	33 755.13	55 477.24	74 404.85
13 833.00	24 042.50	26 083.72	25 347.46	40 776.75	54 980.98	61 427.92
3 918.00	5 499.60	6 863.52	5 997.67	16 764.94	12 381.02	19 106.43
26 981.00	46 316.72	33 045.96	29 243.93	34 518.53	35 920.23	40 689.22
1 716.00	2 858.00	4 728.78	4 177.30	14 047.15	9 999.38	13 139.03
6 563.00	10 204.15	6 367.65	5 830.56	34 378.90	26 095.62	32 176.29
12 529.00	16 254.46	12 854.47	11 812.88	29 879.91	27 494.57	26 367.60
9 819.00	15 104.85	17 131.32	15 567.66	41 347.27	25 586.21	30 827.41
3 010.00	3 619.95	3 542.53	3 566.01	17 931.89	14 390.18	16 564.89
22 703.00	52 852.91	44 904.98	32 347.58	34 114.82	34 609.00	43 875.47
2 206.00	3 447.13	3 869.12	2 588.57	3 121.31	2 935.62	3 244.76
789.00	943.11	1 503.65	847.46	746.67	856.91	1 278.15
1 891.00	3 210.49	2 980.90	2 479.69	3 795.62	3 789.04	5 673.11
18 896.00	15 954.31	14 394.61	10 487.21	16 362.51	23 108.33	26 249.51
3 346.00	1 996.61	2 269.82	1 809.64	2 591.75	5 032.65	7 839.09
9 253.00	9 483.14	10 708.42	10 075.02	13 633.75	19 308.22	20 886.48
55.00	118.22	293.20	157.80	227.36	328.17	400.72
2 201.00	4 052.82	4 575.59	4 992.91	10 745.31	9 704.32	14 795.20
265.00	1 507.97	1 995.76	2 220.99	4 400.91	6 516.10	8 059.23
76.00	193.45	348.28	538.41	1 159.60	1 447.21	1 676.43
15.00	468.39	982.79	1 179.71	2 722.53	3 877.04	4 307.16
1 040.00	874.23	2 407.43	2 882.95	9 242.92	10 389.26	12 951.04
229 621.00	335 496.46	305 455.53	263 496.45	518 083.71	530 290.62	635 303.89
218 342.59	426 563.44	399 253.12	276 291.20	518 083.71	530 290.62	635 303.89
447 963.59	**762 059.90**	**704 708.65**	**539 787.65**	**1 036 167.42**	**1 060 581.24**	**1 270 607.78**

续表

地　区 Region	2008	2009	2010	2011	2012	2013	2014	2015
北　京	20 868.27	22 266.67	37 550.11	47 230.81	46 349.01	65 211.99	76 808.55	66 601.97
天　津	13 923.17	16 972.12	22 771.77	31 113.56	36 407.29	42 590.95	70 452.18	40 412.73
河　北	25 421.02	25 865.80	28 343.35	35 176.53	42 697.10	78 396.51	112 158.34	116 222.98
山　西	12 170.10	12 546.46	11 607.32	12 700.79	13 282.21	21 298.16	25 734.64	27 176.43
内蒙古	15 320.74	18 872.89	16 275.81	19 965.56	21 505.33	29 877.51	40 477.88	52 172.50
辽　宁	29 286.82	28 252.15	30 800.57	47 598.49	69 732.04	66 164.09	65 301.73	62 953.55
吉　林	17 636.05	19 471.22	20 052.83	23 377.10	32 395.76	45 169.47	49 812.83	51 234.00
黑龙江	18 611.17	21 659.29	22 057.55	37 156.82	52 396.60	58 300.00	89 296.55	76 137.85
上　海	14 091.26	16 770.38	20 293.35	26 857.63	32 079.73	51 912.26	92 973.64	45 139.06
江　苏	79 483.70	101 430.89	127 297.04	191 956.12	217 581.40	208 559.09	227 609.30	217 249.30
浙　江	63 575.33	68 961.92	77 052.09	87 763.25	104 476.35	122 111.66	140 552.25	139 908.95
安　徽	16 443.49	20 940.92	24 459.98	30 449.02	31 083.51	46 948.81	55 529.85	57 256.30
福　建	48 447.34	53 412.05	55 701.97	69 267.89	74 349.86	85 121.94	92 023.21	104 522.85
江　西	13 314.38	17 331.11	29 624.22	37 891.18	43 630.07	61 849.71	84 829.05	51 821.50
山　东	34 318.00	62 658.98	72 239.77	123 049.18	137 002.36	158 411.60	204 698.91	184 189.98
河　南	35 993.55	43 809.38	43 057.32	54 963.41	72 464.59	85 893.28	114 739.06	127 670.50
湖　北	25 757.44	25 993.78	29 978.24	30 156.80	37 883.80	48 623.14	52 211.53	48 835.28
湖　南	13 870.02	17 255.75	22 535.57	31 923.77	41 695.31	46 764.63	70 437.76	45 794.66
广　东	54 103.19	71 246.81	96 927.51	120 285.13	129 005.08	149 395.62	203 742.25	180 214.00
广　西	3 458.48	3 857.35	6 367.41	8 944.47	8 953.75	10 377.34	14 014.70	20 367.68
海　南	1 498.71	1 689.86	2 149.31	3 728.83	5 615.39	6 203.66	10 240.53	14 124.10
重　庆	7 122.22	8 847.75	12 830.96	18 863.42	18 653.05	23 539.55	32 871.39	31 256.41
四　川	26 804.51	36 335.70	41 798.61	47 534.61	53 096.75	51 147.39	57 996.15	62 306.00
贵　州	10 643.93	13 653.59	17 208.63	16 994.01	19 006.63	25 234.79	31 438.29	35 752.19
云　南	32 691.46	42 471.83	39 387.38	47 521.83	57 120.77	66 770.81	79 131.42	82 751.94
西　藏	1 794.99	2 210.75	1 661.67	2 962.93	3 220.74	3 608.05	4 915.01	6 839.36
陕　西	17 381.61	16 910.87	18 459.20	21 728.31	24 846.20	30 420.44	49 404.45	51 095.19
甘　肃	10 514.67	9 522.04	9 214.04	10 931.32	15 001.18	29 397.20	36 376.98	30 698.14
青　海	3 013.88	3 213.24	3 158.42	4 064.31	4 422.71	7 262.73	11 115.44	6 991.69
宁　夏	5 934.47	6 172.89	5 528.88	6 885.16	6 356.97	8 731.40	16 544.43	11 723.00
新　疆	11 595.10	15 438.45	13 323.40	15 088.27	16 509.24	18 882.26	31 870.68	25 699.69
小计 Subtotal	685 089.07	826 042.87	959 714.29	1 264 130.52	1 468 820.80	1 754 176.05	2 245 308.99	2 075 119.72
中央集中	685 089.07	826 042.87	959 714.29	1 264 130.52	1 468 820.80	1 754 176.05	2 245 308.99	2 075 119.72
合　计 Total	**1 370 178.14**	**1 652 085.75**	**1 919 428.58**	**2 528 261.03**	**2 937 641.59**	**3 508 352.10**	**4 490 617.98**	**4 150 239.43**

2016	2017	2018	2019	2020	2021	2022	1994—2022
79 480.75	81 106.27	99 048.94	97 153.05	72 686.62	84 507.24	90 069.74	1 120 890.52
34 971.62	39 894.10	54 290.32	40 319.30	37 340.37	56 389.38	72 449.43	704 186.37
135 478.09	130 874.55	165 057.79	134 555.69	132 212.91	118 019.75	141 678.48	1 547 423.35
28 724.30	39 617.55	46 344.98	36 214.67	31 021.62	43 729.58	51 266.68	448 786.81
60 656.43	62 939.36	82 212.56	73 541.07	60 629.76	60 128.05	68 467.89	719 931.05
67 280.73	62 411.77	85 524.69	71 051.25	51 688.31	66 656.70	75 692.16	1 011 944.94
51 883.05	48 397.76	56 560.97	50 254.51	48 797.06	45 789.85	46 035.33	681 575.14
73 687.76	76 404.58	79 862.33	67 714.91	51 687.52	52 021.58	56 809.83	954 617.15
39 826.77	42 324.09	57 175.46	58 066.69	53 783.86	59 601.52	56 180.45	779 741.23
234 817.94	255 797.43	332 485.01	287 782.57	257 638.01	239 576.58	285 782.55	3 594 362.18
160 476.78	176 218.54	243 357.37	204 923.22	182 853.73	220 083.92	269 860.40	2 543 130.57
63 080.08	72 293.71	107 453.50	101 875.77	87 735.38	96 164.14	124 347.33	1 014 228.29
111 903.51	136 497.51	150 888.26	130 642.41	128 158.87	130 776.80	140 947.14	1 796 675.50
38 874.64	56 465.51	91 201.99	78 651.35	65 428.00	80 268.27	88 971.61	895 827.28
210 593.29	220 652.83	284 313.26	242 093.01	192 112.35	200 901.14	237 589.52	2 694 493.72
152 038.87	167 714.77	212 745.49	198 787.55	173 822.60	205 557.55	220 457.20	2 051 622.41
79 786.05	110 482.53	146 139.31	128 189.01	104 775.95	138 020.80	163 670.53	1 342 434.34
66 068.31	89 602.01	109 252.04	71 459.27	46 956.07	71 249.84	86 364.23	904 443.77
224 298.33	236 851.49	290 725.65	253 754.44	217 160.28	271 839.84	325 743.36	3 152 395.82
30 487.84	35 696.99	45 134.79	30 204.70	24 815.77	33 539.90	39 742.78	345 047.87
16 207.58	14 104.67	18 465.81	10 225.50	8 360.46	12 117.98	11 724.22	148 360.65
37 437.73	50 057.36	61 892.34	63 406.94	49 434.48	72 574.00	84 254.00	599 661.14
66 148.73	65 235.06	100 683.04	112 543.89	98 362.88	155 747.09	176 524.74	1 327 668.56
44 337.97	48 219.90	70 010.97	62 165.85	61 984.88	66 775.86	78 111.82	634 319.67
98 468.18	101 540.74	127 983.56	118 819.71	116 381.00	132 905.81	152 012.90	1 393 027.66
9 579.62	12 135.36	13 673.70	13 423.59	17 833.93	10 770.74	9 706.06	116 963.26
65 014.64	74 486.37	89 155.70	65 130.97	60 279.49	74 120.44	89 316.29	803 759.50
35 060.02	40 703.54	48 649.12	44 554.30	43 569.89	46 255.10	53 636.53	491 892.00
8 576.67	10 588.43	13 435.71	10 803.05	10 644.36	9 993.93	10 791.94	123 894.57
14 102.44	16 188.03	20 895.09	18 578.55	18 689.29	20 855.63	23 320.82	214 869.47
36 109.80	42 715.26	45 544.91	39 033.72	33 070.44	45 833.42	55 829.70	491 694.67
2 375 458.53	2 618 218.06	3 350 164.66	2 915 920.50	2 539 916.13	2 922 772.43	3 387 355.66	34 649 869.45
2 375 458.53	2 618 218.06	3 350 164.66	2 915 920.50	2 539 916.13	2 922 772.43	3 387 355.66	34 514 087.58
4 750 917.07	**5 236 436.12**	**6 700 329.32**	**5 831 840.99**	**5 079 832.25**	**5 845 544.85**	**6 774 711.32**	**69 163 957.03**

1987—2022 年全国彩票公益金统计表

Statistical Table of Public Welfare Funds of Lottery in China from 1987 to 2022

单位：万元

Unit：Ten Thousand Yuan

年 份 Year	福利彩票 Welfare Lottery	体育彩票 Sports Lottery	合 计 Total
1987	855.00	—	855.00
1988	12 425.97	—	12 425.97
1989	12 624.83	—	12 624.83
1990	20 027.84	—	20 027.84
1991	24 972.29	—	24 972.29
1992	40 599.30	—	40 599.30
1993	54 543.30	—	54 543.30
1994	53 441.60	—	53 441.60
1995	169 349.30	22 542.33	191 891.63
1996	191 068.40	28 747.06	219 815.46
1997	101 126.70	42 718.79	143 845.49
1998	195 896.20	75 951.70	271 847.90
1999	304 496.90	121 112.60	425 609.50
2000	242 272.50	274 591.80	516 864.30
2001	419 204.71	447 963.59	867 168.30
2002	587 973.84	762 059.90	1 350 033.74
2003	700 199.35	704 708.65	1 404 908.00
2004	792 313.67	539 787.65	1 332 101.32
2005	1 436 803.80	1 036 167.42	2 472 971.22
2006	1 715 494.56	1 060 581.24	2 776 075.80
2007	2 157 081.86	1 270 607.78	3 427 689.64
2008	1 990 153.58	1 370 178.14	3 360 331.72
2009	2 462 888.24	1 652 085.75	4 114 973.99
2010	2 976 353.01	1 919 428.58	4 895 781.59
2011	3 820 400.30	2 528 261.03	6 348 661.33
2012	4 460 523.45	2 937 641.59	7 398 165.04
2013	5 106 701.31	3 508 352.10	8 615 053.41
2014	5 857 012.01	4 490 617.98	10 347 629.99
2015	5 637 434.44	4 150 239.43	9 787 673.87
2016	5 914 528.27	4 750 917.07	10 665 445.34
2017	6 212 998.12	5 236 436.12	11 449 434.24
2018	6 435 892.42	6 700 329.32	13 136 221.74
2019	5 575 151.84	5 831 840.99	11 406 992.83
2020	4 445 518.64	5 079 832.25	9 525 350.90
2021	4 436 291.03	5 845 544.85	10 281 835.88
2022	4 609 989.51	6 774 711.32	11 384 700.83
合 计 Total	**79 174 608.08**	**69 163 957.03**	**148 338 565.11**

注：本统计表为按彩票销量计算的彩票公益金筹集数，未包括弃奖奖金。

1987—2022 年全国彩票公益金中央与地方分配表

Statistical Table of the Allocation of Public Welfare Funds of Lottery between Central and Local Goverments from 1987 to 2022

单位：万元

Unit：Ten Thousand Yuan

年份 Year	合计 Total	中央集中 Central Government	地方留成 Local Government	分成比例（%） Percentage	
				中央 Central	地方 Local
1987—1988	13 280.97	2 754.52	10 526.45	20.70	79.30
1989	12 624.83	2 445.82	10 179.01	19.40	80.60
1990	20 027.84	3 994.94	16 032.90	19.90	80.10
1991	24 972.29	4 326.92	20 645.37	17.30	82.70
1992	40 599.30	6 517.90	34 081.40	16.10	83.90
1993	54 543.30	9 459.20	45 084.10	17.30	82.70
1994	53 441.60	11 266.60	42 175.00	21.10	78.90
1995	191 891.63	29 884.00	162 007.63	15.60	88.40
1996	219 815.46	35 330.53	184 484.93	16.10	83.90
1997	143 845.49	20 392.51	123 452.98	14.10	85.90
1998	271 847.90	50 472.60	221 375.30	18.60	81.40
1999	425 609.50	73 042.80	352 566.70	17.20	82.80
2000	516 864.30	124 670.40	392 193.90	24.10	75.90
2001	867 168.30	404 619.07	462 549.23	46.70	53.30
2002	1 350 033.74	762 548.50	587 485.24	56.50	43.50
2003	1 404 908.00	782 573.65	622 334.35	55.70	44.30
2004	1 332 101.32	725 075.76	607 025.56	54.40	45.60
2005	2 472 971.22	1 236 485.61	1 236 485.61	50.00	50.00
2006	2 776 075.80	1 388 037.90	1 388 037.90	50.00	50.00
2007	3 427 689.64	1 713 844.82	1 713 844.82	50.00	50.00
2008	3 360 331.72	1 680 165.86	1 680 165.86	50.00	50.00
2009	4 114 973.99	2 057 486.99	2 057 486.99	50.00	50.00
2010	4 895 781.59	2 447 890.80	2 447 890.80	50.00	50.00
2011	6 348 661.33	3 174 330.66	3 174 330.66	50.00	50.00
2012	7 398 165.04	3 699 082.52	3 699 082.52	50.00	50.00
2013	8 615 053.41	4 307 526.70	4 307 526.70	50.00	50.00
2014	10 347 629.99	5 173 814.99	5 173 814.99	50.00	50.00
2015	9 787 673.87	4 893 836.94	4 893 836.94	50.00	50.00
2016	10 665 445.34	5 332 722.67	5 332 722.67	50.00	50.00
2017	11 449 434.24	5 724 717.12	5 724 717.12	50.00	50.00
2018	13 136 221.74	6 568 110.87	6 568 110.87	50.00	50.00
2019	11 406 992.83	5 703 496.42	5 703 496.42	50.00	50.00
2020	9 525 350.90	4 762 675.45	4 762 675.45	50.00	50.00
2021	10 281 835.88	5 140 917.94	5 140 917.94	50.00	50.00
2022	11 384 700.83	5 692 350.41	5 692 350.41	50.00	50.00
合 计 Total	**148 338 565.11**	**73 746 870.39**	**74 591 694.72**	**49.72**	**50.28**

注：本统计表为按彩票销量计算的彩票公益金筹集数，未包括弃奖奖金。

（二）2022年综合统计资料
Statistical Data of 2022

2022年全国彩票

Statistical Table of Lottery

月份 Month	福利彩票 Welfare Lottery				
	乐透数字型 Lotto Games	即开型 Instant Games	视频型 Online Instant Win	基诺型 Keno	小计 Subtotal
1月	75.45	43.76	—	20.59	139.79
2月	52.11	27.25	—	14.46	93.82
3月	83.04	26.68	—	23.38	133.10
4月	72.61	24.22	—	22.87	119.70
5月	78.17	25.35	—	27.89	131.42
6月	71.70	28.34	—	30.74	130.78
7月	74.67	22.81	—	26.33	123.80
8月	74.53	26.11	—	26.07	126.71
9月	75.70	22.02	—	25.46	123.19
10月	66.15	21.85	—	21.91	109.91
11月	87.35	19.47	—	23.96	130.78
12月	77.76	15.60	—	24.95	118.31
合计 Total	**889.24**	**303.47**	**—**	**288.60**	**1 481.31**

销售情况表

Sales in China in 2022

单位：亿元

Unit：One Hundred Million Yuan

体育彩票 Sports Lottery					
乐透数字型 Lotto Games	竞猜型 Sports Betting	视频型 Online Instant Win	即开型 Instant Games	小计 Subtotal	合 计 Total
53.20	82.45	0.00	32.77	168.41	308.21
38.69	70.10	0.00	22.20	130.99	224.81
58.55	107.38	0.00	30.40	196.34	329.44
60.04	106.66	0.00	24.33	191.02	310.72
61.75	108.97	0.00	25.51	196.23	327.65
58.65	104.49	0.00	25.88	189.02	319.81
58.02	108.74	0.00	23.14	189.90	313.70
58.74	137.39	0.00	21.92	218.05	344.76
53.59	128.92	0.00	27.62	210.13	333.32
52.97	113.42	0.00	20.89	187.27	297.18
57.44	310.81	0.00	19.41	387.66	518.44
53.31	429.95	0.00	16.92	500.18	618.49
664.94	**1 809.27**	**0.01**	**291.00**	**2 765.22**	**4 246.52**

2022 年全国彩票销售情况图

Diagram of Lottery Sales in China in 2022

单位：亿元

Unit：One Hundred Million Yuan

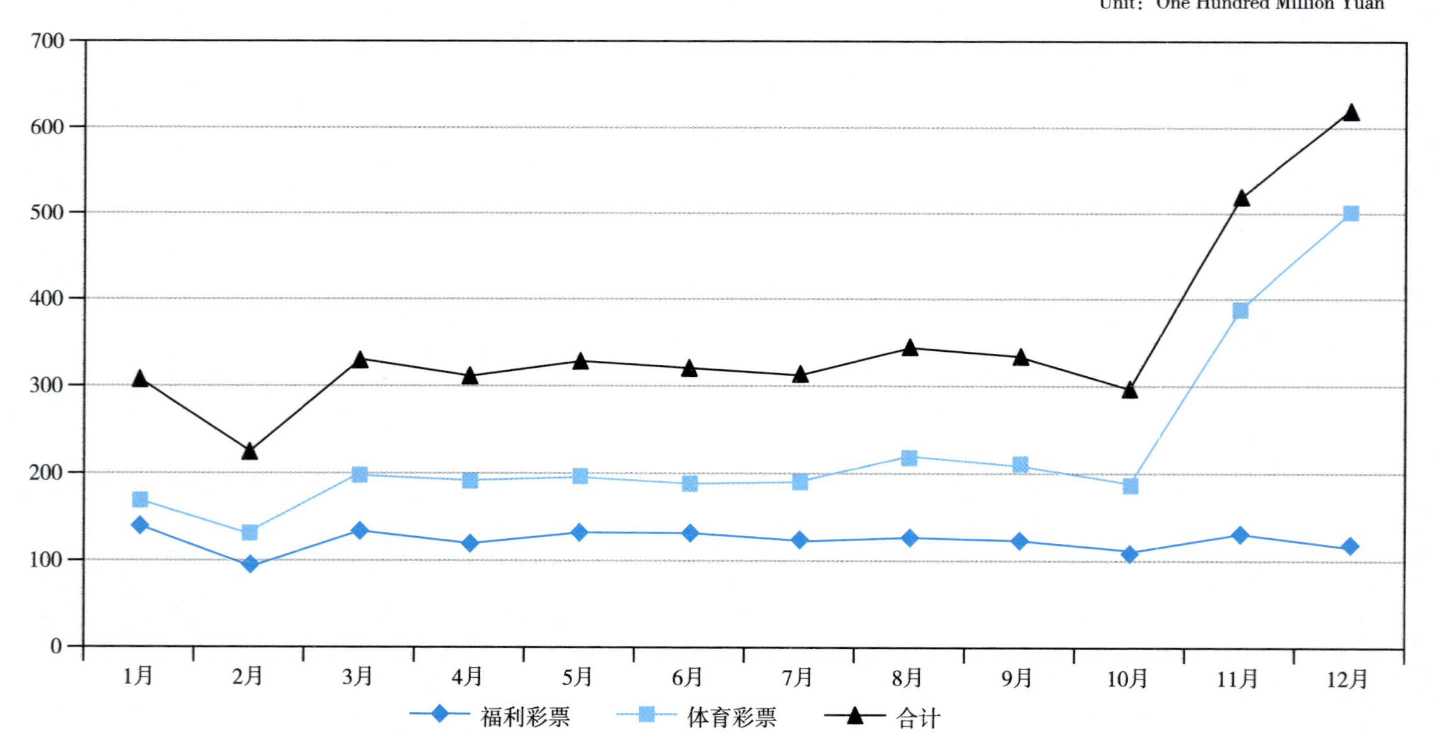

2022 年全国各地区彩票销售量排名表

Ranking of Lottery Sales in Different Regions in China in 2022

单位：万元

Unit：Ten Thousand Yuan

名次 Ranking	地　区 Region	销售额 Sales Volume
1	广　东	4 425 449.73
2	浙　江	3 422 701.33
3	江　苏	3 197 835.37
4	山　东	2 927 940.58
5	河　南	2 288 848.59
6	四　川	2 224 606.17
7	湖　北	1 964 606.00
8	云　南	1 951 595.77
9	河　北	1 617 799.17
10	安　徽	1 499 680.49
11	福　建	1 476 760.65
12	湖　南	1 310 839.95
13	陕　西	1 306 646.93
14	辽　宁	1 136 733.02
15	北　京	1 087 003.66
16	江　西	1 066 159.04
17	重　庆	1 060 841.94
18	新　疆	1 059 726.86
19	贵　州	931 727.27
20	内蒙古	887 589.86
21	上　海	793 255.19
22	天　津	755 552.30
23	黑龙江	704 999.64
24	广　西	699 746.81
25	山　西	673 454.12
26	甘　肃	638 322.62
27	吉　林	596 900.39
28	宁　夏	320 285.42
29	青　海	179 140.12
30	西　藏	130 182.52
31	海　南	128 311.35
合 计 Total		**42 465 242.86**

2022年全国各地区彩票

Statistical Table of Lottery Monthly

地 区 Region	1月 Jan.	2月 Feb.	3月 Mar.	4月 Apr.	5月 May	6月 June
北 京	84 241.35	60 716.11	94 404.62	94 321.97	62 097.14	69 159.83
天 津	47 107.52	36 251.12	59 762.61	65 949.17	64 468.51	53 424.98
河 北	115 489.27	83 554.02	121 621.24	118 585.65	127 470.14	121 350.48
山 西	50 188.35	33 867.47	50 775.61	46 634.32	52 801.24	48 491.12
内蒙古	64 719.46	43 121.47	70 774.74	71 502.08	66 961.62	64 064.95
辽 宁	90 936.71	63 812.68	81 759.57	70 716.60	83 652.54	86 845.53
吉 林	50 323.18	37 270.78	37 629.52	27 710.91	33 171.22	41 695.58
黑龙江	53 590.76	40 474.65	53 953.53	36 914.97	47 288.14	54 267.54
上 海	78 015.55	57 141.92	65 687.22	3 726.51	4 160.43	54 094.78
江 苏	223 775.20	162 872.52	246 074.99	203 812.13	227 986.17	223 796.60
浙 江	238 739.03	173 102.72	257 421.25	242 405.90	257 812.76	256 343.69
安 徽	103 913.49	72 647.11	113 219.68	101 602.81	111 982.82	104 213.97
福 建	113 848.07	82 132.83	115 434.25	109 021.94	123 571.97	112 238.70
江 西	69 012.72	44 842.10	74 965.07	80 438.77	84 111.13	76 458.21
山 东	211 163.33	149 309.84	217 520.97	215 653.60	230 276.02	213 016.48
河 南	153 740.53	123 525.93	191 439.69	178 692.77	180 057.32	184 110.47
湖 北	126 865.87	91 958.85	147 492.71	150 287.40	155 344.71	152 030.50
湖 南	97 247.56	65 693.52	97 881.18	96 371.81	105 419.14	98 930.90
广 东	334 807.61	241 657.88	342 652.41	360 869.86	376 041.47	340 739.91
广 西	54 569.04	39 053.88	58 471.00	56 350.46	56 522.70	59 838.80
海 南	12 907.48	8 457.18	12 140.15	10 474.58	11 672.97	9 319.31
重 庆	72 759.42	64 572.45	81 419.64	83 792.34	88 437.04	81 404.06
四 川	179 028.58	127 704.90	173 816.93	167 920.55	177 883.16	167 640.86
贵 州	59 855.84	43 279.78	69 336.12	67 418.66	70 536.19	71 269.01
云 南	139 585.22	102 250.39	152 516.41	147 238.32	157 207.60	148 803.78
西 藏	9 156.58	5 569.32	10 809.00	12 398.20	13 286.04	12 926.78
陕 西	54 452.37	64 074.13	99 276.47	94 840.65	104 975.34	99 361.16
甘 肃	49 822.01	35 058.41	54 734.35	51 449.58	51 181.75	54 369.73
青 海	14 162.27	9 260.95	15 144.13	12 742.41	12 176.13	13 695.98
宁 夏	25 367.45	17 400.95	27 225.86	24 566.58	25 405.05	25 184.37
新 疆	102 668.06	67 473.15	98 996.50	102 811.73	112 579.99	98 972.46
合 计 Total	**3 082 059.87**	**2 248 109.03**	**3 294 357.40**	**3 107 223.24**	**3 276 538.44**	**3 198 060.52**

销售情况表（分地区按月统计）

Sales in Different Regions in China in 2022

单位：万元

Unit：Ten Thousand Yuan

7月 July	8月 Aug.	9月 Sept.	10月 Oct.	11月 Nov.	12月 Dec.	合 计 Total
78 247.52	90 894.78	93 663.86	87 701.06	125 371.24	146 184.20	1 087 003.66
54 499.44	63 810.36	62 286.45	55 201.08	88 895.27	103 895.77	755 552.30
121 125.58	132 017.55	127 043.75	117 840.66	197 234.51	234 466.32	1 617 799.17
50 442.94	56 552.24	55 535.97	46 190.25	84 348.09	97 626.50	673 454.12
64 660.17	67 321.70	64 901.10	47 165.03	115 402.09	146 995.45	887 589.86
80 565.23	101 433.84	86 957.68	74 886.10	146 846.12	168 320.42	1 136 733.02
43 011.91	49 571.08	44 378.01	40 900.55	89 908.79	101 328.87	596 900.39
50 418.84	56 286.85	51 153.75	44 750.51	92 319.56	123 580.54	704 999.64
60 721.15	71 478.30	74 193.39	67 745.01	116 644.90	139 646.02	793 255.19
212 882.01	239 712.01	242 518.38	214 763.34	430 616.15	569 025.87	3 197 835.37
235 356.21	261 636.09	270 783.59	234 225.01	450 748.24	544 126.84	3 422 701.33
106 956.37	115 514.51	114 055.32	99 001.78	197 892.73	258 679.90	1 499 680.49
109 805.44	121 221.42	119 410.22	110 741.41	170 319.35	189 015.05	1 476 760.65
75 556.52	83 732.60	81 849.57	72 784.27	146 961.83	175 446.25	1 066 159.04
215 771.51	241 768.60	236 762.48	209 175.71	359 183.07	428 338.97	2 927 940.58
183 633.87	202 583.11	195 033.01	152 310.95	256 973.18	286 747.78	2 288 848.59
145 324.74	169 182.44	164 482.53	154 109.75	243 621.45	263 905.06	1 964 606.00
97 958.11	111 679.96	109 542.05	96 846.99	158 753.17	174 515.56	1 310 839.95
329 758.88	362 831.83	368 713.02	341 342.30	464 425.73	561 608.83	4 425 449.73
50 578.84	54 749.42	54 695.50	49 940.27	77 204.95	87 771.95	699 746.81
9 353.73	7 415.66	8 094.70	8 384.94	13 156.50	16 934.14	128 311.35
83 106.99	94 388.99	92 509.00	83 152.16	113 490.78	121 809.07	1 060 841.94
161 835.33	173 458.94	138 205.50	153 237.69	279 906.87	323 966.84	2 224 606.17
66 657.80	70 766.01	53 089.13	55 919.93	132 040.08	171 558.71	931 727.27
148 364.19	155 064.90	149 525.09	134 874.76	234 787.90	281 377.22	1 951 595.77
12 670.70	7 500.31	4 688.55	4 665.27	14 064.56	22 447.20	130 182.52
100 249.64	115 425.04	112 359.72	95 869.51	167 271.49	198 491.41	1 306 646.93
49 959.44	53 528.98	51 422.67	39 456.61	72 907.11	74 431.99	638 322.62
14 601.27	14 423.14	13 618.10	12 851.04	21 416.77	25 047.92	179 140.12
24 478.77	25 325.48	24 788.44	18 093.05	37 488.36	44 961.06	320 285.42
98 427.69	76 318.03	66 909.77	47 705.34	84 218.55	102 645.58	1 059 726.86
3 136 980.82	**3 447 594.18**	**3 333 170.33**	**2 971 832.32**	**5 184 419.39**	**6 184 897.31**	**42 465 242.86**

2022年全国各地区彩票销售额比重图

Diagram of Lottery Sales Proportion in Different Regions in China in 2022

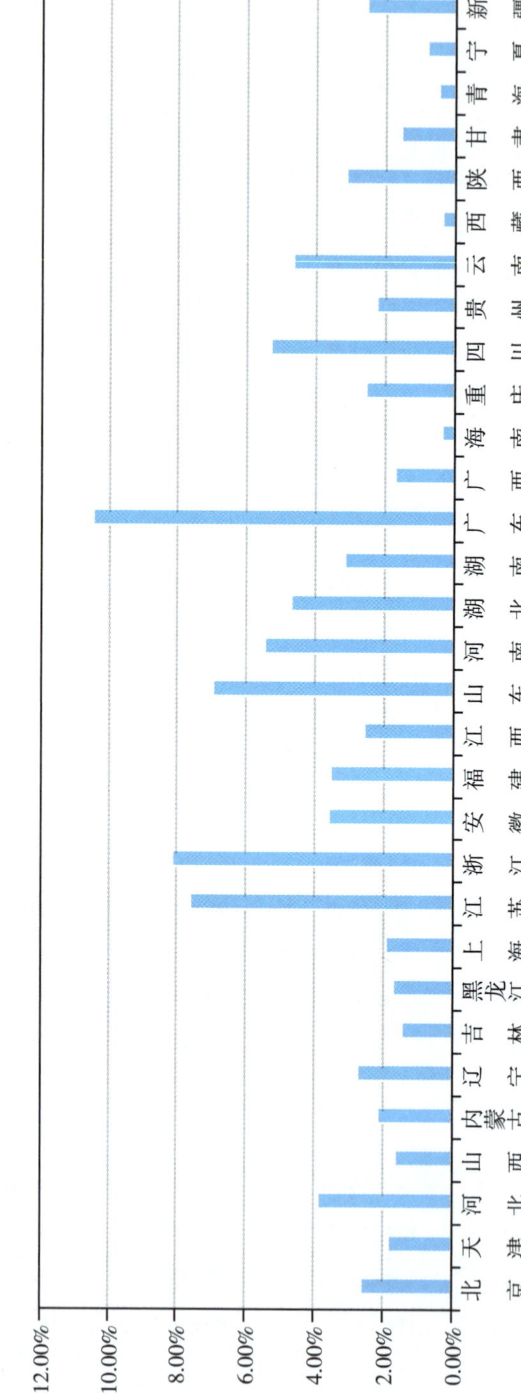

2022 年全国彩票分类型销售情况图

Diagram of Lottery Sales in Different Lottery Games in China in 2022

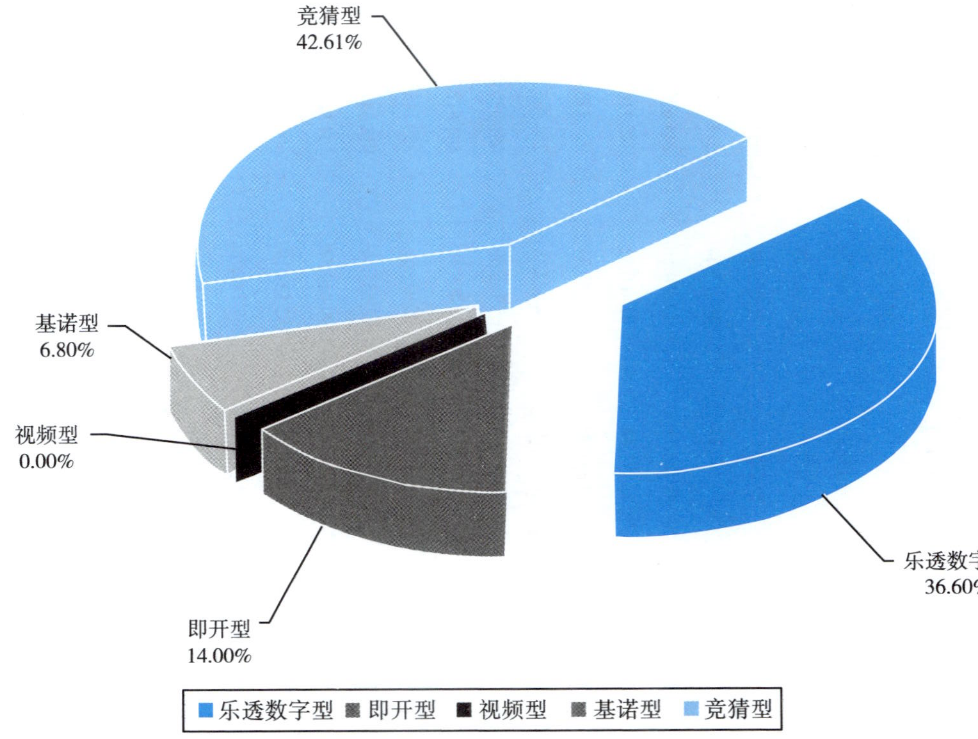

2022 年全国彩票销售

Statistical Table of Lottery Sales in Different

地 区 Region	福利彩票 Welfare Lottery				体育 Sports	
	乐透数字型 Lotto Games	即开型 Instant Games	基诺型 Keno	小计 Subtotal	乐透数字型 Lotto Games	即开型 Instant Games
北 京	256 064.11	67 365.22	34 758.81	358 188.14	181 182.35	105 204.49
天 津	85 190.45	25 840.00	27 192.48	138 222.92	91 672.07	40 118.50
河 北	319 141.77	57 999.16	104 713.45	481 854.37	312 779.81	110 438.42
山 西	160 491.81	35 237.35	45 206.20	240 935.36	81 931.73	27 105.75
内蒙古	217 078.66	57 077.13	45 683.95	319 839.74	124 890.51	61 197.86
辽 宁	349 941.35	85 096.63	76 769.41	511 807.39	141 657.14	74 530.67
吉 林	113 061.57	54 440.14	48 185.44	215 687.16	84 692.29	52 042.06
黑龙江	158 530.09	45 185.71	40 884.56	244 600.36	117 947.21	53 841.16
上 海	236 684.92	72 971.44	32 460.52	342 116.88	120 423.64	56 998.57
江 苏	504 185.56	234 842.76	172 750.34	911 778.66	640 636.44	254 172.53
浙 江	675 955.12	351 237.70	216 372.38	1 243 565.20	566 713.10	262 151.18
安 徽	318 603.81	75 319.00	87 166.69	481 089.49	238 620.28	70 625.05
福 建	261 108.97	74 095.25	106 408.48	441 612.70	437 835.86	136 086.92
江 西	175 521.46	38 643.27	95 953.59	310 118.32	132 404.40	37 288.60
山 东	545 179.65	159 513.62	213 653.94	918 347.21	373 115.83	170 038.60
河 南	327 741.57	57 769.99	109 029.87	494 541.43	449 156.97	162 653.77
湖 北	357 308.54	90 516.57	152 539.19	600 364.31	280 536.42	50 631.97
湖 南	353 694.72	93 908.93	137 185.78	584 789.42	137 269.23	33 633.23
广 东	894 231.52	495 374.00	338 583.45	1 728 188.97	544 385.62	399 690.66
广 西	185 929.71	94 147.81	89 931.89	370 009.41	68 915.57	28 092.40
海 南	32 327.90	9 264.20	4 802.42	46 394.51	42 302.75	11 058.14
重 庆	180 563.27	60 159.19	101 060.50	341 782.96	119 781.79	42 981.24
四 川	450 028.40	157 689.50	174 280.72	781 998.62	344 097.29	121 712.07
贵 州	188 520.92	28 116.70	76 898.52	293 536.13	152 686.22	61 705.13
云 南	618 785.91	65 756.29	84 919.50	769 461.70	390 153.69	228 247.95
西 藏	24 629.64	17 410.50	4 942.69	46 982.83	14 802.69	26 455.36
陕 西	350 189.07	116 842.96	98 985.88	566 017.91	160 201.50	63 511.23
甘 肃	143 491.67	35 395.51	24 016.68	202 903.86	112 508.41	44 231.37
青 海	69 340.58	14 157.14	9 980.93	93 478.66	25 149.59	9 467.17
宁 夏	99 943.26	21 273.10	18 391.03	139 607.39	60 630.30	19 430.50
新 疆	238 901.72	242 038.79	112 324.85	593 265.36	100 338.71	94 653.45
合 计 Total	**8 892 367.67**	**3 034 685.53**	**2 886 034.15**	**14 813 087.35**	**6 649 419.41**	**2 909 996.00**

情况表（分地区分系统）

Regions and Different Organizations in China in 2022

单位：万元

Unit：Ten Thousand Yuan

彩票 Lottery			销售合计 Sales Total					
视频型 Online Instant Win	竞猜型 Sports Betting	小计 Subtotal	乐透数字型 Lotto Games	即开型 Instant Games	视频型 Online Instant Win	基诺型 Keno	竞猜型 Sports Betting	小计 Subtotal
—	442 428.68	728 815.53	437 246.47	172 569.71	—	34 758.81	442 428.68	1 087 003.66
—	485 538.80	617 329.37	176 862.52	65 958.50	—	27 192.48	485 538.80	755 552.30
—	712 726.57	1 135 944.80	631 921.58	168 437.58	—	104 713.45	712 726.57	1 617 799.17
—	323 481.28	432 518.76	242 423.54	62 343.10	—	45 206.20	323 481.28	673 454.12
—	381 661.75	567 750.12	341 969.17	118 274.99	—	45 683.95	381 661.75	887 589.86
—	408 737.81	624 925.62	491 598.49	159 627.30	—	76 769.41	408 737.81	1 136 733.02
—	244 478.88	381 213.23	197 753.87	106 482.20	—	48 185.44	244 478.88	596 900.39
—	288 610.90	460 399.28	276 477.31	99 026.87	—	40 884.56	288 610.90	704 999.64
—	273 716.10	451 138.31	357 108.55	129 970.01	—	32 460.52	273 716.10	793 255.19
—	1 391 247.74	2 286 056.71	1 144 821.99	489 015.29	—	172 750.34	1 391 247.74	3 197 835.37
—	1 350 271.85	2 179 136.13	1 242 668.22	613 388.88	—	216 372.38	1 350 271.85	3 422 701.33
—	709 345.67	1 018 591.00	557 224.09	145 944.05	—	87 166.69	709 345.67	1 499 680.49
—	461 225.17	1 035 147.95	698 944.82	210 182.17	—	106 408.48	461 225.17	1 476 760.65
—	586 347.72	756 040.72	307 925.86	75 931.87	—	95 953.59	586 347.72	1 066 159.04
—	1 466 438.95	2 009 593.38	918 295.48	329 552.22	—	213 653.94	1 466 438.95	2 927 940.58
—	1 182 496.42	1 794 307.16	776 898.54	220 423.76	—	109 029.87	1 182 496.42	2 288 848.59
—	1 033 073.31	1 364 241.69	637 844.96	141 148.54	—	152 539.19	1 033 073.31	1 964 606.00
—	555 148.08	726 050.54	490 963.95	127 542.16	—	137 185.78	555 148.08	1 310 839.95
—	1 753 184.48	2 697 260.76	1 438 617.14	895 064.66	—	338 583.45	1 753 184.48	4 425 449.73
—	232 729.43	329 737.40	254 845.28	122 240.21	—	89 931.89	232 729.43	699 746.81
58.93	28 497.01	81 916.83	74 630.65	20 322.34	58.93	4 802.42	28 497.01	128 311.35
—	556 295.95	719 058.98	300 345.06	103 140.43	—	101 060.50	556 295.95	1 060 841.94
—	976 798.19	1 442 607.54	794 125.68	279 401.57	—	174 280.72	976 798.19	2 224 606.17
—	423 799.78	638 191.13	341 207.13	89 821.83	—	76 898.52	423 799.78	931 727.27
—	563 732.43	1 182 134.08	1 008 939.61	294 004.24	—	84 919.50	563 732.43	1 951 595.77
—	41 941.65	83 199.69	39 432.33	43 865.86	—	4 942.69	41 941.65	130 182.52
—	516 916.29	740 629.03	510 390.57	180 354.19	—	98 985.88	516 916.29	1 306 646.93
—	278 678.98	435 418.76	256 000.08	79 626.88	—	24 016.68	278 678.98	638 322.62
—	51 044.70	85 661.47	94 490.17	23 624.31	—	9 980.93	51 044.70	179 140.12
—	100 617.24	180 678.03	160 573.56	40 703.60	—	18 391.03	100 617.24	320 285.42
—	271 469.34	466 461.50	339 240.43	336 692.24	—	112 324.85	271 469.34	1 059 726.86
58.93	**18 092 681.17**	**27 652 155.51**	**15 541 787.09**	**5 944 681.53**	**58.93**	**2 886 034.15**	**18 092 681.17**	**42 465 242.86**

2022 年全国彩票

Statistical Table of the Public Welfare Funds

地 区 Region	福利彩票 Welfare Lottery 小 计 Subtotal	中央集中 Central Gov.	地方留成 Local Gov.
北 京	114 535.83	57 267.92	57 267.92
天 津	43 409.64	21 704.82	21 704.82
河 北	156 096.90	78 048.45	78 048.45
山 西	77 105.02	38 552.51	38 552.51
内蒙古	100 995.88	50 497.94	50 497.94
辽 宁	162 398.02	81 199.01	81 199.01
吉 林	65 052.58	32 526.29	32 526.29
黑龙江	77 247.77	38 623.88	38 623.88
上 海	108 788.68	54 394.34	54 394.34
江 苏	277 298.36	138 649.18	138 649.18
浙 江	374 747.67	187 373.84	187 373.84
安 徽	154 176.15	77 088.07	77 088.07
福 建	140 047.75	70 023.88	70 023.88
江 西	98 725.66	49 362.83	49 362.83
山 东	288 864.25	144 432.12	144 432.12
河 南	160 594.32	80 297.16	80 297.16
湖 北	189 579.03	94 789.51	94 789.51
湖 南	184 475.59	92 237.79	92 237.79
广 东	517 271.45	258 635.73	258 635.73
广 西	112 036.43	56 018.22	56 018.22
海 南	14 892.21	7 446.11	7 446.11
重 庆	106 320.21	53 160.10	53 160.10
四 川	242 608.98	121 304.49	121 304.49
贵 州	95 067.40	47 533.70	47 533.70
云 南	253 880.56	126 940.28	126 940.28
西 藏	13 552.14	6 776.07	6 776.07
陕 西	175 676.51	87 838.26	87 838.26
甘 肃	64 560.90	32 280.45	32 280.45
青 海	29 887.80	14 943.90	14 943.90
宁 夏	44 772.99	22 386.50	22 386.50
新 疆	165 322.84	82 661.42	82 661.42
合计 Total	**4 609 989.51**	**2 304 994.76**	**2 304 994.76**

注：本统计表为按彩票销量计算的彩票公益金筹集数，未包括弃奖奖金。

公益金筹集情况表

Raised from Lottery Sales in China in 2022

单位：万元

Unit：Ten Thousand Yuan

体育彩票 Sports Lottery			两种彩票汇总 Total		
小计 Subtotal	中央集中 Central Gov.	地方留成 Local Gov.	合计 Total	中央集中 Central Gov.	地方留成 Local Gov.
180 139.47	90 069.74	90 069.74	294 675.30	147 337.65	147 337.65
144 898.86	72 449.43	72 449.43	188 308.50	94 154.25	94 154.25
283 356.95	141 678.48	141 678.48	439 453.85	219 726.93	219 726.93
102 533.35	51 266.68	51 266.68	179 638.37	89 819.19	89 819.19
136 935.77	68 467.89	68 467.89	237 931.65	118 965.83	118 965.83
151 384.32	75 692.16	75 692.16	313 782.34	156 891.17	156 891.17
92 070.66	46 035.33	46 035.33	157 123.24	78 561.62	78 561.62
113 619.66	56 809.83	56 809.83	190 867.43	95 433.71	95 433.71
112 360.90	56 180.45	56 180.45	221 149.58	110 574.79	110 574.79
571 565.09	285 782.55	285 782.55	848 863.45	424 431.73	424 431.73
539 720.80	269 860.40	269 860.40	914 468.47	457 234.23	457 234.23
248 694.66	124 347.33	124 347.33	402 870.81	201 435.40	201 435.40
281 894.28	140 947.14	140 947.14	421 942.03	210 971.02	210 971.02
177 943.23	88 971.61	88 971.61	276 668.89	138 334.45	138 334.45
475 179.04	237 589.52	237 589.52	764 043.29	382 021.65	382 021.65
440 914.40	220 457.20	220 457.20	601 508.72	300 754.36	300 754.36
327 341.06	163 670.53	163 670.53	516 920.09	258 460.05	258 460.05
172 728.45	86 364.23	86 364.23	357 204.04	178 602.02	178 602.02
651 486.71	325 743.36	325 743.36	1 168 758.17	584 379.08	584 379.08
79 485.57	39 742.78	39 742.78	191 522.00	95 761.00	95 761.00
23 448.45	11 724.22	11 724.22	38 340.66	19 170.33	19 170.33
168 508.01	84 254.00	84 254.00	274 828.22	137 414.11	137 414.11
353 049.49	176 524.74	176 524.74	595 658.46	297 829.23	297 829.23
156 223.64	78 111.82	78 111.82	251 291.04	125 645.52	125 645.52
304 025.80	152 012.90	152 012.90	557 906.36	278 953.18	278 953.18
19 412.11	9 706.06	9 706.06	32 964.25	16 482.13	16 482.13
178 632.58	89 316.29	89 316.29	354 309.09	177 154.54	177 154.54
107 273.05	53 636.53	53 636.53	171 833.95	85 916.98	85 916.98
21 583.88	10 791.94	10 791.94	51 471.68	25 735.84	25 735.84
46 641.65	23 320.82	23 320.82	91 414.64	45 707.32	45 707.32
111 659.40	55 829.70	55 829.70	276 982.24	138 491.12	138 491.12
6 774 711.32	**3 387 355.66**	**3 387 355.66**	**11 384 700.83**	**5 692 350.41**	**5 692 350.41**

2022 年全国福利彩票销售情况图

Diagram of Sales of Welfare Lottery in China in 2022

单位：万元
Unit：Ten Thousand Yuan

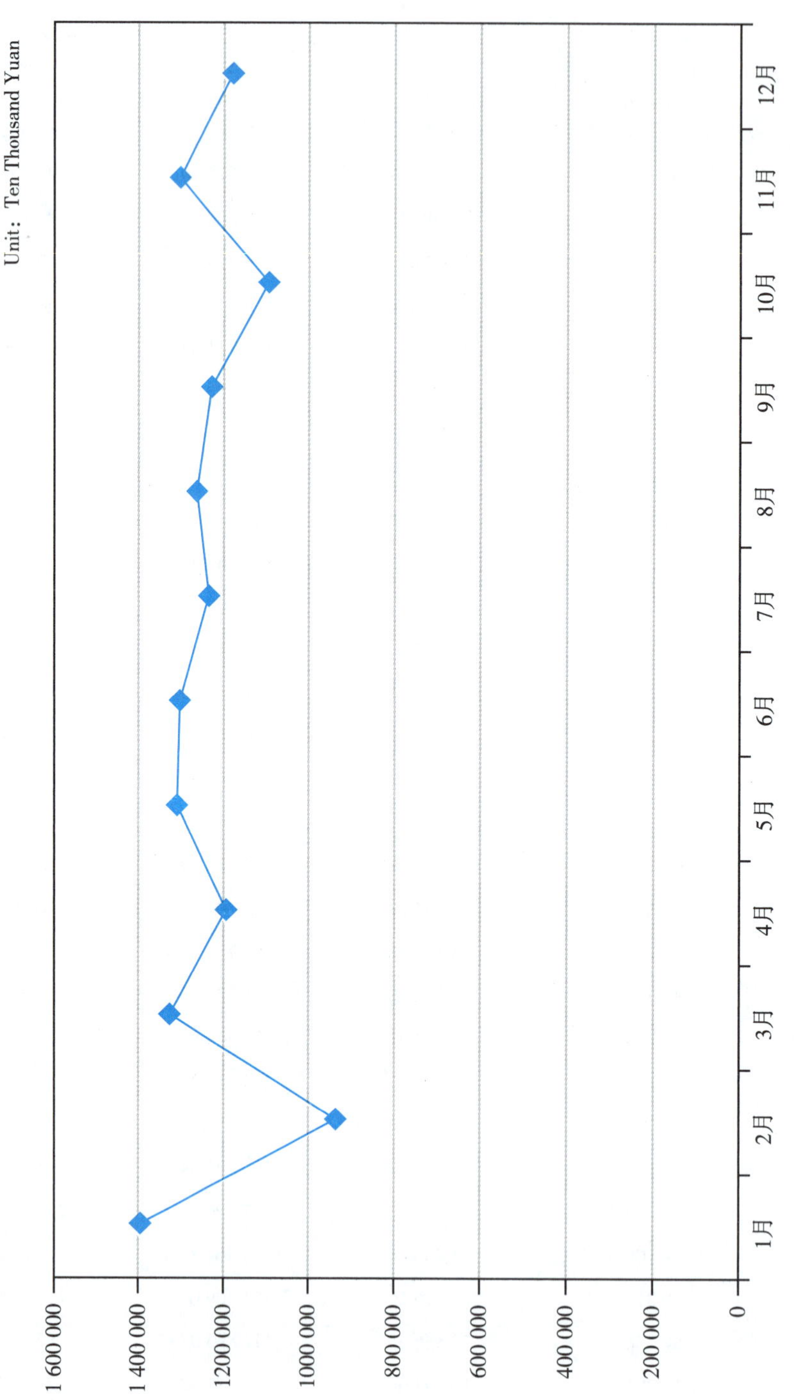

（中国福利彩票发行管理中心供稿）

2022 年全国福利彩票各地区销售量排名表

Ranking of Sales of Welfare Lottery in Different Regions in China in 2022

单位：万元

Unit：Ten Thousand Yuan

名次 Ranking	地 区 Region	销售量 Sales Amounts
1	广 东	1 728 188.97
2	浙 江	1 243 565.20
3	山 东	918 347.21
4	江 苏	911 778.66
5	四 川	781 998.62
6	云 南	769 461.70
7	湖 北	600 364.31
8	新 疆	593 265.36
9	湖 南	584 789.42
10	陕 西	566 017.91
11	辽 宁	511 807.39
12	河 南	494 541.43
13	河 北	481 854.37
14	安 徽	481 089.49
15	福 建	441 612.70
16	广 西	370 009.41
17	北 京	358 188.14
18	上 海	342 116.88
19	重 庆	341 782.96
20	内蒙古	319 839.74
21	江 西	310 118.32
22	贵 州	293 536.13
23	黑龙江	244 600.36
24	山 西	240 935.36
25	吉 林	215 687.16
26	甘 肃	202 903.86
27	宁 夏	139 607.39
28	天 津	138 222.92
29	青 海	93 478.66
30	西 藏	46 982.83
31	海 南	46 394.51
合 计 Total		**14 813 087.35**

（中国福利彩票发行管理中心供稿）

2022 年全国福利彩票各地区销售额比重图

Diagram of Sales Proprotion of Welfare Lottery in Different Regions in China in 2022

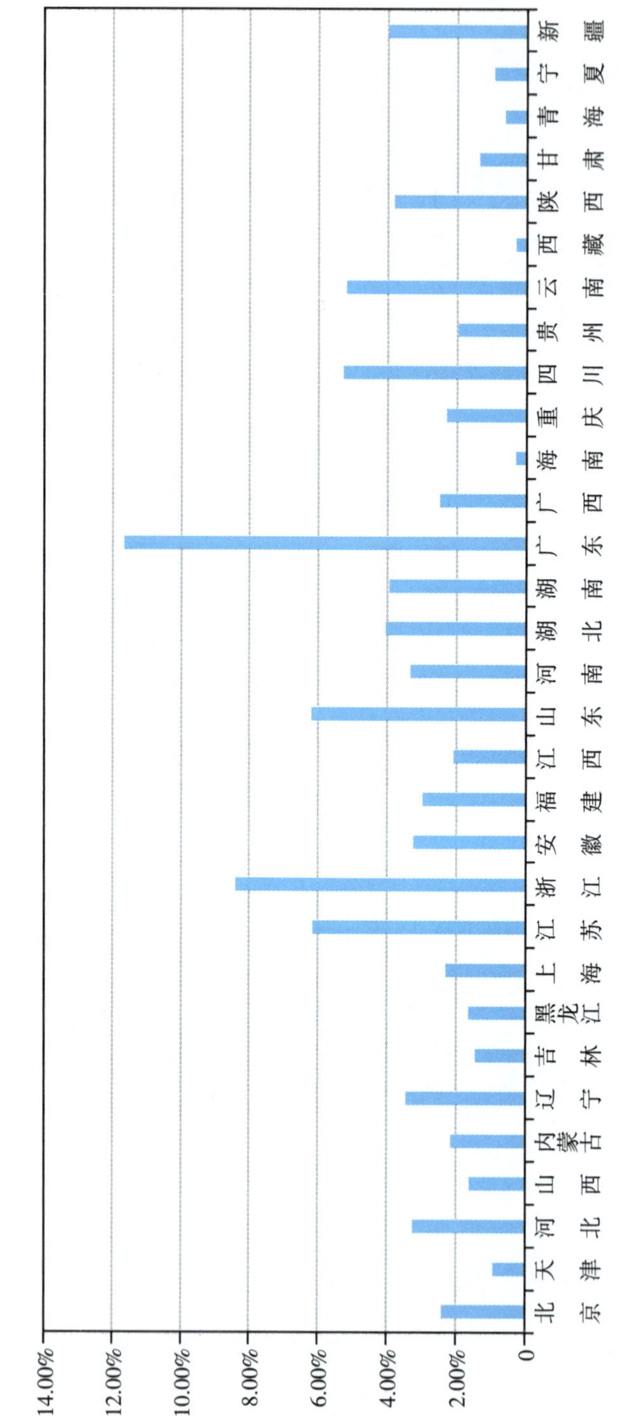

（中国福利彩票发行管理中心供稿）

2022 年全国福利彩票分类型销售情况图

Diagram of Welfare Lottery Sales in Different Lottery Games in China in 2022

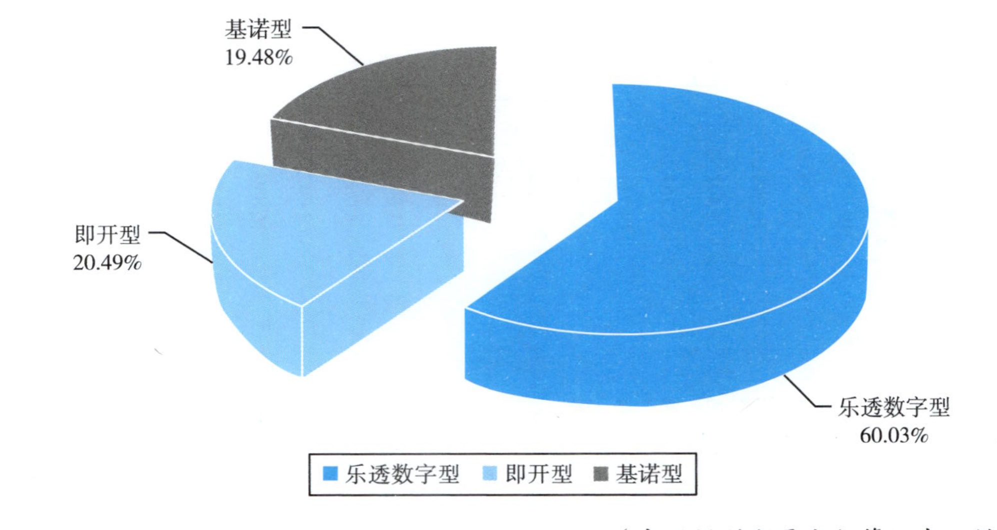

（中国福利彩票发行管理中心供稿）

2022 年全国福利彩票（分地区

Statistical Table of Welfare Lottery Sales in Different

地区 Regin	1月 Jan. 乐透数字型 Lotto Games	即开型 Instant Games	基诺型 Keno	小计 Subtotal
北京	23 185.24	9 441.81	2 714.71	35 341.76
天津	6 515.36	2 180.00	1 583.46	10 278.81
河北	28 964.95	9 190.07	8 587.86	46 742.88
山西	13 388.94	6 148.52	3 289.97	22 827.43
内蒙古	17 490.08	10 454.68	3 562.49	31 507.25
辽宁	38 846.19	13 366.07	6 119.18	58 331.44
吉林	10 823.27	10 399.21	4 090.43	25 312.91
黑龙江	14 837.56	6 401.53	4 658.74	25 897.83
上海	26 279.06	12 787.10	3 139.65	42 205.81
江苏	40 008.54	28 756.13	14 797.37	83 562.04
浙江	53 607.30	44 716.25	15 323.01	113 646.56
安徽	26 804.14	13 469.71	6 676.73	46 950.58
福建	22 007.86	9 506.31	7 246.80	38 760.97
江西	13 937.44	8 043.88	6 534.09	28 515.41
山东	47 252.04	31 805.70	15 226.61	94 284.35
河南	27 916.86	6 950.35	7 364.44	42 231.64
湖北	33 305.75	8 097.73	10 142.34	51 545.81
湖南	27 969.87	16 859.17	9 257.95	54 086.99
广东	73 268.00	54 753.40	23 807.85	151 829.24
广西	15 550.28	11 268.22	6 159.59	32 978.10
海南	3 303.44	1 868.35	497.85	5 669.64
重庆	15 106.81	12 189.90	6 253.62	33 550.33
四川	38 016.84	36 935.47	11 449.84	86 402.15
贵州	15 591.07	3 984.35	5 704.94	25 280.36
云南	48 851.59	7 871.01	5 770.45	62 493.05
西藏	1 941.05	1 580.63	322.38	3 844.06
陕西	16 924.59	7 196.53	4 968.32	29 089.44
甘肃	12 896.59	7 205.87	1 833.67	21 936.13
青海	6 081.75	1 911.00	645.03	8 637.78
宁夏	7 930.40	4 122.11	1 299.01	13 351.52
新疆	25 927.35	38 100.96	6 823.12	70 851.43
合计	**754 530.18**	**437 562.00**	**205 851.50**	**1 397 943.69**

分类型）销售情况表

Regions and Different Lottery Games in China in 2022

单位：万元

Unit：Ten Thousand Yuan

2月 Feb.			
乐透数字型 Lotto Games	即开型 Instant Games	基诺型 Keno	小计 Subtotal
15 754.01	5 286.11	1 921.38	22 961.50
4 662.74	1 736.51	1 098.61	7 497.86
19 340.92	5 135.02	5 626.93	30 102.86
9 332.50	3 361.73	2 090.62	14 784.84
13 903.74	3 754.40	2 250.80	19 908.94
24 195.89	5 811.02	4 158.60	34 165.50
7 575.05	7 063.98	3 866.41	18 505.44
10 530.02	5 180.29	2 628.73	18 339.03
17 894.97	7 984.67	2 253.70	28 133.34
27 097.38	19 280.82	11 197.78	57 575.98
37 801.49	32 315.48	10 115.64	80 232.61
19 660.47	6 268.36	4 592.56	30 521.38
14 794.61	6 291.58	5 583.68	26 669.88
9 404.27	2 068.02	4 676.81	16 149.10
32 299.29	16 543.26	10 599.83	59 442.38
19 590.12	6 836.95	5 126.19	31 553.26
21 140.95	5 433.49	6 394.71	32 969.15
19 333.63	5 443.87	7 162.40	31 939.89
50 026.62	38 572.70	16 673.98	105 273.31
10 611.68	7 640.34	4 461.31	22 713.32
2 242.29	633.57	325.01	3 200.87
10 496.02	10 956.49	4 562.18	26 014.68
26 340.64	21 328.58	7 924.52	55 593.73
10 362.99	2 769.59	3 877.37	17 009.94
32 395.24	5 492.73	3 890.21	41 778.17
970.55	1 301.95	158.53	2 431.04
18 190.83	9 762.68	4 249.27	32 202.78
8 518.35	3 392.74	1 210.19	13 121.28
3 785.33	1 317.51	434.99	5 537.84
6 907.14	1 805.26	777.33	9 489.73
15 891.36	21 762.96	4 745.31	42 399.63
521 051.08	**272 532.63**	**144 635.56**	**938 219.27**

续表

地 区 Regin	3月 Mar. 乐透数字型 Lotto Games	即开型 Instant Games	基诺型 Keno	小计 Subtotal
北 京	26 085.88	6 390.20	3 184.50	35 660.58
天 津	9 728.47	1 783.82	1 799.10	13 311.39
河 北	29 355.56	4 367.91	8 972.58	42 696.04
山 西	14 832.12	2 885.49	3 331.39	21 049.00
内蒙古	25 529.66	3 792.28	3 568.02	32 889.96
辽 宁	29 505.21	5 385.55	5 896.03	40 786.78
吉 林	8 464.18	2 242.65	4 983.41	15 690.23
黑龙江	14 596.10	4 493.45	3 476.68	22 566.24
上 海	22 072.62	6 799.81	2 971.88	31 844.31
江 苏	44 728.96	21 158.12	15 116.13	81 003.21
浙 江	66 976.29	30 281.26	15 945.35	113 202.91
安 徽	33 833.59	7 739.93	6 839.15	48 412.68
福 建	22 258.81	5 248.84	7 889.35	35 397.00
江 西	14 675.11	1 336.69	9 279.30	25 291.10
山 东	49 805.04	11 997.81	16 318.52	78 121.37
河 南	30 592.05	6 886.67	9 942.95	47 421.67
湖 北	33 264.37	7 436.95	12 871.97	53 573.29
湖 南	30 658.39	6 978.30	11 780.98	49 417.67
广 东	84 836.91	42 123.76	24 775.29	151 735.96
广 西	16 973.49	7 874.49	10 151.25	34 999.22
海 南	3 588.12	942.49	457.42	4 988.03
重 庆	16 120.83	6 220.80	9 217.02	31 558.65
四 川	41 658.85	17 349.16	12 536.86	71 544.86
贵 州	18 940.83	2 403.22	6 254.28	27 598.33
云 南	52 930.52	6 035.07	6 100.82	65 066.41
西 藏	2 210.90	1 877.03	355.60	4 443.53
陕 西	31 831.05	9 013.97	7 012.61	47 857.63
甘 肃	13 238.58	3 467.32	1 968.73	18 674.63
青 海	6 500.61	1 932.00	715.91	9 148.52
宁 夏	10 971.21	1 910.03	1 291.08	14 172.33
新 疆	23 645.09	28 453.24	8 766.50	60 864.83
合 计	**830 409.39**	**266 808.29**	**233 770.67**	**1 330 988.35**

4月 Apr.			
乐透数字型 Lotto Games	即开型 Instant Games	基诺型 Keno	小计 Subtotal
23 469.08	6 267.90	3 076.79	32 813.77
7 641.41	4 352.81	1 902.70	13 896.92
25 382.68	5 265.65	8 282.92	38 931.25
12 634.24	1 395.69	3 218.71	17 248.64
22 365.29	10 233.86	3 492.18	36 091.33
25 234.59	3 950.35	5 536.50	34 721.44
6 322.15	524.46	3 305.37	10 151.98
10 140.30	1 546.88	2 494.74	14 181.92
3 028.12	0.00	0.00	3 028.12
45 097.15	10 826.61	10 774.17	66 697.93
56 419.75	25 537.73	16 392.33	98 349.81
26 635.08	4 517.53	6 336.50	37 489.10
19 631.49	5 341.66	8 896.91	33 870.06
16 884.97	3 210.70	7 474.31	27 569.98
45 524.84	10 875.09	16 141.36	72 541.28
27 218.54	3 721.25	10 287.10	41 226.89
29 574.27	6 713.09	12 767.32	49 054.67
27 412.38	6 746.26	11 033.24	45 191.89
75 915.51	47 030.57	28 450.14	151 396.22
17 369.90	7 696.33	7 340.30	32 406.52
2 710.97	723.71	384.53	3 819.21
16 175.32	3 809.64	8 311.57	28 296.53
37 403.01	13 511.98	14 107.02	65 022.01
16 736.28	2 526.68	6 567.42	25 830.38
50 549.93	6 183.28	6 258.60	62 991.81
2 476.51	2 365.79	402.31	5 244.61
28 414.19	11 252.94	7 511.04	47 178.16
12 216.34	3 109.74	1 952.33	17 278.41
5 545.73	1 329.80	627.59	7 503.12
8 579.52	1 570.86	1 248.06	11 398.44
21 416.55	30 046.94	14 092.89	65 556.38
726 126.07	**242 185.76**	**228 666.93**	**1 196 978.77**

续表

地　区 Regin	5月 May			
	乐透数字型 Lotto Games	即开型 Instant Games	基诺型 Keno	小计 Subtotal
北　京	16 659.73	2 772.28	2 269.21	21 701.22
天　津	7 845.05	1 739.77	2 330.72	11 915.54
河　北	29 125.01	3 044.94	10 229.70	42 399.66
山　西	14 503.81	3 250.28	4 209.07	21 963.16
内蒙古	20 080.15	4 974.77	4 740.55	29 795.46
辽　宁	29 452.76	4 275.29	7 965.24	41 693.29
吉　林	8 073.94	1 924.05	4 163.51	14 161.49
黑龙江	13 022.53	3 204.49	3 311.11	19 538.13
上　海	4 157.35	0.00	0.00	4 157.35
江　苏	45 661.86	16 610.86	15 278.56	77 551.28
浙　江	62 262.16	28 887.99	20 930.16	112 080.31
安　徽	29 303.29	5 821.91	8 441.02	43 566.22
福　建	22 791.39	8 108.73	10 464.45	41 364.57
江　西	16 121.87	2 171.00	9 876.62	28 169.49
山　东	50 088.49	13 094.93	20 055.18	83 238.59
河　南	29 068.51	2 665.56	12 750.29	44 484.36
湖　北	32 634.81	7 308.34	13 265.76	53 208.91
湖　南	30 712.72	9 136.82	13 316.90	53 166.44
广　东	81 201.66	42 694.84	33 661.10	157 557.60
广　西	17 847.14	6 219.83	8 433.69	32 500.65
海　南	3 135.16	1 167.19	462.13	4 764.47
重　庆	18 613.21	4 158.37	10 073.26	32 844.85
四　川	41 136.04	13 198.27	18 021.92	72 356.22
贵　州	18 365.82	1 396.99	8 386.54	28 149.35
云　南	56 700.15	5 951.60	8 284.44	70 936.19
西　藏	2 857.27	2 604.76	642.32	6 104.34
陕　西	30 448.24	12 488.15	10 406.40	53 342.79
甘　肃	13 486.65	3 214.40	2 418.78	19 119.83
青　海	5 501.35	729.51	848.00	7 078.86
宁　夏	8 863.15	1 393.97	1 954.02	12 211.14
新　疆	22 024.56	39 324.54	11 720.38	73 069.48
合　计	**781 745.80**	**253 534.41**	**278 911.03**	**1 314 191.24**

6月 June			
乐透数字型 Lotto Games	即开型 Instant Games	基诺型 Keno	小计 Subtotal
18 743.89	3 797.88	3 113.38	25 655.14
6 877.06	1 689.08	2 454.79	11 020.93
25 711.92	7 443.42	11 206.24	44 361.59
12 498.15	2 392.21	4 876.05	19 766.41
17 076.35	3 838.39	5 317.45	26 232.19
27 895.79	11 409.44	7 668.42	46 973.66
8 619.47	4 870.35	4 924.84	18 414.66
13 618.61	4 162.70	3 869.65	21 650.95
18 675.58	5 772.93	3 096.02	27 544.53
40 055.37	26 466.22	17 273.39	83 794.98
55 115.80	36 057.99	22 856.96	114 030.75
25 531.72	6 252.06	9 843.60	41 627.37
20 559.98	6 164.85	11 456.57	38 181.40
13 906.54	2 075.79	10 722.43	26 704.76
43 726.55	10 153.43	22 017.28	75 897.25
25 920.42	5 617.03	11 345.64	42 883.08
28 399.01	8 474.83	15 103.93	51 977.77
27 381.94	9 331.76	15 067.37	51 781.07
74 201.53	40 772.04	34 899.87	149 873.44
14 790.08	10 080.59	9 157.95	34 028.62
2 648.62	572.71	447.11	3 668.43
14 708.73	3 817.76	11 355.37	29 881.86
36 795.24	10 805.44	20 550.28	68 150.96
16 378.23	4 708.30	9 053.14	30 139.67
52 837.91	5 879.26	9 548.94	68 266.11
2 705.87	3 139.87	703.69	6 549.42
26 574.48	11 327.79	11 105.86	49 008.13
12 001.88	3 301.81	2 658.69	17 962.38
5 562.69	1 676.73	1 067.25	8 306.67
7 811.12	2 597.08	2 244.80	12 653.00
19 636.48	28 779.72	12 433.37	60 849.57
716 966.99	**283 429.45**	**307 440.32**	**1 307 836.76**

续表

地区 Regin	7月 July			
	乐透数字型 Lotto Games	即开型 Instant Games	基诺型 Keno	小计 Subtotal
北京	21 287.44	4 100.77	3 188.72	28 576.93
天津	6 846.95	1 880.86	2 539.79	11 267.60
河北	26 271.07	3 596.39	9 860.53	39 727.99
山西	13 881.92	2 429.94	3 982.18	20 294.04
内蒙古	17 037.38	6 193.24	5 213.43	28 444.04
辽宁	29 066.30	3 738.92	6 597.43	39 402.65
吉林	10 501.33	6 129.65	3 768.81	20 399.79
黑龙江	13 814.55	4 030.44	3 708.75	21 553.74
上海	21 301.89	5 183.56	3 413.01	29 898.46
江苏	40 447.18	14 195.20	14 427.43	69 069.81
浙江	54 993.23	23 552.08	19 450.17	97 995.48
安徽	25 731.51	4 714.48	8 460.49	38 906.48
福建	20 754.23	4 022.15	9 571.20	34 347.58
江西	14 202.93	2 882.87	8 278.01	25 363.81
山东	45 539.59	12 566.85	19 271.98	77 378.42
河南	31 890.22	4 951.55	9 427.61	46 269.37
湖北	28 272.59	7 809.54	13 112.16	49 194.29
湖南	33 007.94	3 293.03	11 668.63	47 969.60
广东	75 917.87	40 933.41	30 443.06	147 294.33
广西	14 730.72	5 967.40	8 076.25	28 774.37
海南	2 613.54	618.80	400.87	3 633.21
重庆	16 400.56	3 817.97	9 050.89	29 269.42
四川	36 386.10	8 279.02	17 183.64	61 848.76
贵州	16 381.72	1 600.32	7 130.50	25 112.54
云南	53 707.90	6 076.14	8 047.97	67 832.01
西藏	2 820.02	2 245.44	557.03	5 622.49
陕西	27 651.86	9 807.15	9 617.90	47 076.91
甘肃	10 947.67	2 832.60	2 713.99	16 494.26
青海	5 793.83	1 669.24	832.12	8 295.19
宁夏	7 952.12	2 022.41	1 768.74	11 743.28
新疆	20 511.87	26 924.36	11 531.11	58 967.35
合计	**746 664.02**	**228 065.76**	**263 294.40**	**1 238 024.18**

8月 Aug.			
乐透数字型 Lotto Games	即开型 Instant Games	基诺型 Keno	小计 Subtotal
22 038.90	6 837.78	3 332.93	32 209.61
6 856.57	4 421.76	2 507.35	13 785.68
26 090.35	5 285.50	9 168.59	40 544.44
14 340.47	2 860.49	3 942.47	21 143.43
17 050.16	5 372.69	4 168.14	26 590.99
29 805.84	17 074.37	6 549.14	53 429.34
11 202.99	8 702.23	3 903.12	23 808.34
13 763.11	5 064.89	3 510.82	22 338.82
22 367.30	7 328.73	3 423.52	33 119.55
40 989.61	22 267.77	14 122.90	77 380.28
54 600.15	23 702.86	19 351.12	97 654.13
25 768.15	6 081.72	7 459.87	39 309.73
23 298.87	5 089.00	9 113.76	37 501.62
13 639.10	4 171.93	7 721.31	25 532.34
45 625.77	15 922.17	19 196.31	80 744.25
29 331.73	5 908.31	10 067.89	45 307.93
28 336.01	7 251.77	15 122.46	50 710.24
29 845.61	8 199.69	12 800.50	50 845.80
73 966.00	40 772.95	30 554.40	145 293.35
14 384.31	6 709.83	8 439.78	29 533.93
1 890.61	450.40	350.83	2 691.84
15 093.97	3 005.02	8 916.41	27 015.40
35 787.02	9 654.36	16 831.70	62 273.08
15 822.69	2 414.26	6 889.19	25 126.14
53 900.03	4 958.13	7 848.28	66 706.45
1 861.97	786.07	432.83	3 080.87
34 415.81	12 147.13	9 000.98	55 563.92
11 467.08	2 824.40	2 138.51	16 429.98
5 681.89	1 440.79	826.73	7 949.41
8 087.39	1 769.41	1 915.55	11 772.36
18 003.37	12 647.39	11 049.50	41 700.26
745 312.81	**261 123.78**	**260 656.91**	**1 267 093.49**

续表

地 区 Regin	9月 Sept. 乐透数字型 Lotto Games	即开型 Instant Games	基诺型 Keno	小计 Subtotal
北 京	23 302.24	8 161.19	3 293.15	34 756.58
天 津	7 041.87	1 996.62	2 674.76	11 713.25
河 北	26 643.54	3 515.12	8 951.46	39 110.12
山 西	14 780.09	4 399.10	4 328.50	23 507.69
内蒙古	17 605.66	3 603.97	3 941.65	25 151.28
辽 宁	28 646.85	5 235.21	6 607.30	40 489.36
吉 林	10 599.24	3 330.93	3 996.10	17 926.27
黑龙江	12 934.92	3 525.68	3 449.25	19 909.85
上 海	25 252.31	7 967.99	3 502.21	36 722.51
江 苏	42 309.01	19 279.25	14 321.35	75 909.61
浙 江	56 715.63	25 809.33	20 557.32	103 082.29
安 徽	25 946.46	5 915.75	7 128.15	38 990.36
福 建	23 299.10	6 350.46	9 150.23	38 799.79
江 西	17 455.21	4 005.99	7 996.16	29 457.35
山 东	45 969.19	14 359.18	19 519.12	79 847.49
河 南	29 028.46	3 662.07	10 629.93	43 320.45
湖 北	29 440.69	5 972.02	13 218.23	48 630.94
湖 南	31 109.63	6 145.10	12 377.33	49 632.06
广 东	76 788.27	39 731.11	30 663.28	147 182.66
广 西	15 014.55	8 307.59	7 387.64	30 709.78
海 南	2 188.17	618.80	366.40	3 173.37
重 庆	15 381.50	4 277.78	9 869.06	29 528.34
四 川	30 814.96	6 214.76	14 416.79	51 446.50
贵 州	12 371.76	499.68	5 385.54	18 256.99
云 南	53 373.63	4 760.29	7 773.49	65 907.41
西 藏	1 379.38	94.46	366.21	1 840.05
陕 西	37 667.13	8 818.73	8 893.41	55 379.26
甘 肃	12 218.10	2 369.78	2 141.35	16 729.24
青 海	5 751.34	984.23	1 132.27	7 867.84
宁 夏	7 851.77	1 645.34	1 703.18	11 200.29
新 疆	18 111.74	8 689.32	8 881.60	35 682.66
合 计	**756 992.40**	**220 246.82**	**254 622.42**	**1 231 861.63**

10月 Oct.			
乐透数字型 Lotto Games	即开型 Instant Games	基诺型 Keno	小计 Subtotal
20 366.05	9 188.40	2 816.02	32 370.47
6 141.23	1 818.98	2 361.53	10 321.74
23 214.16	7 920.04	7 616.03	38 750.23
11 729.85	2 506.26	4 297.51	18 533.62
13 254.62	1 305.01	2 878.52	17 438.15
24 750.32	4 537.80	6 311.68	35 599.80
8 951.29	3 232.40	3 488.76	15 672.44
11 253.04	3 825.87	2 958.86	18 037.77
21 602.51	6 585.17	3 132.62	31 320.30
36 568.34	25 816.19	12 062.90	74 447.43
49 832.90	23 873.22	16 848.94	90 555.06
22 174.13	5 278.75	6 464.19	33 917.07
20 548.07	6 812.82	8 107.08	35 467.97
12 441.61	2 763.60	8 283.75	23 488.96
40 377.97	15 318.16	18 148.42	73 844.55
23 290.44	2 029.92	7 103.22	32 423.58
25 688.93	4 874.44	11 724.56	42 287.93
26 695.29	8 418.81	10 292.49	45 406.59
67 894.98	40 184.82	26 322.77	134 402.58
13 483.35	7 289.48	6 252.09	27 024.91
2 098.88	576.80	326.52	3 002.19
13 218.73	4 414.91	7 982.18	25 615.83
38 442.11	8 273.33	12 951.39	59 666.83
13 073.03	1 235.19	5 334.08	19 642.30
47 529.01	4 302.17	6 464.00	58 295.19
1 354.17	223.03	294.20	1 871.39
28 503.02	10 640.10	7 782.49	46 925.61
10 090.74	1 636.49	1 534.59	13 261.82
5 946.87	863.95	881.64	7 692.45
6 069.64	1 039.43	1 237.51	8 346.58
14 910.88	1 712.48	6 846.21	23 469.57
661 496.17	**218 498.00**	**219 106.77**	**1 099 100.94**

续表

地 区 Regin	11月 Nov. 乐透数字型 Lotto Games	即开型 Instant Games	基诺型 Keno	小计 Subtotal	乐透数字型 Lotto Games	即开型 Instant Games
北 京	24 607.52	3 174.45	2 986.79	30 768.76	20 564.14	1 946.45
天 津	8 064.69	1 369.76	2 840.40	12 274.85	6 969.05	870.03
河 北	30 033.58	2 404.28	7 921.10	40 358.96	29 008.02	830.82
山 西	14 998.92	2 454.74	3 864.33	21 317.99	13 570.81	1 152.90
内蒙古	18 315.56	1 891.01	3 152.00	23 358.56	17 370.01	1 662.83
辽 宁	33 824.38	8 150.25	6 826.06	48 800.70	28 717.23	2 162.40
吉 林	11 881.05	3 332.76	3 981.90	19 195.70	10 047.62	2 687.50
黑龙江	15 998.71	1 237.27	3 277.12	20 513.10	14 020.65	2 512.22
上 海	29 367.44	7 941.94	3 783.27	41 092.65	24 685.78	4 619.54
江 苏	56 619.06	13 944.07	13 397.11	83 960.24	44 603.11	16 241.52
浙 江	67 845.62	41 603.61	19 643.67	129 092.89	59 784.79	14 899.91
安 徽	30 500.83	5 334.62	7 357.04	43 192.49	26 714.45	3 924.20
福 建	27 567.99	7 094.53	9 202.78	43 865.29	23 596.56	4 064.32
江 西	18 028.56	4 531.01	7 610.72	30 170.30	14 823.84	1 381.79
山 东	51 581.55	3 456.86	18 626.32	73 664.72	47 389.33	3 420.21
河 南	27 466.87	1 191.20	7 474.15	36 132.21	26 427.37	7 349.13
湖 北	34 804.61	5 999.59	13 407.32	54 211.52	32 446.56	15 144.79
湖 南	36 594.78	9 367.78	11 410.86	57 373.42	32 972.54	3 988.34
广 东	83 814.99	36 299.79	28 988.95	149 103.73	76 399.18	31 504.61
广 西	18 923.05	6 770.53	7 037.52	32 731.10	16 251.16	8 323.21
海 南	3 034.60	537.13	377.91	3 949.65	2 873.51	554.25
重 庆	15 104.54	1 431.57	7 858.49	24 394.59	14 143.06	2 058.98
四 川	46 997.00	7 844.51	14 148.75	68 990.26	40 250.60	4 294.65
贵 州	18 312.54	2 614.53	6 146.95	27 074.02	16 183.97	1 963.59
云 南	60 088.63	4 215.55	7 279.75	71 583.93	55 921.37	4 031.06
西 藏	1 908.43	626.73	331.13	2 866.28	2 143.54	564.74
陕 西	37 108.25	7 052.25	9 267.71	53 428.20	32 459.62	7 335.55
甘 肃	14 001.23	871.90	1 641.47	16 514.60	12 408.47	1 168.46
青 海	6 931.15	22.21	974.52	7 927.88	6 258.02	280.17
宁 夏	10 054.48	888.92	1 412.29	12 355.69	8 865.30	508.28
新 疆	19 107.27	1 075.22	7 343.85	27 526.34	19 715.21	4 521.66
合 计	**873 487.87**	**194 730.54**	**239 572.22**	**1 307 790.63**	**777 584.87**	**155 968.11**

12 月 Dec.		合 计 Total			
基诺型 Keno	小计 Subtotal	乐透数字型 Lotto Games	即开型 Instant Games	基诺型 Keno	小计 Subtotal
2 861.23	25 371.83	256 064.11	67 365.22	34 758.81	358 188.14
3 099.27	10 938.35	85 190.45	25 840.00	27 192.48	138 222.92
8 289.51	38 128.35	319 141.77	57 999.16	104 713.45	481 854.37
3 775.42	18 499.12	160 491.81	35 237.35	45 206.20	240 935.36
3 398.73	22 431.57	217 078.66	57 077.13	45 683.95	319 839.74
6 533.82	37 413.46	349 941.35	85 096.63	76 769.41	511 807.39
3 712.79	16 447.90	113 061.57	54 440.14	48 185.44	215 687.16
3 540.12	20 072.99	158 530.09	45 185.71	40 884.56	244 600.36
3 744.64	33 049.96	236 684.92	72 971.44	32 460.52	342 116.88
19 981.24	80 825.87	504 185.56	234 842.76	172 750.34	911 778.66
18 957.69	93 642.39	675 955.12	351 237.70	216 372.38	1 243 565.20
7 567.38	38 206.03	318 603.81	75 319.00	87 166.69	481 089.49
9 725.68	37 386.56	261 108.97	74 095.25	106 408.48	441 612.70
7 500.08	23 705.71	175 521.46	38 643.27	95 953.59	310 118.32
18 533.02	69 342.56	545 179.65	159 513.62	213 653.94	918 347.21
7 510.48	41 286.98	327 741.57	57 769.99	109 029.87	494 541.43
15 408.44	62 999.80	357 308.54	90 516.57	152 539.19	600 364.31
11 017.12	47 978.00	353 694.72	93 908.93	137 185.78	584 789.42
29 342.76	137 246.55	894 231.52	495 374.00	338 583.45	1 728 188.97
7 034.53	31 608.91	185 929.71	94 147.81	89 931.89	370 009.41
405.84	3 833.60	32 327.90	9 264.20	4 802.42	46 394.51
7 610.44	23 812.48	180 563.27	60 159.19	101 060.50	341 782.96
14 158.02	58 703.27	450 028.40	157 689.50	174 280.72	781 998.62
6 168.56	24 316.12	188 520.92	28 116.70	76 898.52	293 536.13
7 652.55	67 604.98	618 785.91	65 756.29	84 919.50	769 461.70
376.46	3 084.74	24 629.64	17 410.50	4 942.69	46 982.83
9 169.89	48 965.06	350 189.07	116 842.96	98 985.88	566 017.91
1 804.38	15 381.31	143 491.67	35 395.51	24 016.68	202 903.86
994.88	7 533.07	69 340.58	14 157.14	9 980.93	93 478.66
1 539.45	10 913.03	99 943.26	21 273.10	18 391.03	139 607.39
8 091.00	32 327.87	238 901.72	242 038.79	112 324.85	593 265.36
249 505.42	**1 183 058.40**	**8 892 367.67**	**3 034 685.53**	**2 886 034.15**	**14 813 087.35**

（中国福利彩票发行管理中心供稿）

2022 年全国体育彩票销售情况图

Diagram of Sales of Sports Lottery in China in 2022

单位：万元

Unit：Ten Thousand Yuan

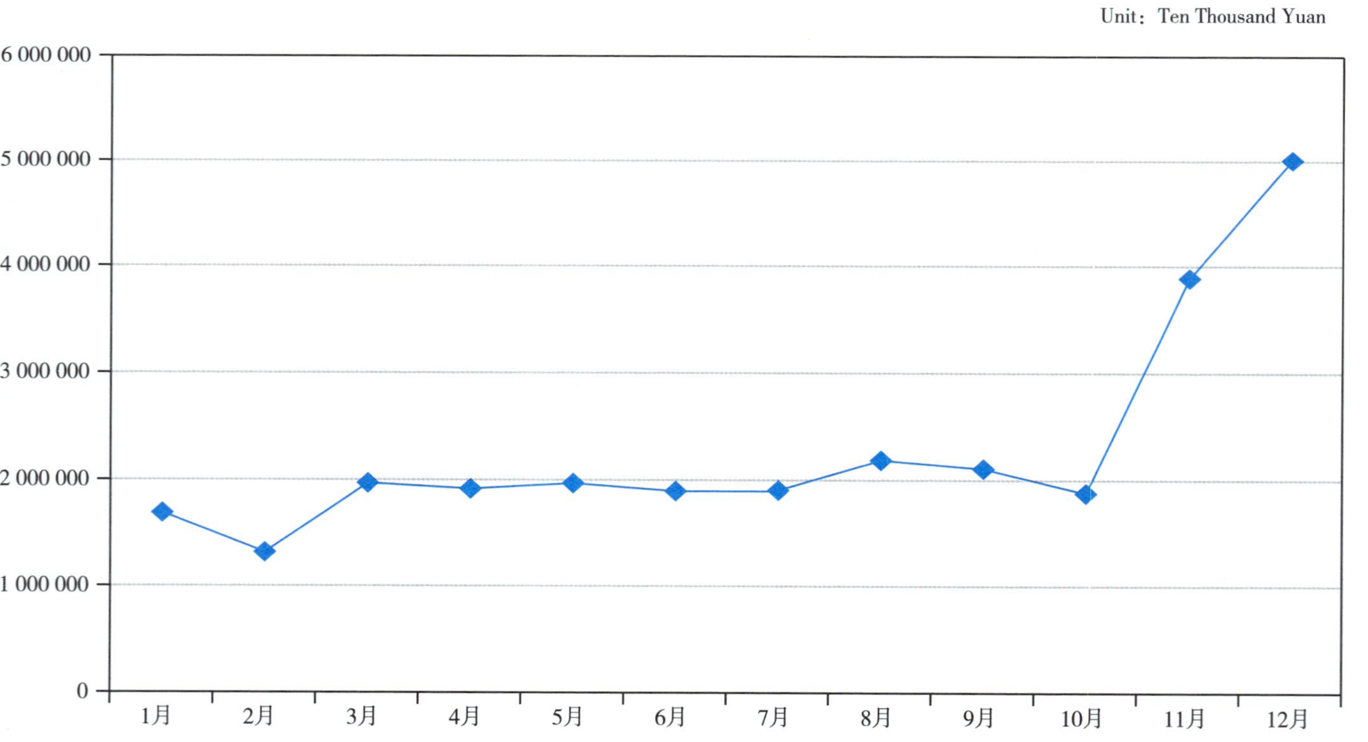

（国家体育总局体育彩票管理中心供稿）

2022 年全国体育彩票各地区销售量排名表

Ranking of sales of Sports Lottery in Different Regions in China in 2022

单位：万元

Unit：Ten Thousand Yuan

名次 Ranking	地 区 Region	销售量（万元） Sales Amounts
1	广 东	2 697 260.76
2	江 苏	2 286 056.71
3	浙 江	2 179 136.13
4	山 东	2 009 593.38
5	河 南	1 794 307.16
6	四 川	1 442 607.54
7	湖 北	1 364 241.69
8	云 南	1 182 134.08
9	河 北	1 135 944.80
10	福 建	1 035 147.95
11	安 徽	1 018 591.00
12	江 西	756 040.72
13	陕 西	740 629.03
14	北 京	728 815.53
15	湖 南	726 050.54
16	重 庆	719 058.98
17	贵 州	638 191.13
18	辽 宁	624 925.62
19	天 津	617 329.37
20	内蒙古	567 750.12
21	新 疆	466 461.50
22	黑龙江	460 399.28
23	上 海	451 138.31
24	甘 肃	435 418.76
25	山 西	432 518.76
26	吉 林	381 213.23
27	广 西	329 737.40
28	宁 夏	180 678.03
29	青 海	85 661.47
30	西 藏	83 199.69
31	海 南	81 916.83
合计 Total		**27 652 155.51**

（国家体育总局体育彩票管理中心供稿）

2022 年全国体育彩票各地区销售额比重图

Diagram of Sports Lottery Sales Proportion in Different Regions of China in 2022

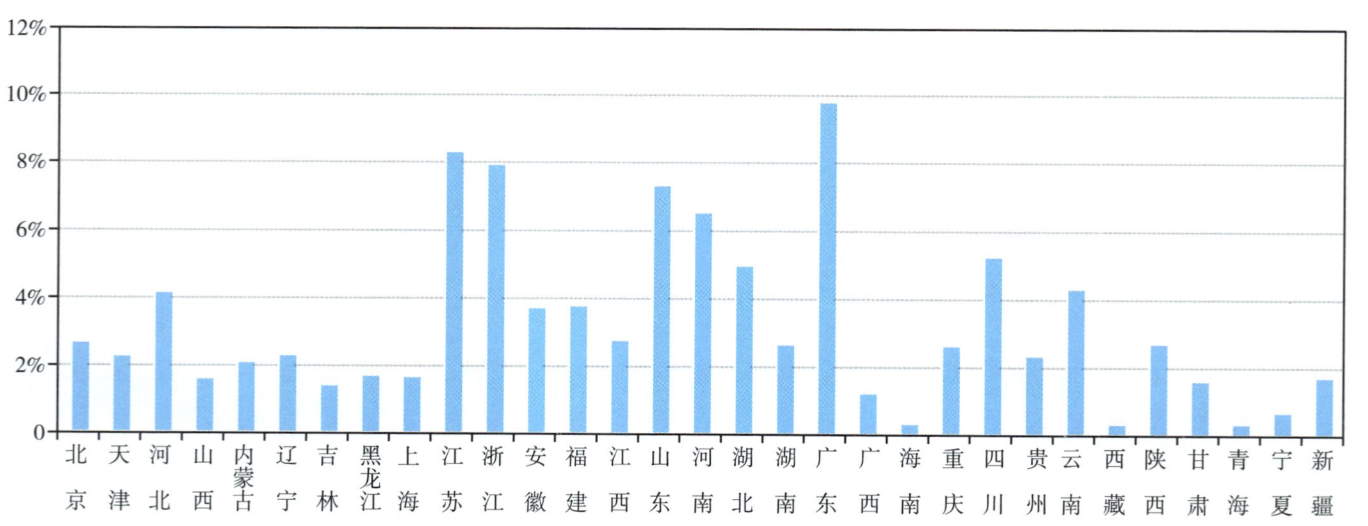

（国家体育总局体育彩票管理中心供稿）

2022 年全国体育彩票分类型销售情况图

Diagram of Sports Lottery Sales in Different Lottery Games in China in 2022

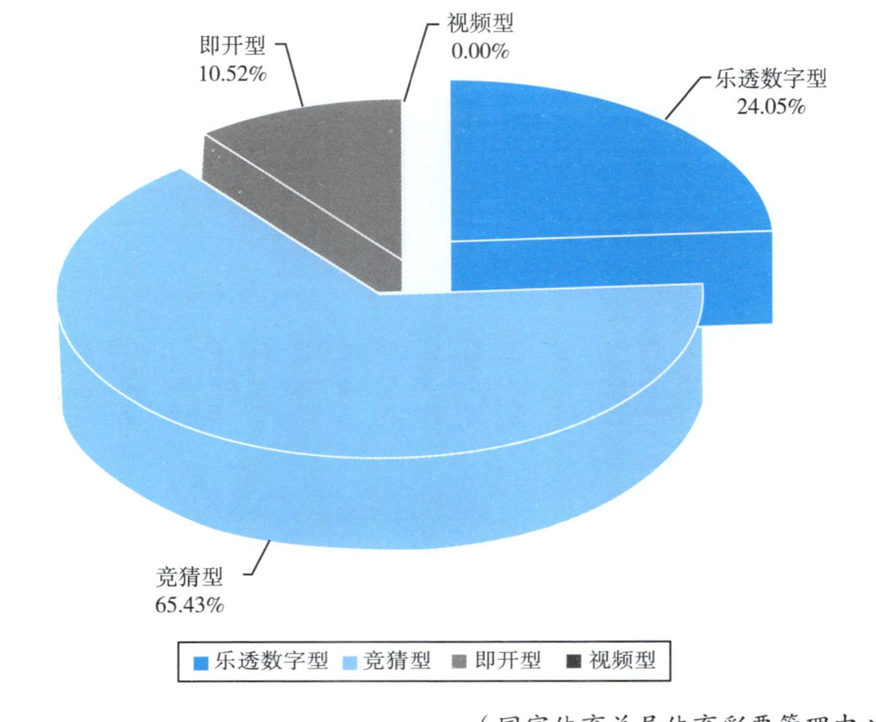

（国家体育总局体育彩票管理中心供稿）

2022 年全国体育彩票（分地区分类型）销售情况表

Statistical Table of Sports Lottery Sales in Different Regions and Different Lottery Games in China in 2022

单位：万元

Unit : Ten Thousand Yuan

地 区 Region	1 月 Jan. 乐透数字型 Lotto Games	竞猜型 Sports Betting	视频型 Online Instant Win	即开型 Instant Games	小计 Subtotal
北 京	15 747.54	23 338.88	—	9 813.18	48 899.59
天 津	6 661.56	25 063.13	—	5 104.03	36 828.71
河 北	23 650.11	30 521.16	—	14 575.12	68 746.39
山 西	6 137.12	17 770.84	—	3 452.96	27 360.93
内蒙古	10 843.57	15 304.69	—	7 063.95	33 212.21
辽 宁	11 440.34	17 746.56	—	3 418.38	32 605.27
吉 林	7 967.68	9 893.01	—	7 149.58	25 010.27
黑龙江	10 361.33	11 533.03	—	5 798.58	27 692.93
上 海	13 243.67	14 771.92	—	7 794.16	35 809.74
江 苏	50 437.93	58 534.62	—	31 240.61	140 213.16
浙 江	45 796.99	53 554.25	—	25 741.22	125 092.46
安 徽	18 475.34	28 939.63	—	9 547.94	56 962.91
福 建	37 473.10	21 971.30	—	15 642.70	75 087.10
江 西	14 012.65	23 318.43	—	3 166.23	40 497.30
山 东	27 384.85	68 045.85	—	21 448.28	116 878.98
河 南	32 585.62	59 912.42	—	19 010.85	111 508.88
湖 北	19 881.56	46 785.02	—	8 653.48	75 320.06
湖 南	11 138.12	29 067.22	—	2 955.22	43 160.56
广 东	46 260.56	96 398.87	—	40 318.94	182 978.37
广 西	5 458.71	12 013.89	—	4 118.35	21 590.94
海 南	4 151.72	1 780.95	5.21	1 299.95	7 237.84
重 庆	9 066.05	25 351.56	—	4 791.48	39 209.09
四 川	29 134.59	44 602.47	—	18 889.37	92 626.44
贵 州	12 509.10	15 638.08	—	6 428.30	34 575.48
云 南	29 455.77	23 124.06	—	24 512.34	77 092.17
西 藏	1 244.43	918.61	—	3 149.48	5 312.52
陕 西	7 849.09	14 563.13	—	2 950.70	25 362.92
甘 肃	8 186.04	14 314.96	—	5 384.88	27 885.88
青 海	2 114.62	2 081.85	—	1 328.03	5 524.49
宁 夏	4 976.54	4 109.33	—	2 930.07	12 015.93
新 疆	8 305.21	13 492.29	—	10 019.13	31 816.63
总 计 Total	**531 951.49**	**824 461.99**	**5.21**	**327 697.49**	**1 684 116.18**

续表

地 区 Region	2月 Feb.				
	乐透数字型 Lotto Games	竞猜型 Sports Betting	视频型 Online Instant Win	即开型 Instant Games	小计 Subtotal
北 京	11 180.24	18 698.39	—	7 875.99	37 754.61
天 津	5 411.44	20 479.91	—	2 861.90	28 753.26
河 北	17 513.23	25 389.89	—	10 548.03	53 451.16
山 西	4 130.00	12 971.28	—	1 981.35	19 082.63
内蒙古	6 784.46	12 079.49	—	4 348.59	23 212.54
辽 宁	8 475.92	15 465.20	—	5 706.06	29 647.19
吉 林	5 749.19	8 296.87	—	4 719.28	18 765.34
黑龙江	8 324.27	9 847.14	—	3 964.21	22 135.62
上 海	9 687.76	13 420.11	—	5 900.72	29 008.59
江 苏	38 886.51	49 624.89	—	16 785.14	105 296.54
浙 江	32 186.20	46 442.90	—	14 241.01	92 870.11
安 徽	12 986.84	24 670.76	—	4 468.13	42 125.73
福 建	27 623.69	18 623.68	—	9 215.58	55 462.95
江 西	7 315.29	19 230.94	—	2 146.76	28 692.99
山 东	18 970.34	58 283.54	—	12 613.59	89 867.47
河 南	27 458.39	50 256.10	—	14 258.18	91 972.67
湖 北	14 631.20	39 711.74	—	4 646.76	58 989.70
湖 南	7 881.86	23 767.93	—	2 103.84	33 753.63
广 东	31 767.29	81 046.06	—	23 571.23	136 384.57
广 西	3 733.75	10 806.50	—	1 800.31	16 340.56
海 南	3 003.94	1 144.32	11.26	1 096.80	5 256.31
重 庆	6 588.81	23 046.22	—	8 922.75	38 557.77
四 川	20 774.38	38 595.32	—	12 741.47	72 111.17
贵 州	8 611.90	13 378.25	—	4 279.69	26 269.84
云 南	20 771.30	19 577.68	—	20 123.23	60 472.21
西 藏	636.65	651.11	—	1 850.52	3 138.29
陕 西	9 330.32	16 639.70	—	5 901.33	31 871.35
甘 肃	5 743.75	12 797.32	—	3 396.06	21 937.13
青 海	1 400.52	1 530.77	—	791.82	3 723.11
宁 夏	3 366.69	3 469.01	—	1 075.53	7 911.23
新 疆	5 958.35	11 066.53	—	8 048.64	25 073.52
总 计 Total	**386 884.45**	**701 009.54**	**11.26**	**221 984.50**	**1 309 889.76**

续表

地　区 Region	3 月 Mar. 乐透数字型 Lotto Games	竞猜型 Sports Betting	视频型 Online Instant Win	即开型 Instant Games	小计 Subtotal
北　京	16 809.72	28 310.87	—	13 623.45	58 744.04
天　津	7 696.02	34 118.87	—	4 636.33	46 451.22
河　北	25 710.84	40 642.25	—	12 572.11	78 925.20
山　西	6 420.49	20 227.41	—	3 078.71	29 726.61
内蒙古	10 177.51	20 135.99	—	7 571.29	37 884.78
辽　宁	13 314.04	21 914.36	—	5 744.39	40 972.78
吉　林	6 623.94	13 034.95	—	2 280.40	21 939.28
黑龙江	10 658.88	15 167.03	—	5 561.38	31 387.30
上　海	11 431.03	18 136.98	—	4 274.90	33 842.90
江　苏	62 684.31	73 981.67	—	28 405.80	165 071.78
浙　江	48 600.00	70 052.80	—	25 565.55	144 218.35
安　徽	19 298.84	37 995.83	—	7 512.33	64 807.01
福　建	38 189.30	27 622.80	—	14 225.15	80 037.25
江　西	10 461.81	34 651.88	—	4 560.28	49 673.97
山　东	34 453.04	89 650.42	—	15 296.14	139 399.60
河　南	45 262.30	76 479.73	—	22 275.99	144 018.02
湖　北	23 001.00	63 767.22	—	7 151.20	93 919.42
湖　南	11 174.96	34 270.49	—	3 018.06	48 463.51
广　东	44 576.34	112 084.21	—	34 255.91	190 916.45
广　西	5 591.56	15 640.34	—	2 239.87	23 471.77
海　南	4 265.15	1 496.66	10.91	1 379.41	7 152.12
重　庆	10 647.01	36 051.24	—	3 162.74	49 860.99
四　川	29 781.72	59 918.39	—	12 571.96	102 272.07
贵　州	12 964.47	21 452.54	—	7 320.78	41 737.79
云　南	32 078.23	30 437.61	—	24 934.15	87 450.00
西　藏	1 420.66	1 231.27	—	3 713.55	6 365.47
陕　西	15 646.75	28 540.36	—	7 231.73	51 418.84
甘　肃	9 355.93	22 334.95	—	4 368.83	36 059.72
青　海	2 348.54	2 354.49	—	1 292.58	5 995.61
宁　夏	5 446.78	5 476.94	—	2 129.81	13 053.53
新　疆	9 444.26	16 596.24	—	12 091.17	38 131.67
总　计 Total	**585 535.43**	**1 073 776.76**	**10.91**	**304 045.95**	**1 963 369.04**

续表

地　区 Region	4月 Apr.				
	乐透数字型 Lotto Games	竞猜型 Sports Betting	视频型 Online Instant Win	即开型 Instant Games	小计 Subtotal
北　京	18 543.22	29 606.30	—	13 358.68	61 508.20
天　津	8 373.27	39 008.13	—	4 670.86	52 052.26
河　北	27 810.62	41 852.11	—	9 991.67	79 654.40
山　西	7 788.88	20 009.36	—	1 587.45	29 385.69
内蒙古	11 535.38	19 137.98	—	4 737.39	35 410.75
辽　宁	11 668.34	21 064.29	—	3 262.53	35 995.17
吉　林	5 462.45	11 427.78	—	668.71	17 558.93
黑龙江	8 413.10	11 350.06	—	2 969.88	22 733.05
上　海	511.47	185.76	—	1.17	698.40
江　苏	52 948.44	67 599.56	—	16 566.20	137 114.20
浙　江	50 326.14	68 695.02	—	25 034.94	144 056.09
安　徽	21 716.51	37 163.88	—	5 233.32	64 113.71
福　建	38 176.19	28 373.37	—	8 602.32	75 151.88
江　西	12 189.46	36 724.46	—	3 954.87	52 868.79
山　东	40 196.12	88 448.52	—	14 467.68	143 112.32
河　南	44 524.24	76 868.71	—	16 072.93	137 465.88
湖　北	25 785.89	71 866.62	—	3 580.22	101 232.73
湖　南	12 739.93	35 102.39	—	3 337.60	51 179.92
广　东	50 492.38	124 775.68	—	34 205.58	209 473.64
广　西	6 042.81	15 940.64	—	1 960.49	23 943.94
海　南	3 955.10	1 674.36	0.73	1 025.19	6 655.37
重　庆	12 465.40	39 685.99	—	3 344.41	55 495.81
四　川	32 558.60	59 628.65	—	10 711.29	102 898.55
贵　州	14 656.18	20 853.51	—	6 078.58	41 588.28
云　南	35 567.35	28 060.82	—	20 618.35	84 246.51
西　藏	1 808.41	1 454.88	—	3 890.30	7 153.59
陕　西	14 580.99	27 276.52	—	5 804.98	47 662.49
甘　肃	11 028.08	19 470.14	—	3 672.96	34 171.17
青　海	2 223.45	2 124.16	—	891.68	5 239.29
宁　夏	5 743.15	5 718.35	—	1 706.64	13 168.13
新　疆	10 544.87	15 407.44	—	11 303.05	37 255.36
总　计 Total	**600 376.39**	**1 066 555.44**	**0.73**	**243 311.92**	**1 910 244.48**

续表

地　区 Region	5月 May 乐透数字型 Lotto Games	竞猜型 Sports Betting	视频型 Online Instant Win	即开型 Instant Games	小计 Subtotal
北　京	11 751.96	23 229.01	—	5 414.95	40 395.92
天　津	8 589.75	40 928.39	—	3 034.84	52 552.97
河　北	29 235.66	45 578.07	—	10 256.76	85 070.49
山　西	7 528.08	20 695.66	—	2 614.35	30 838.09
内蒙古	12 128.17	19 112.11	—	5 925.87	37 166.15
辽　宁	12 956.91	21 426.72	—	7 575.62	41 959.25
吉　林	6 540.46	10 957.27	—	1 512.00	19 009.73
黑龙江	10 237.49	12 645.30	—	4 867.22	27 750.01
上　海	1.58	1.02	—	0.48	3.08
江　苏	58 951.37	71 587.34	—	19 896.18	150 434.89
浙　江	53 514.14	69 394.14	—	22 824.17	145 732.45
安　徽	24 261.44	37 533.29	—	6 621.87	68 416.59
福　建	40 382.63	28 156.72	—	13 668.05	82 207.40
江　西	16 583.58	36 871.90	—	2 486.16	55 941.64
山　东	38 444.24	92 164.60	—	16 428.59	147 037.43
河　南	40 419.49	84 125.53	—	11 027.95	135 572.97
湖　北	27 371.45	70 924.58	—	3 839.77	102 135.80
湖　南	13 657.42	36 068.26	—	2 527.02	52 252.70
广　东	51 132.84	127 980.57	—	39 370.46	218 483.87
广　西	6 258.65	14 936.44	—	2 826.97	24 022.05
海　南	4 062.90	1 787.29	3.21	1 055.10	6 908.50
重　庆	11 689.78	40 854.19	—	3 048.22	55 592.19
四　川	33 432.90	61 471.79	—	10 622.25	105 526.94
贵　州	15 910.32	20 757.44	—	5 719.08	42 386.84
云　南	36 741.07	28 668.00	—	20 862.33	86 271.41
西　藏	1 806.99	1 499.79	—	3 874.92	7 181.70
陕　西	14 849.87	30 000.44	—	6 782.24	51 632.55
甘　肃	10 255.59	16 618.10	—	5 188.23	32 061.92
青　海	2 134.21	2 408.64	—	554.42	5 097.27
宁　夏	5 716.22	5 500.03	—	1 977.66	13 193.91
新　疆	10 969.53	15 797.57	—	12 743.41	39 510.51
总　计 Total	**617 516.67**	**1 089 680.19**	**3.21**	**255 147.14**	**1 962 347.20**

续表

地 区 Region	6 月 June 乐透数字型 Lotto Games	竞猜型 Sports Betting	视频型 Online Instant Win	即开型 Instant Games	小计 Subtotal
北 京	13 926.56	22 641.02	—	6 937.10	43 504.68
天 津	7 681.22	32 010.96	—	2 711.87	42 404.05
河 北	27 299.07	40 768.15	—	8 921.67	76 988.89
山 西	6 627.58	18 889.80	—	3 207.33	28 724.71
内蒙古	11 358.78	19 467.66	—	7 006.32	37 832.76
辽 宁	12 336.50	20 222.16	—	7 313.21	39 871.87
吉 林	7 141.97	10 728.45	—	5 410.51	23 280.93
黑龙江	10 752.47	13 655.82	—	8 208.31	32 616.59
上 海	10 269.65	12 018.92	—	4 261.68	26 550.25
江 苏	54 049.49	68 001.79	—	17 950.34	140 001.63
浙 江	48 920.53	70 121.26	—	23 271.15	142 312.94
安 徽	21 831.95	36 451.28	—	4 303.37	62 586.60
福 建	36 881.55	27 862.66	—	9 313.09	74 057.30
江 西	11 735.50	32 956.33	—	5 061.62	49 753.45
山 东	33 437.13	87 681.85	—	16 000.25	137 119.23
河 南	40 226.77	87 430.47	—	13 570.15	141 227.38
湖 北	26 060.88	70 605.53	—	3 386.31	100 052.73
湖 南	11 793.70	32 850.31	—	2 505.83	47 149.83
广 东	47 429.56	103 446.37	—	39 990.54	190 866.47
广 西	8 000.03	13 453.07	—	4 357.08	25 810.18
海 南	3 580.46	1 085.93	14.60	969.88	5 650.88
重 庆	10 239.49	37 630.09	—	3 652.62	51 522.20
四 川	30 489.97	59 637.55	—	9 362.37	99 489.89
贵 州	14 122.71	21 764.93	—	5 241.69	41 129.34
云 南	34 065.02	28 296.26	—	18 176.39	80 537.68
西 藏	1 666.30	1 642.59	—	3 068.47	6 377.35
陕 西	14 373.71	30 864.50	—	5 114.82	50 353.03
甘 肃	12 634.92	19 017.51	—	4 754.93	36 407.35
青 海	2 311.65	2 106.13	—	971.53	5 389.30
宁 夏	5 354.14	5 115.43	—	2 061.80	12 531.37
新 疆	9 860.18	16 492.68	—	11 770.03	38 122.90
总 计 Total	**586 459.45**	**1 044 917.45**	**14.60**	**258 832.26**	**1 890 223.76**

续表

地　区 Region	7月 July 乐透数字型 Lotto Games	竞猜型 Sports Betting	视频型 Online Instant Win	即开型 Instant Games	小计 Subtotal
北　京	15 583.80	25 353.72	—	8 733.07	49 670.59
天　津	8 578.04	31 844.66	—	2 809.14	43 231.84
河　北	27 836.67	44 142.47	—	9 418.45	81 397.59
山　西	7 540.89	20 810.42	—	1 797.60	30 148.90
内蒙古	11 869.48	19 534.38	—	4 812.26	36 216.13
辽　宁	12 914.23	20 358.09	—	7 890.26	41 162.58
吉　林	7 403.92	10 056.05	—	5 152.16	22 612.12
黑龙江	10 638.50	14 244.72	—	3 981.88	28 865.10
上　海	11 950.50	13 967.21	—	4 904.97	30 822.69
江　苏	55 622.40	68 521.70	—	19 668.11	143 812.20
浙　江	48 140.10	69 670.57	—	19 550.06	137 360.73
安　徽	23 066.52	39 819.46	—	5 163.92	68 049.90
福　建	36 485.26	27 338.67	—	11 633.92	75 457.86
江　西	10 198.65	37 850.76	—	2 143.30	50 192.71
山　东	30 388.19	95 055.27	—	12 949.64	138 393.09
河　南	38 273.65	86 827.23	—	12 263.61	137 364.50
湖　北	24 483.10	69 083.93	—	2 563.43	96 130.46
湖　南	11 895.15	35 746.46	—	2 346.90	49 988.51
广　东	47 452.52	107 773.62	—	27 238.40	182 464.55
广　西	6 311.63	13 869.04	—	1 623.79	21 804.46
海　南	3 624.50	1 154.14	5.73	936.16	5 720.53
重　庆	9 942.66	41 160.36	—	2 734.55	53 837.57
四　川	29 814.54	61 265.45	—	8 906.58	99 986.58
贵　州	13 576.46	22 389.16	—	5 579.65	41 545.27
云　南	33 741.86	29 499.79	—	17 290.53	80 532.18
西　藏	1 721.53	1 937.96	—	3 388.72	7 048.21
陕　西	14 642.29	33 439.16	—	5 091.28	53 172.73
甘　肃	8 762.97	19 775.60	—	4 926.61	33 465.18
青　海	2 597.44	2 493.90	—	1 214.74	6 306.07
宁　夏	5 491.06	5 182.87	—	2 061.56	12 735.49
新　疆	9 676.68	17 203.24	—	12 580.43	39 460.35
总　计 Total	**580 225.17**	**1 087 370.06**	**5.73**	**231 355.68**	**1 898 956.64**

续表

地 区 Region	8月 Aug. 乐透数字型 Lotto Games	竞猜型 Sports Betting	视频型 Online Instant Win	即开型 Instant Games	小计 Subtotal
北 京	16 808.79	34 068.79	—	7 807.60	58 685.17
天 津	8 088.75	39 053.81	—	2 882.12	50 024.69
河 北	30 462.51	52 114.08	—	8 896.53	91 473.11
山 西	6 852.30	26 386.51	—	2 170.01	35 408.82
内蒙古	11 022.19	24 263.28	—	5 445.24	40 730.71
辽 宁	12 650.80	27 234.39	—	8 119.31	48 004.50
吉 林	7 713.33	13 556.56	—	4 492.85	25 762.74
黑龙江	10 858.05	18 564.00	—	4 525.97	33 948.02
上 海	13 133.69	20 085.69	—	5 139.37	38 358.76
江 苏	57 247.54	86 695.22	—	18 388.98	162 331.74
浙 江	49 314.48	93 288.05	—	21 379.43	163 981.96
安 徽	21 420.95	49 714.78	—	5 069.04	76 204.77
福 建	39 632.75	33 503.78	—	10 583.27	83 719.80
江 西	10 164.99	45 851.17	—	2 184.10	58 200.26
山 东	31 169.03	116 897.88	—	12 957.45	161 024.35
河 南	41 183.43	103 564.82	—	12 526.93	157 275.18
湖 北	24 587.18	90 543.30	—	3 341.72	118 472.20
湖 南	11 964.10	46 228.97	—	2 641.09	60 834.16
广 东	47 340.66	142 157.12	—	28 040.70	217 538.48
广 西	5 641.62	18 127.61	—	1 446.26	25 215.49
海 南	2 720.12	1 622.23	1.55	379.92	4 723.82
重 庆	9 550.18	55 016.02	—	2 807.39	67 373.59
四 川	29 683.35	73 912.44	—	7 590.07	111 185.86
贵 州	13 540.97	27 036.74	—	5 062.16	45 639.87
云 南	34 266.51	36 019.34	—	18 072.60	88 358.46
西 藏	1 079.73	2 292.30	—	1 047.41	4 419.44
陕 西	13 703.75	41 116.26	—	5 041.11	59 861.12
甘 肃	9 964.51	24 268.41	—	2 866.07	37 098.99
青 海	2 236.03	3 274.45	—	963.25	6 473.73
宁 夏	5 334.46	6 805.92	—	1 412.75	13 553.13
新 疆	8 070.92	20 659.22	—	5 887.63	34 617.77
总 计 Total	**587 407.65**	**1 373 923.16**	**1.55**	**219 168.33**	**2 180 500.69**

续表

地　区 Region	9月 Sept. 乐透数字型 Lotto Games	竞猜型 Sports Betting	视频型 Online Instant Win	即开型 Instant Games	小计 Subtotal
北　京	15 683.36	32 706.77	—	10 517.15	58 907.28
天　津	8 024.07	38 842.44	—	3 706.69	50 573.21
河　北	28 156.01	49 395.89	—	10 381.73	87 933.63
山　西	6 507.94	22 246.94	—	3 273.41	32 028.29
内蒙古	10 526.63	22 753.04	—	6 470.15	39 749.82
辽　宁	11 098.17	27 312.27	—	8 057.89	46 468.33
吉　林	7 250.79	13 430.89	—	5 770.05	26 451.74
黑龙江	9 092.51	17 374.39	—	4 777.00	31 243.90
上　海	12 173.00	18 840.42	—	6 457.46	37 470.88
江　苏	53 767.95	83 470.03	—	29 370.79	166 608.77
浙　江	46 271.03	95 527.87	—	25 902.40	167 701.30
安　徽	19 138.52	47 912.29	—	8 014.16	75 064.97
福　建	34 351.36	32 767.40	—	13 491.67	80 610.43
江　西	9 143.20	39 860.87	—	3 388.15	52 392.22
山　东	29 039.59	111 509.21	—	16 366.19	156 914.99
河　南	38 021.14	95 542.29	—	18 149.13	151 712.56
湖　北	23 093.85	88 765.75	—	3 991.99	115 851.59
湖　南	11 181.95	45 140.92	—	3 587.12	59 909.99
广　东	44 418.68	138 154.41	—	38 957.27	221 530.36
广　西	5 156.19	16 917.50	—	1 912.04	23 985.73
海　南	2 848.28	1 572.16	0.72	500.17	4 921.33
重　庆	10 353.34	48 610.78	—	4 016.54	62 980.66
四　川	22 798.37	56 770.70	—	7 189.93	86 759.00
贵　州	9 247.28	21 891.74	—	3 693.13	34 832.15
云　南	31 464.93	33 241.90	—	18 910.85	83 617.69
西　藏	663.02	2 022.67	—	162.80	2 848.49
陕　西	12 884.95	37 256.11	—	6 839.39	56 980.45
甘　肃	9 438.14	20 153.95	—	5 101.35	34 693.44
青　海	2 042.69	3 127.49	—	580.08	5 750.26
宁　夏	4 891.12	6 358.68	—	2 338.34	13 588.14
新　疆	7 163.34	19 714.43	—	4 349.34	31 227.11
总　计 Total	**535 891.39**	**1 289 192.22**	**0.72**	**276 224.36**	**2 101 308.69**

续表

地 区 Region	10月 Oct. 乐透数字型 Lotto Games	竞猜型 Sports Betting	视频型 Online Instant Win	即开型 Instant Games	小计 Subtotal
北 京	15 425.01	31 433.34	—	8 472.24	55 330.59
天 津	7 001.65	34 775.20	—	3 102.48	44 879.34
河 北	26 988.01	43 922.53	—	8 179.90	79 090.44
山 西	7 078.57	19 024.11	—	1 553.95	27 656.63
内蒙古	8 982.68	18 435.18	—	2 309.02	29 726.88
辽 宁	11 362.31	22 115.69	—	5 808.30	39 286.31
吉 林	7 387.87	12 575.95	—	5 264.28	25 228.10
黑龙江	8 891.04	14 413.06	—	3 408.64	26 712.74
上 海	12 266.89	17 355.25	—	6 802.57	36 424.71
江 苏	50 573.12	70 784.50	—	18 958.28	140 315.90
浙 江	45 301.39	74 200.25	—	24 168.31	143 669.95
安 徽	19 150.66	41 275.51	—	4 658.54	65 084.71
福 建	34 125.44	30 199.81	—	10 948.19	75 273.44
江 西	10 642.34	35 848.06	—	2 804.91	49 295.31
山 东	28 036.63	95 625.38	—	11 669.15	135 331.16
河 南	31 024.18	80 325.36	—	8 537.82	119 887.36
湖 北	24 899.71	83 937.67	—	2 984.44	111 821.82
湖 南	10 951.47	37 871.60	—	2 617.34	51 440.41
广 东	44 418.29	127 431.38	—	35 090.05	206 939.72
广 西	5 206.93	15 936.14	—	1 772.29	22 915.36
海 南	3 012.22	1 661.70	1.24	707.59	5 382.75
重 庆	11 176.31	43 494.13	—	2 865.89	57 536.33
四 川	27 307.21	57 179.12	—	9 084.53	93 570.86
贵 州	11 643.23	21 068.81	—	3 565.59	36 277.63
云 南	33 081.76	28 488.74	—	15 009.07	76 579.57
西 藏	693.92	1 720.98	—	378.99	2 793.88
陕 西	12 976.51	31 473.46	—	4 493.93	48 943.90
甘 肃	7 916.33	16 450.59	—	1 827.87	26 194.79
青 海	1 922.15	2 761.72	—	474.72	5 158.58
宁 夏	3 990.39	5 405.84	—	350.24	9 746.47
新 疆	6 238.15	16 992.99	—	1 004.63	24 235.77
总 计 Total	**529 672.36**	**1 134 184.03**	**1.24**	**208 873.75**	**1 872 731.39**

续表

地 区 Region	11 月 Nov. 乐透数字型 Lotto Games	竞猜型 Sports Betting	视频型 Online Instant Win	即开型 Instant Games	小计 Subtotal
北 京	15 433.64	71 276.75	—	7 892.10	94 602.48
天 津	8 292.77	65 234.90	—	3 092.75	76 620.42
河 北	24 194.49	129 143.79	—	3 537.26	156 875.55
山 西	8 422.98	53 347.09	—	1 260.03	63 030.10
内蒙古	9 568.90	79 992.77	—	2 481.85	92 043.52
辽 宁	12 211.57	79 155.07	—	6 678.78	98 045.42
吉 林	8 267.46	54 099.58	—	8 346.05	70 713.09
黑龙江	10 173.67	58 206.10	—	3 426.69	71 806.46
上 海	13 585.66	55 228.86	—	6 737.74	75 552.26
江 苏	54 503.94	269 420.00	—	22 731.97	346 655.91
浙 江	50 329.29	252 662.52	—	18 663.54	321 655.35
安 徽	19 187.87	131 054.90	—	4 457.47	154 700.25
福 建	40 414.47	76 176.98	—	9 862.60	126 454.05
江 西	10 571.70	103 434.37	—	2 785.47	116 791.53
山 东	32 857.57	241 716.10	—	10 944.67	285 518.35
河 南	35 877.96	179 244.71	—	5 718.29	220 840.96
湖 北	24 000.60	160 905.55	—	4 503.77	189 409.92
湖 南	11 744.83	86 810.57	—	2 824.36	101 379.75
广 东	44 940.36	244 066.03	—	26 315.62	315 322.01
广 西	5 952.12	36 387.05	—	2 134.68	44 473.85
海 南	3 520.32	4 844.41	2.27	839.85	9 206.85
重 庆	8 891.63	78 798.11	—	1 406.44	89 096.18
四 川	30 533.83	171 917.05	—	8 465.74	210 916.62
贵 州	13 689.76	86 124.12	—	5 152.18	104 966.06
云 南	36 650.86	110 831.10	—	15 722.01	163 203.98
西 藏	936.25	9 616.77	—	645.26	11 198.28
陕 西	15 272.40	93 928.36	—	4 642.53	113 843.29
甘 肃	10 922.81	44 008.91	—	1 460.79	56 392.51
青 海	1 814.84	11 565.10	—	108.95	13 488.89
宁 夏	5 130.21	19 249.25	—	753.22	25 132.67
新 疆	6 483.67	49 695.33	—	513.21	56 692.21
总 计 Total	**574 378.43**	**3 108 142.19**	**2.27**	**194 105.87**	**3 876 628.76**

续表

地　区 Region	12 月 Dec.				
	乐透数字型 Lotto Games	竞猜型 Sports Betting	视频型 Online Instant Win	即开型 Instant Games	小计 Subtotal
北　京	14 288.53	101 764.86	—	4 758.98	120 812.37
天　津	7 273.53	84 178.40	—	1 505.49	92 957.42
河　北	23 922.60	169 256.18	—	3 159.19	196 337.97
山　西	6 896.91	71 101.86	—	1 128.60	79 127.38
内蒙古	10 092.77	111 445.18	—	3 025.93	124 563.88
辽　宁	11 228.02	114 723.01	—	4 955.94	130 906.96
吉　林	7 183.25	76 421.52	—	1 276.19	84 880.96
黑龙江	9 545.90	91 610.26	—	2 351.40	103 507.55
上　海	12 168.75	89 703.97	—	4 723.35	106 596.06
江　苏	50 963.44	423 026.43	—	14 210.13	488 200.00
浙　江	48 012.81	386 662.24	—	15 809.40	450 484.45
安　徽	18 084.85	196 814.06	—	5 574.96	220 473.87
福　建	34 100.12	108 627.99	—	8 900.38	151 628.50
江　西	9 385.23	139 748.56	—	2 606.75	151 740.54
山　东	28 739.11	321 360.34	—	8 896.97	358 996.41
河　南	34 299.81	201 919.06	—	9 241.94	245 460.81
湖　北	22 740.00	176 176.38	—	1 988.88	200 905.26
湖　南	11 145.76	112 222.95	—	3 168.85	126 537.57
广　东	44 156.15	347 870.17	—	32 335.96	424 362.28
广　西	5 561.56	48 701.22	—	1 900.27	56 163.05
海　南	3 558.04	8 672.89	1.49	868.12	13 100.54
重　庆	9 171.14	86 597.25	—	2 228.21	97 996.59
四　川	27 787.80	231 899.26	—	5 576.51	265 263.58
贵　州	12 213.83	131 444.46	—	3 584.30	147 242.59
云　南	32 269.02	167 487.12	—	14 016.10	213 772.24
西　藏	1 124.81	16 952.72	—	1 284.94	19 362.47
陕　西	14 090.88	131 818.28	—	3 617.19	149 526.36
甘　肃	8 299.35	49 468.54	—	1 282.79	59 050.68
青　海	2 003.47	15 216.01	—	295.37	17 514.85
宁　夏	5 189.55	28 225.60	—	632.88	34 048.03
新　疆	7 623.56	58 351.38	—	4 342.78	70 317.72
总　计 Total	**533 120.53**	**4 299 468.14**	**1.49**	**169 248.75**	**5 001 838.91**

续表

地 区 Region	合计 Total 乐透数字型 Lotto Games	竞猜型 Sports Betting	视频型 Online Instant Win	即开型 Instant Games	小计 Subtotal
北 京	181 182.35	442 428.68	0.00	105 204.49	728 815.53
天 津	91 672.07	485 538.80	0.00	40 118.50	617 329.37
河 北	312 779.81	712 726.57	0.00	110 438.42	1 135 944.80
山 西	81 931.73	323 481.28	0.00	27 105.75	432 518.76
内蒙古	124 890.51	381 661.75	0.00	61 197.86	567 750.12
辽 宁	141 657.14	408 737.81	0.00	74 530.67	624 925.62
吉 林	84 692.29	244 478.88	0.00	52 042.06	381 213.23
黑龙江	117 947.21	288 610.90	0.00	53 841.16	460 399.28
上 海	120 423.64	273 716.10	0.00	56 998.57	451 138.31
江 苏	640 636.44	1 391 247.74	0.00	254 172.53	2 286 056.71
浙 江	566 713.10	1 350 271.85	0.00	262 151.18	2 179 136.13
安 徽	238 620.28	709 345.67	0.00	70 625.05	1 018 591.00
福 建	437 835.86	461 225.17	0.00	136 086.92	1 035 147.95
江 西	132 404.40	586 347.72	0.00	37 288.60	756 040.72
山 东	373 115.83	1 466 438.95	0.00	170 038.60	2 009 593.38
河 南	449 156.97	1 182 496.42	0.00	162 653.77	1 794 307.16
湖 北	280 536.42	1 033 073.31	0.00	50 631.97	1 364 241.69
湖 南	137 269.23	555 148.08	0.00	33 633.23	726 050.54
广 东	544 385.62	1 753 184.48	0.00	399 690.66	2 697 260.76
广 西	68 915.57	232 729.43	0.00	28 092.40	329 737.40
海 南	42 302.75	28 497.01	58.93	11 058.14	81 916.83
重 庆	119 781.79	556 295.95	0.00	42 981.24	719 058.98
四 川	344 097.29	976 798.19	0.00	121 712.07	1 442 607.54
贵 州	152 686.22	423 799.78	0.00	61 705.13	638 191.13
云 南	390 153.69	563 732.43	0.00	228 247.95	1 182 134.08
西 藏	14 802.69	41 941.65	0.00	26 455.36	83 199.69
陕 西	160 201.50	516 916.29	0.00	63 511.23	740 629.03
甘 肃	112 508.41	278 678.98	0.00	44 231.37	435 418.76
青 海	25 149.59	51 044.70	0.00	9 467.17	85 661.47
宁 夏	60 630.30	100 617.24	0.00	19 430.50	180 678.03
新 疆	100 338.71	271 469.34	0.00	94 653.45	466 461.50
总 计 Total	**6 649 419.41**	**18 092 681.17**	**58.93**	**2 909 996.00**	**27 652 155.51**

（国家体育总局体育彩票管理中心）

（三）历年彩票销售统计资料

Sales Statistics of Different Lottery Games in Past Years

2013—2022 年中国福利彩票全国联网游戏销售统计

Sales Statistics of National Games of China Welfare Lottery from 2013 to 2022

双 色 球

单位：万元

Unit：Ten Thousand Yuan

地 区 Region	游戏类型 Game Type	2013	2014	2015	2016	2017	2018	2019	2020	2021	2022	合计 Total
北 京	乐透组合	237 406.52	262 458.65	187 337.75	182 144.69	169 291.03	170 197.65	180 269.62	126 844.89	189 043.83	176 631.82	1 881 626.46
天 津		77 893.73	143 334.58	79 195.45	62 614.97	64 439.81	57 860.00	55 248.23	47 188.33	57 361.81	55 164.91	700 301.81
河 北		182 447.25	178 571.18	180 201.05	183 119.22	189 015.35	192 294.60	214 245.67	189 123.42	231 975.97	218 302.64	1 959 296.34
山 西		98 957.24	92 833.87	87 249.08	84 653.57	85 140.98	85 901.40	88 083.13	84 508.11	100 113.71	94 923.07	902 364.17
内蒙古		135 945.07	181 132.94	104 015.16	92 153.30	92 295.73	95 194.43	96 081.15	87 901.27	108 396.49	101 299.84	1 094 415.38
辽 宁		211 457.08	203 203.98	195 462.76	188 132.28	184 233.24	186 830.44	184 422.44	155 134.91	182 048.10	164 122.08	1 855 047.31
吉 林		74 966.47	73 205.06	71 903.60	74 949.11	77 293.96	97 808.13	66 806.05	61 834.93	74 421.99	62 070.81	735 260.11
黑龙江		144 879.09	161 038.84	129 308.46	120 361.38	114 282.76	112 683.50	112 902.19	90 223.50	110 943.01	99 026.44	1 195 649.18
上 海		218 818.35	281 866.52	219 068.93	206 553.86	215 767.99	202 659.74	204 300.47	185 325.34	225 401.25	177 977.95	2 137 740.40
江 苏		317 509.11	304 314.23	301 615.11	306 815.10	296 129.52	296 560.03	321 496.47	287 355.98	339 133.72	334 284.74	3 105 214.02
浙 江		363 720.60	356 724.46	377 925.63	394 420.76	406 643.92	418 221.67	433 751.81	400 574.78	465 491.85	469 566.52	4 087 042.00
安 徽		187 267.00	199 809.57	174 316.68	175 299.71	177 239.86	181 225.84	197 077.98	183 310.10	214 134.69	219 823.12	1 909 504.55
福 建		163 427.18	162 554.45	164 525.36	169 100.32	168 541.80	172 060.53	185 657.71	178 632.44	211 434.05	211 612.88	1 787 546.73
江 西		219 449.72	239 477.97	117 467.42	108 412.71	139 087.86	155 286.55	122 618.22	118 518.53	126 892.43	122 233.70	1 469 445.12
山 东		304 495.64	298 940.88	293 389.44	302 780.37	309 520.32	317 929.21	337 593.22	298 815.39	349 364.76	344 140.69	3 156 969.91
河 南		213 547.92	215 518.04	214 773.43	221 794.57	228 921.02	225 358.04	234 242.73	212 539.55	242 446.64	223 037.27	2 232 179.20
湖 北		189 729.99	210 993.24	208 606.19	205 160.09	202 894.49	198 828.36	212 907.02	181 338.43	224 125.46	209 262.23	2 043 845.50
湖 南		183 450.01	186 376.27	187 406.95	196 703.60	192 805.53	203 249.11	206 931.96	182 732.91	207 190.36	211 571.30	1 958 418.00
广 东		696 569.12	674 812.59	621 536.53	598 483.42	599 663.79	619 917.93	662 988.01	576 537.30	702 147.90	687 364.74	6 440 021.32
广 西		195 205.93	154 533.68	143 101.65	151 343.29	211 340.28	189 259.97	145 180.15	132 728.77	150 326.02	140 040.27	1 613 060.00
海 南		37 602.07	34 628.84	34 284.69	33 258.46	31 772.01	29 203.75	27 915.20	25 079.92	32 082.05	30 056.96	315 883.94
重 庆		170 041.16	253 706.52	126 938.92	125 101.77	180 059.83	183 860.94	125 536.23	110 664.41	129 015.54	127 820.48	1 532 745.78
四 川		223 847.84	224 604.45	231 376.83	239 947.42	244 989.13	257 919.69	275 342.70	251 762.43	296 296.76	286 816.86	2 532 904.11
贵 州		91 846.02	94 089.63	95 075.96	101 203.18	102 343.65	103 109.05	111 888.63	103 394.29	123 490.00	113 151.33	1 039 591.73
云 南		178 597.60	171 578.06	168 792.57	182 561.75	181 060.14	181 250.80	202 833.88	188 711.32	236 216.67	240 700.95	1 932 303.73
西 藏		9 190.98	9 216.46	9 878.00	10 705.43	10 771.80	10 965.61	12 205.58	11 755.22	14 372.72	10 549.49	109 611.28
陕 西		150 812.66	147 986.45	146 268.33	146 850.86	145 125.40	156 729.43	168 452.00	156 426.02	186 342.87	174 945.30	1 579 939.33
甘 肃		71 202.28	69 680.73	72 437.14	76 286.95	73 772.64	72 799.84	75 930.89	67 265.14	80 678.11	73 516.63	733 570.35
青 海		27 591.21	24 625.08	24 571.55	25 963.89	25 763.38	25 813.70	27 511.52	25 049.82	28 685.92	24 009.91	259 585.99
宁 夏		39 742.79	44 446.60	34 864.18	34 172.45	34 419.91	37 505.35	37 662.24	38 506.36	54 974.92	50 470.11	406 764.92
新 疆		72 239.84	75 784.20	80 517.25	88 537.52	86 956.40	87 222.37	90 576.67	80 446.23	106 251.77	96 769.95	865 302.20
合计 Total		**5 489 857.47**	**5 732 048.01**	**5 083 412.04**	**5 089 586.03**	**5 241 583.53**	**5 325 707.65**	**5 418 659.77**	**4 840 230.04**	**5 800 801.36**	**5 551 264.97**	**53 573 150.88**

3D

单位：万元

Unit：Ten Thousand Yuan

地区 Region	游戏类型 Game Type	2013	2014	2015	2016	2017	2018	2019	2020	2021	2022	合计 Total
北京	乐透排列	84 192.20	85 845.31	62 597.75	58 882.13	57 801.94	57 327.71	60 473.53	40 387.65	73 130.69	78 075.29	658 714.20
天津		24 100.57	27 537.38	18 243.80	16 811.90	15 479.80	18 422.31	13 858.16	12 203.14	22 623.50	29 497.43	198 777.99
河北		79 484.22	63 017.53	54 113.76	52 002.40	48 445.50	52 485.32	57 127.19	48 733.82	74 711.64	93 879.86	624 001.23
山西		67 611.23	48 039.65	36 913.50	32 178.17	29 399.61	30 520.71	32 565.58	29 921.51	52 108.13	64 568.22	423 826.32
内蒙古		68 737.13	60 635.56	53 693.50	56 907.56	50 624.73	52 238.37	50 562.99	45 380.79	81 305.18	114 361.24	634 447.03
辽宁		142 218.06	128 636.60	119 135.97	115 911.85	110 153.27	115 577.31	119 053.94	96 997.50	153 908.76	182 973.61	1 284 566.86
吉林		41 022.57	36 668.28	33 179.72	33 356.26	31 193.73	35 098.24	27 415.64	28 505.39	43 708.96	50 105.24	360 254.03
黑龙江		57 848.81	54 700.02	47 239.07	46 192.18	41 732.28	40 304.94	42 208.90	33 926.17	50 752.67	57 353.71	472 258.75
上海		32 610.83	44 000.39	29 390.97	27 050.55	34 969.85	28 442.38	24 669.46	23 134.33	37 172.86	44 580.25	326 021.86
江苏		61 594.33	54 102.77	54 730.46	56 316.07	53 735.54	58 804.78	64 728.39	59 138.10	105 200.79	156 703.36	725 054.59
浙江		104 786.26	91 371.38	96 137.68	93 797.47	96 812.03	101 366.87	108 877.85	99 876.90	147 961.86	193 977.11	1 134 965.41
安徽		42 045.73	36 489.94	37 281.42	37 247.63	38 900.54	45 797.19	50 502.39	47 162.57	71 372.83	90 761.20	497 561.42
福建		13 446.61	12 584.58	15 263.00	13 456.79	13 685.64	15 275.23	21 002.40	20 112.93	24 364.42	39 601.06	188 792.67
江西		50 979.30	71 958.63	25 077.54	15 518.93	30 212.05	37 062.61	31 140.71	38 662.08	44 206.89	50 322.27	395 141.01
山东		104 325.82	90 376.86	85 305.28	84 438.39	86 220.36	94 584.49	107 999.02	102 030.55	152 244.71	180 324.06	1 087 849.55
河南		61 029.13	57 366.00	49 095.97	50 439.96	50 618.77	49 952.07	55 629.79	52 308.29	75 001.74	90 088.40	591 530.12
湖北		87 000.04	83 071.26	76 229.94	78 235.89	76 210.57	81 924.45	90 408.88	99 263.44	132 785.49	146 586.07	951 716.02
湖南		70 957.51	68 034.58	67 426.73	72 053.29	76 923.54	81 326.28	84 832.53	80 370.20	106 789.91	140 442.08	849 156.65
广东		70 215.61	66 684.41	67 797.07	67 664.10	67 519.02	72 600.61	77 866.30	67 980.46	111 555.97	157 320.43	827 203.98
广西		24 171.79	16 499.60	17 538.98	22 009.89	29 278.27	35 113.06	23 939.61	23 044.56	30 939.67	38 876.27	261 411.71
海南		1 306.15	1 437.94	1 707.25	1 530.65	1 428.92	1 273.34	1 206.43	1 081.26	1 633.38	2 070.18	14 675.51
重庆		28 187.57	28 784.06	22 831.50	27 239.98	31 375.15	33 437.01	36 924.50	36 598.80	42 979.91	51 999.49	340 357.96
四川		93 153.96	84 703.03	91 468.41	96 755.91	96 440.20	107 722.40	109 967.17	103 255.97	137 824.79	161 849.21	1 083 141.04
贵州		43 498.61	40 216.22	41 043.94	44 566.50	42 796.36	46 588.10	50 172.71	46 699.58	68 024.65	74 890.74	498 497.40
云南		151 479.12	146 459.19	142 927.67	157 391.73	165 206.31	180 358.12	195 685.16	191 808.58	300 680.51	376 344.21	2 008 340.59
西藏		10 181.88	7 819.11	7 328.74	7 399.25	6 834.70	6 226.72	6 293.28	5 067.81	11 291.72	14 007.92	82 451.12
陕西		100 173.66	88 177.66	78 376.03	77 461.95	74 561.66	78 201.93	84 516.01	72 871.95	109 807.29	173 611.46	937 759.59
甘肃		65 340.26	42 589.62	42 522.75	42 360.86	41 326.09	37 945.06	40 363.48	36 500.77	56 157.99	69 332.01	474 438.90
青海		23 436.09	20 653.15	19 554.10	20 443.38	20 740.98	22 450.36	27 203.56	26 741.33	38 301.32	45 127.47	264 651.73
宁夏		25 770.24	21 237.17	18 986.47	19 125.46	16 618.69	17 624.62	17 973.23	18 702.01	31 763.75	49 108.00	236 909.64
新疆		26 176.38	25 654.33	26 276.63	28 059.83	26 115.94	27 664.66	35 279.52	39 161.81	80 336.93	140 277.01	455 003.03
合计 Total		**1 857 081.67**	**1 705 352.19**	**1 539 415.58**	**1 552 806.90**	**1 563 362.02**	**1 663 717.24**	**1 750 448.33**	**1 627 630.26**	**2 470 648.89**	**3 159 014.83**	**18 889 477.91**

七 乐 彩

单位：万元

Unit：Ten Thousand Yuan

地 区 Region	游戏类型 Game Type	2013	2014	2015	2016	2017	2018	2019	2020	2021	2022	合计 Total
北 京	乐透组合	2 754.66	2 370.65	2 384.55	2 435.75	2 262.27	2 101.02	1 911.21	1 188.03	1 534.14	1 357.01	20 299.29
天 津		2 045.59	2 844.95	1 408.01	1 459.63	1 207.38	943.38	646.30	545.00	597.81	528.11	12 226.17
河 北		6 018.38	5 385.88	5 694.21	5 422.70	4 622.75	4 572.11	4 232.24	3 383.55	3 465.07	2 881.12	45 678.02
山 西		2 235.86	1 888.59	1 711.49	1 673.75	1 524.51	1 423.75	1 335.88	1 228.44	1 217.30	1 000.52	15 240.07
内蒙古		3 977.80	4 853.68	2 625.78	2 304.81	1 914.69	2 027.46	1 697.82	1 428.30	1 547.07	1 417.57	23 794.98
辽 宁		5 486.83	5 071.01	5 013.36	4 855.64	4 110.67	3 998.49	3 733.64	3 121.97	3 056.39	2 632.09	41 080.10
吉 林		1 763.28	1 680.48	1 757.32	1 835.16	1 682.64	2 698.21	1 344.83	1 216.08	1 177.31	885.53	16 040.84
黑龙江		2 578.66	2 426.67	1 965.11	1 781.25	1 516.10	1 427.06	1 273.49	966.55	994.04	829.57	15 758.49
上 海		4 209.70	4 213.73	3 667.52	3 842.91	3 376.42	3 136.76	2 984.92	2 667.03	3 208.13	2 924.62	34 231.75
江 苏		5 970.43	5 498.77	5 733.91	5 777.07	4 981.44	5 093.88	4 693.65	4 050.62	3 903.52	3 491.70	49 194.98
浙 江		8 118.16	6 608.44	7 558.97	8 039.22	6 876.43	7 133.28	6 554.09	5 561.11	4 845.98	4 657.54	65 953.23
安 徽		4 322.74	4 206.79	4 405.52	4 680.77	4 212.58	4 222.57	3 991.79	3 402.33	3 143.01	2 974.44	39 562.55
福 建		9 259.04	8 489.33	9 225.50	9 591.58	7 736.56	8 132.20	8 430.26	7 794.85	7 483.52	6 518.42	82 661.25
江 西		8 603.40	11 355.65	4 597.23	2 853.23	3 027.48	3 001.36	2 187.04	1 952.39	1 711.18	1 513.82	40 802.78
山 东		40 084.33	35 977.62	33 611.82	33 691.96	30 016.04	28 961.73	27 767.56	23 317.55	23 225.10	20 714.90	297 368.61
河 南		4 390.95	3 979.13	3 747.30	3 811.95	3 520.15	3 285.91	2 946.73	2 501.55	2 207.28	1 814.67	32 205.63
湖 北		3 173.90	3 524.70	3 118.58	3 135.33	2 569.95	2 486.12	2 354.55	2 040.15	1 982.30	1 460.24	25 845.83
湖 南		3 346.49	3 169.35	3 193.65	3 492.73	2 821.19	2 781.68	2 805.57	2 502.42	1 892.20	1 681.34	27 686.61
广东		1 669.94	1 330.08	1 283.32	1 257.29	1 163.13	1 161.49	1 143.13	929.43	1 028.21	905.70	11 871.72
广 西		8 891.54	6 291.06	6 212.26	6 765.16	6 535.50	5 685.14	5 071.49	4 448.89	3 936.66	3 213.93	57 051.62
海 南		205.45	226.91	262.39	274.39	239.89	204.91	181.80	167.94	187.97	200.76	2 152.41
重 庆		2 079.23	1 422.43	1 121.78	1 494.33	1 627.78	1 084.84	1 001.30	903.33	802.40	743.30	12 280.73
四 川		2 664.89	2 485.52	2 516.32	2 732.81	2 274.66	2 181.82	2 119.74	1 898.30	1 566.79	1 362.34	21 803.17
贵 州		874.74	750.81	779.49	815.98	727.90	750.27	791.30	615.13	563.85	478.85	7 148.33
云 南		4 133.89	3 221.16	2 729.68	2 892.45	2 336.88	2 292.83	2 272.54	2 046.73	2 062.94	1 740.75	25 729.86
西 藏		139.43	119.25	118.43	114.44	99.08	91.13	88.86	83.97	96.14	72.23	1 022.97
陕 西		3 639.87	3 283.24	3 014.67	2 789.32	2 348.93	2 372.60	2 228.03	1 881.82	1 808.55	1 632.30	24 999.33
甘 肃		1 618.37	1 351.92	1 309.87	1 365.62	1 114.51	1 017.88	975.35	831.53	816.97	643.03	11 045.04
青 海		468.80	384.27	392.10	416.46	351.96	343.78	391.96	378.18	282.71	203.20	3 613.41
宁 夏		920.69	748.32	602.25	603.07	517.30	519.88	476.34	432.44	457.95	365.15	5 643.38
新 疆		2 146.50	1 931.74	2 065.26	2 550.86	1 659.01	1 547.37	1 610.49	1 318.82	1 633.50	1 854.76	18 318.30
合计 Total		**147 793.54**	**137 092.11**	**123 827.65**	**124 757.63**	**108 975.78**	**106 680.89**	**99 243.90**	**84 804.40**	**82 435.98**	**72 699.54**	**1 088 311.42**

快乐 8

单位：万元

Unit：Ten Thousand Yuan

地　区 Region	游戏类型 Game Type	2013	2014	2015	2016	2017	2018	2019	2020	2021	2022	合计 Total
北　京	乐透组合	—	—	—	—	—	—	—	0.00	25 690.83	34 758.81	60 449.64
天　津		—	—	—	—	—	—	—	120.82	14 592.34	27 192.48	41 905.64
河　北		—	—	—	—	—	—	—	1 768.11	81 565.67	104 713.45	188 047.22
山　西		—	—	—	—	—	—	—	0.00	38 741.91	45 206.20	83 948.11
内蒙古		—	—	—	—	—	—	—	0.00	33 966.15	45 683.95	79 650.09
辽　宁		—	—	—	—	—	—	—	0.00	78 845.12	76 769.41	155 614.54
吉　林		—	—	—	—	—	—	—	0.00	50 359.16	48 185.44	98 544.60
黑龙江		—	—	—	—	—	—	—	940.99	32 913.29	40 884.56	74 738.84
上　海		—	—	—	—	—	—	—	1 295.89	29 993.29	32 460.52	63 749.70
江　苏		—	—	—	—	—	—	—	7 016.33	103 857.66	172 750.34	283 624.32
浙　江		—	—	—	—	—	—	—	15 091.78	187 607.47	216 372.38	419 071.63
安　徽		—	—	—	—	—	—	—	4 001.35	73 356.86	87 166.69	164 524.89
福　建		—	—	—	—	—	—	—	0.00	83 244.22	106 408.48	189 652.70
江　西		—	—	—	—	—	—	—	5 687.53	69 082.05	95 953.59	170 723.17
山　东		—	—	—	—	—	—	—	8 229.74	183 352.51	213 653.94	405 236.19
河　南		—	—	—	—	—	—	—	0.00	92 146.25	109 029.87	201 176.13
湖　北		—	—	—	—	—	—	—	3 095.21	105 221.14	152 539.19	260 855.54
湖　南		—	—	—	—	—	—	—	7 666.59	100 085.01	137 185.78	244 937.37
广　东		—	—	—	—	—	—	—	9 567.15	244 754.92	338 583.45	592 905.52
广　西		—	—	—	—	—	—	—	0.00	65 570.25	89 931.89	155 502.14
海　南		—	—	—	—	—	—	—	0.00	3 758.47	4 802.42	8 560.89
重　庆		—	—	—	—	—	—	—	4 149.18	87 293.29	101 060.50	192 502.96
四　川		—	—	—	—	—	—	—	10 384.93	140 492.21	174 280.72	325 157.86
贵　州		—	—	—	—	—	—	—	0.00	63 233.51	76 898.52	140 132.03
云　南		—	—	—	—	—	—	—	0.00	56 467.52	84 919.50	141 387.01
西　藏		—	—	—	—	—	—	—	0.00	3 454.30	4 942.69	8 396.99
陕　西		—	—	—	—	—	—	—	3 279.09	86 886.90	98 985.88	189 151.87
甘　肃		—	—	—	—	—	—	—	156.35	20 663.65	24 016.68	44 836.67
青　海		—	—	—	—	—	—	—	0.00	6 939.51	9 980.93	16 920.45
宁　夏		—	—	—	—	—	—	—	156.34	14 893.05	18 391.03	33 440.42
新　疆		—	—	—	—	—	—	—	0.00	89 315.74	112 324.85	201 640.59
合计 Total		**—**	**—**	**—**	**—**	**—**	**—**	**—**	**82 607.36**	**2 268 344.23**	**2 886 034.15**	**5 236 985.73**

开乐彩

单位：万元
Unit：Ten Thousand Yuan

地 区 Region	游戏类型 Game Type	2013	2014	2015	2016	2017	2018	2019	2020	2021	2022	合计 Total
天 津	乐透组合	—	—	—	—	—	—	—	—	—	—	—
河 北		7 045.93	2 794.59	960.63	343.02	123.48	—	—	—	—	—	11 267.66
山 西		972.94	313.05	82.39	12.13	1.31	—	—	—	—	—	1 381.81
内蒙古		—	—	—	—	—	—	—	—	—	—	—
辽 宁		1 539.71	573.24	171.15	81.65	15.47	—	—	—	—	—	2 381.22
吉 林		474.44	143.77	59.44	16.01	0.69	—	—	—	—	—	694.34
安 徽		—	—	—	—	—	—	—	—	—	—	—
福 建		—	—	—	—	—	—	—	—	—	—	—
山 东		277.18	122.65	88.34	99.88	38.85	—	—	—	—	—	626.89
河 南		—	—	—	—	—	—	—	—	—	—	—
湖 北		—	—	—	—	—	—	—	—	—	—	—
湖 南		89.99	55.16	—	—	—	—	—	—	—	—	145.15
广 东		0.83	0.64	—	—	—	—	—	—	—	—	1.47
四 川		37.86	9.27	—	—	—	—	—	—	—	—	47.13
云 南		—	—	—	—	—	—	—	—	—	—	—
陕 西		56.90	17.74	0.65	—	—	—	—	—	—	—	75.29
甘 肃		4 486.00	3 968.98	971.07	116.27	34.66	—	—	—	—	—	9 576.98
宁 夏		—	—	—	—	—	—	—	—	—	—	—
合计 Total		**14 981.77**	**7 999.06**	**2 333.68**	**668.96**	**214.46**	**—**	**—**	**—**	**—**	**—**	**26 197.93**

2013—2022 年中国福利彩票区域联网游戏销售统计

Sales Statistics of Inter-Regional Games of China Welfare Lottery from 2013 to 2022

15 选 5

单位：万元

Unit：Ten Thousand Yuan

地 区 Region	游戏类型 Game Type	2013	2014	2015	2016	2017	2018	2019	2020	2021	2022	合计 Total
上 海	乐透组合	4 294.76	6 069.99	3 403.39	2 439.91	2 385.95	3 526.13	3 554.60	2 963.24	2 752.12	2 869.73	34 259.81
江 苏		8 942.62	8 292.09	7 192.68	6 337.28	6 390.03	8 752.01	6 801.52	6 548.83	6 679.31	7 712.17	73 648.53
浙 江		8 634.76	6 245.00	4 578.22	3 837.12	3 685.12	5 401.78	3 986.06	4 348.92	3 588.38	4 668.59	48 973.95
安 徽		10 910.74	11 859.21	5 580.02	3 664.66	3 520.61	4 495.24	4 153.14	4 037.74	3 814.21	4 298.89	56 334.48
福 建		4 858.22	3 812.12	2 944.91	2 500.73	2 322.48	4 037.61	2 682.18	3 316.63	2 138.63	2 574.16	31 187.67
江 西		3 020.05	1 969.05	1 438.84	1 239.81	1 242.13	1 460.18	1 500.89	1 519.47	1 166.83	1 293.79	15 851.04
合计 Total		**40 661.15**	**38 247.46**	**25 138.07**	**20 019.51**	**19 546.33**	**27 672.94**	**22 678.41**	**22 734.83**	**20 139.48**	**23 417.32**	**260 255.49**

22 选 5

单位：万元

Unit：Ten Thousand Yuan

地 区 Region	游戏类型 Game Type	2013	2014	2015	2016	2017	2018	2019	2020	2021	2022	合计 Total
四 川	乐透组合	523.01	491.85	195.65	—	—	—	—	—	—	—	1 210.51
贵 州		403.80	308.05	105.58	—	—	—	—	—	—	—	817.43
云 南		2 054.93	1 631.38	532.19	—	—	—	—	—	—	—	4 218.51
合计 Total		**2 981.74**	**2 431.29**	**833.42**	**—**	**—**	**—**	**—**	**—**	**—**	**—**	**6 246.46**

东方 6+1

单位：万元

Unit：Ten Thousand Yuan

地 区 Region	游戏类型 Game Type	2013	2014	2015	2016	2017	2018	2019	2020	2021	2022	合计 Total
辽 宁	乐透排列	507.36	447.60	373.57	329.53	302.72	288.35	258.15	225.43	235.94	213.58	3 182.24
上 海		2 010.29	1 881.44	1 527.03	1 450.30	1 392.85	1 364.47	1 328.40	1 206.13	1 328.90	1 262.34	14 752.16
江 苏		4 091.24	3 767.99	3 249.04	2 879.57	2 608.42	2 522.36	2 372.24	2 034.45	2 122.40	1 993.59	27 641.30
浙 江		5 860.07	5 639.92	5 058.06	4 580.32	4 186.69	4 013.04	3 853.59	3 169.04	3 089.94	3 085.35	42 536.03
安 徽		1 398.62	1 321.91	1 113.24	1 063.67	1 020.66	1 022.22	1 007.09	887.17	824.40	746.16	10 405.13
福 建		1 347.43	1 261.68	1 118.74	1 067.90	1 051.36	1 455.45	1 079.56	977.69	907.10	802.44	11 069.36
江 西		364.65	463.21	203.76	157.47	163.86	165.65	163.02	131.51	148.99	157.88	2 120.00
合计 Total		**15 579.66**	**14 783.74**	**12 643.44**	**11 528.77**	**10 726.56**	**10 831.53**	**10 062.06**	**8 631.43**	**8 657.68**	**8 261.33**	**111 706.21**

2013—2022年中国福利彩票地方彩票销售情况表

Sales Statistics of Regional Games of China Welfare Lottery from 2013 to 2022

单位：万元

Unit：Ten Thousand Yuan

地区 Region	游戏类型 Game Type	游戏名称 Game Name	2013	2014	2015	2016	2017	2018	2019	2020	2021	2022	合计 Total
北京	乐透组合	北京快3	—	7 066.49	141 054.66	150 326.77	177 824.35	198 840.29	98 232.51	60 871.25	5 217.06	—	839 433.39
		北京快乐8	71 896.71	73 637.15	38 326.34	24 469.86	16 348.63	10 995.75	12 429.32	5 700.25	—	—	253 804.00
		北京两步彩	75.50	—	—	—	—	—	—	—	—	—	75.50
	乐透排列	北京PK拾	10 068.72	11 122.10	3 408.81	1 838.20	943.96	522.82	191.37	108.47	—	—	28 204.46
天津	乐透组合	天津快乐十分	139 553.40	179 315.54	194 627.49	210 387.80	207 090.40	214 935.30	159 992.37	150 833.53	20 219.84	—	1 476 955.68
	乐透排列	天津时时彩	1 157.27	180.76	93.95	75.86	85.82	53.25	2 081.27	857.04	—	—	4 585.22
河北	乐透组合	河北20选5	6 331.00	5 455.10	4 421.14	4 476.10	3 797.42	4 557.29	4 305.19	3 015.25	6 944.57	3 342.85	46 645.91
		河北20选5好运2	49.05	28.40	34.59	24.80	21.61	22.95	26.38	—	27.99	—	235.77
		河北20选5好运3	247.03	188.01	98.16	101.92	85.14	76.81	92.49	—	110.16	—	999.73
		河北快3	274 326.79	363 081.53	330 378.43	203 361.69	148 991.43	164 429.50	89 519.50	79 929.71	7 286.43	—	1 661 305.01
	乐透排列	河北数字5	189.79	174.65	136.28	142.00	113.09	127.57	92.14	84.89	91.88	71.62	1 223.91
		河北数字7	1 114.88	991.47	841.19	742.85	688.38	639.92	666.58	631.13	710.91	663.68	7 690.99
山西	乐透组合	山西21选5	951.93	—	—	—	—	—	—	—	—	—	951.93
		山西21选5好运2	56.66	—	—	—	—	—	—	—		—	56.66
		山西21选5好运3	290.72	—	—	—	—	—	—	—	—	—	290.72
		山西21选5好运4	93.68	—	—	—	—	—	—	—	—	—	93.68
		山西快乐十分	19 512.71	166 605.69	207 179.62	235 739.27	243 366.79	212 294.91	139 593.71	143 978.61	18 121.59	—	1 386 392.90
	乐透排列	山西时时彩	14 037.34	3 800.64	183.36	—	—	—	—	—	—	—	18 021.35
内蒙古	乐透组合	内蒙古快3	76 243.07	109 026.04	242 642.33	294 444.55	359 140.72	364 869.25	142 524.85	102 932.12	13 388.58	—	1 705 211.51
	乐透排列	内蒙古时时彩	23 230.63	18 188.98	11 496.21	9 953.28	8 484.87	8 461.04	9 035.71	7 368.55	—	—	96 219.26

续表

地区 Region	游戏类型 Game Type	游戏名称 Game Name	2013	2014	2015	2016	2017	2018	2019	2020	2021	2022	合计 Total
辽宁	乐透组合	辽宁 35 选 7	2 130.71	1 695.08	1 358.15	1 101.43	934.12	838.09	744.33	—	—	—	8 801.91
		辽宁 35 选 7 好运 1	22.28	14.07	10.82	8.98	7.70	7.78	6.82	—	—	—	78.44
		辽宁 35 选 7 好运 2	63.39	53.95	41.24	36.16	31.98	33.66	29.48	—	—	—	289.86
		辽宁 35 选 7 好运 3	240.86	202.84	161.87	141.98	117.73	108.03	100.20	—	—	—	1 073.50
		辽宁 35 选 7 好运 4	637.84	497.14	376.47	303.18	267.98	217.67	191.58	—	—	—	2 491.86
		辽宁快乐十二	362 808.11	476 946.68	501 950.09	507 146.44	496 626.16	490 626.70	317 492.30	286 760.84	40 487.11	—	3 480 844.44
吉林	乐透组合	吉林快 3	209 673.23	249 048.28	153 288.69	161 917.46	163 245.61	192 711.34	92 397.52	90 081.15	11 337.46	—	1 323 700.75
	乐透排列	吉林时时彩	489.30	387.02	376.53	228.77	1 206.82	8 083.89	1 244.71	1 430.01	—	—	13 447.06
黑龙江	乐透组合	黑龙江 22 选 5	1 741.12	1 701.93	—	—	993.25	830.10	733.03	469.15	553.20	450.99	7 472.78
		黑龙江 36 选 7	1 064.75	662.83	548.10	430.58	315.76	237.83	212.31	144.26	151.89	119.43	3 887.73
		黑龙江快乐十分	168 761.70	223 956.50	255 386.19	277 737.39	264 633.17	258 061.49	179 789.27	139 282.66	19 260.17	—	1 786 868.55
	乐透排列	黑龙江数字 6	5 616.03	2 963.47	2 475.66	3 141.09	2 822.22	1 195.86	1 058.80	979.70	1 341.22	749.95	22 343.99
		黑龙江时时彩	1 087.17	1 020.86	167.04	17.24	14.74	8.03	1 010.82	235.46	—	—	3 561.35
上海	乐透组合	上海基诺（KENO）	3 335.34	3 113.72	732.51	2.26	1 368.07	1 499.36	3 823.34	2 481.34	—	—	16 355.95
		上海快 3	19 112.27	24 057.32	46 014.95	82 044.71	112 100.66	148 468.19	148 439.30	186 000.92	27 895.74	—	794 134.07
	乐透排列	上海 4 位数（天天彩 4）	5 525.34	5 696.37	5 636.83	5 900.60	6 214.61	6 396.32	6 427.53	6 027.98	8 014.67	7 070.03	62 910.27
		上海天天彩选 3（时时乐）	4 465.72	3 219.75	3 235.01	3 778.59	4 181.28	4 926.29	6 024.26	4 760.09	—	—	34 590.97
江苏	乐透组合	江苏快 3	509 997.83	599 497.06	641 861.62	680 416.29	706 097.09	716 070.96	371 196.12	363 518.15	51 303.87	—	4 639 959.00
浙江	乐透组合	浙江快乐十二	297 956.50	381 608.72	433 646.62	443 962.04	493 514.61	601 327.00	459 720.08	479 518.02	48 145.25	—	3 639 398.84
		浙江快 2	—	—	6 741.30	21 083.60	21 161.48	23 952.23	5 707.61	3 498.45	375.96	—	82 520.63
安徽	乐透组合	安徽 25 选 5	783.92	896.31	857.49	829.32		—	—	—	—	—	3 367.04
		安徽快 3	124 778.48	183 016.35	163 341.18	165 187.58	209 222.21	211 175.95	145 993.08	124 544.86	11 658.16	—	1 338 917.86
福建	乐透组合	福建快 3	128 415.57	124 670.92	140 258.35	139 141.11	159 497.47	145 836.20	62 699.26	48 804.81	4 356.83	—	953 680.53
	乐透排列	福建时时彩	7 804.37	—	—	—	—	—	—	—	—	—	7 804.37
江西	乐透组合	江西快 3	—	—	—	36 271.30	105 080.22	161 727.71	49 420.32	28 884.11	1 480.82	—	382 864.48
	乐透排列	江西时时彩	128 255.51	177 666.68	62 167.46	4 695.20	—	—	—	—	—	—	372 784.84

续表

地区 Region	游戏类型 Game Type	游戏名称 Game Name	2013	2014	2015	2016	2017	2018	2019	2020	2021	2022	合计 Total
山东	乐透组合	山东 23 选 5	7 533.14	5 718.33	—	—	—	—	—	—	—	—	13 251.47
		山东群英会	428 140.07	548 123.11	536 494.79	530 970.53	547 519.46	553 471.17	391 512.79	334 980.54	36 852.88	—	3 908 065.34
河南	乐透组合	河南 22 选 5	14 066.80	12 242.68	9 834.59	9 540.24	9 296.61	8 500.65	8 610.55	11 669.70	19 007.11	12 801.23	115 570.17
		河南 22 选 5 好运 2	792.51	689.60	500.26	570.48	540.61	493.99	433.71	—	445.42	—	4 466.58
		河南 22 选 5 好运 3	4 405.72	4 234.26	3 317.83	3 440.91	3 166.09	2 916.10	2 792.61	—	2 820.84	—	27 094.37
		河南 22 选 5 好运 4	2 498.63	2 594.79	2 336.02	2 363.71	2 455.33	2 531.84	2 160.26	—	2 140.51	—	19 081.08
		河南快 3	—	25 062.94	50 232.63	75 137.37	95 676.84	102 316.61	39 351.05	31 344.38	3 797.10	—	422 918.92
	乐透排列	河南幸运彩	96 740.22	92 625.85	61 134.91	45 192.58	37 267.92	28 571.12	13 543.37	12 864.36	—	—	387 940.31
湖北	乐透组合	湖北 22 选 5	5 672.21	4 158.84	3 634.16	1 902.26	—	—	—	—	—	—	15 367.46
		湖北 22 选 5 好运 1	15.87	14.33	11.97	5.59	—	—	—	—	—	—	47.77
		湖北 22 选 5 好运 2	114.07	103.00	94.55	41.94	—	—	—	—	—	—	353.57
		湖北 22 选 5 好运 3	1 575.60	1 415.35	1 257.60	615.07	—	—	—	—	—	—	4 863.62
		湖北 22 选 5 好运 4	1 061.89	985.37	882.11	463.22	—	—	—	—	—	—	3 392.59
		湖北 30 选 5	—	—	—	2 377.09	1 927.08	1 159.63	834.07	454.24	347.91	—	7 100.01
		湖北快 3	238 582.87	312 778.32	339 977.83	370 168.64	410 476.53	441 388.43	155 826.12	123 462.47	15 858.68	—	2 408 519.89
	乐透排列	湖北时时彩	1 475.86	3 072.82	3 595.86	3 654.05	3 181.19	2 350.26	18 257.39	10 524.63	—	—	46 112.07
湖南	乐透组合	湖南快乐十分	122 403.19	167 092.79	179 501.28	211 350.00	239 279.23	243 258.66	150 097.34	143 184.10	15 605.86	—	1 471 772.44
广东	乐透组合	广东 26 选 5	1 522.15	1 511.83	1 317.18	1 083.23	1 052.70	736.60	—	—	—	—	7 223.69
		广东 26 选 5 好彩 2	176.63	163.88	152.21	145.24	128.43	86.04	—	—	—	—	852.44
		广东 26 选 5 好彩 3	1 428.99	1 330.35	1 277.63	1 163.77	1 088.06	754.93	—	—	—	—	7 043.74
		广东 36 选 7	29 404.37	28 663.42	24 016.26	21 166.36	17 249.48	17 831.79	14 545.66	12 993.35	14 567.38	12 165.10	192 603.18
		广东 36 选 7 好彩 1	38 209.26	49 555.59	21 339.62	15 709.75	16 368.55	15 426.07	15 403.32	14 795.76	17 228.21	17 671.89	221 708.01
		广东 36 选 7 好彩 2	1 417.33	1 327.91	1 252.11	1 123.37	1 124.35	1 131.73	1 180.34	1 043.66	1 201.15	1 229.56	12 031.51
		广东 36 选 7 好彩 3	21 087.46	20 331.02	19 158.73	17 859.60	17 233.09	17 124.05	17 177.81	14 982.44	17 175.65	17 574.10	179 703.96
		广东快乐彩	—	—	—	—	1 063.29	480.19	12.29	—	—	—	1 555.77
		广东快乐十分	503 038.86	630 406.75	704 534.05	780 844.54	843 369.91	906 235.42	594 021.85	620 447.66	89 658.96	—	5 672 558.01
深圳	乐透组合	深圳 35 选 7	1 493.97	1 276.43	972.13	765.17	709.52	618.66	550.34	395.86	411.74	—	7 193.83
		深圳快乐彩	705.16	1 861.29	2 565.69	32 078.60	204 183.72	275 460.43	82 071.16	51 315.06	7 640.28	—	657 881.40
		深圳快乐 8	3 563.81	2 635.04	2 066.30	1 478.85	311.53	478.72	433.10	304.21	27.49	—	11 299.04

续表

地区 Region	游戏类型 Game Type	游戏名称 Game Name	2013	2014	2015	2016	2017	2018	2019	2020	2021	2022	合计 Total
广西	乐透组合	广西快乐十分	41 816.13	43 692.87	44 038.12	47 349.35	39 378.24	42 187.94	29 568.69	23 768.44	—	—	311 799.78
		广西快3	69 985.67	332 615.59	135 675.50	91 660.40	93 128.51	106 948.54	52 227.51	57 562.95	6 839.53	—	946 644.19
		广西快乐双彩	4 928.08	4 292.73	4 444.69	4 658.79	4 164.41	4 362.00	4 598.35	4 125.44	3 729.17	3 799.23	43 102.90
		广西跑跑彩	145.06	—	—	—	—	—	—	—	—	—	145.06
海南	乐透组合	海南快乐三宝	—	188.13	402.82	1 130.39	455.64	266.20	437.44	83.11	—	—	2 963.73
		海南快2	99 042.04	100 700.17	98 640.95	87 929.36	76 913.91	64 134.42	9 085.00	2 770.99	946.02	—	540 162.87
重庆	乐透组合	重庆快乐十分	103 161.81	155 649.26	141 037.68	156 421.30	178 285.73	203 266.22	107 820.28	96 360.91	13 220.47	—	1 155 223.66
	乐透排列	重庆时时彩	32 545.94	43 368.12	8 690.80	2 288.41	25 688.33	13 464.35	5 001.32	2 912.51	—	—	133 959.76
四川	乐透组合	四川快乐十二	175 373.77	232 310.80	240 543.53	244 594.11	283 209.49	314 632.57	309 708.48	315 655.11	30 150.37	—	2 146 178.24
贵州	乐透组合	贵州十二生肖	205.42	132.16	58.08	—	—	—	—	—	—	—	395.67
		贵州快3	50 643.99	55 151.71	65 937.63	71 147.53	81 414.62	81 862.97	32 802.72	29 063.78	3 382.24	—	471 407.21
云南	乐透组合	云南快乐十分	63 196.70	128 563.82	152 682.91	186 432.72	210 653.15	257 411.31	187 538.85	209 868.19	25 513.49	—	1 421 861.12
	乐透排列	云南时时彩	281.10	206.59	110.68	76.26	63.60	66.40	43.74	35.96	—	—	884.35
西藏	乐透组合	西藏生肖时时彩	835.19	111.34	59.39	26.53	24.94	327.31	295.95	98.88	—	—	1 779.51
		西藏快3	15 389.97	46 843.61	77 236.11	127 433.12	237 229.99	209 911.55	155 049.78	138 070.65	15 410.86	—	1 022 575.62
陕西	乐透组合	陕西快乐十分	240 778.55	342 203.53	417 182.42	463 085.80	533 725.84	575 188.62	504 685.66	513 693.09	54 994.13	—	3 645 537.65
甘肃	乐透组合	甘肃快3	83 504.22	231 678.55	209 300.25	216 185.63	264 821.67	254 649.57	121 234.20	122 158.25	20 906.53	—	1 524 438.88
青海	乐透组合	青海快3	18 464.90	43 206.28	47 297.22	79 374.12	95 187.23	88 943.89	61 707.86	82 077.72	8 869.37	—	525 128.60
	乐透排列	青海时时彩	1 188.21	—	—	—	—	—	—	—	—	—	1 188.21
宁夏	乐透组合	宁夏快3	9 005.73	46 344.26	53 748.02	71 747.09	78 339.07	82 388.96	33 663.98	34 471.32	3 865.33	—	413 573.76
	乐透排列	宁夏时时彩	91.28	—	—	—	—	—	—	—	—	—	91.28
新疆	乐透组合	新疆18选7	266.11	297.52	248.92	244.83	179.58	182.20	148.38	94.17	134.79	—	1 796.50
		新疆25选7	1 058.76	1 178.63	2 530.05	1 273.64	655.41	744.65	322.52	171.63	168.39	—	8 103.68
		新疆35选7	7 273.76	6 835.43	5 819.54	5 378.72	4 288.86	3 612.37	3 455.41	2 240.77	2 500.10	—	41 404.95
		新疆喜乐彩	738.25	419.42	367.04	331.20	253.98	159.93	124.53	123.06	—	—	2 517.41
	乐透排列	新疆时时彩	162 954.73	187 841.89	213 872.63	242 276.72	288 859.36	351 493.75	274 747.62	294 670.87	37 565.61	—	2 054 283.18
合计 Total			**5 334 196.21**	**7 325 264.72**	**7 486 939.98**	**7 903 866.41**	**8 868 228.65**	**9 434 696.15**	**5 916 328.86**	**5 638 573.01**	**771 464.95**	**77 709.67**	**58 757 268.61**

（中国福利彩票发行管理中心供稿）

2013—2022年中国福利彩票视频型彩票销售情况表（分游戏）

Sales Statistics of Video Terminal-Sail of China Welfare Lottery from 2013 to 2022

单位：万元

Unit：Ten Thousand Yuan

序号	游戏品种	2013	2014	2015	2016	2017	2018	2019	2020	2021	2022	合计 Total
1	四花选五	633.29	795.25	686.37	489.37	401.29	334.18	308.22	31.87	0.00	0.00	3 679.83
2	小猫钓鱼	0.00	0.00	0.00	0.00	0.00	0.00	0.00	0.00	0.00	0.00	0.00
3	洞穴寻宝	0.00	0.00	0.00	0.00	0.00	0.00	0.00	0.00	0.00	0.00	0.00
4	幸运七彩	0.00	0.00	0.00	0.00	0.00	0.00	0.00	0.00	0.00	0.00	0.00
5	开心一刻	58.23	64.66	62.60	50.92	39.81	31.09	30.50	3.63	0.00	0.00	341.44
6	幸运五彩	921.76	990.36	957.26	685.71	1 041.90	979.31	711.29	61.98	0.00	0.00	6 349.57
7	幸运扑克	0.00	0.00	0.00	0.00	0.00	0.00	0.00	0.00	0.00	0.00	0.00
8	西游夺彩	0.00	0.00	0.00	0.00	0.00	0.00	0.00	0.00	0.00	0.00	0.00
9	多级扑克	0.00	0.00	0.00	0.00	0.00	0.00	0.00	0.00	0.00	0.00	0.00
10	三江风光	1 078.01	954.68	720.48	505.39	477.90	351.05	383.49	38.51	0.00	0.00	4 509.50
11	连环夺宝	2 884 955.30	3 762 037.82	4 234 298.77	4 443 250.99	4 610 283.25	4 733 475.22	4 400 434.80	678 461.25	0.00	0.00	29 747 197.38
12	趣味高尔夫	5 965.59	9 420.77	9 667.70	8 294.64	8 166.55	8 081.06	6 228.14	698.12	0.00	0.00	56 522.57
13	好运射击	272.92	373.13	345.85	282.85	234.34	200.69	154.16	15.77	0.00	0.00	1 879.72
合计 Total		**2 893 885.09**	**3 774 636.67**	**4 246 739.03**	**4 453 559.86**	**4 620 645.04**	**4 743 452.59**	**4 408 250.60**	**679 311.13**	**0.00**	**0.00**	**29 820 480.01**

（中国福利彩票发行管理中心供稿）

2013—2022 年中国福利彩票即开型彩票销售情况表（分游戏）

Sales Statistics of Terminal-Sale Instant Win Tickets of China Welfare Lottery in Different Lottery Games from 2013 to 2022

单位：万元

Unit：Ten Thousand Yuan

序号	游戏品种	2013	2014	2015	2016	2017	2018	2019	2020	2021	2022	合计 Total
1	人工销售统计游戏	—	—	—	—	37.35	—	—	—	—	—	37.35
2	勇士闯关 4	0.64	34.03	—	—	—	—	—	—	—	—	34.67
3	开心宾果	2.35	0.42	—	—	—	—	—	—	—	—	2.77
4	即开 3D	0.24	-3.08	—	—	—	—	—	—	—	—	-2.84
5	棒球小子	0.00	0.02	—	—	—	—	—	—	—	—	0.02
6	趣味麻将一	101.16	24.95	—	0.01	—	—	—	—	—	—	126.12
7	喜庆吉祥 2	11.84	-2.29	—	0.11	—	—	—	—	—	—	9.66
8	比大小	17.73	5.82	—	—	—	—	—	—	—	—	23.55
9	66 顺	0.12	0.21	—	—	—	—	—	—	—	—	0.33
10	幸运宝贝	0.02	6.00	—	—	—	—	—	—	—	—	6.02
11	吉星高照	-5.07	-0.75	—	0.02	—	—	0.06	—	—	—	-5.74
12	鉴宝	-1.11	0.04	—	—	—	—	—	—	—	—	-1.07
13	清一色	5.42	1.15	—	0.03	—	—	—	—	—	—	6.60
14	游乐场 3 元	3.10	0.32	—	—	—	—	—	—	—	—	3.41
15	快乐生肖	0.06	1.17	—	—	—	—	—	—	—	—	1.23
16	和气生财	0.38	0.24	—	—	—	—	—	—	—	—	0.62
17	发奖金	48 162.31	46 173.91	40 658.19	33 948.44	24 700.72	19 780.00	19 881.81	15 202.61	15 498.02	1 587.80	265 593.82
18	生肖	0.08	—	—	—	—	—	—	—	—	—	0.08
19	硕果累累	2.42	1.21	—	0.01	—	—	—	—	—	—	3.64
20	多彩扑克	0.25	-1.68	—	0.02	—	—	—	—	—	—	-1.41
21	幸运宝藏	40.10	10.11	—	0.20	—	—	—	—	—	—	50.41
22	勇士闯关 5	24 562.27	12 159.79	1 759.98	294.74	57.44	11.69	0.74	26.76	—	—	38 873.41
23	大富翁 2	108.64	-5.49	—	0.02	—	—	—	—	—	—	103.18
24	幸运宝贝 2	0.01	0.05	—	—	—	—	—	—	—	—	0.06
25	和气生财 2	98.00	-2.59	—	—	—	—	—	—	—	—	95.41
26	四季发	13.21	-1.93	—	0.06	—	—	—	—	—	—	11.34
27	农家乐	0.15	0.19	—	0.22	—	—	—	—	—	—	0.56
28	富贵有余 2	27 902.56	25 461.38	18 984.01	17 163.12	11 556.65	7 731.73	8 353.47	5 935.28	9 047.36	1 983.60	134 119.16
29	对对和	10.07	0.06	—	—	—	—	—	—	—	—	10.13
30	金花	41.19	10.24	—	—	—	—	—	—	—	—	51.43
31	扑克比大小	13.55	0.04	—	—	—	—	—	—	—	—	13.59
32	对对碰	0.05	—	—	—	—	—	—	—	—	—	0.05
33	见缝插金	11.07	3.14	—	—	—	—	—	—	—	—	14.21
34	66 顺 2	25.15	5.47	—	0.11	—	—	—	—	—	—	30.73
35	幸运宝贝 3	6.48	-2.98	—	0.05	—	—	—	—	—	—	3.55
36	数字魔方	11.42	0.40	—	—	—	—	—	—	—	—	11.82

续表

序号	游戏品种	2013	2014	2015	2016	2017	2018	2019	2020	2021	2022	合计 Total
37	海底寻宝	-1.28	-6.19	—	0.19	—	—	—	—	—	—	-7.29
38	红楼十二钗	9.81	7.00	—	—	—	—	—	0.25	—	—	17.06
39	点石成金 2	0.00	—	—	0.13	—	—	—	—	—	—	0.13
40	幸运宝藏 2	40.03	4.79	—	—	—	—	—	—	—	—	44.82
41	赛车	11.70	1.35	—	—	—	—	—	—	—	—	13.05
42	宁夏票 5 元	0.80	5.00	—	—	—	—	—	—	—	—	5.80
43	宁夏票 2 元	52.21	8.00	—	—	—	—	—	—	—	—	60.21
44	西游探宝	—	-0.20	—	2.79	—	—	—	—	—	—	2.59
45	游乐场	0.09	—	—	0.02	—	—	—	—	—	—	0.11
46	节大欢喜	60.10	-74.48	—	5.08	—	—	—	—	—	—	-9.30
47	硕果累累 2	10.02	—	—	—	—	—	—	—	—	—	10.02
48	金花 2	2.04	0.08	—	—	—	—	—	—	—	—	2.11
49	重建家园	15.13	0.15	—	—	—	—	—	—	—	—	15.28
50	同舟共济	10.70	-37.82	—	0.10	—	—	—	—	—	—	-27.02
51	众志成城	6.52	0.65	—	—	—	—	—	—	—	—	7.17
52	扶危济困	35.21	-7.19	—	—	—	—	—	—	—	—	28.02
53	阖家欢乐	20.85	-7.89	—	—	—	—	—	—	—	—	12.97
54	福牛乐乐	3.58	1.30	—	—	—	—	—	—	—	—	4.88
55	超越自我	0.30	—	—	—	—	—	—	—	—	—	0.30
56	欢聚北京	3.29	0.15	—	—	—	—	—	—	—	—	3.44
57	节大欢喜 2	52.62	8.38	—	0.05	—	—	—	—	—	—	61.05
58	牛年 2 元	0.38	—	—	0.01	—	—	—	—	—	—	0.38
59	牛年 5 元	63.95	12.15	—	—	—	—	—	—	—	—	76.10
60	喜庆吉祥 3	34.07	34.54	—	—	—	—	—	—	—	—	68.61
61	阖家欢乐 3	5.68	2.09	—	—	—	—	—	—	—	—	7.77
62	阖家欢乐 2	16.83	18.09	—	0.03	—	—	—	—	—	—	34.95
63	富贵有余 5	21.65	—	—	—	—	—	—	—	—	—	21.65
64	争分夺秒	88 898.94	70 582.57	52 260.78	37 605.47	22 983.00	15 546.92	15 984.98	8 982.09	9 815.58	1 665.66	324 326.01
65	星座	16.78	0.82	—	0.01	—	—	—	—	—	—	17.61
66	万事如意	5.37	1.42	—	—	—	—	—	—	—	—	6.79
67	美丽辽宁	0.94	0.60	—	—	—	—	—	—	—	—	1.54
68	和谐辽宁	28.80	0.65	—	—	—	—	—	—	—	—	29.45
69	好运辽宁	113.22	30.30	—	—	—	—	—	—	—	—	143.52
70	欢乐碰碰碰	-0.30	0.07	—	—	—	—	—	—	—	—	-0.23
71	开心时刻	9.19	-1.40	—	—	—	—	—	—	—	—	7.79
72	淘宝商城	62.29	8.20	—	—	—	—	—	—	—	—	70.49
73	节大欢喜 3	1 045.97	25.05	—	—	—	—	—	—	—	—	1 071.02
74	美梦成真	50 448.75	43 857.36	34 164.38	22 300.31	12 588.13	8 077.13	7 635.20	4 376.63	5 666.89	2 094.39	191 209.18
75	水浒 108 将	81.50	5.32	—	—	—	—	—	—	—	—	86.83
76	一刮一乐	55.55	-1.28	—	—	—	—	—	—	—	—	54.27
77	财源滚滚	22.06	1.02	—	0.01	—	—	—	—	—	—	23.09
78	梁祝	16.28	9.71	—	—	—	—	—	—	—	—	25.99

续表

序号	游戏品种	2013	2014	2015	2016	2017	2018	2019	2020	2021	2022	合计 Total
79	节大欢喜 4	18 800.90	20 727.29	13 405.18	8 712.76	4 163.25	3 292.75	3 590.58	2 171.41	2 142.86	—	77 006.98
80	五福临门	23 126.18	16 348.01	5 783.99	8 101.24	7 650.58	5 320.72	2 666.88	533.92	166.65	28.10	69 726.26
81	游乐场 2	17.35	—	—	—	—	—	—	—	—	—	17.35
82	祝福	32.85	4.60	—	—	—	—	—	—	—	—	37.45
83	锦绣中华	80.04	17.30	—	—	—	—	—	—	—	—	97.34
84	缤纷世博	5.30	0.30	—	—	—	—	—	—	—	—	5.60
85	奇妙世博	0.40	0.23	—	—	—	—	—	—	—	—	0.63
86	海宝风情	1.59	—	—	—	—	—	—	—	—	—	1.59
87	吉祥海宝	211.12	8.56	—	—	—	—	—	—	—	—	219.68
88	美丽辽宁 2	0.25	0.56	—	—	—	—	—	—	—	—	0.81
89	和谐辽宁 2	0.25	0.40	—	—	—	—	—	—	—	—	0.65
90	水浒 108 将 2	1.75	—	—	—	—	—	—	—	—	—	1.75
91	圣诞快乐 1	322.96	191.93	53.26	—	—	0.10	—	—	—	—	568.25
92	爱情密码	0.07	1.45	—	—	—	—	—	—	—	—	1.52
93	奇妙世博 2	11.45	—	—	—	—	—	—	—	—	—	11.45
94	游乐场 3	966.50	1 990.05	115.20	55.00	78.85	—	—	—	—	—	3 205.60
95	彩运天天有	15.51	10.42	0.10	0.06	—	—	—	—	—	—	26.09
96	指动金来	9 968.43	235.19	1 163.49	2 399.29	622.50	119.39	26.93	-6.66	—	—	14 528.57
97	欢天喜地	3.14	1.02	0.10	—	—	—	—	—	—	—	4.27
98	阖家欢乐 4	4.45	1.32	—	—	—	—	—	—	—	—	5.77
99	中华名人	1.25	5.00	—	—	—	—	—	—	—	—	6.25
100	中华泰山	71.40	4.30	—	—	—	—	—	—	—	—	75.70
101	楚天 2 元	6.46	2.16	—	—	—	—	—	—	—	—	8.62
102	楚天 5 元	3.75	1.80	—	—	—	—	—	—	—	—	5.55
103	节大欢喜 5	11 532.29	8 285.01	3 977.40	2 463.83	1 057.90	406.15	29.15	2.58	—	—	27 754.31
104	畅游天下	125.20	5.00	—	—	—	—	—	—	—	—	130.20
105	苏州园林 5 元	236.35	65.20	11.95	8.65	1.85	—	—	—	—	—	324.00
106	苏州园林 10 元	206.75	93.15	4.45	0.30	2.65	—	—	—	—	—	307.30
107	寻宝乐	1.25	2.00	—	—	—	—	—	—	—	—	3.25
108	海宝赛车	0.04	—	0.05	—	—	—	—	—	—	—	0.09
109	海宝魔术师	80.95	2.95	—	—	—	—	—	—	—	—	83.90
110	海底大寻宝	204.47	27.57	22.02	—	—	—	—	—	—	—	254.06
111	红楼探秘	24.78	1.42	0.10	—	—	—	—	—	—	—	26.30
112	虎门销烟	5 667.64	6 225.09	4 475.61	3 362.69	2 349.19	2 175.68	2 821.80	2 110.34	896.35	15.68	30 100.06
113	羊城八景	15.85	6.20	—	—	—	—	—	—	—	—	22.05
114	桂林山水	27.88	32.53	6.64	—	—	—	—	—	—	—	67.05
115	岩洞寻宝	9.31	23.50	1.89	—	—	—	—	—	—	—	34.70
116	长春雕塑	83.13	10.74	5.85	0.78	—	—	—	—	—	—	100.50
117	秀美吉林	10.65	2.20	16.85	1.01	—	—	—	—	—	—	30.71
118	足球之源	29.48	10.90	0.10	0.01	—	0.05	—	—	—	—	40.54
119	星耀世博	3.09	0.05	0.00	—	—	—	—	—	—	—	3.14
120	金山银山	—	—	0.00	0.05	—	—	—	—	—	—	0.05

续表

序号	游戏品种	2013	2014	2015	2016	2017	2018	2019	2020	2021	2022	合计 Total
121	欢乐彩	494.47	214.77	28.55	0.18	-0.02	0.05	—	—	—	—	738.01
122	羊城新八景	65.55	—	0.00	—	—	—	—	—	—	—	65.55
123	吉星高照 2	31.13	0.35	0.00	—	9.46	—	0.08	0.19	—	—	41.21
124	开奖啦	24.12	0.08	0.00	—	—	—	—	—	—	—	24.20
125	福寿有余	1 324.42	62.22	8.42	0.16	—	—	—	—	—	—	1 395.22
126	乐翻天	903.85	181.76	111.75	0.05	—	—	—	—	—	—	1 197.41
127	中华名人 2	7.29	5.86	0.00	—	—	—	—	—	—	—	13.15
128	淘金者	1 059.10	220.30	154.58	—	—	—	—	—	—	—	1 433.98
129	畅游天下 2	24.55	33.60	1.60	—	—	—	—	—	—	—	59.75
130	我爱电影－唐山大地震	0.05	—	0.00	0.05	—	—	—	—	—	—	0.10
131	大熊猫 2 元	0.01	—	0.00	—	—	—	—	—	—	—	0.01
132	大熊猫 5 元	—	—	0.06	—	—	—	—	—	—	—	0.06
133	大熊猫 20 元	1.30	—	0.00	—	—	—	—	—	—	—	1.30
134	缘定金生	17.89	5.04	0.02	—	—	—	—	—	—	—	22.95
135	王牌高手	82.00	22.57	4.60	0.03	—	0.05	—	—	—	—	109.25
136	好运气	757.50	1 389.20	512.50	35.00	—	—	—	-24.68	—	—	2 669.52
137	世博熊猫	104.00	8.10	0.00	—	—	—	—	—	—	—	112.10
138	百发百中	176 320.60	156 850.85	132 454.90	126 511.79	102 518.98	91 773.32	101 118.21	89 180.49	148 870.50	146 426.33	1 272 025.97
139	和谐中华	86.40	11.05	0.05	—	—	—	—	—	—	—	97.50
140	高山流水	49.90	9.00	6.20	0.01	—	—	—	—	—	—	65.11
141	荷包满满	0.70	2.35	0.00	—	—	—	—	—	—	—	3.05
142	紫荆花开	25.35	3.55	0.00	—	—	—	—	—	—	—	28.90
143	宝岛风情	23.73	8.55	0.00	—	—	—	—	—	—	—	32.28
144	畅游天下 3	15.00	30.00	0.00	—	—	—	—	—	—	—	45.00
145	东方之冠 1	39.65	5.69	0.00	—	—	—	—	—	—	—	45.34
146	东方之冠 2	145.85	5.30	0.06	—	—	—	—	—	—	—	151.21
147	漫游世博	28.45	0.75	0.00	—	—	—	—	—	—	—	29.20
148	中华名人 3	8 112.34	3 273.32	288.42	53.54	17.90	2.60	1.81	3.61	—	—	11 753.55
149	锦绣中华 2	0.60	—	0.00	—	—	—	—	—	—	—	0.60
150	红楼探秘 2	42 360.76	39 103.32	32 283.00	18 702.36	13 023.07	10 186.37	17 020.33	16 240.70	20 327.90	9 898.48	219 146.29
151	筑美世博	0.15	0.05	0.00	—	—	—	—	—	—	—	0.20
152	筑美(套票)	3.48	0.69	0.00	—	—	—	—	—	—	—	4.17
153	水浒 108 将 3	10.46	0.49	0.00	—	—	—	—	—	—	—	10.94
154	灌篮高手	32.45	1.99	0.00	—	—	—	—	—	—	—	34.44
155	超越梦想	2.95	0.55	0.00	—	—	—	—	—	—	—	3.50
156	惊喜夺金	6 000.71	1 203.41	1 049.47	146.30	28.73	0.01	0.50	0.48	—	—	8 429.60
157	领奖台	458.36	47.93	79.71	—	—	0.50	—	—	—	—	586.51
158	大满贯	2.50		0.00	0.30	—	—	—	—	—	—	2.80
159	欢乐嘉年华 10 元	20 027.40	265.30	45.23	0.66	—	0.40	—	—	—	—	20 338.98
160	恭贺新春	8.49	0.76	0.00	—	—	—	—	—	—	—	9.25
161	玉兔迎春	34.53	2.26	0.00	—	—	—	—	—	—	—	36.79
162	爱情密码 2	8.24	0.35	0.00	—	—	—	—	—	—	—	8.59

续表

序号	游戏品种	2013	2014	2015	2016	2017	2018	2019	2020	2021	2022	合计 Total
163	淘金者 2	4 607.90	2 758.10	339.00	19.30	15.50	—	—	—	—	—	7 739.80
164	吉祥如意	13.53	7.72	0.00	—	—	—	—	—	—	—	21.25
165	发奖金 5 元	32 708.00	29 040.17	19 687.24	15 687.39	12 548.77	9 719.42	15 672.25	12 515.58	15 191.53	13 701.20	176 471.53
166	年年有余	971.57	26.70	8.95	0.90	4.00	—	—	—	—	—	1 012.12
167	欢乐园	5.51	7.45	0.00	0.00	—	—	—	—	—	—	12.96
168	中华故事 5 元 - 上善若水	154.55	16.40	0.00	0.00	0.05	—	—	—	—	—	171.00
169	中华故事 5 元 -2- 老子说	1.70	1.75	0.00	0.00	—	—	—	—	—	—	3.45
170	中华故事 10 元 - 老子经典	296.40	6.40	1.50	0.00	0.20	—	—	—	—	—	304.50
171	环游世界	1 526.07	156.10	29.74	13.85	5.71	0.10	—	0.05	—	—	1 731.63
172	连连看	12.39	2.68	0.00	0.00	—	—	—	—	—	—	15.07
173	神笔马良	66.11	4.61	0.00	0.00	—	—	—	—	—	—	70.72
174	上海风采 - 外滩	805.00	102.50	0.00	0.00	—	—	—	—	—	—	907.50
175	富贵有余 6	219.14	30.24	8.36	1.00	2.15	-1.15	—	—	—	—	259.74
176	富贵有余 8	255.70	50.46	0.00	0.00	—	—	—	—	—	—	306.16
177	好运十倍	257 183.78	287 395.74	255 372.83	236 192.66	190 956.73	180 277.21	221 177.58	202 263.07	438 451.11	525 594.56	2 794 865.26
178	普天同庆	11.35	—	0.00	0.10	—	—	—	—	—	—	11.45
179	金色土地	418.63	98.51	66.16	6.90	9.96	0.15	—	—	—	—	600.30
180	美好生活 - 永结同心	5 349.90	2 527.64	2 007.91	474.05	160.58	83.56	26.90	2.64	—	—	10 633.18
181	财富之旅	4 717.89	919.91	91.62	81.15	5.60	0.21	—	0.15	—	—	5 816.53
182	中状元	1 944.18	703.07	312.66	125.42	66.65	1.01	5.02	6.01	—	—	3 164.03
183	数字达人 2 元	141.17	8.83	8.05	11.02	3.70	0.06	—	—	—	—	172.82
184	奇兵夺宝	-229.01	-5.26	0.00	0.00	—	—	—	—	—	—	-234.27
185	中秋送福	2 097.73	707.82	523.16	228.07	122.76	0.30	0.25	0.64	—	—	3 680.73
186	九九重阳	174.90	53.35	0.70	0.20	0.55	—	—	—	—	—	229.70
187	灌篮高手 20 元	6 346.74	1 661.86	328.38	12.10	2.28	—	—	—	—	—	8 351.36
188	中华故事 10 元	20.35	—	0.00	0.00	—	—	—	—	—	—	20.35
189	富贵有余 20 元	87.30	—	0.00	2.50	—	—	—	—	—	—	89.80
190	国泰民安	32 909.99	33 941.34	31 792.78	19 331.69	13 984.88	13 571.16	22 535.09	22 928.10	44 060.14	34 687.37	269 742.53
191	马到功成	1 785.34	687.66	232.75	52.40	17.35	0.20	—	—	—	—	2 775.70
192	对对碰 5 元	3 213.75	29.40	5.15	1.40	3.40	—	—	—	—	—	3 253.10
193	我爱电影 - 龙门飞甲 10 元	4.80	7.25	0.00	0.00	—	—	—	—	—	—	12.05
194	生态鄱阳 2 元	139.66	25.38	39.88	15.16	6.83	0.30	0.40	6.06	—	—	233.66
195	大吉大利	37 457.84	25 110.01	16 019.29	4 494.37	3 018.56	3 525.81	4 943.78	3 441.88	9 183.71	1 583.05	108 778.29
196	企鹅探宝	21 575.70	12 362.00	2 238.68	215.50	25.78	-3.89	2.51	2.95	—	—	36 419.24
197	金龙贺岁	3 148.63	213.55	55.97	15.15	10.66	—	—	0.05	—	—	3 444.01
198	三国争雄	-147.84	-100.55	0.00	0.00	—	—	—	—	—	—	-248.38
199	金钥匙	10 118.95	1 904.91	256.04	28.70	38.31	0.80	—	—	—	—	12 347.71
200	江门风光	5 100.71	4 638.17	3 077.68	1 465.23	1 195.92	161.01	14.08	0.60	—	—	15 653.40
201	2012 龙	2 038.35	518.06	80.49	81.60	31.52	-5.95	—	—	—	—	2 744.07
202	2012 龙四联张	2 138.14	576.06	300.40	108.90	45.28	0.70	—	—	—	—	3 169.48
203	2012 龙小本票	1 315.17	736.53	134.34	83.50	38.33	-3.70	—	0.05	—	—	2 304.22
204	魅力丹霞	234.69	17.17	3.40	0.40	0.10	—	—	—	—	—	255.75

续表

序号	游戏品种	2013	2014	2015	2016	2017	2018	2019	2020	2021	2022	合计 Total
205	张家界风光 5 元	5.69	1.20	1.00	0.00	—	—	—	—	—	—	7.89
206	张家界风光 10 元	79.68	16.51	40.32	0.00	—	—	—	—	—	—	136.52
207	心连心	10 735.24	592.19	47.77	6.04	3.91	0.48	0.72	1.38	—	—	11 387.75
208	招财猫	9 270.05	3 859.12	1 471.91	719.24	367.86	0.25	-31.27	0.52	—	—	15 657.69
209	美好生活 20 元	11 076.36	3 330.86	613.39	188.83	185.70	2.80	0.90	0.30	—	—	15 399.14
210	大赢家	11 793.14	3 143.06	1 088.31	436.82	51.89	-2.91	0.45	0.45	—	—	16 511.21
211	夺宝嘉年华	7 927.37	2 299.16	963.23	554.12	167.72	0.10	—	—	—	—	11 911.69
212	倍给力	16 842.99	1 596.50	197.78	33.05	11.26	0.10	—	—	—	—	18 681.69
213	存钱罐	22 255.33	4 390.50	419.60	12.24	2.15	1.62	0.89	0.10	—	—	27 082.43
214	欢乐嘉年华 20 元	11 970.45	4 019.72	1 725.57	525.77	224.78	-0.05	0.15	—	—	—	18 466.39
215	荷塘月色	34 740.10	3 653.17	749.65	154.25	50.11	0.30	0.70	0.70	—	—	39 348.98
216	蚂蚁搬家	10 682.90	5 626.57	966.32	99.48	20.65	1.32	1.02	0.08	—	—	17 398.33
217	七彩盛世	869.80	668.70	581.62	25.55	0.76	—	—	—	—	—	2 146.43
218	黄河魂	2 818.79	546.55	106.20	40.35	23.65	—	—	—	—	—	3 535.53
219	敦煌韵	2 803.95	531.10	376.30	312.12	65.87	-0.06	—	—	—	—	4 089.28
220	花好月圆	8 425.28	754.00	172.14	50.10	28.71	0.20	0.10	—	—	—	9 430.52
221	巍巍井冈	8 738.32	8 884.30	717.50	2.80	0.44	1.94	1.60	4.10	—	—	18 351.00
222	跷跷板	11 768.71	1 079.37	126.32	11.66	4.80	0.22	0.20	0.14	—	—	12 991.43
223	幸运扑克	9 894.63	1 254.31	248.77	114.55	37.92	—	0.15		—	—	11 550.34
224	喜从天降	24 980.58	16 610.13	9 958.80	6 156.66	5 382.08	5 784.09	7 865.68	6 621.65	5 504.14	1 169.57	90 033.38
225	龙腾盛世	32 910.79	20 340.95	18 972.83	9 774.31	4 656.49	3 768.63	8 361.62	3 630.83	9 742.20	2 337.35	114 496.00
226	打地鼠	26 693.15	4 170.01	3 084.21	1 308.74	194.33	38.91	0.70	0.01	—	—	35 490.05
227	招财纳福	35 989.57	17 121.81	7 316.08	1 520.14	107.06	26.27	4.35	0.39	—	—	62 085.68
228	网鱼高手	54 763.85	29 609.58	6 466.59	688.78	232.71	73.19	3.18	1.61	—	—	91 839.51
229	圣诞快乐 2	6 325.72	1 229.11	301.88	273.45	8.36	-0.05	—	—	—	—	8 138.47
230	生肖 - 蛇	316.00	—	0.00	0.00	—	—	—	—	—	—	316.00
231	群岛之彩	1 471.75	187.10	6.35	0.00	—	—	—	—	—	—	1 665.20
232	伏羲定姓氏	615.75	37.75	43.00	11.15	1.05	-0.08	—	—	—	—	708.62
233	中国节	29 416.83	5 347.32	2 121.39	842.49	235.17	34.18	0.33	0.64	—	—	37 998.34
234	闹新春	21 375.72	1 777.17	472.68	309.95	53.98	0.04	0.60	0.58	—	—	23 990.72
235	跳房子	7 991.59	5 787.86	986.18	351.53	75.15	0.10	1.20	0.10	—	—	15 193.70
236	博爱中山	3 587.93	442.22	78.45	30.86	23.54	9.75	—	—	—	—	4 172.75
237	中华名人 - 孟子	14 171.40	4 752.45	2 350.60	1 193.78	244.22	84.82	-0.17	-0.10	—	—	22 797.01
238	昆曲	9 499.56	4 476.21	1 117.57	1 181.60	463.73	98.42	1.99	—	—	—	16 839.08
239	民俗文化	2 143.90	1 174.75	681.30	0.00	—	0.05	—	—	—	—	4 000.00
240	快乐生肖 10 元 - 祥蛇献瑞	34 755.03	4 122.35	500.42	103.56	29.38	9.93	-0.35	—	—	—	39 520.32
241	金鹊报喜	15 009.34	2 833.16	132.01	9.52	2.94	2.18	0.06	0.10	—	—	17 989.30
242	幸运殿堂	24 928.96	12 340.70	1 264.49	172.69	83.30	29.95	0.05	—	—	—	38 820.13
243	黄山风光	5 482.43	713.36	154.24	38.62	17.26	16.78	1.04	—	—	—	6 423.72
244	巅峰对决	22 105.65	5 259.17	1 528.82	532.08	111.57	76.00	0.60	0.40	—	—	29 614.29

续表

序号	游戏品种	2013	2014	2015	2016	2017	2018	2019	2020	2021	2022	合计 Total
245	7乐无穷	54 555.28	59 307.27	43 153.47	36 958.15	26 681.69	24 729.39	30 531.59	25 215.10	46 339.90	13 744.69	361 216.53
246	好彩头	7 371.42	1 951.28	184.29	31.18	25.70	6.98	0.11	0.02	—	—	9 570.99
247	小鸡快跑	20 569.78	3 600.84	496.66	31.98	5.90	−0.27	−0.37	—	—	—	24 704.51
248	花神	23 257.16	13 119.78	1 939.41	245.39	134.23	21.23	0.03	0.05	—	—	38 717.27
249	幸运双色球	24 165.33	10 600.73	4 176.50	1 493.90	735.26	429.93	−0.25	—	—	—	41 601.40
250	幸福来电	26 703.47	18 408.61	3 571.56	493.46	81.01	10.21	1.68	0.68	—	—	49 270.68
251	爱我家园	8 919.65	7 412.10	1 847.67	594.93	264.74	70.13	0.10	0.05	—	—	19 109.37
252	探险家	15 364.92	6 235.03	995.92	395.95	144.51	85.95	1.83	0.08	—	—	23 224.19
253	柿柿如意	4 962.54	4 727.52	167.82	27.56	39.80	22.26	0.28	0.26	—	—	9 948.05
254	甜蜜连连	3 438.07	6 084.66	338.14	56.90	24.90	18.26	0.02	0.02	—	—	9 960.97
255	福运连连	7 283.13	14 427.90	2 139.87	405.40	158.27	96.45	0.55	−2.64	—	—	24 508.92
256	金蜂巢	12 051.76	12 351.92	489.61	43.15	28.79	8.60	1.50	1.37	—	—	24 976.71
257	7喜	4 430.08	3 466.73	97.09	5.45	0.50	—	—	—	—	—	7 999.85
258	欢乐马戏团	10 704.15	34 447.37	3 701.53	507.37	183.71	114.51	3.00	1.55	—	—	49 663.19
259	好日子	7 338.40	6 971.05	640.70	19.50	12.75	2.60	—	—	—	—	14 985.00
260	冰激凌	3 900.58	12 278.10	2 929.87	1 386.46	963.71	171.04	−0.58	—	—	—	21 629.18
261	福气8	8 453.62	22 655.84	3 988.95	377.00	101.31	42.99	0.50	—	—	—	35 620.20
262	百万财富	6 902.80	4 931.85	3 061.55	57.35	921.10	1 120.25	992.45	12.55	—	0.10	18 000.00
263	放飞梦想5元	2 087.40	908.50	639.63	694.19	293.46	77.77	—	—	—	—	4 700.95
264	财神到	1 376.74	1 619.80	3.42	0.00	—	0.04	—	—	—	—	3 000.00
265	欢乐购	1 321.15	453.95	22.50	2.30	—	0.10	—	—	—	—	1 800.00
266	印象中国	744.45	491.10	97.05	23.85	15.30	19.35	—	—	—	—	1 391.10
267	时空瑰宝	983.80	805.35	419.60	72.75	34.00	21.50	—	—	—	—	2 337.00
268	沪塔	4.00	—	−4.00	184.00	−2.16	0.80	—	—	—	—	182.64
269	幸福汕头－宜居之城	615.16	885.47	228.68	81.51	33.62	15.08	—	—	—	—	1 859.52
270	幸福汕头－百载商埠	785.12	533.25	70.34	19.98	16.25	6.30	—	—	—	—	1 431.24
271	幸福汕头－潮人之都	511.92	474.56	66.79	14.82	7.40	3.12	—	—	—	—	1 078.61
272	幸福汕头－潮菜之乡	356.03	1 340.90	226.48	39.01	6.28	1.25	—	—	—	—	1 969.96
273	春夏秋冬	2 049.00	15 797.02	3 808.91	1 235.41	573.91	217.94	90.96	2.14	—	—	23 775.28
274	蝌蚪找妈妈	1 972.35	8 533.39	1 383.42	157.83	50.76	18.41	1.55	1.25	—	—	12 118.97
275	水果连连看	872.25	530.85	99.35	55.05	14.20	6.77	0.30	—	—	—	1 578.77
276	幸运抽奖	2 020.15	23 439.26	7 119.21	1 237.28	520.37	189.93	227.85	13.18	—	—	34 767.23
277	淘宝乐	681.95	888.40	649.10	437.50	269.45	245.55	3.10	—	—	—	3 175.05
278	生日快乐	1 676.10	2 267.45	54.75	1.20	0.05	0.45	—	—	—	—	4 000.00
279	大满贯10元	1 658.50	2 059.87	521.20	267.10	99.75	43.35	−0.25	—	—	—	4 649.52
280	步步高	3 790.16	11 386.53	3 903.61	445.15	105.20	28.55	—	—	—	—	19 659.20
281	日出东方韶山	357.40	3 060.86	343.75	265.10	126.40	37.45	—	—	—	—	4 190.96
282	5倍惊喜	—	66 159.73	64 413.51	57 158.68	48 659.92	42 980.93	53 318.74	45 024.01	85 962.64	40 149.90	503 828.05
283	俏佳人	—	17 518.47	4 057.97	1 336.45	349.34	120.44	82.90	0.49	—	—	23 466.05
284	马到成功10元	—	20 404.78	2 262.49	615.12	110.68	44.99	197.25	0.99	—	—	23 636.29
285	成语故事	—	385.80	626.20	187.90	—	—	0.10	—	—	—	1 200.00
286	赣南苏区－荣光	—	3 539.79	1 656.27	443.75	136.65	1.44	1.30	8.65	—	—	5 787.85

续表

序号	游戏品种	2013	2014	2015	2016	2017	2018	2019	2020	2021	2022	合计 Total
287	挖金豆	—	2 750.10	249.05	0.60	0.25	—	—	—	—	—	3 000.00
288	圣地延安	—	3 656.01	1 326.59	791.25	519.50	396.80	59.90	—	—	—	6 750.05
289	七星瓢虫	—	12 567.12	3 020.99	323.61	45.11	10.00	0.76	0.60	—	—	15 968.18
290	太极	—	4 291.40	2 885.32	1 557.19	259.15	137.90	57.10	0.20	—	—	9 188.25
291	宝石奇缘	—	33 515.29	6 092.37	249.96	25.42	7.80	-0.15	0.45	—	—	39 891.13
292	神秘好礼		18 537.39	10 452.56	4 810.70	1 677.13	1 288.37	737.90	-43.16	—	—	37 460.89
293	吉祥草原	—	923.80	167.25	114.75	106.25	54.30	14.00	—	—	—	1 380.35
294	牛 7 冲天	—	10 882.65	5 431.60	2 599.51	2 839.69	242.65	3.90	—	—	—	22 000.00
295	熊出没	—	16 250.54	3 048.68	333.62	148.27	70.99	24.15	-0.20	—	—	19 876.04
296	空战赢家	—	14 493.90	6 524.06	2 357.74	938.70	415.80	323.26	6.86	—	—	25 060.32
297	赛马	—	14 630.79	6 104.37	1 982.54	874.66	444.45	297.40	0.60	—	—	24 334.79
298	好运加倍	—	13 093.05	5 680.25	694.86	138.23	126.90	48.60	-1.13	—	—	19 780.74
299	相约咖啡	—	12 071.42	8 123.90	2 418.71	639.70	390.50	72.90	0.83	—	—	23 717.97
300	加油加油	—	15 130.75	13 062.22	4 652.57	1 508.59	693.57	280.65	-0.89	—	—	35 327.46
301	10 来运转	—	26 075.58	20 525.66	6 127.91	1 483.66	290.50	91.77	-3.91	—	—	54 591.16
302	足球盛宴 5 元	—	20 349.20	8 344.69	3 035.67	681.98	378.00	99.49	-1.31	—	—	32 887.72
303	黄金盛典	—	80 088.91	26 565.27	6 398.75	2 882.48	946.53	728.63	-69.69	—	1.15	117 542.04
304	“粽”奖	—	11 474.31	2 333.49	716.31	243.10	93.26	82.70	-1.05	—	—	14 942.11
305	足球盛宴 10 元	—	15 660.76	5 295.35	1 567.14	613.85	376.88	314.71	4.74	—	—	23 833.44
306	魅力安徽 - 九华仙境	—	252.00	102.07	135.06	32.60	8.06	5.14	-0.32	—	—	534.61
307	天降好礼	—	4 528.12	3 885.41	680.81	180.56	66.40	15.84	0.73	—	—	9 357.87
308	砸金蛋	—	11 375.15	8 160.10	376.57	35.58	17.22	1.98	-0.88	—	—	19 965.72
309	多彩假日	—	9 201.54	5 833.72	1 196.19	425.92	206.99	152.31	-1.47	—	—	17 015.21
310	幸运星	—	5 215.57	4 004.88	536.80	75.50	28.70	5.20	-0.20	—	—	9 866.45
311	好运百万	—	11 237.03	26 429.18	27 257.67	25 641.99	28 359.25	37 968.00	32 139.01	53 616.40	71 764.47	314 412.98
312	莲乡意蕴	—	3 021.95	19 761.65	70 919.25	57 006.40	62 480.95	86 144.70	25 244.85	34 397.01	21 687.25	380 664.01
313	美丽嘉兴	—	—	1 774.30	163.30	30.65	2.85	3.00	-0.99	—	—	1 973.11
314	天长地久	—	2 962.75	9 334.18	1 126.35	46.82	3.20	1.80	-0.01	—	—	13 475.09
315	钻石联盟	—	3 320.37	7 707.33	1 956.46	490.52	14.64	4.05	0.04	—	—	13 493.40
316	冰 VS 火	—	4 062.76	14 676.74	951.35	89.90	58.85	44.70	0.03	—	—	19 884.33
317	我爱电影 - 一步之遥	—	2 765.31	7 109.45	1 672.61	247.18	272.82	53.64	0.78	—	—	12 121.80
318	雪人	—	893.35	8 950.60	751.90	91.26	50.75	22.05	1.85	—	—	10 761.76
319	陕西名胜(一)	—	—	1 816.00	649.10	106.85	241.00	182.30	—	—	—	2 995.25
320	羊票 5 元	—	—	21 277.98	575.75	138.57	85.81	41.20	1.20	—	—	22 120.51
321	羊票 10 元	—	—	25 122.32	1 571.59	435.80	172.60	255.09	1.07	—	—	27 558.47
322	羊票 20 元	—	—	6 988.20	806.35	144.65	13.20	44.20	—	—	—	7 996.60
323	连环夺宝	—	—	26 347.10	4 602.79	1 001.88	290.92	223.67	4.93	—	—	32 471.28
324	博饼嘉年华	—	—	1 512.20	729.00	88.80	36.95	396.20	319.75	—	—	3 082.90
325	天下名楼岳阳楼	—	—	1 982.20	294.90	128.05	54.65	46.85	—	—	—	2 506.65
326	醉美婺源	—	—	1 732.50	0.75	680.40	13.75	—	3.75	—	—	2 431.15
327	喜气羊羊	—	—	20 940.53	3 361.45	1 621.25	153.14	48.10	-1.68	—	—	26 122.79
328	蘑菇大战	—	—	28 331.26	6 643.51	912.05	1 298.53	872.80	307.35	96.35	0.05	38 461.91

续表

序号	游戏品种	2013	2014	2015	2016	2017	2018	2019	2020	2021	2022	合计 Total
329	财高8斗	—	—	19 568.09	6 076.11	1 898.26	1 281.40	357.83	13.55	—	—	29 195.25
330	金冠	—	—	13 990.46	4 153.21	674.53	233.61	52.81	-1.33	—	—	19 103.30
331	喜上加喜	—	—	23 845.72	23 139.93	10 132.05	3 337.71	3 840.01	2 683.90	8 267.43	6 031.48	81 278.23
332	彩运亨通	—	—	91 009.82	28 370.27	8 619.78	3 464.49	3 981.77	3 963.99	4 453.80	3 206.35	147 070.26
333	龟兔赛跑	—	—	15 766.05	6 319.14	1 668.88	329.11	116.82	8.95	—	—	24 208.96
334	动物乐园	—	—	8 827.76	7 202.25	885.47	233.86	134.13	6.58	—	—	17 290.06
335	扑克王	—	—	6 066.79	2 295.45	306.61	121.73	30.28	1.62	—	—	8 822.47
336	幸运投篮机	—	—	7 217.87	6 362.64	1 377.02	466.48	71.21	-3.81	—	—	15 491.41
337	幸运草	—	—	15 727.93	8 220.45	2 549.06	497.72	109.99	6.47	—	—	27 111.62
338	幸福温州	—	—	8 595.00	3 434.00	3 316.00	5 571.75	5 826.40	0.95	1.80	—	26 745.90
339	流星雨	—	—	12 335.27	9 784.73	1 081.63	248.95	72.80	-8.79	—	—	23 514.57
340	和平是福	—	—	14 825.65	3 157.90	452.46	249.14	244.52	-5.19	—	—	18 924.49
341	幸福宝藏	—	—	8 863.88	13 401.25	5 808.36	2 322.02	1 534.62	261.30	—	0.10	32 191.53
342	满堂彩	—	—	49 018.62	28 763.46	11 581.92	5 286.23	4 692.58	771.50	0.62	—	100 114.92
343	招财进宝	—	—	8 129.09	22 670.65	5 033.70	2 046.19	1 260.65	298.76	—	—	39 439.04
344	一刮千金5元	—	—	3 273.00	5 972.53	1 194.29	484.33	348.34	15.36	—	—	11 287.84
345	太极拳	—	—	2 218.20	493.70	150.60	1.00	47.10	-0.30	—	—	2 910.30
346	大闹天宫	—	—	8 136.73	17 203.10	1 426.39	367.40	144.23	3.36	—	—	27 281.21
347	购彩乐	—	—	4 990.05	12 891.07	1 157.61	529.90	305.16	-58.63	—	—	19 815.17
348	中华武圣	—	—	167.60	1 213.58	184.03	-561.01	23.79	0.05	—	—	1 028.05
349	向阳花	—	—	302.78	8 585.16	824.58	221.35	33.53	1.07	—	—	9 968.46
350	点赞	—	—	2 892.05	15 065.75	2 062.29	963.94	587.92	24.89	—	—	21 596.84
351	水果联盟	—	—	1 585.95	8 512.92	653.92	170.08	20.10	-8.30	—	—	10 934.67
352	魔幻21	—	—	—	14 204.46	3 169.09	1 056.51	841.13	102.25	—	0.05	19 373.49
353	最佳阵容	—	—	—	10 756.16	2 010.38	621.20	258.32	18.24	—	—	13 664.31
354	丝路寻梦	—	—	—	11 473.42	2 397.86	595.49	193.53	-43.08	—	—	14 617.22
355	丙申猴-灵猴献彩5元	—	—	—	22 532.46	2 058.39	649.35	338.51	31.51	—	—	25 610.22
356	丙申猴-脸谱10元	—	—	—	33 515.17	1 734.01	515.75	280.62	3.13	—	—	36 048.68
357	丙申猴-金猴银猴20元	—	—	—	29 562.48	3 008.04	1 157.67	431.63	11.78	—	—	34 171.60
358	中国结-节节高	—	—	—	14 884.33	5 204.80	1 215.44	841.51	55.50	11.03	0.10	22 212.70
359	开门红	—	—	—	25 676.36	6 896.63	2 282.48	1 648.94	451.31	83.18	—	37 038.90
360	欢乐钓鱼	—	—	—	15 987.62	3 760.68	2 012.32	838.88	651.40	174.83	—	23 425.73
361	吉庆有余	—	—	—	13 013.45	6 153.44	2 091.40	1 743.97	531.73	140.22	—	23 674.20
362	天下凤凰	—	—	—	4 031.75	315.50	140.00	135.65	125.15	1.00	—	4 749.05
363	红宝石蓝宝石	—	—	—	54 572.66	7 750.79	1 200.18	314.91	-194.19	-0.07	—	63 644.28
364	旺旺彩	—	—	—	10 927.44	3 600.92	1 447.11	654.13	252.79	112.20	0.10	16 994.69
365	桃花源寻宝	—	—	—	9 000.32	5 977.85	1 651.78	853.89	637.67	126.59	—	18 248.10
366	黑桃KING	—	—	—	4 830.79	1 700.56	401.11	175.79	29.92	10.13	—	7 148.29
367	孔雀美	—	—	—	8 509.61	3 900.41	996.15	944.04	235.24	138.63	0.05	14 724.13
368	好运9	—	—	—	18 446.88	15 480.58	2 357.73	1 253.35	348.69	236.98	—	38 124.20
369	快乐高尔夫	—	—	—	4 850.81	7 725.74	2 508.18	2 432.32	735.82	535.48	—	18 788.34
370	魅力香吻	—	—	—	7 303.74	3 395.34	564.40	102.17	-342.91	—	—	11 022.73

续表

序号	游戏品种	2013	2014	2015	2016	2017	2018	2019	2020	2021	2022	合计 Total
371	一刮千金 10 元	—	—	—	60 289.94	13 861.89	7 080.18	6 073.08	2 427.53	1 423.40	0.05	91 156.08
372	金钥匙 5 元	—	—	—	3 665.17	9 206.83	1 999.93	556.25	64.40	20.42	—	15 513.00
373	天下为公	—	—	—	291.37	434.70	64.48	3.00	0.65	-0.81	—	793.39
374	美丽衢州	—	—	—	0.00	179.30	404.30	18.80	0.05	—	—	602.45
375	幸运双星	—	—	—	1 122.07	7 675.70	2 439.49	1 180.13	451.86	209.56	0.02	13 078.83
376	森林探宝	—	—	—	0.00	13 637.48	4 793.70	1 768.40	580.38	259.99	—	21 039.96
377	码上有奖	—	—	—	0.00	23 115.35	6 130.83	3 299.71	1 622.54	2 152.85	—	36 321.28
378	以茶会友	—	—	—	1 318.78	4 900.51	955.35	640.92	329.45	189.50	—	8 334.49
379	青花瓷	—	—	—	286.95	924.20	513.10	178.05	3.10	0.40	—	1 905.80
380	闪耀钻石 5 元	—	—	—	0.00	15 691.33	987.28	425.65	186.13	94.28	—	17 384.68
381	闪耀钻石 10 元	—	—	—	0.00	26 538.42	2 774.45	2 018.02	514.91	341.63	0.05	32 187.47
382	闪耀钻石 20 元	—	—	—	0.00	24 922.96	3 469.96	1 962.02	1 004.29	574.97	—	31 934.20
383	丁酉鸡－金鸡银鸡	—	—	—	692.65	16 465.88	1 293.40	464.67	186.54	96.28	—	19 199.42
384	丁酉鸡－鸡鸣富贵	—	—	—	1 422.80	32 585.58	1 490.56	476.52	133.61	129.25	0.05	36 238.37
385	丁酉鸡－吉祥如意	—	—	—	573.85	19 887.67	2 322.87	1 505.30	425.38	176.49	—	24 891.56
386	福星	—	—	—	—	4 723.76	2 067.56	1 094.25	456.23	210.71	—	8 552.52
387	好运 123	—	—	—	—	17 266.54	5 000.80	2 512.90	278.49	70.76	—	25 129.49
388	福运红包	—	—	—	—	16 408.36	18 611.86	15 946.14	6 391.52	5 408.69	—	62 766.56
389	福 5 元	—	—	—	—	14 943.34	4 428.69	1 892.56	665.43	805.13	—	22 735.15
390	吉祥金蛋	—	—	—	—	7 851.00	2 706.00	1 147.95	346.99	182.39	—	12 234.34
391	幸运星座	—	—	—	—	6 237.68	3 932.47	1 467.04	491.34	191.01	—	12 319.54
392	扑克风云	—	—	—	—	29 550.04	10 011.33	4 468.09	811.18	262.39	—	45 103.03
393	5 要赢	—	—	—	—	2 324.75	125.40	33.05	7.70	2.25	—	2 493.15
394	六六顺	—	—	—	—	3 751.65	863.48	3 494.60	3 565.40	8 453.93	6 800.88	26 929.93
395	金玉满堂	—	—	—	—	10 939.92	5 503.23	5 879.79	3 642.30	887.66	6.38	26 859.28
396	国色天香	—	—	—	—	20 954.15	5 121.76	3 938.96	1 286.73	734.92	0.25	32 036.77
397	一鸣惊人	—	—	—	—	4 891.24	4 400.81	1 861.97	293.89	174.97	—	11 622.89
398	Quick3	—	—	—	—	3 238.62	1 975.75	1 150.56	296.56	124.72	—	6 786.22
399	欢乐彩蛋	—	—	—	—	14 850.42	4 684.95	3 818.42	1 325.40	299.95	—	24 979.14
400	福彩三十周年纪念	—	—	—	—	16 952.03	13 092.65	10 707.30	4 810.50	1 936.13	0.05	47 498.65
401	十全十美	—	—	—	—	56 850.14	10 794.84	5 818.91	3 186.69	1 385.90	—	78 036.48
402	十二生肖	—	—	—	—	1 740.40	1 929.07	664.70	191.50	205.30	—	4 730.97
403	蓝玫瑰	—	—	—	—	4 580.60	12 013.68	13 055.57	5 839.39	5 697.73	1 331.56	42 518.51
404	擂台赛	—	—	—	—	1 256.43	2 010.24	904.40	288.78	175.33	—	4 635.18
405	喜加福	—	—	—	—	5 981.27	5 990.37	1 895.79	1 086.36	786.55	0.05	15 740.38
406	临川四梦	—	—	—	—	518.50	681.75	1 321.55	266.65	0.70	—	2 789.15
407	黄金时代	—	—	—	—	10 323.68	19 126.58	3 553.62	1 147.44	409.65	—	34 560.96
408	摇钱树	—	—	—	—	7 721.17	24 327.50	15 682.81	5 220.69	1 629.49	—	54 581.65
409	双赢	—	—	—	—	480.35	9 948.27	4 843.29	1 770.65	904.97	—	17 947.53
410	5 动奇迹	—	—	—	—	3 981.29	6 129.66	1 556.51	257.70	131.50	—	12 056.66
411	步步惊喜	—	—	—	—	2 237.94	8 829.39	2 823.07	749.65	587.81	—	15 227.85
412	蒸蒸日上	—	—	—	—	2 137.80	21 139.29	8 791.87	3 107.80	2 405.82	—	37 582.58

续表

序号	游戏品种	2013	2014	2015	2016	2017	2018	2019	2020	2021	2022	合计 Total
413	玫瑰之约	—	—	—	—	2 996.16	13 445.38	12 122.22	18 287.95	14 180.30	9 076.25	70 108.25
414	北京印象	—	—	—	—	516.65	3 184.15	1 619.45	510.10	319.86	—	6 150.21
415	幸运宝 10	—	—	—	—	578.55	13 225.01	4 155.84	5 723.35	267.88	—	23 950.63
416	趣味台球	—	—	—	—	1 051.65	7 298.97	2 746.94	506.57	71.22	—	11 675.35
417	射门	—	—	—	—	109.28	1 962.25	806.97	310.66	124.68	—	3 313.84
418	戊戌狗－金狗银狗	—	—	—	—	—	17 588.28	765.33	103.11	72.77	—	18 529.48
419	戊戌狗－旺旺年	—	—	—	—	—	20 391.27	1 091.60	267.72	221.27	—	21 971.86
420	戊戌狗－福禄寿喜	—	—	—	—	—	31 651.23	5 848.49	1 267.60	377.51	—	39 144.83
421	冰雪良缘	—	—	—	—	—	3 942.45	1 425.72	526.57	336.11	—	6 230.85
422	风花雪月	—	—	—	—	—	2 310.95	680.30	8.75	—	—	3 000.00
423	天生一对	—	—	—	—	—	10 676.51	4 429.80	2 373.90	1 542.46	937.52	19 960.19
424	赢在 2018	—	—	—	—	—	1 891.34	878.18	110.60	52.38	36.56	2 969.06
425	小黄人	—	—	—	—	—	2 895.42	1 716.56	451.46	601.51	178.55	5 843.50
426	福满人间	—	—	—	—	—	750.27	512.63	179.65	413.00	144.45	2 000.00
427	非常惊喜	—	—	—	—	—	5 587.92	3 786.05	428.33	966.50	503.95	11 272.75
428	怀袖清风	—	—	—	—	—	1 821.71	677.98	137.81	188.35	140.55	2 966.40
429	金光闪耀	—	—	—	—	—	11 177.66	2 203.76	10 593.32	1 041.12	9.90	25 025.75
430	冠军荣耀	—	—	—	—	—	28 807.89	4 900.86	1 854.14	3 356.31	2 109.83	41 029.03
431	财源广进	—	—	—	—	—	2 268.96	877.84	48.20	4.95	—	3 199.95
432	魅力宁波	—	—	—	—	—	3 167.15	1 280.00	394.69	74.96	82.15	4 998.95
433	群英会	—	—	—	—	—	1 453.24	391.88	49.39	40.69	39.05	1 974.25
434	沙漠寻宝	—	—	—	—	—	1 900.22	3 743.14	598.14	498.25	263.15	7 002.90
435	7 开得胜	—	—	—	—	—	7 241.90	5 431.33	933.78	242.68	36.29	13 885.98
436	一路福星	—	—	—	—	—	1 597.10	8 986.50	1 589.90	1 411.60	581.91	14 167.01
437	壕 7	—	—	—	—	—	58 430.98	16 655.38	4 703.35	2 714.17	443.53	82 947.42
438	祝你快乐	—	—	—	—	—	1 097.15	2 707.70	113.90	164.85	307.18	4 390.78
439	八仙过海	—	—	—	—	—	5 527.22	3 817.20	557.66	1 386.11	1 307.55	12 595.74
440	金沙滩	—	—	—	—	—	192.46	2 054.64	726.50	878.12	348.72	4 200.44
441	福袋	—	—	—	—	—	504.65	9 224.45	2 151.60	1 026.16	922.49	13 829.35
442	24K 金	—	—	—	—	—	2 581.30	10 213.54	1 905.89	294.18	−0.85	14 994.06
443	美丽三沙	—	—	—	—	—	51.57	22.58	0.95	0.50	0.10	75.70
444	青蛙过河	—	—	—	—	—	201.65	2 179.15	870.60	555.20	119.18	3 925.78
445	橙意满满	—	—	—	—	—	4 967.08	20 184.98	5 440.44	5 933.70	2 783.57	39 309.77
446	聚宝盆	—	—	—	—	—	300.40	15 529.80	9 032.05	22 148.20	8 276.35	55 286.80
447	积金至斗	—	—	—	—	—	2 781.00	14 125.05	5 234.22	3 326.57	890.98	26 357.82
448	开心夹夹乐	—	—	—	—	—	857.65	5 678.37	1 099.89	1 090.13	123.57	8 849.61
449	66 顺 88 发	—	—	—	—	—	3 891.10	34 433.59	25 036.76	71 760.79	101 380.84	236 503.07
450	苍狼啸月	—	—	—	—	—	308.60	7 478.46	1 036.08	160.16	16.70	9 000.00
451	丹桂飘香－金桂银桂	—	—	—	—	—	4 457.00	7 285.17	804.86	811.02	1 671.77	15 029.82
452	女书	—	—	—	—	—	1 679.90	273.25	46.85	—	—	2 000.00
453	越剧	—	—	—	—	—	2 290.64	1 239.98	50.04	144.50	898.95	4 624.10
454	369	—	—	—	—	—	6 153.16	33 744.38	17 777.71	29 587.61	7 799.48	95 062.34

续表

序号	游戏品种	2013	2014	2015	2016	2017	2018	2019	2020	2021	2022	合计 Total
455	圣诞快乐	—	—	—	—	—	3 518.71	4 131.19	629.36	792.66	627.57	9 699.49
456	己亥猪－金猪银猪	—	—	—	—	—	—	21 923.65	524.97	246.21	127.37	22 822.20
457	己亥猪－福猪拱门	—	—	—	—	—	—	45 527.64	719.67	467.69	92.56	46 807.56
458	己亥猪－喜事连连	—	—	—	—	—	—	28 203.87	2 114.33	970.67	367.43	31 656.31
459	8 炫彩	—	—	—	—	—	—	1 575.94	1 303.10	1 842.22	2 143.84	6 865.10
460	梦圆桃花源	—	—	—	—	—	—	4 740.25	285.15	147.80	109.40	5 282.60
461	富贵满堂	—	—	—	—	—	—	13 065.59	4 225.89	4 136.65	2 811.67	24 239.79
462	同喜同囍	—	—	—	—	—	—	12 048.31	6 916.59	5 648.68	834.52	25 448.10
463	新芽	—	—	—	—	—	—	19 551.94	8 211.24	11 819.45	2 936.04	42 518.67
464	魅力 4 射	—	—	—	—	—	—	14 221.54	6 571.96	11 173.86	1 604.21	33 571.57
465	超级钱袋子	—	—	—	—	—	—	8 874.62	5 684.96	1 724.75	1 049.70	17 334.03
466	中国龙 5 元	—	—	—	—	—	—	26 858.53	3 001.23	1 739.30	1 845.75	33 444.81
467	中国龙 10 元	—	—	—	—	—	—	55 331.41	8 327.04	9 589.42	3 747.02	76 994.90
468	中国龙 20 元	—	—	—	—	—	—	37 228.89	14 819.42	13 004.87	12 807.54	77 860.72
469	嗨啤	—	—	—	—	—	—	15 174.93	5 931.06	4 064.68	1 671.00	26 841.67
470	天仙配	—	—	—	—	—	—	4 818.87	2 863.13	1 985.89	828.45	10 496.34
471	福延吉至	—	—	—	—	—	—	143.65	34.95	46.20	92.75	317.55
472	繁荣昌盛	—	—	—	—	—	—	56.00	1 803.80	139.50	0.70	2 000.00
473	锦绣江山	—	—	—	—	—	—	0.05	324.40	1 340.70	334.85	2 000.00
474	财富传奇	—	—	—	—	—	—	13 972.38	15 801.23	22 469.99	14 737.80	66 981.40
475	666	—	—	—	—	—	—	7 189.73	6 555.21	3 968.95	284.84	17 998.74
476	3 分制胜	—	—	—	—	—	—	12 789.21	5 174.94	10 899.60	2 067.37	30 931.11
477	黄金传奇	—	—	—	—	—	—	7 309.97	7 020.70	1 253.79	15.30	15 599.75
478	钻石风暴	—	—	—	—	—	—	3 019.01	2 587.16	354.29	37.86	5 998.32
479	小黄人－财神	—	—	—	—	—	—	1 175.79	775.25	48.82	0.15	2 000.00
480	龙凤呈祥	—	—	—	—	—	—	1 631.40	3 306.64	1 856.20	205.70	6 999.94
481	超级幸运	—	—	—	—	—	—	5 532.03	78 255.96	47 526.77	3 478.68	134 793.44
482	好运锦鲤	—	—	—	—	—	—	1 712.61	681.50	5.84	—	2 399.95
483	鸿运当头	—	—	—	—	—	—	380.10	589.55	223.30	7.05	1 200.00
484	龙腾虎跃	—	—	—	—	—	—	878.88	1 010.78	110.15	0.15	1 999.95
485	至尊黄金	—	—	—	—	—	—	4 404.49	20 412.82	10 254.60	911.88	35 983.78
486	好礼多多	—	—	—	—	—	—	661.23	1 659.81	1 410.50	2 063.72	5 795.25
487	淘金王	—	—	—	—	—	—	3 298.30	4 874.69	3 603.75	223.10	11 999.84
488	甜如蜜	—	—	—	—	—	—	2 560.45	8 750.07	7 101.96	1 164.50	19 576.98
489	金福星	—	—	—	—	—	—	1 237.15	8 390.83	14 577.28	382.15	24 587.42
490	唱响幸运	—	—	—	—	—	—	1 128.20	3 108.45	3 859.75	1 666.20	9 762.60
491	蓝色奇迹	—	—	—	—	—	—	393.05	2 912.45	5 594.66	129.45	9 029.61
492	喜事成双	—	—	—	—	—	—	570.90	2 321.55	2 177.50	1 165.00	6 234.95
493	庚子鼠 5 元	—	—	—	—	—	—	131.96	24 540.29	3 038.06	2 466.29	30 176.61
494	庚子鼠 10 元	—	—	—	—	—	—	188.20	66 526.37	4 209.96	2 035.12	72 959.66
495	庚子鼠 20 元	—	—	—	—	—	—	159.31	40 723.77	3 974.25	1 801.32	46 658.65
496	鼠兆丰年	—	—	—	—	—	—	653.70	9 130.98	972.85	1 196.99	11 954.52

续表

序号	游戏品种	2013	2014	2015	2016	2017	2018	2019	2020	2021	2022	合计 Total
497	好运来	—	—	—	—	—	—	—	4 821.34	9 968.64	8 013.10	22 803.08
498	新春大吉	—	—	—	—	—	—	—	4 443.77	5 132.95	1 113.93	10 690.64
499	南岳衡山	—	—	—	—	—	—	—	3 000.00	—	—	3 000.00
500	金山·银山	—	—	—	—	—	—	—	3 681.58	4 568.33	1 846.63	10 096.54
501	开宝箱	—	—	—	—	—	—	—	929.59	1 629.12	807.95	3 366.66
502	笑口常开	—	—	—	—	—	—	—	3 071.02	2 827.44	748.19	6 646.65
503	心相连	—	—	—	—	—	—	—	2 200.76	3 855.23	1 943.51	7 999.50
504	幸运时刻	—	—	—	—	—	—	—	8 762.59	3 733.25	480.90	12 976.74
505	欢乐 Party	—	—	—	—	—	—	—	2 280.91	4 427.46	4 846.46	11 554.82
506	莲花绽放	—	—	—	—	—	—	—	139.55	27.50	90.50	257.55
507	荣耀夺金	—	—	—	—	—	—	—	5 870.08	9 851.77	1 277.45	16 999.30
508	金砖	—	—	—	—	—	—	—	1 037.70	935.50	26.55	1 999.75
509	十里桃花	—	—	—	—	—	—	—	11 592.39	30 265.48	1 327.58	43 185.44
510	福彩	—	—	—	—	—	—	—	6 663.32	3 835.28	2 382.25	12 880.85
511	一触即发	—	—	—	—	—	—	—	11 354.37	17 334.18	1 056.43	29 744.98
512	福在眼前	—	—	—	—	—	—	—	4 732.60	11 351.05	912.65	16 996.30
513	扶贫帮困	—	—	—	—	—	—	—	3 109.28	3 274.18	1 309.45	7 692.91
514	福	—	—	—	—	—	—	—	4 441.24	11 396.85	158.81	15 996.89
515	九天揽月	—	—	—	—	—	—	—	3 054.78	750.67	188.30	3 993.75
516	丽美千秋	—	—	—	—	—	—	—	1 612.60	1 160.70	925.15	3 698.45
517	超给力 10 元	—	—	—	—	—	—	—	76 693.45	70 290.16	35 490.23	182 473.84
518	超给力 20 元	—	—	—	—	—	—	—	61 239.56	30 280.59	47 779.68	139 299.83
519	超给力 50 元	—	—	—	—	—	—	—	56 677.85	33 245.48	53 673.28	143 596.60
520	平凡英雄	—	—	—	—	—	—	—	16 834.75	8 912.96	3 059.80	28 807.51
521	鹊桥会	—	—	—	—	—	—	—	5 229.43	8 262.72	3 207.85	16 700.00
522	连连好运	—	—	—	—	—	—	—	2 353.05	6 872.85	1 671.88	10 897.78
523	圆满	—	—	—	—	—	—	—	11 430.44	12 385.04	182.58	23 998.06
524	牛气 10 足	—	—	—	—	—	—	—	12 160.51	37 849.22	2 965.51	52 975.24
525	韩熙载夜宴图	—	—	—	—	—	—	—	5 055.05	24 934.82	5 175.23	35 165.11
526	承德风光	—	—	—	—	—	—	—	580.50	1 145.35	211.15	1 937.00
527	福源宝地	—	—	—	—	—	—	—	2 990.80	1 279.85	570.55	4 841.20
528	大美湘中	—	—	—	—	—	—	—	2 257.00	739.85	3.15	3 000.00
529	美丽画卷	—	—	—	—	—	—	—	—	8 544.21	1 199.19	9 743.40
530	挖金矿	—	—	—	—	—	—	—	614.65	4 331.05	54.05	4 999.75
531	哦耶	—	—	—	—	—	—	—	434.55	2 218.75	1 003.85	3 657.15
532	七彩叠叠乐	—	—	—	—	—	—	—	1 968.05	17 253.23	5 936.58	25 157.87
533	百年辉煌	—	—	—	—	—	—	—	743.85	42 006.55	3 100.18	45 850.59
534	大运鲁风	—	—	—	—	—	—	—	1 163.47	1 085.53	147.45	2 396.45
535	五牛图	—	—	—	—	—	—	—	3 337.69	10 351.93	4 900.84	18 590.46
536	辛丑牛 5 元	—	—	—	—	—	—	—	98.75	15 256.70	630.90	15 986.35
537	辛丑牛 10 元	—	—	—	—	—	—	—	256.14	134 605.22	115.91	134 977.26
538	辛丑牛 20 元	—	—	—	—	—	—	—	187.54	98 022.28	1 669.33	99 879.15

续表

序号	游戏品种	2013	2014	2015	2016	2017	2018	2019	2020	2021	2022	合计 Total
539	黄金时代 20 元	—	—	—	—	—	—	—	10 209.29	41 521.45	6 155.36	57 886.11
540	深圳 40 周年 5 元	—	—	—	—	—	—	—	—	331.90	668.10	1 000.00
541	深圳 40 周年 10 元	—	—	—	—	—	—	—	—	742.80	257.20	1 000.00
542	深圳 40 周年 20 元	—	—	—	—	—	—	—	—	1 340.70	659.30	2 000.00
543	瓷意安康	—	—	—	—	—	—	—	—	1 382.50	—	1 382.50
544	三月三	—	—	—	—	—	—	—	—	2 108.95	5 008.39	7 117.34
545	六福喜事	—	—	—	—	—	—	—	—	54 956.09	18 230.75	73 186.84
546	才华盖世	—	—	—	—	—	—	—	—	23 587.83	3 615.14	27 202.96
547	富贵临门	—	—	—	—	—	—	—	—	19 141.02	4 678.78	23 819.80
548	梦花园	—	—	—	—	—	—	—	—	12 366.24	4 300.72	16 666.96
549	花满堂	—	—	—	—	—	—	—	—	43 591.24	14 670.65	58 261.89
550	文都寻宝	—	—	—	—	—	—	—	—	8 755.79	1 113.17	9 868.96
551	花锦秀	—	—	—	—	—	—	—	—	33 198.87	9 404.99	42 603.87
552	花开中国梦	—	—	—	—	—	—	—	—	24 070.06	14 017.14	38 087.20
553	美好生活	—	—	—	—	—	—	—	—	2 000.00	—	2 000.00
554	沁园春·长沙	—	—	—	—	—	—	—	—	7 688.30	3 311.65	10 999.95
555	大美新疆	—	—	—	—	—	—	—	—	10 000.00	—	10 000.00
556	绿水青山	—	—	—	—	—	—	—	—	4 012.40	463.45	4 475.85
557	12 星座	—	—	—	—	—	—	—	—	4 792.45	10 982.43	15 774.88
558	我愿意	—	—	—	—	—	—	—	—	478.10	838.75	1 316.85
559	墨子	—	—	—	—	—	—	—	—	12 565.80	7 285.60	19 851.40
560	表里山河	—	—	—	—	—	—	—	—	525.50	1 267.10	1 792.60
561	人说山西好风光	—	—	—	—	—	—	—	—	164.80	1 621.30	1 786.10
562	洪崖洞	—	—	—	—	—	—	—	—	3 467.10	532.90	4 000.00
563	文润山青	—	—	—	—	—	—	—	—	2 523.30	1 476.70	4 000.00
564	足够精彩	—	—	—	—	—	—	—	—	9 202.79	10 741.20	19 943.98
565	炫 8	—	—	—	—	—	—	—	—	37 721.85	24 818.02	62 539.87
566	夺冠	—	—	—	—	—	—	—	—	21 967.01	9 731.09	31 698.10
567	财富密码	—	—	—	—	—	—	—	—	21 809.06	35 559.56	57 368.62
568	味道	—	—	—	—	—	—	—	—	1 298.15	300.95	1 599.10
569	好运喵	—	—	—	—	—	—	—	—	229.78	417.52	647.29
570	正当红 10 元	—	—	—	—	—	—	—	—	98 298.20	1 676.90	99 975.10
571	正当红 20 元	—	—	—	—	—	—	—	—	79 287.25	707.48	79 994.72
572	正当红 50 元	—	—	—	—	—	—	—	—	77 515.88	38 641.18	116 157.06
573	发财鸭	—	—	—	—	—	—	—	—	873.25	1 126.10	1 999.35
574	喜上梅梢	—	—	—	—	—	—	—	—	925.62	1 475.71	2 401.33
575	满堂红	—	—	—	—	—	—	—	—	1 151.40	1 846.15	2 997.55
576	金字塔	—	—	—	—	—	—	—	—	2 887.40	112.60	3 000.00
577	快乐 8	—	—	—	—	—	—	—	—	8 995.80	10 989.88	19 985.68
578	乘风破浪	—	—	—	—	—	—	—	—	3 974.70	4 022.85	7 997.55
579	山河锦绣	—	—	—	—	—	—	—	—	40.00	2 625.05	2 665.05
580	筑美中华	—	—	—	—	—	—	—	—	4 617.32	9 671.70	14 289.02

续表

序号	游戏品种	2013	2014	2015	2016	2017	2018	2019	2020	2021	2022	合计 Total
581	乐在棋中	—	—	—	—	—	—	—	—	1 024.65	1 718.95	2 743.60
582	摩登色彩	—	—	—	—	—	—	—	—	892.23	1 063.91	1 956.14
583	魅力长三角	—	—	—	—	—	—	—	—	3 929.34	7 829.96	11 759.30
584	5彩钻	—	—	—	—	—	—	—	—	14 740.49	67 231.17	81 971.67
585	金满堂	—	—	—	—	—	—	—	—	10 475.75	53 253.79	63 729.54
586	富贵6	—	—	—	—	—	—	—	—	7 636.93	2 360.68	9 997.60
587	壬寅虎5元	—	—	—	—	—	—	—	—	—	9 978.85	9 978.85
588	壬寅虎10元	—	—	—	—	—	—	—	—	—	97 997.15	97 997.15
589	壬寅虎20元	—	—	—	—	—	—	—	—	—	179 701.80	179 701.80
590	壬寅虎50元	—	—	—	—	—	—	—	—	—	119 600.83	119 600.83
591	虎虎生威	—	—	—	—	—	—	—	—	—	3 000.00	3 000.00
592	爱拼才会赢	—	—	—	—	—	—	—	—	—	32 802.72	32 802.72
593	超越梦想	—	—	—	—	—	—	—	—	—	31 090.09	31 090.09
594	阿福的旅城	—	—	—	—	—	—	—	—	—	3 446.45	3 446.45
595	888	—	—	—	—	—	—	—	—	—	118 834.32	118 834.32
596	状元卷	—	—	—	—	—	—	—	—	—	10 069.62	10 069.62
597	超级9	—	—	—	—	—	—	—	—	—	75 336.17	75 336.17
598	丝路明珠	—	—	—	—	—	—	—	—	—	14 000.00	14 000.00
599	唐潮-新彩绘散乐浮雕	—	—	—	—	—	—	—	—	—	102 444.07	102 444.07
600	连中三元	—	—	—	—	—	—	—	—	—	42 340.77	42 340.77
601	南海明珠	—	—	—	—	—	—	—	—	—	1 330.50	1 330.50
602	北京发现	—	—	—	—	—	—	—	—	—	5 170.00	5 170.00
603	千里江山图	—	—	—	—	—	—	—	—	—	6 828.24	6 828.24
604	面面俱到	—	—	—	—	—	—	—	—	—	500.00	500.00
605	9格惊喜	—	—	—	—	—	—	—	—	—	2 941.18	2 941.18
606	和合美	—	—	—	—	—	—	—	—	—	30 069.47	30 069.47
607	心想事成	—	—	—	—	—	—	—	—	—	45 386.26	45 386.26
608	美味食足	—	—	—	—	—	—	—	—	—	8 594.60	8 594.60
609	喜相逢10元	—	—	—	—	—	—	—	—	—	93 307.79	93 307.79
610	喜相逢20元	—	—	—	—	—	—	—	—	—	94 668.83	94 668.83
611	喜相逢30元	—	—	—	—	—	—	—	—	—	56 288.40	56 288.40
612	星光闪耀	—	—	—	—	—	—	—	—	—	52 247.07	52 247.07
613	幸运加倍	—	—	—	—	—	—	—	—	—	37 008.40	37 008.40
614	非常有戏	—	—	—	—	—	—	—	—	—	494.30	494.30
615	梦寐以求	—	—	—	—	—	—	—	—	—	18 287.59	18 287.59
616	新疆好地方-中国雪都	—	—	—	—	—	—	—	—	—	13.50	13.50
617	癸卯兔10元	—	—	—	—	—	—	—	—	—	10.75	10.75
618	浙里有福10元	—	—	—	—	—	—	—	—	—	6 584.75	6 584.75
619	浙里有福20元	—	—	—	—	—	—	—	—	—	14 622.65	14 622.65
	合计 Total	**1 855 448.62**	**1 858 958.92**	**1 628 034.12**	**1 491 247.57**	**1 263 402.02**	**1 142 669.16**	**1 496 351.61**	**1 464 256.06**	**2 818 775.85**	**3 034 685.53**	**18 053 829.45**

（中国福利彩票发行管理中心供稿）

2013—2022 年中国体育彩票全国联网游戏销售统计

Sales Statistics of National Games of China Sports Lottery from 2013 to 2022

胜平负任选 9 场

单位：万元

Unit：Ten Thousand Yuan

地区 Region	游戏类型 Game Type	2013	2014	2015	2016	2017	2018	2019	2020	2021	2022	合计 Total
北京	竞猜	27 390.66	25 602.76	17 509.34	15 395.35	15 647.11	17 025.31	16 100.92	6 881.48	13 304.63	13 872.77	168 730.33
天津		16 156.36	14 360.38	8 734.05	5 745.69	5 965.41	6 922.55	6 156.49	3 192.39	6 220.61	7 294.00	80 747.93
河北		4 466.20	8 094.69	8 003.81	20 411.05	23 880.49	20 061.94	8 029.24	5 594.02	10 081.37	12 056.28	120 679.10
山西		2 441.41	2 414.58	2 829.74	2 737.37	6 036.68	3 731.68	2 860.45	1 528.95	3 078.52	3 294.79	30 954.17
内蒙古		2 347.75	3 011.16	3 833.05	2 937.62	2 997.90	3 818.07	3 620.93	1 701.38	3 022.41	3 339.81	30 630.06
辽宁		11 465.65	11 878.91	12 604.16	12 453.34	13 117.08	13 820.52	13 241.26	6 272.04	11 824.85	11 705.21	118 383.01
吉林		3 089.91	3 189.53	3 358.43	3 212.59	3 536.42	3 612.98	3 385.16	1 850.13	3 660.92	3 752.71	32 648.78
黑龙江		3 421.09	3 769.23	3 508.30	3 420.57	3 249.47	3 338.66	3 004.39	1 437.87	2 905.42	3 135.54	31 190.55
上海		19 135.38	39 135.91	16 721.78	14 341.37	15 353.39	15 506.50	15 746.47	7 815.75	14 973.15	11 604.37	170 334.09
江苏		14 320.24	22 304.14	14 239.27	14 616.36	17 251.03	19 654.81	18 690.49	9 173.41	17 304.96	20 022.05	167 576.75
浙江		13 303.85	14 875.59	19 643.54	20 293.16	21 593.03	25 813.45	26 125.36	13 142.69	24 577.15	28 817.86	208 185.67
安徽		12 067.93	9 255.18	6 287.68	5 570.36	6 603.05	7 867.50	8 095.14	4 055.94	7 332.12	9 045.58	76 180.49
福建		6 224.20	6 266.35	8 291.78	8 671.25	10 576.28	11 393.74	11 198.10	5 526.50	10 639.50	12 223.75	91 011.46
江西		30 976.66	37 418.59	13 748.59	7 822.75	9 342.42	11 480.71	9 666.99	5 156.53	8 874.25	8 965.06	143 452.54
山东		10 995.72	8 791.64	11 783.72	12 669.08	13 976.07	14 973.71	14 488.36	6 539.49	11 774.64	13 918.39	119 910.82
河南		4 203.63	4 292.99	4 952.34	5 014.56	5 582.95	6 260.68	6 344.56	3 256.22	6 245.89	8 059.67	54 213.49
湖北		10 913.54	12 457.38	14 840.61	15 406.32	18 080.36	18 877.39	18 628.44	9 243.87	17 569.40	20 193.13	156 210.45
湖南		19 135.54	28 928.24	14 447.00	12 157.31	26 697.23	20 043.65	12 189.84	6 393.15	12 323.52	13 179.27	165 494.74
广东		41 523.25	43 226.42	49 614.25	53 170.77	60 997.22	67 814.06	65 825.67	31 453.72	59 862.32	63 243.78	536 731.46
广西		8 546.76	9 426.42	10 602.20	10 730.65	14 180.67	17 055.74	14 407.78	7 022.48	13 340.51	14 343.45	119 656.65
海南		911.33	843.96	1 091.07	1 260.18	1 343.72	1 527.26	1 333.41	549.88	1 208.57	1 281.55	11 350.92
重庆		10 126.34	11 814.24	6 756.59	6 233.84	7 995.88	9 858.98	10 705.22	5 370.96	9 323.71	11 141.69	89 327.45
四川		11 633.56	11 053.15	12 705.91	12 706.03	15 366.08	17 623.39	17 467.44	9 341.61	17 351.38	19 536.87	144 785.41
贵州		3 132.00	3 256.23	4 002.79	3 902.06	4 265.55	4 497.85	4 676.52	2 304.31	4 414.61	4 814.00	39 265.92
云南		4 522.01	4 776.71	5 185.82	5 661.97	5 251.46	5 978.43	5 765.02	2 877.19	5 726.75	6 145.66	51 891.02
西藏		177.00	149.58	214.62	150.55	123.16	118.69	170.78	124.07	215.45	187.33	1 631.21
陕西		3 969.32	5 529.16	6 975.96	8 041.16	14 048.03	8 879.07	7 151.39	3 263.51	5 795.17	6 432.13	70 084.90
甘肃		1 387.86	1 516.23	1 757.02	1 773.41	2 112.52	2 268.19	2 414.75	1 226.11	2 432.91	3 070.20	19 959.22
青海		295.21	507.44	617.27	808.95	962.92	686.40	436.94	254.34	479.08	488.08	5 536.64
宁夏		578.54	1 019.91	760.50	732.17	934.04	1 205.41	1 088.57	535.83	1 064.71	1 174.80	9 094.48
新疆		4 211.72	8 499.47	5 336.90	4 510.73	5 505.43	5 173.09	4 679.85	2 182.31	4 339.94	4 594.52	49 033.98
合计 Total		**303 070.62**	**357 666.15**	**290 958.09**	**292 558.55**	**352 573.05**	**366 890.44**	**333 695.95**	**165 268.14**	**311 268.44**	**340 934.26**	**3 114 883.68**

足球 4 场进球

单位：万元

Unit：Ten Thousand Yuan

地　区 Region	游戏类型 Game Type	2013	2014	2015	2016	2017	2018	2019	2020	2021	2022	合计 Total
北　京	竞猜	959.88	1 459.45	848.78	749.06	496.95	672.73	731.22	297.63	776.13	1 090.03	8 081.87
天　津		962.49	1 079.52	333.66	215.87	160.47	283.90	210.94	107.66	245.71	394.16	3 994.38
河　北		277.25	590.98	504.77	607.16	738.45	879.24	810.85	455.37	2 087.73	3 319.54	10 271.33
山　西		129.23	158.16	199.93	102.75	130.52	139.57	115.78	48.45	241.49	535.98	1 801.85
内蒙古		115.54	207.92	152.56	130.58	186.43	193.73	128.73	78.64	218.35	272.41	1 684.90
辽　宁		386.14	458.94	381.67	321.58	315.13	417.68	404.25	142.07	399.67	687.58	3 914.72
吉　林		134.09	205.95	151.99	97.62	93.04	207.95	233.22	86.01	201.15	331.82	1 742.83
黑龙江		295.72	443.53	232.26	195.00	170.19	167.34	137.14	76.94	167.95	330.94	2 217.02
上　海		914.81	2 862.87	781.76	540.34	700.82	755.91	623.79	325.46	955.18	1 362.42	9 823.35
江　苏		726.44	1 614.39	579.95	551.53	595.51	846.44	852.71	379.77	1 034.17	2 069.80	9 250.72
浙　江		659.44	1 049.75	929.27	721.99	591.93	847.82	1 150.37	477.31	1 504.86	3 000.19	10 932.94
安　徽		663.75	546.33	417.81	423.20	322.51	283.64	253.25	160.41	409.84	851.12	4 331.86
福　建		283.36	422.89	492.48	539.85	390.71	650.90	504.61	274.43	851.66	1 321.25	5 732.13
江　西		2 076.06	2 948.53	758.26	370.69	345.72	396.13	588.13	249.95	559.77	1 094.69	9 387.95
山　东		659.81	792.16	785.28	812.94	761.06	985.78	910.28	346.31	756.86	1 445.31	8 255.79
河　南		249.49	315.88	392.18	246.27	265.13	368.96	400.49	237.73	525.13	874.78	3 876.05
湖　北		520.35	967.60	801.21	584.61	632.57	780.01	1 434.18	441.12	939.11	2 444.99	9 545.75
湖　南		2 147.32	2 844.30	659.09	462.35	696.45	810.27	747.70	292.81	768.22	1 451.30	10 879.80
广　东		2 197.98	2 618.00	2 050.90	1 823.95	1 944.71	2 667.23	3 015.54	1 487.82	3 503.91	5 204.88	26 514.93
广　西		494.77	731.26	624.09	477.96	570.08	762.42	814.86	323.02	762.32	1 299.06	6 859.84
海　南		52.86	74.55	133.86	78.39	63.80	105.11	129.44	38.92	128.78	352.63	1 158.33
重　庆		1 010.49	1 301.83	413.73	445.98	331.46	364.14	788.21	623.47	972.68	1 398.47	7 650.46
四　川		540.58	699.48	519.96	403.09	323.83	728.19	718.19	327.60	868.28	1 790.75	6 919.95
贵　州		170.16	204.19	215.02	199.11	178.33	296.18	253.05	84.31	207.88	428.79	2 237.01
云　南		256.39	322.69	359.85	416.62	268.89	378.04	366.64	178.79	388.84	648.55	3 585.30
西　藏		5.25	14.97	13.36	6.04	4.11	8.06	8.47	8.49	15.39	21.92	106.05
陕　西		247.31	380.63	298.53	257.19	503.03	369.67	253.11	131.04	316.11	555.05	3 311.67
甘　肃		104.88	113.45	80.01	113.61	101.39	122.52	117.79	69.08	120.19	273.58	1 216.51
青　海		11.10	52.58	24.88	94.80	82.13	68.01	169.92	18.54	37.12	60.18	619.27
宁　夏		22.48	78.53	33.00	29.34	12.29	16.68	29.58	20.53	31.58	78.94	352.96
新　疆		174.91	531.90	270.88	271.81	137.82	168.78	172.27	71.65	162.61	261.30	2 223.94
合计 Total		**17 450.35**	**26 093.22**	**14 440.99**	**12 291.28**	**12 115.46**	**15 742.99**	**17 074.73**	**7 861.32**	**20 158.69**	**35 252.42**	**178 481.44**

足球 6 场半全场胜平负

单位：万元

Unit：Ten Thousand Yuan

地 区 Region	游戏类型 Game Type	2013	2014	2015	2016	2017	2018	2019	2020	2021	2022	合计 Total
北 京	竞猜	197.14	241.19	117.71	49.01	41.30	46.34	87.86	70.29	165.12	177.69	1 193.64
天 津		220.50	197.89	96.62	26.62	35.49	45.14	39.65	25.74	70.49	123.00	881.14
河 北		75.70	87.42	60.30	59.86	118.46	147.21	143.84	124.92	613.98	798.42	2 230.11
山 西		25.85	27.00	22.70	11.72	35.84	10.40	14.92	13.79	40.54	49.11	251.88
内蒙古		26.90	41.31	26.06	19.07	16.79	18.07	26.16	19.79	54.09	60.02	308.27
辽 宁		110.64	92.63	100.73	49.46	65.58	43.72	77.71	49.10	132.57	138.45	860.59
吉 林		24.24	22.56	17.61	10.83	10.52	11.50	13.14	10.75	33.96	38.02	193.13
黑龙江		50.36	82.26	62.88	15.38	18.32	17.25	25.39	20.87	52.40	63.60	408.70
上 海		257.27	720.77	184.05	81.01	114.46	69.99	110.81	109.17	266.60	345.99	2 260.10
江 苏		196.62	282.21	103.69	61.94	73.75	104.44	182.87	115.40	277.64	542.45	1 941.00
浙 江		156.35	185.61	166.87	90.46	104.93	77.61	208.05	252.61	594.31	754.93	2 591.72
安 徽		202.55	149.85	154.03	52.79	42.52	43.48	72.84	80.25	131.73	164.49	1 094.51
福 建		134.56	100.81	108.67	75.72	97.53	66.65	142.40	127.72	358.48	581.86	1 794.41
江 西		675.26	771.64	260.09	34.51	51.32	38.02	104.94	86.75	146.94	205.07	2 374.55
山 东		157.35	95.29	129.91	75.74	80.52	81.52	152.41	85.01	198.13	251.55	1 307.43
河 南		56.13	53.08	61.40	39.56	60.22	42.20	67.78	54.87	118.55	149.52	703.31
湖 北		88.48	100.06	178.47	144.32	170.57	63.55	238.78	132.79	279.21	656.28	2 052.51
湖 南		749.35	543.61	224.81	63.30	124.16	105.94	78.11	72.44	167.53	312.16	2 441.41
广 东		630.58	574.38	470.82	258.66	305.99	342.90	550.86	433.45	911.78	1 104.08	5 583.48
广 西		118.62	112.70	112.10	56.26	78.74	74.41	109.19	88.61	214.96	242.81	1 208.41
海 南		28.06	23.29	33.04	21.56	26.31	15.99	45.83	25.42	37.91	59.90	317.31
重 庆		192.84	228.04	117.83	22.29	27.49	28.24	144.14	254.17	243.90	332.59	1 591.52
四 川		133.88	121.37	77.48	48.71	51.71	53.85	111.50	87.95	258.74	312.55	1 257.74
贵 州		35.98	35.71	33.34	16.96	21.37	24.90	51.80	34.04	86.28	107.99	448.36
云 南		81.80	77.20	53.19	30.97	29.09	24.39	60.51	41.48	202.76	144.53	745.93
西 藏		1.01	8.04	2.72	1.13	0.77	0.83	1.34	1.53	5.73	4.11	27.21
陕 西		45.35	43.29	76.61	25.34	121.27	72.34	97.63	61.33	110.65	152.48	806.29
甘 肃		28.71	14.81	15.90	12.85	20.73	16.64	23.67	21.65	41.53	63.39	259.88
青 海		2.29	6.99	8.41	5.58	21.11	19.77	4.65	4.15	10.99	11.38	95.33
宁 夏		8.81	24.92	6.93	2.24	3.91	2.72	8.12	7.51	14.27	27.63	107.06
新 疆		48.19	131.57	77.69	38.95	33.89	15.13	30.80	19.68	59.51	76.99	532.38
合计 Total		**4 761.35**	**5 197.47**	**3 162.68**	**1 502.78**	**2 004.66**	**1 725.13**	**3 027.69**	**2 533.22**	**5 901.28**	**8 053.03**	**37 869.29**

足球胜平负

单位：万元

Unit：Ten Thousand Yuan

地区 Region	游戏类型 Game Type	2013	2014	2015	2016	2017	2018	2019	2020	2021	2022	合计 Total
北京	竞猜	47 737.22	31 887.00	20 150.00	18 619.13	22 125.08	24 364.12	25 473.17	11 120.74	23 262.28	18 486.20	243 224.92
天津		16 816.20	15 294.77	8 659.87	6 069.40	7 442.85	9 383.24	8 764.94	4 137.12	9 619.05	8 452.50	94 639.94
河北		5 922.14	8 602.03	8 495.85	23 779.24	26 746.27	24 379.20	12 619.15	12 530.05	25 387.92	24 338.71	172 800.55
山西		2 977.24	3 070.18	3 943.13	3 054.86	8 172.57	4 499.36	3 884.50	1 877.69	4 847.61	3 863.70	40 190.83
内蒙古		3 748.95	3 313.52	5 137.07	4 528.60	5 179.72	7 250.34	5 837.70	2 578.98	5 544.86	3 962.13	47 081.87
辽宁		13 746.55	14 349.18	14 086.53	14 253.19	16 848.58	17 128.44	17 645.80	8 477.18	16 920.51	13 753.46	147 209.42
吉林		3 951.23	3 528.18	3 712.14	3 300.38	4 093.16	4 932.83	4 696.75	2 719.75	5 870.04	4 017.96	40 822.42
黑龙江		4 573.93	5 124.31	5 301.28	4 983.79	4 457.12	4 906.23	4 626.67	2 173.01	4 492.92	3 409.30	44 048.56
上海		32 318.98	46 393.85	19 571.16	15 897.69	19 749.54	23 446.90	24 785.85	11 821.03	25 496.63	15 785.75	235 267.38
江苏		19 822.41	29 174.40	16 866.60	16 832.63	22 759.51	29 303.06	31 595.24	15 318.97	30 789.17	26 833.44	239 295.44
浙江		18 961.48	19 570.36	26 183.32	24 974.31	32 170.32	40 476.79	46 533.89	24 546.94	50 910.98	45 966.73	330 295.12
安徽		15 741.71	10 854.12	6 956.55	5 911.18	8 383.53	9 409.23	11 396.67	5 338.23	11 650.35	9 735.30	95 376.87
福建		9 736.71	9 098.52	11 288.40	12 400.23	16 267.59	19 390.84	20 689.60	10 320.00	20 916.27	17 093.65	147 201.80
江西		42 518.17	53 150.81	17 911.21	8 844.20	11 082.57	13 665.70	15 235.07	7 811.28	13 799.27	11 257.97	195 276.25
山东		14 953.58	11 681.03	15 676.90	18 812.96	19 167.54	22 437.76	22 207.01	9 806.76	21 067.81	18 879.31	174 690.66
河南		6 159.46	6 671.45	6 881.83	7 128.95	8 390.88	9 153.57	9 399.45	5 002.48	10 908.40	8 755.79	78 452.28
湖北		11 670.46	12 536.96	14 760.99	14 962.91	19 022.87	22 812.91	27 764.05	14 468.27	30 074.49	32 198.41	200 272.32
湖南		27 455.23	48 521.01	26 076.24	19 921.46	32 418.73	28 626.79	20 670.93	10 112.67	29 499.92	21 157.89	264 460.88
广东		52 023.44	53 605.65	60 520.12	63 563.91	80 316.63	93 108.04	104 885.72	49 199.52	104 759.60	83 359.00	745 341.65
广西		9 985.73	10 135.35	11 294.02	10 606.41	16 377.07	19 279.26	18 475.87	8 594.96	18 728.27	15 453.29	138 930.22
海南		1 256.01	1 188.73	1 568.76	1 669.45	2 412.33	1 900.01	1 817.14	741.48	2 104.44	1 499.00	16 157.36
重庆		10 986.04	11 772.46	7 140.02	7 665.26	10 611.91	13 851.97	19 272.48	9 585.23	16 753.97	24 727.75	132 367.09
四川		14 281.95	13 199.94	14 109.02	13 556.06	18 361.83	22 332.87	23 795.36	12 208.54	26 574.56	22 078.82	180 498.96
贵州		4 455.43	4 327.97	4 784.08	4 580.47	5 980.65	6 858.43	7 619.85	3 453.90	7 730.20	6 390.55	56 181.52
云南		7 119.16	7 335.18	7 903.86	7 948.94	8 762.13	10 587.47	9 602.52	4 881.20	10 475.88	9 403.40	84 019.73
西藏		254.86	275.35	410.39	269.50	180.22	220.89	257.29	176.81	463.85	315.54	2 824.72
陕西		7 022.20	8 435.09	10 472.20	9 897.62	17 592.25	12 971.20	11 091.67	4 807.72	9 683.45	8 281.72	100 255.12
甘肃		2 258.76	1 863.83	1 913.98	2 065.32	2 985.19	3 161.34	3 758.84	2 021.13	4 185.90	3 703.28	27 917.56
青海		494.78	523.03	802.33	1 031.39	1 289.29	1 629.88	996.86	531.75	1 102.88	749.32	9 151.49
宁夏		1 223.74	1 804.36	1 235.25	1 590.29	1 944.59	2 254.36	1 987.81	1 064.01	2 151.10	1 734.61	16 990.12
新疆		4 745.96	8 228.53	6 366.37	5 396.39	6 656.91	6 563.39	6 431.43	2 854.29	7 133.58	4 926.72	59 303.57
合计 Total		**414 919.71**	**455 517.14**	**360 179.47**	**354 116.11**	**457 949.41**	**510 286.42**	**523 819.27**	**260 281.71**	**552 906.12**	**470 571.21**	**4 360 546.58**

竞彩玩法

单位：万元

Unit：Ten Thousand Yuan

地 区 Region	游戏类型 Game Type	2013	2014	2015	2016	2017	2018	2019	2020	2021	2022	合计 Total
北 京	竞猜	85 154.41	55 115.37	44 165.09	81 999.26	86 203.32	237 100.88	182 923.86	108 525.89	209 506.16	297 324.95	1 388 019.19
天 津		130 952.30	241 155.13	175 677.78	172 186.34	125 661.96	258 422.50	160 712.11	96 216.70	187 919.62	265 603.65	1 814 508.07
河 北		21 452.45	176 474.28	155 056.97	334 184.40	266 836.56	518 960.97	327 322.51	209 394.55	442 588.69	672 213.62	3 124 485.01
山 西		11 344.40	18 295.80	44 010.39	97 912.11	208 316.79	299 974.22	212 422.20	132 031.27	254 866.40	315 737.71	1 594 911.30
内蒙古		7 754.74	9 150.49	28 791.97	67 163.46	98 802.23	349 706.16	290 924.18	148 415.94	265 629.13	374 027.38	1 640 365.67
辽 宁		52 104.57	87 099.61	133 618.39	226 956.27	194 161.99	430 604.05	294 493.65	142 920.38	261 373.06	382 453.11	2 205 785.09
吉 林		20 767.57	24 034.12	42 816.54	55 369.50	49 842.40	162 997.93	134 586.73	101 233.17	179 679.91	236 338.37	1 007 666.23
黑龙江		28 222.10	195 242.29	119 601.61	72 732.97	104 092.48	214 655.35	179 269.12	102 815.74	200 910.70	281 671.53	1 499 213.89
上 海		238 408.27	545 425.71	170 140.82	110 309.13	103 201.00	197 556.56	140 482.43	92 622.87	168 488.84	244 617.58	2 011 253.21
江 苏		304 647.44	497 742.32	444 033.03	431 892.83	599 261.85	1 410 014.38	819 119.57	453 611.08	885 584.43	1 341 780.00	7 187 686.94
浙 江		73 746.11	274 172.51	296 079.89	429 360.24	489 117.81	1 078 206.77	655 183.21	402 241.28	813 079.49	1 271 732.15	5 782 919.46
安 徽		105 028.84	199 551.33	275 997.40	267 673.89	324 287.17	663 421.43	477 957.15	270 520.28	443 306.59	689 549.19	3 717 293.26
福 建		31 198.60	51 189.80	137 877.31	180 722.55	423 596.81	547 278.77	241 224.34	171 314.29	314 826.62	430 004.67	2 529 233.75
江 西		180 798.99	243 599.50	226 024.95	138 429.43	236 340.92	548 170.22	455 473.64	279 372.46	469 119.40	564 824.93	3 342 154.43
山 东		200 492.52	316 877.07	599 185.59	655 504.42	734 103.11	1 444 500.06	1 134 178.47	627 856.76	1 078 621.66	1 431 944.39	8 223 264.05
河 南		65 913.73	103 218.98	336 809.28	452 120.10	534 219.18	1 015 483.34	939 149.72	535 070.42	1 004 435.09	1 164 656.66	6 151 076.49
湖 北		81 204.09	151 111.02	99 938.16	369 758.97	511 982.53	841 430.40	654 168.35	460 949.72	775 446.11	977 580.50	4 923 569.84
湖 南		121 282.89	153 640.57	219 635.44	419 237.56	582 804.44	786 059.65	454 528.93	212 381.78	382 593.36	519 047.46	3 851 212.09
广 东		186 470.11	204 545.31	526 358.53	728 996.58	721 193.36	1 122 067.49	676 157.49	372 105.73	624 350.76	961 990.90	6 124 236.26
广 西		32 473.59	52 758.16	110 345.26	187 673.50	200 303.16	243 221.76	134 633.47	91 207.03	146 142.60	201 390.81	1 400 149.35
海 南		5 927.10	2 103.17	38 176.43	59 445.78	42 829.69	88 545.73	21 262.25	8 470.63	23 249.50	25 303.93	315 314.19
重 庆		77 788.72	152 347.45	210 616.69	264 271.44	367 184.02	472 412.48	417 091.56	275 209.84	434 952.83	518 695.45	3 190 570.48
四 川		32 280.24	44 669.12	101 082.90	139 762.22	148 213.70	504 924.21	509 569.23	343 424.78	748 189.08	933 079.20	3 505 194.68
贵 州		19 574.03	25 385.73	37 114.79	69 413.41	64 951.06	250 606.55	184 535.28	114 153.01	263 377.81	412 058.45	1 441 170.12
云 南		37 214.99	60 711.00	122 941.42	229 448.21	205 312.75	424 525.06	269 379.47	173 691.74	388 175.39	547 390.29	2 458 790.33
西 藏		1 020.52	1 221.67	2 175.93	2 232.04	1 637.45	10 263.81	7 463.47	5 920.47	20 224.39	41 412.75	93 572.50
陕 西		16 293.38	166 594.62	177 405.77	291 861.62	394 722.74	592 545.43	313 034.42	203 701.39	357 125.52	501 494.92	3 014 779.80
甘 肃		40 382.58	55 020.54	18 730.70	52 144.30	75 715.49	145 530.55	134 394.72	77 516.28	203 271.64	271 568.53	1 074 275.32
青 海		33 169.32	68 642.44	15 240.21	15 238.86	25 593.49	37 781.97	30 696.28	18 690.04	33 045.66	49 735.74	327 834.01
宁 夏		12 071.44	76 121.51	11 887.12	14 844.09	17 922.87	63 519.86	54 215.30	31 328.86	68 981.69	97 601.26	448 494.01
新 疆		32 825.61	151 102.32	61 018.81	81 435.77	92 793.29	166 866.50	134 931.68	86 197.16	172 350.43	261 609.81	1 241 131.38
合计 Total		**2 287 965.67**	**4 404 318.94**	**4 982 555.14**	**6 700 281.27**	**8 031 205.61**	**15 127 355.01**	**10 641 484.79**	**6 349 111.52**	**11 821 412.56**	**16 284 439.90**	**86 630 130.40**

排 列 3

单位：万元

Unit：Ten Thousand Yuan

地 区 Region	游戏类型 Game Type	2013	2014	2015	2016	2017	2018	2019	2020	2021	2022	合计 Total
北 京	乐透排列	34 343.96	28 097.75	20 312.72	19 168.85	18 861.90	18 970.19	19 679.42	14 887.49	27 941.81	34 908.02	237 172.11
天 津		21 006.01	20 957.42	14 406.01	12 890.14	12 971.67	12 699.90	12 938.90	19 251.05	16 896.10	21 340.15	165 357.35
河 北		30 005.89	24 904.60	21 320.25	19 650.04	23 607.04	20 748.48	23 671.47	29 230.80	40 918.84	90 355.26	324 412.67
山 西		7 543.86	6 161.14	5 782.17	5 515.05	6 545.40	5 761.21	6 017.36	13 114.34	13 447.12	24 263.11	94 150.77
内蒙古		25 734.56	22 166.01	19 385.25	16 026.62	18 229.85	17 480.71	18 035.82	19 033.15	24 475.13	34 582.00	215 149.09
辽 宁		26 067.11	24 060.29	22 617.68	19 556.20	22 154.72	22 807.63	22 564.18	21 972.01	33 097.74	40 298.63	255 196.21
吉 林		14 422.82	13 040.63	11 924.86	10 610.46	11 722.91	11 657.46	11 144.83	15 117.51	15 919.58	19 506.30	135 067.36
黑龙江		14 687.82	14 049.93	12 468.04	12 182.44	12 135.08	12 761.65	13 495.21	11 945.62	15 408.75	20 889.11	140 023.66
上 海		12 514.00	19 218.14	12 649.55	11 460.63	11 268.81	11 054.76	11 074.07	11 448.92	16 020.57	13 969.43	130 678.88
江 苏		68 395.69	60 985.28	61 628.75	58 142.94	60 599.31	62 585.28	64 394.21	68 842.18	104 367.88	140 717.27	750 658.81
浙 江		54 631.99	48 189.76	50 525.81	45 120.11	46 892.93	46 713.79	48 321.82	53 100.55	78 373.82	93 427.22	565 297.79
安 徽		16 667.07	14 502.31	13 926.63	13 310.45	14 369.08	14 879.34	15 699.97	20 924.95	31 040.85	40 510.20	195 830.86
福 建		7 771.61	6 971.65	7 221.52	7 184.57	7 448.81	8 175.46	8 296.34	11 004.31	12 690.48	18 224.02	94 988.77
江 西		12 504.29	13 694.72	8 693.77	7 436.02	8 426.33	9 314.36	11 201.61	17 539.05	24 774.88	31 986.02	145 571.06
山 东		16 352.58	15 964.86	14 087.50	16 299.29	15 434.48	17 375.69	22 578.94	35 688.14	51 128.76	87 432.76	292 343.00
河 南		36 996.19	34 313.33	34 288.57	31 093.15	32 619.60	33 269.34	36 842.89	78 516.26	83 142.46	124 802.55	525 884.35
湖 北		32 271.79	27 151.60	27 863.13	27 274.41	31 568.44	32 657.78	42 616.59	44 468.26	64 263.97	88 027.00	418 162.98
湖 南		21 291.74	20 515.78	18 125.49	17 358.86	21 377.40	21 260.68	16 974.78	26 310.07	26 407.65	27 712.20	217 334.65
广 东		18 453.78	17 790.18	18 515.65	20 239.40	21 955.30	22 812.77	26 610.70	32 782.03	45 890.49	58 343.54	283 393.84
广 西		2 291.31	2 391.06	2 447.09	2 274.33	3 738.29	5 241.95	3 534.26	4 746.59	5 155.32	9 590.44	41 410.64
海 南		343.71	317.87	477.88	612.59	683.34	644.65	544.76	703.41	1 066.37	1 310.12	6 704.68
重 庆		6 927.38	7 961.08	4 000.94	3 632.02	6 287.09	6 357.94	11 088.93	18 190.82	20 903.93	26 387.94	111 738.08
四 川		37 456.23	35 100.37	33 627.68	30 854.39	31 398.85	33 688.64	43 208.31	54 843.10	61 173.78	69 013.00	430 364.34
贵 州		11 793.69	10 871.44	10 754.70	11 004.18	10 781.31	11 370.66	12 175.21	13 098.59	20 980.23	21 553.73	134 383.74
云 南		35 482.91	33 829.90	31 150.91	30 813.90	31 776.97	33 180.61	34 330.19	38 271.20	56 524.94	74 324.13	399 685.65
西 藏		1 265.46	1 485.60	959.68	995.07	859.68	803.21	837.76	935.15	1 837.72	2 381.00	12 360.33
陕 西		14 507.15	12 231.05	11 533.67	11 118.82	10 564.86	10 684.31	12 121.80	20 861.53	21 351.52	31 206.50	156 181.22
甘 肃		15 403.48	11 299.48	10 266.25	9 471.83	9 071.52	9 137.56	9 386.75	17 228.93	23 257.97	41 264.05	155 787.82
青 海		2 707.43	2 293.42	2 347.52	2 283.87	2 488.74	2 565.57	2 950.54	3 119.60	4 627.52	7 009.41	32 393.61
宁 夏		9 865.67	8 038.55	7 068.73	7 184.20	7 773.64	8 018.06	7 806.35	8 269.15	12 372.15	16 911.54	93 308.05
新 疆		10 132.63	9 733.65	10 411.22	9 900.67	10 597.11	10 356.09	11 037.19	11 120.24	19 367.27	31 473.39	134 129.47
合计 Total		**619 839.81**	**568 288.82**	**520 789.62**	**490 665.50**	**524 210.49**	**535 035.72**	**581 181.17**	**736 564.99**	**974 825.61**	**1 343 720.07**	**6 895 121.80**

排 列 5

单位：万元

Unit：Ten Thousand Yuan

地 区 Region	游戏类型 Game Type	2013	2014	2015	2016	2017	2018	2019	2020	2021	2022	合计 Total
北 京	乐透排列	11 097.37	10 132.77	8 774.74	8 901.11	9 500.31	10 356.77	10 923.74	7 611.60	13 402.14	14 626.94	105 327.49
天 津		9 697.67	10 551.00	5 813.91	4 747.69	4 990.91	4 986.12	5 106.35	5 567.77	6 235.62	6 809.88	64 506.91
河 北		11 982.56	12 399.10	12 680.84	13 293.55	13 829.78	14 426.05	15 052.89	15 006.09	20 053.20	24 175.17	152 899.22
山 西		3 903.59	3 820.72	3 977.05	3 653.13	4 859.57	4 467.58	4 101.93	4 319.66	5 875.47	6 892.42	45 871.12
内蒙古		12 009.52	11 780.35	11 421.54	11 013.60	12 020.79	12 589.81	12 680.49	11 363.84	15 224.92	16 945.62	127 050.49
辽 宁		11 714.44	11 193.46	11 234.14	11 068.90	11 429.86	12 490.21	12 614.09	11 265.24	14 644.69	15 395.98	123 051.01
吉 林		6 656.02	7 030.01	7 106.59	7 032.51	7 072.43	7 090.56	7 105.15	6 574.98	8 806.79	9 352.02	73 827.05
黑龙江		6 894.35	7 747.42	6 568.18	6 276.92	6 231.19	6 490.38	6 561.56	5 967.10	7 943.64	7 959.69	68 640.42
上 海		5 385.74	9 132.74	5 440.19	5 070.12	5 475.84	5 821.78	6 106.22	6 099.33	8 917.22	6 959.14	64 408.32
江 苏		27 800.52	27 098.40	27 675.99	26 881.88	28 726.47	30 902.66	32 254.38	30 503.41	40 867.43	45 896.06	318 607.20
浙 江		24 377.64	22 803.06	23 323.12	23 681.19	25 241.43	27 060.98	29 111.91	28 542.35	38 124.13	41 843.98	284 109.79
安 徽		10 204.98	9 605.93	9 798.34	9 925.24	10 911.03	12 623.40	13 905.47	13 070.64	17 482.25	18 902.46	126 429.73
福 建		4 030.19	3 876.45	4 290.49	4 281.23	4 688.44	5 300.08	5 810.49	5 950.08	7 777.63	8 298.11	54 303.18
江 西		4 951.82	5 129.42	3 672.63	3 258.90	4 459.86	5 707.59	4 561.63	5 714.59	7 105.20	7 674.45	52 236.09
山 东		8 583.26	7 595.80	7 906.34	9 495.50	9 504.35	10 032.56	10 988.19	10 976.05	13 791.01	16 918.86	105 791.91
河 南		21 526.35	23 154.23	24 786.62	23 092.17	24 221.79	25 275.03	26 289.66	27 291.00	35 483.03	37 824.53	268 944.41
湖 北		21 013.68	21 259.69	20 766.96	20 768.77	24 520.66	25 312.47	24 274.32	20 732.06	29 393.01	31 179.54	239 221.16
湖 南		11 493.85	11 408.25	10 021.12	10 515.88	12 762.53	13 516.31	11 545.07	11 579.63	14 547.83	15 202.69	122 593.15
广 东		13 548.15	13 248.93	14 490.39	15 877.43	17 135.60	19 727.47	22 358.82	22 432.35	31 302.43	34 409.63	204 531.20
广 西		1 895.11	2 050.01	1 551.94	1 643.29	2 576.90	4 201.80	2 331.91	2 715.74	3 435.45	3 578.66	25 980.81
海 南		530.00	495.41	624.39	829.46	1 534.87	2 839.25	4 308.75	5 265.72	8 667.18	9 149.58	34 244.62
重 庆		3 370.33	3 556.52	2 180.71	2 118.45	3 498.81	3 378.01	3 490.64	4 461.24	6 098.46	7 196.55	39 349.72
四 川		19 872.54	20 045.74	20 962.09	20 031.36	20 594.02	22 195.15	23 875.24	24 192.79	32 141.41	35 073.90	238 984.25
贵 州		10 031.90	10 268.58	10 512.88	10 600.46	11 003.07	12 240.06	13 136.63	12 549.67	16 129.01	16 165.72	122 637.97
云 南		28 356.95	30 086.01	30 826.40	29 494.00	33 593.07	37 477.22	37 775.01	37 521.67	54 012.50	64 256.56	383 399.38
西 藏		1 178.79	1 286.10	1 423.98	1 544.34	1 495.01	1 372.00	1 477.90	1 473.48	2 297.98	2 102.26	15 651.83
陕 西		7 057.33	7 016.54	7 580.47	7 789.97	7 991.70	8 673.33	10 107.66	9 665.15	12 253.22	13 290.95	91 426.32
甘 肃		8 677.33	8 141.40	7 944.05	8 344.95	8 369.02	8 589.87	8 854.89	8 976.50	13 221.74	13 113.48	94 233.22
青 海		2 101.45	1 912.85	2 264.48	2 556.40	2 616.88	2 925.86	2 950.06	2 642.41	3 675.26	3 566.53	27 212.20
宁 夏		4 376.29	4 329.11	4 447.48	4 622.67	4 969.44	5 440.41	5 470.14	5 307.32	7 946.53	8 998.31	55 907.71
新 疆		4 624.95	4 800.74	5 097.76	5 278.17	5 802.43	5 785.17	5 756.38	4 809.59	8 094.26	9 153.24	59 202.68
合计 Total		**318 944.65**	**322 956.74**	**315 165.79**	**313 689.22**	**341 628.02**	**369 295.95**	**380 887.58**	**370 149.04**	**504 950.66**	**552 912.91**	**3 790 580.56**

七 星 彩

单位：万元

Unit：Ten Thousand Yuan

地区 Region	游戏类型 Game Type	2013	2014	2015	2016	2017	2018	2019	2020	2021	2022	合计 Total
北京	乐透排列	10 473.67	10 914.48	5 469.43	4 837.03	4 265.52	4 151.00	4 697.50	3 412.19	6 622.74	6 375.62	61 219.17
天津		12 775.81	12 828.89	8 496.93	7 190.66	6 329.31	5 931.14	6 026.00	5 136.39	6 900.35	6 941.74	78 557.21
河北		18 307.98	18 062.71	16 083.35	15 178.90	13 342.06	12 320.08	13 104.33	12 761.49	16 901.46	15 618.21	151 680.57
山西		1 837.93	1 727.30	1 526.67	1 353.40	1 456.48	1 200.86	1 292.56	1 606.40	2 202.73	2 461.33	16 665.66
内蒙古		2 653.98	2 587.03	2 290.51	2 273.36	2 151.77	1 956.60	2 031.74	2 216.68	3 269.72	3 249.09	24 680.48
辽宁		3 536.65	3 273.85	2 989.65	2 749.41	2 469.18	2 388.21	2 508.85	2 696.36	4 159.73	3 584.49	30 356.38
吉林		8 608.94	7 944.23	7 263.29	6 637.23	5 699.83	5 231.79	5 305.66	4 892.07	5 673.61	4 766.00	62 022.66
黑龙江		6 214.93	6 851.34	5 072.98	4 427.79	3 879.29	3 735.78	3 863.01	3 300.93	4 915.20	4 525.17	46 786.43
上海		6 008.06	8 194.20	4 886.57	4 360.09	4 008.21	3 955.66	4 367.11	3 976.00	6 118.74	4 711.10	50 585.73
江苏		—	—	—	—	—	—	—	—	23 845.43	20 312.98	44 158.41
浙江		—	—	—	—	—	—	—	3 962.01	14 713.18	17 763.54	36 438.73
安徽		11 523.73	10 435.41	9 290.49	8 757.19	7 947.63	7 592.76	8 347.41	8 136.35	11 624.72	12 697.48	96 353.17
福建		5 754.82	5 438.80	4 985.41	4 627.40	4 396.89	4 629.72	5 133.56	6 103.78	11 745.45	12 103.06	64 918.89
江西		5 870.55	8 114.68	3 303.65	2 255.51	2 515.25	2 301.85	2 252.17	2 964.08	3 644.23	3 464.76	36 686.74
山东		9 343.54	7 959.57	7 056.64	7 523.93	6 657.12	6 290.29	7 160.58	9 600.52	13 532.57	13 196.67	88 321.43
河南		36 276.35	35 079.49	32 022.07	29 588.29	26 425.19	24 697.92	26 098.90	24 274.37	31 541.94	30 229.85	296 234.37
湖北		19 925.53	19 315.26	17 340.57	16 354.98	18 270.00	15 011.57	15 431.79	12 596.88	18 017.14	16 998.17	169 261.89
湖南		5 047.80	5 466.63	3 690.54	3 547.19	4 420.40	5 558.66	3 191.21	3 406.99	4 277.83	4 499.69	43 106.95
广东		25 145.45	22 953.82	21 076.73	20 304.49	19 087.84	18 350.41	20 063.77	18 313.29	30 376.74	31 185.68	226 858.23
广西		1 684.67	1 669.20	1 505.23	1 472.12	1 689.56	1 774.94	1 577.07	1 714.25	2 686.88	2 693.87	18 467.78
海南		7 064.10	7 435.52	8 490.99	8 800.24	8 870.19	8 112.65	7 912.82	7 097.13	9 148.82	8 446.66	81 379.13
重庆		3 502.01	3 647.53	1 752.21	1 557.46	1 752.53	1 539.37	1 738.34	2 482.05	4 581.69	4 795.54	27 348.73
四川		37 632.60	35 200.73	31 298.42	27 902.77	23 793.07	21 903.63	25 010.92	22 898.45	31 115.23	29 675.97	286 431.79
贵州		4 812.37	4 825.59	4 405.13	4 313.39	3 872.59	3 757.11	4 076.59	5 195.95	7 352.82	6 962.64	49 574.19
云南		22 971.89	22 559.88	20 506.55	19 910.89	17 689.45	16 561.00	18 428.31	16 746.84	22 123.48	21 756.83	199 255.13
西藏		480.73	481.32	471.28	445.91	429.17	369.92	442.04	590.27	768.38	563.38	5 042.39
陕西		2 787.41	2 770.87	2 491.59	2 674.90	2 705.86	1 971.87	2 201.50	2 328.27	4 007.78	4 237.46	28 177.51
甘肃		2 756.89	2 724.52	1 445.76	1 422.61	1 368.49	1 207.94	1 276.68	2 070.61	3 539.68	2 420.80	20 233.99
青海		909.57	779.68	722.17	712.94	679.31	604.11	641.43	720.25	932.39	863.53	7 565.37
宁夏		910.58	937.88	851.05	902.30	847.03	809.74	819.58	971.44	1 439.27	1 711.09	10 199.96
新疆		3 843.95	3 733.38	3 655.46	3 279.38	3 118.30	2 675.52	2 785.24	2 437.17	4 080.11	3 755.70	33 364.19
合计 Total		**278 662.51**	**273 913.79**	**230 441.31**	**215 361.77**	**200 137.51**	**186 592.12**	**197 786.65**	**194 609.46**	**311 860.02**	**302 568.11**	**2 391 933.26**

22 选 5

单位：万元

Unit：Ten Thousand Yuan

地 区 Region	游戏类型 Game Type	2013	2014	2015	2016	2017	2018	2019	2020	2021	2022	合计 Total
天 津	乐透组合	938.19	—	—	—	—	—	—	—	—	—	938.19
河 北		2 085.37	—	—	—	—	—	—	—	—	—	2 085.37
山 西		471.94	—	—	—	—	—	—	—	—	—	471.94
内蒙古		1 330.02	—	—	—	—	—	—	—	—	—	1 330.02
辽 宁		784.29	—	—	—	—	—	—	—	—	—	784.29
吉 林		1 121.30	—	—	—	—	—	—	—	—	—	1 121.30
黑龙江		960.65	—	—	—	—	—	—	—	—	—	960.65
上 海		1 375.08	—	—	—	—	—	—	—	—	—	1 375.08
江 苏		3 963.98	—	—	—	—	—	—	—	—	—	3 963.98
安 徽		2 256.93	—	—	—	—	—	—	—	—	—	2 256.93
江 西		1 941.91	—	—	—	—	—	—	—	—	—	1 941.91
山 东		1 112.98	—	—	—	—	—	—	—	—	—	1 112.98
湖 北		540.89	—	—	—	—	—	—	—	—	—	540.89
湖 南		1 061.79	—	—	—	—	—	—	—	—	—	1 061.79
广 东		3 197.15	—	—	—	—	—	—	—	—	—	3 197.15
广 西		416.56	—	—	—	—	—	—	—	—	—	416.56
海 南		54.88	—	—	—	—	—	—	—	—	—	54.88
重 庆		534.84	—	—	—	—	—	—	—	—	—	534.84
四 川		554.76	—	—	—	—	—	—	—	—	—	554.76
西 藏		26.97	—	—	—	—	—	—	—	—	—	26.97
陕 西		973.92	—	—	—	—	—	—	—	—	—	973.92
甘 肃		725.00	—	—	—	—	—	—	—	—	—	725.00
青 海		253.59	—	—	—	—	—	—	—	—	—	253.59
宁 夏		529.68	—	—	—	—	—	—	—	—	—	529.68
新 疆		454.42	—	—	—	—	—	—	—	—	—	454.42
合计 Total		**27 667.08**	**—**	**—**	**—**	**—**	**—**	**—**	**—**	**—**	**—**	**27 667.08**

超级大乐透

单位：万元

Unit：Ten Thousand Yuan

地区 Region	游戏类型 Game Type	2013	2014	2015	2016	2017	2018	2019	2020	2021	2022	合计 Total
北京	乐透组合	70 687.06	94 075.23	83 559.83	95 333.84	97 240.82	109 107.96	133 339.66	94 081.73	139 422.52	125 271.77	1 042 120.42
天津		49 624.95	72 419.87	42 746.43	34 727.84	37 302.34	37 603.70	48 741.55	48 188.35	57 134.23	56 580.31	485 069.56
河北		45 975.41	77 112.20	98 582.62	114 430.34	121 111.44	129 826.26	168 635.94	164 155.16	190 991.61	182 631.18	1 293 452.17
山西		13 824.88	23 924.82	32 749.81	31 389.72	35 564.25	36 790.63	40 853.55	42 383.09	50 142.77	48 314.86	355 938.37
内蒙古		24 137.00	41 158.72	48 550.50	52 786.87	53 934.97	56 325.83	69 769.13	63 484.77	73 824.99	70 113.81	554 086.58
辽宁		33 935.54	52 148.05	64 923.89	70 829.73	67 896.83	73 978.43	82 771.16	73 964.44	90 238.42	82 378.03	693 064.53
吉林		29 993.36	43 624.54	50 625.44	55 183.52	51 331.39	53 132.42	57 274.17	54 757.04	63 611.61	51 067.97	510 601.45
黑龙江		42 032.44	73 068.66	74 604.67	79 586.79	86 645.05	83 399.06	91 597.95	76 028.16	94 276.34	84 005.15	785 244.27
上海		50 907.26	70 974.47	87 297.49	86 884.15	86 619.60	95 171.26	118 205.53	108 537.48	131 469.03	94 783.96	930 850.21
江苏		181 875.77	242 653.95	274 021.00	294 453.34	294 869.54	312 681.12	381 331.88	349 809.40	403 711.34	393 412.06	3 128 819.40
浙江		118 842.08	185 171.09	219 139.24	239 547.48	269 823.59	288 990.69	367 464.60	350 901.69	405 855.85	393 295.62	2 839 031.95
安徽		48 917.19	68 549.26	75 983.69	83 466.32	92 123.29	102 665.38	153 728.25	141 463.63	162 573.19	166 510.14	1 095 980.33
福建		91 364.59	131 561.76	164 858.92	185 591.08	195 793.98	208 934.07	285 279.27	287 688.33	314 513.34	310 749.71	2 176 335.04
江西		51 483.85	140 211.78	72 534.84	56 384.14	72 392.66	80 751.69	89 729.58	91 915.56	98 813.60	89 279.17	843 496.87
山东		78 122.33	127 524.58	139 036.11	168 377.12	181 192.31	197 166.12	254 002.65	233 342.91	257 554.95	255 567.54	1 891 886.61
河南		86 227.42	135 332.88	154 362.78	174 127.59	192 051.30	203 140.21	256 702.99	246 399.88	274 334.10	256 300.04	1 978 979.20
湖北		44 526.00	64 281.94	76 987.65	89 100.38	119 194.74	118 631.76	148 842.58	121 690.88	144 426.48	144 331.71	1 072 014.11
湖南		51 338.13	230 613.83	72 902.78	80 131.60	114 936.18	128 110.05	85 334.76	81 444.35	89 700.80	89 854.65	1 024 367.14
广东		143 436.34	199 256.59	229 569.89	268 474.63	290 664.50	322 693.05	396 399.68	366 264.40	434 760.44	420 446.76	3 071 966.29
广西		13 738.35	22 984.61	29 379.60	34 697.35	46 458.27	57 570.66	49 653.86	51 867.66	56 954.76	53 052.60	416 357.70
海南		6 778.11	11 971.60	14 703.19	17 646.06	18 273.40	19 161.70	20 076.68	19 208.69	24 502.56	22 177.76	174 499.75
重庆		41 242.59	55 987.45	46 599.67	49 417.21	60 527.73	66 413.83	78 151.44	75 227.32	85 784.61	81 401.76	640 753.62
四川		69 402.37	111 621.08	131 976.83	143 299.32	145 569.60	160 505.47	195 316.28	183 228.48	220 000.03	210 334.42	1 571 253.90
贵州		32 377.92	52 467.39	58 756.66	68 116.55	72 238.56	77 141.88	99 473.68	100 129.22	116 641.36	108 004.13	785 347.35
云南		64 178.01	93 636.96	108 849.87	132 733.94	141 791.50	151 983.94	191 104.29	182 852.19	224 833.68	229 816.17	1 521 780.54
西藏		1 814.84	3 209.65	4 980.96	5 810.46	6 133.45	6 505.08	9 353.37	11 153.68	13 296.49	9 756.04	72 014.02
陕西		31 626.76	52 547.55	65 989.22	72 712.13	76 702.82	76 816.97	94 805.88	98 215.34	116 183.67	111 466.59	797 066.93
甘肃		29 477.53	33 823.14	26 935.91	32 509.22	44 951.19	38 898.58	53 197.28	50 147.04	57 999.65	55 710.08	423 649.61
青海		7 159.72	8 187.72	9 565.19	10 974.34	12 516.22	14 933.68	16 312.22	15 000.85	16 587.40	13 710.12	124 947.46
宁夏		8 948.18	13 310.96	15 383.37	17 572.39	20 408.70	23 337.74	25 559.76	26 478.19	36 232.56	33 009.35	220 241.20
新疆		18 674.13	28 619.52	35 732.53	43 355.39	47 543.07	46 600.23	52 088.38	44 945.56	61 498.24	55 956.38	435 013.43
合计 Total		**1 582 670.12**	**2 562 031.84**	**2 611 890.60**	**2 889 650.84**	**3 153 803.26**	**3 378 969.46**	**4 115 098.01**	**3 854 955.45**	**4 507 870.61**	**4 299 289.84**	**32 956 230.03**

大乐透·幸运彩

单位：万元

Unit：Ten Thousand Yuan

地　区 Region	游戏类型 Game Type	2013	2014	2015	2016	2017	2018	2019	2020	2021	2022	合计 Total
北　京	乐透组合	333.86	—	—	—	—	—	—	—	—	—	333.86
天　津		196.47	—	—	—	—	—	—	—	—	—	196.47
河　北		243.11	—	—	—	—	—	—	—	—	—	243.11
山　西		63.92	—	—	—	—	—	—	—	—	—	63.92
内蒙古		81.72	—	—	—	—	—	—	—	—	—	81.72
辽　宁		144.46	—	—	—	—	—	—	—	—	—	144.46
吉　林		129.00	—	—	—	—	—	—	—	—	—	129.00
黑龙江		171.20	—	—	—	—	—	—	—	—	—	171.20
上　海		368.41	—	—	—	—	—	—	—	—	—	368.41
江　苏		446.55	—	—	—	—	—	—	—	—	—	446.55
浙　江		408.82	—	—	—	—	—	—	—	—	—	408.82
安　徽		156.54	—	—	—	—	—	—	—	—	—	156.54
福　建		646.17	—	—	—	—	—	—	—	—	—	646.17
江　西		360.18	—	—	—	—	—	—	—	—	—	360.18
山　东		324.87	—	—	—	—	—	—	—	—	—	324.87
河　南		335.23	—	—	—	—	—	—	—	—	—	335.23
湖　北		103.33	—	—	—	—	—	—	—	—	—	103.33
湖　南		179.68	—	—	—	—	—	—	—	—	—	179.68
广　东		531.98	—	—	—	—	—	—	—	—	—	531.98
广　西		87.97	—	—	—	—	—	—	—	—	—	87.97
海　南		10.42	—	—	—	—	—	—	—	—	—	10.42
重　庆		142.52	—	—	—	—	—	—	—	—	—	142.52
四　川		154.12	—	—	—	—	—	—	—	—	—	154.12
贵　州		94.51	—	—	—	—	—	—	—	—	—	94.51
云　南		263.86	—	—	—	—	—	—	—	—	—	263.86
西　藏		2.83	—	—	—	—	—	—	—	—	—	2.83
陕　西		141.37	—	—	—	—	—	—	—	—	—	141.37
甘　肃		82.87	—	—	—	—	—	—	—	—	—	82.87
青　海		13.98	—	—	—	—	—	—	—	—	—	13.98
宁　夏		43.81	—	—	—	—	—	—	—	—	—	43.81
新　疆		76.84	—	—	—	—	—	—	—	—	—	76.84
合计 Total		**6 340.59**	**—**	**—**	**—**	**—**	**—**	**—**	**—**	**—**	**—**	**6 340.59**

2013—2022 年中国体育彩票区域联网游戏销售统计

Sales Statistics of Inter-Regional Games of China Sports Lottery from 2013 to 2022

传统单场

单位：万元

Unit：Ten Thousand Yuan

地 区 Region	游戏类型 Game Type	2013	2014	2015	2016	2017	2018	2019	2020	2021	2022	合计 Total
北 京	竞猜	175 528.88	268 613.91	73 466.81	108 938.28	69 663.00	38 638.46	54 155.20	36 726.81	84 139.40	111 477.03	1 021 347.78
天 津		64 430.81	177 256.65	43 723.80	2 666.51	78 384.39	93 927.29	33 056.63	48 778.46	134 818.65	203 671.50	880 714.67
广 东		111 733.07	360 031.20	66 018.91	66 832.52	89 664.80	148 810.66	249 709.28	252 073.79	499 250.86	638 281.83	2 482 406.91
合计 Total		**351 692.76**	**805 901.76**	**183 209.52**	**178 437.30**	**237 712.19**	**281 376.41**	**336 921.11**	**337 579.07**	**718 208.90**	**953 430.36**	**4 384 469.37**

快中彩

单位：万元

Unit：Ten Thousand Yuan

地 区 Region	游戏类型 Game Type	2013	2014	2015	2016	2017	2018	2019	2020	2021	2022	合计 Total
北 京	乐透组合	487.88	357.99	62.16	27.93	8.79	17.77	4.81	0.21	—	—	967.54
天 津		90.87	43.57	19.66	14.80	5.40	12.52	10.74	2.31	—	—	199.87
广 东		310.22	272.27	211.79	251.27	76.48	64.24	48.13	20.49	—	—	1 254.89
合计 Total		**888.97**	**673.83**	**293.62**	**294.00**	**90.67**	**94.52**	**63.68**	**23.02**	**—**	**—**	**2 422.30**

2013—2022年中国体育彩票地方彩票销售情况表

Sales Statistics of Regional Games of Sports Lottery in China from 2013 to 2022

单位：万元

Unit：Ten Thousand Yuan

地区 Region	游戏类型 Game Type	游戏名称 Game Name	2013	2014	2015	2016	2017	2018	2019	2020	2021	2022	合计 Total
北京	乐透组合	北京11选5	—	23 478.00	182 609.74	208 732.53	242 550.67	277 530.90	223 980.97	196 735.61	30 143.38	—	1 385 761.81
		北京33选7	1 346.38	679.51	—	—	—	—	—	—	—	—	2 025.89
天津	乐透组合	天津11选5	269.13	29 062.10	40 737.44	41 708.45	43 476.46	47 503.40	33 561.73	39 696.00	4 916.94	—	280 931.66
		天津泳坛夺金	14 342.95	2 708.99	—	—	—	—	—	—	—	—	17 051.94
河北	乐透组合	河北11选5	—	443 855.49	481 026.27	455 915.89	458 292.00	540 434.15	369 905.54	428 283.59	52 361.87	—	3 230 074.80
		河北快乐扑克	345 490.08	479.85	370.96	235.78	220.61	198.82	32.27	13.76	—	—	347 042.13
		河北运动生肖	600.90	—	—	—	—	—	—	—	—	—	600.90
山西	乐透组合	山西11选5	82 358.83	103 824.61	95 271.54	75 013.63	69 385.82	64 569.75	28 497.11	34 856.97	4 189.13	—	557 967.39
		山西泳坛夺金	4 101.52	1 517.47	762.94	398.27	180.05	164.04	32.82	1.37		—	7 158.47
内蒙古	乐透组合	内蒙古11选5	70 711.36	131 721.89	207 205.00	241 014.67	238 960.74	213 947.00	146 904.46	165 813.95	23 830.63	—	1 440 109.69
		内蒙古泳坛夺金	2 434.93	1 324.41	801.27	549.95	608.99	343.59	67.09	7.86	—	—	6 138.08
辽宁	乐透组合	辽宁11选5	276 209.94	234 538.74	187 638.84	145 277.00	132 018.69	134 761.62	87 088.95	78 358.60	8 875.05	—	1 284 767.44
		辽宁快乐扑克	14.94	17.49	5.16	50.10	47.05	40.29	8.14	6.04	—	—	189.21
吉林	乐透组合	吉林11选5	190 165.73	203 069.49	201 965.65	194 383.34	186 448.43	170 980.89	127 525.62	136 002.86	20 145.28	—	1 430 687.29
黑龙江	乐透组合	黑龙江11选5	256 674.97	336 293.20	307 193.02	305 459.24	302 817.58	260 726.40	170 018.52	137 130.06	18 379.38	—	2 094 692.38
		黑龙江快乐扑克	308.07	218.36	133.27	77.63	51.68	32.03	31.90	2.66	—	—	855.60
	乐透排列	黑龙江6位数	2 446.80	2 171.65	1 769.16	1 612.00	1 391.56	1 162.17	997.48	640.90	694.05	568.10	13 453.86
上海	乐透组合	上海11选5	56 353.86	93 135.97	43 676.10	38 299.54	58 204.84	87 619.14	83 207.90	109 869.23	14 611.73	—	584 978.31
江苏	乐透组合	江苏体彩11选5	662 801.69	595 589.10	590 759.55	565 123.70	579 810.66	589 103.86	417 786.34	479 620.24	64 730.42	—	4 545 325.56
	乐透排列	江苏体彩7位数	104 231.84	86 801.05	75 168.56	80 760.26	77 424.67	70 142.99	68 140.71	57 872.36	46 217.57	40 298.06	707 058.06

续表

地　区 Region	游戏类型 Game Type	游戏名称 Game Name	2013	2014	2015	2016	2017	2018	2019	2020	2021	2022	合计 Total
浙　江	乐透组合	浙江 11 选 5	383 200.98	314 985.79	274 348.59	296 624.25	334 482.09	394 951.99	246 817.97	286 389.95	36 723.13	—	2 568 524.73
		浙江 20 选 5	10 166.86	8 214.89	8 358.82	7 230.87	6 271.73	5 777.70	5 273.05	4 600.71	5 223.43	5 650.28	66 768.34
		浙江飞鱼	—	42 544.10	49 526.39	36 705.00	51 701.16	66 115.70	28 670.58	26 789.93	4 607.71	—	306 660.58
		浙江泳坛夺金	305.23	215.32	139.29	46 951.44	68.67	14.39	4.58	3.16	—	—	47 702.08
	乐透排列	浙江 6+1	70 219.29	50 404.01	42 566.05	95.10	30 510.15	26 491.87	29 561.36	23 082.70	18 464.78	14 732.46	306 127.77
安　徽	乐透组合	安徽 11 选 5	114 206.68	114 596.54	95 443.53	108 396.53	125 861.27	141 507.34	108 991.33	160 069.07	20 293.70	—	989 365.99
福　建	乐透组合	福建 11 选 5	252 021.38	256 970.18	276 427.41	259 871.71	254 061.84	264 700.52	179 341.21	206 099.26	27 638.15	—	1 977 131.65
		福建 22 选 5	7 203.60	6 325.25	7 660.42	5 306.31	4 564.79	4 390.33	4 301.82	5 564.24	4 964.33	4 696.75	54 977.84
		福建 31 选 7	44 074.54	42 675.61	32 475.60	38 424.69	60 520.05	57 387.25	47 230.32	44 076.25	37 023.76	39 595.04	443 483.11
		福建 31 选 7 附加	—	—	—	10 099.08	14 862.41	16 354.98	17 834.64	22 435.57	32 909.06	30 703.98	145 199.72
		福建 36 选 7	43 502.27	37 193.39	31 841.30	25 928.78	20 632.55	17 320.57	16 633.39	13 880.66	14 153.12	13 465.19	234 551.22
江　西	乐透组合	江西多乐彩	161 068.52	159 881.68	96 560.53	79 575.88	115 122.21	144 811.57	68 642.86	87 065.52	10 013.95	—	922 742.72
山东	乐透组合	山东快乐扑克	16.30	1.61	—	—	—	—	—	—	—	—	17.90
		山东快乐扑克 3	—	94 142.31	74 942.20	108 910.46	107 951.81	112 710.90	66 581.73	46 331.93		—	611 571.34
		山东十一运夺金	729 719.58	851 224.58	571 318.07	600 945.11	609 972.84	577 034.53	351 692.58	382 649.69	42 369.81	—	4 716 926.80
河南	乐透组合	河南 11 选 5	880.12	1 079.52	1 303.01	1 230.31	1 359.18	931.92	349.15	255.22		—	7 388.44
		河南泳坛夺金	277 378.31	402 009.72	346 918.22	394 849.00	429 803.17	425 870.49	225 703.05	281 140.51	35 252.92	—	2 818 925.40
湖　北	乐透组合	湖北 11 选 5	123 219.53	86 600.67	80 961.55	100 613.45	171 032.37	206 971.07	99 091.86	121 298.25	12 417.90	—	1 002 206.65
湖南	乐透组合	湖南幸运赛车	95 411.34	85 096.07	33 983.32	26 787.49	18 801.94	14 877.43	669.92	6 129.90	654.88	—	282 412.29
		湖南即乐彩	3.43	1.22	0.37	0.09	0.04	0.05	0.21	—	—	—	5.41
广　东	乐透组合	广东 11 选 5	397 433.14	533 034.35	382 968.66	467 753.56	497 917.48	524 453.26	286 225.30	326 821.69	43 498.25	—	3 460 105.68
广　西	乐透组合	广西 11 选 5	6 360.86	8 474.08	14 089.74	21 257.73	26 328.35	41 847.48	10 617.86	15 320.59	2 316.93	—	146 613.62
海　南	乐透组合	海南环岛赛	524.14	4 761.54	15 976.82	14 577.71	13 403.60	15 580.28	2 799.08	1 171.07	—	—	68 794.23
	乐透排列	海南飞鱼	21 239.70	49 745.28	39 440.96	28 100.32	22 036.73	21 344.40	7 686.85	5 573.06	1 564.57	—	196 731.87
		海南 4+1	1 324.63	1 291.51	1 763.30	2 296.72	2 185.84	1 685.30	1 219.65	1 842.78	1 528.39	1 218.63	16 356.75

续表

地 区 Region	游戏类型 Game Type	游戏名称 Game Name	2013	2014	2015	2016	2017	2018	2019	2020	2021	2022	合计 Total
重 庆	乐透组合	重庆 11 选 5	20 488.44	23 432.00	4 760.53	—	—	—	—	—	—	—	48 680.97
		重庆百变王牌	—	—	12 164.18	8 114.39	8 624.68	13 308.45	6 184.88	4 776.37	373.23	—	53 546.18
四 川	乐透组合	四川 11 选 5	68 456.86	74 106.87	61 000.82	16 910.19	—	—	—	—	—	—	220 474.75
		四川金 7 乐	—	—	—	32 362.25	39 896.88	38 185.70	17 447.00	31 671.02	2 249.92	—	161 812.78
贵 州	乐透组合	贵州 11 选 5	72 390.93	87 179.64	107 231.82	129 262.29	154 990.47	181 719.99	117 635.45	157 378.29	19 827.42	—	1 027 616.30
云 南	乐透组合	云南 11 选 5	186 965.25	226 478.76	214 324.66	215 436.84	238 174.08	272 349.01	212 139.01	262 498.10	34 025.01	—	1 862 390.72
		云南快乐 123	481.86	351.47	222.38	176.20	106.11	96.54	41.95	26.04		—	1 502.55
西藏	乐透组合	西藏 11 选 5	6 395.07	14 265.07	26 701.11	44 960.31	63 773.92	71 213.87	60 640.89	84 683.28	11 206.21	—	383 839.73
陕 西	乐透组合	陕西 11 选 5	—	113 954.80	114 902.64	120 970.24	112 412.56	99 770.97	59 877.49	81 576.32	8 196.97	—	711 661.98
		陕西即乐彩	94 702.09	—	—	—	—	—	—	—	—	—	94 702.09
		陕西泳坛夺金	243.82	148.59	127.31	77.95	21.60	10.91	8.50	9.16		—	647.84
甘 肃	乐透组合	甘肃 11 选 5	85 496.94	132 669.85	129 892.41	130 073.95	140 036.99	160 565.70	104 677.55	125 870.46	15 549.12	—	1 024 832.98
		甘肃泳坛夺金	566.08	406.31	346.85	319.81	390.72	381.50	149.66	103.31		—	2 664.23
青 海	乐透组合	青海 11 选 5	6 865.42	14 174.24	17 721.14	24 854.71	29 935.14	38 559.48	20 110.69	28 158.96	3 537.28	—	183 917.05
		青海快乐扑克	3.51	2.74	3.50	1.43	1.69	0.93	0.04	—		—	13.83
宁 夏	乐透组合	宁夏 11 选 5	13 830.69	27 089.86	35 089.08	43 327.05	51 441.18	51 827.51	33 567.71	46 785.64	6 714.49	—	309 673.21
新 疆	乐透组合	新疆 11 选 5	29 822.68	33 595.11	47 958.61	95 051.37	129 900.61	106 394.10	53 923.21	63 328.59	8 879.50	—	568 853.78
合计 Total			**5 397 053.98**	**6 189 811.87**	**5 668 555.66**	**5 899 042.55**	**6 281 049.40**	**6 576 777.03**	**4 250 131.92**	**4 820 369.30**	**751 273.35**	**150 928.49**	**45 984 993.55**

（国家体育总局体育彩票管理中心供稿）

2013—2022 年中国体育彩票竞猜型彩票销售情况表（分地区）

Sales Statistics of Toto of Sports Lottery in Different Regions in China from 2013 to 2022

单位：万元

Unit：Ten Thousand Yuan

序号	地 区	2013	2014	2015	2016	2017	2018	2019	2020	2021	2022	合计 Total
1	北 京	336 968.20	382 919.68	156 257.73	225 750.09	194 176.75	317 847.82	279 472.23	163 622.84	331 153.72	442 428.68	2 830 597.73
2	天 津	229 538.66	449 344.35	237 225.78	186 910.43	217 650.57	368 984.61	208 940.75	152 458.07	338 894.12	485 538.80	2 875 486.14
3	河 北	32 193.74	193 849.40	172 121.70	379 041.70	318 320.23	564 428.55	348 925.60	228 098.92	480 759.69	712 726.57	3 430 466.10
4	山 西	16 918.13	23 965.71	51 005.89	103 818.81	222 692.41	308 355.23	219 297.85	135 500.14	263 074.57	323 481.28	1 668 110.03
5	内蒙古	13 993.87	15 724.40	37 940.71	74 779.33	107 183.07	360 986.37	300 537.69	152 794.73	274 468.85	381 661.75	1 720 070.78
6	辽 宁	77 813.56	113 879.26	160 791.47	254 033.85	224 508.35	462 014.42	325 862.67	157 860.77	290 650.66	408 737.81	2 476 152.83
7	吉 林	27 967.04	30 980.34	50 056.72	61 990.92	57 575.54	171 763.19	142 914.99	105 899.81	189 445.97	244 478.88	1 083 073.39
8	黑龙江	36 563.20	204 661.63	128 706.34	81 347.71	111 987.58	223 084.83	187 062.72	106 524.43	208 529.38	288 610.90	1 577 078.72
9	上 海	291 034.72	634 539.10	207 399.57	141 169.54	139 119.22	237 335.86	181 749.35	112 694.28	210 180.40	273 716.10	2 428 938.13
10	江 苏	344 092.15	644 411.43	533 771.61	573 779.65	831 599.21	1 707 015.55	1 208 679.70	847 679.16	934 990.37	1 391 247.74	9 017 266.57
11	浙 江	106 827.23	309 853.81	343 002.89	475 440.16	543 578.02	1 145 422.44	729 200.87	440 660.84	890 666.80	1 350 271.85	6 334 924.92
12	安 徽	133 704.79	220 356.81	289 813.46	279 631.41	339 638.78	681 025.28	497 775.05	280 155.11	462 830.63	709 345.67	3 894 276.99
13	福 建	47 577.43	67 078.37	158 058.64	202 409.60	450 928.93	578 780.90	273 759.04	187 562.94	347 592.52	461 225.17	2 774 973.53
14	江 西	257 045.15	337 889.08	258 703.09	155 501.57	257 162.95	573 750.77	481 068.78	292 676.96	492 499.64	586 347.72	3 692 645.71
15	山 东	227 258.98	338 237.20	627 561.40	687 875.13	768 088.31	1 482 978.84	1 171 936.52	644 634.32	1 112 419.10	1 466 438.95	8 527 428.75
16	河 南	76 582.44	114 552.37	349 097.04	464 549.45	548 518.35	1 031 308.74	955 362.01	543 621.72	1 022 233.07	1 182 496.42	6 288 321.63
17	湖 北	104 396.92	177 173.02	130 519.43	400 857.14	549 888.90	883 964.27	702 233.80	485 235.78	824 308.31	1 033 073.31	5 291 650.87
18	湖 南	170 770.33	234 477.73	261 042.58	451 841.98	642 741.01	835 646.29	488 215.51	229 252.85	425 352.55	555 148.08	4 294 488.91
19	广 东	394 578.43	664 600.96	705 033.53	914 646.38	954 422.71	1 434 810.39	1 100 144.55	706 754.03	1 292 639.23	1 753 184.48	9 920 814.69
20	广 西	51 619.47	73 163.89	132 977.66	209 544.78	231 509.72	280 393.59	168 441.17	107 236.10	179 188.65	232 729.43	1 666 804.46
21	海 南	8 175.36	4 233.69	41 003.16	62 475.36	46 675.84	92 094.09	24 588.07	9 826.32	26 729.19	28 497.01	344 298.10
22	重 庆	100 104.44	177 464.01	225 044.86	278 638.81	386 150.75	496 515.81	448 001.62	291 043.67	462 247.09	556 295.95	3 421 506.99
23	四 川	58 870.20	69 743.05	128 495.28	166 476.11	182 317.15	545 662.50	551 661.74	365 390.48	793 242.04	976 798.19	3 838 656.74
24	贵 州	27 367.60	33 209.82	46 150.02	78 112.00	75 396.96	262 283.92	197 136.49	120 029.57	275 816.78	423 799.78	1 539 302.93
25	云 南	49 194.36	73 222.78	136 444.14	243 506.71	219 624.33	441 493.38	285 174.15	181 670.39	404 969.62	563 732.43	2 599 032.30
26	西 藏	1 458.64	1 669.60	2 817.02	2 659.26	1 945.71	10 612.29	7 901.36	6 231.37	20 924.81	41 941.65	98 161.70
27	陕 西	27 577.56	180 982.80	195 229.07	310 082.92	426 987.32	614 837.70	331 628.22	211 964.99	373 030.91	516 916.29	3 189 237.77
28	甘 肃	44 162.78	58 528.86	22 497.61	56 109.49	80 935.32	151 099.25	140 709.77	80 854.26	210 052.16	278 678.98	1 123 628.48
29	青 海	33 972.69	69 732.48	16 693.10	17 179.58	27 948.95	40 186.02	32 304.66	19 498.82	34 675.73	51 044.70	343 236.74
30	宁 夏	13 905.01	79 049.23	13 922.81	17 198.13	20 817.69	66 999.03	57 329.39	32 956.74	72 243.35	100 617.24	475 038.62
31	新 疆	42 006.40	168 493.79	73 070.64	91 653.66	105 127.34	178 786.89	146 246.03	91 325.09	184 046.09	271 469.34	1 352 225.25
合计 Total		**3 384 239.47**	**6 147 988.66**	**5 892 454.97**	**7 649 011.66**	**9 285 217.94**	**16 550 468.80**	**12 194 262.34**	**7 491 715.51**	**13 429 855.99**	**18 092 681.17**	**100 117 896.50**

（国家体育总局体育彩票管理中心供稿）

2013—2022 年中国体育彩票网点即开型彩票销售情况表（分地区）

Sales Statistics of Terminal-Sales Instant Win Tickets of Sports Lottery in Different Regions in China from 2013 to 2022

单位：万元

Unit：Ten Thousand Yuan

序号	地区	2013	2014	2015	2016	2017	2018	2019	2020	2021	2022	合计 Total
1	北　京	73 137.96	73 602.84	45 934.64	41 001.51	42 556.26	44 217.83	59 786.01	56 109.72	112 063.14	105 204.49	653 614.40
2	天　津	13 978.89	13 747.29	14 474.97	13 623.48	13 642.29	12 703.25	13 470.34	17 233.61	37 510.19	40 118.50	190 502.81
3	河　北	78 054.23	95 624.68	86 226.68	73 899.78	61 543.13	58 083.00	70 210.96	71 769.74	115 853.51	110 438.42	821 704.13
4	山　西	25 146.90	24 768.72	17 372.28	11 729.70	8 576.45	7 048.95	10 709.03	12 285.85	26 521.15	27 105.75	171 264.78
5	内蒙古	65 638.83	67 181.37	55 221.39	52 459.32	41 288.04	36 805.84	42 892.90	39 145.58	69 384.02	61 197.86	531 215.15
6	辽　宁	66 127.44	61 123.53	53 088.51	48 977.90	45 487.20	44 951.87	45 729.01	45 802.50	93 567.58	74 530.67	579 386.21
7	吉　林	52 222.44	59 834.24	53 356.49	46 920.58	33 631.01	31 644.15	31 979.98	37 655.07	60 928.35	52 042.06	460 214.36
8	黑龙江	60 076.46	58 318.17	50 156.67	47 402.90	39 768.23	38 203.26	38 368.67	34 218.54	53 263.81	53 841.16	473 617.87
9	上　海	33 609.12	27 152.46	20 800.10	18 103.27	16 745.48	19 340.02	25 893.09	29 212.25	60 358.47	56 998.57	308 212.82
10	江　苏	164 222.69	131 752.07	111 178.62	87 241.77	85 983.37	79 958.58	100 707.76	120 791.61	212 991.13	254 172.53	1 349 000.12
11	浙　江	93 708.62	89 313.48	77 430.57	72 273.09	61 826.40	60 817.08	77 063.29	103 572.94	198 555.27	262 151.18	1 096 711.92
12	安　徽	26 508.02	23 029.88	12 894.99	17 556.25	12 848.22	12 488.74	24 506.78	31 441.60	46 018.09	70 625.05	277 917.61
13	福　建	94 685.40	89 416.77	82 756.01	62 118.75	61 566.57	60 152.70	71 764.10	77 610.18	116 728.03	136 086.92	852 885.43
14	江　西	11 463.89	13 082.99	12 339.79	9 640.00	10 337.46	11 787.01	17 072.93	19 302.27	30 000.56	37 288.60	172 315.49
15	山　东	153 374.52	143 335.49	128 633.81	114 224.95	113 103.78	111 479.57	118 150.40	118 432.53	176 778.85	170 038.60	1 347 552.48
16	河　南	80 622.35	80 706.39	77 934.51	80 996.81	81 539.86	83 508.97	96 975.21	105 731.88	171 084.34	162 653.77	1 021 754.09
17	湖　北	7 961.15	12 924.77	12 637.64	14 584.46	15 519.14	23 904.12	27 100.68	21 136.94	37 309.98	50 631.97	223 710.84
18	湖　南	12 250.88	11 736.93	6 724.41	10 238.19	4 227.96	7 663.03	9 160.04	8 130.93	21 608.77	33 633.23	125 374.36
19	广　东	182 717.16	160 890.29	152 517.56	142 753.89	138 129.14	128 951.93	157 274.26	162 466.31	289 951.27	399 690.66	1 915 342.46
20	广　西	9 221.13	9 760.47	9 855.35	10 067.95	7 637.21	9 377.32	14 362.12	6 203.39	19 630.13	28 092.40	124 207.47
21	海　南	5 141.01	6 298.83	7 029.84	8 006.61	5 778.63	5 260.07	5 444.42	5 500.45	10 715.26	11 058.14	70 233.26
22	重　庆	14 645.18	10 205.52	9 271.47	7 442.92	7 817.11	9 156.13	11 350.54	11 575.05	28 767.37	42 981.24	153 212.53
23	四　川	68 456.06	56 586.35	47 054.90	38 265.24	28 069.43	26 363.24	36 618.93	55 368.54	102 031.46	121 712.07	580 526.21
24	贵　州	21 367.91	24 095.33	20 553.12	21 464.47	19 388.30	19 530.40	24 860.72	34 197.77	59 717.07	61 705.13	306 880.21
25	云　南	93 748.85	91 676.84	80 593.07	78 072.75	77 124.96	67 681.88	93 646.72	103 815.78	212 019.46	228 247.95	1 126 628.24
26	西　藏	16 915.86	16 320.03	14 901.24	14 540.58	14 195.97	11 119.68	16 898.16	23 679.27	36 721.71	26 455.36	191 747.86
27	陕　西	44 203.80	41 102.91	35 620.68	28 781.10	20 888.81	17 917.60	22 488.92	34 547.51	61 330.05	63 511.23	370 392.61
28	甘　肃	32 140.97	26 307.65	24 374.51	23 924.77	22 026.87	20 213.11	24 219.16	30 724.49	44 164.40	44 231.37	292 327.29
29	青　海	9 127.74	6 567.41	5 361.15	5 433.01	5 488.82	5 951.34	5 972.11	7 248.14	12 070.96	9 467.17	72 687.85
30	宁　夏	11 124.74	10 582.56	10 022.66	10 352.75	9 836.44	8 195.95	9 740.60	12 158.02	19 186.68	19 430.50	120 630.89
31	新　疆	41 266.79	35 626.68	32 233.83	32 791.92	28 114.32	26 067.06	39 056.35	32 661.37	85 481.95	94 653.45	447 953.72
合计 Total		**1 662 866.91**	**1 572 672.88**	**1 368 551.40**	**1 244 890.64**	**1 134 686.86**	**1 100 543.68**	**1 343 474.19**	**1 469 729.83**	**2 622 313.01**	**2 909 996.00**	**16 429 725.39**

注：本统计表只统计网点销售即开票的销量，不包含手机即开票销量。

（国家体育总局体育彩票管理中心供稿）

（四）2022年彩票销售统计资料

Sales Statistics of Different Lottery Games in 2022

2022年中国福利彩票全国联网

Monthly Sales Statistics of National Games of

双色球

地区 Region	游戏类型 Game Type	1月 Jan.	2月 Feb.	3月 Mar.	4月 Apr.	5月 May	6月 June
北京	乐透组合	16 497.56	11 263.81	18 506.83	15 897.68	11 538.25	13 064.10
天津		4 504.52	3 276.23	5 276.96	4 693.93	5 210.96	4 605.10
河北		20 466.70	13 764.91	20 530.03	16 923.78	20 377.12	17 991.97
山西		8 505.26	5 819.27	9 507.00	7 504.85	9 049.11	7 817.94
内蒙古		9 447.49	6 268.09	9 892.04	8 626.16	9 711.06	8 612.94
辽宁		15 548.64	11 046.78	13 813.43	10 957.25	14 626.73	13 748.67
吉林		6 284.36	4 419.22	4 622.92	3 113.44	4 620.04	5 107.91
黑龙江		9 630.45	6 962.30	9 306.63	5 978.22	8 287.97	8 675.30
上海		19 099.55	13 563.24	17 262.64	2 366.08	3 294.45	14 853.52
江苏		28 786.71	20 024.02	31 147.40	23 272.42	30 050.84	27 340.40
浙江		39 127.26	26 257.39	44 055.44	37 685.18	43 963.69	38 872.38
安徽		19 877.84	13 636.47	21 301.06	16 759.08	20 627.01	18 030.44
福建		18 679.87	12 622.34	18 868.65	15 880.00	19 178.37	17 152.21
江西		10 662.78	7 149.51	11 176.90	9 405.24	11 471.79	10 094.52
山东		30 467.68	21 335.64	32 454.00	27 595.43	32 395.10	28 104.80
河南		19 529.85	14 287.07	22 365.93	18 771.28	20 467.93	18 460.86
湖北		18 313.39	13 150.50	20 614.82	17 211.29	19 745.44	17 051.45
湖南		17 881.78	12 666.66	19 931.54	16 549.45	19 577.55	17 561.49
广东		58 640.22	40 046.05	62 145.37	55 665.16	63 710.85	58 827.64
广西		12 197.32	8 379.87	13 315.18	11 210.38	12 793.51	11 407.52
海南		3 107.74	2 101.32	3 356.03	2 515.91	2 929.99	2 464.42
重庆		11 454.32	8 122.30	12 224.92	12 054.59	12 649.40	10 862.74
四川		25 480.66	17 926.41	27 948.20	23 736.48	27 225.58	24 112.01
贵州		9 945.99	6 630.12	10 962.66	9 528.93	11 453.96	10 067.42
云南		20 154.12	13 404.39	21 968.40	19 585.90	22 821.60	20 631.56
西藏		988.58	447.45	1 129.46	1 194.87	1 383.00	1 215.59
陕西		9 180.39	10 456.26	17 033.14	14 680.55	16 957.89	14 992.68
甘肃		7 042.43	4 920.05	7 595.88	6 360.90	7 462.42	6 582.22
青海		2 323.47	1 508.05	2 582.84	1 890.37	1 964.95	2 096.34
宁夏		4 588.16	3 070.46	5 052.48	4 047.59	4 624.65	4 147.48
新疆		9 533.83	6 631.73	10 837.88	9 107.80	10 518.94	8 992.18
合计 Total		**487 948.91**	**341 157.91**	**526 786.67**	**430 770.17**	**500 690.16**	**463 545.76**

游戏销售统计（分地区按月统计）

Welfare Lottery in Different Regions in China in 2022

单位：万元

Unit：Ten Thousand Yuan

7月 July	8月 Aug.	9月 Sept.	10月 Oct.	11月 Nov.	12月 Dec.	合计 Total
14 525.31	14 800.55	15 920.25	13 617.59	17 103.95	13 895.95	176 631.82
4 499.50	4 509.20	4 562.86	3 922.13	5 457.32	4 646.19	55 164.91
17 951.06	17 651.93	18 190.38	15 609.61	19 278.49	19 566.66	218 302.64
7 988.69	7 833.20	7 998.50	6 315.30	8 767.15	7 816.80	94 923.07
8 455.83	8 279.60	8 631.00	5 749.05	9 268.20	8 358.38	101 299.84
14 011.66	13 998.94	13 551.65	11 437.91	17 686.35	13 694.06	164 122.08
5 267.01	5 861.36	5 779.04	4 801.33	6 770.64	5 423.54	62 070.81
8 647.60	8 526.05	7 908.32	6 672.72	9 955.56	8 475.31	99 026.44
16 349.84	16 980.64	17 854.90	15 335.13	22 483.47	18 534.49	177 977.95
27 372.80	27 560.74	29 126.96	24 605.49	35 343.58	29 653.40	334 284.74
38 102.77	37 389.48	39 061.45	34 278.80	48 803.47	41 969.22	469 566.52
18 122.30	17 654.81	18 053.35	15 133.36	22 007.10	18 620.31	219 823.12
16 897.10	16 631.19	17 600.89	16 085.26	22 815.10	19 201.90	211 612.88
10 141.68	9 795.67	9 704.14	8 441.78	13 470.08	10 719.60	122 233.70
28 368.45	28 134.34	28 330.26	24 182.20	33 349.77	29 423.02	344 140.69
18 478.70	18 193.68	20 362.03	15 823.50	18 982.73	17 313.71	223 037.27
16 689.11	16 852.80	17 814.76	14 733.33	20 193.20	16 892.13	209 262.23
16 830.68	16 757.78	17 410.28	14 637.67	22 673.93	19 092.50	211 571.30
59 557.29	57 142.85	56 839.40	50 215.57	65 606.91	58 967.43	687 364.74
11 092.60	10 890.24	11 234.06	10 061.81	14 835.60	12 622.17	140 040.27
2 406.08	1 745.51	2 016.18	1 937.13	2 820.76	2 655.89	30 056.96
10 448.67	9 710.64	10 639.66	9 123.75	10 452.86	10 076.63	127 820.48
22 915.62	22 237.74	19 196.37	19 847.62	30 700.89	25 489.29	286 816.86
9 726.23	9 289.94	7 022.52	7 498.88	11 520.86	9 503.83	113 151.33
19 944.14	19 783.24	19 814.21	17 416.03	24 281.30	20 896.05	240 700.95
1 191.88	638.34	400.56	399.82	745.54	814.39	10 549.49
14 806.51	14 485.95	15 222.25	12 528.04	18 575.76	16 025.89	174 945.30
5 458.58	5 738.49	6 199.21	4 396.85	5 839.90	5 919.70	73 516.63
2 129.30	1 998.80	1 856.99	1 580.28	2 038.71	2 039.81	24 009.91
4 082.26	4 088.55	3 990.11	2 698.40	5 531.89	4 548.09	50 470.11
8 772.42	6 859.19	6 501.15	4 484.14	6 772.35	7 758.33	96 769.95
461 231.68	**452 021.44**	**458 793.70**	**393 570.48**	**554 133.39**	**480 614.69**	**5 551 264.97**

3D

地 区 Region	游戏类型 Game Type	1月 Jan.	2月 Feb.	3月 Mar.	4月 Apr.	5月 May	6月 June
北 京	乐透排列	6 550.29	4 401.57	7 435.77	7 423.97	5 041.03	5 578.39
天 津		1 961.45	1 354.46	4 403.45	2 890.98	2 587.54	2 226.64
河 北		7 822.41	5 120.52	8 165.00	7 818.79	8 157.30	7 140.25
山 西		4 781.07	3 447.14	5 225.84	5 028.05	5 367.13	4 600.61
内蒙古		7 901.06	7 547.09	15 505.88	13 593.54	10 242.04	8 346.15
辽 宁		23 011.95	12 962.50	15 452.38	14 020.74	14 594.07	13 912.30
吉 林		4 435.21	3 091.97	3 772.76	3 146.38	3 390.28	3 438.00
黑龙江		5 018.66	3 422.96	5 085.26	4 015.27	4 554.58	4 727.47
上 海		5 750.15	3 307.11	3 563.69	363.09	457.18	2 660.71
江 苏		9 990.35	6 211.43	12 464.29	20 763.11	14 456.94	11 483.27
浙 江		13 355.09	10 741.55	21 821.90	17 522.81	17 204.70	15 104.33
安 徽		6 182.16	5 506.33	11 806.59	9 160.11	7 981.04	6 788.73
福 建		2 285.84	1 504.20	2 403.95	2 557.92	2 753.73	2 577.04
江 西		2 978.85	2 049.86	3 225.15	7 187.57	4 372.31	3 534.70
山 东		14 802.53	9 628.59	15 406.83	15 904.45	15 936.30	13 933.06
河 南		6 588.97	4 329.26	6 832.01	7 095.21	7 374.08	6 272.88
湖 北		14 841.83	7 893.36	12 504.01	12 201.46	12 764.81	11 230.34
湖 南		9 922.99	6 561.96	10 557.65	10 678.30	10 987.42	9 684.00
广 东		10 635.02	6 898.77	18 017.56	15 483.43	13 085.98	11 349.12
广 西		2 716.48	1 776.77	2 866.94	5 507.35	4 517.26	2 839.67
海 南		175.80	127.76	208.31	172.27	186.30	167.99
重 庆		3 575.78	2 328.91	3 824.85	4 040.52	5 901.71	3 784.43
四 川		12 398.64	8 324.44	13 576.31	13 522.36	13 792.67	12 567.55
贵 州		5 588.67	3 700.16	7 929.78	7 153.65	6 869.38	6 272.92
云 南		28 529.90	18 890.99	30 792.48	30 771.76	33 732.25	32 055.51
西 藏		945.56	519.50	1 073.83	1 272.83	1 466.29	1 482.68
陕 西		7 638.66	7 638.83	14 654.25	13 560.04	13 327.93	11 431.91
甘 肃		5 788.15	3 555.79	5 582.53	5 790.61	5 964.73	5 363.60
青 海		3 737.31	2 264.39	3 897.09	3 637.39	3 519.82	3 449.03
宁 夏		3 304.86	3 813.45	5 883.18	4 495.35	4 207.04	3 633.15
新 疆		16 208.72	9 112.79	12 596.32	12 086.25	11 332.79	10 478.56
合计 Total		**249 424.41**	**168 034.42**	**286 535.87**	**278 865.55**	**266 126.61**	**238 114.97**

单位：万元

Unit：Ten Thousand Yuan

7月 July	8月 Aug.	9月 Sept.	10月 Oct.	11月 Nov.	12月 Dec.	合计 Total
6 647.58	7 129.88	7 253.68	6 640.72	7 403.89	6 568.53	78 075.29
2 303.35	2 302.61	2 433.58	2 182.57	2 568.09	2 282.72	29 497.43
7 711.80	7 862.29	7 849.49	7 082.96	10 251.96	8 897.09	93 879.86
5 808.66	6 423.19	6 694.32	5 346.33	6 162.87	5 682.99	64 568.22
8 462.72	8 650.53	8 849.18	7 412.62	8 944.38	8 906.04	114 361.24
14 804.05	15 553.59	14 831.65	13 108.65	15 922.93	14 798.79	182 973.61
5 153.26	5 264.75	4 737.72	4 082.73	5 040.09	4 552.10	50 105.24
4 953.50	5 005.98	4 858.81	4 433.75	5 893.32	5 384.16	57 353.71
3 606.19	3 933.43	5 937.95	4 909.81	5 357.57	4 733.39	44 580.25
11 905.29	12 275.63	12 058.96	10 974.28	20 211.03	13 908.78	156 703.36
15 837.31	16 212.93	16 644.45	14 635.34	18 063.20	16 833.48	193 977.11
6 918.62	7 455.45	7 209.65	6 463.70	7 848.52	7 440.30	90 761.20
3 067.21	6 008.12	4 898.93	3 841.52	4 108.83	3 593.79	39 601.06
3 799.72	3 617.08	7 520.35	3 803.69	4 348.38	3 884.61	50 322.27
15 459.31	15 740.89	15 877.80	14 685.98	16 619.16	16 329.16	180 324.06
12 199.31	9 963.45	7 483.64	6 482.25	7 431.94	8 035.40	90 088.40
11 463.18	11 373.83	11 501.52	10 854.44	14 512.13	15 445.15	146 586.07
16 041.22	12 960.49	13 557.74	11 944.40	13 798.74	13 747.18	140 442.08
12 334.74	12 535.41	15 680.92	14 008.30	14 284.27	13 006.90	157 320.43
3 037.28	2 976.34	3 170.43	2 947.30	3 406.68	3 113.77	38 876.27
191.34	131.98	158.31	149.33	198.92	201.85	2 070.18
5 888.56	5 326.61	4 677.57	4 041.84	4 599.47	4 009.26	51 999.49
13 357.97	13 440.25	11 520.11	18 500.25	16 195.41	14 653.24	161 849.21
6 615.18	6 496.03	5 319.08	5 543.85	6 758.37	6 643.66	74 890.74
33 613.82	33 976.06	33 410.62	29 998.03	35 683.44	34 889.34	376 344.21
1 620.12	1 219.04	974.73	950.74	1 158.92	1 323.67	14 007.92
12 688.75	19 795.84	22 301.33	15 858.46	18 408.23	16 307.24	173 611.46
5 438.44	5 675.30	5 962.15	5 651.98	8 119.59	6 439.14	69 332.01
3 646.93	3 666.14	3 877.71	4 351.34	4 877.60	4 202.73	45 127.47
3 837.70	3 966.57	3 832.51	3 349.73	4 496.82	4 287.64	49 108.00
11 578.10	11 016.92	11 482.48	10 334.03	12 233.94	11 816.10	140 277.01
269 991.21	**277 956.62**	**282 567.38**	**254 570.93**	**304 908.66**	**281 918.21**	**3 159 014.83**

七 乐 彩

地 区 Region	游戏类型 Game Type	1月 Jan.	2月 Feb.	3月 Mar.	4月 Apr.	5月 May	6月 June
北 京	乐透组合	137.39	88.64	143.27	147.43	80.44	101.40
天 津		49.39	32.05	48.06	56.51	46.55	45.33
河 北		300.23	180.47	272.98	289.23	230.93	235.38
山 西		102.61	66.09	99.28	101.34	87.57	79.60
内蒙古		141.53	88.55	131.74	145.59	127.05	117.26
辽 宁		266.58	172.21	222.58	240.62	214.01	216.46
吉 林		103.71	63.85	68.51	62.32	63.61	73.57
黑龙江		90.03	53.63	78.54	68.94	64.69	73.16
上 海		286.56	196.32	264.41	115.14	144.08	255.95
江 苏		347.14	218.46	329.60	332.51	295.16	290.44
浙 江		448.36	269.67	480.99	589.59	393.75	384.47
安 徽		295.41	179.47	293.17	322.19	248.37	246.98
福 建		697.77	382.20	725.22	929.42	542.38	508.45
江 西		159.06	93.78	154.36	168.48	129.47	125.29
山 东		1 981.83	1 335.06	1 944.20	2 024.97	1 757.09	1 688.69
河 南		174.88	120.04	179.75	185.66	151.29	149.32
湖 北		150.53	97.09	145.53	161.51	124.56	117.23
湖 南		165.10	105.00	169.20	184.64	147.75	136.45
广 东		83.45	51.47	59.22	93.13	76.05	75.11
广 西		329.68	196.37	313.93	359.77	272.10	262.93
海 南		19.89	13.21	23.77	22.79	18.87	16.21
重 庆		76.71	44.80	71.06	80.21	62.10	61.56
四 川		137.54	89.79	134.34	144.17	117.78	115.68
贵 州		56.41	32.71	48.39	53.71	42.48	37.90
云 南		167.57	99.86	169.64	192.27	146.30	150.83
西 藏		6.91	3.60	7.61	8.81	7.97	7.59
陕 西		105.54	95.74	143.66	173.60	162.42	149.89
甘 肃		66.01	42.51	60.18	64.83	59.49	56.07
青 海		20.98	12.89	20.69	17.97	16.58	17.32
宁 夏		37.38	23.23	35.55	36.58	31.46	30.50
新 疆		184.80	146.84	210.89	222.49	172.83	165.74
合计 Total		**7 190.96**	**4 595.60**	**7 050.29**	**7 596.42**	**6 035.16**	**5 992.74**

单位：万元

Unit: Ten Thousand Yuan

7月 July	8月 Aug.	9月 Sept.	10月 Oct.	11月 Nov.	12月 Dec.	合计 Total
114.56	108.47	128.31	107.74	99.69	99.66	1 357.01
44.10	44.75	45.42	36.53	39.28	40.14	528.11
249.27	225.99	251.61	214.74	203.35	226.95	2 881.12
84.57	84.07	87.27	68.22	68.90	71.02	1 000.52
118.82	120.04	125.49	92.94	102.97	105.59	1 417.57
231.22	232.70	246.06	185.44	196.38	207.84	2 632.09
81.07	76.88	82.48	67.23	70.32	71.97	885.53
77.84	72.31	73.26	58.59	56.51	62.08	829.57
278.49	288.89	295.67	246.87	290.93	261.32	2 924.62
301.74	288.09	313.61	239.76	260.71	274.48	3 491.70
385.02	334.85	376.96	301.77	333.83	358.30	4 657.54
248.99	215.15	262.84	197.97	218.34	245.57	2 974.44
535.91	393.40	537.66	362.86	389.78	513.37	6 518.42
135.83	111.33	123.85	95.28	104.20	112.88	1 513.82
1 711.82	1 750.54	1 761.14	1 509.80	1 612.62	1 637.15	20 714.90
156.95	151.51	153.36	123.89	128.61	139.42	1 814.67
120.29	109.38	124.41	101.15	99.28	109.28	1 460.24
136.04	127.34	141.61	113.22	122.12	132.86	1 681.34
84.88	93.60	79.99	64.20	70.43	74.17	905.70
266.71	242.94	268.74	218.97	231.25	250.54	3 213.93
16.11	13.11	13.68	12.43	14.93	15.77	200.76
63.33	56.72	64.28	53.15	52.21	57.17	743.30
112.51	109.03	98.47	94.25	100.70	108.07	1 362.34
40.31	36.71	30.16	30.30	33.31	36.48	478.85
149.94	140.74	148.80	114.95	123.88	135.97	1 740.75
8.02	4.59	4.10	3.60	3.97	5.48	72.23
156.60	134.01	143.54	116.53	124.26	126.49	1 632.30
50.66	53.28	56.74	41.90	41.74	49.63	643.03
17.60	16.96	16.65	15.25	14.85	15.48	203.20
32.16	32.27	29.15	21.51	25.78	29.57	365.15
161.35	127.26	128.10	92.71	100.98	140.78	1 854.76
6 172.72	**5 796.91**	**6 213.40**	**5 003.75**	**5 336.12**	**5 715.46**	**72 699.54**

快　乐　8

地　区 Region	游戏类型 Game Type	1月 Jan.	2月 Feb.	3月 Mar.	4月 Apr.	5月 May	6月 June
北　京	基诺	2 714.71	1 921.38	3 184.50	3 076.79	2 269.21	3 113.38
天　津		1 583.46	1 098.61	1 799.10	1 902.70	2 330.72	2 454.79
河　北		8 587.86	5 626.93	8 972.58	8 282.92	10 229.70	11 206.24
山　西		3 289.97	2 090.62	3 331.39	3 218.71	4 209.07	4 876.05
内蒙古		3 562.49	2 250.80	3 568.02	3 492.18	4 740.55	5 317.45
辽　宁		6 119.18	4 158.60	5 896.03	5 536.50	7 965.24	7 668.42
吉　林		4 090.43	3 866.41	4 983.41	3 305.37	4 163.51	4 924.84
黑龙江		4 658.74	2 628.73	3 476.68	2 494.74	3 311.11	3 869.65
上　海		3 139.65	2 253.70	2 971.88	0.00	0.00	3 096.02
江　苏		14 797.37	11 197.78	15 116.13	10 774.17	15 278.56	17 273.39
浙　江		15 323.01	10 115.64	15 945.35	16 392.33	20 930.16	22 856.96
安　徽		6 676.73	4 592.56	6 839.15	6 336.50	8 441.02	9 843.60
福　建		7 246.80	5 583.68	7 889.35	8 896.91	10 464.45	11 456.57
江　西		6 534.09	4 676.81	9 279.30	7 474.31	9 876.62	10 722.43
山　东		15 226.61	10 599.83	16 318.52	16 141.36	20 055.18	22 017.28
河　南		7 364.44	5 126.19	9 942.95	10 287.10	12 750.29	11 345.64
湖　北		10 142.34	6 394.71	12 871.97	12 767.32	13 265.76	15 103.93
湖　南		9 257.95	7 162.40	11 780.98	11 033.24	13 316.90	15 067.37
广　东		23 807.85	16 673.98	24 775.29	28 450.14	33 661.10	34 899.87
广　西		6 159.59	4 461.31	10 151.25	7 340.30	8 433.69	9 157.95
海　南		497.85	325.01	457.42	384.53	462.13	447.11
重　庆		6 253.62	4 562.18	9 217.02	8 311.57	10 073.26	11 355.37
四　川		11 449.84	7 924.52	12 536.86	14 107.02	18 021.92	20 550.28
贵　州		5 704.94	3 877.37	6 254.28	6 567.42	8 386.54	9 053.14
云　南		5 770.45	3 890.21	6 100.82	6 258.60	8 284.44	9 548.94
西　藏		322.38	158.53	355.60	402.31	642.32	703.69
陕　西		4 968.32	4 249.27	7 012.61	7 511.04	10 406.40	11 105.86
甘　肃		1 833.67	1 210.19	1 968.73	1 952.33	2 418.78	2 658.69
青　海		645.03	434.99	715.91	627.59	848.00	1 067.25
宁　夏		1 299.01	777.33	1 291.08	1 248.06	1 954.02	2 244.80
新　疆		6 823.12	4 745.31	8 766.50	14 092.89	11 720.38	12 433.37
合计 Total		**205 851.50**	**144 635.56**	**233 770.67**	**228 666.93**	**278 911.03**	**307 440.32**

单位：万元

Unit：Ten Thousand Yuan

7月 July	8月 Aug.	9月 Sept.	10月 Oct.	11月 Nov.	12月 Dec.	合计 Total
3 188.72	3 332.93	3 293.15	2 816.02	2 986.79	2 861.23	34 758.81
2 539.79	2 507.35	2 674.76	2 361.53	2 840.40	3 099.27	27 192.48
9 860.53	9 168.59	8 951.46	7 616.03	7 921.10	8 289.51	104 713.45
3 982.18	3 942.47	4 328.50	4 297.51	3 864.33	3 775.42	45 206.20
5 213.43	4 168.14	3 941.65	2 878.52	3 152.00	3 398.73	45 683.95
6 597.43	6 549.14	6 607.30	6 311.68	6 826.06	6 533.82	76 769.41
3 768.81	3 903.12	3 996.10	3 488.76	3 981.90	3 712.79	48 185.44
3 708.75	3 510.82	3 449.25	2 958.86	3 277.12	3 540.12	40 884.56
3 413.01	3 423.52	3 502.21	3 132.62	3 783.27	3 744.64	32 460.52
14 427.43	14 122.90	14 321.35	12 062.90	13 397.11	19 981.24	172 750.34
19 450.17	19 351.12	20 557.32	16 848.94	19 643.67	18 957.69	216 372.38
8 460.49	7 459.87	7 128.15	6 464.19	7 357.04	7 567.38	87 166.69
9 571.20	9 113.76	9 150.23	8 107.08	9 202.78	9 725.68	106 408.48
8 278.01	7 721.31	7 996.16	8 283.75	7 610.72	7 500.08	95 953.59
19 271.98	19 196.31	19 519.12	18 148.42	18 626.32	18 533.02	213 653.94
9 427.61	10 067.89	10 629.93	7 103.22	7 474.15	7 510.48	109 029.87
13 112.16	15 122.46	13 218.23	11 724.56	13 407.32	15 408.44	152 539.19
11 668.63	12 800.50	12 377.33	10 292.49	11 410.86	11 017.12	137 185.78
30 443.06	30 554.40	30 663.28	26 322.77	28 988.95	29 342.76	338 583.45
8 076.25	8 439.78	7 387.64	6 252.09	7 037.52	7 034.53	89 931.89
400.87	350.83	366.40	326.52	377.91	405.84	4 802.42
9 050.89	8 916.41	9 869.06	7 982.18	7 858.49	7 610.44	101 060.50
17 183.64	16 831.70	14 416.79	12 951.39	14 148.75	14 158.02	174 280.72
7 130.50	6 889.19	5 385.54	5 334.08	6 146.95	6 168.56	76 898.52
8 047.97	7 848.28	7 773.49	6 464.00	7 279.75	7 652.55	84 919.50
557.03	432.83	366.21	294.20	331.13	376.46	4 942.69
9 617.90	9 000.98	8 893.41	7 782.49	9 267.71	9 169.89	98 985.88
2 713.99	2 138.51	2 141.35	1 534.59	1 641.47	1 804.38	24 016.68
832.12	826.73	1 132.27	881.64	974.52	994.88	9 980.93
1 768.74	1 915.55	1 703.18	1 237.51	1 412.29	1 539.45	18 391.03
11 531.11	11 049.50	8 881.60	6 846.21	7 343.85	8 091.00	112 324.85
263 294.40	**260 656.91**	**254 622.42**	**219 106.77**	**239 572.22**	**249 505.42**	**2 886 034.15**

2022 年中国福利彩票区域联网游戏销售统计（分地区按月统计）

Monthly Sales Statistics of Inter-Regional Games of Welfare Lottery in Different Regions in China in 2022

15 选 5

单位：万元

Unit：Ten Thousand Yuana

地　区 Region	游戏类型 Game Type	1 月 Jan.	2 月 Feb.	3 月 Mar.	4 月 Apr.	5 月 May	6 月 June	7 月 July	8 月 Aug.	9 月 Sept.	10 月 Oct.	11 月 Nov.	12 月 Dec.	合计 Total
上　海	乐透组合	320.76	229.18	217.37	59.47	93.37	273.26	272.33	283.21	279.26	269.13	293.07	279.31	2 869.73
江　苏		711.81	512.68	615.75	573.73	690.97	772.97	685.60	664.24	650.08	589.41	634.98	609.94	7 712.17
浙　江		426.87	338.41	331.18	336.92	449.08	508.82	417.14	374.36	361.77	362.08	385.12	376.84	4 668.59
安　徽		381.14	287.12	365.26	331.72	383.37	402.54	378.85	375.03	361.40	319.86	363.33	349.28	4 298.89
福　建		278.31	235.44	196.15	199.33	249.34	256.76	187.82	197.55	201.02	190.95	188.10	193.41	2 574.16
江　西		123.72	101.61	104.61	109.49	132.93	138.47	112.14	100.78	93.56	87.91	93.26	95.32	1 293.79
合计 Total		**2 242.61**	**1 704.44**	**1 830.33**	**1 610.65**	**1 999.07**	**2 352.82**	**2 053.87**	**1 995.16**	**1 947.09**	**1 819.34**	**1 957.87**	**1 904.08**	**23 417.32**

东方 6+1

单位：万元

Unit：Ten Thousand Yuan

地　区 Region	游戏类型 Game Type	1 月 Jan.	2 月 Feb.	3 月 Mar.	4 月 Apr.	5 月 May	6 月 June	7 月 July	8 月 Aug.	9 月 Sept.	10 月 Oct.	11 月 Nov.	12 月 Dec.	合计 Total
辽　宁	乐透排列	19.02	14.40	16.83	15.98	17.96	18.36	19.38	20.60	17.48	18.31	18.73	16.55	213.58
上　海		111.26	84.72	100.63	47.03	68.35	112.73	119.93	132.99	117.85	117.43	128.13	121.29	1 262.34
江　苏		172.53	130.79	171.92	155.38	167.95	168.29	181.74	200.91	159.40	159.40	168.76	156.52	1 993.59
浙　江		249.72	194.47	286.78	285.25	250.95	245.81	250.99	288.52	271.00	254.90	260.00	246.95	3 085.35
安　徽		67.59	51.08	67.51	61.99	63.50	63.03	62.74	67.73	59.21	59.24	63.54	59.00	746.16
福　建		66.08	50.43	64.84	64.83	67.57	65.52	66.20	68.61	60.60	67.49	66.18	94.10	802.44
江　西		13.03	9.52	14.08	14.19	15.37	13.56	13.56	14.24	13.31	12.95	12.64	11.43	157.88
合计 Total		**699.22**	**535.41**	**722.59**	**644.65**	**651.65**	**687.30**	**714.53**	**793.60**	**698.85**	**689.71**	**717.97**	**705.85**	**8 261.33**

2022 年中国福利彩票地方彩票销售情况表（分地区按月统计）

Monthly Sales Statistics of Regional Games of China Welfare Lottery in 2022

单位：万元

Unit：Ten Thousand Yuan

地区 Region	游戏类型 Game Type	游戏名称 Game Name	1月 Jan.	2月 Feb.	3月 Mar.	4月 Apr.	5月 May	6月 June	7月 July	8月 Aug.	9月 Sept.	10月 Oct.	11月 Nov.	12月 Dec.	合计 Total
河北	乐透组合	河北 20 选 5	307.66	227.41	324.13	289.29	295.17	281.39	294.12	283.65	287.11	248.91	244.12	259.91	3 342.85
	乐透排列	河北数字 5	9.52	4.32	6.53	6.47	6.21	5.54	6.51	5.43	5.98	4.77	4.86	5.46	71.62
		河北数字 7	58.44	43.29	56.88	55.12	58.29	57.40	58.31	61.06	58.98	53.17	50.79	51.95	663.68
黑龙江	乐透组合	黑龙江 22 选 5	30.53	35.46	50.10	21.98	39.81	51.50	31.19	43.30	42.29	36.24	31.84	36.75	450.99
		黑龙江 36 选 7	12.51	10.07	10.84	7.53	8.87	11.09	10.93	11.17	9.20	9.36	9.23	8.64	119.43
	乐透排列	黑龙江数字 6	55.38	45.59	64.74	48.36	66.62	80.09	93.49	104.30	43.05	42.37	52.25	53.70	749.95
上海	乐透排列	上海选 4	710.78	514.40	663.87	77.31	99.93	519.41	675.12	748.13	766.69	724.15	814.28	755.98	7 070.03
河南	乐透组合	河南 22 选 5	1 623.15	853.75	1 214.37	1 166.40	1 075.21	1 037.36	1 055.25	1 023.09	1 029.43	860.80	923.60	938.84	12 801.23
广东	乐透组合	广东 36 选 7	951.93	803.08	1 357.69	1 441.89	1 071.67	957.55	944.88	1 122.61	919.93	737.55	843.78	1 012.53	12 165.10
		广东 36 选 7 好彩 1	1 358.51	1 014.78	1 479.46	1 520.71	1 556.44	1 435.12	1 414.46	1 447.68	1 666.74	1 423.19	1 534.84	1 819.97	17 671.89
		广东 36 选 7 好彩 2	105.49	79.11	117.29	113.53	110.89	106.73	101.88	104.89	103.45	97.28	92.62	96.40	1 229.56
		广东 36 选 7 好彩 3	1 493.37	1 133.36	1 660.31	1 597.66	1 589.78	1 450.26	1 479.74	1 518.96	1 497.85	1 348.89	1 382.14	1 421.79	17 574.10
广西	乐透组合	广西快乐双彩	306.80	258.67	477.44	292.39	264.28	279.96	334.13	274.79	341.31	255.27	449.52	264.68	3 799.23
合计 Total			**7 024.07**	**5 023.30**	**7 483.65**	**6 638.64**	**6 243.16**	**6 273.40**	**6 500.00**	**6 749.07**	**6 772.00**	**5 841.94**	**6 433.86**	**6 726.58**	**77 709.67**

（中国福利彩票发行管理中心供稿）

2022 年中国福利彩票即开型

Sale Instant Win Tickets of Welfare Lottery in Different

序号	地区	发奖金	富贵有余 2	争分夺秒	美梦成真	五福临门	虎门销烟	百发百中
1	北 京	—	—	—	—	—	—	1 494.30
2	天 津	0.02	—	2.44	—	—	—	1 194.60
3	河 北	39.02	—	173.98	—	—	—	5 822.00
4	山 西	—	0.06	0.02	—	—	—	2 289.85
5	内蒙古	1.72	47.50	29.30	27.72	—	—	1 970.80
6	辽 宁	—	24.86	—	8.50	—	—	3 219.60
7	吉 林	24.20	11.60	31.70	205.62	—	—	1 319.35
8	黑龙江	7.36	198.94	144.88	241.90	—	—	1 747.10
9	上 海	—	—	—	—	—	—	1 881.90
10	江 苏	127.48	—	—	—	—	—	8 130.45
11	浙 江	12.50	—	18.32	17.53	27.65	—	10 748.10
12	安 徽	0.72	0.84	0.34	—	—	—	4 325.80
13	福 建	—	—	—	—	—	—	3 942.05
14	江 西	—	—	21.48	—	—	—	1 105.55
15	山 东	1 243.66	—	442.34	—	0.45	—	9 218.05
16	河 南	75.56	31.60	3.22	67.20	—	—	7 021.90
17	湖 北	—	—	19.74	10.40	—	—	3 626.10
18	湖 南	—	—	57.60	—	—	—	7 013.50
19	广 东	—	66.10	482.00	1 227.74	—	15.68	10 580.83
20	广 西	—	311.86	20.56	25.30	—	—	3 696.55
21	海 南	—	—	—	—	—	—	—
22	重 庆	—	341.64	34.72	23.78	—	—	5 495.30
23	四 川	—	—	143.28	—	—	—	11 582.65
24	贵 州	31.56	68.56	—	—	—	—	1 628.55
25	云 南	—	177.90	—	—	—	—	5 171.90
26	西 藏	—	—	—	—	—	—	4 619.20
27	陕 西	24.00	576.18	—	6.00	—	—	5 107.05
28	甘 肃	—	64.62	—	—	—	—	2 810.75
29	青 海	—	—	—	—	—	—	1 107.70
30	宁 夏	—	—	39.74	75.20	—	—	1 319.15
31	新 疆	—	61.34	—	34.18	—	—	11 491.75
32	深 圳	—	—	—	123.32	—	—	5 743.95
合计 Total		**1 587.80**	**1 983.60**	**1 665.66**	**2 094.39**	**28.10**	**15.68**	**146 426.33**

彩票销售情况表（分地区分品种）

Regions and in Different Games in China in 2022

单位：万元

Unit：Ten Thousand Yuan

红楼探秘 2	发奖金 5 元	好运十倍	国泰民安	大吉大利	喜从天降	龙腾盛世	7 乐无穷
—	—	10 750.70	1 000.00	—	—	—	102.10
12.80	—	3 186.65	—	—	—	2.75	203.50
—	—	8 285.73	—	—	—	—	—
—	—	8 136.60	—	—	—	—	—
—	400.20	5 259.25	—	34.95	—	—	7.55
—	455.65	11 247.85	1 000.00	—	—	246.50	376.25
—	1 919.10	6 718.40	—	60.45	—	—	425.50
—	—	6 892.90	—	—	—	—	405.45
—	126.95	8 066.40	—	—	—	—	443.70
61.60	1 109.60	48 348.30	205.50	28.90		27.50	2 504.85
971.78	—	68 693.61	6 199.51	101.78	—	1 100.60	1 755.64
—	399.10	9 862.95	989.45	—	—	—	2.35
—	—	13 909.15	2 587.85	—	—	172.85	23.30
—	185.30	2 983.25	—	—	—	—	—
—	3 056.15	15 549.75	—	—	—	—	1 824.25
—	1.10	8 920.80	—	—	—	—	—
—	836.95	14 622.79	—	—	—	—	—
—	—	18 902.00	1 000.80	—	—	765.35	—
—	—	64 818.19	10 095.16	40.82	1 169.57	—	21.55
—	651.85	30 759.70	576.80	—	—	—	323.55
—	400.00	2 298.69	—	—	—	—	—
1 084.20	—	10 247.55	—	—	—	—	—
5 260.30	2 839.70	26 044.45	4 418.85	740.85	—	—	3 121.05
—	688.45	2 711.10	—	279.30	—	—	—
—	—	11 928.35	2 000.05	—	—	—	616.95
1 772.70	—	3 943.35	—	—	—	—	465.10
718.90	631.10	13 810.15	—	—	—	—	20.00
16.20	—	4 483.55	—	—	—	21.80	398.40
—	—	1 421.65	—	—	—	—	—
—	—	1 656.90	—	256.65	—	—	—
—	—	49 800.00	—	39.35	—	—	8.45
—	—	31 333.85	4 613.40	—	—	—	695.20
9 898.48	**13 701.20**	**525 594.56**	**34 687.37**	**1 583.05**	**1 169.57**	**2 337.35**	**13 744.69**

续表

序号	地区	百万财富	5倍惊喜	黄金盛典	好运百万	莲乡意蕴	蘑菇大战	喜上加喜	彩运亨通
1	北　京	—	582.85	—	—	—	—	—	—
2	天　津	—	1 420.20	—	—	—	—	—	—
3	河　北	—	123.70	—	—	1 000.00	—	—	—
4	山　西	—	13.60	—	—	329.50	—	—	—
5	内蒙古	—	295.85	—	—	—	—	—	—
6	辽　宁	—	1 780.80	—	—	—	—	321.20	—
7	吉　林	—	2 024.95	—	—	—	—	286.20	—
8	黑龙江	—	1 596.00	—	—	—	—	—	—
9	上　海	—	1 967.80	—	—	—	—	—	3 206.35
10	江　苏	0.10	2 933.30	1.15	—	—	0.05	—	—
11	浙　江	—	1 594.61	—	—	—	—	—	—
12	安　徽	—	0.10	—	—	226.60	—	272.05	—
13	福　建	—	692.25	—	—	—	—	—	—
14	江　西	—	731.30	—	—	7 217.75	—	—	—
15	山　东	—	995.95	—	—	—	—	344.38	—
16	河　南	—	—	—	—	—	—	—	—
17	湖　北	—	932.60	—	—	9 707.50	—	12.18	—
18	湖　南	—	2 803.30	—	—	—	—	368.23	—
19	广　东	—	4 001.20	—	71 764.47	—	—	2 991.70	—
20	广　西	—	2 271.00	—	—	1 218.15	—	245.10	—
21	海　南	—	—	—	—	—	—	—	—
22	重　庆	—	2 555.15	—	—	—	—	—	—
23	四　川	—	6 578.40	—	—	—	—	1 038.35	—
24	贵　州	—	—	—	—	—	—	—	—
25	云　南	—	210.10	—	—	117.75	—	—	—
26	西　藏	—	—	—	—	—	—	—	—
27	陕　西	—	1 741.90	—	—	1 900.00	—	152.10	—
28	甘　肃	—	539.15	—	—	−30.00	—	—	—
29	青　海	—	—	—	—	—	—	—	—
30	宁　夏	—	316.10	—	—	—	—	—	—
31	新　疆	—	866.30	—	—	—	—	—	—
32	深　圳	—	581.45	—	—	—	—	—	—
合计 Total		**0.10**	**40 149.90**	**1.15**	**71 764.47**	**21 687.25**	**0.05**	**6 031.48**	**3 206.35**

幸福宝藏	魔幻 21	中国结－节节高	旺旺彩	孔雀美	一刮千金 10 元	幸运双星	闪耀钻石 10 元	丁酉鸡 10 元	六六顺
—	—	—	—	—	—	—	—	—	—
—	—	—	—	—	—	—	—	—	—
—	—	—	—	—	—	—	—	—	—
—	—	—	—	—	—	—	—	—	—
—	—	—	—	—	—	—	—	—	—
—	—	—	—	—	—	—	—	—	—
—	—	—	—	—	—	—	—	—	—
—	—	—	—	—	—	—	—	—	—
—	—	—	—	—	—	—	—	—	—
0.10	0.05	—	—	0.05	0.05	0.02	0.05	0.05	—
—	—	0.10	0.10	—	—	—	—	—	6 800.88
—	—	—	—	—	—	—	—	—	—
—	—	—	—	—	—	—	—	—	—
—	—	—	—	—	—	—	—	—	—
—	—	—	—	—	—	—	—	—	—
—	—	—	—	—	—	—	—	—	—
—	—	—	—	—	—	—	—	—	—
—	—	—	—	—	—	—	—	—	—
—	—	—	—	—	—	—	—	—	—
—	—	—	—	—	—	—	—	—	—
—	—	—	—	—	—	—	—	—	—
—	—	—	—	—	—	—	—	—	—
—	—	—	—	—	—	—	—	—	—
—	—	—	—	—	—	—	—	—	—
—	—	—	—	—	—	—	—	—	—
—	—	—	—	—	—	—	—	—	—
—	—	—	—	—	—	—	—	—	—
—	—	—	—	—	—	—	—	—	—
—	—	—	—	—	—	—	—	—	—
—	—	—	—	—	—	—	—	—	—
—	—	—	—	—	—	—	—	—	—
—	—	—	—	—	—	—	—	—	—
0.10	**0.05**	**0.10**	**0.10**	**0.05**	**0.05**	**0.02**	**0.05**	**0.05**	**6 800.88**

续表

序号	地区	金玉满堂	国色天香	福彩三十周年纪念	蓝玫瑰	喜加福	玫瑰之约	天生一对	赢在 2018
1	北　京	—	—	—	—	—	—	—	—
2	天　津	—	—	—	—	—	—	—	—
3	河　北	—	—	—	2.40	—	—	—	—
4	山　西	—	—	—	2.45	—	—	—	—
5	内蒙古	—	—	—	—	—	—	7.55	7.04
6	辽　宁	—	—	—	16.25	—	950.15	—	—
7	吉　林	—	—	—	220.15	—	—	—	—
8	黑龙江	—	—	—	1.15	—	—	—	—
9	上　海	—	—	—	—	—	—	—	—
10	江　苏	—	—	0.05	0.25	0.05	—	16.85	4.94
11	浙　江	6.38	0.25	—	15.00	—	8 126.10	60.70	—
12	安　徽	—	—	—	397.55	—	—	0.75	—
13	福　建	—	—	—	—	—	—	—	—
14	江　西	—	—	—	55.35	—	—	—	—
15	山　东	—	—	—	16.00	—	—	55.40	—
16	河　南	—	—	—	—	—	—	—	24.58
17	湖　北	—	—	—	11.25	—	—	—	—
18	湖　南	—	—	—	—	—	—	—	—
19	广　东	—	—	—	32.86	—	—	2.43	—
20	广　西	—	—	—	0.50	—	—	—	—
21	海　南	—	—	—	—	—	—	—	—
22	重　庆	—	—	—	—	—	—	794.50	—
23	四　川	—	—	—	25.05	—	—	—	—
24	贵　州	—	—	—	—	—	—	-0.71	—
25	云　南	—	—	—	—	—	—	—	—
26	西　藏	—	—	—	7.30	—	—	—	—
27	陕　西	—	—	—	—	—	—	—	—
28	甘　肃	—	—	—	—	—	—	0.05	—
29	青　海	—	—	—	—	—	—	—	—
30	宁　夏	—	—	—	—	—	—	—	—
31	新　疆	—	—	—	8.35	—	—	—	—
32	深　圳	—	—	—	519.70	—	—	—	—
合计 Total		**6.38**	**0.25**	**0.05**	**1 331.56**	**0.05**	**9 076.25**	**937.52**	**36.56**

小黄人	福满人间	非常惊喜	怀袖清风	金光闪耀	冠军荣耀	魅力宁波	群英会	沙漠寻宝	7开得胜
—	—	—	—	—	—	—	—	—	—
—	—	—	—	—	—	—	—	—	—
—	—	—	—	—	39.85	—	—	—	—
—	—	—	—	—	2.50	—	—	—	—
—	—	1.90	—	—	29.70	—	—	56.80	—
2.35	—	—	—	—	352.40	—	—	—	—
—	—	481.65	20.45	—	—	—	—	—	5.00
—	—	—	—	—	273.80	—	—	—	—
—	—	—	—	—	—	—	—	—	—
9.20	—	20.30	18.20	0.80	47.50	—	—	92.75	9.15
—	—	—	—	—	281.75	82.15	—	—	—
2.00	—	—	—	—	5.40	—	—	—	8.00
—	—	—	—	—	69.70	—	—	—	—
103.15	—	—	—	—	—	—	—	—	—
1.00	—	—	101.90	8.55	185.40	—	39.05	71.80	—
60.85	—	—	—	—	164.65	—	—	—	—
—	—	—	—	—	9.95	—	—	—	—
—	—	—	—	—	—	—	—	—	—
—	—	—	—	—	148.85	—	—	—	14.14
—	—	—	—	—	37.40	—	—	—	—
—	—	—	—	—	4.65	—	—	—	—
—	144.45	—	—	—	118.80	—	—	—	—
—	—	—	—	—	242.60	—	—	—	—
—	—	—	—	—	-12.87	—	—	—	—
—	—	—	—	—	—	—	—	—	—
—	—	—	—	—	79.35	—	—	—	—
—	—	—	—	0.10	—	—	—	—	—
—	—	0.10	—	0.45	4.55	—	—	41.80	—
—	—	—	—	—	—	—	—	—	—
—	—	—	—	—	23.90	—	—	—	—
—	—	—	—	—	—	—	—	—	—
—	—	—	—	—	—	—	—	—	—
178.55	**144.45**	**503.95**	**140.55**	**9.90**	**2 109.83**	**82.15**	**39.05**	**263.15**	**36.29**

续表

序号	地区	一路福星	壕7	祝你快乐	八仙过海	金沙滩	福袋	24K金	美丽三沙
1	北　京	—	—	—	—	—	—	—	—
2	天　津	—	—	—	—	—	—	—	—
3	河　北	—	—	—	—	—	2.40	-4.55	—
4	山　西	—	—	—	2.45	—	—	—	—
5	内蒙古	0.35	—	0.65	3.45	2.00	—	—	—
6	辽　宁	—	—	—	172.30	—	—	—	—
7	吉　林	147.40	4.45	55.05	3.80	121.42	14.40	—	—
8	黑龙江	—	20.90	—	37.80	—	—	—	—
9	上　海	—	—	202.45	—	—	—	—	—
10	江　苏	4.70	18.45	—	87.85	11.34	6.20	—	—
11	浙　江	—	0.10	—	—	—	—	—	—
12	安　徽	—	1.40	—	—	—	17.35	—	—
13	福　建	—	—	—	—	—	—	—	—
14	江　西	—	—	—	—	—	—	—	—
15	山　东	—	0.05	—	13.90	—	6.30	0.30	—
16	河　南	—	—	7.40	18.65	—	—	—	—
17	湖　北	—	1.50	—	500.00	—	—	—	—
18	湖　南	—	—	—	—	—	—	—	—
19	广　东	—	4.13	—	—	—	801.19	2.25	—
20	广　西	—	0.55	—	—	—	—	—	—
21	海　南	—	—	—	—	—	—	—	0.10
22	重　庆	—	0.20	—	—	—	—	—	—
23	四　川	—	0.25	—	—	—	—	0.90	—
24	贵　州	131.31	284.00	41.63	—	—	74.65	—	—
25	云　南	—	—	—	—	—	—	—	—
26	西　藏	298.10	—	—	—	—	—	—	—
27	陕　西	—	107.50	—	—	213.96	—	—	—
28	甘　肃	—	0.05	—	467.35	—	—	—	—
29	青　海	—	—	—	—	—	—	—	—
30	宁　夏	0.05	—	—	—	—	—	0.25	—
31	新　疆	—	—	—	—	—	—	—	—
32	深　圳	—	—	—	—	—	—	—	—
合计 Total		**581.91**	**443.53**	**307.18**	**1 307.55**	**348.72**	**922.49**	**-0.85**	**0.10**

青蛙过河	橙意满满	聚宝盆	积金至斗	开心夹夹乐	66顺88发	苍狼啸月	丹桂飘香－金桂银桂	越剧	369
—	—	—	—	—	4 358.80	—	—	—	—
—	—	—	—	—	1 130.75	—	—	—	—
—	0.05	—	51.25	-13.00	1 755.15	16.35	21.70	—	993.60
—	—	—	—	—	1 000.00	—	—	—	—
0.35	—	—	0.55	—	2 348.65	—	57.95	—	802.90
—	—	300.00	—	—	2 034.35	—	—	—	—
7.00	585.50	3 010.00	—	—	1 586.80	—	50.10	—	20.50
—	3.15	7.50	—	—	2 210.90	—	—	—	—
—	—	—	—	—	1 363.10	—	—	—	—
11.15	62.80	38.25	—	13.80	6 838.75	—	22.40	—	1 356.55
—	—	20.30	1.00	—	—	—	1 480.17	898.95	101.00
—	39.50	188.25	10.05	—	1 676.80	—	—	—	1.15
—	—	—	—	—	3 710.90	—	—	—	—
—	5.00	2 505.50	—	—	43.00	—	—	—	—
—	232.85	—	—	—	6 725.35	0.10	—	—	—
33.25	16.95	7.50	13.80	—	1 957.65	—	21.30	—	—
—	399.10	911.45	—	—	4 825.50	—	—	—	723.05
—	—	210.00	—	—	3 003.75	—	—	—	—
—	617.52	—	—	4.72	8 881.14	—	—	—	211.18
—	209.90	—	—	—	3 675.25	—	6.55	—	1 254.20
—	—	—	—	41.75	—	—	—	—	0.05
—	—	110.20	0.10	—	—	—	—	—	2 330.10
—	—	740.20	151.45	—	2 170.65	—	—	—	0.20
64.98	27.20	—	73.43	—	1 603.15	—	—	—	—
—	—	—	—	—	5 819.35	—	—	—	—
—	94.90	—	—	74.70	877.80	—	11.60	—	5.00
—	489.00	—	427.25	—	7 334.35	—	—	—	—
2.45	0.15	227.20	161.95	1.35	5 932.70	0.25	—	—	—
—	—	—	—	—	1 418.60	—	—	—	—
—	—	—	0.15	0.25	2 325.35	—	—	—	—
—	—	—	—	—	12 236.60	—	—	—	—
—	—	—	—	—	2 535.70	—	—	—	—
119.18	**2 783.57**	**8 276.35**	**890.98**	**123.57**	**101 380.84**	**16.70**	**1 671.77**	**898.95**	**7 799.48**

续表

序号	地区	圣诞快乐	己亥猪 5元	己亥猪 10元	己亥猪 20元	8炫彩	梦圆桃花源	富贵满堂	同喜同囍
1	北　京	—	—	—	—	—	—	—	—
2	天　津	—	—	—	—	—	—	—	—
3	河　北	41.30	—	—	96.20	—	—	—	—
4	山　西	—	—	—	—	2.02	—	—	—
5	内蒙古	—	24.55	—	57.20	327.54	—	63.15	69.20
6	辽　宁	—	—	—	32.45	1 319.62	—	—	—
7	吉　林	—	—	—	—	—	70.80	405.80	—
8	黑龙江	157.85	—	49.85	—	—	—	—	—
9	上　海	—	—	—	—	124.82	—	—	—
10	江　苏	30.55	—	—	1.45	31.36	38.60	68.15	—
11	浙　江	85.77	0.05	—	115.16	—	—	—	—
12	安　徽	—	0.75	0.25	—	27.44	—	21.80	—
13	福　建	—	—	—	—	—	—	—	—
14	江　西	—	—	—	—	—	—	—	—
15	山　东	303.50	63.05	25.60	6.15	—	—	18.65	—
16	河　南	8.60	9.75	8.20	45.05	—	—	6.10	—
17	湖　北	—	0.30	—	—	—	—	—	—
18	湖　南	—	—	—	—	69.02	—	292.15	92.70
19	广　东	—	27.17	6.86	4.67	—	—	567.62	49.72
20	广　西		0.80	0.30	—	—	—	—	—
21	海　南	—	—	—	—	—	—	319.45	—
22	重　庆	—	—	—	—	—	—	16.85	—
23	四　川	—	0.55	1.40	2.55	78.06	—	815.75	31.50
24	贵　州	—	—	—	—	79.62	—	171.70	591.40
25	云　南	—	—	—	—	—	—	—	—
26	西　藏	—	—	—	—	—	—	—	—
27	陕　西	—	—	—	—	—	—	27.50	—
28	甘　肃	—	0.30	0.10	6.55	—	—	16.40	—
29	青　海	—	—	—	—	—	—	—	—
30	宁　夏	—	0.10	—	—	74.44	—	—	—
31	新　疆	—	—	—	—	9.90	—	0.60	—
32	深　圳	—	—	—	—	—	—	—	—
合计 Total		**627.57**	**127.37**	**92.56**	**367.43**	**2 143.84**	**109.40**	**2 811.67**	**834.52**

新芽	魅力 4 射	超级钱袋子	中国龙 5 元	中国龙 10 元	中国龙 20 元	嗨啤	天仙配	福延吉至	繁荣昌盛
—	—	—	—	—	—	—	—	—	—
—	—	—	—	3 000.00	—	—	—	—	—
16.80	—	9.20	12.35	3.75	—	38.10	—	—	—
—	—	—	—	—	—	—	—	—	—
—	0.40	—	0.20	—	—	0.25	—	—	—
—	16.40	—	—	—	—	—	—	—	—
178.65	447.80	2.85	—	—	—	460.70	—	92.75	—
91.05	—	—	5.90	31.10	1 516.30	290.45	378.00	—	—
—	—	—	—	—	—	—	—	—	—
—	22.65	4.15	6.50	0.80	—	192.85	103.10	—	—
33.60	84.41	—	0.05	1.99	0.05	48.35	—	—	—
1.55	—	0.65	0.30	0.40	0.70	0.90	—	—	—
—	—	—	—	—	—	—	57.75	—	—
—	—	—	—	678.50	—	—	—	—	—
0.95	34.10	—	—	—	—	33.10	114.65	—	—
—	—	16.25	0.70	—	—	1.10	—	—	—
—	76.95	—	1.75	0.15	0.15	304.05	—	—	—
—	163.90	—	—	—	—	230.80	—	—	—
1 747.54	—	120.60	2.25	29.23	1 967.09	—	174.75	—	—
62.80	—	—	1 081.00	0.90	—	43.05	—	—	—
61.55	—	—	71.80	—	—	—	—	—	—
1.05	21.95	16.90	—	—	—	0.35	—	—	0.70
530.80	172.00	194.50	0.05	0.20	—	26.95	—	—	
209.65	—	436.95	662.75	—	—	—	—	—	—
—	—	—	—	—	—	—	—	—	—
—	—	—	—	—	—	—	—	—	—
—	5.85	247.50	—	—	—	—	—	—	—
—	—	0.15	0.10	—	0.10	—	—	—	—
—	—	—	—	—	—	—	—	—	—
0.05	557.80	—	0.05	—	—	—	—	—	—
—	—	—	—	—	1 948.65	—	0.20	—	—
—	—	—	—	—	7 374.50	—	—	—	—
2 936.04	**1 604.21**	**1 049.70**	**1 845.75**	**3 747.02**	**12 807.54**	**1 671.00**	**828.45**	**92.75**	**0.70**

续表

序号	地区	锦绣江山	财富传奇	666	3分制胜	黄金传奇	钻石风暴	小黄人－财神	龙凤呈祥
1	北　京	—	—	—	—	—	—	—	—
2	天　津	—	—	—	—	—	—	—	—
3	河　北	—	—	—	—	5.00	—	—	—
4	山　西	—	—	—	2.50	—	—	—	—
5	内蒙古	—	0.15	1.20	30.40	—	—	—	—
6	辽　宁	—	—	—	—	—	—	—	—
7	吉　林	—	—	10.80	422.25	—	—	—	—
8	黑龙江	—	—	0.05	81.10	8.60	—	—	—
9	上　海	—	—	—	—	—	—	—	—
10	江　苏	—	—	16.15	120.45	—	—	—	2.95
11	浙　江	—	12 294.45	—	21.70	—	—	—	—
12	安　徽	—	59.35	7.00	10.10	0.25	—	—	1.25
13	福　建	—	—	—	23.50	—	—	—	—
14	江　西	—	—	—	—	—	—	—	30.15
15	山　东	—	4.50	1.75	676.75	1.35	37.80	0.15	—
16	河　南	—	—	—	3.05	—	—	—	8.45
17	湖　北	—	—	—	—	—	—	—	—
18	湖　南	—	—	—	15.65	—	—	—	—
19	广　东	—	—	31.24	590.87	—	0.06	—	—
20	广　西	—	—	—	—	—	—	—	—
21	海　南	—	—	—	—	—	—	—	—
22	重　庆	334.85	—	—	—	—	—	—	—
23	四　川	—	132.80	—	—	—	—	—	—
24	贵　州	—	—	—	68.60	—	—	—	162.85
25	云　南	—	—	—	—	—	—	—	—
26	西　藏	—	18.00	—	—	—	—	—	—
27	陕　西	—	1 122.85	—	—	—	—	—	—
28	甘　肃	—	2.20	0.05	0.45	0.10	—	—	0.05
29	青　海	—	—	216.60	—	—	—	—	—
30	宁　夏	—	1 103.50	—	—	—	—	—	—
31	新　疆	—	—	—	—	—	—	—	—
32	深　圳	—	—	—	—	—	—	—	—
合计 Total		**334.85**	**14 737.80**	**284.84**	**2 067.37**	**15.30**	**37.86**	**0.15**	**205.70**

超级幸运	鸿运当头	龙腾虎跃	至尊黄金	好礼多多	淘金王	甜如蜜	金福星	唱响幸运	蓝色奇迹
—	—	—	—	—	—	—	—	—	—
2.50	—	—	—	—	—	—	—	—	—
1.20	—	—	9.54	—	—	—	—	—	—
—	—	—	—	119.98	2.45	—	—	—	—
0.60	—	—	—	41.98	2.95	0.05	2.35	10.95	31.40
7.80	—	—	—	1 034.48	—	—	17.65	12.15	—
338.90	—	—	23.58	32.14	11.90	128.00	65.45	205.75	—
6.20	—	—	0.06	8.16	—	31.40	—	—	—
—	—	—	—	—	103.00	0.20	—	—	—
103.20	—	—	34.20	—	26.85	1.20	29.20	173.80	—
626.42	—	—	26.70	—	—	—	—	—	—
14.30	5.65	—	2.76	121.42	21.40	25.75	0.45	—	—
—	—	—	—	—	9.95	—	—	—	—
843.80	—	—	211.14	—	—	514.80	—	—	—
0.20	—	—	—	589.04	—	67.15	—	—	74.75
3.00	—	—	2.88	—	—	26.35	6.95	—	22.55
264.60	—	—	—	—	—	—	—	—	—
61.90	—	—	—	—	—	0.25	—	—	0.75
210.36	—	0.15	—	113.36	—	—	241.45	—	—
4.90	—	—	—	—	—	—	—	—	—
94.40	—	—	—	—	—	—	—	55.50	—
—	—	—	0.18	—	—	—	14.60	618.30	—
45.00	—	—	—	—	—	—	—	—	—
—	—	—	—	—	—	354.70	—	—	—
—	—	—	—	—	—	—	—	—	—
185.00	—	—	562.98	—	—	14.65	—	18.20	—
2.50	—	—	—	—	40.15	—	—	—	—
—	—	—	37.86	—	3.70	—	—	443.50	—
—	—	—	—	—	—	—	—	—	—
—	—	—	—	—	—	—	—	128.05	—
661.90	1.40	—	—	3.16	0.75	—	4.05	—	—
—	—	—	—	—	—	—	—	—	—
3 478.68	**7.05**	**0.15**	**911.88**	**2 063.72**	**223.10**	**1 164.50**	**382.15**	**1 666.20**	**129.45**

续表

序号	地区	喜事成双	庚子鼠 5元	庚子鼠 10元	庚子鼠 20元	鼠兆丰年	好运来	新春大吉	金山· 银山
1	北　京	—	—	—	—	—	1 200.00	—	—
2	天　津	3.10	—	—	2.10	—	—	—	—
3	河　北	46.90	11.40	1.70	243.45	—	—	—	228.15
4	山　西	2.50	—	—	69.55	—	81.05	—	—
5	内蒙古	—	165.00	18.35	13.05	24.18	156.40	—	—
6	辽　宁	49.50	—	—	—	—	1 354.85	29.05	56.20
7	吉　林	63.00	38.90	—	—	—	428.10	—	94.35
8	黑龙江	278.20	247.55	281.45	—	9.59	—	—	356.20
9	上　海	187.95	168.40	—	—	213.76	150.00	—	—
10	江　苏	—	—	—	5.90	89.43	6.15	—	56.45
11	浙　江	25.00	21.45	145.05	1 242.75	—	—	—	294.90
12	安　徽	106.25	3.35	0.70	—	4.37	300.15	30.20	—
13	福　建	—	0.05	0.05	—	—	500.75	—	—
14	江　西	2.50	—	427.50	—	—	—	—	—
15	山　东	—	169.85	157.15	38.70	—	1 145.25	—	—
16	河　南	—	36.30	8.15	57.80	113.22	91.35	1.85	—
17	湖　北	35.60	47.69	1.90	—	54.45	69.05	889.90	—
18	湖　南	—	—	—	—	—	589.05	—	15.90
19	广　东	—	124.21	200.27	102.42	657.04		27.13	502.73
20	广　西	—	1 429.65	100.00	—	—	—	—	—
21	海　南	—	—	—	4.35	—	—	—	—
22	重　庆	—	—	15.60	4.80	—	—	—	—
23	四　川	—	0.05	649.85	0.40	—	150.00	—	—
24	贵　州	130.30	—	—	—	—	—	110.50	208.55
25	云　南	—	—	—	—	—	—	—	—
26	西　藏	37.25	—	—	—	—	—	—	—
27	陕　西	—	—	—	—	—	1 127.20	—	—
28	甘　肃	107.70	2.25	27.40	15.90	0.06	—	—	—
29	青　海	16.20	—	—	—	—	150.00	—	—
30	宁　夏	—	—	—	0.15	0.01	—	—	—
31	新　疆	73.05	0.20	—	—	30.88	513.75	25.30	33.20
32	深　圳	—	—	—	—	—	—	—	—
合计 Total		**1 165.00**	**2 466.29**	**2 035.12**	**1 801.32**	**1 196.99**	**8 013.10**	**1 113.93**	**1 846.63**

开宝箱	笑口常开	心相连	幸运时刻	欢乐 Party	莲花绽放	荣耀夺金	金砖	十里桃花	福彩
—	—	—	—	—	—	—	—	—	—
—	—	—	—	—	—	—	—	0.05	—
71.08	—	1.35	—	—	—	1.25	—	27.60	—
—	—	2.50	2.45	—	—	—	—	—	2.45
16.66	—	—	13.60	—	—	6.85	0.10	1.40	16.65
68.70	21.90	116.90	39.40	1 051.25	—	—	—	—	11.75
299.38	66.90	95.15	—	86.80	—	897.35	—	—	62.35
—	69.65	—	—	—	—	—	26.45	—	261.15
17.62	—	—	—	95.70	—	—	—	—	—
46.12	31.10	—	34.65	68.10	—	32.45	—	10.95	224.30
—	267.44	384.15	—	—	—	—	—	304.35	—
—	9.29	—	—	1.15	—	—	—	72.70	11.20
—	—	29.25	—	—	—	—	—	0.25	—
—	—	51.65	—	—	90.50	—	—	—	—
—	9.35	—	150.90	758.60		45.95		13.40	437.65
—	2.15	—	—	—	—	—	—	0.60	7.45
18.98	-10.95	96.00	—	95.30	—	—	—	249.30	436.95
—	56.85	—	—	—	—	—	—	—	—
82.37	—	264.06	67.35	663.26	—	—	—	117.68	—
—	—	287.60	145.00	604.50	—	—	—	29.95	144.00
—	—	38.35	—	—	—	—	—	—	11.45
—	—	—	—	—	—	—	—	8.35	146.50
—	—	—	—	—	—	—	—	491.00	—
—	—	241.35	—	—	—	283.05	—	—	422.80
—	—	0.05	—	—	—	—	—	—	—
—	—	—	—	—	—	—	—	—	—
—	—	—	—	616.90	—	—	—	—	—
—	—	95.65	1.05	7.55	—	—	—	—	122.90
—	—	—	—	—	—	—	—	—	—
—	—	—	—	—	—	—	—	—	—
187.04	224.50	239.50	26.50	797.35	—	10.55	—	—	62.70
—	—	—	—	—	—	—	—	—	—
807.95	**748.19**	**1 943.51**	**480.90**	**4 846.46**	**90.50**	**1 277.45**	**26.55**	**1 327.58**	**2 382.25**

续表

序号	地区	一触即发	福在眼前	扶贫帮困	福	九天揽月	丽美千秋	超给力 10元	超给力 20元
1	北 京	—	—	—	—	—	—	200.00	800.00
2	天 津	2.25	—	—	—	—	—	—	—
3	河 北	—	—	—	—	—	—	—	0.90
4	山 西	2.45	—	—	—	—	—	—	—
5	内蒙古	—	0.05	9.25	—	—	—	1 309.20	1 009.75
6	辽 宁	32.15	—	—	—	—	—	0.70	1 453.15
7	吉 林	159.70	23.15	—	85.30	—	—	208.85	31.85
8	黑龙江	40.10	149.45	—	—	—	925.15	690.40	60.55
9	上 海	6.55	—	—	—	—	—	2 200.00	2 000.00
10	江 苏	81.50	—	—	20.60	—	—	5 589.45	6 960.50
11	浙 江	103.05	—	—	4.40	—	—	5 006.20	11 834.76
12	安 徽	17.65	—	—	0.65	—	—	980.04	836.25
13	福 建	—	—	—	—	—	—	1 668.30	1 359.90
14	江 西	—	589.00	—	—	—	—	234.65	396.40
15	山 东	64.95	148.95	233.20	—	12.25	—	—	0.50
16	河 南	—	0.70	—	—	—	—	112.20	739.40
17	湖 北	0.45	—	—	9.75	—	—	120.30	—
18	湖 南	—	—	563.30	—	—	—	640.70	—
19	广 东	11.58	—	141.85	4.81	—	—	9 752.79	4 958.27
20	广 西	152.35	—	—	—	—	—	2 015.90	2 337.20
21	海 南	—	—	5.30	5.45	6.45	—	8.05	183.50
22	重 庆	—	—	—	—	—	—	—	—
23	四 川	—	—	—	—	—	—	0.40	32.10
24	贵 州	181.10	—	—	—	—	—	—	—
25	云 南	—	—	—	—	—	—	1 600.05	1 200.00
26	西 藏	—	—	—	—	167.95	—	3.00	521.30
27	陕 西	167.50	—	—	—	—	—	999.95	1 999.90
28	甘 肃	6.00	0.95	246.40	—	1.65	—	—	235.70
29	青 海	—	—	—	—	—	—	—	491.35
30	宁 夏	—	—	—	—	—	—	—	—
31	新 疆	27.10	0.40	110.15	27.85	—	—	1 149.10	7 056.45
32	深 圳	—	—	—	—	—	—	1 000.00	1 280.00
合计 Total		**1 056.43**	**912.65**	**1 309.45**	**158.81**	**188.30**	**925.15**	**35 490.23**	**47 779.68**

超给力50元	平凡英雄	鹊桥会	连连好运	圆满	牛气10足	韩熙载夜宴图	承德风光	福源宝地	大美湘中
1 450.00	—	—	—	—	—	—	—	—	—
—	—	1.20	1.40	—	—	96.30	—	—	—
0.80	—	—	0.05	—	35.75	—	211.15	—	—
499.90	2.45	—	2.45	—	—	6.00	—	—	—
1 787.70	15.20	237.85	—	7.40	0.20	2.88	—	—	—
943.70	—	123.80	11.80	—	7.55	72.42	—	—	—
307.50	306.45	—	140.05	—	371.75	258.78	—	—	—
621.30	891.45	—	—	—	252.10	703.08	—	—	—
5 916.60	—	—	—	—	—	—	—	—	—
6 298.80	12.15	234.40	21.35	52.85	0.25	47.28	—	570.55	—
8 028.60	9.65	—	—	—	149.10	106.74	—	—	—
1 983.90	9.30	—	—	2.35	30.65	96.36	—	—	—
200.00	—	—	—	—	27.70	—	—	—	—
150.00	—	—	—	—	—	—	—	—	—
506.30	6.40	421.05	754.30	—	—	438.12	—	—	—
511.60	—	—	—	1.55	3.20	142.56	—	—	—
1 200.00	20.80	67.10	67.70	—	196.75	—	—	—	—
2 000.00	0.05	—	—	19.20	—	1 004.22	—	—	3.15
1 121.48	73.60	636.35	199.38	13.53	365.91	115.79	—	—	—
105.00	414.90	224.35	177.05	85.45	1 036.15	117.72	—	—	—
300.00	—	—	—	—	—	—	—	—	—
—	5.55	—	—	—	—	—	—	—	—
92.60	648.30	—	—	—	57.85	—	—	—	—
0.20	—	339.65	—	—	429.35	—	—	—	—
1 800.00	—	—	—	—	—	—	—	—	—
996.60	—	55.90	—	—	—	—	—	—	—
3 500.00	—	—	—	—	—	749.22	—	—	—
70.00	481.00	117.90	38.40	0.25	1.25	210.12	—	—	—
400.00	—	—	—	—	—	—	—	—	—
—	150.30	—	—	—	—	—	—	—	—
10 880.70	12.25	748.30	257.95	—	—	1 007.64	—	—	—
2 000.00	—	—	—	—	—	—	—	—	—
53 673.28	**3 059.80**	**3 207.85**	**1 671.88**	**182.58**	**2 965.51**	**5 175.23**	**211.15**	**570.55**	**3.15**

续表

序号	地区	美丽画卷	挖金矿	哦耶	七彩叠叠乐	百年辉煌	大运鲁风	五牛图	辛丑牛5元
1	北　京	—	—	—	—	—	—	—	—
2	天　津	—	—	34.85	366.85	—	—	—	—
3	河　北	95.35	—	—	—	10.00	—	73.07	4.65
4	山　西	—	—	2.45	—	501.85	—	—	2.45
5	内蒙古	4.10	0.55	593.45	—	65.50	—	261.12	0.10
6	辽　宁	17.80	—	—	12.90	26.80	—	410.92	—
7	吉　林	188.25	13.60	260.75	291.35	526.00	—	94.87	—
8	黑龙江	—	—	—	—	643.25	—	7.64	22.50
9	上　海	—	—	—	112.95	—	—	—	—
10	江　苏	—	—	—	3.45	7.55	—	177.56	7.55
11	浙　江	—	—	—	—	10.55	—	2 330.76	488.90
12	安　徽	31.35	15.55	0.15	199.63	44.75	—	201.87	—
13	福　建	170.50	—	—	—	—	—	252.01	—
14	江　西	—	—	—	—	132.05	—	—	—
15	山　东	—	—	—	745.75	38.50	147.45	—	96.20
16	河　南	148.90	—	—	—	1.10	—	—	1.95
17	湖　北	—	—	58.85	2 232.00	52.35	—	—	—
18	湖　南	—	—	—	—	5.55	—	—	—
19	广　东	251.14	—	—	—	49.33	—	759.67	—
20	广　西	—	—	—	—	71.90	—	166.40	—
21	海　南	—	—	—	—	0.55	—	—	—
22	重　庆	—	—	—	—	16.35	—	—	—
23	四　川	—	—	—	—	359.80	—	—	—
24	贵　州	—	—	—	11.00	216.40	—	86.08	—
25	云　南	—	—	—	—	—	—	—	—
26	西　藏	—	—	—	—	—	—	—	—
27	陕　西	—	—	—	591.90	—	—	—	—
28	甘　肃	—	18.05	—	129.80	7.25	—	—	5.85
29	青　海	172.65	—	—	—	—	—	—	—
30	宁　夏	107.65	—	—	—	312.80	—	0.01	—
31	新　疆	11.50	6.30	53.35	1 239.00	—	—	78.86	0.75
32	深　圳	—	—	—	—	—	—	—	—
合计 Total		**1 199.19**	**54.05**	**1 003.85**	**5 936.58**	**3 100.18**	**147.45**	**4 900.84**	**630.90**

辛丑牛 10元	辛丑牛 20元	黄金时代 20元	深圳40周年5元	深圳40周年10元	深圳40周年20元	三月三	六福喜事	才华盖世	富贵临门
—	—	138.80	—	—	—	—	1 473.30	—	—
—	0.35	6.45	—	—	—	—	422.65	13.20	—
—	184.35	6.00	—	—	—	477.45	479.85	—	308.10
—	—	—	—	—	—	—	405.15	—	5.00
0.10	65.70	6.60	—	—	—	—	89.35	81.30	619.75
—	—	27.65	—	—	—	540.00	659.75	34.15	47.05
2.40	8.25	6.75	—	—	—	—	451.35	468.85	8.55
45.30	43.90	—	—	—	—	—	559.10	—	—
—	—	—	—	—	—	—	1 648.85	—	1 200.00
0.05	28.75	1 437.00	—	—	—	—	1 930.40	106.80	—
1.50	3.72	1.95	—	—	—	—	1 328.40	96.50	—
1.85	7.05	278.11	—	—	—	476.40	2 567.61	61.15	43.50
0.65	—	23.60	—	—	—	—	400.05	293.55	—
—	1.60	—	—	—	—	—	320.00	—	—
1.95	0.75	1 552.80	—	—	—	—	113.00	153.55	—
—	9.90	—	—	—	—	—	162.25	0.20	41.30
1.10	59.55	172.55	—	—	—	—	1 617.05	—	—
—	—	0.30	—	—	—	—	527.70	682.70	1 131.55
29.76	281.55	830.55	—	—	—	298.00	91.69	216.54	216.78
5.95	60.50	278.50	—	—	—	1 804.84	865.25	—	—
—	12.75	195.55	—	—	—	—	111.30	1.25	165.30
—	—	—	—	—	—	—	—	—	—
25.30	900.50	463.75	—	—	—	—	120.90	395.60	277.15
—	—	478.75	—	—	—	—	—	—	—
—	—	0.10	—	—	—	—	1 040.50	0.05	—
—	—	107.30	—	—	—	—	89.35	—	—
—	—	—	—	—	—	—	719.95	293.25	10.10
—	0.10	—	—	—	—	—	34.95	193.60	41.95
—	—	—	—	—	—	—	—	—	—
—	0.05	142.30	—	—	—	—	0.30	—	178.60
—	—	—	—	—	—	1 411.70	0.75	522.90	384.10
—	—	—	668.10	257.20	659.30	—	—	—	—
115.91	**1 669.33**	**6 155.36**	**668.10**	**257.20**	**659.30**	**5 008.39**	**18 230.75**	**3 615.14**	**4 678.78**

续表

序号	地区	梦花园	花满堂	文都寻宝	花锦秀	花开中国梦	文都寻宝－小本	沁园春长沙	绿水青山
1	北　京	267.65	—	—	904.55	—	—	—	—
2	天　津	145.25	4.25	—	—	7.05	—	—	—
3	河　北	120.85	—	—	1 180.20	1 403.65	—	—	—
4	山　西	95.55	279.90	—	61.95	444.25	—	—	—
5	内蒙古	352.70	760.40	—	144.35	530.55	—	—	—
6	辽　宁	185.95	452.15	—	108.45	59.55	—	—	—
7	吉　林	126.55	11.50	—	0.50	48.40	—	—	—
8	黑龙江	85.70	323.75	—	274.25	—	—	—	—
9	上　海	194.20	—	—	948.20	1 559.70	—	—	—
10	江　苏	—	863.60	924.30	—	573.65	188.87	—	—
11	浙　江	880.00	565.05	—	316.60	—	—	—	463.45
12	安　徽	290.25	233.75	—	22.55	112.30	—	—	—
13	福　建	—	1 350.35	—	478.35	738.00	—	—	—
14	江　西	159.30	306.05	—	471.90	—	—	—	—
15	山　东	—	429.70	—	664.00	—	—	—	—
16	河　南	297.70	1 187.10	—	450.45	769.05	—	—	—
17	湖　北	—	1 125.15	—	—	314.10	—	—	—
18	湖　南	—	1 221.70	—	272.80	225.30	—	3 311.65	—
19	广　东	591.27	168.60	—	658.30	1 512.04	—	—	—
20	广　西	—	658.95	—	—	2 428.50	—	—	—
21	海　南	58.10	96.40	—	—	73.20	—	—	—
22	重　庆	—	—	—	—	792.80	—	—	—
23	四　川	—	745.65	—	—	697.25	—	—	—
24	贵　州	214.40	656.40	—	319.35	293.85	—	—	—
25	云　南	—	—	—	—	82.10	—	—	—
26	西　藏	—	—	—	—	149.20	—	—	—
27	陕　西	5.00	529.60	—	965.65	310.55	—	—	—
28	甘　肃	0.70	238.60	—	110.60	317.50	—	—	—
29	青　海	53.30	0.05	—	569.50	13.90	—	—	—
30	宁　夏	0.20	0.20	—	135.80	0.10	—	—	—
31	新　疆	176.10	2 461.80	—	346.70	560.60	—	—	—
32	深　圳	—	—	—	—	—	—	—	—
合计 Total		**4 300.72**	**14 670.65**	**924.30**	**9 404.99**	**14 017.14**	**188.87**	**3 311.65**	**463.45**

12 星座	我愿意	墨子	表里山河	人说山西好风光	洪崖洞	文润山青	足够精彩	炫 8	夺冠
719.90	—	—	—	—	—	—	—	200.00	—
31.80	—	—	—	—	—	—	250.00	—	279.05
—	—	—	—	—	—	—	—	761.35	34.60
—	—	—	368.75	809.15	—	—	174.25	160.00	—
2 703.05	—	555.45	—	—	—	—	417.35	810.65	410.50
636.75	838.75	309.00	—	—	—	—	121.20	109.00	145.95
555.40	—	13.05	—	—	—	—	192.20	112.70	478.85
2 113.55	—	—	—	—	—	—	500.00	864.30	—
—	—	28.50	—	—	—	—	—	—	—
484.10	—	—	—	—	—	—	708.40	1 029.30	2 826.75
—	—	—	—	—	—	—	—	3 704.35	—
1 634.80	—	328.30	—	—	—	—	372.10	796.15	219.70
147.05	—	957.65	—	—	—	—	—	670.10	—
—	—	—	—	—	—	—	—	—	112.00
—	—	738.55	—	—	—	—	—	1 231.30	1 932.55
—	—	209.00	—	—	—	—	95.55	1 461.95	—
11.85	—	—	—	—	—	—	—	—	—
—	—	245.75	—	—	—	—	4.65	0.50	16.20
966.48	—	—	—	—	—	—	2 733.75	2 626.32	2 040.24
376.90	—	—	—	—	—	—	—	764.75	—
—	—	23.75	—	—	—	—	0.40	45.55	2.85
—	—	—	—	—	532.90	—	790.70	2 684.05	—
—	—	1 414.05	—	—	—	—	1 338.10	2 388.45	—
—	—	—	—	—	—	—	—	419.55	—
—	—	—	—	—	—	1 476.70	500.00	—	0.10
—	—	—	—	—	—	—	—	—	—
—	—	151.90	—	—	—	—	688.70	999.90	115.50
—	—	—	—	—	—	—	—	58.45	261.80
—	—	399.90	—	—	—	—	82.00	—	—
600.80	—	308.15	—	—	—	—	—	—	—
—	—	1 602.60	898.35	812.15	—	—	1 771.85	2 919.35	854.45
—	—	—	—	—	—	—	—	—	—
10 982.43	**838.75**	**7 285.60**	**1 267.10**	**1 621.30**	**532.90**	**1 476.70**	**10 741.20**	**24 818.02**	**9 731.09**

续表

序号	地区	财富密码	味道	好运喵	正当红 10元	正当红 20元	正当红 50元	发财鸭	喜上梅梢
1	北　京	192.42	—	—	6.05	—	368.00	—	—
2	天　津	443.64	—	—	—	6.90	154.90	—	376.40
3	河　北	1 782.42	—	—	281.55	0.40	203.70	—	—
4	山　西	—	—	—	—	—	550.00	—	—
5	内蒙古	954.36	—	109.48	23.00	48.25	300.50	—	—
6	辽　宁	539.76	84.05	—	35.10	82.50	802.80	—	362.85
7	吉　林	531.36	—	—	40.90	0.75	10.40	—	403.75
8	黑龙江	—	—	—	—	—	7.60	—	—
9	上　海	3 120.00	—	—	—	—	—	—	—
10	江　苏	2 779.26	—	—	2.00	18.90	4 358.30	—	—
11	浙　江	1 975.98	—	—	95.30	38.60	8 856.30	—	—
12	安　徽	645.99	216.90		21.50	16.35	637.50	—	—
13	福　建	600.00	—	—	—	—	—	—	—
14	江　西	300.00	—	—	35.20	—	33.30	—	—
15	山　东	1 865.94	—	—	4.15	41.30	53.70	—	—
16	河　南	—	—	—	0.05	—	284.20	—	—
17	湖　北	2 324.94	—	—	72.95	—	1 319.00	—	—
18	湖　南	246.24	—	—	0.25	—	197.50	—	—
19	广　东	4 743.17	—	308.04	—	47.13	7 209.78	—	332.71
20	广　西	2 379.36	—	—	321.05	10.75	462.70	—	—
21	海　南	299.34	—	—	200.00	—	21.70	—	—
22	重　庆	2 654.88	—	—	122.55	—	153.10	—	—
23	四　川	—	—	—	85.20	164.70	85.50	—	—
24	贵　州	—	—	—	—	—	266.20	—	—
25	云　南	1 098.90	—	—	0.15	—	1 547.30	—	—
26	西　藏	—	—	—	—	—	—	—	—
27	陕　西	525.66	—	—	—	—	888.00	781.25	—
28	甘　肃	275.64	—	—	296.75	78.95	606.60	—	—
29	青　海	600.12	—	—	—	—	—	—	—
30	宁　夏	—	—	—	0.30	—	—	—	—
31	新　疆	4 680.18	—	—	32.90	152.00	5 488.90	344.85	—
32	深　圳	—	—	—	—	—	3 773.70	—	—
合计 Total		**35 559.56**	**300.95**	**417.52**	**1 676.90**	**707.48**	**38 641.18**	**1 126.10**	**1 475.71**

满堂红	金字塔	快乐8	乘风破浪	山河锦绣	筑美中华	乐在棋中	摩登色彩	魅力长三角	5彩钻
—	—	—	374.50	—	129.70	—	—	—	2 204.75
—	—	—	—	—	63.40	—	—	—	334.35
—	—	—	—	—	—	—	—	—	658.05
—	—	—	—	655.85	639.65	—	—	—	462.75
—	—	176.85	—	—	—	—	—	487.20	1 068.55
250.10	—	73.60	673.35	—	618.25	—	—	—	1 438.75
345.75	—	144.95	—	—	—	461.35	—	—	790.50
—	—	—	—	—	—	—	—	—	622.20
—	—	—	—	—	1 000.00	—	—	1 989.20	1 800.00
—	—	5 049.50	766.90	—	544.50	—	—	1 906.40	8 159.85
—	—	—	—	—	1 745.65	—	—	—	10 531.25
496.35	—	25.60	996.50	199.35	—	—	—	3 447.16	987.45
—	—	879.60	—	—	139.90	—	—	—	1 947.20
—	—	—	—	—	61.75	—	—	—	827.55
—	—	35.75	1 012.95	—	—	—	—	—	2 108.85
—	—	—	—	—	—	—	—	—	1 951.40
—	—	—	—	—	—	—	—	—	2 071.60
—	—	0.55	—	—	773.30	—	—	—	2 488.35
—	—	3 994.68	—	1 173.35	2 071.30	—	215.81	—	5 838.47
—	—	—	—	—	—	—	—	—	—
—	—	—	—	—	—	—	—	—	280.00
—	—	—	—	—	—	—	—	—	—
—	—	200.00	—	—	—	—	—	—	608.15
—	—	—	—	—	—	—	—	—	—
—	—	0.25	—	—	—	—	—	—	1 590.80
—	—	—	—	—	—	—	—	—	—
—	—	16.00	—	—	—	1 257.60	—	—	1 255.40
139.85	—	12.90	—	—	—	—	—	—	1 030.25
—	—	—	—	—	—	—	—	—	476.90
—	—	—	—	—	—	—	224.00	—	651.85
614.10	112.60	379.65	198.65	596.50	1 570.10	—	624.10	—	12 113.70
—	—	—	—	—	314.20	—	—	—	2 932.25
1 846.15	**112.60**	**10 989.88**	**4 022.85**	**2 625.05**	**9 671.70**	**1 718.95**	**1 063.91**	**7 829.96**	**67 231.17**

续表

序号	地区	金满堂	富贵6	壬寅虎5元	壬寅虎10元	壬寅虎20元	壬寅虎50元	虎虎生威	爱拼才会赢
1	北京	1 582.90	—	200.00	1 000.00	3 600.00	3 000.00	600.00	600.00
2	天津	1 441.10	—	—	—	1 192.90	600.00	—	—
3	河北	708.50	—	996.55	1 997.50	2 976.85	1 999.10	—	1 681.15
4	山西	465.40	—	1 000.00	2 000.00	2 559.95	1 999.90	—	1 246.65
5	内蒙古	452.65	—	—	—	4 000.00	2 991.90	—	—
6	辽宁	1 421.55	104.25	2 000.00	3 518.10	4 200.00	3 000.00	—	982.75
7	吉林	583.70	—	—	999.10	4 400.00	2 988.30	—	720.40
8	黑龙江	—	—	199.95	1 424.40	1 999.85	1 492.50	—	713.35
9	上海	—	—	400.00	1 480.00	3 600.00	4 200.00	2 000.00	1 000.00
10	江苏	6 056.60	524.45	1 650.00	7 074.50	12 483.05	7 850.00	—	1 835.10
11	浙江	6 789.80	—	—	16 188.15	21 457.00	12 987.40	—	1 798.75
12	安徽	1 175.00	—	399.70	3 389.60	5 503.35	3 049.50	—	1 662.15
13	福建	749.25	—	—	1 719.90	3 000.00	3 000.00	400.00	—
14	江西	320.00	—	783.65	1 440.00	2 320.00	1 500.00	—	155.05
15	山东	2 371.50	1 296.15	—	4 998.90	20 559.90	6 499.90	—	2 188.40
16	河南	—	—	999.45	2 398.85	3 600.00	2 999.50	—	991.35
17	湖北	766.10	—	—	—	2 399.10	1 996.20	—	1 970.65
18	湖南	1 500.20	—	500.00	2 040.00	4 840.00	3 000.00	—	1 999.95
19	广东	7 909.39	309.98	—	—	20 186.45	20 038.03	—	3 396.32
20	广西	1 999.70	—	—	1 000.00	2 998.95	2 599.70	—	1 572.80
21	海南	415.35	—	—	200.00	320.00	100.00	—	200.00
22	重庆	—	—	—	—	6 600.00	6 360.50	—	—
23	四川	9 386.95	—	—	21 529.40	11 037.55	9 499.70	—	575.75
24	贵州	—	—	—	800.00	2 000.00	2 000.00	—	535.95
25	云南	2 745.50	125.85	—	2 808.35	3 120.00	1 500.00	—	600.00
26	西藏	—	—	—	327.70	—	—	—	—
27	陕西	1 287.95	—	—	10 000.00	10 000.00	1 000.00	—	1 000.00
28	甘肃	174.90	—	349.65	1 521.60	1 951.90	998.70	—	200.00
29	青海	400.00	—	—	600.00	800.00	800.00	—	120.00
30	宁夏	—	—	499.90	3 541.65	2 000.00	500.00	—	200.00
31	新疆	—	—	—	3 999.45	8 995.00	7 050.00	—	3 856.20
32	深圳	2 549.80	—	—	—	5 000.00	2 000.00	—	1 000.00
合计 Total		**53 253.79**	**2 360.68**	**9 978.85**	**97 997.15**	**179 701.80**	**119 600.83**	**3 000.00**	**32 802.72**

超越梦想	阿福的旅城	888	状元卷	超级 9	丝路明珠	唐潮－新彩绘散乐浮雕	连中三元	南海明珠	北京发现
1 000.00	—	3 761.65	900.00	3 867.10	—	1 587.70	1 620.00	—	5 170.00
—	—	789.65	—	553.30	—	441.10	400.02	—	—
1 109.45	—	1 753.95	—	972.90	—	5 413.85	394.86	—	—
—	—	440.00	—	290.70	—	1 700.40	1 365.42	—	—
1 352.80	—	4 823.90	—	5 223.30	—	1 514.70	1 713.42	—	—
—	3 446.45	1 967.35	—	1 304.50	—	1 975.15	1 442.34	—	—
—	—	—	—	2 032.70	—	842.10	391.68	—	—
—	—	1 955.60	—	898.60	—	1 982.60	—	—	—
2 552.05	—	1 612.25	—	—	—	1 347.60	1 728.90	—	—
4 423.80	—	7 293.95	413.22	5 473.90	—	3 317.60	4 972.32	—	—
—	—	14 397.85	1 374.42	10 915.00	—	7 917.70	2 301.24	—	—
1 201.95	—	2 912.05	867.78	1 722.20	—	2 544.40	879.84	—	—
—	—	5 000.00	—	1 598.40	—	2 413.05	1 072.44	—	—
320.00	—	405.25	900.00	145.70	—	320.00	228.78	—	—
—	—	6 303.40	3 694.44	2 188.90	—	6 835.40	1 554.54	—	—
1 246.05	—	2 149.15	—	900.10	—	4 863.20	731.10	—	—
1 938.85	—	1 987.10	—	1 870.00	—	5 967.00	1 208.10	—	—
1 566.20	—	10 071.75	—	2 025.60	—	4 951.10	300.00	—	—
5 641.29	—	15 349.07	—	9 922.57	—	10 871.92	3 245.67	600.00	—
773.80	—	2 693.00	—	1 523.50	—	279.85	470.82	—	—
111.30	—	498.30	—	172.30	—	89.90	—	730.50	—
908.90	—	2 998.85	—	—	—	1 791.55	1 619.34	—	—
—	—	6 865.00	—	—	—	10 850.45	—	—	—
651.75	—	—	—	—	—	3 771.20	—	—	—
—	—	2 483.40	—	2 154.80	—	2 811.60	1 147.80	—	—
—	—	399.15	—	677.80	—	388.40	—	—	—
1 200.00	—	8 077.30	—	1 907.10	—	4 472.95	2 506.74	—	—
376.20	—	999.40	—	—	—	1 609.95	823.80	—	—
120.00	—	632.25	—	434.50	—	471.95	442.56	—	—
—	—	728.25	—	—	—	999.95	—	—	—
3 915.70	—	5 958.20	1 919.76	11 894.30	14 000.00	6 124.80	7 233.96	—	—
680.00	—	3 527.30	—	4 666.40	—	1 974.95	2 545.08	—	—
31 090.09	**3 446.45**	**118 834.32**	**10 069.62**	**75 336.17**	**14 000.00**	**102 444.07**	**42 340.77**	**1 330.50**	**5 170.00**

续表

序号	地区	千里江山图	面面俱到	9格惊喜	和合美	心想事成	美味食足	喜相逢10元	喜相逢20元
1	北　京	—	—	—	898.50	1 342.75	—	1 400.00	2 199.90
2	天　津	222.18	—	—	368.30	1 906.65	—	2 000.00	1 200.00
3	河　北	—	—	—	1 658.45	1 701.95	—	2 819.05	995.05
4	山　西	—	—	—	400.00	621.55	—	560.00	600.00
5	内蒙古	—	—	—	343.80	757.05	684.35	1 101.65	1 202.45
6	辽　宁	—	—	—	712.55	1 469.80	—	4 004.05	5 447.50
7	吉　林	—	—	—	—	584.45	—	2 000.00	1 600.00
8	黑龙江	—	—	—	—	1 877.55	—	1 000.00	1 060.35
9	上　海	—	—	—	—	999.45	—	3 000.00	2 000.00
10	江　苏	—	—	—	254.95	2 826.00	—	8 254.95	12 163.55
11	浙　江	—	—	—	2 540.25	2 975.85	—	9 344.10	11 875.10
12	安　徽	376.86	—	—	740.90	1 340.15	—	2 126.20	2 588.85
13	福　建	—	—	—	5 767.85	1 272.10	683.70	2 186.40	996.75
14	江　西	144.72	—	—	200.00	89.50	—	834.55	5 092.90
15	山　东	—	—	—	1 779.85	4 430.55	5 274.10	13 704.90	9 205.75
16	河　南	—	—	—	755.20	1 227.30	—	2 324.55	1 938.70
17	湖　北	234.12	—	—	2 207.70	1 423.35	—	2 979.00	2 557.65
18	湖　南	290.64	—	—	—	1 003.40	—	2 000.00	2 464.25
19	广　东	2 013.30	—	2 941.18	2 624.87	4 534.16	—	10 056.94	14 697.23
20	广　西	—	—	—	338.40	1 735.00	—	1 991.75	2 957.90
21	海　南	—	—	—	—	122.65	—	234.25	272.50
22	重　庆	—	—	—	—	938.00	—	5 014.40	—
23	四　川	—	—	—	—	—	—	5 883.55	—
24	贵　州	—	—	—	—	—	—	—	400.00
25	云　南	544.74	—	—	726.20	1 170.25	—	1 729.05	1 397.70
26	西　藏	—	—	—	—	—	—	48.10	61.65
27	陕　西	—	200.00	—	4 349.60	2 642.65	—	2 999.90	3 999.95
28	甘　肃	—	—	—	192.60	665.85	1 575.70	513.30	860.60
29	青　海	149.88	—	—	200.00	—	—	496.65	359.80
30	宁　夏	357.36	—	—	—	—	376.75	578.90	530.05
31	新　疆	2 494.44	300.00	—	2 354.60	4 757.55	—	1 121.60	2 240.50
32	深　圳	—	—	—	654.90	970.75	—	1 000.00	1 702.20
合计 Total		**6 828.24**	**500.00**	**2 941.18**	**30 069.47**	**45 386.26**	**8 594.60**	**93 307.79**	**94 668.83**

喜相逢 30 元	星光闪耀	幸运加倍	非常有戏	梦寐以求	新疆好地方－中国雪都	癸卯兔 10 元	浙里有福 10 元	浙里有福 20 元	合计 Total
1 080.00	1 405.30	1 218.60	—	412.45	—	—	—	—	67 365.22
900.00	465.45	—	—	155.40	—	—	—	—	25 840.00
1 246.56	630.55	808.35	—	644.35	—	—	—	—	57 999.16
540.00	639.95	480.00	—	130.75	—	—	—	—	35 237.35
863.58	341.15	1 057.25	—	141.45	—	—	—	—	57 077.13
5 371.08	1 265.45	622.65	17.50	724.40	—	—	—	—	85 096.63
893.76	3 101.95	—	—	427.65	—	—	—	—	54 440.14
600.00	795.00	395.50	—	367.80	—	—	—	—	45 185.71
2 999.94	996.60	—	—	1 009.80	—	—	—	—	72 971.44
6 832.56	2 872.35	5 678.15	—	4 022.45	—	10.75	—	—	234 842.76
6 437.94	9 218.10	6 156.15	—	1 537.85	—	—	6 584.75	14 622.65	351 237.70
1 815.12	914.50	620.85	—	609.10	—	—	—	—	75 319.00
878.70	1 082.00	4 240.65	—	—	—	—	—	—	74 095.25
1 037.10	277.10	103.55	—	87.50	—	—	—	—	38 643.27
875.16	1 749.90	2 481.45	—	852.90	—	—	—	—	159 513.62
1 104.42	685.25	318.75	476.80	541.20	—	—	—	—	57 769.99
4 099.44	1 122.90	1 667.35	—	1 223.90	—	—	—	—	90 516.57
2 862.78	307.70	459.95	—	428.80	—	—	—	—	93 908.93
5 571.42	9 156.97	—	—	1 604.64	—	—	—	—	395 012.09
923.40	1 528.70	1 479.00	—	739.95	—	—	—	—	94 147.81
196.32	102.00	—	—	—	—	—	—	—	9 264.20
—	1 693.10	—	—	—	—	—	—	—	60 159.19
1 457.76	1 079.50	—	—	—	—	—	—	—	157 689.50
600.00	—	849.45	—	767.00	—	—	—	—	28 116.70
720.00	1 190.90	703.90	—	96.85	—	—	—	—	65 756.29
64.02	267.90	—	—	—	—	—	—	—	17 410.50
1 750.20	1 999.55	2 300.55	—	1 176.05	—	—	—	—	116 842.96
523.86	750.80	—	—	—	—	—	—	—	35 395.51
239.88	299.25	—	—	—	—	—	—	—	14 157.14
269.04	—	—	—	—	—	—	—	—	21 273.10
1 612.80	4 653.25	3 842.45	—	—	13.50	—	—	—	242 038.79
1 921.56	1 653.95	1 523.85	—	585.35	—	—	—	—	100 361.91
56 288.40	**52 247.07**	**37 008.40**	**494.30**	**18 287.59**	**13.50**	**10.75**	**6 584.75**	**14 622.65**	**3 034 685.53**

（中国福利彩票发行管理中心供稿）

2022 年中国体育彩票全国联网游戏销售统计（分地区按月统计）

Monthly Sales Statistics of National Games of Sports Lottery in Different Regions in China in 2022

胜平负任选 9 场

单位：万元

Unit：Ten Thousand Yuan

地　区 Region	游戏类型 Game Type	1 月 Jan.	2 月 Feb.	3 月 Mar.	4 月 Apr.	5 月 May	6 月 June	7 月 July	8 月 Aug.	9 月 Sept.	10 月 Oct.	11 月 Nov.	12 月 Dec.	合计 Total
北　京	竞猜	789.15	958.32	1 113.90	1 867.91	909.50	688.12	575.28	1 561.25	1 494.79	1 966.28	1 461.77	486.49	13 872.77
天　津		362.76	419.96	529.84	973.86	612.65	384.97	295.94	867.27	831.43	1 028.21	739.53	247.58	7 294.00
河　北		593.88	665.98	771.23	1 275.67	857.46	604.58	660.12	1 848.24	1 283.08	1 673.66	1 408.32	414.08	12 056.28
山　西		191.64	212.35	253.05	408.92	258.23	159.23	135.33	361.50	359.07	482.51	356.63	116.33	3 294.79
内蒙古		197.53	201.39	263.56	435.58	265.69	184.64	146.93	366.25	353.39	438.09	370.54	116.22	3 339.81
辽　宁		715.77	846.13	898.43	1 448.17	900.84	589.67	458.78	1 283.00	1 258.70	1 634.44	1 271.84	399.44	11 705.21
吉　林		222.46	251.41	264.46	409.61	262.49	165.08	136.86	530.15	384.78	554.59	450.22	120.60	3 752.71
黑龙江		165.99	187.88	215.29	282.96	195.62	163.64	112.78	462.22	351.87	482.87	389.30	125.13	3 135.54
上　海		883.57	1 046.33	1 122.49	30.40	0.00	642.87	598.02	1 602.98	1 542.94	2 085.61	1 589.46	459.70	11 604.37
江　苏		1 053.66	1 252.96	1 454.56	2 393.57	1 606.26	1 072.65	888.45	2 125.05	2 161.08	3 085.37	2 259.02	669.42	20 022.05
浙　江		1 533.79	1 776.85	2 001.59	3 694.32	2 435.12	1 724.69	1 406.23	3 338.54	3 050.12	3 992.95	2 944.75	918.93	28 817.86
安　徽		467.04	527.34	596.19	1 179.78	808.19	492.39	408.62	1 126.17	982.69	1 289.58	885.56	282.04	9 045.58
福　建		638.16	793.19	888.57	1 530.95	947.39	688.82	556.42	1 412.23	1 291.33	1 758.05	1 305.99	412.66	12 223.75
江　西		509.51	561.15	641.63	1 158.40	716.19	492.18	398.21	952.22	967.65	1 288.63	961.20	318.08	8 965.06
山　东		676.56	789.36	936.67	1 640.19	1 033.08	681.90	568.72	1 942.81	1 693.74	2 094.24	1 431.63	429.50	13 918.39
河　南		398.04	426.76	519.29	1 023.63	809.63	597.48	436.57	987.92	842.12	1 016.43	745.50	256.29	8 059.67
湖　北		1 078.09	1 310.55	1 546.87	2 499.06	1 593.79	1 080.68	851.26	2 117.85	2 156.55	3 089.46	2 179.31	689.66	20 193.13
湖　南		710.03	842.28	976.23	1 647.69	1 074.82	743.66	637.73	1 497.94	1 429.02	1 843.05	1 380.08	396.73	13 179.27
广　东		3 581.26	4 081.48	4 592.99	7 819.63	4 786.07	3 390.23	2 630.30	7 065.48	6 701.87	9 434.97	6 981.05	2 178.44	63 243.78
广　西		792.85	934.77	1 063.46	1 778.93	1 126.12	768.65	616.93	1 637.50	1 504.66	2 079.36	1 521.33	518.89	14 343.45
海　南		111.60	98.12	103.81	172.63	91.73	57.63	43.30	114.66	114.29	166.74	152.41	54.63	1 281.55
重　庆		565.36	678.44	753.86	1 414.46	963.71	631.52	582.58	1 265.29	1 211.49	1 620.94	1 131.58	322.46	11 141.69
四　川		1 065.23	1 243.98	1 431.15	2 614.41	1 682.19	1 144.22	889.19	2 163.11	1 819.74	2 801.94	2 011.39	670.34	19 536.87
贵　州		261.68	299.32	355.47	615.73	378.11	275.01	188.93	642.09	433.24	690.72	504.26	169.43	4 814.00
云　南		331.82	391.17	456.19	733.04	449.58	310.82	249.46	725.52	675.54	904.53	695.93	222.07	6 145.66
西　藏		8.00	6.35	16.46	27.03	16.08	11.39	9.76	21.20	21.18	24.27	18.31	7.29	187.33
陕　西		204.24	388.23	484.88	830.31	543.53	370.23	293.24	774.85	718.56	932.41	678.92	212.73	6 432.13
甘　肃		159.16	173.61	219.93	403.54	233.35	159.09	138.10	317.57	387.39	471.04	313.79	93.62	3 070.20
青　海		26.83	27.04	37.92	59.18	37.70	31.99	21.16	60.14	53.66	66.47	49.56	16.45	488.08
宁　夏		64.62	71.93	91.69	156.86	76.89	51.89	36.73	152.59	141.59	157.47	124.87	47.66	1 174.80
新　疆		252.85	288.46	369.31	634.65	404.36	259.42	196.93	495.30	484.93	591.80	467.29	149.23	4 594.52
合计 Total		**18 613.12**	**21 753.08**	**24 971.01**	**41 161.06**	**26 076.36**	**18 619.29**	**15 168.86**	**39 818.88**	**36 702.47**	**49 746.67**	**36 781.35**	**11 522.09**	**340 934.26**

足球 4 场进球

单位：万元

Unit：Ten Thousand Yuan

地 区 Region	游戏类型 Game Type	1月 Jan.	2月 Feb.	3月 Mar.	4月 Apr.	5月 May	6月 June	7月 July	8月 Aug.	9月 Sept.	10月 Oct.	11月 Nov.	12月 Dec.	合计 Total
北 京	竞猜	41.32	40.07	54.94	89.66	24.45	20.10	21.51	51.59	172.94	150.31	239.57	183.57	1 090.03
天 津		12.44	14.43	16.25	29.49	15.13	11.46	9.26	24.00	52.88	62.47	83.02	63.33	394.16
河 北		189.24	167.80	186.12	192.85	126.23	101.17	87.01	177.10	300.99	402.37	854.07	534.58	3 319.54
山 西		17.31	18.87	21.03	43.66	17.56	11.81	7.53	32.90	70.41	85.28	121.34	88.28	535.98
内蒙古		10.51	7.98	13.35	23.61	12.56	4.28	4.05	20.28	26.19	33.38	59.35	56.87	272.41
辽 宁		22.73	19.92	29.20	52.48	20.05	14.37	12.56	48.88	86.64	77.30	165.67	137.79	687.58
吉 林		13.94	13.51	23.45	34.11	5.36	5.61	5.35	32.55	44.69	43.43	64.34	45.47	331.82
黑龙江		7.80	7.96	12.46	25.67	6.12	5.17	2.83	21.94	36.65	42.12	85.95	76.28	330.94
上 海		75.91	71.70	83.40	2.85	0.00	34.89	35.75	94.64	165.24	206.52	352.42	239.09	1 362.42
江 苏		51.15	51.56	81.92	145.33	72.54	52.56	48.94	114.71	220.30	337.10	529.29	364.41	2 069.80
浙 江		121.50	108.48	157.28	227.83	83.85	101.75	79.34	162.43	372.80	401.16	675.67	508.11	3 000.19
安 徽		28.52	23.63	28.73	58.65	25.72	12.26	15.47	40.23	92.68	131.60	211.94	181.68	851.12
福 建		69.10	46.01	53.07	105.89	36.63	33.39	29.84	71.49	166.69	222.58	289.81	196.74	1 321.25
江 西		46.02	38.60	43.99	93.68	32.57	26.36	24.06	42.29	131.98	263.30	226.99	124.85	1 094.69
山 东		54.77	50.01	67.97	95.08	40.70	41.23	34.98	96.31	238.79	218.45	307.41	199.60	1 445.31
河 南		40.29	33.43	48.31	72.95	32.53	36.08	26.83	81.35	103.95	108.21	178.57	112.28	874.78
湖 北		55.03	56.37	68.01	192.05	83.06	76.10	55.72	117.77	377.65	454.99	512.59	395.66	2 444.99
湖 南		59.64	42.34	69.84	179.06	66.38	57.54	56.24	86.38	208.81	202.59	255.71	166.78	1 451.30
广 东		220.08	205.82	282.79	455.35	177.38	157.50	132.50	373.69	659.60	694.86	1 018.89	826.45	5 204.88
广 西		46.80	48.66	73.75	108.22	45.75	40.67	29.51	76.91	165.71	184.90	286.02	192.17	1 299.06
海 南		14.19	12.76	7.61	23.46	16.65	3.95	3.02	23.02	47.75	75.34	68.02	56.86	352.63
重 庆		61.67	62.42	73.23	133.76	48.03	39.27	33.09	84.44	158.34	282.26	270.26	151.71	1 398.47
四 川		61.55	65.83	80.04	130.72	49.00	36.31	33.96	88.70	207.66	336.41	395.99	304.57	1 790.75
贵 州		15.54	14.01	18.82	32.71	12.76	11.84	9.30	23.37	46.65	53.60	111.32	78.87	428.79
云 南		24.01	23.24	31.42	46.01	17.86	12.66	7.79	38.08	89.94	81.85	153.43	122.25	648.55
西 藏		0.40	0.47	0.67	1.40	0.98	0.58	0.15	1.95	6.23	1.79	4.43	2.87	21.92
陕 西		9.50	19.19	20.79	34.91	12.12	11.56	11.80	25.76	88.06	104.06	121.17	96.12	555.05
甘 肃		8.04	9.96	17.94	20.85	6.18	5.19	5.88	12.83	32.69	42.61	66.66	44.74	273.58
青 海		4.62	2.26	5.51	4.66	1.66	1.65	1.27	6.37	7.00	7.56	10.00	7.62	60.18
宁 夏		1.91	1.57	2.66	3.00	0.75	1.71	1.11	10.59	13.76	8.07	17.50	16.32	78.94
新 疆		8.56	11.12	12.84	23.05	8.78	6.92	5.12	17.91	42.85	40.37	49.33	34.46	261.30
合计 Total		**1 394.07**	**1 289.96**	**1 687.40**	**2 682.99**	**1 099.33**	**975.93**	**831.79**	**2 100.46**	**4 436.53**	**5 356.84**	**7 786.75**	**5 610.37**	**35 252.42**

足球 6 场半全场胜平负

单位：万元

Unit：Ten Thousand Yuan

地　区 Region	游戏类型 Game Type	1 月 Jan.	2 月 Feb.	3 月 Mar.	4 月 Apr.	5 月 May	6 月 June	7 月 July	8 月 Aug.	9 月 Sept.	10 月 Oct.	11 月 Nov.	12 月 Dec.	合计 Total
北　京	竞猜	9.16	10.39	14.29	16.05	5.15	3.71	3.92	11.03	20.70	34.29	36.34	12.66	177.69
天　津		2.70	5.55	6.68	11.77	9.33	3.13	1.89	8.57	17.45	24.97	23.43	7.54	123.00
河　北		36.02	76.02	64.00	47.17	38.00	7.42	37.24	28.33	72.72	145.04	185.56	60.88	798.42
山　西		1.99	2.28	2.66	3.49	1.82	0.75	0.50	3.65	6.83	8.46	11.20	5.47	49.11
内蒙古		2.85	3.22	5.47	5.59	3.02	0.95	1.87	10.20	5.89	6.93	10.45	3.58	60.02
辽　宁		7.38	9.89	8.78	10.73	6.61	2.55	4.08	7.20	11.82	23.77	32.42	13.24	138.45
吉　林		1.44	1.47	2.20	1.75	0.66	0.39	0.39	5.71	9.32	4.66	7.24	2.78	38.02
黑龙江		1.83	3.34	3.49	5.38	2.58	1.19	2.27	5.78	5.66	9.23	16.64	6.21	63.60
上　海		18.33	24.32	25.31	0.51	0.00	5.17	9.64	16.31	44.88	94.04	82.08	25.39	345.99
江　苏		13.32	20.66	25.56	27.08	11.99	6.19	8.27	21.00	55.37	136.90	173.66	42.47	542.45
浙　江		31.27	52.35	47.56	67.91	40.16	12.84	27.00	38.49	73.64	164.64	153.14	45.93	754.93
安　徽		5.38	11.47	12.28	13.32	6.30	2.61	6.10	10.34	13.63	33.91	36.06	13.07	164.49
福　建		22.24	41.04	44.60	59.46	36.69	4.64	19.88	23.03	82.90	123.71	108.60	15.08	581.86
江　西		7.99	13.29	14.43	19.10	7.82	3.60	6.42	10.60	21.92	45.51	42.60	11.80	205.07
山　东		12.01	14.52	18.19	16.50	9.28	5.59	5.03	15.19	30.73	55.37	52.31	16.82	251.55
河　南		4.35	7.24	8.46	7.55	7.11	2.91	5.01	13.46	16.76	27.90	36.26	12.50	149.52
湖　北		11.56	17.81	18.79	36.49	30.17	6.21	15.45	28.17	107.28	213.56	137.41	33.38	656.28
湖　南		9.21	12.60	22.19	37.11	23.26	4.17	12.72	15.69	40.46	57.08	65.01	12.68	312.16
广　东		55.38	69.60	72.14	76.35	46.53	23.32	34.02	66.05	122.75	212.47	243.44	82.03	1 104.08
广　西		10.43	17.39	18.90	18.02	10.81	3.96	5.10	12.46	22.12	46.62	56.93	20.07	242.81
海　南		1.65	2.75	4.00	6.62	7.90	1.28	4.35	2.59	2.54	10.05	12.54	3.63	59.90
重　庆		10.17	29.08	25.29	26.55	15.01	4.15	7.88	14.03	29.47	67.98	91.89	11.08	332.59
四　川		13.24	22.74	25.19	27.68	15.00	5.31	6.67	18.63	23.23	53.84	78.63	22.40	312.55
贵　州		5.19	6.17	8.72	10.64	5.23	2.59	3.43	7.58	8.17	15.33	23.47	11.46	107.99
云　南		10.38	9.31	10.54	12.44	4.85	3.36	2.82	9.40	13.26	24.49	32.02	11.66	144.53
西　藏		0.07	0.16	0.50	0.41	0.14	0.05	0.14	0.20	0.80	0.36	0.96	0.31	4.11
陕　西		1.45	5.79	8.36	16.36	4.36	1.36	4.02	6.21	24.24	39.70	33.30	7.32	152.48
甘　肃		2.14	2.09	3.78	4.30	2.17	1.68	1.59	5.00	8.75	10.22	14.54	7.14	63.39
青　海		0.64	0.69	0.55	0.81	0.98	0.26	0.42	1.02	2.00	1.53	1.79	0.69	11.38
宁　夏		0.90	1.06	1.44	1.84	0.97	0.72	0.60	3.33	4.07	5.11	5.18	2.42	27.63
新　疆		3.12	3.99	3.73	4.78	1.93	1.42	1.00	5.02	11.47	16.91	17.34	6.27	76.99
合计 Total		**313.76**	**498.28**	**528.09**	**593.78**	**355.83**	**123.48**	**239.71**	**424.29**	**910.85**	**1 714.59**	**1 822.43**	**527.96**	**8 053.03**

足球胜平负

单位：万元

Unit: Ten Thousand Yuan

地区 Region	游戏类型 Game Type	1月 Jan.	2月 Feb.	3月 Mar.	4月 Apr.	5月 May	6月 June	7月 July	8月 Aug.	9月 Sept.	10月 Oct.	11月 Nov.	12月 Dec.	合计 Total
北京	竞猜	1 503.38	1 312.18	1 870.62	2 554.81	1 087.42	826.83	602.08	1 720.07	1 854.64	2 449.50	2 162.01	542.66	18 486.20
天津		552.41	555.63	778.42	1 235.25	637.53	407.26	243.15	888.25	830.83	1 148.18	929.03	246.58	8 452.50
河北		1 358.36	1 458.76	2 101.03	3 474.26	2 208.19	1 743.59	1 100.64	2 140.69	2 291.44	3 114.76	2 544.27	802.72	24 338.71
山西		277.93	231.24	343.53	525.71	258.84	167.55	110.48	410.94	451.80	507.30	452.16	126.23	3 863.70
内蒙古		343.45	260.76	373.58	548.37	316.37	270.09	126.71	370.62	400.41	409.04	429.57	113.16	3 962.13
辽宁		1 068.18	957.27	1 287.66	1 987.57	1 078.83	710.19	423.74	1 194.36	1 330.06	1 746.06	1 556.38	413.16	13 753.46
吉林		318.58	307.23	424.14	503.79	246.15	188.86	106.48	395.27	375.16	508.68	525.98	117.64	4 017.96
黑龙江		267.19	242.32	318.60	394.48	236.19	195.00	83.94	373.00	302.85	406.55	474.12	115.06	3 409.30
上海		1 582.61	1 539.89	1 955.43	49.16	0.00	791.11	649.60	1 976.62	1 925.49	2 431.48	2 194.91	689.45	15 785.75
江苏		1 883.53	1 640.19	2 635.81	3 530.66	1 879.54	1 407.74	788.20	2 296.20	2 980.96	3 751.61	3 270.30	768.71	26 833.44
浙江		3 358.72	2 838.55	3 967.98	6 585.32	3 348.89	2 512.19	1 431.03	4 227.41	4 515.88	6 383.63	5 315.42	1 481.71	45 966.73
安徽		716.21	615.79	833.11	1 377.69	768.07	483.70	323.95	949.94	970.38	1 304.69	1 123.26	268.51	9 735.30
福建		1 280.56	1 073.03	1 493.50	2 249.42	1 211.79	991.59	756.18	1 667.42	1 764.17	2 262.54	1 845.08	498.36	17 093.65
江西		845.67	670.55	993.92	1 686.21	931.97	565.27	365.24	990.95	1 093.38	1 478.98	1 252.10	383.74	11 257.97
山东		1 348.29	1 181.78	1 640.19	2 414.51	1 397.35	979.55	644.98	1 956.61	2 101.05	2 614.10	2 063.62	537.29	18 879.31
河南		655.67	566.77	811.81	1 218.96	696.31	524.19	277.67	849.91	879.19	1 099.08	925.51	250.72	8 755.79
湖北		1 860.50	1 452.52	2 594.68	3 855.81	1 950.06	1 514.83	857.59	2 803.49	4 714.37	5 219.70	3 854.51	1 520.36	32 198.41
湖南		1 966.46	1 735.28	1 693.15	2 870.26	1 532.21	1 311.91	774.42	2 075.96	2 535.65	2 305.82	1 916.26	440.52	21 157.89
广东		6 402.81	5 541.01	7 391.04	11 531.85	5 896.42	4 435.65	2 661.59	7 683.71	8 464.69	11 242.87	9 685.51	2 421.87	83 359.00
广西		1 214.29	1 056.26	1 514.46	2 264.10	1 164.03	829.84	486.60	1 380.18	1 493.57	1 965.68	1 648.32	435.94	15 453.29
海南		149.71	104.99	145.37	199.11	116.87	81.07	41.33	109.67	126.77	186.80	190.19	47.12	1 499.00
重庆		1 044.71	998.62	1 803.22	3 333.20	1 784.84	1 498.19	876.48	2 286.31	4 000.09	4 414.08	2 248.83	439.18	24 727.75
四川		1 646.39	1 401.23	2 153.76	3 312.94	1 641.73	1 181.36	704.58	2 029.74	1 983.79	2 845.14	2 516.82	661.34	22 078.82
贵州		464.22	382.76	552.63	864.02	460.57	339.73	182.07	672.06	492.70	947.38	860.64	171.76	6 390.55
云南		664.67	617.89	849.36	1 220.29	720.63	494.30	320.96	890.91	953.27	1 235.94	1 132.22	302.97	9 403.40
西藏		21.88	11.45	28.53	56.08	29.54	25.32	13.04	29.66	29.02	32.47	30.63	7.93	315.54
陕西		354.62	517.70	753.47	1 087.93	593.74	465.18	282.97	873.51	959.82	1 132.63	982.47	277.69	8 281.72
甘肃		270.75	235.71	328.38	461.83	254.83	175.53	98.22	283.40	403.18	667.61	423.41	100.43	3 703.28
青海		55.52	46.88	74.29	96.08	51.73	39.50	23.35	80.57	74.53	95.22	79.74	31.90	749.32
宁夏		129.76	127.76	174.58	235.27	111.29	83.44	51.12	172.55	177.70	217.28	203.05	50.81	1 734.61
新疆		406.66	341.34	500.70	742.38	413.00	249.46	138.36	454.89	502.02	549.32	496.49	132.12	4 926.72
合计 Total		**34 013.70**	**30 023.30**	**42 386.93**	**62 467.32**	**33 024.91**	**25 490.01**	**15 546.72**	**44 234.87**	**50 978.87**	**64 674.12**	**53 332.80**	**14 397.66**	**470 571.21**

竞 彩 玩 法

单位：万元

Unit：Ten Thousand Yuan

地 区 Region	游戏类型 Game Type	1月 Jan.	2月 Feb.	3月 Mar.	4月 Apr.	5月 May	6月 June	7月 July	8月 Aug.	9月 Sept.	10月 Oct.	11月 Nov.	12月 Dec.	合计 Total
北 京	竞猜	13 466.05	11 050.32	17 132.68	15 006.56	11 933.02	14 734.95	16 979.70	21 272.51	19 377.83	15 714.13	55 135.63	85 521.59	297 324.95
天 津		11 540.89	9 853.30	15 486.98	13 976.42	15 890.16	16 516.53	17 258.82	20 267.88	18 804.17	14 731.25	47 787.35	63 489.89	265 603.65
河 北		28 343.66	23 021.33	37 519.87	36 862.16	42 348.20	38 311.39	42 257.46	47 919.72	45 447.66	38 586.69	124 151.56	167 443.93	672 213.62
山 西		17 281.98	12 506.53	19 607.14	19 027.58	20 159.22	18 550.47	20 556.58	25 577.52	21 358.82	17 940.56	52 405.77	70 765.56	315 737.71
内蒙古		14 750.35	11 606.14	19 480.02	18 124.82	18 514.47	19 007.70	19 254.83	23 495.93	21 967.15	17 547.75	79 122.86	111 155.36	374 027.38
辽 宁		15 932.49	13 632.00	19 690.29	17 565.35	19 420.40	18 905.39	19 458.94	24 700.95	24 625.05	18 634.12	76 128.76	113 759.38	382 453.11
吉 林		9 336.57	7 723.27	12 320.69	10 478.51	10 442.61	10 368.51	9 806.96	12 592.89	12 616.95	11 464.59	53 051.79	76 135.03	236 338.37
黑龙江		11 090.22	9 405.64	14 617.19	10 641.58	12 204.80	13 290.82	14 042.91	17 701.05	16 677.35	13 472.30	57 240.10	91 287.58	281 671.53
上 海		12 211.50	10 737.87	14 950.35	102.85	1.02	10 544.87	12 674.20	16 395.14	15 161.86	12 537.60	51 009.99	88 290.34	244 617.58
江 苏		55 532.97	46 659.54	69 783.81	61 502.92	68 017.01	65 462.66	66 787.84	82 138.26	78 052.33	63 473.52	263 187.73	421 181.42	1 341 780.00
浙 江		48 508.97	41 666.68	63 878.39	58 119.63	63 486.12	65 769.80	66 726.96	85 521.19	87 515.43	63 257.86	243 573.54	383 707.56	1 271 732.15
安 徽		27 722.48	23 492.52	36 525.52	34 534.43	35 925.00	35 460.32	39 065.32	47 588.11	45 852.90	38 515.73	128 798.09	196 068.75	689 549.19
福 建		19 961.25	16 670.42	25 143.06	24 427.65	25 924.22	26 144.21	25 976.36	30 329.61	29 462.32	25 832.93	72 627.50	107 505.15	430 004.67
江 西		21 909.24	17 947.36	32 957.91	33 767.07	35 183.34	31 868.93	37 056.85	43 855.11	37 645.94	32 771.63	100 951.46	138 910.10	564 824.93
山 东		65 954.21	56 247.87	86 987.40	84 282.24	89 684.19	85 973.59	93 801.57	112 886.95	107 444.91	90 643.22	237 861.13	320 177.12	1 431 944.39
河 南		58 814.06	49 221.89	75 091.85	74 545.63	82 579.95	86 269.80	86 081.16	101 632.18	93 700.27	78 073.74	177 358.86	201 287.27	1 164 656.66
湖 北		43 779.84	36 874.49	59 538.88	65 283.22	67 267.51	67 927.70	67 303.91	85 476.03	81 409.91	74 959.96	154 221.73	173 537.32	977 580.50
湖 南		26 321.89	21 135.44	31 509.09	30 368.27	33 371.60	30 733.03	34 265.35	42 553.01	40 926.98	33 463.05	83 193.50	111 206.24	519 047.46
广 东		40 178.77	37 053.55	53 359.73	46 840.54	50 096.22	52 986.66	56 295.82	67 654.13	61 485.48	48 769.63	173 188.44	274 081.94	961 990.90
广 西		9 949.51	8 749.41	12 969.77	11 771.37	12 589.72	11 809.95	12 730.90	15 020.55	13 731.44	11 659.58	32 874.45	47 534.14	201 390.81
海 南		1 503.81	925.69	1 235.86	1 272.54	1 554.13	942.00	1 062.13	1 372.28	1 280.81	1 222.76	4 421.25	8 510.66	25 303.93
重 庆		23 669.66	21 277.66	33 395.63	34 778.02	38 042.60	35 456.97	39 660.33	51 365.95	43 211.40	37 108.87	75 055.55	85 672.81	518 695.45
四 川		41 816.07	35 861.55	56 228.24	53 542.90	58 083.88	57 270.35	59 631.05	69 612.26	52 736.29	51 141.78	166 914.23	230 240.61	933 079.20
贵 州		14 891.46	12 675.99	20 516.90	19 330.41	19 900.77	21 135.77	22 005.42	25 691.63	20 910.97	19 361.79	84 624.42	131 012.93	412 058.45
云 南		22 093.19	18 536.07	29 090.11	26 049.03	27 475.09	27 475.13	28 918.75	34 355.43	31 509.89	26 241.94	108 817.50	166 828.17	547 390.29
西 藏		888.27	632.68	1 185.10	1 369.96	1 453.05	1 605.25	1 914.87	2 239.29	1 965.43	1 662.08	9 562.44	16 934.32	41 412.75
陕 西		13 993.32	15 708.79	27 272.85	25 307.01	28 846.70	30 016.17	32 847.13	39 435.91	35 465.44	29 264.66	92 112.50	131 224.42	501 494.92
甘 肃		13 874.87	12 375.95	21 764.92	18 579.62	16 121.57	18 676.02	19 531.82	23 649.61	19 321.93	15 259.11	43 190.51	49 222.61	271 568.53
青 海		1 994.23	1 453.90	2 236.22	1 963.43	2 316.56	2 032.74	2 447.69	3 126.36	2 990.30	2 590.94	11 424.02	15 159.36	49 735.74
宁 夏		3 912.14	3 266.68	5 206.57	5 321.38	5 310.13	4 977.67	5 093.31	6 466.86	6 021.56	5 017.92	18 898.64	28 108.39	97 601.26
新 疆		12 821.10	10 421.63	15 709.66	14 002.58	14 969.51	15 975.45	16 861.85	19 686.11	18 673.17	15 794.58	48 664.89	58 029.30	261 609.81
合计 Total		**704 045.00**	**598 392.18**	**932 392.68**	**868 745.69**	**929 112.75**	**936 200.79**	**988 356.73**	**1 201 580.42**	**1 107 351.93**	**926 716.29**	**2 927 556.18**	**4 163 989.26**	**16 284 439.90**

排 列 3

单位：万元

Unit: Ten Thousand Yuan

地 区 Region	游戏类型 Game Type	1月 Jan.	2月 Feb.	3月 Mar.	4月 Apr.	5月 May	6月 June	7月 July	8月 Aug.	9月 Sept.	10月 Oct.	11月 Nov.	12月 Dec.	合计 Total
北 京	乐透排列	2 461.83	1 810.85	3 025.31	3 273.82	2 125.48	2 600.31	3 002.33	3 102.73	3 284.09	3 255.41	3 588.91	3 376.93	34 908.02
天 津		1 483.52	1 057.16	1 653.76	1 832.67	1 876.71	1 708.88	1 870.70	1 966.31	1 882.92	1 829.74	2 105.84	2 071.93	21 340.15
河 北		4 510.06	4 300.92	7 756.58	6 890.19	6 597.60	8 339.07	8 572.82	8 107.33	10 906.75	8 791.71	7 959.33	7 622.90	90 355.26
山 西		1 168.22	757.52	1 305.01	2 428.12	1 892.16	1 502.05	2 282.70	1 724.42	1 844.93	2 839.33	3 994.86	2 523.81	24 263.11
内蒙古		2 336.83	1 572.64	2 508.26	2 597.56	2 778.58	3 346.48	3 920.46	2 933.13	3 284.34	3 085.88	3 060.81	3 157.02	34 582.00
辽 宁		2 504.97	1 985.11	5 540.07	3 546.33	3 505.58	3 165.04	3 378.92	3 209.37	3 231.99	3 192.44	3 615.88	3 422.92	40 298.63
吉 林		1 443.90	1 054.38	2 000.98	1 418.40	1 420.61	1 405.87	1 500.58	1 486.52	1 641.77	1 913.75	2 317.57	1 901.98	19 506.30
黑龙江		1 439.77	1 602.54	2 270.60	1 454.60	1 675.92	1 680.83	1 729.86	1 742.36	1 699.48	1 733.27	1 952.69	1 907.19	20 889.11
上 海		1 279.78	980.79	1 247.86	0.90	0.00	1 048.97	1 371.65	1 447.19	1 526.79	1 606.56	1 766.68	1 692.26	13 969.43
江 苏		8 816.17	8 420.50	19 346.31	12 056.16	11 893.14	10 595.24	11 258.94	11 501.23	11 761.10	11 047.22	12 084.95	11 936.32	140 717.27
浙 江		6 756.09	4 499.18	7 145.03	7 550.42	8 157.10	7 681.91	8 043.98	8 016.90	8 198.93	8 008.45	9 488.49	9 880.74	93 427.22
安 徽		2 328.51	1 578.43	2 466.02	2 747.37	2 792.91	2 548.88	6 953.13	4 924.28	3 547.15	3 425.65	3 598.80	3 599.07	40 510.20
福 建		1 193.88	806.26	1 264.87	1 404.67	1 514.79	1 455.37	1 576.46	1 681.65	1 715.58	1 726.33	1 915.15	1 969.01	18 224.02
江 西		5 628.57	1 361.93	1 997.21	1 933.98	6 026.58	2 804.11	2 238.91	2 004.92	1 962.64	2 020.89	2 095.55	1 910.73	31 986.02
山 东		3 435.94	2 657.97	11 434.08	11 952.17	7 696.44	6 770.08	6 762.60	6 912.09	7 208.11	7 164.43	7 654.03	7 784.81	87 432.76
河 南		5 785.77	7 747.86	15 025.10	12 539.39	10 012.41	9 602.51	9 164.36	13 093.10	12 586.44	9 332.39	10 120.89	9 792.35	124 802.55
湖 北		4 390.01	3 195.17	6 494.53	7 287.19	7 727.02	6 698.62	8 264.72	7 822.83	8 135.01	10 622.85	8 961.15	8 427.91	88 027.00
湖 南		2 171.25	1 452.98	2 158.72	2 341.15	2 467.10	2 176.94	2 371.23	2 308.64	2 470.86	2 542.90	2 649.10	2 601.33	27 712.20
广 东		3 843.51	2 675.97	5 511.42	5 662.12	4 963.23	4 608.99	5 038.00	5 193.07	5 110.66	4 859.59	5 315.38	5 561.60	58 343.54
广 西		451.16	303.29	485.17	538.75	565.73	2 749.36	959.39	709.33	676.67	666.15	715.48	769.96	9 590.44
海 南		96.74	68.89	116.58	111.51	114.44	106.99	104.39	81.97	82.56	102.84	128.89	194.32	1 310.12
重 庆		1 412.32	993.56	2 720.22	2 257.84	1 916.52	1 860.46	2 016.23	1 991.67	2 949.72	3 330.88	2 562.70	2 375.82	26 387.94
四 川		5 065.08	3 590.88	5 577.83	5 828.10	6 122.67	5 976.65	6 236.08	6 120.56	5 214.36	5 844.27	6 829.66	6 606.84	69 013.00
贵 州		1 600.51	1 080.15	1 748.83	1 896.79	1 936.59	1 792.99	1 916.23	1 900.51	1 560.17	1 811.00	2 193.33	2 116.64	21 553.73
云 南		4 844.09	3 473.31	6 537.32	6 114.95	6 026.59	6 404.86	6 531.90	6 447.32	6 529.88	6 319.85	7 875.07	7 218.99	74 324.13
西 藏		157.58	87.63	165.75	203.62	230.66	258.79	278.67	224.38	176.14	157.04	200.65	240.09	2 381.00
陕 西		1 375.06	1 258.50	2 119.16	2 481.76	2 363.32	3 207.05	3 756.22	2 634.16	2 738.09	2 823.47	3 288.82	3 160.90	31 206.50
甘 肃		2 090.13	1 325.42	2 906.13	3 884.59	2 675.40	6 263.87	3 295.40	2 996.01	3 033.01	3 155.17	6 251.66	3 387.27	41 264.05
青 海		417.34	282.28	549.10	524.19	544.41	645.03	913.71	605.70	637.37	622.01	635.65	632.63	7 009.41
宁 夏		1 221.35	791.56	1 370.41	1 509.74	1 468.12	1 419.43	1 546.55	1 529.29	1 481.28	1 287.81	1 622.75	1 663.25	16 911.54
新 疆		1 998.20	1 533.35	2 704.90	2 842.54	2 951.57	2 890.81	2 913.60	2 657.73	2 699.24	2 674.50	2 834.19	2 772.76	31 473.39
合计 Total		**83 708.13**	**64 306.98**	**127 153.13**	**117 111.57**	**112 039.37**	**113 316.43**	**119 770.74**	**117 076.70**	**119 778.05**	**117 793.78**	**129 384.92**	**122 280.27**	**1 343 720.07**

排 列 5

单位：万元

Unit：Ten Thousand Yuan

地 区 Region	游戏类型 Game Type	1月 Jan.	2月 Feb.	3月 Mar.	4月 Apr.	5月 May	6月 June	7月 July	8月 Aug.	9月 Sept.	10月 Oct.	11月 Nov.	12月 Dec.	合计 Total
北 京	乐透排列	1 227.73	867.63	1 369.26	1 322.83	850.50	1 068.93	1 342.53	1 303.06	1 328.32	1 255.96	1 348.39	1 341.82	14 626.94
天 津		526.29	375.66	572.53	632.57	577.86	560.97	599.80	609.94	591.73	538.42	613.21	610.90	6 809.88
河 北		2 006.74	1 345.85	2 028.14	1 940.39	1 979.82	2 017.01	2 277.37	2 222.75	2 184.35	1 958.91	2 055.34	2 158.49	24 175.17
山 西		584.68	367.50	606.01	597.41	589.60	561.36	635.58	611.90	612.68	525.32	591.59	608.79	6 892.42
内蒙古		1 420.39	957.93	1 487.32	1 468.91	1 447.57	1 473.04	1 605.07	1 514.26	1 499.51	1 194.68	1 385.42	1 491.52	16 945.62
辽 宁		1 299.70	954.62	1 358.56	1 208.35	1 302.47	1 283.56	1 407.18	1 370.76	1 280.69	1 198.00	1 373.03	1 359.06	15 395.98
吉 林		842.98	581.11	672.15	557.57	639.06	703.00	781.36	797.13	790.25	790.68	1 095.36	1 101.39	9 352.02
黑龙江		699.35	518.15	701.45	543.43	635.95	701.22	743.50	717.21	667.05	609.93	705.58	716.87	7 959.69
上 海		770.96	547.24	662.56	0.51	0.00	547.92	693.31	727.29	733.43	682.25	799.03	794.65	6 959.14
江 苏		3 724.34	2 701.80	4 129.71	3 543.60	3 859.38	3 747.09	4 037.56	4 007.70	4 055.10	3 709.04	4 213.63	4 167.12	45 896.06
浙 江		3 444.33	2 282.10	3 508.05	3 442.43	3 474.63	3 376.03	3 717.91	3 629.74	3 638.42	3 399.27	3 953.46	3 977.60	41 843.98
安 徽		1 580.23	1 085.70	1 614.72	1 577.17	1 595.75	1 486.29	1 688.36	1 678.65	1 619.28	1 526.36	1 717.98	1 731.98	18 902.46
福 建		694.06	472.16	692.35	679.33	701.52	656.72	728.62	709.86	725.56	690.06	770.30	777.56	8 298.11
江 西		673.11	448.99	664.16	682.50	656.60	656.68	674.98	643.94	614.24	591.71	673.57	693.99	7 674.45
山 东		1 281.79	888.38	1 486.92	1 804.43	1 482.48	1 352.78	1 460.88	1 448.84	1 430.79	1 320.12	1 455.00	1 506.45	16 918.86
河 南		3 052.44	2 280.67	3 425.41	3 743.39	3 163.25	3 106.28	3 348.00	3 405.10	3 314.93	2 777.47	3 043.72	3 163.87	37 824.53
湖 北		2 611.29	1 820.15	2 799.40	2 849.70	2 712.58	2 548.47	2 753.68	2 634.95	2 623.64	2 440.25	2 748.26	2 637.16	31 179.54
湖 南		1 267.04	888.01	1 300.66	1 272.98	1 317.00	1 242.88	1 325.88	1 317.71	1 329.50	1 245.16	1 368.93	1 326.94	15 202.69
广 东		2 828.21	1 924.82	2 832.78	2 961.81	2 841.07	2 825.77	3 030.13	3 044.00	3 012.56	2 814.10	3 081.83	3 212.56	34 409.63
广 西		292.33	190.78	311.86	295.08	286.73	301.54	342.06	325.72	312.59	282.65	318.04	319.28	3 578.66
海 南		842.14	607.26	901.12	772.01	772.94	752.93	800.26	636.74	710.06	707.32	811.92	834.88	9 149.58
重 庆		551.06	382.34	598.73	611.14	579.43	631.81	807.67	591.05	631.65	603.96	589.06	618.63	7 196.55
四 川		2 937.95	2 074.68	3 178.40	3 154.87	3 073.59	2 982.03	3 165.60	3 061.50	2 450.75	2 755.69	3 186.33	3 052.52	35 073.90
贵 州		1 355.97	929.68	1 447.15	1 416.92	1 410.97	1 353.84	1 467.55	1 432.84	1 123.78	1 247.09	1 470.11	1 509.83	16 165.72
云 南		4 790.64	3 365.40	5 189.36	5 141.53	5 205.29	5 429.26	6 034.92	5 949.57	5 844.58	5 258.90	6 055.58	5 991.55	64 256.56
西 藏		178.39	101.72	189.77	214.40	217.12	209.44	271.51	176.14	119.98	99.84	137.92	186.02	2 102.26
陕 西		734.44	721.39	1 127.11	1 155.21	1 137.58	1 099.05	1 234.87	1 204.18	1 199.33	1 128.61	1 256.43	1 292.75	13 290.95
甘 肃		1 144.52	746.80	1 150.17	1 153.55	1 149.73	1 199.78	1 122.80	1 098.72	1 101.72	997.34	1 115.13	1 133.23	13 113.48
青 海		334.26	206.76	357.00	317.63	272.18	301.16	334.96	312.86	292.38	268.27	265.14	303.93	3 566.53
宁 夏		751.82	523.92	873.84	827.35	778.48	739.68	793.09	780.21	770.24	598.80	749.67	811.20	8 998.31
新 疆		774.18	536.16	868.29	865.06	851.84	836.34	908.90	773.02	719.23	595.92	636.79	787.52	9 153.24
合计 Total		**45 223.35**	**31 695.39**	**48 104.94**	**46 754.04**	**45 562.97**	**45 752.86**	**50 135.85**	**48 737.33**	**47 328.31**	**43 812.06**	**49 585.77**	**50 220.05**	**552 912.91**

七　星　彩

单位：万元

Unit: Ten Thousand Yuan

地区 Region	游戏类型 Game Type	1月 Jan.	2月 Feb.	3月 Mar.	4月 Apr.	5月 May	6月 June	7月 July	8月 Aug.	9月 Sept.	10月 Oct.	11月 Nov.	12月 Dec.	合计 Total
北京	乐透排列	596.57	409.47	578.64	601.92	399.71	445.46	577.07	558.91	628.74	521.39	544.08	513.66	6 375.62
天津		528.90	407.11	662.95	617.04	577.85	562.66	743.66	609.51	707.33	487.72	538.97	498.03	6 941.74
河北		1 455.38	1 013.29	1 458.37	1 488.74	1 447.39	1 227.49	1 429.86	1 336.16	1 381.38	1 153.13	1 077.60	1 149.44	15 618.21
山西		212.04	135.18	262.71	253.99	234.91	197.03	251.18	191.50	232.05	159.84	162.32	168.60	2 461.33
内蒙古		273.45	177.64	366.55	265.48	258.87	217.62	282.59	373.48	339.36	247.50	224.01	222.54	3 249.09
辽宁		323.54	232.82	274.89	299.61	310.31	268.89	329.13	297.62	316.49	337.00	318.79	275.40	3 584.49
吉林		486.05	350.92	361.03	281.92	366.50	384.33	465.52	438.54	467.05	382.02	406.48	375.65	4 766.00
黑龙江		448.80	320.11	410.48	290.83	359.40	370.50	437.06	427.70	443.09	320.42	349.97	346.81	4 525.17
上海		533.09	397.96	495.09	36.05	0.18	357.76	465.17	487.83	538.49	442.43	485.94	471.11	4 711.10
江苏		1 844.60	1 325.04	2 098.74	1 813.11	1 815.32	1 536.84	1 772.15	1 645.92	1 818.21	1 501.01	1 603.78	1 538.26	20 312.98
浙江		1 520.74	1 061.72	1 629.33	1 526.98	1 521.76	1 307.89	1 615.43	1 564.76	1 747.32	1 343.02	1 469.00	1 455.59	17 763.54
安徽		1 058.49	752.73	1 745.36	1 200.54	1 153.45	953.91	1 041.77	980.05	1 079.25	867.53	959.09	905.31	12 697.48
福建		1 108.40	765.50	987.23	945.41	1 032.23	850.18	978.56	1 026.60	1 255.32	1 032.24	1 053.95	1 067.44	12 103.06
江西		319.12	219.55	314.51	373.28	330.44	259.25	283.54	271.86	296.24	243.03	262.99	290.94	3 464.76
山东		1 168.00	835.53	1 455.28	1 087.39	1 079.21	885.49	1 356.21	1 153.00	1 221.34	1 019.73	968.12	967.37	13 196.67
河南		2 548.31	1 928.27	3 055.19	3 015.58	2 806.18	2 404.28	2 634.68	2 815.96	2 933.10	1 929.34	2 024.57	2 134.40	30 229.85
湖北		1 520.57	1 138.87	1 694.14	1 473.83	1 529.79	1 280.80	1 499.24	1 455.06	1 542.39	1 246.75	1 344.81	1 271.91	16 998.17
湖南		400.31	296.52	385.19	383.48	410.62	361.10	421.69	397.83	411.59	333.15	345.49	352.73	4 499.69
广东		2 705.09	1 876.06	2 429.32	2 832.64	2 960.41	2 347.56	2 816.38	2 459.99	3 009.98	2 791.46	2 400.62	2 556.19	31 185.68
广西		239.15	165.16	227.60	225.21	223.39	187.63	219.78	207.02	237.45	198.27	290.56	272.66	2 693.87
海南		818.01	613.44	883.98	787.41	822.63	666.75	770.48	548.84	619.73	579.91	680.79	654.70	8 446.66
重庆		392.93	290.52	454.36	424.82	431.17	392.93	419.05	367.87	511.78	389.67	331.86	388.59	4 795.54
四川		3 226.61	1 971.33	2 759.29	2 681.90	2 694.59	2 279.78	2 754.14	2 458.19	2 086.67	2 211.87	2 341.10	2 210.50	29 675.97
贵州		622.49	385.09	618.10	606.55	602.48	507.37	585.12	645.10	644.86	536.69	687.53	521.27	6 962.64
云南		1 891.69	1 339.08	1 909.34	1 970.78	1 997.85	1 728.27	1 991.98	1 816.84	1 963.83	1 610.82	1 763.03	1 773.32	21 756.83
西藏		50.69	27.03	68.04	71.04	64.95	56.95	67.01	32.21	23.21	22.22	32.79	47.25	563.38
陕西		263.58	258.34	399.92	383.50	369.97	306.63	397.97	397.23	434.79	338.17	345.72	341.64	4 237.46
甘肃		225.65	193.01	256.03	211.66	213.35	178.19	192.93	222.94	242.02	167.13	150.06	167.82	2 420.80
青海		83.60	52.35	94.18	80.29	77.28	66.43	80.39	74.94	79.10	60.70	52.81	61.46	863.53
宁夏		135.07	90.85	189.99	150.00	150.30	122.35	149.92	134.92	140.97	86.96	182.98	176.79	1 711.09
新疆		369.59	263.39	380.01	376.53	391.73	331.82	389.39	293.41	290.18	203.13	201.29	265.21	3 755.70
合计 Total		**27 370.49**	**19 293.89**	**28 905.84**	**26 757.52**	**26 634.20**	**23 044.14**	**27 419.05**	**25 691.78**	**27 643.30**	**22 764.24**	**23 601.09**	**23 442.58**	**302 568.11**

超级大乐透

单位：万元

Unit：Ten Thousand Yuan

地区 Region	游戏类型 Game Type	1月 Jan.	2月 Feb.	3月 Mar.	4月 Apr.	5月 May	6月 June	7月 July	8月 Aug.	9月 Sept.	10月 Oct.	11月 Nov.	12月 Dec.	合计 Total
北京	乐透组合	11 461.40	8 092.29	11 836.51	13 344.66	8 376.27	9 811.87	10 661.87	11 844.09	10 442.21	10 392.25	9 952.26	9 056.12	125 271.77
天津		4 122.84	3 571.51	4 806.78	5 290.99	5 557.33	4 848.70	5 363.88	4 903.00	4 842.09	4 145.77	5 034.75	4 092.68	56 580.31
河北		15 677.95	10 853.17	14 467.75	17 491.29	19 210.85	15 715.50	15 556.62	18 796.27	13 683.52	15 084.27	13 102.22	12 991.77	182 631.18
山西		4 172.18	2 869.80	4 246.76	4 509.37	4 811.41	4 367.15	4 371.43	4 324.48	3 818.27	3 554.08	3 674.22	3 595.71	48 314.86
内蒙古		6 812.89	4 076.25	5 815.38	7 203.43	7 643.15	6 321.64	6 061.36	6 201.32	5 403.41	4 454.62	4 898.67	5 221.69	70 113.81
辽宁		7 312.13	5 303.37	6 140.51	6 614.05	7 838.54	7 619.01	7 799.00	7 773.05	6 269.00	6 634.88	6 903.87	6 170.63	82 378.03
吉林		5 194.76	3 762.78	3 589.78	3 204.56	4 114.29	4 648.76	4 656.45	4 991.14	4 351.73	4 301.42	4 448.06	3 804.23	51 067.97
黑龙江		7 716.26	5 842.94	7 223.31	6 090.61	7 521.18	7 949.35	7 672.14	7 916.77	6 235.33	6 188.38	7 117.33	6 531.56	84 005.15
上海		10 659.83	7 761.78	9 025.51	474.01	1.41	8 315.00	9 420.38	10 471.38	9 374.28	9 535.65	10 534.01	9 210.73	94 783.96
江苏		32 520.60	23 810.26	33 341.12	32 473.81	37 798.92	34 798.03	35 042.18	36 721.27	32 380.01	31 256.71	33 181.36	30 087.79	393 412.06
浙江		32 349.21	23 077.00	34 454.12	36 031.38	38 488.34	34 916.21	32 978.68	34 428.04	30 904.61	30 995.26	33 613.58	31 059.19	393 295.62
安徽		13 508.11	9 569.98	13 472.74	16 191.43	18 719.33	16 842.86	13 383.25	13 837.98	12 892.84	13 331.13	12 912.00	11 848.49	166 510.14
福建		27 524.00	20 515.27	27 953.03	27 322.04	29 749.07	25 867.87	26 187.85	25 568.41	23 274.20	24 288.03	29 728.29	22 771.65	310 749.71
江西		7 391.84	5 284.81	7 485.94	9 199.71	9 569.96	8 015.46	7 001.22	7 244.26	6 270.08	7 786.72	7 539.59	6 489.58	89 279.17
山东		21 499.13	14 588.46	20 076.75	25 352.13	28 186.11	24 428.77	20 808.50	21 655.10	19 179.35	18 532.35	22 780.42	18 480.48	255 567.54
河南		21 199.10	15 501.59	23 756.59	25 225.88	24 437.66	25 113.69	23 126.62	21 869.28	19 186.67	16 984.99	20 688.79	19 209.19	256 300.04
湖北		11 359.68	8 477.00	12 012.94	14 175.16	15 402.06	15 533.00	11 965.46	12 674.33	10 792.81	10 589.86	10 946.39	10 403.02	144 331.71
湖南		7 299.53	5 244.34	7 330.39	8 742.32	9 462.70	8 012.78	7 776.35	7 939.92	6 970.01	6 830.26	7 381.30	6 864.77	89 854.65
广东		36 883.75	25 290.44	33 802.82	39 035.81	40 368.14	37 647.24	36 568.02	36 643.61	33 285.48	33 953.14	34 142.53	32 825.80	420 446.76
广西		4 476.07	3 074.53	4 566.93	4 983.77	5 182.80	4 761.51	4 790.40	4 399.55	3 929.49	4 059.86	4 628.03	4 199.67	53 052.60
海南		2 272.21	1 619.51	2 240.14	2 172.32	2 235.68	1 949.13	1 837.41	1 374.37	1 350.99	1 541.01	1 801.91	1 783.07	22 177.76
重庆		6 709.74	4 922.39	6 873.71	9 171.60	8 762.66	7 354.29	6 699.70	6 599.58	6 260.19	6 851.80	5 408.02	5 788.10	81 401.76
四川		17 904.96	13 137.49	18 266.21	20 893.74	21 542.05	19 251.52	17 658.72	18 043.11	13 046.59	16 495.38	18 176.73	15 917.94	210 334.42
贵州		8 930.13	6 216.98	9 150.40	10 735.92	11 960.29	10 468.53	9 607.57	9 562.51	5 918.48	8 048.45	9 338.78	8 066.09	108 004.13
云南		17 929.35	12 593.51	18 442.21	22 340.09	23 511.35	20 502.63	19 183.07	20 052.78	17 126.64	19 892.19	20 957.19	17 285.16	229 816.17
西藏		857.77	420.27	997.10	1 319.35	1 294.25	1 141.12	1 104.34	647.00	343.69	414.82	564.89	651.45	9 756.04
陕西		5 476.02	7 092.08	12 000.57	10 560.52	10 979.00	9 760.97	9 253.24	9 468.18	8 512.74	8 686.26	10 381.42	9 295.60	111 466.59
甘肃		4 725.74	3 478.51	5 043.61	5 778.27	6 217.12	4 993.08	4 151.84	5 646.85	5 061.40	3 596.69	3 405.95	3 611.02	55 710.08
青海		1 279.42	859.13	1 348.26	1 301.34	1 240.34	1 299.03	1 268.38	1 242.53	1 033.84	971.16	861.24	1 005.44	13 710.12
宁夏		2 868.31	1 960.35	3 012.54	3 256.05	3 319.31	3 072.68	3 001.50	2 890.04	2 498.63	2 016.82	2 574.80	2 538.31	33 009.35
新疆		5 163.24	3 625.44	5 491.05	6 460.74	6 774.39	5 801.22	5 464.77	4 346.76	3 454.69	2 764.61	2 811.39	3 798.08	55 956.38
合计 Total		**363 258.13**	**262 493.23**	**368 271.44**	**396 946.34**	**420 275.94**	**391 128.61**	**370 422.19**	**380 076.95**	**328 093.25**	**334 178.79**	**359 489.98**	**324 654.98**	**4 299 289.84**

2022 年中国体育彩票区域联网游戏销售统计（分地区按月统计）

Monthly Sales Statistics of Inter-Regional Games of Sports Lottery in Different Regions in China in 2022

传统单场

单位：万元

Unit：Ten Thousand Yuan

地　区 Region	游戏类型 Game Type	1 月 Jan.	2 月 Feb.	3 月 Mar.	4 月 Apr.	5 月 May	6 月 June	7 月 July	8 月 Aug.	9 月 Sept.	10 月 Oct.	11 月 Nov.	12 月 Dec.	合计 Total
北　京	竞猜	7 529.82	5 327.11	8 124.44	10 071.31	9 269.48	6 367.31	7 171.23	9 452.33	9 785.86	11 118.82	12 241.42	15 017.88	111 477.03
天　津	竞猜	12 591.94	9 631.04	17 300.69	22 781.33	23 763.58	14 687.62	14 035.61	16 997.84	18 305.68	17 780.12	15 672.55	20 123.48	203 671.50
广　东	竞猜	45 960.57	34 094.60	46 385.52	58 051.96	66 977.94	42 453.03	46 019.40	59 314.07	60 720.03	57 076.58	52 948.70	68 279.43	638 281.83
合计 Total		**66 082.33**	**49 052.75**	**71 810.65**	**90 904.60**	**100 011.01**	**63 507.96**	**67 226.25**	**85 764.24**	**88 811.56**	**85 975.52**	**80 862.68**	**103 420.80**	**953 430.36**

2022 年中国体育彩票地方彩票销售情况表（分地区按月统计）

Monthly Sales Statistics of Regional Games of Sports Lottery in China in 2022

单位：万元

Unit：Ten Thousand Yuan

地区 Region	游戏类型 Game Type	游戏名称 Game Name	1月 Jan.	2月 Feb.	3月 Mar.	4月 Apr.	5月 May	6月 June	7月 July	8月 Aug.	9月 Sept.	10月 Oct.	11月 Nov.	12月 Dec.	合计 Total
黑龙江	乐透排列	黑龙江六位数	57.16	40.53	53.04	33.64	45.05	50.57	55.93	54.01	47.57	39.05	48.08	43.47	568.10
江　苏	乐透排列	江苏体彩 7 位数	3 532.22	2 628.92	3 768.43	3 061.77	3 584.60	3 372.29	3 511.58	3 371.41	3 753.53	3 059.15	3 420.22	3 233.95	40 298.06
浙　江	乐透组合	浙江 20 选 5	475.08	344.13	524.89	489.88	512.64	470.25	475.14	456.87	483.76	438.90	496.11	482.63	5 650.28
	乐透排列	浙江 6 加 1	1 251.54	922.07	1 338.56	1 285.05	1 359.66	1 168.24	1 308.95	1 218.17	1 297.99	1 116.49	1 308.66	1 157.07	14 732.46
福　建	乐透组合	福建 22 选 5	416.96	332.37	377.31	409.10	431.93	386.95	511.93	379.40	359.43	351.26	390.35	349.78	4 696.75
		福建 31 选 7	2 642.67	2 004.21	2 985.51	3 760.08	3 154.84	3 857.27	2 739.52	6 619.89	3 041.75	2 562.91	2 781.02	3 445.36	39 595.04
		福建 31 选 7 附加	2 682.54	1 852.14	2 664.62	2 611.87	2 663.23	2 719.70	2 679.38	2 558.71	2 721.47	2 405.59	2 577.71	2 567.02	30 703.98
		福建 36 选 7	1 210.60	875.77	1 264.38	1 043.70	1 135.02	1 087.49	1 082.95	1 088.22	1 258.05	1 069.01	1 197.70	1 152.29	13 465.19
海　南	乐透排列	海南 4+1	122.63	94.83	123.34	111.85	117.21	104.66	111.96	78.20	84.94	81.13	96.82	91.07	1 218.63
合计 Total			**12 391.40**	**9 094.97**	**13 100.09**	**12 806.92**	**13 004.18**	**13 217.42**	**12 477.34**	**15 824.89**	**13 048.48**	**11 123.49**	**12 316.67**	**12 522.65**	**150 928.49**

（国家体育总局体育彩票管理中心供稿）

2022 年中国体育彩票竞猜型彩票销售情况表（分地区分游戏）

Sales Statistics of Terminal-Sales Sports Betting Tickets of Sports Lottery in Different Regions and in Different Games in China in 2022

单位：万元

Unit: Ten Thousand Yuan

序号	地区 Region	14 场胜平负	足彩任选 9 场	4 场进球	6 场半场胜负	竞彩玩法	北京单场	虚拟足球	合计 Total
1	北　京	18 486.20	13 872.77	1 090.03	177.69	297 324.95	111 477.03	0.00	442 428.68
2	天　津	8 452.50	7 294.00	394.16	123.00	265 603.65	203 671.50	0.00	485 538.80
3	河　北	24 338.71	12 056.28	3 319.54	798.42	672 213.62	0.00	0.00	712 726.57
4	山　西	3 863.70	3 294.79	535.98	49.11	315 737.71	0.00	0.00	323 481.28
5	内蒙古	3 962.13	3 339.81	272.41	60.02	374 027.38	0.00	0.00	381 661.75
6	辽　宁	13 753.46	11 705.21	687.58	138.45	382 453.11	0.00	0.00	408 737.81
7	吉　林	4 017.96	3 752.71	331.82	38.02	236 338.37	0.00	0.00	244 478.88
8	黑龙江	3 409.30	3 135.54	330.94	63.60	281 671.53	0.00	0.00	288 610.90
9	上　海	15 785.75	11 604.37	1 362.42	345.99	244 617.58	0.00	0.00	273 716.10
10	江　苏	26 833.44	20 022.05	2 069.80	542.45	1 341 780.00	0.00	0.00	1 391 247.74
11	浙　江	45 966.73	28 817.86	3 000.19	754.93	1 271 732.15	0.00	0.00	1 350 271.85
12	安　徽	9 735.30	9 045.58	851.12	164.49	689 549.19	0.00	0.00	709 345.67
13	福　建	17 093.65	12 223.75	1 321.25	581.86	430 004.67	0.00	0.00	461 225.17
14	江　西	11 257.97	8 965.06	1 094.69	205.07	564 824.93	0.00	0.00	586 347.72
15	山　东	18 879.31	13 918.39	1 445.31	251.55	1 431 944.39	0.00	0.00	1 466 438.95
16	河　南	8 755.79	8 059.67	874.78	149.52	1 164 656.66	0.00	0.00	1 182 496.42
17	湖　北	32 198.41	20 193.13	2 444.99	656.28	977 580.50	0.00	0.00	1 033 073.31
18	湖　南	21 157.89	13 179.27	1 451.30	312.16	519 047.46	0.00	0.00	555 148.08
19	广　东	83 359.00	63 243.78	5 204.88	1 104.08	961 990.90	638 281.83	0.00	1 753 184.48
20	广　西	15 453.29	14 343.45	1 299.06	242.81	201 390.81	0.00	0.00	232 729.43
21	海　南	1 499.00	1 281.55	352.63	59.90	25 303.93	0.00	0.00	28 497.01
22	重　庆	24 727.75	11 141.69	1 398.47	332.59	518 695.45	0.00	0.00	556 295.95
23	四　川	22 078.82	19 536.87	1 790.75	312.55	933 079.20	0.00	0.00	976 798.19
24	贵　州	6 390.55	4 814.00	428.79	107.99	412 058.45	0.00	0.00	423 799.78
25	云　南	9 403.40	6 145.66	648.55	144.53	547 390.29	0.00	0.00	563 732.43
26	西　藏	315.54	187.33	21.92	4.11	41 412.75	0.00	0.00	41 941.65
27	陕　西	8 281.72	6 432.13	555.05	152.48	501 494.92	0.00	0.00	516 916.29
28	甘　肃	3 703.28	3 070.20	273.58	63.39	271 568.53	0.00	0.00	278 678.98
29	青　海	749.32	488.08	60.18	11.38	49 735.74	0.00	0.00	51 044.70
30	宁　夏	1 734.61	1 174.80	78.94	27.63	97 601.26	0.00	0.00	100 617.24
31	新　疆	4 926.72	4 594.52	261.30	76.99	261 609.81	0.00	0.00	271 469.34
合计 Total		**470 571.21**	**340 934.26**	**35 252.42**	**8 053.03**	**16 284 439.90**	**953 430.36**	**0.00**	**18 092 681.17**

（国家体育总局体育彩票管理中心供稿）

2022 年中国体育彩票网点即开型彩票销售情况表（分地区分游戏）

Sales Statistics of Terminal-Sales Instant Win Tickets of Sports Lottery in Different Regions and in Different Games in China in 2022

单位：万元

Unit：Ten Thousand Yuan

序号	省编号	面值（元）	2	2	2	2	2	2	2	2	2	3	5	5
		省份 / 游戏名称	八喜	彩蛋	杭州 2022	蕉好运	开口笑	三叠字	太空寻宝	糖葫芦	小金猪	红樱桃	520	666
1	11	北 京	—	—	—	0.12	—	—	51.03	—	—	—	0.06	0.66
2	12	天 津	—	—	—	—	—	—	217.65	—	—	—	—	1.53
3	13	河 北	3.42	0.57	—	—	—	0.39	237.00	0.06	0.51	—	—	0.72
4	14	山 西	—	—	—	—	—	1.53	402.75	—	—	—	—	0.36
5	15	内蒙古	0.18	0.03	—	—	—	0.93	300.99	0.03	81.72	—	14.22	2.43
6	21	辽 宁	—	—	—	—	—	—	456.96	—	10.62	—	0.06	—
7	22	吉 林	—	—	—	—	—	—	348.63	—	—	—	—	—
8	23	黑龙江	—	0.69	—	10.32	0.36	—	664.05	13.02	46.62	3.18	—	0.09
9	31	上 海	—	—	—	—	—	—	—	—	—	—	—	—
10	32	江 苏	59.04	4.71	—	18.72	—	2.19	301.05	0.39	—	53.58	630.36	20.40
11	33	浙 江	15.36	—	3.10	17.64	—	0.12	297.12	—	4.71	7.89	—	—
12	34	安 徽	—	—	—		—	—	80.13	—	—	129.69	124.98	—
13	35	福 建	—	1.47	—	6.72	—	—	55.92	—	—	1.74	—	29.94
14	36	江 西	1.86	0.33	—		—	—	35.79	—	—	—	—	—
15	37	山 东	27.90	—	—		—	0.87	435.90	—	8.58	19.86	286.20	2.19
16	41	河 南	0.06	0.03	—	0.42	6.84	2.52	402.66	—	—	—	—	9.93
17	42	湖 北	—	—	—	—	—	—	70.80	—	—	—	—	—
18	43	湖 南	—	1.53	—	—	—	—	24.18	9.42	—	—	—	3.00
19	44	广 东	—	—	—	—	—	—	178.71	—	—	13.44	—	1.20
20	45	广 西	—	—	—	—	—	—	26.40	—	0.57	—	—	—
21	46	海 南	—	—	—	—	—	—	—	—	—	—	—	1.95
22	50	重 庆	116.34	—	—	—	—	—	173.97	—	4.86	—	239.28	—
23	51	四 川	1.02	—	—	—	—	0.12	408.36	0.96	13.11	1.50	0.66	—
24	52	贵 州	-0.30	0.33	—	—	—	—	69.60	12.42	—	3.18	—	—
25	53	云 南	265.98	0.06	—	59.52	—	0.03	187.92	—	—	55.56	—	0.78
26	54	西 藏	—	—	—	—	—	—	—	—	—	—	—	0.06
27	61	陕 西	114.78	47.46	—	29.64	—	—	327.03	63.84	—	—	—	—
28	62	甘 肃	—	—	—	—	—	0.15	152.82	0.06	—	—	—	—
29	63	青 海	—	—	—	—	—	0.66	21.51	—	—	27.96	—	—
30	64	宁 夏	22.20	—	—	—	—	16.38	175.71	—	—	—	—	10.38
31	65	新 疆	72.36	2.85	—	6.06	—	—	67.08	4.68	—	0.09	0.30	0.60
合计 Total			**700.20**	**60.06**	**3.10**	**149.16**	**7.20**	**25.89**	**6 171.72**	**104.88**	**171.30**	**317.67**	**1 296.12**	**86.22**

续表

序号	省编号	面值（元）	5	5	5	5	5	5	5	5	5	5	5	5
		省份 / 游戏名称	爱冰雪爱运动	爱拼敢赢	爱赢	爱赢爱冰雪	包好运	宝石之王	保持微笑	财运旺好运旺	超级加倍	巅峰对决	蝶	动出真我
1	11	北　京	1.26	0.54	335.70	0.60	0.12	534.66	343.38	—	598.56	—	—	2.52
2	12	天　津	—	—	—	210.21	0.15	88.32	—	—	298.56	—	—	—
3	13	河　北	12.60	78.18	—	222.48	0.24	1 181.10	—	1.50	1 193.67	—	—	—
4	14	山　西	—	—	—	0.81	—	350.46	—	—	298.92	—	—	—
5	15	内蒙古	74.34	63.72	—	—	—	357.12	—	36.60	890.40	23.31	—	152.58
6	21	辽　宁	—	—	—	—	—	618.54	292.23	41.16	1 184.88	—	—	—
7	22	吉　林	—	—	—	—	1.26	521.40	253.35	0.12	1 110.93	—	—	—
8	23	黑龙江	—	—	—	0.18	0.03	538.80	272.64	—	899.37	—	—	—
9	31	上　海	—	—	—	—	0.24	—	—	—	297.51	0.48	—	7.74
10	32	江　苏	560.76	—	610.77	—	1.62	1 309.44	—	11.76	1 469.76	58.53	5.70	28.08
11	33	浙　江	—	—	778.95	—	—	1 249.86	—	—	1 200.00	—	—	—
12	34	安　徽	—	—	—	—	—	442.80	—	—	889.68	—	—	—
13	35	福　建	—	48.78	—	—	—	1 489.80	—	0.06	1 165.11	0.45	26.94	—
14	36	江　西	—	34.74	—	—	—	170.64	—	—	293.22	—	—	—
15	37	山　东	—	—	319.80	—	3.12	1 308.66	77.70	—	1 329.36	—	—	—
16	41	河　南	20.82	—	—	25.92	0.78	—	—	—	1 487.79	0.57	—	—
17	42	湖　北	—	—	142.02	—	—	349.26	—	3.18	654.39	—	—	—
18	43	湖　南	—	—	—	—	—	175.92	210.99	135.84	298.56	118.29	—	—
19	44	广　东	—	—	709.71	—	—	2 012.52	—	—	1 493.58	0.27	—	0.18
20	45	广　西	—	—	—	—	—	178.44	—	—	149.16	0.18	—	44.64
21	46	海　南	—	—	—	—	—	86.82	—	—	216.96	—	—	—
22	50	重　庆	—	—	—	—	—	290.16	—	—	292.05	—	—	—
23	51	四　川	—	2.04	251.10	—	—	891.12	—	0.24	447.87	2.04	—	479.46
24	52	贵　州	—	—	—	—	—	534.84	—	—	448.11	74.22	—	—
25	53	云　南	—	—	—	—	0.12	1 342.14	—	0.42	1 198.20	—	—	—
26	54	西　藏	—	—	—	—	—	139.20	—	—	298.65	—	—	—
27	61	陕　西	—	—	—	—	0.42	437.94	—	—	442.29	4.29	—	—
28	62	甘　肃	—	—	—	—	0.27	593.88	—	—	783.42	0.06	—	0.48
29	63	青　海	—	—	—	106.71	—	61.74	—	2.58	89.79	—	—	—
30	64	宁　夏	—	27.60	—	—	—	149.58	—	0.30	149.67	—	—	—
31	65	新　疆	—	0.36	—	—	—	178.86	—	—	449.01	—	—	—
合计 Total			**669.78**	**255.96**	**3 148.05**	**566.91**	**8.37**	**17 584.02**	**1 450.29**	**233.76**	**22 019.43**	**282.69**	**32.64**	**715.68**

续表

序号	省编号	面值（元）	5	5	5	5	5	5	5	5	5	5	5	5
		省份 / 游戏名称	动起来	翻倍好运	翻倍赢家	繁花似锦	粉橙蓝	好运 123	好运 8	好运生肖	红包来啦	华夏古文明·山西好风光	金光闪烁 7	锦鲤
1	11	北　京	—	213.72	0.57	2.22	—	—	—	0.12	—	—	—	0.18
2	12	天　津	—	84.90	1.11	—	—	—	—	1.11	—	—	—	0.12
3	13	河　北	21.54	120.12	0.72	273.27	—	0.48	—	0.03	3.60	—	2.22	—
4	14	山　西	8.64	80.04	0.39	0.78	—	—	—	0.51	—	231.96	—	0.81
5	15	内蒙古	8.88	98.70	0.51	37.65	11.88	0.54	0.21	1.29	6.54	—	0.30	0.12
6	21	辽　宁	—	316.02	—	—	—	—	—	0.03	0.06	—	—	—
7	22	吉　林	1.50	342.66	0.81	29.70	1.68	—	—	1.23	—	—	—	3.81
8	23	黑龙江	—	279.54	0.36	0.18	—	—	0.03	—	—	—	—	—
9	31	上　海	15.30	155.94	0.18	—	0.06	—	0.03	2.22	—	—	—	0.12
10	32	江　苏	289.02	707.28	34.47	79.17	28.68	6.06	0.33	48.78	12.18	—	—	16.77
11	33	浙　江	31.92	736.50	0.21	3.24	0.78	—	—	—	—	—	—	0.03
12	34	安　徽	—	71.34	5.73	—	—	—	10.11	—	130.38	—	321.06	24.03
13	35	福　建	—	459.54	28.53	124.74	13.86	2.40	6.39	44.31	0.90	—	17.22	23.25
14	36	江　西	—	118.32	10.26	38.76	—	—	—	109.14	—	—	—	0.87
15	37	山　东	—	796.26	6.36	3.21	95.46	—	1.20	2.10	—	—	—	1.83
16	41	河　南	—	—	9.72	89.58	0.12	—	0.69	0.54	—	—	—	0.36
17	42	湖　北	12.06	45.12	2.49	—	—	—	—	1.74	—	—	1.14	0.75
18	43	湖　南	22.68	255.78	5.31	0.72	2.58	0.06	6.03	19.23	—	—	—	5.49
19	44	广　东	—	1 012.98	1.26	1.05	—	—	—	—	—	—	—	0.03
20	45	广　西	—	11.82	11.79	—	—	—	—	4.05	—	—	73.68	—
21	46	海　南	—	42.84	0.12	—	—	—	—	97.83	—	—	—	—
22	50	重　庆	—	43.80	8.25	78.51	253.08	—	—	10.14	—	—	—	—
23	51	四　川	3.00	468.36	3.03	128.52	3.06	0.06	—	1.08	14.88	—	—	—
24	52	贵　州	55.50	—	1.53	160.83	165.54	0.18	—	—	—	—	9.42	0.06
25	53	云　南	235.44	552.96	0.87	13.20	113.34	—	—	4.35	5.46	—	—	0.33
26	54	西　藏	—	7.50	0.03	—	—	—	—	—	—	—	—	—
27	61	陕　西	130.50	262.02	—	52.74	20.10	—	0.06	0.39	17.04	—	—	—
28	62	甘　肃	—	—	1.02	—	—	—	—	0.09	—	—	—	0.45
29	63	青　海	29.58	—	0.06	—	—	—	—	4.83	—	—	—	—
30	64	宁　夏	—	70.56	5.25	28.59	—	—	0.06	—	28.44	—	19.02	0.09
31	65	新　疆	0.30	—	0.06	—	—	—	—	0.06	—	—	0.06	0.06
合计 Total			**865.86**	**7 354.62**	**141.00**	**1 146.66**	**710.22**	**9.78**	**25.14**	**355.20**	**219.48**	**231.96**	**444.12**	**79.56**

续表

序号	省编号	面值（元）	5	5	5	5	5	5	5	5	5	5	5	5
		省份 / 游戏名称	景彩骑妙	灵秀湖北	龙之九子	麻辣 6	卯兔	梅兰竹菊	美丽江西	妙	牛	巧克力	全民健身我来啦	全民运动
1	11	北　京	—	—	—	4 141.32	57.96	—	—	0.06	0.57	26.46	179.94	0.09
2	12	天　津	—	—	—	1 312.59	3.48	—	—	—	—	46.02	175.20	—
3	13	河　北	—	—	—	2 701.23	8.40	—	—	—	2.01	2.76	574.02	11.46
4	14	山　西	—	—	—	1 047.84	15.06	—	—	—	1.26	—	87.24	0.06
5	15	内蒙古	—	—	—	2 342.70	17.70	20.40	—	—	0.39	12.18	241.50	70.05
6	21	辽　宁	—	—	—	4 109.82	167.64	—	—	—	—	—	255.48	—
7	22	吉　林	—	—	—	2 923.56	—	—	—	—	0.54	—	175.14	—
8	23	黑龙江	—	—	—	4 136.07	123.36	—	—	—	0.09	0.06	331.14	—
9	31	上　海	—	—	—	1 629.54	—	—	—	—	0.63	—	85.32	—
10	32	江　苏	—	—	6.15	4 248.54	197.10	268.14	—	3.06	19.62	10.14	347.16	23.55
11	33	浙　江	—	—	—	4 310.13	387.54	—	—	—	—	135.18	355.92	0.90
12	34	安　徽	—	—	—	1 635.03	79.80	—	—	—	4.50	2.04	58.44	—
13	35	福　建	—	—	—	4 630.62	105.42	—	—	—	12.81	40.56	342.48	59.97
14	36	江　西	—	—	—	813.63	56.64	—	190.92	—	3.90	—	130.44	—
15	37	山　东	—	—	—	6 034.05	65.34	—	—	—	4.62	4.56	981.84	2.79
16	41	河　南	—	—	—	4 274.52	24.84	—	—	—	3.60	238.08	390.36	8.40
17	42	湖　北	—	90.00	—	1 416.75	44.58	—	—	—	0.54	3.30	250.62	17.37
18	43	湖　南	—	—	36.03	601.38	59.10	—	—	—	0.57	—	84.00	—
19	44	广　东	—	—	—	11 985.90	579.24	—	—	—	0.63	—	492.72	0.21
20	45	广　西	7.26	—	—	568.08	14.16	—	0.09	—	0.57	—	44.58	—
21	46	海　南	—	—	—	58.62	2.58	—	—	—	—	—	—	—
22	50	重　庆	—	—	—	1 364.40	51.42	385.98	—	—	—	0.12	99.96	—
23	51	四　川	—	—	—	4 611.99	66.42	154.62	—	—	1.59	—	352.56	93.72
24	52	贵　州	—	—	—	1 808.07	106.08	—	—	—	0.75	—	42.78	31.08
25	53	云　南	—	—	—	7 648.41	239.04	210.72	797.64	—	3.45	21.36	293.64	3.06
26	54	西　藏	—	—	—	1 323.93	0.06	—	—	—	0.03	0.90	6.30	—
27	61	陕　西	—	—	—	1 924.29	81.36	—	—	—	0.33	3.42	280.20	—
28	62	甘　肃	—	—	—	1 091.43	16.74	—	0.33	—	0.09	—	147.48	0.09
29	63	青　海	—	—	—	107.52	3.66	—	—	—	1.65	—	17.34	1.44
30	64	宁　夏	—	—	—	588.45	0.72	—	—	—	0.18	0.06	88.38	74.58
31	65	新　疆	—	—	—	2 327.55	0.12	—	—	—	0.06	4.80	95.52	—
合计 Total			**7.26**	**90.00**	**42.18**	**87 717.96**	**2 575.56**	**1 039.86**	**988.98**	**3.12**	**64.98**	**552.00**	**7 007.70**	**398.82**

续表

序号	省编号	面值（元）	5	5	5	5	5	5	5	5	5	5	5	5
		省份 / 游戏名称	山水重庆	山水重庆火锅	甜蜜蜜	挑战 MVP	我的幸福	五禽戏	小元宝	新时代动起来	炫青春行大运	一蹴而就	寅虎	遇见
1	11	北　京	—	—	996.06	1.05	0.42	—	—	—	—	0.30	353.73	0.54
2	12	天　津	—	—	747.57	—	0.54	—	—	—	—	0.06	148.65	0.03
3	13	河　北	—	—	1 199.61	—	2.49	17.91	—	7.41	—	9.00	1 438.83	3.54
4	14	山　西	—	—	392.01	—	0.18	—	1.20	—	—	0.24	336.81	0.15
5	15	内蒙古	—	—	936.48	—	18.12	1.80	7.50	—	—	23.34	284.55	16.53
6	21	辽　宁	—	—	1 728.33	—	—	—	—	—	—	0.09	415.68	—
7	22	吉　林	—	—	879.54	4.68	4.83	—	21.84	—	—	9.81	446.97	321.78
8	23	黑龙江	—	—	1 914.33	0.12	0.21	—	—	—	—	—	415.05	0.15
9	31	上　海	—	—	329.25	82.89	—	—	—	—	—	—	132.63	—
10	32	江　苏	—	—	2 220.21	12.33	35.49	142.80	1.20	105.06	—	47.28	1 562.04	33.00
11	33	浙　江	—	—	1 736.40	—	0.06	7.68	—	0.78	—	0.06	1 602.12	0.72
12	34	安　徽	—	—	1 002.24	—	9.09	0.51	43.80	—	—	366.69	352.77	—
13	35	福　建	0.54	—	1 548.09	127.86	473.67	—	208.80	11.70	—	95.52	754.92	127.32
14	36	江　西	—	—	383.04	74.28	1.11	7.14	180.72	—	—	46.02	319.62	—
15	37	山　东	—	—	2 382.18	2.55	1.86	0.03	0.60	—	2.91	3.24	1 773.48	4.41
16	41	河　南	—	—	2 130.69	—	1.35	0.27	0.12	—	—	2.88	1 137.66	—
17	42	湖　北	—	—	444.63	—	0.06	4.23	10.62	—	—	193.65	347.28	—
18	43	湖　南	34.86	—	466.83	—	10.83	—	—	15.78	80.70	5.16	53.04	34.20
19	44	广　东	0.03	—	3 011.88	0.87	0.39	—	—	—	—	—	955.53	—
20	45	广　西	—	—	308.04	99.45	0.78	—	89.64	—	—	—	236.73	45.75
21	46	海　南	39.96	—	210.78	37.95	0.30	0.03	—	10.92	—	0.15	14.82	—
22	50	重　庆	44.58	23.07	174.39	42.09	—	1.11	—	—	10.74	0.78	133.11	—
23	51	四　川	27.36	—	916.14	468.54	1.11	1.83	0.84	—	714.09	161.34	795.90	68.07
24	52	贵　州	11.79	—	890.13	—	24.06	0.27	—	—	—	19.44	717.45	22.59
25	53	云　南	—	—	2 882.94	—	6.93	298.80	0.06	—	2.70	9.00	867.42	7.53
26	54	西　藏	—	—	179.16	15.12	—	32.64	—	—	—	5.58	125.61	5.52
27	61	陕　西	11.19	—	1 302.99	—	0.33	41.70	0.12	—	—	30.00	436.59	—
28	62	甘　肃	—	—	887.07	0.99	0.42	—	—	6.30	—	0.18	539.43	0.36
29	63	青　海	—	—	62.43	6.00	2.67	19.23	52.56	—	—	—	9.96	2.52
30	64	宁　夏	—	—	322.38	—	0.06	0.12	10.02	—	—	4.14	146.01	30.60
31	65	新　疆	0.48	—	936.81	1.47	0.03	—	—	—	—	0.12	179.67	0.99
合计 Total			**170.79**	**23.07**	**33 522.63**	**978.24**	**597.39**	**578.10**	**629.64**	**157.95**	**811.14**	**1 034.07**	**17 034.06**	**726.30**

续表

序号	省编号	面值（元）	5	5	5	5	5	10	10	10	10	10	10	10
		省份 / 游戏名称	中国红	中国节	中国结	中国砚都运动之城	中中中	100	10 来运转	2022	8	爱冰雪一起赢	爱跑	爱赢爱冰雪
1	11	北　京	289.35	0.12	—	—	0.45	—	—	116.10	706.74	—	—	1.50
2	12	天　津	190.65	—	—	—	0.15	—	—	88.56	572.28	—	—	—
3	13	河　北	125.61	28.98	0.18	—	0.87	—	0.06	1 326.21	1 980.72	—	2.28	1 908.60
4	14	山　西	46.35	0.54	—	—	5.25	—	—	148.50	522.90	2.10	0.18	0.09
5	15	内蒙古	190.02	11.34	39.00	—	12.15	—	1.38	179.76	895.32	1.86	18.81	—
6	21	辽　宁	568.26	—	—	—	0.12	—	—	164.31	1 292.64	—	—	—
7	22	吉　林	323.97	0.18	—	—	0.54	—	—	125.01	1 222.62	—	—	—
8	23	黑龙江	578.07	—	—	—	0.03	—	—	411.75	1 164.54	0.06	—	0.39
9	31	上　海	—	—	—	—	0.09	—	—	42.06	1 072.14	—	15.00	—
10	32	江　苏	118.71	3.54	18.36	—	28.47	—	8.46	745.32	4 302.36	—	170.25	6.18
11	33	浙　江	589.74	—	—	—	—	—	—	967.65	6 582.12	1.14	79.14	—
12	34	安　徽	288.30	88.92	—	—	1.83	—	—	144.72	1 299.00	—	—	—
13	35	福　建	513.42	43.14	0.42	—	22.11	38.31	1.44	511.83	2 579.40	—	10.08	36.96
14	36	江　西	190.65	—	—	—	2.82	—	—	37.89	476.76	0.54	4.59	—
15	37	山　东	172.98	3.12	—	—	1.86	—	2.34	990.81	3 260.88	34.08	—	—
16	41	河　南	389.82	—	—	—	2.67	—	0.12	623.49	3 240.12	—	1.23	—
17	42	湖　北	27.84	133.14	—	—	1.14	—	—	158.94	595.38	0.90	—	—
18	43	湖　南	72.72	—	—	—	14.04	—	3.84	160.38	791.22	—	7.86	—
19	44	广　东	863.43	0.06	—	3.81	—	—	—	249.30	6 979.62	—	0.63	—
20	45	广　西	260.88	55.62	—	—	5.19	—	—	121.26	492.00	—	10.77	—
21	46	海　南	88.74	—	—	—	—	—	0.12	7.05	83.16	—	0.30	—
22	50	重　庆	113.07	0.12	—	—	1.05	—	—	126.54	943.14	—	—	—
23	51	四　川	443.34	87.42	—	—	1.02	0.63	0.06	426.84	876.30	—	—	—
24	52	贵　州	213.27	—	—	—	0.21	—	—	51.57	912.66	—	29.64	—
25	53	云　南	435.39	2.76	—	—	0.03	13.47	—	431.07	3 549.18	11.28	—	2.10
26	54	西　藏	62.22	—	—	—	—	—	—	69.72	57.06	—	—	—
27	61	陕　西	93.87	0.18	15.54	—	50.28	—	—	523.53	1 134.90	—	84.54	—
28	62	甘　肃	107.97	—	—	—	0.21	—	—	179.70	777.18	—	—	—
29	63	青　海	—	9.00	—	—	0.33	—	—	4.56	42.36	—	—	—
30	64	宁　夏	31.95	80.10	—	—	8.16	—	0.18	84.66	225.78	—	28.50	—
31	65	新　疆	7.62	—	0.18	—	—	—	—	449.82	322.80	0.06	—	—
合计 Total			**7 398.21**	**548.28**	**73.68**	**3.81**	**161.07**	**52.41**	**18.00**	**9 668.91**	**48 953.28**	**52.02**	**463.80**	**1 955.82**

续表

序号	省编号	面值（元）	10	10	10	10	10	10	10	10	10	10	10	10
		省份 / 游戏名称	宝石之王	捕鱼大师	超级加倍	出 7 制胜	大运连连	蝶	动起来	翻倍好运	翻倍赢	翻倍赢家	福建土楼	共富浙江绿水青山篇
1	11	北　京	891.36	—	1 793.82	903.60	—	—	—	364.86	—	0.87	346.02	—
2	12	天　津	533.28	—	596.40	358.50	—	—	—	119.04	—	0.54	87.36	—
3	13	河　北	1 456.92	—	1 674.84	363.36	—	—	12.12	97.08	—	0.69	168.96	—
4	14	山　西	354.48	—	538.74	416.16	—	—	7.98	118.14	—	0.33	139.14	—
5	15	内蒙古	882.78	—	1 442.04	840.96	—	—	0.66	104.76	120.60	—	93.24	—
6	21	辽　宁	1 128.24	—	1 796.82	1 043.88	—	—	—	304.62	—	—	325.56	—
7	22	吉　林	728.76	—	1 401.90	—	—	—	1.14	477.06	—	0.54	167.40	—
8	23	黑龙江	538.62	—	899.10	535.62	—	—	—	350.22	—	0.21	167.10	—
9	31	上　海	750.24	—	358.14	185.46	—	—	2.22	370.86	—	0.84	—	—
10	32	江　苏	2 942.46	—	4 354.08	575.82	—	4.32	66.36	1 829.82	0.06	13.80	569.34	—
11	33	浙　江	3 136.56	—	4 980.00	1 764.60	—	—	5.76	1 223.16	45.00	0.18	732.72	697.02
12	34	安　徽	592.56	—	1 072.68	526.14	—	—	—	160.92	—	6.18	—	—
13	35	福　建	3 123.42	—	2 335.80	1 469.34	—	42.90	21.54	779.28	10.56	17.94	2 469.54	—
14	36	江　西	257.88	—	355.50	302.46	—	—	282.12	128.94	—	1.86	78.12	—
15	37	山　东	3 120.18	2.82	2 960.64	419.34	—	—	—	1 433.10	0.06	7.53	793.80	—
16	41	河　南	—	—	2 968.26	1 627.92	—	—	0.48	—	1.50	13.35	—	—
17	42	湖　北	435.84	—	1 891.02	661.44	—	—	—	73.20	—	2.37	224.46	—
18	43	湖　南	523.14	1.35	896.28	358.89	—	—	21.66	603.66	—	1.41	—	—
19	44	广　东	4 309.62	—	3 346.44	1 609.02	—	—	0.30	1 943.28	—	1.41	1 118.16	—
20	45	广　西	267.12	—	298.86	178.98	—	—	—	19.08	—	2.34	59.58	—
21	46	海　南	104.70	—	298.20	174.96	—	—	—	35.88	—	0.75	14.70	—
22	50	重　庆	1 070.28	—	858.06	279.00	—	—	18.60	100.68	—	4.38	—	—
23	51	四　川	890.22	—	897.42	541.05	4 083.90	—	1.32	631.08	—	3.30	—	—
24	52	贵　州	674.16	—	897.96	357.78	—	—	36.42	—	—	—	—	—
25	53	云　南	1 785.12	—	2 726.04	1 278.36	—	—	193.80	765.42	80.82	0.69	—	—
26	54	西　藏	286.14	—	873.72	355.20	—	—	—	16.32	—	0.18	—	—
27	61	陕　西	875.76	—	1 069.26	359.22	—	—	47.34	512.10	256.14	0.57	57.66	—
28	62	甘　肃	893.64	—	1 075.02	481.41	—	—	0.06	—	—	0.93	134.64	—
29	63	青　海	91.86	—	89.64	174.48	—	—	—	—	—	0.03	—	—
30	64	宁　夏	168.00	—	367.32	416.88	—	—	17.28	75.06	—	0.24	96.78	—
31	65	新　疆	446.58	—	717.24	1 001.10	—	—	1.32	0.72	0.06	0.24	—	—
合计 Total			**33 259.92**	**4.17**	**45 831.24**	**19 560.93**	**4 083.90**	**47.22**	**738.48**	**12 638.34**	**514.80**	**83.70**	**7 844.28**	**697.02**

续表

序号	省编号	面值（元）	10	10	10	10	10	10	10	10	10	10	10	10
		省份 / 游戏名称	冠军数字	国泰民安	杭州 2022	好彩头	好运沈阳	合体字	和气生财	红包	红包来啦好事会发生	红包来啦让好事发生	红宝石 8	红都瑞金
1	11	北　京	253.11	—	—	49.17	—	1.20	—	3.00	717.48	56.76	19.92	—
2	12	天　津	—	—	—	12.27	—	—	—	1.47	448.62	5.04	1.50	—
3	13	河　北	—	0.90	—	64.68	—	—	0.78	129.99	715.80	6.12	147.27	—
4	14	山　西	—	0.12	—	16.35	—	—	—	1.26	179.19	10.50	62.67	—
5	15	内蒙古	—	219.42	—	655.05	—	—	0.18	21.93	441.48	7.86	—	—
6	21	辽　宁	—	—	—	188.22	508.20	—	—	—	624.63	105.90	269.40	—
7	22	吉　林	—	0.24	—	197.19	—	—	—	1.71	595.50	—	—	—
8	23	黑龙江	—	—	—	39.60	—	—	—	—	179.94	0.18	607.41	—
9	31	上　海	—	15.00	—	126.99	—	1.14	—	0.12	534.90	—	12.66	—
10	32	江　苏	—	21.12	—	355.35	—	—	4.14	31.92	2 066.64	235.56	340.77	—
11	33	浙　江	—	43.98	2 017.56	268.23	—	1.44	—	0.90	1 782.48	18.90	653.25	—
12	34	安　徽	—	0.12	—	300.00	—	—	—	14.43	—	106.56	294.12	—
13	35	福　建	—	5.10	—	85.98	—	—	3.84	6.63	1 351.86	40.86	728.28	—
14	36	江　西	—	2.46	—	81.99	—	—	2.82	102.12	—	7.14	—	1 424.04
15	37	山　东	—	7.98	—	645.45	—	—	—	5.07	2 382.15	46.50	17.04	—
16	41	河　南	—	0.24	—	5 219.19	—	—	0.06	1.68	885.75	3.24	323.64	—
17	42	湖　北	—	4.32	—	78.63	—	—	—	0.21	514.11	10.92	—	—
18	43	湖　南	—	2.82	—	220.71	—	—	—	73.56	179.52	53.16	27.45	—
19	44	广　东	—	—	—	99.09	—	—	—	—	1 792.47	360.24	884.31	—
20	45	广　西	—	39.30	—	13.44	—	—	—	49.17	178.86	—	4.92	—
21	46	海　南	—	—	—	132.57	—	—	—	—	143.49	—	—	—
22	50	重　庆	—	—	—	143.61	—	—	—	—	443.85	—	—	—
23	51	四　川	—	0.06	—	47.85	—	—	0.12	54.87	896.73	54.12	331.71	—
24	52	贵　州	—	3.72	—	131.34	—	—	48.72	70.05	179.16	15.90	275.61	—
25	53	云　南	—	850.08	—	252.33	—	—	0.48	53.16	1 796.10	246.66	925.02	—
26	54	西　藏	—	65.04	—	281.55	—	—	—	5.94	149.22	—	236.19	—
27	61	陕　西	—	2.82	—	—	—	—	—	24.57	529.92	66.60	120.48	—
28	62	甘　肃	—	—	—	535.35	—	—	—	0.57	819.60	3.60	378.63	—
29	63	青　海	—	—	—	35.79	—	—	—	6.72	59.97	2.10	—	—
30	64	宁　夏	—	61.26	—	29.19	—	—	0.06	10.23	86.82	0.48	14.52	—
31	65	新　疆	—	—	—	40.62	—	—	—	0.75	538.95	0.06	460.08	—
合计 Total			**253.11**	**1 346.10**	**2 017.56**	**10 347.78**	**508.20**	**3.78**	**61.20**	**672.03**	**21 215.19**	**1 464.96**	**7 136.85**	**1 424.04**

续表

序号	省编号	面值（元）	10	10	10	10	10	10	10	10	10	10	10	10
		省份 / 游戏名称	虎丘风光	华夏古文明·山西好风光	火星计划	吉祥如意	江山如画	金牛贺岁	锦虎贺岁	锦鲤	进球啦	精彩冬运	快赢	灵秀湖北－人文篇
1	11	北　京	—	—	2.61	—	—	1.92	856.26	314.46	6.03	—	0.27	—
2	12	天　津	—	—	7.65	—	—	0.03	1 176.63	311.34	4.83	—	—	—
3	13	河　北	—	—	17.49	—	—	2.70	2 005.83	296.97	114.57	—	—	—
4	14	山　西	—	3.66	0.15	—	—	0.60	315.96	181.92	1.74	—	—	—
5	15	内蒙古	—	—	176.76	2.58	—	1.41	407.70	412.35	143.82	72.18	—	—
6	21	辽　宁	—	—	—	—	—	—	591.51	148.62	0.03	—	—	—
7	22	吉　林	—	—	4.80	0.90	—	0.72	1 183.95	179.13	283.32	—	—	—
8	23	黑龙江	—	—	1.08	0.06	—	0.09	661.80	355.62	1.29	—	—	—
9	31	上　海	—	—	6.36	—	—	0.03	343.74	0.06	7.65	—	—	—
10	32	江　苏	2 779.17	—	37.89	1.02	—	9.27	4 200.60	566.85	623.01	—	—	—
11	33	浙　江	—	—	7.44	—	—	0.03	5 442.24	858.99	36.66	—	—	—
12	34	安　徽	—	—	36.39	—	—	1.47	524.10	163.32	293.61	—	—	—
13	35	福　建	—	—	109.14	32.10	—	3.51	3 348.81	433.08	105.60	—	—	—
14	36	江　西	—	—	28.41	139.14	—	46.41	376.89	147.66	175.32	—	—	—
15	37	山　东	—	—	12.75	1.20	—	5.73	3 443.85	651.18	23.64	—	0.96	—
16	41	河　南	—	—	38.58	2.52	—	7.41	2 959.53	563.07	265.11	—	—	—
17	42	湖　北	—	—	41.28	1.56	—	0.36	610.80	369.51	27.93	—	—	4.95
18	43	湖　南	—	—	9.42	—	—	0.48	430.11	331.11	131.58	—	—	—
19	44	广　东	—	—	1.71	—	—	0.57	4 126.98	469.05	4.59	—	—	—
20	45	广　西	—	—	0.96	4.50	—	0.75	595.20	52.47	66.81	—	—	—
21	46	海　南	—	—	—	—	135.30	—	13.35	—	1.38	—	—	—
22	50	重　庆	—	—	14.88	—	—	1.38	894.30	242.64	391.62	—	—	—
23	51	四　川	—	—	14.37	0.42	—	2.88	1 380.72	319.41	32.52	—	—	—
24	52	贵　州	—	—	0.51	—	—	0.45	1 658.46	177.06	223.92	—	—	—
25	53	云　南	—	—	2.67	0.48	—	0.24	1 480.17	307.62	142.56	—	—	—
26	54	西　藏	—	—	6.93	0.36	—	2.49	258.72	257.58	35.28	—	—	—
27	61	陕　西	—	—	129.09	—	—	0.39	1 386.90	157.80	29.82	—	—	—
28	62	甘　肃	—	—	1.95	—	—	0.03	539.46	396.96	5.58	—	—	—
29	63	青　海	—	—	9.63	—	—	—	138.57	0.03	0.66	—	—	—
30	64	宁　夏	—	—	16.11	0.18	—	0.27	143.76	178.56	53.43	—	—	—
31	65	新　疆	—	—	1.08	—	—	—	629.22	359.52	0.18	—	—	—
合计 Total			**2 779.17**	**3.66**	**738.09**	**187.02**	**135.30**	**91.62**	**42 126.12**	**9 203.94**	**3 234.09**	**72.18**	**1.23**	**4.95**

续表

序号	省编号	面值（元）	10	10	10	10	10	10	10	10	10	10	10	10
		省份 / 游戏名称	灵秀湖北－山水篇	绿翡翠 9	魅力闽南	魅力内蒙古辉煌 70 年	七彩云南	棋王	强力 5	倾城之恋	全民健身我来啦	全民健身日	全民运动	任意球大师
1	11	北　京	—	5 107.98	—	—	—	180.96	—	—	258.54	—	—	480.12
2	12	天　津	—	1 692.60	—	—	—	147.24	—	—	167.94	—	—	171.84
3	13	河　北	—	5 229.69	—	—	—	684.18	0.06	—	519.66	—	2.94	421.92
4	14	山　西	—	943.41	—	—	—	86.28	—	—	83.88	—	—	119.94
5	15	内蒙古	—	2 985.75	—	7.32	—	84.78	—	5.82	218.04	—	—	67.02
6	21	辽　宁	—	4 476.15	—	—	—	392.16	—	0.06	242.16	—	—	251.76
7	22	吉　林	—	3 540.06	—	—	—	392.94	—	—	167.04	—	—	116.40
8	23	黑龙江	—	3 315.09	—	—	—	177.48	—	—	168.06	—	—	149.04
9	31	上　海	—	2 985.63	—	—	—	88.86	—	—	174.42	15.60	—	320.16
10	32	江　苏	—	7 905.81	—	—	—	524.58	5.52	603.06	1 002.30	132.21	17.64	1 086.06
11	33	浙　江	—	8 505.48	—	—	—	179.64	0.06	—	567.78	39.54	—	1 569.18
12	34	安　徽	—	3 262.20	—	—	—	58.86	—	—	57.36	0.84	—	314.28
13	35	福　建	—	5 823.57	157.38	—	—	228.48	2.10	85.44	338.28	10.56	—	861.60
14	36	江　西	—	460.02	—	—	—	80.16	—	—	90.18	—	—	60.66
15	37	山　东	—	5 298.00	—	—	—	415.20	0.96	100.98	620.46	0.03	0.60	1 341.00
16	41	河　南	—	3 585.54	—	—	—	367.38	—	0.48	123.78	—	3.00	770.52
17	42	湖　北	0.15	2 088.69	—	—	—	326.22	—	224.04	224.34	1.47	—	269.52
18	43	湖　南	—	1 370.49	—	—	—	86.76	—	—	153.66	36.48	—	138.30
19	44	广　东	—	28 125.87	—	—	—	713.64	—	—	700.38	—	0.06	1 555.50
20	45	广　西	—	775.56	—	—	—	89.34	—	—	63.54	16.77	53.22	159.78
21	46	海　南	—	388.08	—	—	—	33.42	—	—	5.16	15.33	79.02	53.94
22	50	重　庆	—	1 042.62	—	—	—	147.06	—	746.22	72.54	24.06	—	—
23	51	四　川	—	5 922.93	—	—	—	354.90	—	0.18	288.12	0.81	17.46	639.30
24	52	贵　州	—	2 849.73	—	—	—	88.02	—	—	43.44	7.92	12.96	52.92
25	53	云　南	—	15 486.60	—	—	0.18	1 162.86	—	865.62	419.28	304.35	3.18	894.12
26	54	西　藏	—	1 447.41	—	—	—	22.08	—	6.06	4.38	57.51	19.26	11.52
27	61	陕　西	—	2 639.85	—	—	—	258.54	0.06	7.02	324.48	1.62	—	512.94
28	62	甘　肃	—	1 480.98	—	—	—	155.82	—	—	128.34	0.03	0.36	—
29	63	青　海	—	166.14	—	—	—	61.32	—	—	29.10	2.31	—	4.86
30	64	宁　夏	—	518.49	6.18	—	—	28.56	—	—	95.58	—	—	76.92
31	65	新　疆	—	6 700.11	—	—	—	128.22	—	0.06	220.98	0.09	0.18	—
合计 Total			**0.15**	**136 120.53**	**163.56**	**7.32**	**0.18**	**7 745.94**	**8.76**	**2 645.04**	**7 573.20**	**667.53**	**209.88**	**12 471.12**

续表

序号	省编号	面值（元）	10	10	10	10	10	10	10	10	10	10	10	10
		省份 / 游戏名称	三重钻石	十倍幸运	十二星座	世界客都	鼠来宝	数字密码	说走就走	四美	天下名钻	天作之合	通吃	团团圆圆
1	11	北　京	19.62	6 565.35	0.24	—	0.06	—	519.60	—	1.14	—	896.31	—
2	12	天　津	—	2 164.29	—	—	0.21	—	280.68	—	0.54	—	148.86	—
3	13	河　北	192.24	5 834.04	2.28	—	0.03	2.40	828.96	—	108.06	0.48	1 016.37	2.22
4	14	山　西	5.31	1 542.48	—	—	0.09	0.18	131.58	—	—	—	195.33	—
5	15	内蒙古	—	3 077.67	41.52	—	—	12.42	255.54	—	23.70	10.50	567.42	2.10
6	21	辽　宁	11.82	5 862.54	—	—	—	—	629.22	—	—	—	660.09	—
7	22	吉　林	—	3 975.60	16.50	—	0.93	1.32	368.04	—	9.06	—	0.96	—
8	23	黑龙江	45.12	4 377.15	—	—	0.09	—	293.04	—	—	—	820.80	—
9	31	上　海	19.35	5 124.84	—	—	1.95	—	324.72	31.14	—	—	152.94	—
10	32	江　苏	139.92	15 121.08	375.24	—	22.41	35.28	1 132.50	67.20	22.38	0.36	739.92	2.88
11	33	浙　江	451.68	19 618.02	—	—	—	—	1 208.94	—	12.12	—	2 118.45	—
12	34	安　徽	61.77	5 052.36	—	—	—	4.56	387.24	—	5.16	—	986.73	—
13	35	福　建	172.41	8 963.16	48.72	—	76.53	7.26	831.78	—	15.48	50.52	1 181.97	1.50
14	36	江　西	49.74	1 337.64	198.48	—	236.22	—	103.32	—	2.40	—	165.12	—
15	37	山　东	101.88	9 328.83	47.46	—	1.95	6.48	1 293.24	130.26	6.06	4.68	608.64	—
16	41	河　南	—	6 766.62	164.22	—	0.72	2.76	705.30	—	240.66	—	1 071.87	—
17	42	湖　北	—	3 489.03	—	—	1.74	—	329.10	—	—	—	283.62	0.84
18	43	湖　南	144.18	2 332.32	131.40	—	9.12	—	174.96	—	0.60	—	281.01	—
19	44	广　东	—	48 345.51	3.18	13.71	—	1.50	1 356.72	—	—	—	1 724.76	—
20	45	广　西	45.84	1 285.26	85.38	—	104.40	—	118.80	—	—	—	155.04	—
21	46	海　南	—	991.17	1.26	—	—	—	36.24	—	—	—	168.03	—
22	50	重　庆	0.96	2 753.37	—	—	75.51	92.88	245.58	—	5.64	—	6.36	—
23	51	四　川	19.41	9 278.88	14.70	—	1.23	0.06	663.60	—	—	—	461.43	4.14
24	52	贵　州	26.91	3 688.89	95.64	—	222.36	33.72	219.96	—	2.28	—	1 073.04	—
25	53	云　南	236.82	15 741.09	147.18	—	0.24	0.72	832.86	—	1.80	—	2 079.36	—
26	54	西　藏	393.30	1 656.60	—	—	2.04	57.00	—	—	—	—	185.88	—
27	61	陕　西	—	3 146.28	29.76	—	0.57	7.56	575.34	—	11.94	—	427.59	—
28	62	甘　肃	16.20	1 959.90	0.54	—	—	—	174.66	—	—	—	292.92	—
29	63	青　海	137.46	262.35	31.56	—	0.72	0.12	30.06	—	44.88	—	87.63	—
30	64	宁　夏	68.70	978.69	71.28	—	0.30	7.56	110.34	—	0.06	0.96	108.36	—
31	65	新　疆	353.40	8 144.16	—	—	0.09	—	131.76	—	—	—	681.21	—
合计 Total			**2 714.04**	**208 765.17**	**1 506.54**	**13.71**	**759.51**	**273.78**	**14 293.68**	**228.60**	**513.96**	**67.50**	**19 348.02**	**13.68**

续表

序号	省编号	面值（元）	10	10	10	10	10	10	10	10	10	10	10	10
		省份 / 游戏名称	挖金矿	为中国力量加油 全运会	我爱篮球	我爱中国	我爱中国Ⅱ	我们的生活	五星报喜	相约亚沙	享全运迎好运	新时代动起来	幸福中国	幸运时辰
1	11	北　京	3.48	7.89	8.70	—	178.86	—	—	—	—	—	0.15	0.84
2	12	天　津	0.09	27.27	7.50	—	225.78	0.09	—	—	—	—	0.60	0.96
3	13	河　北	265.89	193.35	0.18	—	536.82	0.39	0.42	—	—	17.52	2.34	5.31
4	14	山　西	2.31	6.72	—	—	171.06	—	—	—	—	—	0.06	0.03
5	15	内蒙古	57.54	226.35	504.42	—	178.98	0.75	3.00	—	—	—	24.99	150.87
6	21	辽　宁	—	12.57	—	—	424.50	—	—	—	—	—	—	0.03
7	22	吉　林	98.97	319.32	—	—	—	0.21	—	—	—	—	3.42	58.47
8	23	黑龙江	—	8.10	0.90	—	247.44	—	—	—	—	—	0.03	—
9	31	上　海	3.09	13.56	—	—	176.16	—	—	—	—	—	—	—
10	32	江　苏	51.99	567.57	15.42	—	1 116.66	5.79	8.52	—	—	69.84	21.75	36.42
11	33	浙　江	13.35	224.70	18.84	—	701.40	—	—	—	—	1.26	0.09	1.02
12	34	安　徽	3.15	93.96	1.50	—	87.54	4.41	—	—	—	—	1.32	—
13	35	福　建	17.58	501.42	83.40	—	353.64	10.62	—	—	—	14.40	498.33	155.01
14	36	江　西	71.88	—	96.60	0.12	150.06	—	—	—	—	—	17.13	—
15	37	山　东	623.43	104.46	10.56	—	618.36	0.81	0.48	—	—	290.64	1.71	53.67
16	41	河　南	23.46	302.04	—	—	389.52	—	—	—	—	—	0.87	0.12
17	42	湖　北	0.15	240.93	2.58	—	443.28	15.84	—	—	—	—	0.12	97.38
18	43	湖　南	6.18	106.38	19.26	—	225.00	—	—	—	—	16.11	4.89	7.89
19	44	广　东	102.87	150.72	0.72	—	2 077.80	—	—	—	—	—	0.45	0.36
20	45	广　西	23.04	27.63	62.34	—	222.06	—	—	—	—	—	0.57	—
21	46	海　南	—	—	—	—	31.86	—	—	110.49	—	0.03	0.03	—
22	50	重　庆	12.24	18.93	—	—	150.84	—	—	—	—	14.40	0.84	—
23	51	四　川	4.62	22.62	13.56	—	506.46	—	0.54	—	—	—	1.38	3.93
24	52	贵　州	5.91	655.74	178.98	—	167.52	—	—	—	—	—	—	21.45
25	53	云　南	38.52	72.30	29.28	—	681.90	—	27.00	—	—	—	0.15	11.70
26	54	西　藏	11.04	19.20	—	—	—	—	—	—	—	—	21.00	7.77
27	61	陕　西	41.58	569.73	5.22	—	328.44	4.20	—	—	24.39	—	0.21	323.49
28	62	甘　肃	0.03	17.19	6.60	—	173.34	0.69	—	—	—	—	0.21	0.27
29	63	青　海	1.62	3.24	—	—	25.14	—	—	—	—	4.83	0.03	—
30	64	宁　夏	114.93	56.64	33.00	—	—	—	—	—	—	—	0.03	29.67
31	65	新　疆	2.52	9.36	0.12	—	110.94	0.03	0.06	—	—	0.45	0.21	0.78
合计 Total			**1 601.46**	**4 579.89**	**1 099.68**	**0.12**	**10 701.36**	**43.83**	**40.02**	**110.49**	**24.39**	**429.48**	**602.91**	**967.44**

续表

序号	省编号	面值（元）	10	10	10	10	10	10	10	10	10	10	10	10
		省份 / 游戏名称	秀甲天下壮美广西	一触即发	玉兔贺岁	遇见敦煌	跃龙门	扎西德勒	招财猫	蒸蒸日上	芝麻开花节节高	芝麻开门	中国瓷	中国红
1	11	北　京	—	—	118.26	0.06	—	—	—	0.21	0.63	—	709.71	2 212.26
2	12	天　津	—	—	6.30	0.12	1.80	—	—	0.12	—	—	88.92	149.43
3	13	河　北	—	0.48	11.16	136.98	2.04	—	1.62	—	0.48	0.18	82.23	281.79
4	14	山　西	—	—	23.88	—	0.06	—	0.12	—	—	—	89.46	284.16
5	15	内蒙古	—	0.24	24.72	5.16	348.42	—	2.64	—	0.21	0.06	86.97	729.48
6	21	辽　宁	—	0.03	191.40	—	—	—	23.46	—	—	—	—	1 345.62
7	22	吉　林	—	—	—	30.36	6.90	—	—	—	0.21	—	—	1 329.24
8	23	黑龙江	—	0.03	224.64	0.06	—	—	—	0.06	—	—	89.04	949.35
9	31	上　海	—	—	—	0.48	—	—	—	1.11	—	—	—	444.60
10	32	江　苏	—	7.02	368.16	23.88	6.12	—	18.48	8.10	13.56	5.40	174.96	950.13
11	33	浙　江	—	—	591.78	1.20	0.06	—	1.98	—	0.09	—	1 407.96	2 745.09
12	34	安　徽	—	—	235.98	6.00	0.36	—	0.36	—	6.24	—	—	596.16
13	35	福　建	—	0.15	190.56	120.60	4.50	—	—	—	8.88	5.46	178.35	1 052.49
14	36	江　西	—	—	124.80	17.88	249.66	—	—	—	—	—	—	827.73
15	37	山　东	—	1.50	88.32	—	0.18	—	0.12	3.96	2.82	0.36	—	1 235.55
16	41	河　南	—	1.56	41.76	—	3.42	—	—	3.03	4.92	—	173.28	1 817.46
17	42	湖　北	—	0.27	81.06	219.72	0.48	—	—	—	0.09	—	85.38	158.04
18	43	湖　南	—	3.21	136.02	—	3.18	—	49.26	—	0.06	—	85.80	796.89
19	44	广　东	—	2.49	1 477.38	3.12	—	—	—	—	0.84	—	238.26	6 790.59
20	45	广　西	175.11	—	25.26	131.10	101.34	—	—	—	—	0.24	—	304.02
21	46	海　南	—	—	4.14	—	—	—	—	—	—	—	50.01	511.47
22	50	重　庆	—	—	132.78	46.92	—	—	—	—	—	—	—	751.44
23	51	四　川	—	0.33	107.28	20.28	0.18	—	1.14	—	0.78	—	—	1 377.27
24	52	贵　州	—	—	157.98	—	18.24	—	1.92	—	1.29	—	176.79	1 178.70
25	53	云　南	—	—	344.46	—	0.18	18.00	—	3.66	0.24	—	—	3 023.76
26	54	西　藏	—	—	0.18	78.90	—	375.66	4.14	—	0.18	—	—	471.54
27	61	陕　西	—	—	160.44	—	—	—	—	5.25	0.30	0.06	205.92	525.21
28	62	甘　肃	—	—	27.60	1.44	0.54	—	—	0.21	—	—	—	403.86
29	63	青　海	—	—	6.12	—	—	—	—	—	0.06	—	29.97	162.18
30	64	宁　夏	—	0.12	1.74	144.96	0.06	—	12.84	—	—	—	—	234.48
31	65	新　疆	—	0.03	0.06	—	—	—	—	—	0.06	—	88.26	1 007.28
合计 Total			**175.11**	**17.46**	**4 904.22**	**989.22**	**747.72**	**393.66**	**118.08**	**25.71**	**41.94**	**11.76**	**4 041.27**	**34 647.27**

续表

序号	省编号	面值（元）	10	10	20	20	20	20	20	20	20	20	20	20
		省份 / 游戏名称	中国砚都千年之城	中国砚都山水之城	20 倍现金	7	7 彩宝石	8	爱赢爱冰雪	巴山蜀水	颁奖礼	茶马古道	超级加倍	超值 8
1	11	北　京	—	—	—	11 061.66	3.90	2 532.72	4.02	—	—	—	4 732.26	3.06
2	12	天　津	—	—	—	3 320.10	0.36	2 845.80	—	—	—	—	2 991.66	1.02
3	13	河　北	—	—	0.06	11 852.88	0.96	2 841.12	795.30	—	—	—	6 277.62	0.06
4	14	山　西	—	—	—	2 573.34	1.80	1 317.72	0.30	—	—	—	1 494.24	0.48
5	15	内蒙古	—	—	—	6 289.50	0.36	1 265.64	—	—	—	—	3 594.96	0.30
6	21	辽　宁	—	—	—	7 818.00	0.12	1 350.18	—	—	—	—	2 088.60	—
7	22	吉　林	—	—	—	3 995.22	1.14	1 568.58	—	—	—	—	2 246.88	0.36
8	23	黑龙江	—	—	—	5 030.64	0.06	1 058.58	—	—	—	—	1 257.36	0.18
9	31	上　海	—	—	0.48	6 501.60	0.36	1 768.44	—	—	—	—	2 366.58	—
10	32	江　苏	—	—	13.80	15 362.58	13.32	17 288.28	7.08	—	—	—	14 880.78	4.20
11	33	浙　江	—	—	0.06	13 864.80	—	13 344.48	—	—	—	—	17 982.66	1.56
12	34	安　徽	—	—	1.32	4 510.68	1.80	4 345.08	—	—	—	—	6 062.22	1.20
13	35	福　建	—	—	2.16	6 709.50	8.94	5 304.48	75.24	—	—	—	7 138.74	5.40
14	36	江　西	—	—	0.42	5 122.62	3.90	1 280.82	—	—	—	—	2 808.00	—
15	37	山　东	—	—	—	11 144.46	10.14	9 642.42	—	—	—	—	14 546.76	1.02
16	41	河　南	—	—	0.30	8 679.96	21.66	10 828.98	3.60	—	—	—	13 614.72	—
17	42	湖　北	—	—	0.06	4 178.22	5.76	1 683.72	—	—	—	—	3 591.78	—
18	43	湖　南	—	—	0.48	1 983.54	0.78	1 330.32	—	—	4.56	—	2 332.38	0.36
19	44	广　东	28.41	29.52	—	31 709.94	—	10 534.32	—	—	0.60	—	13 166.94	0.24
20	45	广　西	—	—	0.66	3 712.50	4.50	762.06	—	—	—	—	2 546.88	—
21	46	海　南	—	—	—	808.44	—	87.60	—	—	—	—	448.08	—
22	50	重　庆	—	—	—	2 012.10	1.74	1 857.18	—	1 909.92	—	—	2 613.36	—
23	51	四　川	—	—	0.18	9 220.50	0.96	2 098.20	—	7 322.28	—	—	3 350.10	0.06
24	52	贵　州	—	—	—	5 088.60	0.12	1 967.82	—	—	—	—	3 619.80	—
25	53	云　南	—	—	0.48	21 021.36	0.54	5 487.30	1.32	—	0.12	1.80	9 891.84	0.18
26	54	西　藏	—	—	—	2 959.38	0.42	68.40	0.12	—	—	—	1 016.40	0.06
27	61	陕　西	—	—	0.12	5 331.78	0.12	2 588.10	—	—	—	—	3 563.88	0.06
28	62	甘　肃	—	—	—	2 887.44	0.60	1 439.04	—	—	—	—	2 152.74	0.18
29	63	青　海	—	—	—	1 180.50	0.12	120.72	0.18	—	—	—	539.28	0.06
30	64	宁　夏	—	—	0.06	2 708.16	0.30	495.78	—	—	0.36	—	1 198.86	0.18
31	65	新　疆	—	—	—	13 019.04	0.18	475.86	—	—	—	—	3 596.70	0.18
合计 Total			**28.41**	**29.52**	**20.64**	**231 659.04**	**84.96**	**109 579.74**	**887.16**	**9 232.20**	**5.64**	**1.80**	**157 713.06**	**20.40**

续表

序号	省编号	面值（元）	20	20	20	20	20	20	20	20	20	20	20	20
		省份 / 游戏名称	大美青海·中华水塔	大熊猫	大运到	点石成金	蝶	发发发	翻倍好运	翻倍赢家	福禄寿喜	国宝	国宝Ⅱ	好彩头
1	11	北　京	—	3.72	—	7 261.38	0.08	—	653.10	0.96	—	1 306.44	1 781.22	336.30
2	12	天　津	—	0.42	—	1 570.44	—	—	143.64	5.82	0.18	458.46	879.42	151.44
3	13	河　北	—	0.48	—	5 917.20	—	0.36	108.06	1.62	—	1 012.92	2 087.22	163.32
4	14	山　西	—	0.66	—	972.78	—	—	170.22	0.78	—	375.72	178.80	35.58
5	15	内蒙古	—	—	—	3 106.92	462.00	—	177.06	1.92	—	1 031.16	701.82	128.58
6	21	辽　宁	—	0.06	—	3 401.70	—	—	425.94	—	—	618.06	1 056.06	91.26
7	22	吉　林	—	0.84	—	1 940.34	—	—	732.24	0.60	—	330.06	149.04	432.72
8	23	黑龙江	—	—	—	2 677.80	—	—	611.70	0.18	—	261.54	715.86	41.40
9	31	上　海	—	0.24	—	5 009.88	2.40	—	598.86	2.28	—	892.62	—	67.62
10	32	江　苏	—	26.58	—	12 729.90	—	2.40	9 411.24	22.68	—	2 506.80	2 325.06	307.26
11	33	浙　江	—	—	—	12 559.50	—	—	2 172.00	—	—	1 765.80	2 693.70	51.00
12	34	安　徽	—	—	—	3 861.60	—	—	277.62	6.36	—	916.38	527.46	335.58
13	35	福　建	—	89.10	—	5 402.34	22.24	0.24	1 090.80	26.70	—	720.96	2 846.40	389.76
14	36	江　西	—	8.46	—	875.28	—	—	224.34	4.56	—	375.06	1 407.78	83.16
15	37	山　东	—	44.94	—	4 433.04	—	0.06	3 045.72	17.40	—	2 199.66	4 529.58	1 462.86
16	41	河　南	—	18.18	—	3 999.60	—	0.24	3 276.96	39.78	—	886.68	12 805.26	1 824.60
17	42	湖　北	—	7.20	—	1 880.88	—	0.18	100.56	5.52	—	957.90	342.90	252.30
18	43	湖　南	—	1.08	—	1 449.72	—	1.92	765.60	1.98	—	417.72	692.52	494.28
19	44	广　东	—	0.42	—	35 644.08	—	—	3 326.16	1.68	—	1 898.22	3 221.16	713.10
20	45	广　西	—	4.62	—	914.34	—	0.06	32.22	4.02	—	108.54	906.48	208.26
21	46	海　南	—	—	—	343.38	—	—	63.72	0.90	—	—	188.88	120.42
22	50	重　庆	—	2.64	—	1 499.58	—	—	89.70	4.68	—	172.86	346.02	437.04
23	51	四　川	—	0.18	6 245.52	6 914.40	—	—	1 063.98	4.80	—	1 176.66	1 761.24	62.10
24	52	贵　州	—	0.24	—	4 415.22	—	—	448.32	—	—	178.68	1 023.24	512.58
25	53	云　南	—	0.72	—	14 041.26	—	0.06	1 227.06	1.20	—	1 325.22	2 783.04	2 340.00
26	54	西　藏	—	0.12	—	1 658.52	—	—	23.16	0.06	—	174.66	168.18	178.62
27	61	陕　西	—	—	—	2 796.36	—	—	1 318.50	0.60	—	635.34	1 033.44	100.44
28	62	甘　肃	—	0.30	—	1 901.58	—	—	—	0.96	—	439.86	537.42	1 793.82
29	63	青　海	364.56	—	—	584.58	—	—	13.14	—	—	170.64	199.56	22.80
30	64	宁　夏	—	0.18	—	662.82	—	—	125.64	0.96	—	425.52	324.42	47.10
31	65	新　疆	—	—	—	6 373.50	—	—	—	0.06	—	597.48	1 606.02	166.98
合计 Total			**364.56**	**211.38**	**6 245.52**	**156 799.92**	**486.72**	**5.52**	**31 717.26**	**159.06**	**0.18**	**24 337.62**	**49 819.20**	**13 352.28**

续表

序号	省编号	面值（元）	20	20	20	20	20	20	20	20	20	20	20	20
		省份 / 游戏名称	好运	贺新年	红红火火	虎虎生威	虎丘风光	花开富贵	吉象如玉	节气歌	金孔雀	锦鲤	锦绣	牛气冲天
1	11	北　京	—	—	1 785.00	2 455.08	—	—	—	—	0.42	1 999.26	—	4.80
2	12	天　津	—	—	705.06	2 988.90	—	—	—	—	0.48	757.02	—	0.30
3	13	河　北	—	3.96	1 757.34	5 773.02	—	—	—	—	0.30	1 345.26	12.48	1.56
4	14	山　西	—	—	352.98	1 438.98	—	0.30	—	—	0.36	582.18	—	0.36
5	15	内蒙古	—	0.06	1 508.46	1 843.98	—	16.92	—	1.56	0.60	749.76	1.62	—
6	21	辽　宁	—	—	1 352.10	1 294.14	—	—	—	—	0.06	757.02	—	0.06
7	22	吉　林	—	0.48	913.02	2 051.58	—	1.26	—	—	—	468.00	—	1.20
8	23	黑龙江	—	—	358.26	897.06	—	—	—	—	—	768.24	—	—
9	31	上　海	—	—	535.08	885.90	—	—	—	—	—	1 019.28	—	3.42
10	32	江　苏	—	0.54	9 738.30	19 365.54	6 837.78	6.84	—	2.46	8.28	2 854.50	31.38	43.56
11	33	浙　江	—	—	12 756.24	10 053.30	—	33.12	—	—	—	2 898.12	—	7.74
12	34	安　徽	—	—	3 474.96	4 340.04	—	—	—	—	—	538.44	—	1.14
13	35	福　建	—	6.54	3 386.46	8 946.06	—	1.86	82.56	6.42	—	1 695.72	—	789.18
14	36	江　西	—	—	574.44	2 382.30	—	—	—	—	—	199.80	—	5.52
15	37	山　东	—	—	7 602.96	10 328.16	—	26.10	—	—	—	2 030.94	0.06	43.74
16	41	河　南	22.56	339.06	5 276.52	13 518.36	—	9.12	—	—	2.76	818.40	0.54	158.88
17	42	湖　北	—	—	1 137.00	4 419.48	—	—	—	—	—	519.00	—	1.44
18	43	湖　南	—	—	343.08	1 181.28	—	0.84	—	4.86	—	289.02	0.60	2.04
19	44	广　东	—	—	17 973.00	9 867.06	—	—	—	—	—	2 296.20	—	5.94
20	45	广　西	—	1.56	718.56	2 685.60	—	—	—	—	—	298.20	—	3.42
21	46	海　南	—	—	135.06	249.06	—	0.06	—	—	—	4.62	—	0.42
22	50	重　庆	—	—	810.96	5 104.32	—	0.42	—	—	—	90.06	—	3.18
23	51	四　川	—	1.38	885.84	2 592.96	—	0.18	—	0.66	0.24	1 024.56	0.06	8.40
24	52	贵　州	—	—	1 703.70	3 263.70	—	13.02	—	20.70	—	610.86	—	0.36
25	53	云　南	—	0.36	4 221.42	4 889.70	—	0.48	0.12	—	0.06	2 381.46	—	3.24
26	54	西　藏	—	0.18	541.86	712.62	—	—	—	0.18	—	310.86	—	0.12
27	61	陕　西	—	—	1 691.94	4 435.02	—	—	—	—	—	991.56	—	9.36
28	62	甘　肃	—	—	352.32	4 313.70	—	253.02	—	—	—	820.20	—	9.84
29	63	青　海	—	0.72	174.30	321.78	—	0.54	—	—	—	185.82	—	4.26
30	64	宁　夏	—	—	469.02	902.76	—	49.86	—	0.06	0.24	358.98	—	1.68
31	65	新　疆	—	—	1 873.56	1 978.86	—	15.18	—	0.06	0.12	475.68	—	0.18
合计 Total			**22.56**	**354.84**	**85 108.80**	**135 480.30**	**6 837.78**	**429.12**	**82.68**	**36.96**	**13.92**	**30 139.02**	**46.74**	**1 115.34**

续表

序号	省编号	面值（元）	20	20	20	20	20	20	20	20	20	20	20	20
		省份 / 游戏名称	跑出精彩	汽车迷	瑞兔呈祥	汕头 2021 亚青会	天时地利人和	为中国力量加油 冰雪	五虎将	西游记	星光闪耀	炫酷 9	一蹴而就	赢
1	11	北　京	—	—	244.62	—	—	715.62	33.66	—	1.26	0.06	—	0.06
2	12	天　津	—	—	18.60	—	—	355.56	19.32	—	0.12	—	0.32	0.06
3	13	河　北	—	—	13.08	—	—	1 175.46	36.42	—	1.92	—	266.08	6.84
4	14	山　西	—	—	41.28	—	—	356.88	13.92	—	0.30	—	0.32	0.78
5	15	内蒙古	—	—	37.68	—	—	834.12	113.40	3.36	1.86	0.06	244.72	6.18
6	21	辽　宁	—	—	264.24	—	—	951.60	0.42	—	0.12	0.06	—	—
7	22	吉　林	—	—	—	—	—	793.32	27.90	0.06	1.08	—	107.12	—
8	23	黑龙江	—	—	180.24	—	—	179.94	7.20	—	0.06	—	—	0.06
9	31	上　海	—	—	—	—	—	355.80	18.84	—	1.02	—	—	0.12
10	32	江　苏	—	—	—	—	—	3 825.30	126.90	2.82	19.26	6.42	113.76	22.38
11	33	浙　江	—	12 464.64	1 125.96	—	—	2 244.30	19.44	—	—	—	3.36	—
12	34	安　徽	—	—	543.18	—	—	—	—	—	18.90	6.90	36.08	8.46
13	35	福　建	127.92	—	349.98	—	2.10	1 777.92	982.80	2.58	9.00	6.42	450.48	14.64
14	36	江　西	—	—	397.50	—	—	178.14	81.54	—	32.22	—	158.96	7.26
15	37	山　东	—	—	109.56	—	0.36	3 757.56	203.46	—	11.64	2.82	11.36	1.80
16	41	河　南	—	—	101.58	—	—	2 001.18	1 201.74	1.08	—	—	785.20	21.42
17	42	湖　北	—	—	163.14	—	—	448.20	150.18	—	25.20	0.06	234.16	6.48
18	43	湖　南	—	—	210.54	—	—	179.94	7.68	0.78	0.60	1.08	60.48	1.26
19	44	广　东	—	—	3 116.88	1 353.60	—	895.86	30.42	—	—	—	3.36	1.98
20	45	广　西	—	—	59.28	—	—	177.42	10.74	—	4.86	7.44	—	6.00
21	46	海　南	—	—	43.62	—	—	119.58	144.78	—	—	—	—	—
22	50	重　庆	—	—	429.54	—	—	424.80	59.52	—	0.06	—	0.32	—
23	51	四　川	—	—	131.70	—	—	537.66	16.50	—	2.22	0.60	449.28	1.38
24	52	贵　州	—	—	289.20	—	—	536.64	448.26	—	5.82	—	29.28	—
25	53	云　南	—	—	640.32	—	—	2 387.58	24.78	—	0.18	0.06	10.72	0.30
26	54	西　藏	—	—	0.18	—	—	89.88	41.04	—	16.74	—	398.32	—
27	61	陕　西	—	—	284.28	—	—	706.38	22.20	—	0.18	6.54	—	0.06
28	62	甘　肃	—	—	43.44	—	—	359.94	75.48	—	0.12	0.90	0.16	0.30
29	63	青　海	—	—	16.98	—	—	148.98	20.58	—	1.74	0.06	5.04	—
30	64	宁　夏	0.18	—	0.90	—	—	179.52	64.68	—	0.24	0.06	8.88	0.12
31	65	新　疆	—	—	0.06	—	—	1 075.74	22.80	—	—	0.06	0.48	0.06
合计 Total			**128.10**	**12 464.64**	**8 857.56**	**1 353.60**	**2.46**	**27 770.82**	**4 026.60**	**10.68**	**156.72**	**39.60**	**3 378.24**	**108.00**

续表

序号	省编号	面值（元）	20	20	20	20	20	20	30	30	30	30	30	30
		省份 / 游戏名称	永子	粤战越勇	运	中国范儿	中国红	中国腾冲	95 至尊	宝石之王	大吉大利	富贵有余	天降财神	万里长城
1	11	北　京	—	—	0.60	1.38	5 401.08	—	6.96	5 210.46	6 526.14	—	—	1 437.06
2	12	天　津	—	—	—	0.42	1 994.58	—	3.00	1 036.02	1 292.64	—	—	891.84
3	13	河　北	—	—	—	—	4 934.76	—	11.10	4 623.54	5 799.42	—	—	3 596.88
4	14	山　西	—	—	—	0.18	1 171.08	—	1.74	858.06	1 066.86	—	—	716.40
5	15	内蒙古	—	—	—	—	2 244.66	—	23.64	2 423.94	3 477.84	—	—	1 778.64
6	21	辽　宁	—	—	—	—	3 267.42	—	0.06	2 275.92	3 796.86	—	—	1 925.82
7	22	吉　林	—	—	—	0.12	2 729.46	—	3.06	1 383.24	1 833.72	—	—	1 048.26
8	23	黑龙江	—	—	—	0.06	2 181.30	—	0.66	1 848.54	2 470.44	—	—	1 075.44
9	31	上　海	—	—	0.24	—	4 912.74	—	0.42	3 033.90	2 861.28	—	—	298.14
10	32	江　苏	—	—	12.90	9.24	9 810.06	—	20.82	8 752.38	7 230.54	2.64	1.14	5 249.40
11	33	浙　江	—	—	0.06	0.06	14 365.62	—	19.38	7 523.52	10 254.42	—	—	5 959.68
12	34	安　徽	—	—	3.12	14.10	3 025.50	—	17.70	2 237.46	1 986.24	—	—	1 452.42
13	35	福　建	—	—	4.08	134.16	6 303.60	—	172.68	3 733.44	3 690.72	1.44	1.14	6 364.26
14	36	江　西	—	—	19.44	6.72	2 276.64	—	297.78	936.72	991.74	0.06	—	718.14
15	37	山　东	—	—	—	39.30	5 134.02	—	76.50	4 730.04	4 740.24	—	—	6 305.64
16	41	河　南	—	—	14.10	82.68	5 469.60	—	58.68	4 525.02	6 080.52	0.18	0.30	4 579.26
17	42	湖　北	—	—	10.56	793.80	1 986.36	—	7.02	1 349.82	1 662.36	0.36	—	1 024.44
18	43	湖　南	—	—	—	—	2 013.48	—	12.72	601.44	625.14	—	1.80	1 834.26
19	44	广　东	—	6.90	—	0.30	28 676.28	—	7.50	16 607.04	20 074.98	—	—	5 571.72
20	45	广　西	—	—	3.24	4.14	1 262.04	—	10.74	543.30	1 339.20	4.20	0.24	897.42
21	46	海　南	—	—	—	—	1 745.40	—	19.74	0.06	399.96	—	—	263.10
22	50	重　庆	—	—	0.54	—	1 355.10	—	2.76	1 089.42	1 354.80	—	—	1 859.64
23	51	四　川	—	—	0.60	1.14	9 329.16	—	17.58	5 447.04	4 456.08	—	—	1 792.50
24	52	贵　州	—	—	—	2.76	3 091.44	—	0.06	2 036.16	1 870.98	—	—	1 439.52
25	53	云　南	2.58	—	0.18	0.06	13 165.02	5 383.50	2.28	9 362.64	13 678.98	0.18	—	6 514.08
26	54	西　藏	—	—	—	—	1 261.26	—	0.30	920.82	1 290.06	—	—	299.70
27	61	陕　西	—	—	0.18	0.06	3 216.24	—	33.90	2 172.66	2 871.24	—	0.06	1 230.54
28	62	甘　肃	—	—	—	0.84	1 870.56	—	4.56	1 388.58	2 200.92	—	—	2 156.58
29	63	青　海	—	—	0.06	0.06	476.94	—	0.60	493.92	634.56	—	0.18	179.10
30	64	宁　夏	—	—	0.06	—	1 048.26	—	2.76	657.96	1 088.94	0.06	0.24	516.66
31	65	新　疆	—	—	0.12	0.06	4 389.60	—	0.60	5 938.08	7 651.50	—	—	4 642.32
合计 Total			**2.58**	**6.90**	**70.08**	**1 091.64**	**150 109.26**	**5 383.50**	**837.30**	**103 741.14**	**125 299.32**	**9.12**	**5.10**	**73 618.86**

续表

序号	省编号	面值（元）	30	30	50	50	50	50	50	合 计 Total
		省份 / 游戏名称	万马奔腾	新速度新高度	8	超级加倍	巅峰对决	新春大吉	中国龙	
1	11	北 京	—	1.38	2 278.10	4 196.70	—	206.80	10 204.70	105 204.49
2	12	天 津	—	0.48	1 157.20	1 198.30	—	1.50	2 190.90	40 118.50
3	13	河 北	—	1.14	1 339.40	3 556.70	—	20.10	6 734.10	110 438.42
4	14	山 西	—	2.52	588.50	1 195.70	—	26.20	1 546.10	27 105.75
5	15	内蒙古	1.92	—	1 146.90	1 199.10	—	7.50	3 508.90	61 197.86
6	21	辽 宁	—	0.06	1 087.20	2 880.60	—	212.10	4 432.70	74 530.67
7	22	吉 林	—	0.06	1 057.40	1 370.10	—	—	2 115.30	52 042.06
8	23	黑龙江	—	0.12	1 052.30	1 199.20	—	157.00	2 801.40	53 841.16
9	31	上 海	—	0.84	1 463.80	1 796.70	—	—	6 135.30	56 998.57
10	32	江 苏	—	17.82	7 232.30	7 140.50	65.60	—	15 629.60	254 172.53
11	33	浙 江	—	2.04	10 048.40	7 200.00	—	1 228.10	14 706.60	262 151.18
12	34	安 徽	—	1 365.96	1 310.60	3 140.90	—	194.60	3 132.50	70 625.05
13	35	福 建	—	14.16	2 843.40	4 810.60	5.60	324.30	4 789.00	136 086.92
14	36	江 西	—	0.06	559.30	1 778.20	—	123.10	1 352.90	37 288.60
15	37	山 东	—	4.68	4 223.80	5 934.20	—	65.20	4 794.70	170 038.60
16	41	河 南	—	13.32	3 742.40	7 928.10	0.90	54.40	3 870.00	162 653.77
17	42	湖 北	—	61.02	1 090.90	1 193.20	—	100.90	2 679.00	50 631.97
18	43	湖 南	—	8.40	549.80	870.40	21.60	93.40	1 225.60	33 633.23
19	44	广 东	—	—	7 636.40	5 992.40	—	1 129.80	34 165.40	399 690.66
20	45	广 西	—	—	344.70	595.60	55.60	61.30	1 072.90	28 092.40
21	46	海 南	—	—	87.00	424.30	42.90	24.00	756.10	11 058.14
22	50	重 庆	—	—	301.90	1 401.20	—	46.90	1 868.40	42 981.24
23	51	四 川	—	2.28	2 298.50	1 798.00	—	134.00	8 255.50	121 712.07
24	52	贵 州	—	0.12	1 025.80	2 380.20	—	253.00	3 278.10	61 705.13
25	53	云 南	6.36	0.12	5 280.90	7 194.60	—	738.20	17 144.10	228 247.95
26	54	西 藏	—	41.94	95.00	1 199.70	—	0.30	2 973.40	26 455.36
27	61	陕 西	—	0.96	850.90	1 179.30	17.50	162.80	2 528.30	63 511.23
28	62	甘 肃	—	0.24	1 468.30	1 169.40	—	22.90	1 167.30	44 231.37
29	63	青 海	—	98.88	82.30	447.40	—	9.80	576.60	9 467.17
30	64	宁 夏	—	—	283.80	497.00	—	1.20	440.30	19 430.50
31	65	新 疆	—	0.30	436.00	1 997.90	—	—	11 429.10	94 653.45
合计 Total			**8.28**	**1 638.90**	**62 963.20**	**84 866.20**	**209.70**	**5 399.40**	**177 504.80**	**2 909 996.00**

（国家体育总局体育彩票管理中心供稿）

（五）其他统计资料

Other Statistical Data

2002—2022 年全国彩票机构代扣代缴中奖奖金个人所得税情况一览表

Table of Individual Income Tax from Lottery Winners Withheld by Lottery Organizations in China from 2002 to 2022

所 得 税 额

Individual Income Tax

单位：万元

Unit：Ten Thousand Yuan

年 份 year	福利彩票机构 Welfare Lottery Organization	体育彩票机构 Sports Lottery Organization	合 计 Total
2002	78 606.53	121 109.45	199 715.98
2003	84 221.75	123 735.36	207 957.11
2004	96 053.50	86 883.14	182 936.64
2005	105 357.07	70 823.65	176 180.72
2006	112 917.80	127 554.33	240 472.13
2007	156 994.13	142 039.91	299 034.04
2008	159 522.18	152 544.72	312 066.90
2009	198 950.60	166 801.30	365 751.90
2010	232 340.43	169 751.12	402 091.55
2011	289 156.99	202 445.02	491 602.01
2012	329 532.92	190 863.29	520 396.20
2013	308 398.23	207 576.22	515 974.46
2014	329 890.42	259 744.71	589 635.13
2015	304 516.62	249 166.36	553 682.98
2016	317 677.41	232 534.00	550 211.41
2017	326 649.71	280 602.21	607 251.92
2018	316 356.53	279 868.17	596 224.70
2019	342 574.68	464 676.28	807 250.96
2020	280 447.66	329 661.93	610 109.59
2021	362 262.88	411 210.76	773 473.64
2022	341 580.90	426 711.74	768 292.65
合计 Total	**5 074 008.93**	**4 696 303.68**	**9 770 312.60**

2022 年全国各地区彩票机构代扣代缴中奖奖金个人所得税情况一览表

Table of Individual Income Tax from Lottery Winners Withheld by Lottery Organizations in Different Regions in China in 2022

所得税额

Individual Income Tax

单位：万元

Unit：Ten Thousand Yuan

地 区 Region	福利彩票机构 Welfare Lottery Organization	体育彩票机构 Sports Lottery Organization	合 计 Total
北 京	14 221.07	15 956.98	30 178.06
天 津	1 851.49	7 460.03	9 311.52
河 北	12 180.38	18 563.32	30 743.70
山 西	4 431.74	3 682.12	8 113.86
内蒙古	6 334.08	6 249.81	12 583.88
辽 宁	9 872.30	8 469.06	18 341.36
吉 林	2 962.88	4 019.10	6 981.98
黑龙江	5 212.21	7 467.83	12 680.04
上 海	8 917.08	8 912.38	17 829.46
江 苏	28 066.97	36 977.07	65 044.04
浙 江	29 907.79	36 617.63	66 525.42
安 徽	9 820.88	13 728.43	23 549.31
福 建	11 227.58	23 132.39	34 359.97
江 西	7 677.75	7 412.11	15 089.86
山 东	21 656.22	20 857.01	42 513.23
河 南	14 604.74	18 548.67	33 153.41
湖 北	11 805.26	21 191.71	32 996.97
湖 南	9 784.31	8 703.91	18 488.21
广 东	43 501.46	57 007.53	100 508.98
广 西	13 807.70	5 622.66	19 430.36
海 南	1 797.34	2 374.28	4 171.62
重 庆	6 589.37	12 844.75	19 434.11
四 川	18 127.60	20 921.31	39 048.91
贵 州	7 278.01	7 751.31	15 029.32
云 南	16 491.49	24 484.72	40 976.21
西 藏	389.17	515.51	904.69
陕 西	9 094.16	11 242.73	20 336.89
甘 肃	3 985.48	6 601.38	10 586.86
青 海	1 539.48	934.40	2 473.87
宁 夏	2 093.78	2 294.37	4 388.14
新 疆	6 351.15	6 167.25	12 518.40
合 计 Total	**341 580.90**	**426 711.74**	**768 292.65**

（中国福利彩票发行管理中心、国家体育总局体育彩票管理中心供稿）

2002—2022 年全国彩票机构中百万元以上大奖情况一览表

Table of Quantity of Millionaire Prize Winners in Lottery Organizations in China from 2002 to 2022

单位：个
Unit：Ge

年份 year	福利彩票机构 Welfare Lottery Organization	体育彩票机构 Sports Lottery Organization	合计 Total
2002	874	1 141	2 015
2003	766	774	1 540
2004	1 017	627	1 644
2005	806	606	1 412
2006	873	534	1 407
2007	1 023	533	1 556
2008	873	872	1 745
2009	1 137	1 037	2 174
2010	1 348	1 118	2 466
2011	1 391	1 012	2 403
2012	1 794	939	2 733
2013	1 874	1 120	2 994
2014	1 736	1 341	3 077
2015	1 435	1 302	2 737
2016	1 597	1 389	2 986
2017	1 726	1 105	2 831
2018	1 540	1 147	2 687
2019	1 853	2 910	4 763
2020	1 778	1 284	3 062
2021	2 266	1 618	3 884
2022	2 032	1 828	3 860
合计 Total	**29 739**	**24 237**	**53 976**

2022年全国各地区福利彩票中百万元以上大奖情况一览表

Table of Quantity of Welfare Lottery Millionaire Prize Winners in Different Regions in 2022

地 区 Region	500万元以上大奖个数 Five-million Yuan Prize Winners	100万元以上大奖个数 One-million Yuan Prize Winners
北 京	88	104
天 津	5	6
河 北	58	66
山 西	23	24
内蒙古	22	26
辽 宁	48	60
吉 林	13	15
黑龙江	26	28
上 海	41	52
江 苏	121	147
浙 江	145	176
安 徽	44	50
福 建	56	64
江 西	32	39
山 东	104	129
重 庆	33	40
河 南	60	65
湖 北	61	68
湖 南	46	56
广 东 （不含深圳）	209	255
广 西	84	94
海 南	10	11
四 川	103	121
贵 州	33	37
云 南	97	100
西 藏	1	3
陕 西	38	48
甘 肃	16	16
青 海	10	11
宁 夏	17	18
新 疆	36	71
深 圳	23	32
合 计 Total	**1 703**	**2 032**

注：其中500万元以上大奖个数包含在百万元以上大奖个数中。

（中国福利彩票发行管理中心供稿）

2022 年全国各地区体育彩票中百万元以上大奖情况一览表

Table of Quantity of Sports Lottery Millionaire Prize Winners in Different Regions in 2022

地 区 Region	500 万元以上大奖个数 Five-million Yuan Prize Winners	100 万元以上大奖个数 One-million Yuan Prize Winners
北 京	20	59
天 津	10	31
河 北	39	91
山 西	6	13
内蒙古	14	18
辽 宁	11	38
吉 林	6	19
黑龙江	18	23
上 海	19	52
江 苏	68	150
浙 江	67	168
安 徽	36	62
福 建	55	121
江 西	13	33
山 东	49	87
河 南	45	71
湖 北	34	126
湖 南	11	59
广 东	81	179
广 西	10	23
海 南	4	12
重 庆	23	83
四 川	40	82
贵 州	16	33
云 南	36	99
西 藏	0	1
陕 西	20	34
甘 肃	13	25
青 海	1	6
宁 夏	5	8
新 疆	6	22
合 计	**776**	**1 828**

注：①其中500万元以上大奖个数包含在百万元以上大奖个数中，百万元以上金额不包括百万元，500万元以上金额不包括500万元。

②数据口径：按单张彩票为单位、按自然年（1月1日–12月31日）、中奖金额（含派奖）统计2022年全国各地区体育彩票中百万元以上大奖中奖个数。

（国家体育总局体育彩票管理中心供稿）

2005—2022 年全国彩票机构投注终端数量一览表

Table of the Quantity of Lottery Sales Terminals in China from 2005 to 2022

投注终端机

Sales Terminal

单位：台

Unit：Tai

年份 year	福利彩票机构 Welfare Lottery Organization	体育彩票机构 Sports Lottery Organization	合计 Total
2005	77 969	49 914	127 883
2006	93 138	65 040	158 178
2007	104 526	79 055	183 581
2008	115 487	96 828	212 315
2009	125 415	111 317	236 732
2010	144 250	113 971	258 221
2011	154 520	129 699	284 219
2012	151 994	127 871	279 865
2013	165 629	130 467	296 096
2014	171 109	140 824	311 933
2015	179 296	145 330	324 626
2016	184 362	156 065	340 427
2017	184 741	165 437	350 178
2018	183 673	173 591	357 264
2019	188 245	177 579	365 824
2020	174 714	196 374	371 088
2021	163 667	207 546	371 213
2022	261 666	225 084	486 750

2022 年全国各地区彩票机构投注终端数量一览表

Table of the Quantity of Lottery Sales Terminals in China in Different Regions in 2022

投注终端机

Sales Terminal

单位：台

Unit：Tai

地　区 Region	福利彩票机构 Welfare Lottery Organization	体育彩票机构 Sports Lottery Organization	合　计 Total
北　京	2 923	4 600	7 523
天　津	2 433	3 547	5 980
河　北	9 595	11 646	21 241
山　西	6 028	3 923	9 951
内蒙古	8 836	4 780	13 616
辽　宁	18 760	7 004	25 764
吉　林	4 746	4 027	8 773
黑龙江	6 890	5 238	12 128
上　海	6 585	4 269	10 854
江　苏	15 210	16 837	32 047
浙　江	18 455	16 952	35 407
安　徽	6 558	6 626	13 184
福　建	9 648	10 434	20 082
江　西	5 005	7 138	12 143
山　东	23 832	17 821	41 653
河　南	10 079	13 837	23 916
湖　北	11 811	10 111	21 922
湖　南	13 034	6 079	19 113
广　东	21 855	15 949	37 804
广　西	6 656	4 038	10 694
海　南	2 858	2 323	5 181
重　庆	12 696	8 242	20 938
四　川	8 551	10 219	18 770
贵　州	4 051	5 134	9 185
云　南	7 480	8 154	15 634
西　藏	732	813	1 545
陕　西	6 086	5 710	11 796
甘　肃	3 468	3 258	6 726
青　海	877	736	1 613
宁　夏	1 740	1 556	3 296
新　疆	4 188	4 083	8 271
合 计 Total	**261 666**	**225 084**	**486 750**

（中国福利彩票发行管理中心、国家体育总局体育彩票管理中心供稿）

2022 年全国电脑福利彩票游戏一览表

Table of Computerized National Welfare Lottery Games in 2022

地区	玩法	停止销售时间	开奖日（星期）							开奖方式	开奖时间	媒体
			一	二	三	四	五	六	日			
北京	双色球联销	20：00		1		1			1	直播	21：15	中国教育电视台1套、中国福彩网、中彩网、人民网、新华网、新浪网、搜狐网、网易网、腾讯视频网
	七乐彩联销		1		1		1					
	3D 联销	20：30	1	1	1	1	1	1	1			
	快乐 8	21：00	1	1	1	1	1	1	1	直播	21：30	中国福彩网、新浪网、搜狐网、新华网、中彩网
天津	双色球联销	20：00		1		1			1	直播	21：15	中国教育电视台1套、中国福彩网、中彩网、人民网、新华网、新浪网、搜狐网、网易网、腾讯视频网
	七乐彩联销		1		1		1					
	3D 联销		1	1	1	1	1	1	1			
	快乐 8	21：00	1	1	1	1	1	1	1	直播	21：30	中国福彩网、新浪网、搜狐网、新华网、中彩网
河北	双色球联销	19：40		1		1			1	直播	21：15	中国教育电视台1套、中国福彩网、中彩网、人民网、新华网、新浪网、搜狐网、网易网、腾讯视频网
	七乐彩联销		1		1		1					
	3D 联销		1	1	1	1	1	1	1			
	快乐 8	21：00	1	1	1	1	1	1	1	直播	21：30	中国福彩网、新浪网、搜狐网、新华网、中彩网
	乐透：组合 20 选 5	18：30	1	1	1	1	1	1	1	录播	22：10	河北都市频道
	乐透：组合 20 选 5 好运 2		1	1	1	1	1	1	1			
	乐透：组合 20 选 5 好运 3		1	1	1	1	1	1	1			
	数字：排列 00000~99999 全组合				1		1		1			
	数字：排列 0000000~9999999 全组合		1		1		1					
山西	双色球联销	20：00		1		1			1	直播	21：15	中国教育电视台1套、中国福彩网、中彩网、人民网、新华网、新浪网、搜狐网、网易网、腾讯视频网
	七乐彩联销		1		1		1					
	3D 联销	20：30	1	1	1	1	1	1	1			
	快乐 8	21：00	1	1	1	1	1	1	1	直播	21：30	中国福彩网、新浪网、搜狐网、新华网、中彩网

续表

地区	玩法	停止销售时间	开奖日（星期）							开奖方式	开奖时间	媒体
			一	二	三	四	五	六	日			
内蒙古	双色球联销	20：00		1		1			1	直播	21：15	中国教育电视台1套、中国福彩网、中彩网、人民网、新华网、新浪网、搜狐网、网易网、腾讯视频网
	七乐彩联销		1		1		1					
	3D 联销	20：30	1	1	1	1	1	1	1			
	快乐 8	21：00	1	1	1	1	1	1	1	直播	21：30	中国福彩网、新浪网、搜狐网、新华网、中彩网
辽宁	双色球联销	20：00		1		1			1	直播	21：15	中国教育电视台1套、中国福彩网、中彩网、人民网、新华网、新浪网、搜狐网、网易网、腾讯视频网
	七乐彩联销		1		1		1					
	3D 联销	20：20	1	1	1	1	1	1	1			
	快乐 8	21：00	1	1	1	1	1	1	1	直播	21：30	中国福彩网、新浪网、搜狐网、新华网、中彩网
	数字：6 位数 +1 生肖码	18：30	1		1			1				
吉林	双色球联销	20：00		1		1			1	直播	21：15	中国教育电视台1套、中国福彩网、中彩网、人民网、新华网、新浪网、搜狐网、网易网、腾讯视频网
	七乐彩联销		1		1		1					
	3D 联销	20：30	1	1	1	1	1	1	1			
	快乐 8	21：00	1	1	1	1	1	1	1	直播	21：30	中国福彩网、新浪网、搜狐网、新华网、中彩网
黑龙江	双色球联销	20：00		1		1			1	直播	21：15	中国教育电视台1套、中国福彩网、中彩网、人民网、新华网、新浪网、搜狐网、网易网、腾讯视频网
	七乐彩联销		1		1		1					
	3D 联销		1	1	1	1	1	1	1			
	快乐 8	21：00	1	1	1	1	1	1	1	直播	21：30	中国福彩网、新浪网、搜狐网、新华网、中彩网
	乐透：组合 22 选 5	18：20	1	1	1	1	1	1	1	录播	18：50	黑龙江福彩网
	乐透：组合 36 选 7		1		1			1				
	数字：000000~999999 排列		1	1	1	1	1	1	1			
上海	双色球联销	20：00		1		1			1	直播	21：15	中国福彩网、新浪网、搜狐网、新华网、中彩网；上海福彩网、上海福彩官方微信（shswlc）、官方客户端
	七乐彩联销		1		1		1					
	3D 联销	20：00	1	1	1	1	1	1	1			
	快乐 8	21：00	1	1	1	1	1	1	1	直播	21：30	中国福彩网、新浪网、搜狐网、新华网、中彩网；上海福彩网、上海福彩官方微信（shswlc）、官方客户端
	乐透：组合 15 选 5	18：45	1	1	1	1	1	1	1	公告	19：30	上海福彩网、上海福彩官方微信（shswlc）、官方客户端
	数字：6 位数 +1 生肖码	18：30	1		1			1				
	数字：0000~9999 全排列	20：30	1	1	1	1	1	1	1		20：40	

续表

地区	玩法	停止销售时间	开奖日（星期）							开奖方式	开奖时间	媒体
			一	二	三	四	五	六	日			
江苏	双色球联销	20：00		1		1			1	直播	21：15	中国教育电视台1套、中国福彩网、中彩网、人民网、新华网、新浪网、搜狐网、网易网、腾讯视频网
	七乐彩联销		1		1		1					
	3D 联销	20：30	1	1	1	1	1	1	1			
	快乐 8	21：00	1	1	1	1	1	1	1	直播	21：30	中国福彩网、新浪网、搜狐网、新华网、中彩网
	乐透：组合 15 选 5	18：30	1	1	1	1	1	1	1	公告	19：30	江苏省福彩网、官微及主流报纸
	数字：6 位数 +1 生肖码		1		1			1				
浙江	双色球联销	20：00		1		1			1	直播	21：15	中国教育电视台1套、中国福彩网、中彩网、人民网、新华网、新浪网、搜狐网、网易网、腾讯视频网
	七乐彩联销		1		1		1					
	3D 联销		1	1	1	1	1	1	1		22：25	浙江钱江都市频道
	快乐 8	21：00	1	1	1	1	1	1	1	直播	21：30	中国福彩网、新浪网、搜狐网、新华网、中彩网
	乐透：组合 15 选 5	18：30	1	1	1	1	1	1	1	录播	22：25	浙江钱江都市频道
	数字：6 位数 +1 生肖码		1		1			1			22：25	浙江钱江都市频道
安徽	双色球联销	20：00		1		1			1	直播	21：15	中国教育电视台1套、中国福彩网、中彩网、人民网、新华网、新浪网、搜狐网、网易网、腾讯视频网
	七乐彩联销		1		1		1					
	3D 联销		1	1	1	1	1	1	1			
	快乐 8	21：00	1	1	1	1	1	1	1	直播	21：30	中国福彩网、新浪网、搜狐网、新华网、中彩网
	乐透：组合 15 选 5	19：00	1	1	1	1	1	1	1		19：35	安徽省福彩网、开奖次日安徽省主流报纸刊登
	数字：6 位数 +1 生肖码		1		1			1				
福建	双色球联销	20：00		1		1			1	直播	21：15	中国教育电视台 1 套、中国福彩网、中彩网、人民网、新华网、新浪网、搜狐网、网易网、腾讯视频网、福建福彩官方微信、微博、泉州广播电视台 FM904 交通之声
	七乐彩联销	19：30	1		1		1					
	3D 联销	20：30	1	1	1	1	1	1	1			
	快乐 8	21：00	1	1	1	1	1	1	1	直播	21：30	中国福彩网、新浪网、搜狐网、新华网、中彩网
	乐透：组合 15 选 5	18：30	1	1	1	1	1	1	1	公告		福建影视频道
	数字：6 位数 +1 生肖码		1		1			1				

续表

地区	玩法	停止销售时间	开奖日（星期）							开奖方式	开奖时间	媒体
			一	二	三	四	五	六	日			
江西	双色球联销	20：00		1		1			1	直播	21：15	中国教育电视台1套、中国福彩网、中彩网、人民网、新华网、新浪网、搜狐网、网易网、腾讯视频网、江西福彩网、江西电视台二套、《经济晚报》
	七乐彩联销	20：00	1		1		1					中国教育电视台1套、中国福彩网、中彩网、人民网、新华网、新浪网、搜狐网、网易网、腾讯视频网、江西福彩网、《经济晚报》
	3D 联销	20：30	1	1	1	1	1	1	1			
	快乐 8	21：00	1	1	1	1	1	1	1	直播	21：30	中国福彩网、新浪网、搜狐网、新华网、中彩网
	乐透：组合 15 选 5	18：30	1	1	1	1	1	1	1	录播	19：00	江西教育电视台
	数字：6 位数 +1 生肖码		1		1			1				
山东	双色球联销	20：00		1		1			1	直播	21：15	中国教育电视台1套、中国福彩网、中彩网、人民网、新华网、新浪网、搜狐网、网易网、腾讯视频网、山东彩票网
	七乐彩联销		1		1		1					
	3D 联销	2023 年 1 月 18 日之前为 20：15，自 2023 年 1 月 29 日起改为 20：30。	1	1	1	1	1	1	1			
	快乐 8	21：00	1	1	1	1	1	1	1	直播	21：30	中国福彩网、新浪网、搜狐网、新华网、中彩网
河南	双色球联销	20：30		1		1			1	直播	21：15	中国教育电视台1套、中国福彩网、中彩网、人民网、新华网、新浪网、搜狐网、网易网、腾讯视频网
	七乐彩联销		1		1		1					
	3D 联销		1	1	1	1	1	1	1			
	快乐 8	21：00	1	1	1	1	1	1	1	直播	21：30	中国福彩网、新浪网、搜狐网、新华网、中彩网
	乐透：组合 22 选 5	20：30	1	1	1	1	1	1	1	录播	22：50	河南都市频道
	乐透：组合 22 选 5 好运 2		1	1	1	1	1	1	1			
	乐透：组合 22 选 5 好运 3		1	1	1	1	1	1	1			
	乐透：组合 22 选 5 好运 4		1	1	1	1	1	1	1			
湖北	双色球联销	20：00		1		1			1	直播	21：15	中国教育电视台1套、中国福彩网、中彩网、人民网、新华网、新浪网、搜狐网、网易网、腾讯视频网
	七乐彩联销	20：00	1		1		1					
	3D 联销	20：00	1	1	1	1	1	1	1			
	快乐 8	21：00	1	1	1	1	1	1	1	直播	21：30	中国福彩网、新浪网、搜狐网、新华网、中彩网

续表

<table>
<tr><th rowspan="2">地区</th><th rowspan="2">玩法</th><th rowspan="2">停止销售时间</th><th colspan="7">开奖日（星期）</th><th rowspan="2">开奖方式</th><th rowspan="2">开奖时间</th><th rowspan="2">媒体</th></tr>
<tr><th>一</th><th>二</th><th>三</th><th>四</th><th>五</th><th>六</th><th>日</th></tr>
<tr><td rowspan="4">湖南</td><td>双色球联销</td><td rowspan="2">20：00</td><td></td><td>1</td><td></td><td>1</td><td></td><td></td><td>1</td><td rowspan="3">直播</td><td rowspan="3">21：15</td><td rowspan="3">中国教育电视台1套、中国福彩网、中彩网、人民网、新华网、新浪网、搜狐网、网易网、腾讯视频网</td></tr>
<tr><td>七乐彩联销</td><td>1</td><td></td><td>1</td><td></td><td>1</td><td></td><td></td></tr>
<tr><td>3D 联销</td><td>20：30</td><td>1</td><td>1</td><td>1</td><td>1</td><td>1</td><td>1</td><td>1</td></tr>
<tr><td>快乐 8</td><td>21：00</td><td>1</td><td>1</td><td>1</td><td>1</td><td>1</td><td>1</td><td>1</td><td>直播</td><td>21：30</td><td>中国福彩网、新浪网、搜狐网、新华网、中彩网</td></tr>
<tr><td rowspan="7">广东</td><td>双色球联销</td><td rowspan="2">20：00</td><td></td><td>1</td><td></td><td>1</td><td></td><td></td><td>1</td><td rowspan="2">直播</td><td rowspan="2">21：15</td><td rowspan="2">中国教育电视台1套、中国福彩网、中彩网、人民网、新华网、新浪网、搜狐网、网易网、腾讯视频网</td></tr>
<tr><td>3D 联销</td><td>1</td><td>1</td><td>1</td><td>1</td><td>1</td><td>1</td><td>1</td></tr>
<tr><td>快乐 8</td><td>21：00</td><td>1</td><td>1</td><td>1</td><td>1</td><td>1</td><td>1</td><td>1</td><td>直播</td><td>21：30</td><td>中国福彩网、新浪网、搜狐网、新华网、中彩网</td></tr>
<tr><td>乐透：组合 36 选 7</td><td rowspan="4">19：00</td><td>1</td><td>1</td><td>1</td><td>1</td><td>1</td><td>1</td><td>1</td><td rowspan="4">录播</td><td rowspan="4">21：49</td><td rowspan="4">广东广播电视台经济科教频道（TVS1）《今日福彩》节目</td></tr>
<tr><td>乐透：组合 36 选 7 好彩 1</td><td>1</td><td>1</td><td>1</td><td>1</td><td>1</td><td>1</td><td>1</td></tr>
<tr><td>乐透：组合 36 选 7 好彩 2</td><td>1</td><td>1</td><td>1</td><td>1</td><td>1</td><td>1</td><td>1</td></tr>
<tr><td>乐透：组合 36 选 7 好彩 3</td><td>1</td><td>1</td><td>1</td><td>1</td><td>1</td><td>1</td><td>1</td></tr>
<tr><td rowspan="4">深圳</td><td>双色球联销</td><td rowspan="3">20：00</td><td></td><td>1</td><td></td><td>1</td><td></td><td></td><td>1</td><td rowspan="3">直播</td><td rowspan="3">21：15</td><td rowspan="3">中国教育电视台1套、中国福彩网、中彩网、人民网、新华网、新浪网、搜狐网、网易网、腾讯视频网</td></tr>
<tr><td>七乐彩联销</td><td>1</td><td></td><td>1</td><td></td><td>1</td><td></td><td></td></tr>
<tr><td>3D 联销</td><td>1</td><td>1</td><td>1</td><td>1</td><td>1</td><td>1</td><td>1</td></tr>
<tr><td>快乐 8</td><td>21：00</td><td>1</td><td>1</td><td>1</td><td>1</td><td>1</td><td>1</td><td>1</td><td>直播</td><td>21：30</td><td>中国福彩网、新浪网、搜狐网、新华网、中彩网</td></tr>
<tr><td rowspan="5">广西</td><td>双色球联销</td><td rowspan="2">20：00</td><td></td><td>1</td><td></td><td>1</td><td></td><td></td><td>1</td><td rowspan="3">直播</td><td rowspan="3">21：15</td><td rowspan="3">中国教育电视台1套、中国福彩网、中彩网、人民网、新华网、新浪网、搜狐网、网易网、腾讯视频网</td></tr>
<tr><td>七乐彩联销</td><td>1</td><td></td><td>1</td><td></td><td>1</td><td></td><td></td></tr>
<tr><td>3D 联销</td><td>20：20</td><td>1</td><td>1</td><td>1</td><td>1</td><td>1</td><td>1</td><td>1</td></tr>
<tr><td>快乐 8</td><td>21：00</td><td>1</td><td>1</td><td>1</td><td>1</td><td>1</td><td>1</td><td>1</td><td>直播</td><td>21：30</td><td>中国福彩网、新浪网、搜狐网、新华网、中彩网</td></tr>
<tr><td>乐透：组合 24 选 7 及好运彩（快乐双彩）</td><td>21：00</td><td>1</td><td>1</td><td>1</td><td>1</td><td>1</td><td>1</td><td>1</td><td>计算机自动开奖</td><td>21：30</td><td></td></tr>
<tr><td rowspan="4">海南</td><td>双色球联销</td><td rowspan="3">20：00</td><td></td><td>1</td><td></td><td>1</td><td></td><td></td><td>1</td><td rowspan="3">直播</td><td rowspan="3">21：15</td><td rowspan="3">中国教育电视台1套、中国福彩网、中彩网、人民网、新华网、新浪网、搜狐网、网易网、腾讯视频网</td></tr>
<tr><td>七乐彩联销</td><td>1</td><td></td><td>1</td><td></td><td>1</td><td></td><td></td></tr>
<tr><td>3D 联销</td><td>1</td><td>1</td><td>1</td><td>1</td><td>1</td><td>1</td><td>1</td></tr>
<tr><td>快乐 8</td><td>21：00</td><td>1</td><td>1</td><td>1</td><td>1</td><td>1</td><td>1</td><td>1</td><td>直播</td><td>21：30</td><td>中国福彩网、新浪网、搜狐网、新华网、中彩网</td></tr>
</table>

续表

地区	玩法	停止销售时间	开奖日（星期）							开奖方式	开奖时间	媒体
			一	二	三	四	五	六	日			
重庆	双色球联销	20：00		1		1			1	直播	21：15	中国教育电视台1套、中国福彩网、中彩网、人民网、新华网、新浪网、搜狐网、网易网、腾讯视频网
	七乐彩联销		1		1		1					
	3D联销	20：30	1	1	1	1	1	1	1			
	快乐8	21：00	1	1	1	1	1	1	1	直播	21：30	中国福彩网、新浪网、搜狐网、新华网、中彩网
四川	双色球联销	20：00		1		1			1	直播	21：15	中国教育电视台1套、中国福彩网、中彩网、人民网、新华网、新浪网、搜狐网、网易网、腾讯视频网
	七乐彩联销		1		1		1					
	3D联销		1	1	1	1	1	1	1			
	快乐8	21：00	1	1	1	1	1	1	1	直播	21：30	中国福彩网、新浪网、搜狐网、新华网、中彩网
贵州	双色球联销	20：00		1		1			1	直播	21：15	中国教育电视台1套、中国福彩网、中彩网、人民网、新华网、新浪网、搜狐网、网易网、腾讯视频网
	七乐彩联销		1		1		1					
	3D联销		1	1	1	1	1	1	1			
	快乐8	21：00	1	1	1	1	1	1	1	直播	21：30	中国福彩网、新浪网、搜狐网、新华网、中彩网
云南	双色球联销	20：00		1		1			1	直播	21：15	中国教育电视台1套、中国福彩网、中彩网、人民网、新华网、新浪网、搜狐网、网易网、腾讯视频网
	七乐彩联销	19：30	1		1		1					
	3D联销	20：30	1	1	1	1	1	1	1			
	快乐8	21：00	1	1	1	1	1	1	1	直播	21：30	中国福彩网、新浪网、搜狐网、新华网、中彩网
西藏	双色球联销	19：30		1		1			1	直播	21：15	中国教育电视台1套、中国福彩网、中彩网、人民网、新华网、新浪网、搜狐网、网易网、腾讯视频网
	七乐彩联销	19：00	1		1		1					
	3D联销	20：00	1	1	1	1	1	1	1			
	快乐8	21：00	1	1	1	1	1	1	1	直播	21：30	中国福彩网、新浪网、搜狐网、新华网、中彩网
陕西	双色球联销	20：00		1		1			1	直播	21：15	中国教育电视台1套、中国福彩网、中彩网、人民网、新华网、新浪网、搜狐网、网易网、腾讯视频网
	七乐彩联销		1		1		1					
	3D联销	20：30	1	1	1	1	1	1	1			
	快乐8	21：00	1	1	1	1	1	1	1	直播	21：30	中国福彩网、新浪网、搜狐网、新华网、中彩网

续表

地区	玩法	停止销售时间	开奖日（星期）							开奖方式	开奖时间	媒体
			一	二	三	四	五	六	日			
甘肃	双色球联销	20：00		1		1			1	直播	21：15	中国教育电视台1套、中国福彩网、中彩网、人民网、新华网、新浪网、搜狐网、网易网、腾讯视频网
	七乐彩联销		1		1		1					
	3D 联销	20：30	1	1	1	1	1	1	1			
	快乐 8	21：00	1	1	1	1	1	1	1	直播	21：30	中国福彩网、新浪网、搜狐网、新华网、中彩网
青海	双色球联销	19：45		1		1			1	直播	21：15	中国教育电视台1套、中国福彩网、中彩网、人民网、新华网、新浪网、搜狐网、网易网、腾讯视频网
	七乐彩联销		1		1		1					
	3D 联销	20：30	1	1	1	1	1	1	1			
	快乐 8	21：00	1	1	1	1	1	1	1	直播	21：30	中国福彩网、新浪网、搜狐网、新华网、中彩网
宁夏	双色球联销	20：00		1		1			1	直播	21：15	中国教育电视台1套、中国福彩网、中彩网、人民网、新华网、新浪网、搜狐网、网易网、腾讯视频网
	七乐彩联销		1		1		1					
	3D 联销	20：30	1	1	1	1	1	1	1			
	快乐 8	21：00	1	1	1	1	1	1	1	直播	21：30	中国福彩网、新浪网、搜狐网、新华网、中彩网
新疆	双色球联销	20：00		1		1			1	直播	21：15	中国教育电视台1套、中国福彩网、中彩网、人民网、新华网、新浪网、搜狐网、网易网、腾讯视频网
	七乐彩联销		1		1		1					
	3D 联销		1	1	1	1	1	1	1			
	快乐 8	21：00	1	1	1	1	1	1	1	直播	21：30	中国福彩网、新浪网、搜狐网、新华网、中彩网

（中国福利彩票发行管理中心供稿）

2022 年全国电脑体育彩票游戏一览表

Table of Computerized National Sports Lottery Games in 2022

省市	玩法	停止销售时间	开奖日 一	二	三	四	五	六	日	开奖方式	开奖时间	媒体
北京	排列 3、排列 5	20：00：00	1	1	1	1	1	1	1	专用摇奖设备开奖	20：30	中国体彩网，中国竞彩网，人民网，新浪网，CCTV-6，中央人民广播电台，中国体育彩票 APP，央视频 APP，中国体育彩票微信小程序，《中国体育报》，《中国体彩报》
北京	7 星彩	20：00：00		1			1		1	专用摇奖设备开奖	20：30	
北京	超级大乐透	20：00：00	1		1			1		专用摇奖设备开奖	20：30	
北京	足彩胜负（包括任选九场）	根据比赛时间								比赛结果		中国体彩网，中国竞彩网
北京	足彩 4 场进球	根据比赛时间										
北京	足球 6 场半全场胜负平	根据比赛时间										
北京	全国联网单场竞猜游戏（以下简称竞彩）	根据比赛时间										
北京	区域联网单场竞猜游戏（以下简称北京单场）	根据比赛时间								比赛结果		北京体彩网
天津	排列 3、排列 5	20：00：00	1	1	1	1	1	1	1	专用摇奖设备开奖	20：30	中国体彩网，中国竞彩网，人民网，新浪网，CCTV-6，中央人民广播电台，中国体育彩票 APP，央视频 APP，中国体育彩票微信小程序，《中国体育报》，《中国体彩报》
天津	7 星彩	20：00：00		1			1		1	专用摇奖设备开奖	20：30	
天津	超级大乐透	20：00：00	1		1			1		专用摇奖设备开奖	20：30	
天津	足彩胜负（包括任选九场）	根据比赛时间								比赛结果		中国体彩网，中国竞彩网
天津	足彩 4 场进球	根据比赛时间										
天津	足球 6 场半全场胜负平	根据比赛时间										
天津	竞彩	根据比赛时间										
天津	北京单场	根据比赛时间								比赛结果		天津体彩网
河北	排列 3、排列 5	20：00：00	1	1	1	1	1	1	1	专用摇奖设备开奖	20：30	中国体彩网，中国竞彩网，人民网，新浪网，CCTV-6，中央人民广播电台，中国体育彩票 APP，央视频 APP，中国体育彩票微信小程序，《中国体育报》，《中国体彩报》
河北	7 星彩	20：00：00		1			1		1	专用摇奖设备开奖	20：30	
河北	超级大乐透	20：00：00	1		1			1		专用摇奖设备开奖	20：30	
河北	足彩胜负（包括任选九场）	根据比赛时间								比赛结果		中国体彩网，中国竞彩网
河北	足彩 4 场进球	根据比赛时间										
河北	足球 6 场半全场胜负平	根据比赛时间										
河北	竞彩	根据比赛时间										

续表

省市	玩法	停止销售时间	开奖日							开奖方式	开奖时间	媒体
			一	二	三	四	五	六	日			
山西	排列 3、排列 5	20：00：00	1	1	1	1	1	1	1	专用摇奖设备开奖	20：30	中国体彩网，中国竞彩网，人民网，新浪网，CCTV-6，中央人民广播电台，中国体育彩票 APP，央视频 APP，中国体育彩票微信小程序，《中国体育报》，《中国体彩报》
	7 星彩	20：00：00		1			1		1	专用摇奖设备开奖	20：30	
	超级大乐透	20：00：00	1		1			1		专用摇奖设备开奖	20：30	
	足彩胜负（包括任选九场）	根据比赛时间								比赛结果		中国体彩网，中国竞彩网
	足彩 4 场进球	根据比赛时间										
	足球 6 场半全场胜负平	根据比赛时间										
	竞彩	根据比赛时间										
内蒙古	排列 3、排列 5	20：00：00	1	1	1	1	1	1	1	专用摇奖设备开奖	20：30	中国体彩网，中国竞彩网，人民网，新浪网，CCTV-6，中央人民广播电台，中国体育彩票 APP，央视频 APP，中国体育彩票微信小程序，《中国体育报》，《中国体彩报》
	7 星彩	20：00：00		1			1		1	专用摇奖设备开奖	20：30	
	超级大乐透	20：00：00	1		1			1		专用摇奖设备开奖	20：30	
	足彩胜负（包括任选九场）	根据比赛时间								比赛结果		中国体彩网，中国竞彩网
	足彩 4 场进球	根据比赛时间										
	足球 6 场半全场胜负平	根据比赛时间										
	竞彩	根据比赛时间										
	内蒙古泳坛夺金	23：00：09	1	1	1	1	1	1	1	专用电子摇奖设备开奖	20 分钟开奖一次	销售点内指定画面
辽宁	排列 3、排列 5	20：00：00	1	1	1	1	1	1	1	专用摇奖设备开奖	20：30	中国体彩网，中国竞彩网，人民网，新浪网，CCTV-6，中央人民广播电台，中国体育彩票 APP，央视频 APP，中国体育彩票微信小程序，《中国体育报》，《中国体彩报》
	7 星彩	20：00：00		1			1		1	专用摇奖设备开奖	20：30	
	超级大乐透	20：00：00	1		1			1		专用摇奖设备开奖	20：30	
	足彩胜负（包括任选九场）	根据比赛时间								比赛结果		中国体彩网，中国竞彩网
	足彩 4 场进球	根据比赛时间										
	足球 6 场半全场胜负平	根据比赛时间										
	竞彩	根据比赛时间										

续表

省市	玩法	停止销售时间	开奖日							开奖方式	开奖时间	媒体
			一	二	三	四	五	六	日			
吉林	排列 3、排列 5	20：00：00	1	1	1	1	1	1	1	专用摇奖设备开奖	20：30	中国体彩网，中国竞彩网，人民网，新浪网，CCTV-6，中央人民广播电台，中国体育彩票 APP，央视频 APP，中国体育彩票微信小程序，《中国体育报》，《中国体彩报》
	7 星彩	20：00：00		1			1		1	专用摇奖设备开奖	20：30	
	超级大乐透	20：00：00	1		1			1		专用摇奖设备开奖	20：30	
	足彩胜负（包括任选九场）	根据比赛时间								比赛结果		中国体彩网，中国竞彩网
	足彩 4 场进球	根据比赛时间										
	足球 6 场半全场胜负平	根据比赛时间										
	竞彩	根据比赛时间										
黑龙江	黑龙江 6+1	20：00：00		1			1			专用摇奖设备开奖	20：10	东北网
	排列 3、排列 5	20：00：00	1	1	1	1	1	1	1	专用摇奖设备开奖	20：30	中国体彩网，中国竞彩网，人民网，新浪网，CCTV-6，中央人民广播电台，中国体育彩票 APP，央视频 APP，中国体育彩票微信小程序，《中国体育报》，《中国体彩报》
	7 星彩	20：00：00		1			1		1	专用摇奖设备开奖	20：30	
	超级大乐透	20：00：00	1		1			1		专用摇奖设备开奖	20：30	
	足彩胜负（包括任选九场）	根据比赛时间								比赛结果		中国体彩网，中国竞彩网
	足彩 4 场进球	根据比赛时间										
	足球 6 场半全场胜负平	根据比赛时间										
	竞彩	根据比赛时间										
上海	排列 3、排列 5	20：00：00	1	1	1	1	1	1	1	专用摇奖设备开奖	20：30	中国体彩网，中国竞彩网，人民网，新浪网，CCTV-6，中央人民广播电台，中国体育彩票 APP，央视频 APP，中国体育彩票微信小程序，《中国体育报》，《中国体彩报》
	7 星彩	20：00：00		1			1		1	专用摇奖设备开奖	20：30	
	超级大乐透	20：00：00	1		1			1		专用摇奖设备开奖	20：30	
	足彩胜负（包括任选九场）	根据比赛时间								比赛结果		中国体彩网，中国竞彩网
	足彩 4 场进球	根据比赛时间										
	足球 6 场半全场胜负平	根据比赛时间										
	竞彩	根据比赛时间										

续表

省市	玩法	停止销售时间	开奖日							开奖方式	开奖时间	媒体
			一	二	三	四	五	六	日			
江苏	江苏体彩7位数	20：00：00		1		1	1		1	专用摇奖设备开奖	21：00	江苏体育休闲频道
	排列3、排列5	20：00：00	1	1	1	1	1	1	1	专用摇奖设备开奖	20：30	中国体彩网，中国竞彩网，CCTV-2，CCTV-12，中央人民广播电台
	超级大乐透	20：00：00	1		1			1		专用摇奖设备开奖	20：30	
	足彩胜负（包括任选九场）	根据比赛时间								比赛结果		中国体彩网，中国竞彩网
	足彩4场进球	根据比赛时间										
	足球6场半全场胜负平	根据比赛时间										
	竞彩	根据比赛时间										
浙江	浙江6+1	19：00：00		1			1		1	专用摇奖设备开奖	19：30	浙江电视台经济生活频道
	浙江20选5	19：00：00	1	1	1	1	1	1	1	专用摇奖设备开奖	19：30	浙江电视台经济生活频道
	排列3、排列5	20：00：00	1	1	1	1	1	1	1	专用摇奖设备开奖	20：30	中国体彩网，中国竞彩网，人民网，新浪网，CCTV-6，中央人民广播电台，中国体育彩票APP，央视频APP，中国体育彩票微信小程序，《中国体育报》，《中国体彩报》
	7星彩	20：00：00		1			1		1	专用摇奖设备开奖	20：30	
	超级大乐透	20：00：00	1		1			1		专用摇奖设备开奖	20：30	
	足彩胜负（包括任选九场）	根据比赛时间								比赛结果		中国体彩网，中国竞彩网
	足彩4场进球	根据比赛时间										
	足球6场半全场胜负平	根据比赛时间										
	竞彩	根据比赛时间										
安徽	排列3、排列5	20：00：00	1	1	1	1	1	1	1	专用摇奖设备开奖	20：30	中国体彩网，中国竞彩网，人民网，新浪网，CCTV-6，中央人民广播电台，中国体育彩票APP，央视频APP，中国体育彩票微信小程序，《中国体育报》，《中国体彩报》
	7星彩	20：00：00		1			1		1	专用摇奖设备开奖	20：30	
	超级大乐透	20：00：00	1		1			1		专用摇奖设备开奖	20：30	
	足彩胜负（包括任选九场）	根据比赛时间								比赛结果		中国体彩网，中国竞彩网
	足彩4场进球	根据比赛时间										
	足球6场半全场胜负平	根据比赛时间										
	竞彩	根据比赛时间										

续表

省市	玩法	停止销售时间	开奖日							开奖方式	开奖时间	媒体
			一	二	三	四	五	六	日			
福建	福建 2 2 选 5	20：00：00	1	1	1	1	1	1	1	专用摇奖设备开奖	20：35	福建文体频道，福建体彩网，福建体彩微信公众号，福建体彩服务号，福建广电网络集团高清互动云电视《公益体彩》专区，《海峡都市报》，《中国体彩报》·福建专刊
	福建 3 6 选 7	20：00：00		1		1		1		专用摇奖设备开奖	20：35	
	福建 3 1 选 7	20：00：00	1	1	1	1	1	1	1	专用摇奖设备开奖	20：35	
	福建 3 1 选 7 附加	20：00：00	1	1	1	1	1	1	1	专用摇奖设备开奖	20：35	
	排列 3、排列 5	20：00：00	1	1	1	1	1	1	1	专用摇奖设备开奖	20：30	中国体彩网，中国竞彩网，CCTV-2，CCTV-12，中央人民广播电台
	7 星彩	20：00：00		1			1		1	专用摇奖设备开奖	20：30	
	超级大乐透	20：00：00	1		1			1		专用摇奖设备开奖	20：30	
	足彩胜负（包括任选九场）	根据比赛时间								比赛结果		中国体彩网，中国竞彩网
	足彩 4 场进球	根据比赛时间										
	足球 6 场半全场胜负平	根据比赛时间										
	竞彩	根据比赛时间										
江西	排列 3、排列 5	20：00：00	1	1	1	1	1	1	1	专用摇奖设备开奖	20：30	中国体彩网，中国竞彩网，人民网，新浪网，CCTV-6，中央人民广播电台，中国体育彩票 APP，央视频 APP，中国体育彩票微信小程序，《中国体育报》，《中国体彩报》
	7 星彩	20：00：00		1			1		1	专用摇奖设备开奖	20：30	
	超级大乐透	20：00：00	1		1			1		专用摇奖设备开奖	20：30	
	足彩胜负（包括任选九场）	根据比赛时间								比赛结果		中国体彩网，中国竞彩网
	足彩 4 场进球	根据比赛时间										
	足球 6 场半全场胜负平	根据比赛时间										
	竞彩	根据比赛时间										
山东	排列 3、排列 5	20：00：00	1	1	1	1	1	1	1	专用摇奖设备开奖	20：30	中国体彩网，中国竞彩网，人民网，新浪网，CCTV-6，中央人民广播电台，中国体育彩票 APP，央视频 APP，中国体育彩票微信小程序，《中国体育报》，《中国体彩报》
	7 星彩	20：00：00		1			1		1	专用摇奖设备开奖	20：30	
	超级大乐透	20：00：00	1		1			1		专用摇奖设备开奖	20：30	
	足彩胜负（包括任选九场）	根据比赛时间								比赛结果		中国体彩网，中国竞彩网
	足彩 4 场进球	根据比赛时间										
	足球 6 场半全场胜负平	根据比赛时间										
	竞彩	根据比赛时间										

续表

省市	玩法	停止销售时间	开奖日							开奖方式	开奖时间	媒体
			一	二	三	四	五	六	日			
河南	排列 3、排列 5	20：00：00	1	1	1	1	1	1	1	专用摇奖设备开奖	20：30	中国体彩网，中国竞彩网，人民网，新浪网，CCTV-6，中央人民广播电台，中国体育彩票 APP，央视频 APP，中国体育彩票微信小程序，《中国体育报》，《中国体彩报》
	7 星彩	20：00：00		1			1		1	专用摇奖设备开奖	20：30	
	超级大乐透	20：00：00	1		1			1		专用摇奖设备开奖	20：30	
	足彩胜负（包括任选九场）	根据比赛时间								比赛结果		中国体彩网，中国竞彩网
	足彩 4 场进球	根据比赛时间										
	足球 6 场半全场胜负平	根据比赛时间										
	竞彩	根据比赛时间										
湖北	排列 3、排列 5	20：00：00	1	1	1	1	1	1	1	专用摇奖设备开奖	20：30	中国体彩网，中国竞彩网，人民网，新浪网，CCTV-6，中央人民广播电台，中国体育彩票 APP，央视频 APP，中国体育彩票微信小程序，《中国体育报》，《中国体彩报》
	7 星彩	20：00：00		1			1		1	专用摇奖设备开奖	20：30	
	超级大乐透	20：00：00	1		1			1		专用摇奖设备开奖	20：30	
	足彩胜负（包括任选九场）	根据比赛时间								比赛结果		中国体彩网，中国竞彩网
	足彩 4 场进球	根据比赛时间										
	足球 6 场半全场胜负平	根据比赛时间										
	竞彩	根据比赛时间										
湖南	排列 3、排列 5	20：00：00	1	1	1	1	1	1	1	专用摇奖设备开奖	20：30	中国体彩网，中国竞彩网，人民网，新浪网，CCTV-6，中央人民广播电台，中国体育彩票 APP，央视频 APP，中国体育彩票微信小程序，《中国体育报》，《中国体彩报》
	7 星彩	20：00：00		1			1		1	专用摇奖设备开奖	20：30	
	超级大乐透	20：00：00	1		1			1		专用摇奖设备开奖	20：30	
	足彩胜负（包括任选九场）	根据比赛时间								比赛结果		中国体彩网，中国竞彩网
	足彩 4 场进球	根据比赛时间										
	足球 6 场半全场胜负平	根据比赛时间										
	竞彩	根据比赛时间										

续表

省市	玩法	停止销售时间	开奖日							开奖方式	开奖时间	媒体
			一	二	三	四	五	六	日			
广东	排列 3、排列 5	20：00：00	1	1	1	1	1	1	1	专用摇奖设备开奖	20：30	中国体彩网，中国竞彩网，人民网，新浪网，CCTV-6，中央人民广播电台，中国体育彩票 APP，央视频 APP，中国体育彩票微信小程序，《中国体育报》，《中国体彩报》
	7 星彩	20：00：00		1			1		1	专用摇奖设备开奖	20：30	
	超级大乐透	20：00：00	1		1			1		专用摇奖设备开奖	20：30	
	足彩胜负（包括任选九场）	根据比赛时间								比赛结果		中国体彩网，中国竞彩网
	足彩 4 场进球	根据比赛时间										
	足球 6 场半全场胜负平	根据比赛时间										
	竞彩	根据比赛时间										
	北京单场	根据比赛时间								比赛结果		广东体彩网
广西	排列 3、排列 5	20：00：00	1	1	1	1	1	1	1	专用摇奖设备开奖	20：30	中国体彩网，中国竞彩网，人民网，新浪网，CCTV-6，中央人民广播电台，中国体育彩票 APP，央视频 APP，中国体育彩票微信小程序，《中国体育报》，《中国体彩报》
	7 星彩	20：00：00		1			1		1	专用摇奖设备开奖	20：30	
	超级大乐透	20：00：00	1		1			1		专用摇奖设备开奖	20：30	
	足彩胜负（包括任选九场）	根据比赛时间								比赛结果		中国体彩网，中国竞彩网
	足彩 4 场进球	根据比赛时间										
	足球 6 场半全场胜负平	根据比赛时间										
	竞彩	根据比赛时间										
海南	海南 4+1	20：00：00		1			1		1	使用 7 星彩开奖号码	20：30	海南体彩网，《南国都市报》，海南有线电视数字平台，海南广播电视总台公共频道
	排列 3、排列 5	20：00：00	1	1	1	1	1	1	1	专用摇奖设备开奖	20：30	中国体彩网，中国竞彩网，人民网，新浪网，CCTV-6，中央人民广播电台，中国体育彩票 APP，央视频 APP，中国体育彩票微信小程序，《中国体育报》，《中国体彩报》
	7 星彩	20：00：00		1			1		1	专用摇奖设备开奖	20：30	
	超级大乐透	20：00：00	1		1			1		专用摇奖设备开奖	20：30	
	足彩胜负（包括任选九场）	根据比赛时间								比赛结果		中国体彩网，中国竞彩网
	足彩 4 场进球	根据比赛时间										
	足球 6 场半全场胜负平	根据比赛时间										
	竞彩	根据比赛时间										

续表

省市	玩法	停止销售时间	开奖日							开奖方式	开奖时间	媒体
			一	二	三	四	五	六	日			
重庆	排列 3、排列 5	20：00：00	1	1	1	1	1	1	1	专用摇奖设备开奖	20：30	中国体彩网，中国竞彩网，人民网，新浪网，CCTV-6，中央人民广播电台，中国体育彩票 APP，央视频 APP，中国体育彩票微信小程序，《中国体育报》，《中国体彩报》
	7 星彩	20：00：00		1			1		1	专用摇奖设备开奖	20：30	
	超级大乐透	20：00：00	1		1			1		专用摇奖设备开奖	20：30	
	足彩胜负（包括任选九场）	根据比赛时间								比赛结果		中国体彩网，中国竞彩网
	足彩 4 场进球	根据比赛时间										
	足球 6 场半全场胜负平	根据比赛时间										
	竞彩	根据比赛时间										
四川	排列 3、排列 5	20：00：00	1	1	1	1	1	1	1	专用摇奖设备开奖	20：30	中国体彩网，中国竞彩网，人民网，新浪网，CCTV-6，中央人民广播电台，中国体育彩票 APP，央视频 APP，中国体育彩票微信小程序，《中国体育报》，《中国体彩报》
	7 星彩	20：00：00		1			1		1	专用摇奖设备开奖	20：30	
	超级大乐透	20：00：00	1		1			1		专用摇奖设备开奖	20：30	
	足彩胜负（包括任选九场）	根据比赛时间								比赛结果		中国体彩网，中国竞彩网
	足彩 4 场进球	根据比赛时间										
	足球 6 场半全场胜负平	根据比赛时间										
	竞彩	根据比赛时间										
贵州	排列 3、排列 5	20：00：00	1	1	1	1	1	1	1	专用摇奖设备开奖	20：30	中国体彩网，中国竞彩网，人民网，新浪网，CCTV-6，中央人民广播电台，中国体育彩票 APP，央视频 APP，中国体育彩票微信小程序，《中国体育报》，《中国体彩报》
	7 星彩	20：00：00		1			1		1	专用摇奖设备开奖	20：30	
	超级大乐透	20：00：00	1		1			1		专用摇奖设备开奖	20：30	
	足彩胜负（包括任选九场）	根据比赛时间								比赛结果		中国体彩网，中国竞彩网
	足彩 4 场进球	根据比赛时间										
	足球 6 场半全场胜负平	根据比赛时间										
	竞彩	根据比赛时间										
云南	排列 3、排列 5	20：00：00	1	1	1	1	1	1	1	专用摇奖设备开奖	20：30	中国体彩网，中国竞彩网，人民网，新浪网，CCTV-6，中央人民广播电台，中国体育彩票 APP，央视频 APP，中国体育彩票微信小程序，《中国体育报》，《中国体彩报》
	7 星彩	20：00：00		1			1		1	专用摇奖设备开奖	20：30	
	超级大乐透	20：00：00	1		1			1		专用摇奖设备开奖	20：30	
	足彩胜负（包括任选九场）	根据比赛时间								比赛结果		中国体彩网，中国竞彩网
	足彩 4 场进球	根据比赛时间										
	足球 6 场半全场胜负平	根据比赛时间										
	竞彩	根据比赛时间										

续表

省市	玩法	停止销售时间	开奖日							开奖方式	开奖时间	媒体
			一	二	三	四	五	六	日			
西藏	排列 3、排列 5	20：00：00	1	1	1	1	1	1	1	专用摇奖设备开奖	20：30	中国体彩网，中国竞彩网，人民网，新浪网，CCTV-6，中央人民广播电台，中国体育彩票 APP，央视频 APP，中国体育彩票微信小程序，《中国体育报》，《中国体彩报》
	7 星彩	20：00：00		1			1		1	专用摇奖设备开奖	20：30	
	超级大乐透	20：00：00	1		1			1		专用摇奖设备开奖	20：30	
	足彩胜负（包括任选九场）	根据比赛时间								比赛结果		中国体彩网，中国竞彩网
	足彩 4 场进球	根据比赛时间										
	足球 6 场半全场胜负平	根据比赛时间										
	竞彩	根据比赛时间										
陕西	排列 3、排列 5	20：00：00	1	1	1	1	1	1	1	专用摇奖设备开奖	20：30	中国体彩网，中国竞彩网，人民网，新浪网，CCTV-6，中央人民广播电台，中国体育彩票 APP，央视频 APP，中国体育彩票微信小程序，《中国体育报》，《中国体彩报》
	7 星彩	20：00：00		1			1		1	专用摇奖设备开奖	20：30	
	超级大乐透	20：00：00	1		1			1		专用摇奖设备开奖	20：30	
	足彩胜负（包括任选九场）	根据比赛时间								比赛结果		中国体彩网，中国竞彩网
	足彩 4 场进球	根据比赛时间										
	足球 6 场半全场胜负平	根据比赛时间										
	竞彩	根据比赛时间										
甘肃	排列 3、排列 5	20：00：00	1	1	1	1	1	1	1	专用摇奖设备开奖	20：30	中国体彩网，中国竞彩网，人民网，新浪网，CCTV-6，中央人民广播电台，中国体育彩票 APP，央视频 APP，中国体育彩票微信小程序，《中国体育报》，《中国体彩报》
	7 星彩	20：00：00		1			1		1	专用摇奖设备开奖	20：30	
	超级大乐透	20：00：00	1		1			1		专用摇奖设备开奖	20：30	
	足彩胜负（包括任选九场）	根据比赛时间								比赛结果		中国体彩网，中国竞彩网
	足彩 4 场进球	根据比赛时间										
	足球 6 场半全场胜负平	根据比赛时间										
	竞彩	根据比赛时间										
青海	排列 3、排列 5	20：00：00	1	1	1	1	1	1	1	专用摇奖设备开奖	20：30	中国体彩网，中国竞彩网，人民网，新浪网，CCTV-6，中央人民广播电台，中国体育彩票 APP，央视频 APP，中国体育彩票微信小程序，《中国体育报》，《中国体彩报》
	7 星彩	20：00：00		1			1		1	专用摇奖设备开奖	20：30	
	超级大乐透	20：00：00	1		1			1		专用摇奖设备开奖	20：30	
	足彩胜负（包括任选九场）	根据比赛时间								比赛结果		中国体彩网，中国竞彩网
	足彩 4 场进球	根据比赛时间										
	足球 6 场半全场胜负平	根据比赛时间										
	竞彩	根据比赛时间										

续表

省市	玩法	停止销售时间	开奖日							开奖方式	开奖时间	媒体
			一	二	三	四	五	六	日			
宁夏	排列 3、排列 5	20：00：00	1	1	1	1	1	1	1	专用摇奖设备开奖	20：30	中国体彩网，中国竞彩网，人民网，新浪网，CCTV-6，中央人民广播电台，中国体育彩票 APP，央视频 APP，中国体育彩票微信小程序，《中国体育报》，《中国体彩报》
	7 星彩	20：00：00		1			1		1	专用摇奖设备开奖	20：30	
	超级大乐透	20：00：00	1		1			1		专用摇奖设备开奖	20：30	
	足彩胜负（包括任选九场）	根据比赛时间								比赛结果		中国体彩网，中国竞彩网
	足球 6 场半全场胜负平	根据比赛时间										
	足彩 4 场进球	根据比赛时间										
	竞彩	根据比赛时间										
新疆	排列 3、排列 5	20：00：00	1	1	1	1	1	1	1	专用摇奖设备开奖	20：30	中国体彩网，中国竞彩网，人民网，新浪网，CCTV-6，中央人民广播电台，中国体育彩票 APP，央视频 APP，中国体育彩票微信小程序，《中国体育报》，《中国体彩报》
	7 星彩	20：00：00		1			1		1	专用摇奖设备开奖	20：30	
	超级大乐透	20：00：00	1		1			1		专用摇奖设备开奖	20：30	
	足彩胜负（包括任选九场）	根据比赛时间								比赛结果		中国体彩网，中国竞彩网
	足球 6 场半全场胜负平	根据比赛时间										
	足彩 4 场进球	根据比赛时间										
	竞彩	根据比赛时间										

（国家体育总局体育彩票管理中心供稿）

五、中央专项彩票公益金使用情况

2022年中央专项彩票公益金支持全国低收入家庭高校毕业生就业帮扶项目（宏志助航计划）实施情况

高校毕业生就业事关国家经济社会发展和社会和谐稳定，事关千百万学生及其家庭切身利益。促进低收入家庭等重点群体高校毕业生实现就业，是就业工作和教育扶贫的重要交汇点，是帮助困难毕业生顺利进入社会的“最后一公里”。为深入贯彻落实党中央、国务院“稳就业”“保就业”和巩固脱贫攻坚成果有关决策部署，2022年，教育部持续实施“中央专项彩票公益金宏志助航计划——全国低收入家庭高校毕业生就业帮扶项目”，对低收入家庭等重点群体高校毕业生开展线上线下就业能力培训，增强他们的求职信心，提升综合素质和就业竞争力，促进毕业生顺利毕业、尽早就业。

一、资金安排情况

2022年，中央专项彩票公益金共安排项目预算8 850万元，严格执行《中央专项彩票公益金宏志助航计划——全国低收入家庭高校毕业生就业帮扶项目资金管理办法》。其中，拨付135所全国高校毕业生就业能力培训基地8 250万元，用于开展线下培训；拨付教育部学生服务与素质发展中心600万元，用于线上培训平台建设和课程研发。截至2022年年末，资金共使用6 695万元。

二、项目执行情况

（一）精心组织线下培训

一是加强工作部署。教育部印发《教育部高校学生司关于开展2022年宏志助航计划——全国低收入家庭高校毕业生就业帮扶项目的通知》（教学司函〔2022〕6号），对年度计划和工作进行安排部署。各省级教育工作部门结合本地实际，细化实施方案，指导培训基地认真开展培训，动员本省其他高校积极参加，推动覆盖更多毕业生。二是精心组织培训。在已有针对高年级学生版本课程的基础上，新开发面向中、低年级学生职业规划与发展能力提升需求的课程，进一步完善培训课程体系，着力推动培训全学段全覆盖。各培训基地高校严格按照培训要求，聚焦地方、行业和专业特色，配备优秀师资，优化培训内容，积极克服疫情等多重因素影响，高质量完成培训任务。三是开展指导帮扶。各地各培训基地高校坚持目标导向，持续为参训毕业生提供“一对一”就业咨询、简历修改和面试指导等服务，确保就业帮扶不断线。大力拓展岗位渠道供给，全年累计举办“宏志助航”招聘活动810场，参与用人单位54 490家，提供岗位信息165.35万条。

（二）强化线上培训能力提升

一是强化线上平台建设。完成“宏志助航计划——全国高校毕业生就业能力培训网络平台”（二期）建设，完善公益直播课、创业服务等板块功能，进一步完善线上就业能力培训。二是强化培训课程建设。整合教育部“24365互联网+就业”公益直播课程，面向各省、行业就指委，有关高校和典型企业，征集行业、职业核心技能课程。2022年上线课程27门（公益课程10门、研发课程17门），平台现有课程共88门，覆盖能源、化工、农林、机械等20余个行业领域。三是强化师资能力建设。在辽宁、浙江、湖南、云南、江西、甘肃等6省举办师资培训班10期，基地骨干师资和储备教师共1 043人参加，不断提升培训教师队伍的专业能力和理论水平。

三、实施效果情况

在各地各培训基地高校共同努力下，2022年宏志助航计划各项培训任务已全部完成，线下培训毕业生10.8万人，线上培训毕业生69.2万人，参训毕业生整体满意度97.13%，已成为低收入家庭高校毕业生等重点群体就业帮扶的品牌项目。

2022年1月12日，中央电视台《新闻联播》栏目以题为《以人民为中心 不断增进民生福祉》对宏志助航计划进行报道。2022年5月13日，中央电视台《新闻直播间》栏目报道：《2022年度"宏志助航计划"启动开展线上线下培训提升毕业生就业能力》。2022年8月18日，光明网报道：《"宏志助航计划"面向重点群体开展高质量就业培训——为大学生就业"加油"》。全年累计被新华社、《光明日报》《中国青年报》等各类主流媒体报道100余次。

（教育部高校学生司供稿）

2022年中央专项彩票公益金支持幼儿普通话教育项目（童语同音计划）实施情况

为深入学习贯彻落实习近平总书记关于国家通用语言文字教育“要从娃娃抓起”等重要指示精神，加大国家通用语言文字推广力度，全面加强民族地区国家通用语言文字教育。通过“中央专项彩票公益金童语同音计划——幼儿普通话教育项目”，对新疆、西藏、内蒙古、四川、甘肃、青海、云南等省区的有关民族地区农村（乡村、镇区、镇乡结合地区）幼儿园教师，开展国家通用语言文字应用能力培训，加快推进幼儿学会普通话工作。

一、资金安排情况

2022年，中央专项彩票公益金共安排项目预算3 080万元，教育部严格执行《中央专项彩票公益金童语同音计划——幼儿普通话教育项目资金管理办法》。受项目实施单位和受训地疫情防控等多重因素影响，部分实施单位未能按时完成培训，截至2022年年底，“童语同音计划”全年实际执行金额为1 541.7万元。

二、项目执行情况

（一）统筹谋划，规范、有序开展工作

一是遴选培训学员。2022年3月印发遴选学员的通知，面向7省区遴选8 000名农村幼儿园教师，其中内蒙古1 000人、四川1 200人、云南1 600人、西藏600人、甘肃1 000人、青海1 000人、新疆1 600人。二是遴选培训实施单位。按照“统筹规划、条件公开、自愿申请、合理布局、择优选择”的原则，经省级教育部门推荐、教育部直属单位和直属高校自荐、专家评审，项目启动前遴选出北京大学等56家单位作为项目实施储备单位。2022年从中遴选出34家实施单位。三是组织开展培训。2022年5月，教育部印发培训通知，要求各实施单位组织开展培训。为进一步提高培训项目质效，在总结首批培训实践经验基础上，组织编制《2022年教育部“童语同音”计划培训指南》，指导各实施单位规范开展培训。项目采用“线下+线上”双轮培训方式，线上由国家开放大学统一组织开展，线下由北京大学等33家实施单位对口开展。

（二）多措并举，夯实项目管理基础

一是丰富资源建设。充分了解参训学员需求，各实施单位有针对性研发普通话语音、普通话教学等专项课程，满足幼儿园教师普通话教育教学需要。如：徐州幼儿师范高等专科学校编写《幼儿园语言教育活动100例》、陕西师范大学编写《中小学教师语言能力提升与培训指导》等。二是扩展相关活动。实施单位组织策划了童语同音“学习之星”评选、“语同音，润童心”经典诵读活动、儿童绘本手拉手传递分享倡议活动、家校联手“诵读有约”活动等，丰富拓展培训内容。三是注重宣传引导。各单位在培训中以显著方式标明“彩票公益金资助——中国福利彩票和中国体育彩票”标识。培训过程中注重从国家政策、语言文字政策、教育政策等角度对学前儿童普通话教育进行解读，特别增加了爱国主义教育、“五个认同”培育养成等内容作为培训要求，提高受训教师对学前儿童普通话教育作用和意义的认识。四是加强项目管理。在教育部统筹安排下，相关单位共同加强项目管理，形成工作合力。其中，国家教育行政学院负责项目协调推进、培训平台保障、组织前期培训等，人民教育出版社负责培训指南制作、典型经验收集等，华东师范大学负责培训方案审核、提供培训前期指导、培训数据收集分析等，各单位协同配合，共同完成培训任务。

三、实施效果情况

（一）项目资助人次

2022年项目共资助内蒙古、四川、云南、西藏、甘肃、青海、新疆等7省区8 000名农村幼儿园教师。

（二）项目社会效益

一是受训教师普通话水平明显提升。扭住幼儿园教师普通话教育教学能力这个“牛鼻子”，各培训单位在课程设计、培训师资、跟踪问效等方面下足功夫，取得良好培训效果。根据受训教师前测、后测成绩对比，90%以上受训教师普通话水平显著提升，学员对培训项目满意度超过98%。二是受训教师积极发挥示范带动效应。各培训单位持续跟踪监测培训效果，指导受训教师发挥示范带动作用，在所属幼儿园开展“五个一”活动，其中包含录制幼儿语言游戏课程、节目或“小手拉大手”（幼儿与家长）等。据了解，超过半数教师已完成录制，并持续反馈普通话教学情况。三是学前阶段普通话教育水平明显提升。各实施单位在培训提高教师普通话水平的同时开展推普系列活动，加强工作宣传，多形式、多角度广泛开展学前儿童学讲普通话展示活动。目前，民族地区幼儿园已基本实现全部使用国家通用语言文字开展保教活动，受益学前儿童超50万人。

（教育部语言文字应用管理司供稿）

2022年中央专项彩票公益金支持教育助学项目实施情况

为深入贯彻落实习近平总书记关于教育的重要论述，围绕党中央决策部署和教育中心工作，以建设高质量教育体系为目标，全面推进乡村振兴战略，通过“中央专项彩票公益金教育助学项目”，进一步弥补和完善国家学生资助政策体系，助力教师队伍建设，帮助学校解决应对突发紧急事件，保障正常教学秩序。

一、资金安排情况

2022年，中央专项彩票公益金共安排项目预算10亿元，实际支出9.94亿元（含上年结转1 851万元），年末结转2 427.21万元，严格执行《中央专项彩票公益金教育助学项目资金管理办法》。其中，“滋蕙计划”支出20 000万元，资助中西部22个省（自治区、直辖市）和新疆生产建设兵团普通高校家庭经济困难新生32.4万人，一次性补助其从家庭所在地到被录取院校之间的交通费和入学后短期生活费，资助标准为考入省（自治区、直辖市）内院校的新生每人500元，考入省（自治区、直辖市）外院校的新生每人1 000元；“励耕计划”支出60 529.91万元，资助中西部22个省（自治区、直辖市）和新疆生产建设兵团家庭经济困难教师5.75万人，资助四川、陕西、云南、贵州等8个省份的75个区县开展走教教师资助项目，参与教师达1 475人次；“润雨计划”支出18 893.88万元，紧急支持吉林、新疆、西藏、内蒙古等地教育系统抗疫工作及青海、贵州、云南、四川等地遭遇暴雨洪涝、地震灾害等突发紧急事件的学校灾后修缮等工作。

二、项目执行情况

（一）聚焦需求，夯实基础

一是明确项目要求。召开了“中央专项彩票公益金教育助学项目”工作推进视频会，明确中央专项彩票公益金教育助学项目“滋蕙计划”“励耕计划”的工作思路，对下一步工作进行安排和部署，并就工作落实提出明确要求。二是摸排地方需求。加强与各地的沟通，召开了“中央专项彩票公益金教育助学项目”视频调研会，了解黑龙江省特别是泰来县2021年中央专项彩票公益金教育助学项目实施情况及2022年项目进展中遇到的困难、存在的问题。三是开展实地调研。赴贵州省紫云县、长顺县与市（州）县教育局和相关学校进行座谈，听取中央专项彩票公益金项目落实情况汇报，并走访学校进行实地检查。四是广泛征求意见。就如何更好落实项目的新变化新要求，广泛征集各方意见，梳理汇总，作为后期工作指导。

（二）科学分配，重点倾斜

项目资金采用因素法分配，“滋蕙计划”以中西部省份高中阶段毕业生数为基数，“励耕计划”以中西部省份幼儿园、小学、初中、普通高中和中职学校专任教师数为基数进行测算；同时对国家乡村振兴重点帮扶县所在省份和新疆、西藏以及受疫情影响严重的吉林、黑龙江、陕西等省份进行倾斜，向乡村振兴重点帮扶县倾斜、向乡村地区师生倾斜。

（三）严格评审，确保精准

结合上一年度评审中专家意见建议，“励耕

计划”评审中明确了材料支撑明细，提升了评审的便捷性和精准度。教育基金会在各地教育行政部门组织申报、评审、公示、审核并逐级上报的基础上，完善了《中央专项彩票公益金教育助学项目励耕计划评审工作手册》，明确评审目标、评审程序、评审标准等工作原则，邀请30名有相关工作经验的专家对各省推荐的重点资助对象名单进行集中评审，每名评审对象提交的申请表和证明材料均由两位专家审核，汇总后形成专家评审结果，以确保真正困难、急需的教师获得资助。

（四）加强监管，务求实效

2022年，积极克服疫情等因素影响，创造性打造自查、抽查、检查相结合的多维监管体系，不断规范和加强中央专项彩票公益金教育助学项目的管理，提高资金使用效益。一是开展自查。要求各地对项目开展情况进行检查并报送落实情况报告。二是抽查监督。委托各地挂职干部，对所在地的中央专项彩票公益金教育助学项目特别是“润雨计划”的实施情况进行抽查监督，确保资金及时到位、项目落实有力。三是开展综合检查。积极开展线上线下综合检查，赴贵州进行线下实地调研，其他省份通过电话、微信、视频会议等线上方式检查项目落实情况。

三、实施效果情况

（一）“滋蕙计划”

一是完善国家学生资助政策体系，实现了高中阶段教育和高等教育之间的有效对接；二是有效缓解中西部地区家庭经济困难普通高校新生的经济压力，支持其继续求学；三是激励有理想、有本领、有担当的学生为实现梦想而奋斗，以积极的姿态投入到大学的学习和生活中。

（二）“励耕计划”

一是一定程度上弥补了在家庭经济困难教师资助方面的不足，实现从学前教育到高中教育阶段的教师资助全覆盖；二是切实解决了受助教师的部分生活困难问题，增强他们战胜困难的信心；三是坚定了广大教师教书育人的信念，助力教师队伍建设。

（三）“润雨计划”

一是及时、有效地解决一些突发紧急事件给教育事业带来的不良影响，有力维护学校的正常教学秩序；二是充分示范引领，带动社会资源支持教育事业发展，2022年积极引导社会资金支持教育系统疫情防控及应急救灾工作；三是有力促进社会和谐，充分体现了彩票公益金“取之于民、用之于民”的精神。

（中国教育发展基金会供稿）

2022年中央专项彩票公益金支持大学生创新创业项目实施情况

为贯彻落实《国务院办公厅关于进一步支持大学生创新创业的指导意见》（国办发〔2021〕35号）文件精神，财政部、教育部共同研究设立了“中央专项彩票公益金支持大学生创新创业教育项目资金”。2022年，在省级教育行政部门推荐的基础上，教育部认定了100个国家级创新创业学院（以下简称“双创学院”）、100个国家级创新创业教育实践基地（以下简称“实践基地”），着力提升大学生的创新创业能力，以此带动全国高校创新创业教育质量的整体提升。

一、资金安排情况

2022年6月，财政部、教育部联合印发《中央专项彩票公益金支持大学生创新创业教育专项资金管理办法》（财教〔2022〕113号，以下简称《资金管理办法》）。2022年，共安排项目预算1亿元，每个双创学院平均支持50万元、每个实践基地平均支持50万元。项目资金已根据《资金管理办法》下达至各省份，并由各省份教育部门会同财政部门于2022年内全部拨付至各高校。

二、项目执行情况

大学生创新创业项目以建设100个双创学院和100个实践基地为重要抓手，聚焦创新创业教育整体质量提升，推进有组织地服务国家和区域发展。一是强化示范引领。要求各高校制订本校双创学院、实践基地建设方案，明确年度工作计划，提供人员、政策、工作经费等配套支持；充分发挥双创学院和实践基地的辐射带动作用，构建区域性的创新创业教育生态系统，服务国家和区域创新发展、高质量发展。二是强化省域统筹。要求各地积极完善工作机制，切实加强前期规划、后期建设各环节统筹，充分调动省级行政部门的主动性和创造性，根据高校优势特色，进一步明确双创学院和实践基地的服务区域、工作目标、实现路径等。三是强化过程管理。要求各省份定期对建设进展和任务完成情况进行督促评价，加强对项目资金的绩效考核并强化考核结果运用。教育部分年度开展建设情况绩效考核，并根据考核情况对双创学院、实践基地的支持力度进行动态调整。

三、实施效果情况

2022年，在专项资金的引导下，各双创学院和实践基地结合学科专业优势和特色，整合校内外教学资源和实践资源，积极打造创新创业人才培养示范区和创新创业资源集聚区，成效显著。

（一）双创学院建设成效

一是重点围绕创新创业人才培养机制改革、教学改革与评价等开展课题研究990项；二是面向全国特别是本省域高校建设创新创业教育在线开放课程、线下课程、线上线下混合式课程、社会实践课程、虚拟仿真课程1 233门；三是重点打造能够反映创新创业人才培养模式创新和教学改革最新成果的高质量教材或教学案例788个；四是面向全国特别是本省域的专（兼）职教师及相关专业导师的线上线下专项培训388场，培训师资4.2万人次，全面提升创新创业师资的教学水平、教研能力和指导能力。

（二）实践基地建设成效

一是重点开展学生创新创业实践训练，设计并实施一批具有一定创造性和探索性、技术或商业模式有所创新的训练和实践项目40 608项；二是开展好创客培训、成果转化对接、咨询策划、政策指导、资金申请等相关服务，支持创业实践类孵化与落地项目1 045个；三是面向全国或本省域定期组织实施各类创新创业训练营、创新创业沙龙、项目路演等5 462场，进一步强化区域内创新创业教育资源互促互补。

通过双创学院和实践基地示范引领，全面打通创新创业教学改革、课程建设、教材建设、师资培训等关键环节和双创实训、指导服务、孵化转化、资源对接一体化服务，全面构建创新创业教育生态链共同体，全面提升创新创业人才自主培养质量，主动服务职普融通、产教融合、科教融汇新格局，推进有组织地服务国家和区域发展。

（教育部高等教育司供稿）

2022年中央专项彩票公益金支持中小学生校外研学实践活动项目实施情况

2022年，中央专项彩票公益金继续支持“全国中小学生研学实践教育基地”（简称“基地”）和“全国中小学生研学实践教育营地”（简称“营地”）组织开展中小学生研学实践教育活动，帮助中小学生了解国情、开阔眼界、增长知识，着力提高中小学生的社会责任感、创新精神和实践能力。

一、资金安排情况

2022年，中央专项彩票公益金共安排项目预算1.9亿元。教育部严格执行《中央专项彩票公益金中小学生校外研学实践活动项目资金管理办法》，按照每基地150万元、每营地500万元的标准，支持20个基地和32个营地组织开展中小学生校外研学实践活动。截至2022年年末预算执行率为100%。

二、项目执行情况

（一）加强绩效管理，把好年度绩效“考核关”

教育部印发关于《做好2021年中央专项彩票公益金中小学生校外研学实践活动项目绩效评价工作的通知》（教财司函〔2022〕8号），对项目执行情况进行综合评价。各营地、基地在“中央专项彩票公益金中小学生研学实践活动项目预算绩效管理与服务系统（2021版）”填报项目执行情况，各省级教育主管工作部门对本省份的营地、基地审核打分后上报，教育部组织专家组采用资料分析、远程（线上）调研与访谈等进行合议，逐个提出评定等级与分数，遴选了营地、基地优秀案例。同时，强化结果运用，评价结果应用于下一年度进行项目评审。

（二）规范项目管理，守好项目遴选“入门关”

为做好2022年度项目单位的遴选工作，教育部印发《教育部办公厅关于开展2022年中央专项彩票公益金中小学生校外研学实践活动项目申报与预算编制工作的通知》（教财厅函〔2022〕3号），要求各省（区、市）和新疆生产建设兵团教育行政部门结合本地校外教育发展规划及往年开展研学实践活动成效等情况，择优推荐候选基地、营地，组织、审核、指导候选基地、候选营地做好项目申报工作。教育部组织专家进行综合评议，评议过程中，视情况抽取部分候选营地和候选基地进行实地核查。对评审结果按管理办法做好公示，做到公开、公平、公正。

（三）坚持目标引领，均衡发展与内涵建设并重

2022年，坚持“不失原则，不降条件，不调标准”原则，新增营地、基地向空白省份倾斜，营地、基地全覆盖的中期绩效目标有望尽早实现。目前除海南省、宁夏回族自治区和新疆生产建设兵团外，其他省（市、区）都有了国家校外研学实践营地。项目资金支持的研学实践教育营地、基地注重内涵建设，研发研学实践教育课程109门，开发及形成研学实践活动线路118条，公开出版研学实践教材23部，全年共惠及中小学生685 187人，其中惠及家庭经济困难学生11.35万人，组织校外教育研学专题业务培训12 605人。

三、实施效果情况

（一）统筹规划，打造校外研学网络体系

统筹整合校外研学资源，初步形成了以营地为枢纽、基地为站点的校外研学实践教育网络体系，基地与营地之间的资源共享、交流合作日益密切。例如，广元营地有效整合资源，促进中西部国际级研学营地资源共享，积极筹建中西部研学联盟，初步形成“市—县—学校”三级联动工作机制。兰州营地指导合作基地出台、修订制度8项，研发课程8门。库尔勒营地获得资金支持后，极大地激励当地政府创建了第一批实践教育基地，对于形成营地辐射基地的研学模式发挥了积极作用。

（二）数字转型，推动教育资源优质均衡

受疫情影响，线下研学课程开展受限，多地借助新媒体技术，通过“云课堂”、直播授课、VR全景游等方式多样化开展线上研学，推动地区教育资源均等化。例如，西安营地利用“线上+线下”方式指导合作基地研发课程50门，迄今已与15个省（市、区）实现了线上资源共享。福海营地积极开发主题鲜明的特色课程，与4个省份实现线上资源共享。上海东方绿舟营地整合优质教育资源，将17个喜闻乐见的研学实践资源主动上线，与浙江、天津、湖北等省（市、区）共享。

（三）纵深覆盖，助力乡村振兴发展

江苏、山东、天津、甘肃、云南等营地，整合周边优势农业资源，积极构建新时代新“三农”研学课程体系，深度挖掘研学课程资源，组织开展稻田文化体验，组织开展了“乡村振兴助‘三农’”系列活动，体验高科技农业栽培，探索教育资源与乡村振兴结合新模式，助推乡村振兴发展。通过实地参观、体验、感悟，让学生了解国家实施乡村振兴战略，提振学生积极参与乡村建设的信心与决心。

（四）杠杆撬动，构建多元投入格局

激励地方政府重视校外研学实践教育，拉动地方校外教育投入。湖南湘潭营地获得中央专项彩票公益金支持后，当地政府加大了对校外教育的关注和投入，在追加预算60万元基础上，还对当地政府命名的19个市级研学实践基地再予以资金支持。福建三明营地获得资金支持后，当地政府安排本级财政资金近100万元，支持营地组织开展校外劳动教育、德育美育和省级、市级中小学生定向越野等校外教育项目。

（教育部经费监管事务中心供稿）

2022年中央专项彩票公益金支持乡村学校少年宫项目实施情况

一、基本情况

2022年，中央专项彩票公益金共安排14 802万元，由中央文明办负责实施。针对22个省（区、市）832个脱贫县的9 868所中央专项彩票公益金支持建设的乡村学校少年宫项目进行运转补助，已全额下达各地财政部门。

二、主要成效

（一）实现价值引领

乡村学校少年宫建在学校、面向中小学生，是农村未成年人思想道德建设的重要阵地。乡村学校少年宫紧紧围绕培育和践行社会主义核心价值观，常态化开展“扣好人生第一粒扣子”、“新时代好少年”学习宣传、“童心向党”等主题实践，开展中华优秀传统文化、传承红色基因、党史国史改革开放史等学习教育，引导农村未成年人树立正确的理想信念、价值理念、道德观念，努力成长为拥有“四个自信”的孩子。

（二）提升综合素质

乡村学校少年宫以培养时代新人为方向，着眼促进农村未成年人德智体美劳全面发展。各地乡村学校少年宫普遍设计开展文艺体育、手工技能、科普劳动等活动，一些省市还探索开展形式多样的乡村学校少年宫交流展示、文艺汇演活动，让农村孩子在培养兴趣、增长知识、培育美感的同时，进一步提升综合素质，形成了自尊自强、阳光开朗的精神风貌。乡村学校少年宫建设为农村地区的孩子打开了希望之窗，努力让每个孩子都有人生出彩的机会。

（三）助推乡村治理

乡村学校少年宫有效助推教育“双减”政策在农村地区落地落实，不断更新活动项目、提升活动水平，在课余时间把更多农村孩子吸引过来、组织起来，减少了农村留守儿童失管、失教现象发生，有效预防了农村未成年人犯罪，提升了农村家庭的获得感、幸福感、安全感。

（四）赢得广泛赞誉

乡村学校少年宫建设的根本目的是促进农村未成年人健康成长、全面发展。基层干部群众普遍认为，乡村学校少年宫是利用中央专项彩票公益金为农村孩子办的一件大好事、大实事，是一项顺民心、合民意的惠民工程、实事工程、德政工程，充分体现了党中央对农村孩子健康成长的关心关爱，让农村孩子切实感受到了党和国家的深切关怀。

（中央文明办三局供稿）

2022年中央专项彩票公益金支持欠发达革命老区乡村振兴项目实施情况

一、资金使用规模及资助项目

为贯彻落实党中央、国务院关于实现巩固拓展脱贫攻坚成果同乡村振兴有效衔接的决策部署，2022年财政部下达中央专项彩票公益金支持欠发达革命老区乡村振兴项目资金20亿元，支持全国28个省份的欠发达革命老区县启动48个乡村振兴示范区建设，每个示范区安排补助资金4 000万元；同时支持2021年启动实施、评估结果较好的10个乡村振兴示范区进一步巩固提升建设成果，每个示范区安排补助资金800万元。

二、资金项目执行情况

根据年度评估情况，各示范区总体上能够及时落实资金，按照设定的建设绩效目标逐级分解下达至具体项目，对预算编制、执行、决算实施全过程绩效管理，推动资金用好、用准、用实、用出效益。

（一）关于资金使用情况

各示范区总体上能够依据资金管理办法规定的支出方向，将资金用于支持必要的人居环境整治和公益性基础设施建设、促进脱贫劳动力就业增收、发展农业特色产业等示范区建设项目，聚焦招投标、采购、监理和验收等环节，落实有关项目管理要求，及时拨付资金，推动提高财政资金使用效益。

（二）关于项目建设情况

各示范区积极克服疫情灾情影响，总体上依据申报书及实施方案明确的建设目标、规模内容、投资概算、时序安排，多措并举提高工程建设质量效益，确保示范区年度建设任务高质、高效推进。2022年各示范区共实施项目986个，其中中央专项彩票公益金直接补助支持的项目601个。

（三）关于资产管护情况

各示范区着力加强中央专项彩票公益金项目资产后续管理，总体上能够按要求明确资产权属、落实后续管护责任。制订完善产业类项目收益分配方案，所得收益主要用于促进脱贫户或低收入人口增收、小型公益性基础设施运营维护、壮大村级集体经济等。

三、项目实施效果

各示范区贯彻落实党中央、国务院关于全面推进乡村振兴、加快革命老区振兴发展的决策部署，落实资金使用管理要求，扎实推进示范区建设，示范区域内乡村振兴整体水平不断提升，老区人民获得感、幸福感、安全感普遍提高。

（一）社会效益方面

示范区域内公共基础设施持续改善，乡村治理体系不断健全，治理能力明显提高，社会和谐、安全、稳定。示范区内农村道路和生产（旅游）路硬化里程数（公里）较基期数据有明显提升，平均增加15公里、增长14.31%。示范区积极推行积分制管理，普法宣传活动平均增长32.62%。

（二）经济效益方面

示范区积极探索农业转型升级新路径，培育新产业新业态，特色优势产业不断壮大，助推农民致富增收。示范区内农村居民年度人均可支配收入较基期平均增加1 634元、增长10.67%；村集体经济收入较基期有明显增长。

（三）生态效益方面

示范区积极构建绿色发展新模式，乡村人居环境和生态状况持续改善。示范区内农村卫生厕所户数较基期平均增长43.4%，绿色、有机、地理标志农产品产量比重不断增长，生活污水集中处理有关工作积极有序推进。

在中央和地方各级财政的大力支持引导下，在各相关部门的协同配合下，示范区域内乡村产业、人才、文化、生态、组织全面振兴取得新进展，在实践中也总结形成了一批可推广复制的经验和做法。2022年度支持的示范区域内获得一批国家级、省级评选表彰和资格认定；示范区有关经验和做法在国家、省级层面被转发推广48项，在国家主流媒体广泛刊发。

（财政部农业农村司地区振兴处供稿）

2022年中央专项彩票公益金支持居家和社区基本养老服务提升行动项目实施情况

2022年，中央专项彩票公益金支持居家和社区基本养老服务提升行动项目资金预算11亿元，由民政部负责实施，支持60周岁及以上经济困难的失能、部分失能老年人建设家庭养老床位，享受居家养老上门服务。

一、资助项目

（一）建设家庭养老床位

在对老年人进行综合能力评估基础上，综合考虑其身体健康状况、居家环境条件等因素，对适宜设置家庭养老床位的老年人，以满足其安全便利生活条件、及时响应紧急异常情况为基本要求，对居家环境关键区域或部位进行适老化、智能化改造，安装网络连接、紧急呼叫、活动监测等智能化设备，并视情况配备助行、助餐、助穿、如厕、助浴、感知类老年用品。

（二）提供居家养老上门服务

根据老年人综合能力评估情况，为有相关需求但未建立家庭养老床位的老年人提供居家养老上门服务，服务内容包括但不限于出行、清洁、起居、饮食等生活照护以及基础照护、健康管理、康复辅助、心理支持、委托代办等服务。

二、执行情况

（一）遴选项目地区

民政部办公厅、财政部办公厅联合印发《关于开展2022年居家和社区基本养老服务提升行动项目申报工作的通知》（民办函〔2022〕29号），经地方申报、审核遴选等工作环节，确定北京市西城区等42个地区实施项目（以下统称为“项目地区”），并给予项目资金支持。

（二）加强项目管理

民政部会同财政部采取多种有效措施组织项目实施，主要包括：

1.制定政策文件。民政部办公厅、财政部办公厅联合印发《关于做好2022年居家和社区基本养老服务提升行动项目组织实施工作的通知》（民办函〔2022〕60号，以下简称《组织实施通知》），明确项目工作目标、重点任务、实施要求、资金使用要求、组织保障等内容。

2.及时调度项目。省级民政部门对项目地区工作进展实行“月指导、季调度”，每半年向民政部提交任务进展、资金使用、绩效评价等项目情况报告并抄送财政部。自2022年10月起，民政部对项目进展实行季度通报制度，对有关项目地区进行通报批评或表扬，及时督促指导。

2022年11月29日，民政部养老服务司组织召开项目调度视频会，各省（区、市）民政厅（局）、新疆生产建设兵团民政局分管负责同志和养老服务处室主要负责同志，各省（区、市）财政厅（局）、新疆生产建设兵团财政局有关处室负责同志参会。财政部社会保障司副司长邸东辉对资金使用和绩效管理提出明确要求。民政部养老服务司司长俞建良要求各地民政部门充分认识做好项目实施的重要意义，扎实抓好2022年项目组织实施工作，认真开展2021年项目成果验收工作，把握时间节点，有序推进验收工作，切实加强项目信息化管理，以最严格的标准规范项目组织实施。

3.加强培训辅导。项目地区于2022年10月报送组织实施方案后，民政部养老服务司组织专人审阅，对不符合《组织实施通知》有关要求的做法逐一提醒，确保整改到位，确保组织实施规范、有序。

2022年11月29日，民政部养老服务司组织召开项目工作培训，2021年42个项目地区和2022年42个项目地区民政局分管负责同志和养老服务处室主要负责同志和有关工作人员、财政局有关处室负责同志参加。民政部养老服务司副司长李永新对项目推进提出具体工作要求，有关处室负责同志解读《组织实施通知》和《关于开展2021年居家和社区基本养老服务提升行动项目成果验收的通知》（民办函〔2022〕77号）要求，讲解信息系统填报要求，项目委托的第三方研究管理机构、绩效评价公司介绍项目跟踪研究情况。

2022年12月底，各省级民政部门报告了项目地区实施进展情况。民政部养老服务司指定专人逐一查阅，未发现违规使用中央补助资金情况，项目进展安排合理、有序。

（三）加强信息统计

要依托“金民工程”全国养老服务信息系统开发项目管理模块，加强项目信息化管理，努力实现“实施有记录、流程可追溯、绩效可考核、成果可展示”要求，把好项目程序关、廉洁关。民政部养老服务司在“金民工程”全国养老服务信息系统中开设“2022年居家和社区基本养老服务提升行动项目”板块，要求项目地区责成专人录入项目资金支持的两项重点任务开展情况，与项目实施同步推进，用信息系统真实反映服务对象、服务内容、资金流向等情况。民政部养老服务司根据填报情况，每季度通报工作进展，将信息化手段用足、用到位。

三、实际效果

项目将为经济困难的失能、部分失能老年人建设10万张家庭养老床位，提供20万人次居家养老上门服务，有效满足了老年人多样化的养老服务需求，有力提升了老年人的获得感和幸福感。

（民政部养老服务司供稿）

2022年中央专项彩票公益金支持城乡医疗救助项目实施情况

中央专项彩票公益金与中央财政医疗救助补助资金一般公共预算部分统筹使用支持医疗救助工作，并按照《城乡医疗救助基金管理办法》（财社〔2013〕217号）和《财政部 国家卫生健康委 国家医保局关于修订中央财政医疗救助补助资金管理办法的通知》（财社〔2022〕32号）管理。2022年中央专项彩票公益金投入19.8亿元，年底实际执行19.76亿元，中央专项彩票公益金补助占当年中央财政投入的6.4%。

各级医保部门深入贯彻党中央、国务院关于深化医疗保障制度改革和完善社会救助制度决策部署，认真落实《国务院办公厅关于健全重特大疾病医疗保险和救助制度的意见》（国办发〔2021〕42号），进一步统一规范医疗救助制度，夯实医疗保障托底功能，有效减轻了困难群众医疗费用负担，增强了人民群众的获得感、幸福感和安全感。

（国家医疗保障局供稿）

2022年中央专项彩票公益金支持中国红十字人道救助救援项目实施情况

2022年，中央专项彩票公益金全年支持“红十字人道救助救援项目”资金约6 265万元。中国红十字会总会按“人道救助”和“人道救援”两个子项目执行，用于红十字会系统人道救助物资采购储备发放、备灾救灾中心规范化建设、救援队培训演练、救援装备维护保养等重点领域，在参与应对重大自然灾害、新冠疫情等救援救助中发挥了重要的支撑保障作用。

在红十字人道救助项目上，紧急人道救助执行资金5 984万元，采购家庭包102 657个、冲锋衣24 000件、毛巾被75 000条、棉被50 000床、棉帐篷1 000顶、单帐篷3 000顶、折叠床6 600张、灭菌医用外科口罩10 000只、N95口罩10 000只、医用防护服1 200件，依托全国35个灾害多发地红十字会物资储备库进行储备管理。全年启动各类应急响应88次，针对自然灾害和新冠疫情对受灾群众和一线防控人员开展救助帮扶，调拨家庭包19 381个、棉帐篷4 434顶、单帐篷7 018顶、棉被80 518床、毛巾被13 600条、冲锋衣等服装176 905件、折叠床1 980张、灭菌医用外科口罩10 000只、N95口罩10 000只、医用防护服1 200件，惠及群众近44万人次。派出工作组3批次赴上海和四川泸定，指导当地红十字会参与疫情防控和震后救援，进一步提高了人道救助的针对性、时效性。通过调拨彩票公益金支持采购救灾物资，广泛动员和带动社会力量投入防疫消杀、救护转运、生活救助、卡点值守等工作，为疫情防控贡献了红十字会力量。深入推进“红十字博爱送万家”活动，使用资金900万元采购慰问箱3万个发放至困难群众手中，约12万人次受益，覆盖面不断扩大，成为中国红十字会开展人道救助的特色优势品牌项目。在贵州省举办全国红十字会备灾救灾中心业务骨干培训班，为人道救助工作培养一支素质过硬、作风优良的专业队伍。积极适应新形势新需求，红十字人道救助积极向偏远落后地区倾斜，与乡村振兴等工作相结合，将生活困难的干细胞和器官捐献者、红十字会会员和志愿者纳入其中，探索行之有效的路径。红十字人道救助项目服务社会、践行公益、履行职责，把党和政府的关心、彩民的爱心与红十字会人道理念汇聚融合，传递给千家万户，大大提升了人道救助工作的覆盖面和彩票公益金的社会影响力。

在红十字人道救援项目上，中国红十字会总会先后组织区域性应急演练和培训8次，向17家单位的24支红十字会救援队装备维修保养提供经费150万元。全国各级红十字会派出114支救援队伍、6 300人次紧急驰援灾区，在当地应急管理部门牵头领导下，积极配合做好灾区群众搜救、转移、安置等工作，成为党委、政府的得力助手。截至目前，全国先后建立900余支红十字会救援队伍，涉及赈济、医疗、供水、大众卫生、心理、搜救、水上救生、救护转运等多个专业，在促进社会救援力量蓬勃发展上发挥了重要示范带动作用，推动构建了多方参与的社会化防灾减灾救灾新格局、新体系，增强了防灾减灾救灾工作的整体合力。通过持续大抓学习培训，开展实战化、常态化综合演练，红十字会救援队和备灾救灾中心在应急响应、快速出动、紧急筹措、精准保障等方面的能力明显提升，确保了在应急救援的关键时刻拉得出、展得开、救得下、供得上、保得好，受到灾区党委、政府和人民群众的广泛赞誉。

（中国红十字会总会赈济救护部供稿）

2022年中央专项彩票公益金支持中国红十字生命健康安全教育项目实施情况

2022年，红十字生命健康安全教育项目（以下简称“项目”）年度资金总额4 772.68万元（含当年预算资金2 745.79万元，上年结转资金2 026.89万元）。中国红十字会总会坚持以习近平新时代中国特色社会主义思想为指导，践行“人民至上，生命至上”理念，认真完成好应急救护能力建设、应急救护培训和宣传倡导普及活动等项目内容，提高应急救护培训规范化和标准化水平，发展应急救护师资队伍，提升公众应急救护知识技能，助力健康中国建设。

一、加强标准化研发，推动群众性应急救护工作深入开展

一是推进应急救护标准化研发。开发创伤救护课程、应急救护师资提高班课程，进一步完善应急救护培训课程体系；制作红十字会应急救护培训教具技术标准，推进培训教具标准化；制定红十字会应急救护技能竞赛标准和建立考题库，为各级红十字会开展救护比赛演练活动提供技术支持。二是开发应急救护教学资源。制作初级救护员课程教学视频、中小学生版应急救护科普视频和科普动画，进一步丰富完善应急救护教学科普资源，为多层次、全方位开展应急救护知识技能普及提供资源保障。修订《中国红十字会应急救护培训标准化手册》，组织翻译和审核《国际急救、复苏和培训指南》（2020年版），为各级红十字会及广大应急救护师资提供工作指导。三是开展应急救护政策与技术研究。围绕应急救护工作相关主题完成5项应急救护政策与技术研究，为应急救护工作高质量发展提供技术支撑。在项目的整体带动下，2022年，全国红十字会系统共培训持证红十字会救护员316万余人，普及应急救护知识5 200万余人次。

二、开展应急救护师资培训，提升应急救护培训质量

克服新冠疫情影响，以“线上+线下”形式举办基地讲解员培训班10期，共培养应急救护培训基地讲解员379名，极大地缓解了各地基地讲解员短缺压力，助力基地作用发挥。以线上形式举办应急救护师资提高班56期，参训师资1 100余人，进一步优化应急救护师资队伍，提升应急救护师资整体教学水平。开展应急救护培训教研活动20次，通过集体教研进一步提升全国救护师资教学能力，促进新教学方法的推广应用。

三、加强宣传倡导，弘扬“关爱生命、救在身边”的社会文明风尚

一是开展主题宣传活动。“红十字博爱周”与“世界急救日”期间，在公交车站和候车厅发布公益广告，提升公众生命健康安全意识。二是开展“寻找最美救护员”活动，宣传褒扬先进事迹。围绕2022年度“十大最美救护员”事迹主题制作宣传片，宣传褒扬救人先进事迹。三是以“关爱生命 救在身边”为主题举办了第六届全国红十字应急救护大赛，有力促进了全国红十字应急救护工作的开展。四是开展应急救护公益讲座。2022年共实施公益讲座活动40期，覆盖中央和国家机关、高校、企业、社区等单位，培训普及3 473人。五是开展宣传材料制作工作，多渠

道、多载体推动应急救护知识普及。制作宣传长图、主题海报等新媒体宣传材料20种，供全国红十字会系统免费下载使用，相关材料在微信、微博等新媒体平台广泛传播，在应急救护知识的宣传普及方面发挥了独特作用。

四、加强数字赋能，升级建设应急救护工作信息化服务平台

建设升级“救在身边·应急救护服务平台”，新建数据采集模块，实现在线学习、培训管理、救护设备管理（含AED、应急救护一体机等）、应急救护服务阵地管理（含应急救护培训基地、体验教室、景区救护站等）、应急救护工作数据采集和统计分析等功能，进一步优化平台功能，提升用户体验。

五、服务国之大者，开展“红十字与冬奥同行”活动

按照与北京冬奥组委签署的《合作备忘录》要求，积极参与北京冬奥会、冬残奥会航空医疗救援、地面急救转运、比赛场馆AED配置、志愿者救护培训等服务工作。制作“红十字与冬奥同行”系列公益广告，在北京城区主要线路的公交候车厅及地铁线路发布“红十字与冬奥同行”系列公益广告。设计制作“红十字与冬奥同行”志愿服务手册、纪念徽章等，向世界展示北京冬奥会的人文关怀与人道精神。

（中国红十字会总会训练中心供稿）

2022年中央专项彩票公益金支持大病儿童救助项目实施情况

“中央专项彩票公益金大病儿童救助项目”（以下简称“大病儿童救助项目”）是由中国红十字会总会（以下简称“总会”）负责，委托中国红十字基金会（以下简称“中国红基会”）组织实施，协同全国各级红十字会和定点医疗机构执行，专项救助白血病和先心病儿童的公益项目。2022年，中国红基会贯彻落实财政部和总会指示精神，坚持“人民至上、生命至上”理念，开展全国调研和工作机制改革，充分调动全国红十字会积极性、协同性，拓展定点医院规模，大力提升资金执行效率和人道救助、服务水平。

一、全面推进项目实施，高质量完成预算执行

2022年度“大病儿童救助项目”预算3.35亿元，其中，社会福利和救助资金3.31亿元，委托业务费335万元。2021年度结转资金118万元，2022年应支合计3.36亿元，救助大病患儿11 474人次。其中，白血病患儿8 716人，救助资金28 299万元；先心病患儿2 758人，救助资金4 948.5万元。

二、积极动员社会资源助力大病救助项目

（一）通过小天使基金和天使阳光基金动员白血病、先心病救助资金

2022年，共动员社会捐赠达4 100多万元。其中，小天使基金共动员社会捐赠2 529万元，天使阳光基金共动员社会捐赠648万元。在红十字会“五八”人道公益日专场筹款中，全国红十字会共为白血病、先心病患儿众筹“人道关怀金”980多万元，用于异地就医交通食宿和患儿营养补充费。

（二）联合其他基金开展筛查救助

2022年，动员社会资金共约1 100万元进行配套支持。联合“天使明心基金”“孙立忠公益基金”“合生元母婴关爱基金”等专项基金，动员捐赠企业和网友众筹，共同开展新疆、贵州先心病患儿筛查救助行动。

三、以问题为导向开展攻坚克难，提高社会效益

（一）重视调查研究和数据分析，建立问题发现机制

为提升人道救助能力和救助效率，更好回应白血病、先心病患儿的人道诉求，2022年4月至6月，通过对9个重点省份的省红十字会进行实地走访、线上访谈，并对全国省、市、县三级红十字会发放调查问卷等方式开展调研，重点关注影响受益人群体切身利益的问题，探索解决路径，形成《为了给大病儿童更优质的人道救助和服务》调研报告，在中央国家机关工委组织的“关键小事”调研攻关活动成果评选中荣获二等奖。

（二）围绕调研发现的问题开展了一系列改革探索

1.改进资助评审机制。一是固定评审时间，先心病评审从每月1次改为每月2次，等待时间减少一半。二是缩短评审时长，为患儿争取及早入院。三是启动河南省省内先心病专家评审试点。

2.加强医院合作救助力度，解决患儿紧急用

款。白血病的定点医院共有27家，覆盖16省；先心病定点医院现共有56家，覆盖25省份。通过加强与医院联合救助，在先心病筛查救助、资金垫付、白血病“直通车”救助，以及医务社工服务、项目宣传等方面发挥了积极作用。联合23家医院开展“天使之旅——先心病患儿筛查救助行动”，足迹遍布西藏、青海、新疆等14个省份的37个地区，累计筛查78 239名儿童，符合手术指征的儿童有1 530名。联合医院为1 398名白血病、先心病患儿垫付手术资金2 834.5万元，切实减轻困难家庭提前筹措医疗费的困境。

3.改进资金拨付方式，直达受益人。在“中央财政预算一体化系统”上线后，先后有五批共2 015名患儿资助款6 216.5万元通过中国红十字会总会账户直接拨至患儿个人账户，大大缩短流程周期，提高资助效率。

4.积极推动数字化工具升级。不断完善“彩票公益金项目管理系统”，就申请、审核等共52项内容进行了升级。开展全国红十字系统工作人员培训，省、市、县红十字会共1 500余人参加，提高了队伍的整体执行能力。

四、立体化开展推广传播，提高项目影响力

（一）注重形象宣传

一是设计完成“中央专项彩票公益金大病儿童救助项目”系列标识，传播彩票公益金惠民宗旨。联合财政部《国家彩票》杂志拍摄中央专项彩票公益金宣传形象片。二是开展深度采访。联合腾讯公益深度采访青海、陕西先心病患儿索南·昂毛和小园园，江苏白血病患儿晓峰等，拍摄视频短片，开展重点传播。三是大力度投放公益广告。2022年10月在全国29个省份154个城市的商超、医院、卫生院等地共30 000余台视频终端投放公益广告，传播申请救助方式，播放时间1个月，播放量3 000多万次。四是加强自媒体运营。公众号年内发文100余篇。

（二）密集开展传播活动

加强与央媒等媒体合作。与中央人民广播电视总台CCTV《生活圈》合作；联合央广中国之声“六一”特别节目《礼物》推出白血病患儿小思怡的励志故事，有40 900人收听；“天使之旅——新疆先心病筛查救助行动”在央视“新闻直播间”报道。与社会组织合作，传播救助理念，联合白求恩公益基金会开展“愈见美好·关爱儿童健康创作映像展”，通过线上线下方式展出儿童作品300余幅。与医院、病友群、志愿组织合作，链接患儿需求。联合定点医院开展住院白血病患儿探访慰问赠送“英雄能量包”。开展“小天使公益剧场”，组织患儿家庭观看儿童音乐剧，以舞台现场合家欢助力心理疗愈。

（三）实施效果

2009年以来，中央专项彩票公益金大病儿童救助项目累计投入资金22.25亿元，救助白血病、先心病儿童7.76万名，成为国家儿童医疗保障体系和政府医疗救助的有力补充，为防止大病儿童家庭因病致贫、因病返贫做出了积极贡献。

（中国红十字基金会供稿）

2022年中央专项彩票公益金支持人体器官捐献项目实施情况

2022年是国家“十四五”彩票公益金人体器官捐献项目的第二年。在项目资金的支持下，中国人体器官捐献管理中心广泛开展了人体器官捐献的宣传动员、缅怀纪念、志愿登记、捐献见证、人道关怀、协调员队伍建设、志愿服务队伍建设及信息平台建设等工作，传播器官捐献理念，普及器官捐献知识，提供悉心周到服务，提升公民捐献意识，推动器官捐献工作高质量发展。

一、项目预算收支及管理情况

2022年度项目总预算1.04亿元，其中当年财政预算收入8 834.35万元，以前年度结转1 573.96万元。截至2022年12月31日，项目实际支出金额8 046.92万元。项目资金严格按照《中央专项彩票公益金支持红十字事业项目资金管理办法》《“十四五”彩票公益金人体器官捐献项目实施方案》有关规定执行。在会计核算方面，严格按照相关财务规定和要求，专款专用，严格资金审批流程，确保项目资金使用的规范性和安全性。2021年绩效评价获得94.17分，评价等级为“优”。

二、项目执行及完成情况

（一）宣传动员

一是制作《生命的意义》《生命接力·大爱传递》宣传册，《生命的馈赠》宣传封套。二是在全国发起“生命之约·大爱传递”人体器官捐献志愿登记宣传季活动，组织开展“人体器官捐献生命接力‘云’动会”，支持在全国各地开展14场宣传活动。三是编印12期《中国人体器官捐献工作通讯》，向全国600多家器官捐献机构、获取组织、移植医院、遗体接收站、眼库等单位发放。

（二）缅怀纪念

一是在全国发起主题为“生命的意义”的“人体器官捐献缅怀纪念月”活动。二是发起2022全国人体器官捐献云上缅怀纪念活动，设计云上缅怀H5致敬捐献者。三是推动地市级城市新建捐献者缅怀纪念场所16处。

（三）报名登记

2022年新增志愿登记153万余人，制作发放实体志愿登记卡80余万张，400-010-6695咨询热线年度接听超4万人次。

（四）捐献见证

一是共完成人体器官捐献协调见证5 642例。二是为协调员定制工作证、工作服装、工具包等，办理人身意外伤害保险，做好相关工作保障。三是支持各省级器官捐献管理机构开展捐献服务工作。

（五）人道关怀

一是制作新版捐献证书、纪念章、慰问信向捐献者家属发放。二是共向5 673户捐献者家庭发放了人道关怀慰问金。三是共回访慰问50位捐献者家属和移植受者代表。

（六）业务培训

一是线上举办人体器官捐献协调员综合能力建设师资研修班，培训省级器官捐献业务骨干和相关领域专家400余人。二是举办2022年全国人体器官捐献协调员培训班，培训拟入职协调员450余人。三是举办第六期全国人体器官捐献高级培训班，培训省级管理干部和业务骨干120余人。

（七）志愿服务

一是开展主题为“生命教育·人道伴行”的“人体器官捐献志愿服务月”活动。二是在英山举办“生命接力·大爱传递”人体器官捐献宣传活动。三是在全国支持开展10个人体器官捐献志愿服务项目，推动人体器官捐献志愿服务体系建设。

（八）信息平台运营和维护升级

一是完成中国人体器官捐献案例报告管理系统、志愿登记管理系统的日常运行维护和功能升级工作。二是完成网站和信息平台等保三级定级备案和年度测评工作。三是完成云平台、咨询电话、短信验证码、三要素验证等续期租赁业务。四是完成新版网站改版升级并上线运行。

三、项目取得社会成效

2022年新增志愿登记153万余人，实现捐献5 642余例，捐献器官1.8万余个。全国累计志愿登记583万余人，累计实现捐献4.3万余例，捐献器官13万余个，10万多人体器官衰竭患者的生命得到挽救，公民逝世后器官捐献的社会知晓度和公众参与程度大大提升，树立了崇尚科学、移风易俗、友爱奉献的新风尚，为健康中国建设和社会主义精神文明建设作出了突出贡献。

（中国人体器官捐献管理中心供稿）

2022年中央专项彩票公益金支持出生缺陷干预救助项目实施情况

2022年，财政部安排中央专项彩票公益金25 835万元，支持中国出生缺陷干预救助基金会（以下简称“基金会”）开展出生缺陷干预救助项目。在国家卫生健康委指导和财政部支持下，基金会大力推进项目实施，取得积极进展。

一、项目设计和组织管理

国家卫生健康委对项目高度重视，专门成立项目管理小组，印发《中央专项彩票公益金支持出生缺陷干预救助项目管理办法》，指导印发《中央专项彩票公益金支持出生缺陷干预救助项目资金监管方案》，明确项目组织实施的工作流程、各方职责和管理要求，指导项目切实做好顶层设计和组织管理，推动项目科学规范实施。基金会作为项目实施的主体，在项目管理小组指导下，进一步完善项目实施的各项规章制度，成立出生缺陷干预救助项目管理咨询专家组，制订了出生缺陷救助、新生儿多种遗传代谢病检测等4个实施方案，确定并公布了项目省级管理机构45家、实施机构608家，推进项目全面启动、有序执行。

二、项目执行情况

按照项目内容，基金会规范、高效推进各项工作。一是开展出生缺陷救助。在全国共救助出生缺陷疾病患儿6 903人次，其中：遗传代谢病患儿2 959人次，涉及157种遗传代谢疾病；先天性结构畸形救助患儿4 030人次，涉及70种先天性结构畸形疾病。二是开展新生儿检测。为10个省（区、市）的168 669名新生儿提供多种遗传代谢病检测服务，并结合遗传代谢病患儿救助工作，对诊断出的困难家庭患儿提供医疗费用补助。三是开展出生缺陷防治宣传和健康教育。与国家卫生健康委联合基金会共同举办2022年“‘9·12’预防出生缺陷日”线上主题宣传活动。发布公益宣传片，展播党的十八大以来出生缺陷防治成果和出生缺陷综合防治典型案例等，45万余人在线观看。在《人民日报》、人民网、新华社、新华网、央视网等主流媒体累计发起微博话题近20个，话题阅读量超过1.2亿人次。2022年9月1日至15日，基金会在北京举行线下公益宣传活动，邀请知名专家讲授出生缺陷防治科普知识，呼吁大众关注出生缺陷患儿。四是举办出生缺陷防治相关培训和会议。通过线上线下相结合的方式，全年在北京、内蒙古、江苏等地举办出生缺陷综合防治、产前筛查与产前诊断等技术培训班9场次，共培训6 475人次。为推动新生儿多种遗传代谢病检测顺利实施，2022年9月20日在北京召开专题研讨会，邀请领域内知名专家20余人，研究论证项目实施方案。

三、项目实施取得的效果

一是减轻出生缺陷患儿困难家庭就医负担。以先天性结构畸形救助为例，申请救助的患儿人均医疗费用4.34万元，补助比例占自付费用的66.4%，结合基本医保报销，平均每名患儿可报销医疗费用的82.3%。在省级管理机构和实施机构的积极配合下，项目促进了患儿及时就医和尽早治疗康复，防止了病程继续发展和致残致死等严重后果的发生，也有效防止了因病致贫返贫的发生，有利于社会和谐稳定。二是推动新生儿疾病早发现、早诊断、早治疗。为贵州省、甘肃省等10个省（区、市）的新生儿开展多种遗传代谢病检测服务，推动了当地政府重视支持新生儿遗传代谢病筛查工作。三是提高公众优生意识和健康素养水平。开展宣传和健康教育，既在全国范围宣传普及了出生缺陷防治知识，也带动了各地卫健部门、医疗机构和社会各界对出生缺陷干预救助工作的关心和支持。四是提升专业技术人员服务能力和水平。通过组织医务人员开展相关业务培训，逐步壮大出生缺陷防治人才队伍，不断提高业务水平。

（中国出生缺陷干预救助基金会供稿）

2022年中央专项彩票公益金支持中国造血干细胞捐献者资料库项目实施情况

中国造血干细胞捐献者资料库管理中心（中华骨髓库）（以下简称“管理中心”）坚持“以供者为本，为患者服务”的理念，以打造“世界一流强库”为目标，努力为国奉献、为民造福。2022年，管理中心在中国红十字会总会的正确领导下，认真落实党组部署的各项重点工作，以党建引领业务开展，积极探索疫情影响下的工作模式，深化改革创新，砥砺奋进，攻坚克难，事事着眼于如何围绕中心服务大局，着眼于更好发挥党和政府在人道领域的助手作用、维护人民群众生命健康。

一、制度建设

为保证资金使用合理、规范，管理中心参考财政部及总会相关文件从业务和财务两方面制定了较完备的管理制度，并且在资金执行方面和业务开展方面均有相应支撑。2022年，管理中心在原有制度的基础上，重新完善并印发了《中国造血干细胞捐献者资料库项目资金管理办法》及项目支出标准。

二、彩票公益金使用规模

2022年，国家投入中央专项彩票公益金7 590.65万元支持中国造血干细胞捐献者资料库项目。其中：捐献业务流程相关支出5 294.39万元，信息化建设及网络系统维护费用402.4万元，宣传、科普和志愿服务相关支出1 519.05万元，资料库管理保障相关支出374.81万元。

2022年，中央专项彩票公益金项目全年预算10 263.07万元（其中当年资金7 590.65万元、结转资金2 672.42万元），全年支出8 368.34万元（其中支出当年预算5 695.92万元、支出结转资金2 672.42万元），预算执行率81.54%。

三、项目执行情况

截至2022年年底，全年共接收国内备案移植医院和境外骨髓库检索申请12 403份，初配相合率96.75%，历史累计提供检索服务109 735人次。全年提供造血干细胞1 968例，较2021年同期增长70例。历史累计捐献造血干细胞14 551例，其中境外捐献372例（见图1）。

管理中心在保质保量完成捐献业务前提下，着力抓紧抓实以下重点工作：

（一）科学下达入库任务、不断扩大有效库容

管理中心科学、精准下达入库任务16.23万人份，其中彩票公益金支持15万人份，省级自筹资金支持1.23万人份。完成向各分库拨付采血样宣传动员费、向HLA分型实验室分配寄送血样以及入库相关协调、督促工作，并在各分库和组织配型实验室的通力合作下完成全年入库任务（见图2）。

（二）信息化建设及网络系统维护

信息化工作旨在不断完善管理中心网络信息系统，保证业务全流程工作不断提质增效，从而更加顺畅、及时地保障患者救助工作。2022年信息化完成门户网站系统和综合业务系统安全等级证明的换取工作，完成综合业务系统三级等保复测及整改加固等相关工作，推动样品库监管信息系统项目进入终验阶段，完成综合业务系统软硬

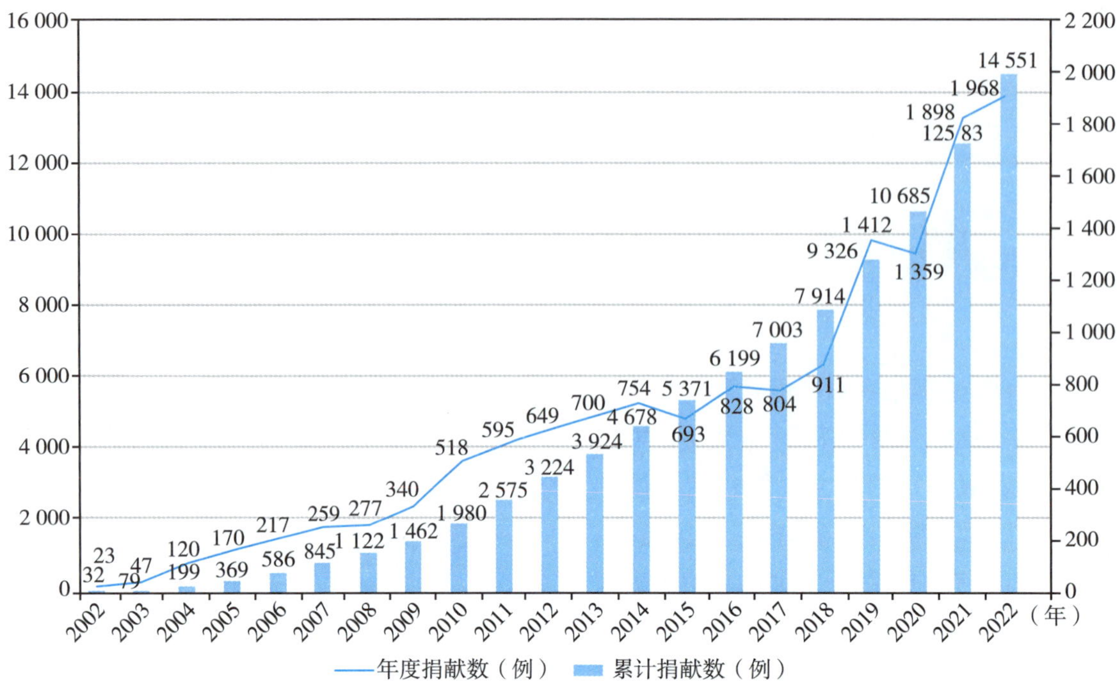

图1 截至2022年年底中华骨髓库造血干细胞累计捐献及年度捐献数据

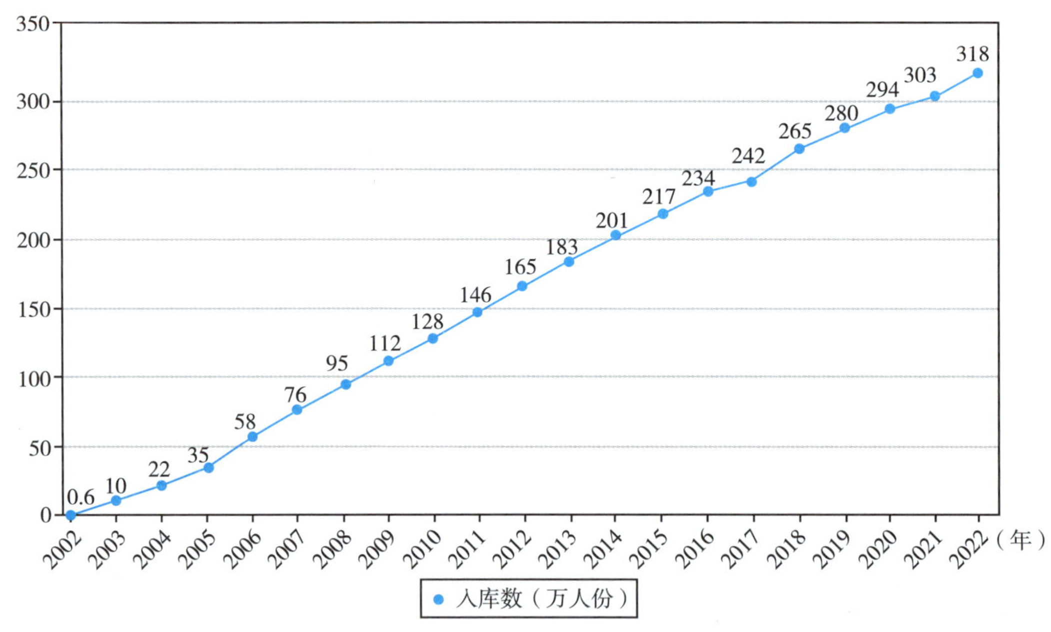

图2 截至2022年年底中华骨髓库志愿捐献者入库数据

件升级及运行维护等年度常规工作，完成主数据中心大屏展示系统的版本升级工作，配合总会做好"博爱中国"网站建设和信息公开等相关工作。

（三）入库数据质控及血样保管工作

1.质控工作。完成2021年入库HLA分型数据质控2%抽样，该年度入库分型数据质控错误率仅0.065%，为历史最低，表明入库数据质量在进一步提升。

2.样品库工作。结合2022年专家委员会相关重点项目，加强了对样品库日常运行、生物安全、供患样本、早期存样情况的调研和督导，在疫情困难形势下，协助专家完成了样品库样本销毁工作可行性分析和候选方案，并督导完成2021年收样工作。

（四）志愿者保留、保障和无偿献血工作

志愿者保留工作意在通过回访激活在库的志愿者，保持志愿者捐献意向。管理中心顺利完成2021年入库志愿捐献者质控抽检，总体同意捐献率为80.8%。同时，管理中心全面稳固推进志愿者保障工作，工作目标在“加强质量建库，提高有效库容”的基础上，又进一步提出了“降低流失率，确保库容质量”的要求，使志愿者保留项目有了质的提升。

持续推进无偿献血工作，首次将造血干细胞志愿服务表彰纳入全国表彰范畴，对造血干细胞志愿服务志愿者首次依法进行了奖励申报，这是中华骨髓库志愿服务工作的一个里程碑。

（五）其他工作

1.完善捐献相关工作。2022年先后为14名造血干细胞捐献者提供24.7万元人道救助金。自该项目设立之日起，已累计救助97位造血干细胞捐献者或其直系亲属；全年为来自12个省份的15名造血干细胞捐献者申请了保险理赔。截至2022年10月31日，已先后完成220家采集/移植医院的备案工作，其中2022年新增备案14家；线上组织召开2022年度专家委员会第一次工作会议，制订了本年度移植组、HLA组的重点工作项目和具体落实计划。

2.维护质量管理体系日常运行工作，包括监视内外部环境、关注内部要求，更新质量文件、征集定期评审、收集各方评价等。

3.完成世界骨髓库（WMDA）日常工作，包括会员费缴纳、WMDA年报统计数据填报、组织参加2022年WMDA春季会员大会、WMDA国际培训课程的组织管理等。

四、社会效益

（一）抓典型，讲好红十字故事

中华骨髓库挖掘典型捐献案例，注重加强舆情监控，提高宣传应急能力。抓住重要节日、纪念日等节点，通过官方微信发布文章92篇，总阅读量超55万人次。中华骨髓库微博累计发布消息、回复私信数均超千条，在2022年上半年政务微博行业排名第三名，已连续多年位居前三名。

开展“‘5·8’红十字日”“‘6·14’无偿献血者日”“世界骨髓捐献者日”专题活动，号召各省级管理中心根据当地疫情防控要求，适时组织捐献者、志愿者开展献血献造干的宣传招募、志愿服务、联谊培训等活动。

（二）努力打造系统内外、线上线下、优势互补的宣传平台和阵地

在新华社、《人民日报》、央视新闻、中国红十字会总会官方等新媒体上多次刊发造血干细胞捐献者事迹，引起社会广泛关注。四川省“27岁女孩为19岁女孩捐献造血干细胞”的微博话题，被121家媒体发布，登上热搜榜前十名，累计阅读量超1.1亿人次。

（三）打造志愿服务品牌，展现良好精神风貌

为了进一步推动红十字志愿服务工作制度化、常态化、专业化，2022年，中华骨髓库国家级管理中心大力支持各省推进志愿服务队伍建设工作，进一步推动捐献造血干细胞和无偿献血省级志愿服务组织的融合，50%以上的地市级红十字会已建立起一支无偿献血志愿服务队伍或应急献血者队伍，提升了志愿服务的能力。天津成立7支无偿献血志愿服务队伍、11支应急献血者队伍；内蒙古红十字“三献”志愿服务总队成立；上海创立首支回访志愿者队伍；浙江成立造血干细胞捐献志愿服务队12支、无偿献血志愿服务队37支，全省地市级及以上红十字会实现造血干细胞捐献、无偿献血志愿服务队全覆盖；山东成立造血干细胞捐献志愿服务队19支、无偿献血志愿服务队15支，以及“热血相髓”红十字志愿服务队、“护航者”造血干细胞捐献志愿服务队、“血相连 爱相髓”红十字志愿服务队和“热血英雄”

红十字志愿服务队；湖北成立省红十字“三献”工作志愿服务队；重庆组建全职妈妈爱心志愿服务队；陕西成立无偿献血志愿服务队10支。

此外，安徽、福建完成了省红十字会捐献造血干细胞志愿服务大队换届，安徽形成了由省级大队、20余支市县级志愿服务队及700多名志愿者构成的“1+N”捐献志愿服务组织网络。

（中国造血干细胞捐献者资料库管理中心供稿）

2022年中央专项彩票公益金支持罕见病诊疗水平能力提升项目实施情况

为贯彻《中央专项彩票公益金支持罕见病诊疗水平能力提升项目管理办法的通知》(国卫办医函〔2022〕99号)精神,根据《中央专项彩票公益金支持罕见病诊疗水平能力提升项目资金管理办法》(财社〔2021〕217号)等有关要求,北京协和医院积极申报并开展中央专项彩票公益金支持罕见病诊疗水平能力提升项目。项目以提升我国罕见病诊疗能力、造福罕见病患者、培养罕见病专业人才为目的,设置专项基金用于支持罕见病患者基因检测、罕见病多学科诊疗(MDT)和医生培训。现将2022年度该项目进展情况汇报如下。

一、项目资金使用情况

2022年,财政部安排中央专项彩票公益金6 440万元,用于支持开展罕见病诊疗水平能力提升项目。

二、项目组织实施情况

(一)多部门分工协作,理顺管理机制

医院成立了由医务处、财务处、科研处、医学工程处、审计处、法律事务办公室等部门共同组成的专项工作组,并设立专家委员会提供技术指导,共同推进项目实施。经专项工作组反复讨论,形成切实可行的《中央专项彩票公益金支持罕见病诊疗水平能力提升项目实施方案》(以下简称《实施方案》)并报送国家卫生健康委,在无成熟经验参考的情况下,专项工作组根据《实施方案》,组织全国300余家罕见病诊疗协作网医院循序渐进,立足当前、着眼长远,探索切实可行的实施路径,保障项目按计划、高质量落地。项目办公室实行周例会制度,协调工作进展,统筹工作规划,加快项目推进。同时,充分利用全国罕见病诊疗协作网成员医院专家资源,设立执行专家库,支撑多学科诊疗及培训工作。定期组织全国工作会议,公布实施方案,推动项目实施。

(二)开发管理系统平台,顺畅项目实施路径

因项目规模覆盖全国罕见病患者、协作网医院数量众多、疾病种类多而复杂,管理难度较大。为保证项目高质量完成,同时便于管理并做到全程透明可追溯,医院于2022年1月至7月委托中国罕见病联盟(北京罕见病诊疗与保障学会)投入大量的人力、物力、时间,开发了全流程管理系统,供项目管理人员、临床医生、第三方检测机构分角色模块化使用,为项目开展和规范管理打下了坚实基础。

(三)规范招标采购,打造遗传检测管理样板

根据《实施方案》,专项工作组组织多学科专家摸底遗传检测行业情况,通过公平公开、透明规范的政府采购流程开展第三方检测机构招标。根据项目预算,将招标工作分批次开展,每批次按照既定比例招采3家遗传检测机构,以确保项目顺利实施。在项目运行过程中,专项工作组立足实际情况,对检测机构实行分区域"包干"机制,确保送检与报告流程顺畅。在此基础上,专项工作组加大宣传推广力度,在疫情防控政策收紧与新冠感染达峰的情况下,基因检测送

检量实现指数级增长，并逐步趋于平稳。

三、项目实施效果

（一）经济效益

项目减轻了罕见病患者及家庭沉重负担。全世界发现的7 000多种罕见病中，有80%为遗传病。开展罕见遗传病遗传检测，对明确罕见病诊断、指导罕见病治疗具有重要作用。一些罕见病患者终生丧失生活能力，严重影响生命健康和质量。部分罕见病药品价格昂贵且终身用药，给家庭带来沉重负担，因病致贫、因病返贫普遍存在。罕见病诊疗水平能力提升项目通过免费遗传检测，为罕见病患者及家庭节省了几千元甚至上万元检测费用，极大地减轻了患者的就医负担。

（二）社会效益

项目体现政府对罕见病患者等弱势群体的关心和关爱，提升了罕见病患者的获得感、幸福感，营造出全社会关心、关爱罕见病患者的社会氛围。

项目通过鼓励协作网医院、医生开展罕见病多学科诊疗，经多个学科的专家同时对一位患者的病情进行讨论并出具诊断、治疗方案，大幅提高了疾病诊断准确率和治疗规范性，帮助患者节约了大量寻医问诊时间和诊疗花费，同时避免了四处求医的路途奔波和麻烦。2022年，协作网近200位罕见病患者受益于该项目。

（三）能力提升

项目在开展疑难罕见病多学科诊疗的基础上，在征求各相关方知情同意后，通过录制视频和图文记录等形式，整理成“去隐私化”的疑难罕见病多学科诊疗培训材料，制作医学继续教育病案200例，为促进普及疑难罕见病多学科诊疗，整体提升我国罕见病诊疗能力发挥了积极作用。

2022年，通过近百场医生诊疗能力培训，为全国基层和协作网医院医生提供了培训罕见病诊疗的学习机会，大幅提升我国的罕见病管理水平和诊疗能力，明显缩短了罕见病患者从就诊到确诊的时间，明显降低了患者担负的医疗费用。

（北京协和医院供稿）

2022年中央专项彩票公益金支持残疾人事业项目实施情况

2022年，安排中央专项彩票公益金支持残疾人事业发展资金预算25.2亿元，由中国残联负责实施。其中：中央本级2.08亿元、转移支付23.12亿元，用于残疾人体育项目、残疾人群众性体育和残疾人体育技术保障项目、盲人读物出版项目、盲人公共文化服务项目等4个中央本级项目，以及残疾儿童康复救助及早期干预试点项目、困难残疾人家庭无障碍改造项目、残疾人康复和托养机构设备补助项目、残疾学生助学项目、残疾人文化服务项目、贫困智力精神和重度残疾人残疾评定补贴项目等6个转移支付项目。

一、中央本级资助项目

（一）残疾人体育项目，资金规模1.24亿元

1.北京冬残奥会实现历史性跨越。北京冬残奥会，中国体育代表团96名运动员以18枚金牌、61枚奖牌的优异成绩获得金牌榜和奖牌榜双第一，实现历史性跨越，取得了运动成绩与精神文明双丰收。

2.为参赛巴黎残奥会争取机会。2022年残奥射击世界杯赛，中国队取得10金3银3铜的优异成绩，位列双榜第1位，2名运动员取得了巴黎残奥会的参赛资格。2022年世界残奥举重亚太区锦标赛，中国队共收获12金6银的成绩，在金牌榜和奖牌榜上均排名首位。赴印度参加2022年亚洲盲人足球锦标赛，获得冠军。赴葡萄牙参加盲人门球世锦赛，获得冠军及巴黎残奥会的资格。

3.推动残疾人康复健身体育发展。其中：开展第六届中国残疾人冰雪运动季活动。北京、河北结合冬残奥会倒计时100天举办了热烈的冰雪季启动仪式，天津开展了“喜迎冬残奥 冬季体育进校园”活动，山东举办了“残疾人旱地冰壶友谊对抗赛”和“旱地冰壶城市挑战赛”等系列大众冰雪赛事；组织第十六次全国特奥日系列活动。开展特奥比赛、特奥家长论坛、特奥融合伙伴互动、健康知识学习等线上、线下活动，推广特奥运动，帮助智力残疾人提升能力、融入社会；开展第十二届残疾人健身周活动。开展富有地区特色、省域全覆盖的地方健身周活动，丰富基层残疾人参与的形式和内容。

（二）残疾人群众性体育和残疾人体育技术保障项目，资金规模4 975万元

1.发展残疾人群众性体育。实施康复体育关爱家庭2 000户，建设残疾人健身示范点40处，开展群众性体育教练员、裁判员和基层指导员培训活动3期，培养残疾人群众性体育专业人才245人。举办残疾人群众体育赛事和品牌示范服务活动，累计直接服务基层残疾人16 403人，为1 010名残疾人提供健康监测及健身康复服务。

2.加强残疾人体育技术保障工作。2022年累计采购6 000件（套）器材装备，保障了近千人次的残疾运动员日常训练及参赛，为北京冬残奥会取得的辉煌成绩做出了卓越的贡献。完成残疾人运动员兴奋剂检查520例，检测合格率100%，不断筑牢反兴奋剂风险防控体系。

（三）盲人读物出版项目，资金规模2 624万元

出版盲文读物729种、2 867.68万页，出版多媒体读物320小时、有声读物1 200小时，大字读物116种、12.36万册，完成电子盲文、有声读物、

电子书共913种电子资源发布工作，完成文星盲文电脑BC1升级研发工作，不断满足盲人在学习科学文化知识和提高就业技能方面对盲人读物的日益增长和多样化的需求。

（四）盲人公共文化服务项目，资金规模761万元

2022年通过中国盲文图书馆微信公众号累计进行了28期书目推荐活动，发展数字图书馆会员11 681名。开展讲座、名家讲堂等各类盲人文化活动389场，提供近1.6万册（台）盲人读物、阅听设备的循环借阅。开展公共图书馆视障服务线上业务培训4次，开展“奋进新征程 建功新时代”视障读者演讲比赛、第十七届信息无障碍论坛等大型活动，建立12支文化助盲志愿服务队。盲人公共文化服务项目丰富了盲人读者的文化生活，大幅度提高盲人公共文化产品和服务的供给能力，推动了公益性盲人文化事业的发展。

二、转移支付资助项目

（一）残疾儿童康复救助及早期干预试点项目，资金规模19.74亿元

全国各地积极贯彻落实党中央、国务院决策部署，残疾儿童康复救助制度在全国各省、市、县全面实施。一是开展残疾儿童康复服务状况电话核查，每季度进行通报，督促各地扩大残疾儿童康复救助范围。2022年，为40.7万名残疾儿童提供康复救助服务。二是优化经办及康复救助服务。坚持每周3次对全国残疾儿童康复救助申请超时未审核情况进行短信提醒，指导、推动基层持续加强和改进救助经办服务，提高救助审批及时性，提升残疾儿童家庭获得感。三是加强康复服务体系建设，提升康复服务水平。指导各省（区、市）深入落实《残疾儿童康复救助定点服务机构协议管理实施办法（试行）》，全面制定、出台本地残疾儿童康复救助定点机构管理政策，做好定点康复机构服务安全、质量、效果等监督。2022年，督导山西、内蒙古、黑龙江、福建、湖南、云南、西藏、甘肃、新疆等9个省（区）和兵团进一步完善了本地残疾儿童康复救助定点服务机构管理实施细则。落实《全国残联系统康复专业技术人员规范化培训实施方案》要求，持续开展全国残联系统康复专业技术人员规范化培训；印发《残联系统康复机构业务规范建设评估指南（试行）》《残联系统省级康复机构业务规范建设评估细则（试行）》，提升康复机构专业服务能力、科学管理水平。四是加大宣传力度。2022年全国爱耳日、助残日、第6个残疾预防日期间，各级残联利用多种手段开展宣传，让社会各界广泛了解党和政府的爱民之心、惠民之举，让残疾儿童家长知晓残疾儿童康复救助制度相关内容，了解基本申请程序和要求，营造关心、支持残疾儿童康复工作的良好社会氛围。

（二）困难残疾人家庭无障碍改造项目，资金规模1.93亿元

中国残联、国家发展改革委等六部门共同印发《关于“十四五”推进困难重度残疾人家庭无障碍改造工作的指导意见》，明确“十四五”期间目标任务为补贴110万户困难重度残疾人家庭无障碍设施改造。2022年，中国残联督促各省（区、市）出台了残疾人家庭无障碍改造工作实施方案。

2022年，全国共完成困难重度残疾人家庭无障碍改造42.17万户，为残疾人提供了无障碍环境和便利化条件，解决了残疾人家庭生活难题，增强了残疾人独立自主生活能力，提高了残疾人及家庭生活质量，解决了残疾人群众身边的急难愁盼问题，有利于巩固拓展脱贫攻坚成果同乡村振兴有效衔接工作，为促进残疾人事业全面发展创造了条件。

（三）残疾人康复和托养机构设备补助项目，资金规模6 317万元

2022年，为全国294个残疾人康复机构、托养机构配发康复训练设备、医疗康复设备、残疾人基本生活技能训练设备和残疾人无障碍设备

设施，解了新建的残疾人康复和托养机构燃眉之急，保障了已建的各地残疾人康复和托养机构的良性运转，让广大残疾人就近、就便享受到了康复、托养服务。

（四）残疾学生助学项目，资金规模4 000万元

2022年，资助29所面向全国招生的全日制高等特教学院、中国残联和地方政府合作办学的全日制特教普通高中以及残联系统独立设置的全日制残疾人中等职业学校，用于改进办学条件、加强实习实训基地建设。

（五）残疾人文化服务项目，资金规模3 300万元

截至2022年年底，残疾人文化服务项目扶持电视“手语栏目”、专题节目及融媒体建设74个，实施“五个一”文化进残疾人家庭项目108万余户，实施文化进社区超过3 000个。残疾人文化服务项目促进了各地残疾人公共文化服务网络的完善，全国残疾人文体活动参与率达到26.8%，提升了公共文化场所和残疾人综合服务设施为残疾人提供文化服务的能力，弘扬了社会主义核心价值观，使更多残疾人走出家门、融入社会，积极参与社区文化生活，残疾人获得感、幸福感、安全感持续提升。

（六）贫困智力、精神和重度残疾人残疾评定补贴项目，资金规模900万元

2022年，为全国100 618名当年办理残疾人证的困难智力、精神和重度残疾人提供残疾评定补贴，减轻了办理残疾人证经济负担，为残疾人及时享受到各项社会保障和福利政策，改善生产、生活状况创造了条件。陕西省宝鸡市残联深入残疾人家庭，开展政策宣传，访贫问苦了解情况，组织定点医院开展上门评定，积极为行动不便的重度残疾人提供上门评残和办证服务。

（中国残联计划财务部供稿）

2022年中央专项彩票公益金支持低收入妇女“两癌”救助项目实施情况

一、资金规模

2022年，财政部共拨付中央专项彩票公益金支持低收入妇女“两癌”救助项目资金28 675万元，全国妇联根据管理办法要求，委托中国妇女发展基金会（以下简称“妇基会”）作为全国项目实施单位，成立全国项目实施办公室（以下简称“全国项目办”），提供实施救助项目所需的管理服务。其中，28 551万元用于救助患病妇女，124万元用于开展“两癌”防治宣教活动和项目管理服务工作。截至2023年3月，全国妇联按照《中央专项彩票公益金支持低收入“两癌”救助项目管理办法》（财行〔2021〕384号，以下简称“管理办法”），将救助资金拨付至2 547个县级妇联，救助28 551名低收入患病妇女。

二、项目执行情况

在全国妇联妇女发展部指导下，全国项目办严格规范项目实施流程，精心组织、强化监管，把“两癌”救助工作做实、做细，切实发挥彩票公益金在巩固拓展脱贫攻坚成果同乡村振兴有效衔接中的积极作用。

（一）严格项目申报，科学制订方案

2022年4月，全国项目办组织各地妇联开展救助申报工作，经县级妇联初审、市级妇联复审、省级妇联复核后，共申报待救助患病妇女73 207人。按照巩固拓展脱贫攻坚成果要求，向西部脱贫地区特别是国家乡村振兴重点帮扶县倾斜的原则，全国项目办根据各地申报数量和地区经济发展情况，依据不同比例拟定资金分配方案，经全国妇联党组会议审议通过后，下达各地资金指标，要求各地严格按照全国妇联确定的分配原则和救助比例，制订本地区项目实施方案，做好项目执行及绩效管理、监督检查等工作。

（二）及时拨付资金，加强资金监管

全国妇联收到各省项目实施方案后，按照及时、足额拨付资金原则，启动资金拨付流程，共向全国2 547个县级妇联拨付“两癌”救助资金28 551万元，县级妇联账户数量较2021年增加了293个。各县级妇联在收到救助资金后15个工作日内，通过金融机构将1万元救助金直接支付到救助对象账户，救助对象在领取救助金登记表上签字确认。

（三）落实各级责任，加强项目督查

全国妇联妇女发展部负责对项目资金的使用及实施情况进行指导推动，妇基会与各省级妇联签订执行协议，对资金使用情况进行跟踪监管。各省级项目办负责督导本地区项目执行进度，对市、县级妇联项目申报及实施情况进行监督检查，市级妇联落实救助执行和资金监管责任，县级妇联作为第一责任单位，负责申报和具体落实。项目执行中，各级妇联按要求公开本地区救助资金使用情况，对救助对象进行电话回访或实地回访，及时了解资金发放情况，累计电话回访救助妇女11 637人次，回访率40%，资金发放率100%。

三、项目社会效益和经济效益

（一）有效传递党对困难妇女群众的关怀

各地妇联积极推动将“两癌”救助工作纳入

省级“十四五”规划，吉林、辽宁、河南等17个省（区、市）将救助项目列入省政府民生实事或争取到专项资金支持，持续推动扩大“两癌”救助覆盖面，让更多困难患病妇女享受到救助政策，广大妇女群众的幸福感、获得感、安全感明显提升。

（二）切实缓解低收入患病妇女经济压力

2022年，中央专项彩票公益金28 551万元全部用于直接救助低收入“两癌”患病妇女，对防止因病致贫返贫起到积极作用，受到妇女群众的热烈欢迎。

（三）扩大示范效应，积极拓宽救助渠道

在中央专项彩票公益金支持低收入妇女“两癌”救助项目带动下，2022年各级妇联共争取各级各类“两癌”救助资金超1.2亿元，救助患病妇女1.7万余人。

（四）加大宣传力度，有效提高妇女健康意识

开展“健康中国 母亲行动”宣传月活动，线上线下累计举办“两癌”防治知识讲座、宣传活动等2万多场，发放各类宣传资料200万余份，参与妇女超400万人次；在卫健媒体平台累计刊发8个“两癌”防治相关专版，编发“两癌”防治和救助项目相关图文36篇，妇女“两癌”防治意识和自我保健能力不断提高。

（全国妇联妇女发展部供稿）

2022年中央专项彩票公益金支持阳光驿站项目实施情况

为贯彻落实党中央、国务院决策部署，进一步深化农村留守儿童关爱服务工作，探索农村社区关爱留守儿童的有效模式，该项目面向农村留守儿童集中的村或社区，为孩子们在课后及假期提供安全、舒适的室内外场所和图书、玩具、文体用品、电脑等硬件设施基础上，针对农村留守儿童在成长中面临的学习、生活、心理等突出问题，积极组织开展监护指导、心理疏导、行为矫正、社会融入和家庭关系调适等关爱服务工作，帮助农村留守儿童等困难儿童健康、快乐成长。

一、项目公益金规模

2022年，项目共投入2 000万元，全国妇联委托中国儿童少年基金会负责项目的具体实施和日常管理工作。其中，1 960万元用于200个“阳光驿站”物资采购和服务采购，每个“阳光驿站”支持标准为9.8万元，包括采购图书等物资5万元、采购服务4.8万元；其余40万元为项目工作执行经费。项目以四川、安徽、江西3省为试点，建设200个“阳光驿站”，其中四川40个、安徽66个、江西94个。

二、项目执行情况

2022年5月收到财政部关于2022年“阳光驿站”政府采购预算批复后，全国妇联配合财政部，于2022年7月共同研究制定《中央专项彩票公益金支持“阳光驿站”项目管理办法》，对项目职责、实施流程、绩效管理等进行明确规定。2022年9月，全国妇联向安徽、江西、四川3省妇联印发《关于实施中央专项彩票公益金支持“阳光驿站”项目的通知》，明确工作要求和实施流程。2022年10月，委托中共中央直属机关采购中心进行“阳光驿站”项目物资采购和服务采购，预算金额为1 960万元。截至目前，经过2轮公开招标，已完成项目4个分包中的图书采购、江西省物资及专业服务机构采购、安徽省物资及专业服务机构采购等3包采购；四川省物资及专业服务机构采购暂未完成。其中，图书采购合同已于2023年3月签订，合同金额360万元；江西、安徽物资及专业服务机构采购两项采购合同正在组织签订。

三、确保彩票公益金高效集约使用，推动项目取得预期成效

（一）全面推进“阳光驿站”项目各项工作开展

一是继续委托中共中央直属机关采购中心，推进四川省物资及专业服务机构采购工作。二是编制印发《中央专项彩票公益金支持“阳光驿站”项目工作手册》，为项目专业化管理运行提供保障。

（二）组织指导200个“阳光驿站”项目点的建设工作

一是尽快完成相关合同签订，组织指导“阳光驿站”图书及物资配置、空间划分、场地布置等建设工作。二是指导推进200个项目点专职工作人员遴选聘用、岗前培训等，为“阳光驿站”项目有效运行提供专业服务保障。

（三）组织指导“阳光驿站”项目关爱服务工作

一是根据《中央专项彩票公益金支持“阳光驿站”项目管理办法》要求，监督指导3省200

个项目点针对当地农村留守儿童在成长中面临的学习、生活、心理等问题，开展监护指导、心理疏导和社会融入等关爱服务。二是监督指导各地妇联组织、专业服务机构进一步加强项目管理，按照要求开展培训、督导及项目日常管理等工作，保障项目稳步推进。

（四）组织开展“阳光驿站”项目调研，总结经验并进行宣传推广

一是组织开展项目评估，深入调研“阳光驿站”项目整体实施情况，梳理总结农村留守儿童关爱保护的工作经验，挖掘典型案例，提出改进建议。二是加强项目宣传工作，在中央媒体、全国妇联系统媒体、中国儿童少年基金会等平台进行广泛宣传，扩大项目影响力。

（全国妇联家庭和儿童工作部供稿）

2022年中央专项彩票公益金支持国家艺术基金项目实施情况

2022年，国家艺术基金管理中心坚持以习近平新时代中国特色社会主义思想为指导，学习宣传贯彻党的二十大精神，贯彻落实习近平总书记关于文艺工作的重要论述和重要指示批示精神，以出精品、攀“高峰”为主要目标，以“做强做大，提质增效”为主要任务，持续推进“十四五”规划各项工作实施。

一、使用规模

2022年，中央财政批复国家艺术基金项目5亿元，全年执行数35 514.46万元，支出用于资助艺术创作生产、传播交流推广、人才培养等活动。

二、执行情况

（一）着力推进制度建设，夯实规范运行基础

2022年年初发布《国家艺术基金“十四五”时期资助规划》，明确“十四五”时期资助管理的指导思想、工作原则和目标任务，以及资助项目的主要指标、资助范围和资助重点。发布《国家艺术基金财务管理办法》，完善艺术基金稳定健康发展的制度保障。发布《国家艺术基金2023年度资助项目申报指南》，不断完善申报要求，持续提升申报质量。制定《国家艺术基金资助项目绩效管理工作实施细则》，按类制定资助项目的绩效指标体系和评价标准。编制《国家艺术基金规章制度汇编》，收录规章制度77项，初步实现“于法周延、于事简便”的目标。

（二）认真做好申报评审，切实体现导向性、代表性、示范性

做好2023年度资助项目申报动员，采取线上和线下相结合、主会场和分会场相结合的方式宣讲，其中为革命老区、民族地区、边疆地区和港澳特区等辅导20多场，共有6 201个各类艺术机构、单位和个人申报了9 017个项目。开展年度专家推荐和信息确认工作，完成专家库专家遴选，确定了6 027位年度资助项目评审专家候选人。召开2023年度资助项目评审专家大会，对项目评审工作的方向、原则、重点、纪律提出明确要求，按照回避原则遴选2 135位专家，共评选出2023年度资助项目703项。

（三）全面提升监督效能，努力保障项目质量

深入贯彻党中央关于统筹做好疫情防控和经济社会发展有关要求，认真落实文化和旅游部关于文化领域安全生产的工作部署，发布《关于做好疫情防控暨安全生产工作的通知》，压实安全生产责任，确保资助项目安全实施。通过视频会议对2022年度资助项目的实施主体1 400余人开展项目实施和财务管理培训，做到资助政策“应知尽知、应会尽会”。组织665位监督专家对222个项目进行现场监督；遴选监督专家72人次，分批次对460个资助项目进行结项验收。完成超期项目清理，有效保障资助项目良性运转。

（四）创新成果运用方式，充分彰显资助效益

改版国家艺术基金网站，建成移动客户端，打造资助成果展示宣传平台。开展“共享中国

年·携手向未来”优秀文艺作品网络展播展示活动，在文化和旅游部政府门户网站、文旅中国客户端和抖音短视频等播放量达8 754万次；开展“喜迎二十大·奋进新征程”主题演播活动，播出《敦煌女儿》《李保国》《黄文秀》等22部反映党的十八大以来建设成就和先进人物事迹的优秀作品。在新疆、陕西、河南等地举办青年美术创作人才作品展，出版《中国艺术新视界2021——国家艺术基金青年艺术创作人才和艺术人才培训（美术类）》成果运用作品集，展示艺术基金最新资助成果。

（五）加强项目经费管理，切实推动规范运行

编制《经费管理情况报告（2021年度）》，并向社会发布。开展资助项目审计抽查，抽选20个项目开展实地审计，审计金额逾3 000万元，以点带面督促提高经费管理水平。完成626项2022年度资助项目立项签约工作，按计划和规定拨付资助项目首笔款和中期款。分批次召开项目实施财务督导会议，推动审计结果通报、整改和验收，开展往年项目拨款情况梳理，推动项目分类处理。升级上线经费管理系统，实现拨款查询、预算变更、审计报告填报等功能拓展。

三、实际效果

（一）创新发展有突破

国家艺术基金坚持“实行面向社会、公开透明、统筹兼顾、突出重点”的工作原则，建立了科学的资助体系，构建了规范的工作流程，完善了公正的监督机制，提升了资金使用的规范水平。在保持工作连续性和稳定性的基础上，2022年国家艺术基金项目资助管理工作再有创新：在文化和旅游部、财政部的指导下，启动了舞台艺术创作重大资助项目，首次面向港澳特区全面开放项目资助，持续推动高质量发展。

（二）项目资助有实绩

2022年，昆剧《瞿秋白》等12部资助剧目获得了第十六届精神文明建设“‘五个一工程’优秀作品奖”，歌剧《沂蒙山》等12部资助剧目获得了第十七届“文华大奖”，小戏《公鸡过寿》等获得了第十九届“群星奖”，资助剧目沪剧《敦煌女儿》拍成电影后获得了第三十五届中国电影“金鸡奖”。此外，资助项目《只此青绿》等持续受到了广大网友的追捧，冲上了网络“热搜”。艺术基金资助成效得到了全面验证，做到了专家肯定，群众欢迎。

（三）资金管理有亮点

国家艺术基金按照彩票公益金相关管理规定，有序开展项目资助管理工作，合规、科学、高效分配使用资助经费。一是绩效管理取得成效，委托第三方开展绩效评价工作在文化和旅游部年度绩效管理工作专报中获通报表扬。二是资助拉动作用有力发挥，2022年资助项目共获得配套资金30 690.38万元，引导地方设立艺术基金，如云南艺术基金运行，年度资助金额2 700万元。三是经费管理水平不断增强，将审计抽查和财务培训相结合，约63%面向市（县）及以下基层单位，不断提升基层项目主体财务管理水平，不断提高国家艺术基金整体资金管理规范化水平。

（国家艺术基金管理中心供稿）

2022年中央专项彩票公益金支持足球公益项目实施情况

2022年，财政部安排中央专项彩票公益金1.43亿元，通过国家体育总局购买服务方式，委托中国足球发展基金会（以下简称“基金会”）实施青少年和社会足球公益项目，促进青少年足球人才培养和社会足球公益项目普及推广。基金会在国家体育总局的指导下，严格按照项目实施方案、管理办法和规范流程，积极开展工作，公益项目稳步实施，取得了较好的成效，为推动足球普及和水平提高做出了积极贡献。

一、8 018.5万元用于北京体育大学足球后备人才培养项目

2022年度，共完成150人的卓越人才选拔、培养训练、文化课学习和思想教育及中期考核，支撑150名运动员的科技保障服务；与全国8所体校和5所武校建立合作关系，全面开展6—12岁足球运动员跨界跨项选材和普及训练工作，总参训人数约2万人；开展10期讲座、论坛，辐射各级青训教练员300余人次；参加国内高水平赛事5项，参赛人数167人；社会公益活动方面，完成青龙县一中等“足球进校园”公益活动，派实习生到合作学校进行足球教学指导工作，协助组织首届喀什地区足球青训营等。在首届中国青少年足球联赛中，学院U17队伍进入全国总决赛、U15队伍进入全国四强赛，3名队员入选全国精英青少年足球训练营。

二、1 650万元用于中国青少年足球联赛

第一届中国青少年足球联赛共在18个比赛地108块场地进行1 443场比赛，共有405支球队和9 589名球员参加，选派裁判5 772人次，打进5 356个进球。11家直播平台共直播226场比赛，累计超7 000万人次观看，该赛事话题总阅读量超9 000万人次。

三、147.6万元用于中国城市少儿足球公益联赛

资助全国体育运动学校联合会举办2020—2021年中国城市少儿足球联赛，该赛事共有630支青少年足球队参加，参赛人数超9 000人，比赛场次达5 200场次。2022年度拨付该项目资助尾款147.6万元。

四、529.6万元用于青少年足球“关爱计划”

2022年，累计向中西部地区县域和足球基础薄弱地区中小学捐赠足球19 350个、充气围栏500套（19 000件），受益学校、社区、幼儿园约1 500所，受益青少年约5万人；资助新疆巴楚县足协举办“喜迎二十大 足球伴你过大年”乡村足球公益活动，188个乡村学校参与，受益人数约5 000人；举办2022中西部地区青少年足球邀请赛，参赛队伍来自贵州、广西、云南、陕西、山西、湖南、湖北、甘肃、江西等9个省（区），设男子U12（小学组）和女子U12（小学组）2个组别，共计20支队伍，参赛人数297人，比赛场次24场。设置爱国主义教育、乡村振兴成果展示和科普教育等环节，通过寓教于乐的方式，将科普、爱国主义教育、青少年心理健康和成长教育与足球比赛融于一体，真正实现以体育人，充分发挥足球的育人功能。

五、860.6万元用于县域青少年足球公益项目

资助部分地区学校建设足球场地，组织乡村教师培训，开展县域内、校园内足球比赛，发放足球训练物资，建立校园足球队，委派支教教师，组织绘画活动等。从每月学校反馈情况看，多数学校物资使用情况较好，开展活动频繁，教师们普遍反映该项目为学校的足球课程提供了实践路径和具体支持，大大提高了学生们对于足球运动的兴趣。项目受益地域覆盖全国15省的64县、共629所学校，组织各类比赛近10万场，受益人数近百万人。

六、511.9万元用于大学生足球公益项目

2022年10月，资助20所高校陆续启动大学生足球公益项目，但项目的开展因疫情受到不同程度的影响。各高校已陆续开展足球公益活动，其中贵州大学组织在校学生开展“体院杯”八人制足球赛，北京理工大学组织在校学生开展“延河杯”比赛，中华女子学院组织项目LOGO设计大赛，中央民族大学选派学生赴福建省屏南县中小学进行足球体育支教等。在世界杯期间，组织开展“我和世界杯”短视频征集活动，共收到来自19所高校的272个参与作品，抖音累计播放量达196万次，单一作品最高点赞数超2.3万人次。

七、2 211万元用于资助举办全国县域社会足球赛事活动

（一）2021年“全民健身 健康中国”全国县域社会足球赛事活动

2021年“全民健身 健康中国”全国县域社会足球赛事活动，覆盖全国27个省（区、市）301个县域地区，参赛人数85 732人，队伍数5 217支，比赛场次20 092场，参与人数众多，群众积极性高，极大地丰富了县域地区群众的业余体育生活。

（二）2022年“全民健身　健康中国”——中西部地区县域乡村系列活动

2022年“全民健身 健康中国”——中西部地区县域乡村系列活动，覆盖中西部17个省份、394个县域地区，共计5 836支队伍参赛，进行了16 399场比赛。通过在中西部县域地区开展丰富多彩的足球赛事活动，响应基层开展足球活动的需求，表达基层群众对党的二十大胜利召开的喜悦之情，同时推动社会足球赛事活动下沉，推动基层足球组织不断健全和完善，扩大足球人口，夯实群众基础，推广足球文化。

八、193万元用于资助举办社会足球赛事

（一）第39届《北京晚报》百队杯足球赛

第39届《北京晚报》百队杯足球赛共1 271支球队报名，参与人数15 403人、竞赛总场次2 310场。赛事覆盖北京、天津，以及河北唐山市、石家庄市、张家口市、雄安新区、沧州市五个赛区，搭建区域性足球赛事平台，促进京津冀地区青少年足球的普及发展。

（二）北京市第二届社区杯八人制足球赛

北京市第二届社区杯八人制足球赛开赛，赛事共计报名180支球队，参与人数4 504人，竞赛总场次332场，覆盖北京16个市辖区和经济技术开发区。通过赛事的举办，进一步加强了北京市各区之间体育部门和足球协会之间的协作，增进了各区之间足球交流，促进了北京各区社会足球的普及开展。

九、206万元用于资助举办社会足球公益活动

2022年，举办“2021年度五人制足球初级教练员证书公益培训班”47期。项目在中西部18省县域地区开展，每期4天，培训24人，目前已完成培训47期。据已报送33期总结情况看，项目涉及中西部18省份县域地区285个，培训人数860人，其中基层体育教师659人，社会体育指导员169人，参与者满意度达到100%，有效解决了部分基层体育教师、足球教练员培训难的问题，惠及了更多的基层群众，促进了五人制足球

运动的普及推广。

以上公益项目的实施，有力地促进了足球青训体系建设和社会足球公益活动的开展，有利于夯实足球发展的人才基础、设施基础和社会基础，对我国足球的普及和竞技水平提高，以及体教融合、民生改善、乡村振兴等，发挥了积极的推动作用。

（中国足球发展基金会供稿）

2022年中央专项彩票公益金支持北京市社会公益事业发展项目实施情况

一、总体情况

2022年，中央专项彩票公益金支持北京市社会公益事业发展项目资金3 000万元，主要用于北京市社会公益事业发展薄弱环节和领域，着力解决民生突出问题。从支持领域来看，重点聚焦文化、养老、生态环保三个领域。从支持区域来看，重点支持财力较为困难的密云、延庆、怀柔、门头沟等革命老区。

二、支持项目具体情况

（一）支持文化领域项目1 000万元

一是支持密云水库文化展览展示中心项目500万元，主要用于密云水库文化展览展示中心制作密云水库沙盘模型及对现有展陈和设备进行提升改造。二是支持延庆平北红色第一村纪念馆展陈布展升级项目500万元，主要用于红色纪念展馆改造升级以及红色遗址遗迹布展提升。

（二）支持养老领域项目1 000万元

一是支持农村邻里互助养老服务点建设运营项目512万元，每个服务点1.6万元，共支持320个服务点。其中，密云区200个、怀柔区70个、延庆区50个。二是支持民办养老服务机构消防改造工程488万元。其中，支持门头沟区、房山区各1家民办养老机构消防改造，支持密云区2家民办养老机构、30家农村幸福晚年驿站消防升级改造。

（三）支持生态环保领域项目1 000万元

一是支持门头沟区生态系统与生物多样性调查评估项目210万元，区级配套资金18.11万元。二是支持怀柔区渤海镇怀沙河核心区生态修复及水质保障工程项目273万元，区级配套资金62.56万元。三是支持大兴区“一区、一园”改造提升项目517万元，区级配套资金200万元，具体包括兴丰街道办事处“环保生态主题公园”、“黄村公园提升改造”和“生态环境公益宣传”项目。

三、项目执行情况

（一）严格落实专款专用，加强资金管理

严格按照《中央专项彩票公益金支持地方社会公益事业发展资金管理办法》相关规定，切实加强资金管理，督促指导项目实施单位严格落实专款专用，防止出现专项资金被挤占、截留、挪用和长期滞留不用等现象。其中，养老服务领域，各区制订了农村邻里互助养老服务点工作方案，细化资金管理要求，提高专项资金管理的规范性和实效性。

（二）加强项目评审管理，严格执行政府采购程序

充分调动财政部门和主管部门“两个积极性”，坚持财政评审和部门评审“双评审”机制，细化部门职责、评审流程，明确各审核环节内容，严格项目送审，构建时效性强的信息反馈渠道，加快评审进度。同时，严格按照《中华人民共和国政府采购法》及其实施条例完成招投标工作，落实采购人主体责任，提供公正、公平、公开的采购环境，督促签订施工、监理等合同，按照合同约定方式及时足额拨付资金，有效推进项目落地实施。

（三）强化追踪问效，加强全过程监管

各部门、各单位作为预算绩效管理的责任主体，立足项目产出效益，及时跟进项目进展，对预算执行和成本实行监控和评价，及时开展部门自评和绩效运行监控工作，督促落实成本管控和产出效益。切实加强绩效结果应用，将绩效评价结果作为本部门安排预算、完善政策和改进管理的重要依据。

截至目前，支持项目均在有序建设中，已投入使用的项目建设质量合格率达100%，资金使用合规率达100%。

四、支持项目的成效

（一）有效提升了革命老区文化事业发展水平

开展红色文化展示、宣传教育，提升项目的辐射带动效应，打造文创展示售卖区，引入乡村特色品牌，形成“游、购、学”为一体的参观体验，打造文旅发展新业态，实现以文化人、以文促产的效果。

（二）有效提升了革命老区养老服务水平

开展农村邻里互助养老服务点试点工作，为周边的独居、高龄等老年人提供基本居家养老服务，解决农村老年人照料难题。支持民办养老机构和农村幸福晚年驿站消防升级改造，提升消防安全水平，有效保障入住老年人的生命健康和财产安全。

（三）有效提升了革命老区生态环境水平

加强珍稀物种种群的监测，切实有效地保护珍稀物种。开展河流生态修复带建设，防止水土流失和面源污染，打造功能完善、生态优美的公共绿色空间，有效满足市民对良好生态环境的需求。

（北京市财政局供稿）

2022年中央专项彩票公益金支持天津市社会公益事业发展项目实施情况

一、基本情况

2022年，财政部下达天津市中央专项彩票公益金支持社会公益事业发展资金2 400万元，主要用于支持养老服务保障类、儿童福利体系建设类、文化体育类、生态环保类等四类30个项目。

二、资助项目情况及其效果

（一）支持养老服务保障类项目

养老服务保障类项目共3个，分别为蓟州区邦均镇敬老院改造项目、宁河区俵口镇养老服务中心建设项目、宁河区潘庄镇养老服务中心建设项目，预算资金600万元。其中，蓟州区邦均镇敬老院改造项目已完成屋顶原瓦面拆除、仿古瓦屋面铺设、防水油毡铺设、消防设施安装、消防自动报警系统安装、应急照明系统更新等改造工程，有效改善了敬老院老年人生活环境。宁河区俵口镇养老服务中心项目总建筑面积1 000平方米，计划建成后总体形成“三区一平台”，即托养区、日间照料区、多功能区以及配备智能服务设施及平台，目前已取得项目批复，完成项目规划并进场施工，建成后将有效补齐该地区农村养老设施“短板”。宁河区潘庄镇综合养老服务中心计划建设成为一座集养老、医疗于一体的区域型嵌入式养老服务机构，目前已完成室内外装修、设备购置等工作，建成后可有效缓解养老床位缺口较大的现状，并为镇域老年人提供居家探访、上门帮扶等服务，促进村级养老服务体系更加完善。

（二）支持儿童福利体系建设类项目

儿童福利体系建设类项目共计4个，分别为滨海新区中塘镇、滨海新区小王庄镇、西青区精武镇、宝坻区宝平街道未成年人救助保护工作站建设项目，预算资金200万元。截至目前，4个未成年人救助保护工作站建设项目均已完成选址、规划等手续，正在有序开展施工。建成后，将进一步夯实全市未成年人保护工作基础，持续提升天津市未成年人保护工作水平，有效地履行政府兜底监护职责。

（三）支持文化体育类事业项目

文化体育类项目共计两大类20个项目，预算资金800万元，包括文化类和体育类项目。

1.文化类项目，分别是静海区提升基层公共文化服务设施建设项目、宁河区提升基层公共文化服务设施建设项目、蓟州区基层文化设施提升项目、蓟州区盘山抗日标语石刻文物环境整治与展示利用项目。项目建成后能够进一步提升基层公共文化服务水平，改善乡镇文化站设施陈旧落后、软硬件配套设施不齐全、服务效能低，无法满足群众需求的现状。蓟州区盘山抗日标语石刻文物环境整治与展示利用项目，针对分布在盘山上山古道两侧的8块抗日标语石刻，设置必要的保护措施，同时以抗战历史资料为线索，深挖补充与抗日标语石刻相关的革命史资料，整理成相关的简介，强化红色资源保护，推动红色教育的普及，对蓟州区红色教育阵地的建设具有重要意义。

2.体育类项目，分别是滨海新区建设2个多功能运动场项目、东丽区建设2个多功能运动场项目、西青区建设2个多功能运动场项目、津南区建设3个多功能运动场和1个新改建村（社区）

建全民健身中心配建体育器材项目。运动场所的建设，进一步完善了地方体育设施配套，提升了农村体育设施的功能，促进了三大球运动的普及和发展，对群众体育持续发展起到了关键作用。

（四）支持生态环保类项目

生态环保类项目共计7个，预算资金800万元，分别是武清区大碱厂镇堤灌渠黄官屯段农村黑臭水体治理项目，武清区王庆坨镇北埑大坑和西大河农村黑臭水体治理项目，静海区胜利1号坑、胜利2号坑、围堤埝内渠、围堤埝外渠黑臭水体治理项目。除中央资金外，为有效落实水环境治理工作，静海区独流镇还自筹资金145万元用于治理黑臭水体。治理完成后，河道周边水生态系统得以恢复，周边水环境得以改善，项目惠及十多个行政村，受益群众两万多人，大大提高了村民居住舒适度，提升了人民群众的幸福感、获得感。

（天津市财政局供稿）

2022年中央专项彩票公益金支持河北省社会公益事业发展项目实施情况

一、总体情况

2022年，财政部下达河北省中央专项彩票公益金39 000万元，用于支持革命老区县社会公益事业发展。根据《中央专项彩票公益金支持地方社会公益事业发展资金管理办法》（财综〔2022〕43号）有关要求，河北省立足革命老区定位，按照因素法与项目法相结合的方式，及时对资金进行测算分配下达，支持全省122个公益性项目建设，涵盖文化、体育、教育、环保、养老、社会福利等7个领域，受益群众累计超过390万人，不仅取得了良好的社会效益，更有力推动了河北省社会公益事业长足发展。

二、项目管理情况

河北省牢固树立中央专项彩票公益金“取之于民、用之于民”的理念，公益金项目实行项目库管理，由各县提前谋划项目并纳入县级项目库，省级每年组织专家对各县纳入项目库的项目进行评估论证，严把项目入库关。一是提前介入，把好“谋划关”。指导革命老区县提前谋划项目，坚持从群众急难愁盼问题出发，聚焦重要民生工程、民生薄弱环节，有针对性地谋划实项目、好项目，从源头抓起，确保项目公益属性。二是明确责任，把好“合规关”。从严抓项目申报，明确彩票公益金项目申报流程和基本要求，压紧压实革命老区县财政部门、项目主管部门在项目申报、审核等方面的责任，确保入库项目依法、合规。三是细化规则，把好“评估关”。细化评估规范、量化评估规则，重点围绕项目的公益属性、资金支持方向、项目成熟度及绩效目标科学性进行评估论证，确保入库项目充分体现彩票公益金支持民生领域“最短板”“最需要”“最受益”的特点。

三、资金使用管理情况

在资金使用管理方面，本着统筹兼顾，突出重点的原则，确保资金用在最急需、最迫切、最紧要处。一是坚持制度先行。根据中央资金管理办法有关要求，结合河北省实际情况，研究制定《中央专项彩票公益金支持我省社会公益事业发展资金管理办法》（冀财综〔2022〕25号），明确资金管理、项目管理、绩效管理等具体要求，保证资金分配使用有据可依。二是坚持因地制宜。在资金分配时，首先，对地区人口、面积、财政困难程度、革命贡献程度等因素进行综合考量，同时，根据省政府工作部署，对太行革命老区县给予重点倾斜；其次，结合各革命老区县的项目入库情况进行测算下达，增强资金分配的精准性和有效性，切实做到先有项目后有资金，避免了“钱等项目”的现象，使中央资金能及时、高效发挥作用。三是坚持跟踪问效。资金下达后，建立定期报告制度，制定重点关注名单，对群众需求迫切、社会效益高的重点项目予以密切关注，加快资金支出进度，力促项目早落实、快见效。

四、项目实施效果

2022年，全省各地累计使用中央专项彩票公益金建设、改造各类场所300余个。通过对教育、体育、养老及农村基础设施等硬件条件的改善，有效弥补了基本公共服务等相关领域的“短板”和不足，促进了社会公益事业均衡持续发展。

石家庄元氏县惠民饮水项目，彻底解决了全村1 700名群众的吃水、用水问题。该项目建成后，群众从喝水难到有水喝，再到“喝上方便水、放心水”，大大改善村民的生活状态，实现了“小资金、大效益”的预期目标。行唐县农村体育设施建设项目，打造出“体育+乡村振兴”的工作场景，大家既丰富了业余生活，又锻炼了身体。村民积极参加体育活动正成为不少乡村的亮丽风景线。定州市农村中小学土质运动场改造项目，极大地改善了学校的办学条件和校容、校貌，每年受益师生9 000余人，崭新、干净、平坦的运动场，完善的体育设施，为师生们提供了良好的体育活动场所和安全的体育锻炼环境。

（河北省财政厅供稿）

2022年中央专项彩票公益金支持山西省社会公益事业发展项目实施情况

一、使用规模及资助项目

2022年，财政部下达山西省中央专项彩票公益金31 500万元，专项支持山西省革命老区社会公益事业发展。根据《财政部关于印发〈中央专项彩票公益金支持地方社会公益事业发展资金管理办法〉的通知》（财综〔2022〕43号）有关要求，山西省按照“集中财力办大事”的工作思路，聚焦文体事业、养老服务事业、生态环保等领域，共资助了32个革命老区的32个项目，革命老区覆盖率达30%。其中：文体事业类项目14个，涉及资金13 990万元；养老服务类项目4个，涉及资金3 830万元；生态环保类项目13个，涉及资金12 680万元；残疾人事业类项目1个，涉及资金1 000万元。

二、执行情况

截至2022年年底，资金当年支出22 730万元，预算执行率72.2%。具体如下：

（一）文体事业类项目

本项目年度预算总额13 990万元，全年执行数8 019.08万元，预算执行率57.32%。项目年度指标部分完成。全年新建体育公园1个，修建多处运动场地（篮球场、排球场、室内羽毛球馆、篮球馆、乒乓球馆等）和1处休闲健身广场等多功能场地；提升改造红色文化教育基地1处；新建公共美术馆1处；整体改造图书馆1座，受益人数超20万人。

（二）生态环保类项目

本项目年度预算总额12 680万元，全年执行数11 340万元，预算执行率89.45%。项目年度指标基本全部完成。新增污水处理站2个，污水处理场1座，污水检查井75座，滩槽整治393.02亩，受益人群超20万人，完成率100%。

（三）养老服务类项目

本项目年度预算总额3 830万元，全年执行数2 367.7万元，预算执行率61.82%。项目年度指标部分完成。现已建成养老服务中心1个，养老场所2个，新增床位266张，完成率75%。

（四）残疾人事业类项目

本项目年度预算总额1 000万元，全年执行数1 000万元，预算执行率100%。项目年度指标全部完成。项目惠及残疾人康复群体4 000人次，有效减轻了残疾人康复的经济负担。

三、实施效果

（一）文体事业类项目

本项目的实施有效提升了公共文化服务供给水平，弥补了当地和红色教育基地建设的不足，提升了革命老区的红色影响力，同时增进了群众对山西本土红色文化的认识和了解，增强了群众对家乡的文化自信；通过修建公园、体育馆、美术馆、图书馆等设施，有效满足了群众文化娱乐方面的需求，填补了当地文化功能空白，大幅提高了全民健身便利程度，既丰富了群众生活，又提高了群众精神追求，使人民群众获得感、幸福感持续提升。

（二）生态环保类项目

本项目的实施切实让“让良好的生态环境成为人民生活质量的增长点”走在实处，实现了经济效益和社会效益的“双赢”。污水处理建设项目，极大地提升了农村污水收集和处理能力，改善了水质，对保护村镇水资源发挥着积极作用，同时该项目也减少了水污染导致的疾病医疗费用，保护了人民身体健康，为推动乡村振兴战略实施和社会主义新农村建设奠定坚实基础；河道、水库生态环境综合治理建设项目，明显改善了沿线居民生活环境，提高了人民群众的幸福指数，同时有利于可持续发展，生态环境的提高有利于营商环境的改善，进而有利于撬动社会资本，加快城市发展；农村生活垃圾中转建设项目使乡村环境整洁度和整齐度逐渐提高，改善了农民群众的生活环境；雨污分流改造工程项目，通过修建科学、合理的雨水污水排水系统，从根本上解决了污水乱排问题，让人民群众住得更舒心、更放心、更安心。

（三）养老服务类项目

本项目的实施使农村养老服务机构的服务能力和水平不断提高，养老服务质量不断提高，为满足老年人多样化、多层次的养老服务需求提供了重要保障，是实现农村老年人老有所养、老有所依的重要一环，也是让农村老年人老有所乐“空巢”不“空心”的关键举措，更是补齐农村养老服务体系的重要一步。

（四）残疾人事业类项目

本项目的实施使成人和儿童康复设备得到了完善，残疾人健康得到了维护，提升了县级及以下地区残疾人健康服务水平，确保康复服务安全、有效；同时，可有效减轻残疾人群的心理负担和经济负担，增强其进行康复治疗的信心，激发残疾人进行康复治疗的主动性，加大其身体康复概率，达到了休养身体、愉悦心情和积极生活的目的。

（山西省财政厅供稿）

2022年中央专项彩票公益金支持内蒙古自治区社会公益事业发展项目实施情况

一、资金下达情况

2022年，中央专项彩票公益金支持内蒙古自治区社会公益事业发展资金共7 500万元。内蒙古自治区及时分配下达了中央补助资金，用于支持革命老区旗县社会公益项目，改善革命老区社会公益事业落后状况，促进社会公益事业协调发展。

二、项目实施情况

2022年中央专项彩票公益金支持内蒙古自治区社会公益事业发展资金共支持项目11个，其中，社会福利类建设项目1个，投入556万元；养老类建设项目2个，投入1 434万元；文化类建设项目5个，投入3 399万元；体育类建设项目1个，投入700万元；生态环境类建设项目2个，投入1 411万元。

三、社会效益情况

（一）社会福利类项目

鄂托克前旗殡仪馆配套附属设施建设项目的实施，为群众提供一站式殡葬服务，提升了地区标准化殡葬服务水平，促进地区殡仪事业有序运行，弥补了当地殡葬社会公益事业的历史欠账。

（二）养老类建设项目

武川县西宫井社区居家养老服务中心及未成年人保护中心建设项目和突泉县中心养老中心项目的实施，拓宽了服务领域，满足了不同层次、不同类型的养老服务需求和青少年关爱需要，减轻了低收入家庭的生活负担。养老服务体系和未成年人保护体系的不断完善，提高了公益服务水平，培育了多种服务方式。

（三）文化类建设项目

和林格尔县红色文化教育阵地续建项目、达茂联合旗演艺中心装修项目、松山区科技馆装饰及设备采购项目、太仆寺旗乌兰牧骑艺术中心建设项目、乌审旗图书馆建设项目的实施，对提高群众文化事业整体发展水平，更好发挥公共文化设施公益性服务职能，满足各族群众精神文化需求，促进全区经济社会协调发展具有重要作用；同时也强化了革命老区现代公共文化服务体系建设的基础设施，是文化建设“强基础、补短板”的重要举措，有效缓解了革命老区综合性群众文化活动场所缺乏的现状，对于提高公共文化设施整体实力和服务能力，体现以人民为中心的服务理念，维护各族群众基本文化权益，提升各族群众文化素质、生活质量和幸福指数具有重要意义。

（四）体育类建设项目

四子王旗体育公园建设项目的实施，为当地群众开展喜闻乐见的体育活动打好了硬件基础，进一步调动了群众参与体育活动的积极性，丰富了群众体育文化生活，真正体现了服务于全民健身国家战略、服务于体育强国建设、服务于国家经济社会发展大局，使有限的财政资金发挥出更大的效益。

（五）生态环境类建设项目

科尔沁左翼后旗东区污水厂尾水水质提升工程的实施，有利于规范工业污水处理，节能减排，调整用水结构，中水补充工业用水，建立节水型城市，缓解和避免水质型缺水的恶性循环，明显提高和改善了排放污水的水质标准。将污水资源化并改善周围的生态环境，适应经济可持续发展的需要，对建设清洁文明的生态城市、减少水体污染、改善城市气候状况、提高居民的健康水平、促进经济发展具有积极作用。莫旗生活垃圾中转站建设项目的实施，实现了垃圾处理无害化，节约不可再生的土地资源，促进了地区人居环境改善，提高了人民群众的健康水平和生活质量，进一步树立了地区良好的城市形象，有利于地区经济社会的全面发展。

四、监督管理情况

内蒙古自治区财政厅坚持问题导向，不断加强制度建设，建立健全彩票公益金绩效事前评估机制。将绩效目标设置作为财政部门预算安排的前置条件，预算执行过程中，开展资金使用事中绩效监控，组织部门进行绩效自评，对彩票公益金支持项目开展重点绩效评价，并加强绩效评价结果运用，推动形成预算绩效全过程“闭环”管理。加快预算执行进度，以资金拨付情况调度项目建设进度，对支出进度较慢的项目进行函告和通报，为科学、合理地安排公益金支持全区公益项目提供了有力保障，从而有效构建起自治区、盟市、旗县全面贯通的立体监管体制，织密事前、事中、事后全链条资金监管网，实现开展一次监管，总结一次经验，提升一次效果，推动一个地区、领域、部门公益金使用管理水平有效提升。

（内蒙古自治区财政厅供稿）

2022年中央专项彩票公益金支持辽宁省社会公益事业发展项目实施情况

一、资金管理使用情况

2022年，中央专项彩票公益金支持辽宁省社会公益事业发展资金2 700万元。按照《财政部关于印发〈中央专项彩票公益金支持地方社会公益事业发展项目资金管理办法〉的通知》（财综〔2022〕43号）有关规定，结合辽宁省实际，将中央下达资金专项用于支持省内9个革命老区县文体事业、养老服务等社会公益事业发展，设定绩效目标为：聚焦支持革命老区，突出围绕文体事业、养老服务等重点领域，不断拓展公共服务覆盖面，持续提升公共服务效能，有力推动社会公益事业可持续发展，切实提高财政资金使用效益。其中：抚顺市新宾县277万元、清原县269万元，本溪市本溪县263万元、桓仁县269万元，丹东市凤城市367万元、宽甸县324万元，朝阳市凌源市308万元，葫芦岛市建昌县314万元、绥中县309万元，合计2 700万元。

二、资助项目具体情况

一是抚顺市新宾县体育馆建设项目。项目总投资约350万元，建筑面积1 200平方米，建设内容主要包括建设综合办公区、乒乓球室、篮球场、羽毛球馆等。二是抚顺市清原县养老服务机构综合改造提升项目。项目总投资约800万元，建设内容主要包括对10个乡镇12家公立养老院进行综合改造，打造3所示范性养老院，提升8所标准化养老院和新建1所养老院。三是本溪市桓仁县公办养老机构改造项目。项目总投资约300万元，建设内容主要包括对3所养老院进行消防设施改造，对1所养老院进行基础设施维修改造。四是本溪市本溪县全民健走步道建设项目。项目总投资约300万元，建设内容主要包括建设线状塑胶健走步道以及安全设施和附属服务设施等。五是丹东市凤城市体育广场维修改造项目。项目总投资约1 500万元，建设内容主要包括广场内现有路面、绿化带、人行步道改造，以及配套建设绿化照明、广播工程、公厕建筑等。六是丹东市宽甸县文化健身广场改造项目。项目总投资约374万元，建设内容主要包括广场花岗岩板铺装、公厕和广场照明、排水、绿化等附属设施，以及河堤护坡绿化等。七是朝阳市凌源市秀塔书院文创基地改造项目。项目总投资约1 000万元，建设内容主要包括现有古建筑修缮，新建讲堂、学斋、东西配殿等。八是葫芦岛市建昌县体育馆维修改造项目。项目总投资约390万元，建设内容主要更换体育场内的塑胶跑道、花坛白钢栏杆，以及采购体育器材等。九是葫芦岛市绥中县体育场改造项目。项目总投资约360万元，占地面积1 000平方米，建设内容主要包括更换体育场内的塑胶跑道、花坛白钢栏杆，以及采购体育器材等。

三、执行情况和实际效果

中央专项彩票公益金支持项目的设施，进一步拓展了公共服务覆盖面，持续提高公共服务效能，有力推动了辽宁省社会公益事业可持续发展，进一步提高了人民群众获得感、幸福感和安全感。

1.凌源市秀塔书院文创基地，依托有着251

年历史的秀塔书院，结合非遗、民俗文化，宣传展示传统文化和风土人情，打造涵盖文化旅游、产业服务、商务办公，及兼具社区功能的文化创意示范基地，有效保护非物质文化遗产，完善公共文化示范区创建，促进城乡文化繁荣发展。

2.本溪县全民健走步道建设、凤城市和宽甸县体育广场维修改造等项目的实施，积极引导群众参与体育健身运动，推动了全民健身运动的开展，丰富和活跃了群众休闲娱乐内容，有效促进了体育事业发展，更好地满足了人民群众日益增长的精神文化需求。

3.新宾县体育馆建设、建昌县和绥中县体育馆维修改造等项目的设施，进一步提升了体育场馆功能，满足人民群众观看赛事、锻炼身体等多元化、多层次的各项需求，有效提高了公共体育服务水平，公共体育服务人次及群众参与人次显著增长，群众对公共体育服务满意度明显提高。

4.清原县、桓仁县养老服务机构改造项目的设施，改善了基础设施老化陈旧现状，消除了消防设施安全隐患，提高了养老服务机构安全性和舒适性，解决了失能半失能老人照护问题，有力推动了养老院标准化建设，显著提高了综合养老服务供给能力和水平，有效促进了公共养老服务事业发展，进一步增强在院老人的获得感、幸福感和安全感。

（由辽宁省财政厅供稿）

2022年中央专项彩票公益金支持吉林省社会公益事业发展项目实施情况

一、基本情况

（一）资金使用规模

2022年，财政部下达吉林省中央专项彩票公益金支持地方社会公益事业发展项目资金9 900万元。吉林省结合市、县申报项目情况制定绩效目标并全部落实到各市、县，具体为：支持社会福利事业发展3 621万元，支持体育事业发展5 705万元，支持残疾人事业发展174万元，支持文化事业发展400万元。

（二）资助项目情况

1.支持社会福利项目17个，新建、改扩建面积27 400平方米，受益人数约54 190人。主要包括社会福利服务中心新建、维修和消防改造，社区居家养老服务中心新建、设备购置和改造，社会福利服务中心老年养护院建设等项目。

2.支持体育事业项目25个，新建、改扩建面积82 500平方米，受益人数约139.8万人。主要包括乡镇农民文化体育健身工程，修建全民健身步道，全民健身中心维修改造，社区多功能运动场和体育公园、篮球公园建设等项目。

3.支持残疾人事业项目1个，新建、改扩建面积900平方米，受益人数约600人。主要包括残疾人康复服务中心维修改造、设备购置等项目。

4.支持文化事业项目1个，新建、改扩建面积990平方米，受益人数约500人。主要是新建室内文体活动中心项目。

（三）项目执行情况

在项目执行过程中，严格按照彩票公益金管理和绩效管理相关规定，加强资金的使用管理，加快预算执行进度，建立绩效运行监控机制、项目资金绩效评价指标体系和绩效考核机制，确保专款专用，并结合项目施工进度审核拨付资金，满足项目工程建设需要。截至目前，资助的41个项目中已竣工22个，项目资金已实际支出4 213万元，剩余资金待其他项目竣工并验收合格后支付。

二、实际效果

随着社会公益事业项目的竣工和逐步投入使用，吉林省的公益设施服务能力明显提升，人民群众精神文化生活更加丰富，促进了社会福利、体育、残疾人、文化等事业的全面发展，满足了人民对美好生活向往的追求，提升了服务对象的获得感、幸福感。

（一）社会福利事业快速发展，养老服务保障能力进一步提升

靖宇县积极构建“居家养老为主，机构养老为辅”的社会化养老服务格局，养老服务中心维修改造完成后，为周边500余位老年人提供养老服务，解放了800多个家庭成员，为社会提供就业岗位10余个，同时还为周边的老年群体提供了良好的社区老年人照料、老年服务、老年活动的场所。

（二）体育事业设施建设日益完善，公共服务场地进一步健全

吉林省在实现县级以上城市“十五分钟健身圈”建设100%全覆盖的基础上，加大了对农村全民健身设施建设的投入。舒兰市乡镇多功能

运动场建设，满足了农村群众日益增长的文体健身需求，切实解决了农村文体健身场所缺少的问题，丰富了农村基层群众文体生活。

（三）残疾人康复机构建设逐步规范，社会保障和服务能力明显改善

安图县残疾人康复服务中心维修改造项目的完成，提升了康复服务机构服务保障能力，实现了“康复一人、解放一家、影响一片”的社会成效，赢得了残疾人家庭和社会各界的广泛赞誉。

（四）文化活动中心建设不断提升，公共文化基础设施逐步健全

公共文化场所建设是满足广大人民群众基本文化需求，实现基本公共文化服务均等化的重要手段，长白朝鲜族自治县居民室内文体活动中心建设，有效弥补了当地现有公共文化设施不足的薄弱环节，丰富了城镇居民精神文化生活，提升了群众文化修养，为加快实现社会主义文化大发展大繁荣提供了坚实基础。

（吉林省财政厅供稿）

2022年中央专项彩票公益金支持黑龙江省社会公益事业发展项目实施情况

一、使用规模和资助项目

2022年，财政部下达黑龙江省中央专项彩票公益金支持地方社会公益事业发展资金1.59亿元，主要用于两个方面：一是安排1.38亿元用于支持黑龙江省革命老区县公共文化项目建设；二是安排2 100万元用于支持黑龙江省革命老区县民政项目建设。

公共文化项目用于补助58个革命老区县村级综合性文化服务中心建设，共1.38亿元。一是行政村文化广场建设资金11 141万元。为确保资金真正用在农村公共文化建设上，尽量满足农民群众对公共文化的现实需求，根据村级综合性文化服务中心缺口情况，为防止重复投入，确定建设857个行政村文化广场和小舞台。二是行政村文化设备资金2 659万元，用于购置电脑和音响，填补乡村数字文化设备短缺，有效满足群众现实文化需求。

民政项目用于补助20个老区县中心乡镇骨灰堂附属设施和6个革命老区县公办养老机构养老服务能力提升，共2 100万元。一是中心乡镇骨灰堂附属设施项目资金1 000万元。主要用于购置骨灰寄存架、监控及消防等附属设施，每个项目补助50万元。二是革命老区县公办养老机构养老服务能力提升项目资金1 100万元。用于改善养老机构设施，提升失能护理能力，服务在院老人约1 000人，辐射服务周边居家社区养老服务约5 532人。

二、执行情况

中央专项彩票公益金支持地方社会公益事业发展资金全部下达革命老区县财政。全年执行数9 847.81万元，预算执行率为61.94%。

（一）公共文化项目

一是组织文化广场和小舞台建设工作。省级方案下发后，各地先按照方案要求组织相关人员对文化广场选址，再次进行了实地踏看；随后，按照要求办理用地手续，确定建设标准；接着通过采购及招标等程序，确定项目实施单位，按要求聘请审计、监理等第三方监督。相关手续完善后相继组织实施文化广场和小舞台建设。截至2022年12月，已完成683个文化广场和708个小舞台。二是按规定程序组织电脑和音箱集中采购工作。目前电脑、音箱已如数配发至各行政村。三是进行现场督导检查。明确省、市、县工作分工和督查内容和标准。省级按照要求对部分革命老区县行政村进行现场督查，市级对所属县区部分行政村进行现场督查，县级专门组成联合工作组，对所属施工行政村进行现场指导，确保及时发现问题、及时解决问题。

（二）民政项目

1.中心乡镇骨灰堂附属设施购置工作。按照要求为群众提供庄严肃穆、和谐温馨的祭祀场所。中心乡镇骨灰堂附属设施购置的20个项目已运营12个，正在招标7个，2023年年底前运营1个。

2.公办养老机构服务提升项目工作。支持6个革命老区县公办养老机构服务提升项目。具体项目是：依兰县综合社会福利中心消防改造项目140万元、依安县农村五保供养服务中心改造提升项目190万元、富锦市中心敬老院改造项目

200万元、肇州兴城镇敬老院改造提升项目90万元、铁力市中心敬老院提升基础设施功能建设项目290万元、北安市中心敬老院锅炉房改造工程190万元。已完成验收运营项目2个，待验收项目1个，施工建设50%以上项目3个。

三、实际效果

2022年，中央专项彩票公益金的投入，充分体现了党和政府对乡村公共文化的关心、关爱，进一步彰显了国家彩票的公益属性和社会责任，有效提高了彩票公益金的社会影响力。

（一）公共文化项目

1.农村公共文化设施得到有效改善。中央专项彩票公益金支持乡村公共文化项目的实施，对发展乡村公共文化、实现乡村全面振兴起到积极的促进作用。截至2022年年底，黑龙江省行政村建成文化广场8 233个，覆盖率达到91.8%。

2.农村公共文化服务得到有效提升。建成的文化广场和小舞台全部实现免费开放，经常性开展丰富多彩的文体活动或文艺技能培训，每天每村惠及群众达100余人次，群众参与率和满意度不断提高。

3.公共文化服务均等化得到有效推进。中央专项彩票公益金的投入，对加强乡村公共文化服务体系建设，促进区域协调发展，保障乡村人民文化权益，推动基本公共文化服务城乡标准化均等化建设具有非常重要的现实意义。已投入使用的项目，群众满意度达到95%以上。

（二）民政项目

1.中心乡镇骨灰堂附属设施购置项目改善了殡葬服务设施条件，有效提高了当地群众参与殡葬改革的自觉性和主动性，有利于摒弃薄养厚葬陋俗，从根本上减少散埋乱葬，节约殡葬用地，减轻群众负担，树立文明节俭办丧事的新风尚，形成科学文明的生活方式；同时，推进了社会主义新农村建设。

2.公办养老机构服务提升项目依据革命老区县养老事业发展的需要，合理配置政府资源，增加设施数量，有效解决公办养老机构设备设施陈旧、失能护理功能缺失、消防不达标等问题，有效改善了老年人福利基础设施条件，有效提高了革命老区县公办养老机构服务质量和服务供应能力，促进养老服务体系提升，满足了群众基本需求，补齐了革命老区县各类公共服务和民生项目“短板”。

（黑龙江省财政厅供稿）

2022年中央专项彩票公益金支持江苏省社会公益事业发展项目实施情况

2022年，财政部下达江苏省中央专项彩票公益金支持地方社会公益事业发展项目资金18 900万元。根据中央专项彩票公益金管理要求及江苏省革命老区社会公益事业发展需要，该专项资金用于支持革命老区29个社会公益事业发展项目，涵盖文化、体育、养老等社会公益事业领域。

一、彩票公益金使用规模和资助项目情况

江苏省积极发挥中央专项彩票公益金的政策扶持及引导作用，紧紧围绕江苏省社会公益事业发展民生领域，突出支持重点，分配下达中央专项彩票公益金支持地方社会公益事业项目资金18 900万元，支持24个县（市、区）社会公益事业发展。

（一）安排文化类项目6 530万元

安排淮安新安小学全国青少年思政教育核心基地建设2 000万元；安排革命老区红色教育基地建设，包括盱眙县黄花塘新四军军部礼堂更新改造800万元、盐城市大丰区八路军新四军白驹狮子口会师纪念地红色文化教育课堂建设540万元以及东台市许河镇四联中红色文化遗址修复保护500万元；安排非遗展厅和文物修缮等，包括东海县非遗匠人坊改造和非遗剧场提升工程320万元、高邮市非遗展馆建设和展陈450万元、沭阳县逍遥厅等文化场所修缮210万元；安排淮安市洪泽区少儿图书馆扩建390万元、东海县少儿版画工程220万元以及泰州市姜堰区图书馆改造600万元；安排溧阳市社渚镇文化服务中心建设500万元。

（二）安排体育公益项目5 150万元

主要用于老区城乡健身步道及健身场地建设，包括：淮安市淮阴区黄河体育公园建设320万元、盱眙县体育设施更新690万元、盐城市盐都区大纵湖体育公园建设1 000万元、盐城市大丰区室外全民健身设施建设680万元、阜宁县行政村体育设施更新改造600万元、滨海县全民健身器材提档升级项目和两河四岸体育设施建设1 330万元、建湖县户外健身器材购置180万元、高邮市体育场维修改造350万元。

（三）安排养老公益项目6 960万元

主要用于老区区域养老服务中心建设及适老化改造等，包括：徐州市铜山区张集镇区域养老服务中心1 630万元、睢宁县睢城养老服务中心1 200万元、涟水县大东镇区域养老服务中心1 000万元、灌南县新集镇区域养老服务中心600万元、扬州市江都区郭村镇区域养老服务中心1 000万元、常州市金坛区养老服务指导中心300万元、海安市曲塘镇敬老院失能失智照护中心600万元、射阳县困难家庭老人适老化改造330万元以及泰兴市特殊困难老人家庭适老化改造300万元。

（四）安排其他社会公益类项目260万元

主要用于徐州市铜山区26个残疾人康复之家设备购置。

二、项目执行情况

严格按照《中央专项彩票公益金支持地方社会公益事业发展资金管理办法》（财综〔2022〕43号）文件要求，根据使用范围组织项目申报、审核并在规定期限内下达资金，资金到位率100%。

受疫情影响，2022年整体项目进展和支出进

度低于预期。截至2023年3月底，中央专项彩票公益金18 900万元，已完成支出9 190万元，预算执行率49%。其中：安排文化教育类项目支出3 228万元，预算执行率49%；安排体育公益项目支出2 260万元，预算执行率44%；安排养老公益项目支出3 442万元，预算执行率49%；安排其他社会公益项目支出260万元，预算执行率100%。

三、产生的社会效益

中央专项彩票公益金支持地方社会公益事业项目的建设，有效带动了江苏省各地社会公益事业的发展，受益群众满意度均在90%以上。社会公益事业发展项目的投入使用，进一步促进江苏省革命老区和经济欠发达地区的文化、体育、养老等社会事业发展，有效带动了项目周边地区经济社会文化发展。

（一）文化类项目

2022年，中央专项彩票公益金支持江苏省文化类公益事业项目11个，支持了江苏省革命老区新四军、八路军等红色文化教育基地以及青少年思政教育基地建设；部分非遗项目的发掘和展陈、文物修缮以及图书馆和文化中心建设等，通过各种方式讲述红色故事，重温红色记忆，传承红色文化，弘扬红色精神，丰富人们精神生活。

（二）体育公益类项目

2022年，中央专项彩票公益金支持江苏省体育公益类项目8个，支持了体育项目建设，进一步完善了江苏省老区及乡镇体育设施，提高了老区人民健身便捷度。

（三）养老公益类项目

2022年，中央专项彩票公益金支持江苏省养老类公益金项目9个。养老公益项目的实施，为江苏省老区乡镇老年人提供了养老便捷服务，困难家庭适老化改造以及为独居老人安装一键呼叫装置等，增强了老人居家养老的安全性、便利性和科学性，提升了老人居家养老的自理能力，让更多老年人居家养老更安心、更放心、更舒心，营造良好的适老居家环境，更加高效保障了独居老人居家安全和生命健康安全。

（四）其他社会公益类项目

2022年，中央专项彩票公益金支持江苏省其他社会公益类项目1个，支持江苏省徐州铜山区残疾人康复之家采购康复器材29套。康复器材的投入使用，大大提高了残疾人康复训练效果，受益人群满意度100%。

（江苏省财政厅供稿）

2022年中央专项彩票公益金支持浙江省社会公益事业发展项目实施情况

2022年，中央专项彩票公益金支持浙江省社会公益事业发展项目资金18 300万元，用于浙江省革命老区公益事业发展。为此，浙江省财政厅建章立制，强化管理，认真做好中央专项彩票公益金项目筛选和资金分配工作，积极助力革命老区县共同富裕建设。

一、中央专项彩票公益金使用范围及规模情况

根据财政部《关于中央专项彩票公益金支持地方社会公益事业发展项目资金管理办法》（财综〔2022〕43号）、《浙江省人民政府关于新时代支持浙西南等革命老区振兴发展的实施意见》（浙政发〔2021〕23号）相关规定，浙江省确定2022年项目资金支持范围，即：国家明确纳入浙西南革命老区规划范围的丽水市全域9个县（市、区）和永嘉、文成、平阳、泰顺、苍南等5个革命老区县，以及浙江省山区26县范围内的淳安、武义、开化、仙居等4个革命老区县，共计18个。重点支持革命老区县社会福利、体育、文化、环保等社会公益事业项目，2022年共计安排18 300万元。

二、中央专项彩票公益金资助项目情况

为坚持国家彩票公益属性和社会责任，突出支持重点，着力解决民生关键难点，浙江省专门出台《中央专项彩票公益金支持革命老区县社会公益事业发展项目资金实施细则》（浙财综〔2022〕14号），规范和强化了专项资金管理。根据规定，2022年浙江省专项资金主要用于资助以下方面项目。

（一）安排社会福利公益项目5 075万元

一是支持青田县巨浦村养老院、乡练岙村养老院项目院改扩建项目资金1 018.75万元；二是支持景宁县沙湾镇敬老院建设项目资金1 018.75万元；三是支持缙云县中心镇养老院建设工程项目资金1 000万元；四是支持开化县福利院扩建项目资金1 018.75万元；五是支持平阳县医养康养联合体项目资金1 018.75万元。

（二）安排体育公益项目3 415万元

一是支持文成县百丈漈–飞云湖景区改造提升项目（一期）——城北环山绿道工程项目资金1 018.75万元；二是支持丽水市莲都区莲都雅溪文广旅体中心建设项目资金1 018.75万元；三是支持龙泉市体育场工程项目资金1 018.75万元；四是支持松阳县气排球馆维修项目资金358.75万元。

（三）安排文化公益项目3 056.25万元

一是支持苍南县矾山国家地质公园建设项目资金1 018.75万元；二是支持泰顺县综合实践基地扩建工程（综合楼建设）项目资金1 018.75万元；三是支持遂昌县浙西南研学营地及配套设施建设项目资金1 018.75万元。

（四）安排环保公益项目6 753.75万元

一是支持松阳县松阳工业园江南区块及西屏区块地下水污染修复及风险管控项目资金660万元；二是支持云和县崇头镇污水处理厂新建项目资金1 018.75万元；三是支持庆元县污水处理二

期扩建项目资金1 018.75万元；四是支持永嘉县污水处理站建设项目资金1 018.75万元；五是支持仙居县城西环卫综合体项目资金1 018.75万元；六是支持淳安县千岛湖内库湾整治试点工程项目资金1 000万元；七是支持武义县壶山街道污水零直排区建设项目资金1 018.75万元。

三、项目资金执行情况

根据《中央专项彩票公益金支持革命老区县社会公益事业发展项目资金实施细则》(浙财综〔2022〕14号)，进一步优化资金分配方案，明确要求各级财政部门加强项目资金与一般公共预算及当地留成彩票公益金的统筹安排，坚持国家彩票公益属性和社会责任，突出支持重点，着力解决民生关键难点。截至2022年12月31日，中央专项彩票公益金已使用15 795.39万元，预算执行进度为86.31%。

四、项目成效

2022年，浙江省以中央专项彩票公益金支持社会公益事业发展为契机，用足、用好中央专项彩票公益金，推进革命老区公益事业发展，增进民生福祉，增强人民获得感、幸福感。各地强化项目落地，充分发挥资金使用和社会绩效，成效显著。

（一）配套财政资金，强化引导带动，推动就业创业

开化县充分发挥中央及地方财政资金保障和撬动作用，全力推进福利院扩建项目实施，将带动项目资金共计投入3 407.36万元。

苍南县通过中央专项彩票公益金撬动社会资本，推动矾山从污染较为严重的工矿集镇转变为文旅型特色小镇，吸引各地游客前来，推动地方群众创业致富。

（二）积极整合资源，打造便捷场所，满足民生需求

龙泉市体育场项目的落地，既配备了高标准的综合田径场，篮球、排球场，又能容纳大于1 900人的看台，为足球等大型体育赛事提供了合适的场地，解决该市当前高标准赛事场所短缺的痛点。

平阳县通过改造平阳县人民医院老院区住院楼和门诊楼，建设老年公寓、康复中心，形成医疗、康复、养老“三合一”的医养康养联合体，极大满足了老年人医疗、安养多种服务需求，有利于推进养老医疗机构一体化发展，实现革命老区老人老有所医、老有所养。

（三）充分发挥优势，强化改造提升，助力共同富裕

遂昌县借助中央专项彩票公益金资助机遇，实施浙西南研学营地及配套设施建设项目，通过基础设施改造提升和红色研学改造提升，为王村口镇经济发展和旅游业提供了更好的环境，成为促进老区村民共同富裕的重要一环。

千岛湖内库湾整治试点工程项目，实现了建造、种植、处置一体化管理，保障项目实施生态效益、社会效益优先，带动周边村镇消薄增收，助力百姓共同富裕，实现生态和经济双赢，直接受益3万余人。

（浙江省财政厅供稿）

2022年中央专项彩票公益金支持安徽省社会公益事业发展项目实施情况

一、资金管理情况

根据《关于下达2022年中央专项彩票公益金支持地方社会公益事业发展资金预算的通知》（皖财社〔2022〕418号），安徽省下达2022年中央专项彩票公益金支持地方社会公益事业发展资金17 700万元。

该中央专项资金全部用于支持经济较为困难的23个革命老区县养老服务体系建设，即支持不少于100个农村敬老院改造提升、新增不少于400个老年食堂（老年助餐点）建设、完成不少于3 000户特殊困难老年人家庭适老化改造。

根据中央下达资金的用途和要求，结合中央、省级资金安排情况统筹考虑，围绕重点工作需求，采取因素法等方式下达市县。资金在规定时限内分解下达市县使用，中央对地方转移支付区域绩效目标表与资金同步下达。

资金主要用于支持153个特困供养服务设施（敬老院）改造提升，建成618个老年食堂（助餐点），完成3 926户特殊困难老年人家庭适老化改造。截至2023年3月底，全省专项资金实际支出16 258万元，执行率为91.8%。资金使用符合国家财经法规、财务管理制度，以及有关专项资金管理办法的规定；项目资金支出手续齐全，原始凭证合规；项目资金使用过程中不存在截留、挤占、挪用、虚列支出等情况。

二、项目完成情况

截至2022年年底，全省完成153个特困供养服务设施（敬老院）改造提升，建成618个老年食堂（助餐点），完成3 926户特殊困难老年人家庭适老化改造。

（一）项目规划编制规范

为加快推进安徽省特困人员供养服务设施改造提升，提高养老服务政府保基本、兜底线的能力和质量，安徽省民政厅、发改委、财政厅联合制定了《安徽省特困人员供养服务设施（敬老院）改造提升三年行动计划（2020—2022）》，将中央专项彩票公益金支持作用有机融入整体规划，项目规划编制科学、完整、合规。

（二）项目验收符合要求

23个革命老区县根据当地实际，对敬老院亟须改善等方面进行重点倾斜，充分体现了“补短板”资金使用要求。所有项目在计划时间内已完成验收，产出质量达到相应目标要求，设备、工程验收合格，满足施工图纸标注的国家规范；对完工项目及时组织验收工作，项目验收全部合格。

（三）依规标明宣传标识

在项目实施过程中，各县严格按规定标明宣传标识。对于2022年中央专项公益金支持的项目，以显著方式标明“彩票公益金资助——中国福利彩票和体育彩票”标识，并张贴在特困供养机构门口显著位置。在改造完成过程中，严格按信息公开要求，及时向社会公布资金使用、项目建设情况。该项工作完成度为100%。

三、项目实施成效

（一）有效带动当地养老产业发展

通过项目的实施，加强对助餐服务机构的支

持力度，加快培育居家适老化改造市场，进一步激发市场活力，有效带动项目地区养老产业发展壮大，提升养老服务能力和水平。

（二）有效提升当地社会事业水平

全省23个革命老区县特困供养服务设施（敬老院）的服务能力和水平得到持续的提升，有效弥补当地社会公益事业欠账。项目实施明显提高了老年人的居家生活质量。

（三）有效优化当地公共产品供给

革命老区县的特困供养服务设施（敬老院）的硬件设施得到大幅增强，照护能力得到大幅提升，有效满足了农村低收入老年人和失能、半失能老年人的养老服务需求；优化了老年助餐网点设施布局，完善老年助餐服务体系，丰富老年助餐服务供给，有效解决老年人“吃饭难”的问题，不断提高人民群众的获得感、幸福感；增强了特殊困难老年人家庭生活设施安全性、便利性和舒适性，提升了居家养老服务质量，社会公益机构的服务能力和水平持续提升，调查满意度达到93%。

（安徽省财政厅供稿）

2022年中央专项彩票公益金支持福建省社会公益事业发展项目实施情况

一、资金分配情况

2022年，财政部下达中央专项彩票公益金支持福建省革命老区社会公益事业项目资金（以下简称“社会公益事业资金”）44 300万元。根据福建省革命老区社会公益事业建设发展需要，该专项资金用于39个项目，涵盖全民健身、文化、教育、其他社会公益、生态环保、养老等领域，涉及7个设区市及平潭综合实验区，具体为福州市2 650万元、宁德市6 250万元、泉州市2 650万元、漳州市4 750万元、龙岩市8 000万元、三明市9 250万元、南平市9 750万元、平潭综合实验区1 000万元。

二、项目建设情况

补助项目分为全民健身类14个、文化类8个、教育类1个、生态环保类5个、养老类4个、其他社会公益类7个。截至2023年3月底，已开工项目35个，开工率达90%。具体资助项目及资金额如下：

1. 福州市资助罗源第二中学田径场馆（开放式）项目1 000万元，闽清县图书馆文化馆博物馆综合楼提质增效工程项目825万元，永泰县工人文化宫项目825万元。

2. 漳州市资助诏安海峡两岸文化艺术交流中心项目1 500万元，长泰区残疾人康复服务中心（福乐家园）项目1 000万元，云霄县潮剧（国家非遗）传承保护中心项目750万元，龙海二中排球馆加固改造工程项目750万元，漳浦县绥东溪两侧污水主干管提升改造工程项目750万元。

3. 泉州市资助安溪县龙门镇依仁溪污水管网提升改造项目1 000万元，晋江市内坑镇康养照护中心项目825万元，惠安县小岞生活艺术岛环岛艺术慢道项目825万元。

4. 三明市资助尤溪海峡两岸朱子文化交流区项目（一期）3 000万元，大田县老年人养护院及基础设施建设项目2 000万元，宁化县老年人养护中心（宁化县福利中心二期）项目1 000万元，明溪县南山遗址配套服务设施建设项目1 000万元，清流县全民健身场地建设项目750万元，将乐县游泳中心项目750万元，沙县区公共体育场地标准田径跑道和标准足球场地提升改造项目750万元。

5. 南平市资助建瓯市文庙片区保护与活化项目——芝山遗址公园修建项目3 000万元，邵武市和平镇文旅服务开发建设项目2 000万元，延平区石佛山水毁修复及提升工程项目1 000万元，建阳区工人文化宫及建阳区综合展示馆建设项目750万元，武夷山市奥运健儿展示场暨红场体育场（馆）提升改造项目750万元，浦城县新城全民健身中心——智能户外运动公园及基础设施配套建设项目750万元，松溪县工人文化宫项目750万元，顺昌县零碳城市驿站项目750万元。

6. 龙岩市资助连城县文川河流域综合整治项目（金鸡岭垃圾填埋场水源地整治）2 500万元，武平县中山河生态骑行步道项目2 000万元，新罗区龙津河北岸（交易城数码广场——宝泰桥）滨河绿道工程项目1 000万元，长汀县体育中心（综合体育馆、游泳培训中心）项目500万元，长汀县濯田镇“红旗跃过汀江”文创服务中心项目500万元，永定区文秀新城（文秀数字产业园）公益设施建设项目750万元，漳平市菁城运动场项目750万元。

7.宁德市资助古田县全民文化健身休闲慢道建设工程项目3 000万元，福安市畲族文化中心建设项目1 000万元，周宁县东大门全民健身设施建设项目750万元，福鼎市乡镇联合养老服务项目750万元，屏南体育中心（一期）项目750万元。

8.平潭综合试验区资助平潭坛南湾乡村游步道建设项目1 000万元。

三、特色做法

福建省于2022年建立社会公益事业资金项目库，社会公益事业资金支持的项目原则上从省级项目库中筛选，将资金管理从后端提至前端，更好地发挥市、县主观能动性，对支持项目进行更加科学的论证、审核、筛选。综合考虑项目成熟度、公益性、投资额等因素，推荐项目分为一般项目和重点项目，每年度省级项目库重点项目不超过4个，并注明轻重缓急排序。根据项目投资额和重要程度实行分档补助，重点项目补助1 500万—3 000万元，一般项目补助500万—1 000万元。

福建省严格按照《中央专项彩票公益金支持地方社会公益事业发展资金管理办法》和《福建省财政厅关于做好2022年中央专项彩票公益金支持地方社会公益事业发展项目申报工作及有关事项的通知》规定进行资金的分配管理，专款专用，加强对项目管理及资金使用的监督。建立绩效运行动态监控机制，对项目建设情况进行抽查和督促落实，及时开展中央专项彩票公益金专项资金转移支付项目绩效评估，提升项目效益。

四、投入使用项目实际成效

社会公益事业资金对福建省革命老区县社会福利、文化体育、医疗卫生等社会公益事业发展发挥了重要作用，在补齐公益事业“短板”、促进地区间均衡发展等方面取得了显著的成效。

1.武平县中山河生态骑行步道项目，坐落于中山河湿地公园界址内，生态环境优美，景色秀丽，配套有骑行驿站，科普宣教等，已成为广大骑行爱好者和闽粤赣三省周边游客竞相驻足打卡游玩胜地。步道带动了片区的发展，辐射受益群众15万余人。

2.永泰县工人文化宫项目，完善了当地公共文化活动设施，作为提供教育培训、文化交流、文艺创作、体育健身、惠工服务、健康服务等于一体的综合性活动中心场所面向大众开放，打通了服务群众职工“最后一公里”，具有积极而重要的社会意义。

3.漳浦县绥东溪两侧污水主干管提升改造工程项目，该项目对入河排污口进行改造，收集沿线22平方公里区域流入绥东溪各污水口污水，雨天时分流雨水，补齐了当地城镇污水收集和处理设施“短板”，有效提升污水收集处理能力，基本消除城市黑臭水体，惠及沿线人口20万人。

总之，中央专项彩票公益金的使用，极大地改善了福建革命老区社会公益事业基础配套设施，有效提升了社会公益机构服务能力和水平，切实增强了人民群众的获得感和幸福感。

（福建省财政厅供稿）

2022年中央专项彩票公益金支持江西省社会公益事业发展项目实施情况

一、基本情况

2022年，财政部下达江西省中央专项彩票公益金50 100万元，共支持建设全省10个设区市中54个中央苏区县和15个革命老区县的274个社会公益项目，其中：社会福利类项目170个，资金30 070万元；体育类项目98个，资金19 104万元；社区服务类项目3个，资金465万元；助残类项目2个，资金286万元；文化类项目1个，资金175万元。

二、主要做法

（一）管理制度化、规范化

坚持制度先行，制定《江西省中央专项彩票公益金支持地方社会公益事业发展资金管理实施办法》（赣财综〔2022〕10号），对专项彩票公益金的资金分配、使用方向、绩效评价等作了明确要求，确定了突出重点、适当兼顾，防止“撒胡椒面”、杜绝“小、散、乱”的分配原则。资金由各设区市结合地方需求实际自主分配。各地分别制定了项目管理办法。资金投入坚持定向使用、公平公开透明、规范管理和专款专用的原则，项目重点用于养老、残疾人、儿童福利机构以及全民健身场所，解决社会公益事业，解决群众身边最突出、最首要的问题。项目选择坚持求实效、补“短板”，省级财政部门做好政策指导、各设区市财政局统筹协调、县区财政局积极联合民政、残联、体育等部门共同研究，三级协同发力，确保项目落到实处、资金落到实处、事情办到实处。绩效管理坚持全覆盖、全过程。除项目自评外，要求各有关设区市财政部门每年应当选取不低于本设区市辖区范围内当年项目数10%的项目（不少于1个）开展绩效评价。

（二）项目早谋划、早储备

立足解决江西省赣南等原中央苏区（革命老区）县民生“短板”、养老事业供需矛盾突出、残疾人服务紧缺和体育事业发展落后等问题，积极会同有关部门共同研究商讨“十四五”时期社会公益事业发展重点，按照为群众办实事，补齐“短板”的思路，确定“十四五”中央专项彩票公益金重点支持方向。各地建立了“十四五”中央专项彩票公益金项目库，按轻重缓急和项目前期准备情况进行排序，实行动态管理项目资金，充分发挥资金的最大效益。

（三）筹资多渠道、多方式

加强社会公益事业资金与一般公共预算、地方留成彩票公益金的统筹衔接，在中央专项彩票公益金支持的基础上，不断探索用新渠道、新方式撬动地方资金、社会资本投入。发挥中央专项彩票公益金引导多元化投入的带动作用，使用地方留成公益金和省级彩票公益金支持协同发力，尽快让项目运行、实现效益。积极探索通过社会资金与政府合作、政府购买服务模式等引进社会资本投资，并取得了较好的效果。在整合利用项目资源上下功夫，中央专项彩票公益金建设的综合体育馆等项目，在发挥主要用途之余，利用空闲时间为社会服务以及举办地方性赛事，有效解决了运营资金来源。

（四）群众得实惠、享便利

着力克服资金使用“撒胡椒面”做法，提

高资金使用绩效，打造了一批富有特色、群众满意的项目。一方面，通过集中力量办大事，给予设区市资金分年度调配权限，对县区重点项目集中支持，支持建设一批辐射面广、影响面大的体育公园、游泳馆等重点项目。另一方面，因地制宜，打造一批“小而美”、可批量复制、均衡化的民生精品项目，如建设以社区为依托的“红邻里之家”居家养老服务项目，为老年人提供解决日间就餐、娱乐、照料、医疗等服务，单个项目受益人群较多，解决了社区周边60周岁以上老年人的养老问题，在全省打造了社区养老服务的样板；以党建引领、夯实服务载体，结合农村基层党建“三化”建设一体推进，通过整合阵地资源，以祠堂、闲置房屋等为载体改建养老“幸福之家”，建立起多功能图书阅览区、棋牌区、多媒体区、用餐区等场所，为老人、留守儿童提供文体娱乐、居家膳食等多方面的服务，探索出一条关心关爱农村孤寡、独居老人，留守儿童的特色模式。

三、取得成效

中央专项彩票公益金支持地方社会公益事业发展项目的实施，有效弥补了江西省社会公益事业的历史欠账，养老机构供给及服务水平明显提高，人均体育设施（场所）明显增加，残疾人康复服务供给水平明显提升，有效提高社会公益机构的服务能力和水平。

（一）养老事业“短板”有效弥补

赣南等原中央苏区县（革命老区县）有部分敬老院始建于20世纪80年代初期，院内设施老化严重，有些房屋被鉴定为危房，存在较大的安全隐患，急需改造提升；养老院床位紧缺，无法满足日益增长的养老服务需求。中央专项彩票公益金的支持极大地缓解了地方投入压力，促进地方公益事业建设发展。乡镇三院（光荣院、敬老院、福利院）增加了护理型床位、康复类辅助器具，居住卧室、如厕洗浴设施、厨房设备和物理环境等方面得到了改造，消防安全方面也实施了标准化改造提升，改造后养老院环境焕然一新、服务能力得到了明显提高。利用中央专项彩票公益金支持加快建设和改造社区幸福食堂，打通老年人就餐服务的“最后一米”，让城乡老人安享晚年，真正做到“老有所养、老有所依”。中央专项彩票公益金的投入，弥补了多年来中央苏区（革命老区）养老事业的“短板”，让老年人生活充满更多的幸福感和舒适感。

（二）社区服务能力明显增强

利用中央专项彩票公益金支持社区建设，按照高标准改造党群服务中心，拓展党群议事角、新时代文明实践站等功能，以定点服务、设岗定责等方式，推动便民惠民提能增效，全面推行服务群众365天不打烊，点燃了乡村振兴的动力引擎。

（三）群众文体生活更加丰富

中央彩票公益金支持建设了一批体育小游园、室内体育场等项目，有效解决了人民群众健身去哪里的问题，提高生活质量和群众幸福指数。有效缓解了一些原中央苏区县、革命老区县受地方财力制约，一直以来没有大型的群众性体育活动场所，体育设施落后于城市的发展规模和速度的状况。

（四）绿色发展理念深入人心

利用中央专项彩票公益金建设集中式公益性墓地，切实助力推动乡村殡葬事业改革，转变人们的丧葬习俗，有效保护土地资源和生态环境。与传统土葬相比较，公益性墓地建设极大地节约了土地资源，大幅降低因祭扫导致森林火灾的概率，有效保障了人民群众生命财产安全。

（江西省财政厅供稿）

2022年中央专项彩票公益金支持山东省社会公益事业发展项目实施情况

一、资金使用规模

2022年，财政部下达山东省中央专项彩票公益金支持地方社会公益事业发展资金（以下简称“中央专项资金”）31 800万元，用于支持山东省革命老区社会公益事业项目建设。其中，用于支持体育事业发展建设项目16 761万元，占比52.7%；用于支持文化事业发展建设项目5 586万元，占比17.6%；用于支持养老服务发展建设项目9 453万元，占比29.7%。

二、资金资助项目

2022年，中央专项资金用于实施社会公益事业发展建设项目共计20个。具体情况如下：

（一）体育事业类建设项目10个

主要是新建体育场馆、体育公园、全民健身中心和健身步道等，完成足球、篮球、羽毛球、乒乓球、健身广场等多种场地设施，促进群众体育健身活动的开展，弥补当地居民运动、休闲场所及环境“短板”，有效提高群众参与全民健身赛事和活动的积极性，提高城市品位。例如：沂南县体育馆建设项目，建设标准体育馆1座（地上三层，地下一层），建筑面积52 816平方米，主馆设5 000个观众席，可满足县城范围内30万人健身、休闲使用。

（二）文化事业类建设项目4个

主要是新建或改扩建民俗文化体验中心、青少年素质基地、红色文化旅游基地等项目。通过项目建设，宣扬黄河文化、红色文化，丰富革命老区人民群众精神文化生活，提高人民群众生活质量和幸福感。例如：山东省工委旧址陈列馆红色文化旅游基地项目，作为党性教育基地，主要打造成红色文化旅游消费集聚区，建设陈列馆、故居教育基地、休闲广场、红色文化长廊等基础设施，有效带动区域红色文化旅游资源提质增效。

（三）养老服务类建设项目6个

主要是新建养老服务机构、医疗康养机构及购买配套设施，完善硬件建设，改善居住环境，提高服务水平，扩大养老服务供给能力。例如：安丘市阳光养老中心项目，新建4栋老年公寓，项目建成投入使用后，新增养老床位522张，有效缓解了区域养老入院难问题，同时可解决60名养老护理员劳动就业，不断提升老人生活质量。

三、项目执行情况

目前，中央专项资金31 800万元已全部拨付到位，实际支出22 419万元，预算执行率70.5%。资金未支出主要原因是受疫情、冬季大气污染防治等因素影响，部分项目工期拖后或需根据项目实施进度和验收情况拨付资金。支持建设的20个项目中，有13个项目已建设完工，有7个项目尚在建设中。其中，沂南县体育馆、沂水县全民健身运动中心、莱阳市社会体育馆、郯城县体育馆项目投资规模大、建设周期长，目前处于集中施工阶段；艾山黄河民俗文化体验中心项目于2022年11月完成招标、签订施工合同并进场施工，目前处于在建状态。

四、社会效益

中央专项资金支持的项目中，既有为老年人、残疾人等弱势群体服务的敬老院、医养康复中心等特定公益机构，又有开阔眼界、提升素质的文化类项目，还有提升群众身体素质的体育健身场馆项目，有效满足了老区人民休闲娱乐及养老优抚等方面的公共服务需求，社会效益十分显著。

（山东省财政厅供稿）

2022年中央专项彩票公益金支持河南省社会公益事业发展项目实施情况

一、资金规模

2022年，财政部下达河南省中央专项彩票公益金支持地方社会公益事业发展资金（以下简称“中央专项彩票公益金”）2.55亿元。按照《财政部关于印发〈中央专项彩票公益金支持地方社会公益事业发展资金管理办法〉的通知》（财综〔2022〕43号），为支持河南省养老服务体系高质量发展建设，弥补养老服务设施建设“短板”，河南省将上述资金全部用于支持革命老区县城乡养老服务设施项目建设。

二、资助项目

党中央、国务院对养老服务工作高度重视，国家“十四五”规划和2035年远景目标纲要提出“实施积极应对人口老龄化国家战略”。党的二十大提出“实施积极应对人口老龄化国家战略，发展养老事业和养老产业，优化孤寡老人服务，推动实现全体老年人享有基本养老服务”。为贯彻落实中央精神，2021年，河南省委办公厅、省政府办公厅印发《关于加强养老服务体系建设的意见》（豫办〔2021〕33号），提出“每个街道有1处综合养老服务设施；每个社区有1处养老服务场所；每个县（市、区）至少有1所县级敬老院，乡镇敬老院全部完成提升改造”的工作目标，并明确要求“省级财政重点落实养老服务设施建设、消防改造等补助资金，发挥示范引导作用，提高市县基本养老公共服务财政保障能力”。2022年河南省重点民生实事将“推进居家社区养老服务设施建设”明确为省民政厅牵头、省财政厅协办的重点任务。

三、资助项目

为全面贯彻落实党中央、国务院要求和省委、省政府决策部署，切实解决养老服务设施缺乏和服务能力偏低等制约河南省养老服务体系发展的现实难题，同时，支持革命老区县公益事业发展，河南省使用中央专项彩票公益金支持革命老区县建设一批城乡养老服务设施项目，助力补齐地方养老服务民生“短板”。

2022年，为持续提升河南省养老服务能力和水平，有效满足老年人多样化、多层次养老服务需求，河南省财政厅会同省民政厅开展支持城乡养老服务设施项目建设工作，通过省辖市自评推荐、委托专家评审等方式，淘汰项目34个，择优确定44个革命老区县共计75个项目给予中央专项彩票公益金补助支持，平均每个项目补助金额340万元。具体包括以下四类项目：一是安排42个街道（社区）养老服务设施建设项目补助资金共计16 942万元，支持能照护、可托养的街道综合养老服务设施和社区养老服务场所建设，着力建立健全城市社区养老服务网络；二是安排9个县级供养服务设施（敬老院）建设项目补助资金共计5 286万元，支持新建满足特困老年人养老服务需求的县级供养服务机构（敬老院）；三是安排15个智慧养老管理和服务平台建设项目补助资金共计1 335万元，支持信息技术在养老领域的拓展应用，为老年人提供智能化的养老服务；四是安排9个经济困难老年人家庭适老化改造项目补助资金共计1 937万元，提高居家养老环境质量，降低居家养老风险。

四、执行情况

按照预算法及其实施条例有关要求，河南省及时分解下达指标，同时为推进项目早日建成投入使用，加快提升养老服务供给能力，省民政厅强化工作指导和监督，不定期开展实地核查，督促指导项目推进，全面掌握项目单位施工建设情况，及时发现并解决市县工作推进和项目实施中存在的困难和问题，切实推进项目实施进度，确保按期保质保量完成绩效目标。结合目前项目实际推进情况，预计将超额完成总体目标。按照总体绩效目标，75个项目计划建设工期12个月，均应于2023年6月底完工；截至目前，已有23个项目提前完工，占总任务量的30.7%，其中：已有10个项目投入使用，占总任务量的13.3%；52个项目正在实施，预计能够按时完成建设任务，占总任务量的69.3%。

五、实际效果

针对河南省城乡养老服务设施不足、服务能力偏低，难以有效发挥对居家社区养老服务支持和延伸至对居家养老老年人支持作用的现实，河南省通过支持革命老区县的街道（社区）养老服务设施、县级供养服务设施（敬老院）、智慧养老管理和服务平台、经济困难老年人家庭适老化改造四类城乡养老服务设施项目建设，加快补齐养老基础设施“短板”，完善城乡养老服务网络，着力提升养老服务硬支撑。目前，已建成并投入使用的10个项目，社会经济效益显著，其中：智慧养老服务平台项目覆盖人群超过159万人，经济困难老年人家庭适老化改造项目覆盖6 376户，养老服务基础设施明显改善，有效提升了养老服务便利化、可及化水平，解决了老年人就近养老和智能养老服务需求，老年人和居民满意度持续提升。

（河南省财政厅供稿）

2022年中央专项彩票公益金支持湖北省社会公益事业发展项目实施情况

一、资金规模

2022年，中央下达湖北省专项彩票公益金支持地方社会公益事业发展资金22 800万元，用于困难残疾人家庭无障碍改造、特困老年人居家适老化改造和特困供养机构改造提升等方面，资金全部拨付到位。

二、资助项目情况

该项资金专项用于困难残疾人家庭无障碍改造、特困老年人居家适老化改造和特困供养机构改造提升等三个方面。具体用于支持99个县（市、区）的3.5万户困难残疾人家庭无障碍改造，103个县（市、区）的1.5万户特殊困难老年人居家适老化改造以及12个县（市）级社会福利院或失能特困人员供养服务机构项目、52个农村（街道）区域性乡镇福利院改扩建项目建设，提升特困供养老人护理服务质量，改善居家养老环境。

三、资金执行情况

2022年，中央下达湖北省专项资金22 800万元，已全部下达市县，无迟拨、滞拨现象。其中，用于99个县（市、区）的3.5万户困难残疾人家庭无障碍改造项目资金12 320万元，用于103个县（市、区）的1.5万户特殊困难老年人居家适老化改造项目资金2 250万元，用于12个县（市）级社会福利院或失能特困人员供养服务机构项目建设资金2 600万元，用于52个农村（街道）区域性乡镇福利院改造提升项目资金5 630万元。各市县实际执行20 060万元，结余2 740万元，执行率为88%，结余资金按照有关规定结转到2023年继续使用。

四、实际效果

湖北省充分发挥中央专项资金的示范带动作用，撬动了更多地方资金和社会资源投入社会公益事业发展。为进一步规范预算资金管理，充分发挥资金使用效益最大化，通过日常督办、季度督查和专项检查等形式，对各地转移支付资金使用范围、使用管理、使用绩效、进展成效等一并进行综合检查评估，并及时反馈评估中发现的问题，提出改进措施和建议。各项目完成情况较好，有力支持了全省残疾人事业、养老事业的发展。

通过中央专项资金支持和地方财政、社会力量共同投入，2022年，湖北省实际完成3.5万户困难残疾人家庭无障碍改造，年度任务实际完成率100%，其中，中央专项彩票公益金完成3.5万户，年度任务实际完成率100%。工作任务及时完成率100%，项目验收合格率100%，按规定标明宣传标识100%，各项目建设和改造工作任务及时完成，通过改门、改坡、改厨、改厕、改水电等无障碍设施改造，帮助残疾人解决了出门难、洗浴难、做饭难、如厕难、沟通难等急难愁盼问题，残疾人居家环境得到普遍改善，残疾人生活品质得到普遍提高，残疾人生活和出行更加便利，实现了“改造一户、解放一家、影响一片”的良好效果，受益残疾人满意度达到95%以上。共建设县（市）社会福利院或失能特困人员供养服务机构12个，其中建成6个，在建6

个，改造提升和新建农村（街道）区域性乡镇福利院52个，已完成36个，在建16个。对1.75万户特殊困难老年人家庭进行了居家适老化改造，超过省定任务2 500户，完成率117%，项目验收合格率为100%，建设和改造设施均符合国家标准和行业标准合格率。各项目建设和改造工作任务及时完成，弥补当地养老服务基础设施效果明显，特殊困难老年人居家养老环境改善情况明显提高，从对改造对象及家属进行上门回访情况来看，满意度指标达到90%以上。

（湖北省财政厅供稿）

2022年中央专项彩票公益金支持湖南省社会公益事业发展项目实施情况

一、基本情况

财政部《关于下达2022年中央专项彩票公益金支持地方社会公益事业发展资金预算的通知》（财综〔2022〕45号）安排湖南省中央专项彩票公益金23 800万元，用于支持革命老区地方社会公益事业发展，主要用于：弥补乡村文化、体育、养老、生态环保及其他社会公益事业“短板”，改善革命老区农村生产生活条件，提高革命老区群众的获得感、幸福感，促进农村经济社会大局平稳和区域协调发展。

二、资金使用管理情况

湖南省制定《关于中央专项彩票公益金支持革命老区县公益事业发展的实施方案》（2022—2025年），提出“分年实施、四年全覆盖，项目由县统筹、重点在乡镇和村，定额补助、适当跟进投入，协同推进、形成合力”的实施方案。原则上每个实施县选取1-2个项目类别，予以重点支持，单个项目资金投入不低于20万元、不超过100万元，这主要考虑20万元以下项目可通过村民“一事一议”筹资筹劳解决，100万元以上项目应由其他渠道解决，确保中央专项彩票公益金支持项目选定一个、干成一个，避免增加农民负担，避免新增乡村债务。同时，制作《中央专项彩票公益金支持革命老区社会公益事业建设培训手册》，明确规定和操作要求，确保建成项目经得起历史检验。

（一）资金分解下达情况

《湖南省财政厅关于下达2022年度中央专项彩票公益金支持地方社会公益事业发展资金的通知》（湘财综指〔2022〕4号）将23 800万元中央专项彩票公益金全部下达首批21个革命老区，由各地在资金支持范围内自主确定项目支持公益事业发展。

（二）资金使用管理情况

根据《中央专项彩票公益金支持地方社会公益事业发展资金管理办法》（财综〔2022〕43号）、《湖南省省级财政专项彩票公益金管理办法》（湘财综〔2017〕22号）、《湖南省省级财政专项彩票公益金绩效管理办法》（湘财综〔2017〕38号）、《关于中央专项彩票公益金支持革命老区县公益事业发展的实施方案》（2022—2025年）等规定，规范中央专项彩票公益金使用管理、提高资金绩效。各市县也根据各地实际制定了彩票公益金管理办法和绩效管理办法。

三、资助项目、执行情况及实际效果

2022年度中央专项彩票公益金支持湖南省21个革命老区县社会公益事业发展，资助建成564个公益项目，新建或改扩建场所884个，增加公益性面积322.25万平方米，受益群众694.61万人，涉及社会福利、体育、文化、生态环保、其他社会公益等方面。

其中，社会福利类场所资助建设92个，增加公益性面积14.7万平方米，受益群众39.1万人，养老机构增加服务床位1 218个。体育类场所资助建设90个，增加公益性面积27.1万平方米，受益群众54.73万人。文化类场所资助建设110个，增加公益性面积27.98万平方米，受益群众279.82万人。生态环保类场所资助建设105个，增加公益性面积3.93万平方米，受益群众35.7万人。其他社会公益类场所资助建设487个，增加公益性面积248.54万平方米，受益群众285.26万人。

项目建成实施后，村容村貌、群众文体生活和文化素质大幅提升，乡村文化和生态环境更加和谐，巩固拓展脱贫攻坚成果同乡村振兴有效衔接更加紧密，成效显著。

（湖南省财政厅供稿）

2022年中央专项彩票公益金支持广东省社会公益事业发展项目实施情况

一、资金分配使用情况

2022年，财政部下达广东省中央专项彩票公益金3.07亿元，有力支持了广东省14个地市69个革命老区县（市、区）社会公益事业发展。其中，支持养老服务类（含医养结合）项目资金2.57亿元，支持生态环保类项目资金0.5亿元。重点用于公办养老机构护理型床位和医疗卫生机构医养结合护理型床位建设，扶持加强具备全托、日托、上门服务等综合服务功能的养老服务机构设施建设，以及支持农村生活污水治理。截至目前，项目资金已支出13 013.58万元，支出进度为42.39%。

二、项目建设情况

2022年，广东省中央专项彩票公益金支持地方社会公益事业发展资金项目共157个，其中，养老服务类（含医养结合）项目141个，生态环保类项目16个。

具体项目情况：养老服务（含医养结合）项目141个，其中惠州市10个、清远市30个、汕尾市22个、云浮市11个、肇庆市5个、茂名市6个、梅州市15个、潮州市4个、河源市4个、揭阳市3个、韶关市12个、汕头市1个、阳江市6个、湛江市12个；生态环保项目16个，其中惠州市14个、梅州市2个。

三、资金管理情况

（一）坚持靠前谋划，做实项目储备

按照工作要求，广东省及时通知各中央苏区、革命老区县，聚焦社会公益事业发展，以支持养老服务、生态环保领域项目建设为重点，做好项目储备。为科学、合理分配中央专项彩票公益金，省财政厅、省民政厅、省卫生健康委联合召开覆盖全省14个地级市及69个中央苏区、革命老区县（区）的视频会议，研究部置相关工作，要求各市、县（市、区）要高度重视，深刻领会中央精神，落实部门协同审核，切实把“最短板”“最需要”“最受益”以及成熟度高的项目遴选出来，确保年内尽快实现支出。对谋实谋好项目的县（市、区）优先予以支持，对项目谋划不实的县（市、区）不予安排资金。

（二）加强部门协同，科学分配资金

结合中央下达专项彩票公益金资金额度，省财政厅多次召集省直有关部门研究资金分配方案，会同业务主管部门严格审核把关，并对各县（市、区）申报项目逐一审核，对尚未立项、申报材料不齐全、不符合资金使用范围的项目予以剔除。明确资金分配原则，根据各地申报项目情况，采取项目因素法分配资金，未申报项目的县（市、区）不纳入资金支持范围，对重点老区、苏区和项目建设资金需求量较大的地区给予倾斜支持。

（三）注重发挥效益，抓好跟踪督导

省财政厅组织各地认真学习《中央专项彩票公益金支持地方社会公益事业发展资金管理办法》（财综〔2022〕43号），强化资金管理要求，提高资金使用效益，并督促各地市加快资金使用进度，推动形成实物工作量。省财政厅会同省卫生健康委等部门，赴相关市、县实地查看中央专项彩票公益金支持项目建设情况，了解项目实施进展和资金使用情况，推动抓好项目落地。充分利用数字财政“双监控”系统，实时跟踪资金使用进度，对项目建设进度较慢的地市给予督促提醒，针对项目实施情况要求相关县（市、区）细化资金使用计划，明确支出时限，切实加快预算执行，确保项目如期完成。

四、取得成效

2022年，财政部支持广东省14个地市69个革命老区县（市、区）社会公益事业发展，助力补齐养老服务（含医养结合）、生态环保等领域“短板”、弱项，其中，支持广东省新建、改造养老（医养结合）服务机构面积38.73万平方米，新增养老护理型床位10 373张，建设污水管网84 509米，改造、新建污水处理设施17座等，推动了一批群众关心关切、社会效益明显的民生工程落地实施，有力支持了养老服务体系建设，较好改善了流域水环境质量和居民生活环境。例如，湛江市吴川市投入132.5万元支持塘缀镇敬老院扩建工程，新增养老床位218张，其中护理型床位153张，有效地满足了不同类型、不同层次，特别是经济困难老年人的养老服务需求。

（广东省财政厅供稿）

2022年中央专项彩票公益金支持广西壮族自治区社会公益事业发展项目实施情况

一、使用规模

2022年，财政部下达广西壮族自治区中央专项彩票公益金支持地方社会公益事业发展项目资金（以下简称“中央专项彩票公益金”）24 900万元。

二、资助项目

2022年，广西中央专项彩票公益金主要用于支持97个革命老区县教育、民政、医疗卫生、体育和残疾人事业发展。具体如下：

1.安排基层义务教育学校（小学）教学条件改善项目4 300万元，用于支持22个革命老区县改善小学教学环境，推动小学教育高质量发展。

2.安排学前教育服务能力提升项目2 850万元，用于支持16个革命老区县优化学前教育资源布局，保障适龄儿童入学权利。

3.安排特殊教育学校建设项目950万元，用于支持6个革命老区县特殊教育学校基础设施建设。

4.安排养老机构服务能力提升项目1 700万元，用于支持11个革命老区县乡镇、社区养老服务机构服务能力提升。

5.安排县级医疗机构诊疗条件改善项目6 100万，用于支持22个革命老区县解决县级医疗机构诊疗能力不足问题。

6.安排体育健身场地建设项目3 000万元，用于支持16个革命老区县建设（改造）全民健身体育场所，满足当地群众健身需求。

7.安排全国青年（学生）运动会体育赛事场馆改（扩）建和赛事运营项目3 000万元，用于支持南宁市上林县、柳州市鹿寨县等8个革命老区县承办的赛事场馆建设及赛事运行。

8.安排残疾人事业发展补助项目3 000万元，其中，安排残疾人服务设施设备补助项目200万元，重度残疾人家庭无障碍改造项目1 000万元，残疾人精准康复基本辅具适配项目1 800万元。

三、执行情况

受疫情因素影响，目前部分项目正在施工，资金按工程进度付款。截至2022年年底，中央专项彩票公益金共支出20 592.3万元，支出进度82.7%。

四、项目效益

1.革命老区县教育领域投入不足得到缓解。支持开展义务教育学校（小学）、幼儿园及特殊教育学校建设，有效改善教学环境和质量，满足当地入学需求。

2.残疾人生活质量有效提升。通过对残疾人生活场地及设施的改造，并提供辅具适配服务，改善和消除残疾人家庭生活障碍，提升残疾人生活质量，促进残疾人就业，提高其自理能力。

3.养老服务体系进一步完善。通过支持乡镇、社区养老服务机构建设和改善基础设施，消除风险隐患，老年人照护能力得到有效提升。

4.群众体育健身场地供给明显增加。提高全区公共体育服务水平，实现和保障了人民群众基本体育健身权益，对推进全区体育设施建设、赛事活动举办等起到了推动作用，提高群众获得感和幸福感。

5.县级医疗机构服务水平和诊疗能力得到提升。通过支持县级医疗机构建设，医院规模进一步扩大，病床数以及医疗设备数量的增加，有效提升了医院综合服务水平，给予当地居民更好的医疗保障服务，满足群众诊疗需求。

6.彩票公益形象有效提升。落实自治区党委、政府的部署，进一步凸显中央专项彩票公益金助力革命老区社会公益事业发展的资金效益，让革命老区人民群众共享发展成果，既丰富和满足人民日益增长的美好生活需要，又有效提升国家彩票的公信力。

（广西壮族自治区财政厅供稿）

2022年中央专项彩票公益金支持海南省社会公益事业发展项目实施情况

一、使用规模

2022年，财政部下达海南省中央专项彩票公益金5 100万元，用于支持海南省地方社会公益事业发展。根据《海南省财政厅关于下达2022年中央专项彩票公益金支持社会公益事业发展资金的通知》（琼财综〔2022〕528号）安排，海南省分配下达海口、儋州、万宁、定安、乐东、保亭等六个市县5 100万元中央专项彩票公益金。

二、资助项目情况

支持文化体育类项目共有3个：海口市爱国主义教育基地冯白驹将军故居改造提升项目500万元，万宁市革命老区六连红色美丽乡村建设项目800万元，定安县图书馆新馆布局装修项目1 000万元。支持民政福利类项目共有2个：儋州市白马井养老服务中心能力提升工程项目1 000万元，保亭县重度残疾人集中托养机构建设项目800万元。支持教育类项目1个：乐东县民族中学教学综合楼建设项目1 000万元。

三、资金执行情况

截至2022年12月，中央专项彩票公益金5 100万元已全部拨付到位，拨付率为100%；已支付资金2 070.45万元，资金执行率为40.6%。受海南省“0801”新冠疫情以及个别项目前期进展不力等影响，资金支出进度有待加快。

四、实际效果

中央专项彩票公益金支持地方社会公益事业发展资金，对海南省社会福利、文化、教育等社会公益事业给予了大力支持，有力补充海南省社会公益事业建设资金不足，增进了民生福祉，体现了彩票公益金使用的公益性，提高了群众的满意度，同时对弘扬和传承海南省红色文化革命精神、提升海南省社会公益事业发展水平发挥积极作用。

（一）大力支持丰富红色革命元素，传承红色文化，赓续红色血脉

海口市冯白驹将军故居作为开展红色革命教育的首选基地，安排支持故居改造提升项目500万元，预计改造提升后每年前往参观的人数超过3万人次；安排万宁市革命老区六连红色美丽乡村建设项目800万元。项目启用后，将进一步丰富当地的红色旅游元素，在美化乡村的同时，提升当地民众的精神追求，拉动当地的旅游经济，助力乡村振兴，提高群众的幸福感和获得感。

（二）明显改善教育和文体设施（场所）条件

安排乐东民族中学教学综合楼建设项目1 000万元。项目启用后，能较好完善学校的硬件设施，为学生提供一个优良的校园环境，提升乐东县的教学硬件水平，有利于学生的综合素质的全面提高。安排定安县图书馆装修项目1 000万元。项目启用后，受益人数达35万人次，较好地满足当地群众的精神需求，成为全面落实文化惠民政策，开展丰富多彩的系列文化活动，助推“书香海南”建设的有力举措。

（三）有力弥补养老助残领域的民生“短板”

安排儋州市白马井养老服务中心能力提升

工程项目1 000万元。该项目已完成室外配套工程景观（包括车行道、机动车停车位、非机动车停车位、人行铺装、中心湖、绿化工程等）及水电、围墙、门卫、景墙、廊架、健身器材等相关基础设施，园区面貌显著提升，有效解决了中心托老院、敬老院、养护楼和日间照料中心等4个项目未将室外配套设施纳入建设内容的问题，完善了中心基础设施建设，提高了中心保障供给能力，为服务对象提供了一个居住环境良好、生活设备齐全、活动场所完善的服务场所；安排保亭县重度残疾人集中托养机构建设项目800万元。该项目启用后，可提供康复服务指导、就业服务、职业培训、辅助器具供应、法律服务、文体活动、托养服务，将惠及全县1.02万名残疾人，有力弥补残疾人事业发展的“短板”。

（四）受益人群满意度高

中央专项彩票公益金支持海南省社会公益事业相关项目的实施，使群众对相关项目关注度进一步提高，受益群众多、范围广，社会反映非常好，群众满意度较高。

综合各市县上报绩效报告情况，全省受益人群满意度达到85%以上。

（海南省财政厅供稿）

2022年中央专项彩票公益金支持重庆市社会公益事业发展项目实施情况

一、资金规模

2022年，财政部下达重庆市中央专项彩票公益金支持地方社会公益事业发展资金预算为2 100万元。

重庆市按照因地制宜、突出重点的原则，把资金集中用在“补齐短板”的社会公益事业项目上，重点支持对中国革命作出重大贡献、经济发展相对落后、财政较为困难的革命老区县（自治县），主要按照红色文化教育基地数、当地残疾人数、65岁及以上老年人数、义务教育阶段学生数、公共文化机构数、留成公益金和转移支付依存度等因素分配。市财政局印发《重庆市财政局关于下达2022年中央专项彩票公益金支持区县社会公益事业发展资金预算的通知》（渝财综〔2022〕12号），资金已全部下达至6个革命老区县。

二、资助项目

2022年，重庆市中央专项彩票公益金支持地方社会公益事业发展项目资金全部用于支持市革命老区县公益事业发展项目，主要涉及养老助残助弱机构建设、红色文化教育基地建设、基础教育（学前教育）学校运动场所建设、乡镇居民文体场所建设等社会公益性事业项目发展共26个项目。其中：新建涪陵区社会福利院、石柱县失能特困人员集中照护中心、城口县残疾人康复中心3处；迁建秀山县烈士陵园1个；新建改建彭水县山谷幼儿园、彭水县芦塘乡风雨球场、酉阳县黑水镇大涵小学校等学校乡镇运动场所21处；新建涪陵区龙潭镇综合文化服务中心1处。

三、执行情况

项目资金管理严格按照财政部要求，规范运作，严格监管，与主管部门和执行单位分工协作，各司其职。一是建立绩效目标管理和运行动态监控制度，所有预算资金文件均附加项目绩效目标表，纳入对项目实施单位的考核；二是预算资金均纳入国库集中支付系统管理，并按照中央专项资金管理要求，预算执行年限不得超过两年，未完成的预算指标一律实行零结转；三是项目实施单位在加强预算执行的同时，还要严格按照政府采购程序、政府购买服务要求等，予以公开公示。

四、使用效果

中央专项彩票公益金支持地方社会公益事业发展的项目，使得人民群众真正得到了实惠，受到广大人民群众的普遍欢迎和拥护。其中，支持社会福利院、失能特困人员集中照护中心、残疾人康复中心等项目，极大地改善了革命老区县养老助弱助残基础设施和公共服务水平，提高了居民生活条件；支持红色文化教育基地建设项目，更好地促进开展爱国主义教育活动，提升城市文化品牌；支持学校运动场所建设，有效满足了学龄儿童教学需求；支持乡镇文化运动场所建设，弥补了乡村文化体育基础设施匮乏的“短板”，有效满足服务对象物质和精神文化的需要，同时也满足了人们交流和沟通需求，促进了社会和谐。

（重庆市财政局供稿）

2022年中央专项彩票公益金支持四川省社会公益事业发展项目实施情况

一、资金规模和项目情况

2022年，财政部下达四川省中央专项彩票公益金支持地方社会公益事业发展项目资金预算15 600万元。主要用于三个方向：一是支持革命老区光荣院建设项目7 200万元，涉及补助项目3个，每个项目补助资金2 400万元，新增床位600张；二是支持革命老区博物馆展陈提升项目3 600万元，涉及全省20家革命意义重大、文物价值较高、社会效益较大的革命老区革命博物馆纪念馆；三是支持革命老区全民健身中心建设项目4 800万元，涉及全省42个革命老区全民健身场地设施“补短板”项目。

二、项目执行情况

（一）资金到位情况

四川省在收到中央财政补助资金后，严格落实《四川省省级财政性资金管理决策程序规定》，资金分配方案通过省政府常务会审定后下达，分区域预算绩效目标同步批复，及时完成资金分配下达工作，并按照有关政策足额落实地方资金，资金到位率100%。

（二）项目管理情况

1.加强监督检查。各省级项目主管部门加大对中央专项彩票公益金补助的市（州）、县（市、区）项目督促检查力度，多次组织人力赴项目点位开展专项调研，实地了解项目实施情况，查摆问题并研究解决措施。

2.突出问题导向。针对各地项目实施过程中反映的问题，专题研究解决方案，提出改进措施。积极推动多层级协同、多部门审批，并对个别进度滞后、项目推动落实不力的地方政府进行通报约谈，保证省级财政项目运行高效、公开、透明，扎实推动项目落实落地落细。

3.强化信息公开和标识使用管理。不断完善彩票公益金信息公开内容，让社会各界一目了然，督促指导各地彩票公益金资助项目在显著位置悬挂“彩票公益金资助——中国福利彩票和中国体育彩票”标识，把标识应用作为公示信息中的一项重要内容进行管理，主动接受人民群众、社会各界和新闻媒体的监督，不断提升彩票公益金项目的公信度和影响力。

三、项目完成情况

2022年，受新冠疫情阶段性突发等因素影响，各地项目前期筹备工作时限普遍延期、开工计划不断推迟或间歇性停工。截至目前，3个光荣院建设项目正在加紧建设中，20个革命文物博物馆展陈项目和42个全民健身中心建设项目实施进度接近90%。

四、项目实施效果

2022年，通过支持全省革命老区相关社会公益项目，充分发挥示范项目的支撑引领及辐射带动作用，有效提升革命老区社会公益事业发展质量，加快补齐公共服务“短板”，切实提高革命老区优抚对象保障、革命文物保护利用和全民健身普及水平，发挥了较好的社会效益。

（四川省财政厅供稿）

2022年中央专项彩票公益金支持贵州省社会公益事业发展项目实施情况

一、项目和资金安排情况

2022年，财政部下达贵州省中央专项彩票公益金支持贵州省社会公益事业发展资金5 700万元，用于支持贵州省革命老区县社会公益事业发展。

（一）资金安排原则

按照《中央专项彩票公益金支持地方社会公益事业发展资金管理办法》（财综〔2022〕43号）的相关规定，结合贵州省革命老区县社会公益事业需求，2022年中央专项彩票公益金项目安排按以下原则进行：

1.公开公平，科学合理。省级主管部门下发通知公开征集项目，组织专业人员对申报的项目进行审核，严把质量关，并会同省财政厅研究确定扶持项目。

2.突出重点，聚焦“短板”。重点支持革命老区县社会公益事业在教育、体育、民政、卫生领域的“短板”和薄弱环节，对前期工作已完成或已开工建设但资金有一定缺口的项目优先支持，使社会公益项目顺利建成投产。

3.项目自筹资金足额落实，能按时建成。支持的项目自筹资金须足额到位，项目原则上1年内完成建设，不得新增地方政府债务。

（二）支持项目情况

经地方申报及相关省级主管部门审核，报省人民政府批准，确定支持贵州省15个革命老区县的18个社会公益项目。具体情况如下：

1.教育事业方面：支持包括幼儿园、小学及中学教学楼、学生食堂等建设项目8个，金额2 480万元。

2.卫生事业方面：支持基层医疗卫生机构及疾病预防控制中心建设及综合能力提升等项目5个，资金1 560万元。

3.民政事业方面：支持3个养老机构建设，资金900万元；1个殡葬设施建设，资金380万元。

4.体育事业方面：支持1个公共体育设施建设，资金380万元。

二、项目实施情况及成效

2022年，中央专项彩票公益金支持贵州省革命老区县共18个社会公益项目，其中：1个幼儿园项目已投入使用；其余项目正在建设中。

中央专项彩票公益金，充分发挥“四两拨千斤”作用，调动地方实施项目的积极性，撬动社会各方资金投入社会公益事业发展，贵州省革命老区县的教育、民政、卫生、体育领域的公共资源配置水平得到了进一步提高，为革命老区县社会公益事业的高质量发展奠定了基础。

三、组织保障措施

（一）强化部门协作和制度建设

贵州省财政厅会同省教育厅、省民政厅、省卫生健康委、省体育局4家省级主管部门，做好组织2022年中央专项彩票公益金项目的申报、审核、资金分配等工作；省财政厅及时转发《中央专项彩票公益金支持地方社会公益事业发展资金管理办法》（财综〔2022〕43号），同时结合实际，制定了《中央专项彩票公益金支持贵州省社会公益事业发展资金管理使用操作流程》(黔财综〔2022〕32号),进一步规范和加强中央专项彩票公益金支持贵州省社会公益事业发展资金管理工作,提高资金使用效益。

(二)加强项目绩效管理

严格审核申报项目的绩效目标,使绩效指标能反映项目核心产出、经济和社会效益等。对项目实施过程中绩效目标实现程度和预算执行进度实行“双监控”,督促项目单位及时开展绩效自评,并对发现的问题认真整改,保质保量完成建设任务,发挥项目效益。

(三)加大项目督查力度

抓好项目建设督查工作,要求各地按时报送项目建设进度,省级主管部门牵头适时开展对项目实施情况的专项督查,及时发现和解决问题,促进项目建设。

(贵州省财政厅供稿)

2022年中央专项彩票公益金支持云南省社会公益事业发展项目实施情况

一、资金规模

2022年，财政部下达云南省2022年中央专项彩票公益金支持地方社会公益事业发展资金预算1 500万元，专项用于支持云南省革命老区县的社会公益事业发展。

二、资助项目

根据《中央专项彩票公益金支持地方社会公益事业发展资金管理办法》（财综〔2022〕43号）规定，结合云南省革命老区县的项目申报情况，2022年，云南省安排中央专项彩票公益金支持地方社会公益事业发展资金预算1 500万元，重点支持5个革命老区县的8个社会公益事业项目建设，资助项目具体为彝良县海子镇文化体育运动场建设项目、威信县麟凤镇云南游击支队战斗历史主题展馆及周边环境改造项目、威信县旧城社区川滇黔边区游击纵队陈列馆文化广场建设项目、广南县莲城镇北宁社区和圆梦社区居家养老服务中心项目、广南县那洒镇中心敬老院建设项目、富宁县田蓬镇中厂村委会休闲活动中心及配套设施项目、富宁县木卓村委会休闲活动中心及配套设施建设项目、镇雄县凤翅山森林公园及综合文体活动场所建设项目。

三、执行情况

截至2022年年底，中央专项彩票公益金支持云南省地方社会公益事业发展资金资助项目8个，其中：在建5个，完工未结算2个，延期动工1个；中央专项彩票公益金支持地方社会公益事业发展资金实际支出637.03万元，结转862.97万元，支出进度为42.47%。

资金结转较多的主要原因：一是受新冠疫情影响，部分项目实施进度不理想，导致2022年年底未完成竣工；二是部分项目已经完工，但在年底未完成结算；三是部分项目在前期推进过程中，因调整土地红线规划，导致施工延期动工。

四、实施效果

中央专项彩票公益金的投入：一是有效弘扬长征革命精神，传承红色文化，建成红色教育基地。二是解决部分乡镇敬老院基础设施缺失问题，实现特殊困难老年人集中养老，提升革命老区公共服务均等化水平，缩小了城乡差距。三是进一步夯实农村基础设施建设，改善农村人居环境，提升村容村貌，凝聚村民情感，增强村民发展自身动力，创建了乡风文明、环境优美，人文朴实、生活富裕、民族团结的美丽宜居村寨，人居环境质量显著提升。四是彰显了国家彩票“取之于民、用之于民”的发行宗旨，体现了党和政府对革命老区的农村、农民的关怀，极大地丰富了基层群众的业余文体生活，群众参与文体活动的积极性不断提高，民族文化发展和繁荣得以不断推进。

（云南省财政厅供稿）

2022年中央专项彩票公益金支持西藏自治区社会公益事业发展项目实施情况

一、基本情况

2022年，财政部下达西藏自治区中央专项彩票公益金预算资金45 000万元，用于支持西藏自治区社会公益事业发展。截至2022年年底，西藏自治区已安排下达资金43 940万元，其中：用于支持社会福利事业资金17 600万元，用于支持公共体育事业资金17 000万元，用于支持残疾人事业资金9 340万元。

二、项目情况

（一）社会福利事业项目

支持全区26个社会福利事业项目发展，共安排资金17 600万元。其中：农村社区综合服务站（农村幸福院）项目，涉及7个地市15个项目，项目资金共计4 500万元。特困人员集中供养服务机构提升改造工程项目，涉及7个地市11个项目，项目资金13 100万元。

（二）公共体育事业项目

支持全区4个公共体育事业发展项目建设，共计17 000万元。其中：支持那曲市索县民族传统体育竞技场1 500万元，支持西藏民族大学竞技训练场4 000万元，支持阿里地区体育馆6 000万元，支持那曲市人民体育场4 500万元，支持日喀则市定日县定日登山公共体验中心1 000万元。

（三）残疾人事业项目

支持全区6个残疾人事业发展项目，共计9 340万元。其中：支持已建县级残疾人综合服务中心业务设备购置及附属配套改造项目5 800万元，支持已建市级残疾人康复中心设施设备、附属配套项目800万元，支持已建市级残疾人托养中心设施设备、附属配套项目800万元，支持重度残疾人生活辅助器具项目350万元，支持自治区残疾人康复中心设备购置及附属配套项目1 240万元，支持困难残疾人家庭无障碍辅具（卫浴等设施）改造建设项目350万元。

三、项目执行情况

西藏自治区2022年彩票公益金支持项目进展较为缓慢，主要原因如下：地处高原，西藏自治区基建项目施工期仅8个月左右，阿里、那曲两地施工期更短。2022年8月初，新冠疫情在全区范围内多点暴发，为有效遏制疫情传播，全区采取静默管理措施直至11月左右，期间基建项目全部暂停施工，而复工复产后，却已错过项目施工期。目前，各项目单位正积极组织项目建设，加紧追赶进度，西藏自治区财政厅也将进一步督促项目主管部门切实履行预算执行主体责任，切实加快资金支出进度。

四、项目效益

2022年，西藏自治区坚持彩票公益金使用向弱势群体、民生“短板”的公益事业倾斜，重点支持了老年人服务、残疾人福利、民族体育发展等项目建设；同时促进了基层公共服务均等化，聚焦边境地区实际需要，进一步彰显了中央专项彩票公益金的公益属性和社会责任，有效提高了彩票公益金的社会影响力。具体为：一是通过实施农村社区综合服务站（农村幸福院）项目、特困人员集中供养服务机构提升改造工程项目，进一步提升农村养老机构兜底保障照护服务能力，有效增加农村特困人员的获得感、幸福感、安全感。二是通过实施残疾人集中照料、康复等中心设备购置项目，进一步提升了残疾人特殊群体服务保障设施和服务保障能力，切实提高了贫困残疾人生活质量，增强了该群体的自我发展能力。三是通过实施公共体育场馆建设，有力支持民族体育事业发展，进一步改善市县运动场所基础建设，满足人民日益增长的体育建设需求，为开展全民体育活动提供了场所，促进全民健身事业蓬勃发展。

（西藏自治区财政厅供稿）

2022年中央专项彩票公益金支持陕西省社会公益事业发展项目实施情况

一、资金规模

2022年，财政部下达陕西省中央专项彩票公益金1.5亿元，支持陕西省社会公益事业发展。根据《中央专项彩票公益金支持地方社会公益事业发展资金管理办法》（财综〔2022〕43号）有关要求，陕西省按照“突出重点，并向欠发达地区和社会弱势群体等倾斜”的原则及时进行了分配。资金使用有三个特点：一是突出公益性，使用方向上主要用于社会福利事业、文化教育事业、体育事业等方面。二是突出规划性，力争3年内对省内革命老区县做到支持全覆盖，资金向革命老区倾斜，主要用于支持对中国革命作出重大贡献、经济社会发展相对落后、财政较为困难的革命老区县的社会公益事业发展。三是突出系统性，结合国家和省级乡村振兴帮扶情况，对革命老区中的乡村振兴重点帮扶县予以倾斜。

二、资助项目

彩票作为国家筹集社会公益资金的重要渠道，陕西省始终坚持“来自社会、服务社会”“取之于民、用之于民”的原则，严格按照彩票公益金管理办法的要求安排使用资金，2022年，陕西省共安排公益事业项目112个，包括社会福利类、体育类、文化类、教育类、生态环保类五个方向。

（一）资金向革命老区倾斜

陕西省严格按照中央及陕西省有关彩票公益金的管理办法，安排使用资金，重点向贫困地区、革命老区倾斜，向补“短板”的公益事业倾斜。2022年安排的中央专项彩票公益金共支持54个县（区）的革命老区。项目具体包括社区老年日间照料中心建设、未成年人救助保护中心建设、县区体育运动公园建设、县区体育场改造、照金北梁红军小学暴雨灾后重建、红色革命区村庄环境整治等。

（二）积极支持红色教育基地建设

为进一步保护和利用革命历史文化遗产，带动革命老区经济社会协调发展，安排公益金支持“共和国勋章”获得者张富清旧居改造提升及双庙红色教育基地建设项目。通过建造陈列室、公厕、停车场等，提升接待能力，丰富教育形式，项目建成后预计每年可增加研学、参观游客2万人次，使近3万人接受红色教育，并有效带动当地旅游综合收入增加。此外，还支持了万泉红色体育运动公园建设、延安红色图书馆装修改造、袁家沟红色革命旧址保护提升项目、耀州区照金镇北梁红军小学灾害重建项目等。

（三）切实解决了部分小、散问题

以汉中市南郑区青树镇幼儿园教辅楼项目为例，2019年建成教辅楼主体后，因资金缺乏，地面软化及相关保教保育设备尚未购置，无法投入使用。2022年中央专项彩票公益金补助资金50万元，专项用于教辅楼附属项目。项目投入使用后，幼儿在良好的环境中获得知识、树立价值观、体验情感与生活的乐趣，为幼儿的健康成长和良好发展提供了重要的支持和保障。

三、执行情况

及时分解下达资金，全面坚持绩效管理，切

实做好资金管理。一是进一步加强预算绩效管理。陕西省切实做好全方位、全过程、全覆盖的预算绩效管理，在下达2022年中央专项彩票公益金时，将绩效目标表与指标值及时对下分解，并分区域下达绩效目标表。分区域（项目）绩效目标表是整体绩效目标表的细化分解，资金管理突出绩效导向，从源头上提高预算资金安排的科学性和精准性。二是切实做好资金监管。督促市、县加快项目推进，实地查看项目，了解和掌握有关情况。要求市、县财政部门加强与项目主管部门的协调沟通，切实加快项目实施和资金报账。严格按照政府采购程序进行项目申报、批复、采购、实施，严格遵守相关财经管理制度要求。

四、实际效果

陕西省地处西部，发展不平衡不充分问题仍然突出，社会经济发展任务依然艰巨，中央专项彩票公益金对于解决小、散问题发挥了重要作用。一是提升社会养老救助服务能力和水平，增加养老等公益面积15 000平方米，增加服务床位388张，直接或间接受益人数超过5万人。二是推进全民运动计划，促进区域体育发展，场地改造面积超过80 000平方米，提供建设活动场地和健身活动器材，直接或间接受益人数超过20万人。三是满足广大群众文化生活，增加公益性面积约6 800平方米，建设民政服务大厅、县图书馆阅览区、红色教育基地和文化活动广场等项目，直接或间接受益人数超过10万人。四是提升基础教育水平，支持补助5个中小学新建项目，开展部分学校教育设施设备购置，惠及学生5 800人。五是改善乡村环境治理，已完成宁强汉水源村环境综合治理项目，包括房屋改造修缮、扩容垃圾填埋场等工程，直接受益人数超过14万人。

（陕西省财政厅供稿）

2022年中央专项彩票公益金支持甘肃省社会公益事业发展项目实施情况

一、资金情况

2022年，财政部下达甘肃省中央专项彩票公益金支持社会公益事业发展资金2 400万元，用于支持全省革命老区县（市、区）文体事业、养老服务、残疾人等社会公益事业项目，具体包括：公共文化、公共体育基础设施建设和配置设备项目，养老服务机构基础设施建设和配置设备项目，残疾人康复、托养服务机构基础设施建设和配置设备项目。同时，为加强彩票公益金管理，提高资金使用效益，根据《中央专项彩票公益金支持地方社会公益事业发展资金管理办法》（财综〔2022〕43号），甘肃省财政厅及时修订了《甘肃省中央专项彩票公益金支持地方社会公益事业发展资金管理办法》（甘财综〔2022〕12号）。

全省共扶持社会公益事业项目7个，其中：养老服务类3个，具体是庆城县敬老院设施建设和设备配置项目资金350万元、镇原县养老机构改造提升项目320万元、泾川县高平中心敬老院附属工程建设项目400万元；公共体育类3个，具体是静宁县原灯光球场体育馆附属及装修改造项目270万元、华池县文正体育休闲公园建设项目400万元、陇西县渭河风情线健身步道项目260万元；公共文化类1个，即高台县西路军主题公园园林绿化及基础设施建设项目400万元。

二、项目管理及实施情况

实行专项资金“项目库”管理制度，提高资金配置和使用效益，通过政府购买服务方式，委托第三方专业机构对全省革命老区县符合申报条件的17个申报项目开展事前绩效评估及项目预算评审。首先，从申报项目的投资经济性、技术可行性，社会效益、经济效益的合理性等方面综合考虑。根据“先谋事、再排钱”，以及“急需、成熟、统筹、绩效”的评价原则，设计事前绩效评估指标体系和预算评审指标体系，确定事前绩效评估、预算评审方案。其次，组织人员与第三方机构工作人员深入项目所在地，开展现场调研、资料审阅、问卷调查及访谈等一系列现场评审工作，客观评定革命老区县申报项目的评价分值和预算额度。经第三方机构三级复核，形成中央专项彩票公益金支持革命老区社会公益事业申报项目事前绩效评估、预算评审报告。最后，合理运用评估评审结果，将其作为分配资金的重要依据。项目管理充分体现了绩效导向和激励导向，对扶持项目如期发挥效益起到了积极的作用。

三、主要做法及取得效益

（一）以绩效为导向，科学、合理分配资金

甘肃省积极推动绩效评价工作，建立绩效评价制度，设定项目绩效评价指标及量化评分标准，每年组织第三方机构对上一年度扶持项目进行绩效评价，将评价结果作为各市（州）下一年度资金分配重要依据，不断深化绩效管理水平。各市、县督促项目单位切实履行绩效管理主体责任，按期组织开展绩效自评，将评价报告及时报送财政部门，确保财政资金发挥效益，促进社会公益事业更好更快发展。

（二）整合优质养老资源，提升老区养老水平

农村敬老院的建设新增革命老区养老设施面积3 000平方米，新增设施500个，打造了集养老护理、医疗康复于一体的养老机构，为老年人提供了持续性、针对性的医疗、养老服务，有效解决了革命老区县农村分散特困供养对象集中供养问题，切实保障了老年人的基本生活权益，同时解决了部分居民的就业问题，促进了当地经济发展，在革命老区县社会福利事业的发展、社会稳定和谐方面产生了积极的社会效益。

（三）发展文化体育项目，丰富居民业余生活

一是2022年，通过中央专项彩票公益金的支持，全省新增体育设施面积16 000平方米，受益群众增加5万人以上，解决了革命老区县城区群众体育运动场所、设施、设备落后等问题，为当地人民群众提供了文化休闲娱乐、体育锻炼的场所，满足了人民群众日益增长的体育运动需求。二是高台县西路军主题公园园林绿化及基础设施建设项目，新增公益设施面积53 974平方米，有效改善了生态环境，明显带动当地红色旅游产业开发，有力促进了区域经济发展。

中央专项彩票公益金有力支持了甘肃省革命老区养老服务机构、文化体育设施建设，促进提升全省革命老区县公益机构的服务能力和承接能力，促进推动全省革命老区县公益事业持续健康发展，促进提高全省革命老区县人民群众获得感、幸福感、安全感。

（甘肃省财政厅供稿）

2022年中央专项彩票公益金支持青海省社会公益事业发展项目实施情况

一、资金规模

2022年，财政部下达青海省中央专项彩票公益金支持地方社会公益事业发展资金10 800万元，用于满足全省社会公益事业发展需要。

二、项目情况

根据《关于下达2022年中央专项彩票公益金支持地方社会公益事业发展资金预算的通知》（财综〔2022〕45号）文件精神，按照财政部关于项目安排和资金使用的有关要求，青海省在深入调研全省各地区社会公益事业发展需求的基础上，确定了项目资金安排重点向教育、社会福利、残疾人事业、生态环保、体育等补“短板”的社会公益事业倾斜的分配原则，下达资金10 800万元，并同步下达绩效目标。

（一）分资金层级看

市（州）级安排资金2 922万元，占27.1%；区（县）级安排资金7 878万元，占72.9%。资金分配重点向基层和财力基础薄弱地区倾斜。

（二）分资金投向看

一是教育类：安排中小学基础设施能力综合改造提升、运动场建设等项目8个，资金5 188万元，占比为48.0%；二是社会福利类：安排社会福利院改造、社区综合服务中心改造、社区居家养老服务网络建设、敬老院基础设施改造等项目4个，资金1 890万元，占比为17.5%；三是残疾人事业类：安排特殊教育学校体育活动室、残疾人康复中心建设等项目2个，资金662万元，占比为6.1%；四是生态环保类：安排生活垃圾填埋场、农村环境整治环卫设备购置等项目3个，资金1 880万元，占比为17.4%；五是体育类：安排乡镇灯光篮球场建设、体育中心改造提升等项目2个，资金1 180万元，占比为11.0%。

（三）分地区看

项目安排覆盖8个市（州）和23个县（区），其中：西宁市、海东市人口集中地区安排5 810万元，占53.80%；黄南州、果洛州、玉树州涉藏市县安排1 820万元，占16.85%；其他3个州安排3 170万元，占比29.35%。

三、执行情况

从执行情况看，上述资金已全部拨付至资金使用单位，预算执行率100%。根据项目施工进度已累计支付5 966.66万元，资金支付率55.2%。由于受疫情影响，部分项目开工较晚，且建设周期2年以上，剩余4 833.34万元将根据施工进度陆续计划内支付。

四、实施效果

随着中央专项彩票公益金支持青海省社会公益事业建设资金投入和项目实施，有效弥补了地方公共财政对社会福利事业和公益事业资金投入上的不足，进一步夯实了社会公益事业发展基础，提升了全省特别是县（区）级社会公益事业基础设施建设水平，为加快推进全省社会公益事业发展奠定了坚实基础。一是项目安排符合地区实际。项目安排由各级政府慎重研究，科学决策，充分结合地区社会公益事业发展实际，重点向薄弱环节和领域倾斜，体现了“补短板”的资金分配导向。二是资金使用严格、规范。强化事前项目申报和绩效目标审核，资金严格按照规定的使用范围分配使用，未安排与社会公益事业无关的支出，有效保障了资金合理使用。三是有效弥补欠账。青海省地方财力有限，社会公益事业发展历史欠账较多，市县财政“三保”、债务还本付息等刚性支出压力较大，财政收支形势和矛盾较为突出，中央专项彩票公益金有效改善了地方财力困境，弥补了地方社会公益事业投入不足，为进一步促进各地社会公益事业协调发展提供了坚实保障。

（青海省财政厅供稿）

2022年中央专项彩票公益金支持宁夏回族自治区社会公益事业发展项目实施情况

一、项目筛选和资金分配情况

2022年，财政部下达宁夏回族自治区中央专项彩票公益金1 800万元，支持全区社会公益事业建设。

根据“坚持国家彩票公益属性和社会责任，突出重点，用于社会公益事业发展薄弱环节和领域，着力解决民生突出问题”的基本要求，宁夏回族自治区密切关注盐池县等9个革命老区2022年民生重点，组织县（区）按照“补短板、惠民生”的工作思路，做好项目遴选、申报等工作。经各级部门共同努力，2022年共审核确定中央专项彩票公益金支持地方社会公益事业发展项目3个，共计安排项目资金1 800万元。其中：安排中央专项彩票公益金606万元，支持红寺堡区弘德全民健身活动中心建设项目；安排中央专项彩票公益金600万元，支持彭阳县新集全民健身中心建设项目；安排中央专项彩票公益金594万元，支持海原县树台乡养老院建设项目。

二、项目资金执行情况

（一）项目资金到位情况

2022年中央专项彩票公益金1 800万元下达后，各级财政部门第一时间做好资金分配、下达工作，在规定时间内将资金全部下达相关市县、项目实施单位，资金到位率100%。

（二）项目资金执行情况

2022年受新冠疫情影响，实际项目执行期较短，项目执行进度较低。截至目前，实际完成支出893.58万元，预算执行率为50%。一是安排红寺堡区弘德全民健身活动中心建设项目606万元，完成支出142.1万元，预算执行率23%。二是安排彭阳县新集全民健身中心建设项目600万元，完成支出317.38万元，预算执行率为53%。三是安排海原县树台乡养老院建设项目594万元，完成支出434.1万元，预算执行率为73%。

三、产生的社会效益

（一）助力革命老区社会发展

2022年中央专项彩票公益金支持建设的3个项目，有力改善了乡村基础设施建设，解决了与人民群众生活密切相关的问题，提升了乡村的经济辐射带动功能。同时，项目建设也为吸纳当地群众务工就业，促进当地劳动力发展，拉动当地经济社会发展起到一定作用。

（二）支持全民健身运动开展

一是项目建设有效改善了当地体育设施供给，项目辐射周边8个行政村，惠及30多家企业，可为2万余人提供体育服务，有效满足了当地人民群众日益增长的体育需求。二是项目建设较好补齐乡村体育“短板”弱项，红寺堡区弘德全民健身活动中心建设项目、彭阳县新集全民健身中心建设项目建设选址均为乡村，项目建设有利于推动全民健身设施向基层倾斜，更好地推动乡村体育事业发展。三是项目的实施有利于构建全民健身公共服务体系，鼓励和支持当地人民群众参加健身活动，促进全民健身与全民健康深度融合。

（三）保障老有所养、老有所依

项目建设紧扣民生需求，按照“兜底养老”的工作思路，在对辖区及周边乡镇养老设施建设、老龄化人口现状、老年人养老意愿进行充分了解基础上，有效提供养老设施供给，补齐当地养老服务“短板”，为实现老有所养、老有所依提供保障。项目完成后将有效保障树台乡及周边乡镇特困供养人员及老年人失智失能全天候照料，实现政府兜底照料，减轻家庭照料的负担。

宁夏回族自治区将继续加大对县（区）工作的督促、指导、监督力度，实时跟进了解项目实施进度及预算执行情况，及时通报项目进展、资金使用及结存情况，加强预算绩效目标管理，确保项目尽早竣工验收投入使用，确保中央专项彩票公益金使用安全，资金效益有效发挥。

（宁夏回族自治区财政厅供稿）

2022年中央专项彩票公益金支持新疆维吾尔自治区社会公益事业发展项目实施情况

一、资金规模

2022年，财政部下达新疆维吾尔自治区2022年中央专项彩票公益金32 000万元，用于支持新疆维吾尔自治区社会公益事业发展。

二、项目使用情况

2022年，新疆维吾尔自治区中央专项彩票公益金共资助社会公益项目121个，其中自治区本级项目14个、6 604万元，地州市项目107个、25 396万元。具体是：安排社会福利事业发展项目82个、11 711万元，安排体育事业发展项目14个、10 054万元，安排文化润疆事业发展项目7个、3 210万元，安排烈士褒扬类项目3个、1 940万元，安排残疾人事业项目6个、2 275万元，安排城乡医疗救助项目7个、1 550万元，安排巩固脱贫衔接乡村振兴项目1个、800万元，安排支持红十字事业项目1个、460万元。

三、实施效果

新疆维吾尔自治区坚持国家彩票公益属性和社会责任，按照彩票公益金使用方向，紧扣民生需求，突出支持重点，支持新疆维吾尔自治区社会福利、体育、文化、乡村振兴等社会公益事业发展，取得了较好的社会效果。

（一）有力保障社会福利事业发展

2022年，安排中央专项彩票公益金11 711万元用于支持全疆82个民政福利项目建设，目前已完工15个。依据福利彩票“扶老、助残、救孤、济困”的发行宗旨，按照科学、合理、公平、公正的原则，统筹考虑深度贫困地区、各地（州、市）区域民政事业发展规划，以及民政服务人口数量、建设项目规模等因素，确定项目补助范围和标准，重点用于为老年人、残疾人、孤儿等特殊困难群体服务的社会福利设施建设项目。这些项目的实施，提高了机构管理服务水平，解决了一批空巢老人和独居老人的社会养老问题，保障了老弱残幼的生活，为建立老有所养、孤有所依的社会养老服务体系奠定了基础。

（二）因地制宜支持体育事业发展

2022年，安排中央专项彩票公益金10 054万元用于发展体育事业，加快体育强国建设。其中，投入5 600万元，用于支持乌鲁木齐市、阿克苏地区温宿县、阿勒泰地区布尔津县、哈密市等地7个体育公园建设项目；投入1 200万元，用于伊犁州伊宁县和巴音郭楞蒙古自治州库尔勒市2个标准田径跑道和足球场建设项目；支持巴音郭楞蒙古自治州、阿克苏地区、喀什地区、博尔塔拉蒙古自治州四地购置4 828套全面健身设施器材和冰雪运动器材。同时，因地制宜，支持乌鲁木齐市三屯碑体育训练基地修缮改造，提升新疆维吾尔自治区优秀专业队科学训练水平。以上项目的实施，预计新增体育场地面积15万平方米，增加了群众身边可及的文化体育资源供给，有利于构建更高水平的全民健身公共服务体系。

（三）以带动就业增收为抓手，推动乡村振兴和文化润疆工程深度融合发展

新疆维吾尔自治区以带动就业增收为抓手，以原建档立卡贫困妇女为帮扶对象，通过资助“文化润疆进家庭”农村妇女素质提升专项——

“靓发屋”项目，助力妇女创业就业增收，巩固和拓展脱贫攻坚成果，推动乡村振兴高质量发展。2022年，安排彩票公益金800万元继续支持“靓发屋”项目。该项目自实施以来，已在南疆四地州建成3 535家“靓发屋”，有效带动超过4 756名生活困难妇女就业，平均每人每月增收2 000元。“靓发屋”的建成和投入使用，使少数民族生活困难妇女增加了收入，提升了职业技能水平，更新了思想观念，推动了乡村振兴和文化润疆工程深度融合发展。

（四）开展“爱国电影进校园”，加强青少年爱国主义教育

加强爱国主义教育，增强青少年国家认同，是学校思想政治教育的重要任务。2022年，扩大电影放映范围，由2021年的南疆四地州2 310所农村中小学扩大至包括全疆十四个地州市在内的4 717所中小学。该项目将爱国主义电影作为思想政治课堂的重要内容，充分发挥红色革命文化和主旋律题材电影的教育引导作用，让孩子们通过影片故事学习祖国历史，增强爱国主义情感，使青少年在健康成长的同时，把“五个认同”的种子埋入每个孩子的心灵深处。

（五）加强革命纪念设施建设和修缮保护，传承红色基因

烈士陵园是烈士纪念设施重要组成部分，是为褒扬英雄烈士而修建的永久性纪念设施。2022年，自治区按照急需、必要的原则，优先支持国家级烈士陵园和具有特殊意义的烈士墓园，安排1 940万元资助3个重点项目，用于哈密市、塔城地区烈士陵园修缮和“时代楷模”、全国见义勇为模范拉齐尼·巴依卡烈士墓园建设。该批项目实施后，在社会各界引起高度关注和一致好评，成为中华英烈网、新疆英烈网等网上祭扫平台的重点烈士陵园墓园。据初步统计，该批烈士陵园在“网上祭英烈”活动中，网上祭扫量达到62.1万人次，提升了烈士陵园“褒扬烈士、教育群众”的爱国主义教育功能，为推动全社会形成崇尚英烈、缅怀英烈、学习英烈的良好风尚奠定了坚实基础。

（新疆维吾尔自治区财政厅供稿）

2022年中央专项彩票公益金支持新疆生产建设兵团社会公益事业发展项目实施情况

一、资金使用规模及资助项目

2022年，财政部下达新疆生产建设兵团中央专项彩票公益金支持地方社会公益事业发展资金7 200万元，按照《中央专项彩票公益金支持地方社会公益事业发展资金管理办法》（财综〔2022〕43号）规定，结合兵团社会公益事业发展实际，资金安排用于老年人福利、儿童福利、殡葬服务、文化事业等4个方面。其中：师市使用1 590.26万元，占总额的22.09%，资助项目为2022年民办非营利性养老服务机构项目430.26万元、实施无人抚养儿童助学资金项目50万元、团场公益性墓地建设项目900万元、团场学校少年宫项目210万元；兵团本级使用5 609.74万元，占总额的77.91%，资助项目为兵团本级养老服务机构建设项目5 590万元、民办非营利性养老服务机构运营补贴项目19.74万元。

二、项目实施情况及实际效果

（一）兵团本级养老服务机构建设项目5 590万元

兵团本级目前没有一家公立养老服务机构。为解决这一问题，兵团财政在自行安排资金的同时，充分用好中央专项彩票公益金，在乌鲁木齐市新建建筑面积约21 250平方米、设计床位约500张的公立养老服务机构，有效解决兵团驻乌人员养老问题。

（二）民办非营利性养老服务机构运营补贴项目450万元

2020—2022年，三年疫情期间兵团114家民办非营利性养老服务机构运行非常困难，为此，兵团充分利用中央给予的中央专项彩票公益金，在2022年为兵团114个民办非营利性养老服务机构7 335张床位发放运营补贴，保障了疫情期间兵团114家民办非营利性养老服务机构正常运行。

（三）事实无人抚养儿童助学资金项目50万元

为确保兵团孤儿顺利完成学业，根据民政部的《福彩圆梦 孤儿助学工程项目实施暂行办法》规定，2022年对师市44名符合条件的在校孤儿进行资助，努力让每个孩子都能享有公平而有质量的教育，为其成为一名自立自强的社会劳动者创造条件。这充分体现了党对事实无人抚养儿童的特殊关爱，有效促进了兵团儿童福利事业的发展。

（四）团场公益性墓地建设项目900万元

为切实提高兵团殡葬领域治理水平，加快补齐殡葬服务设施“短板”，根据《兵团“十四五”民政事业发展规划》，2022年对5个团场公益性墓地进行改造，每个团场公益性墓地补助180万元。通过团场公益性墓地建设，改善了团场殡葬设施建设，为治理团场墓葬混乱无序的现状、规范团场公墓的管理创造了条件，提升了当地殡葬服务能力。

（五）团场学校少年宫项目210万元

为丰富兵团团场学生文体娱乐活动，培育学生社会主义核心价值观，2022年共补助14所团场学校少年宫修缮及器材购置。团场学校少年宫的建设和运行，解决了团场学生课后没地方去、没场所玩、没家长管的现实难题，丰富了团场学生们的精神文化生活，使团场学生们在活动中开阔视野，增长见识，培养动手能力、审美能力，成为各族学生从小玩在一起、学在一起、成长在一起的重要平台，有效提升学生综合素质，取得了学校支持、孩子受益、家长满意、社会赞誉的良好效果。

（新疆生产建设兵团财政局供稿）

六、附　　录

主要彩票游戏类型简介

传统型彩票（Draw Games）：又称“被动型彩票”，是指由彩票发行者事先在彩票上印好号码，通常是5至7位数字，并将固定编组、中奖规则、奖金等级和中奖金额或实物公布，彩票销售一段时间后集中公开摇奖，购买者所购彩票的号码与开奖号码比对，以确定是否中奖和中奖奖级的彩票游戏。传统型彩票有着悠久的历史，遍布全球，我国福利彩票早期主要是此类彩票。由于购买传统型彩票需要等待开奖时间，因此随着即开型彩票的出现，购买者更青睐即买即刮即兑的即开型彩票，对传统型彩票的兴趣逐渐减少。

乐透型彩票（Lotto Games）：是指由购买者从M个号码中选取N个号码（M>N）的组合为一注彩票进行投注，并与彩票发行者在投注活动结束后某一时点从M个号码中随机抽取的N个开奖号码的组合比对，以确定是否中奖和中奖奖级的彩票游戏。如福利彩票双色球、体育彩票超级大乐透等属于此类彩票游戏。

数字型彩票（Number Games）：是指购买者从由0至9个号码构成的N组数列中选取其中一组排列号码为一注彩票进行投注，并与彩票发行者在投注活动结束后某一时点从相同数列集合中随机抽取的某一组开奖排列号码比对，以确定是否中奖和中奖奖级的彩票游戏。如福利彩票3D、体育彩票排列3等属于此类彩票游戏。

即开型彩票（Instant Games）：是指彩票发行者在某一固定奖组的彩票中，将中奖符号印制在彩票介质上加以遮盖，并事先公告中奖符号，购买者从同一奖组的彩票中选购后可即时刮开遮盖物以确定是否中奖和兑奖的彩票游戏。如福利彩票刮刮乐、体育彩票顶呱刮属于此类彩票游戏。

竞猜型彩票（Toto）：是指以某种竞赛结果确定投注中奖结果的彩票游戏。相对于其他纯粹的幸运型游戏而言，竞猜型彩票具有更多的个人智慧因素。如体育彩票足球彩票、篮球彩票属于此类彩票游戏。

基诺型彩票（Keno Games）：是指由购买者从M个数字中任选1到N个数字作为投注号码，从M个数字中摇出L（M＞L＞N）个数字作为开奖号码，将投注号码和开奖号码进行比对，以确定是否中奖和中奖奖级的彩票游戏。如福利彩票快乐8游戏属于此类彩票游戏。

（财政部综合司供稿）

2022年世界彩票销售情况

2022年，全球彩票总销量达到3 483.3亿美元（不包括视频彩票VLT销量）。其中，欧洲彩票销量为1 163.1亿美元，北美洲彩票销量为1 107.1亿美元，亚洲和中东地区彩票销量为1 060.4亿美元，澳大利亚和新西兰地区彩票销量为69.5亿美元，中美洲、南美洲和加勒比海地区彩票销量为71.8亿美元，非洲彩票销量为11.5亿美元。

在各类型彩票销量（不包含视频彩票VLT销量）统计中，即开型彩票销量为1 137.2亿美元，是2022年销量最高的彩票类型，占总销量的32.6%；乐透型彩票销量为953.7亿美元，占总销量的27.4%；体育竞猜型彩票销量为510.7亿美元，占总销量的14.7%；数字型彩票销量为258.9亿美元，占总销量的7.4%；传统抽奖型彩票销量为194.4亿美元，占总销量的5.6%；基诺型彩票销量为119.7亿美元，占总销量的3.4%；其他类型彩票（不包含视频彩票VLT）的销量为308.8亿美元，占总销量的8.9%。

2022年，全球视频彩票（VLT）共销售144.4亿美元，其中北美洲视频彩票销量为93.4亿美元，所占份额最大，达到64.6%；其次是欧洲，视频彩票销量为40.4亿美元，所占份额为28.0%；亚洲视频彩票销量为10.7亿美元，所占份额为7.4%。

附表 1

2022 年世界彩票销售[1,2]

单位：百万美元

	乐透 / 乐透附加[3]	数字型[4]	基诺[5]	其他[6]	体育竞猜[7]	抽签式	即开型 / 撕开式	总销量
非洲	628.7	13.1	22.4	60.1	255.8	9.2	158.2	1 147.4
澳大利亚、新西兰	6 104.0	10.6	123.8	95.7		125.1	495.2	6 954.5
亚洲、中东	24 464.6	10 138.9	4 789.8	8 957.3	36 706.2	9 332.8	11 648.2	106 037.7
欧洲	38 200.9	2 061.9	1 530.4	17 990.6	13 062.3	8 946.5	34 516.3	116 308.9
中南美洲、加勒比海	5 475.4	910.5	105.5	16.9	204.6	384.1	81.7	7 178.7
北美洲	20 501.1	12 750.1	5 398.0	3 758.7	827.2	654.9	66 824.5	110 705.5
全球总计	**95 374.7**	**25 885.1**	**11 969.8**	**30 879.3**	**51 056.1**	**19 443.6**	**113 724.2**	**348 332.8**
占比	27.4%	7.4%	3.4%	8.9%	14.7%	5.6%	32.6%	100.0%

注：

1.除非有特殊标注的“财政年度”，所有彩票销售都表示为公历年度。如果2022年度彩票销售数据在截稿前未能获得，编辑人员将采用上一年度提供的数据。栏中标注的“年度”表示销售数据公布的年度。表格列中的“年”表示彩票的销售年度，“PC”表示人均量。

2.根据世界各国2022年预计人口数据。美国人口数据为美国人口统计局2022年12月31日所预测的人口数据。2020年加拿大人口数据由加拿大统计局提供。2022年澳大利亚人口数据由澳大利亚统计局提供。其他国家的人口数据是该国2021年的预计人口数（来源：美国人口普查局国际数据库）。

3.乐透游戏的销售数据包括各种乐透彩票的销售额以及乐透附加的销售额。

4.此栏数字销售为非乐透玩法，如日开和周开型的2D、3D和4D。

5.基诺彩票销售包括定期基诺抽奖和快速基诺抽奖。

6.此栏为混合栏，彩票种类包括宾果和一款类似于超级6的niche游戏。此外，博彩机构未提供销售明细，因此其总销售额列入“其它”类。

7.体育竞猜销售额包括赔率竞猜彩票和固定赔率投注彩票的销售。

8.视频彩票终端（VLT）的收益未计入彩票组织的总销售额，销售额中不包含电子彩票的净收益。

附表 2

2022 年非洲彩票销售

单位：百万美元

彩票机构	国家	年份[1]	人口[2]（百万）	乐透 / 乐透附加[3]	数字型[4]	基诺[5]	其他[6]	体育竞猜[7]	抽签式	即开型 / 撕开式	总销量	人均销量（美元）	汇率[8]
阿尔及利亚体彩	阿尔及利亚	2003	32.5	5.0			0.1		0.5	6.9	12.5	0	0.01400
贝宁国家彩票	贝宁	2000	6.6				3.4	3.7		5.1	12.2	2	0.00141
布基纳法索国家彩票	布基纳法索	2016	17.9	0.7				170.7		5.6	177.1	10	0.00161
布隆迪国家彩票	布隆迪	2010	9.9							0.6	0.6	0	0.00080
COGELO	刚果	1995	2.5				17.7				17.7	7	0.00202
科特迪瓦国家彩票	科特迪瓦	2003	17.0							67.2	67.2	4	0.00189
埃塞国家彩票	埃塞俄比亚	2012	96.8	0.4					8.6	18.5	27.5	0	0.05432
冈比亚国家彩票	冈比亚	1997	1.2				0.8			0.4	1.2	1	0.09552
加纳国家彩票	加纳	2014	26.4	98.2			0.5				98.7	4	0.31086
肯尼亚慈善彩票	肯尼亚	1996	27.8						0.0	8.6	8.6	0	0.01852
Societe d' Explotiation	马达加斯加	1996	14.1	0.8						0.7	1.6	0	0.00025
LONAMA	马里	1999	10.8					0.1		0.0	0.2	0	0.00156
Lottotech Ltd.	毛里求斯	2022	1.3	61.3				0.1			61.5	48	0.02103
摩洛哥游戏和体育公司	摩洛哥	2006	33.2					27.0		13.3	40.3	1	0.11891
摩洛哥国家彩票	摩洛哥	2017	35.3	16.3	11.4	22.3	3.7			21.7	75.4	2	0.10650
Empresa de Lotarias	莫桑比克	2001	19.4		1.1			1.0			2.1	0	0.00004

续表

彩票机构	国家	年份[1]	人口[2]（百万）	乐透/乐透附加[3]	数字型[4]	基诺[5]	其他[6]	体育竞猜[7]	抽签式	即开型/撕开式	总销量	人均销量（美元）	汇率[8]
尼日尔国家彩票	尼日尔	2003	10.4					28.7		1.1	29.8	3	0.00185
塞内加尔国家彩票	塞内加尔	2000	10.3				32.8	0.8	0.1	1.9	35.6	3	0.00141
南非国家彩票	南非	2019	58.6	439.1	0.5	0.1	1.0	17.3		6.1	464.1	8	0.07112
多哥国家彩票	多哥	1999	5.3	6.8			0.1	6.3		0.5	13.7	3	0.00156
津巴布韦国家彩票	津巴布韦	2010	11.7				0.0			0.1	0.1	0	0.00268
总计				**628.7**	**13.1**	**22.4**	**60.1**	**255.8**	**9.2**	**158.2**	**$1 147.4**		
占比				54.8%	1.1%	2.0%	5.2%	22.3%	0.8%	13.8%	100.0%		

附表 3　　2022 年澳大利亚、新西兰彩票销售

单位：百万美元

彩票机构	国家/地区	年份[1]	人口[2]（百万）	乐透/乐透附加[3]	数字型[4]	基诺型[5]	其他[6]	体育竞猜[7]	抽签式	即开型/撕开式	总销量	人均销量（美元）	汇率[8]
金匣子彩票公司（Golden Casket）	澳大利亚	2022	5.3	1 096.8					19.8	145.9	1 262.5	237	0.67907
西澳彩票公司	澳大利亚	2022	2.8	690.2	10.6		53.4			96.8	851.1	306	0.67907
新南威尔士州彩票公司	澳大利亚	2022	8.2	1 584.9					85.7	91.0	1 761.7	216	0.67907
南澳大利亚州彩票委员会	澳大利亚	2022	1.8	339.8		93.4			5.4	24.2	462.8	254	0.67907
塔茨集团（Tattersall's）	澳大利亚	2022	7.9	1 624.1					14.2	56.1	1 694.3	215	0.67907
新西兰乐透公司	新西兰	2022	4.9	768.2		30.4	42.3			81.2	922.1	190	0.63370
总计			**30.8**	**6 104.0**	**10.6**	**123.8**	**95.7**		**125.1**	**495.2**	**$6 954.5**	**226**	
占比				87.8%	0.2%	1.8%	1.4%		1.8%	7.1%	100.0%		

附表 4　　2022 年亚洲、中东彩票销售

单位：百万美元

彩票机构	国家/地区	年份[1]	人口[2]（百万）	乐透/乐透附加[3]	数字型[4]	基诺[5]	其他[6]	体育竞猜[7]	抽签式	即开型/撕开式	总销量	人均销量（美元）	汇率[8]
中国福利彩票[9]	中国大陆	2022	1 444.2	8 253.5	4 585.2	4 166.9				4 381.5	21 387.1	15	0.14438
中国体育彩票	中国大陆	2022	1 444.2	6 343.2	3 257.2			26 122.2		4 201.5	39 924.1	28	0.14438
香港赛马会	中国香港	2021	7.6	347.8							347.8	46	0.12882
财富彩票公司	印度	2003	1 049.7	1 369.4							1 369.4	1	0.02191
马汀彩票机构	印度	2003	1 049.7	2.3					759.7		762.1	1	0.02191
瑞穗银行	日本	2022	126.1	2 344.8	621.9		201.4		2 711.0	364.3	6 243.4	50	0.00758
日本体育委员会	日本	2021	126.1					974.7			974.7	8	0.00869
DongHang Lottery	韩国	2022	51.3	4 302.9			91.6		231.5	448.6	5 079.1	99	0.00079
体育透透公司	韩国	2022	51.3					4 589.1			4 589.1	89	0.00079

续表

彩票机构	国家/地区	年份[1]	人口[2]（百万）	乐透/乐透附加[3]	数字型[4]	基诺[5]	其他[6]	体育竞猜[7]	抽签式	即开型/撕开式	总销量	人均销量（美元）	汇率[8]
体育推广基金会	韩国	2014	49.8					2 986.0			2 986.0	60	0.00091
黎巴嫩游戏公司	黎巴嫩	2021	6.8				126.5			0.0	126.5	19	0.00066
万能集团	马来西亚	2015	30.1		627.3						627.3	21	0.23234
泛马来西亚体彩公司	马来西亚	2020	32.4		396.0			74.3			470.3	15	0.24750
马来西亚体育透透公司	马来西亚	2022	32.4				738.8				738.8	23	0.22672
慈善彩票办公室	菲律宾	2019	108.1	210.9	570.7	34.5			0.2	15.3	831.6	8	0.01968
新加坡博彩有限公司（Singapore Pools）	新加坡	2022财年	5.8				7 460.4				7 460.4	1 288	0.73865
国家彩票管理局	斯里兰卡	2021	21.6						83.5	1.2	84.7	4	0.00490
台湾彩券股份有限公司	中国台湾	2022	23.9	1 185.2	71.0	505.3	334.3			2 235.8	4 331.5	182	0.03255
台湾体彩	中国台湾	2022	23.9					1 959.9			1 959.9	82	0.03255
政府彩票办公室	泰国	2022	70.0						5 546.9		5 546.9	79	0.02899
Vietlott	越南	2020	97.3	104.5	9.5	83.2					197.2	2	0.00004
总计				**24 464.6**	**10 138.9**	**4 789.8**	**8 957.3**	**36 706.2**	**9 332.8**	**11 648.2**	**$106 037.7**		
占比				23.1%	9.6%	4.5%	8.4%	34.6%	8.8%	11.0%	100.0%		

附表 5　2022 年欧洲彩票销售

单位：百万美元

彩票机构	国家/地区	年份[1]	人口[2]（百万）	乐透/乐透附加[3]	数字型[4]	基诺[5]	其他[6]	体育竞猜[7]	抽签式	即开型/撕开式	总销量	人均销量（美元）	汇率[8]
奥地利彩票公司[9]	奥地利	2022	9.0	644.9	4.1	0.0	199.3	2.1	13.9	78.0	942.2	104	1.06749
比利时国家彩票	比利时	2022	11.6	1 098.3	6.7	11.7	−8.8			480.2	1 588.1	137	1.06749
保加利亚国家彩票	保加利亚	2022	7.0					185.5			185.5	26	0.54580
Hrvatska Lutrija	克罗地亚	2022	4.1	82.3		9.5	37.8	90.4		20.7	240.7	59	0.14149
塞浦路斯政府彩票	塞浦路斯	2019	1.2						4.8	46.4	51.2	43	1.91340
Sazka 公司	捷克共和国	2021	10.7		253.3		105.3	14.6		88.7	461.9	43	1.13240
Danske Spil	丹麦	2021	5.8	432.7			282.5				715.3	124	0.15527
D.K.Klasselotteri	丹麦	2021财年	5.8						106.4		106.4	18	0.15227
爱沙尼亚乐透（Eesti Loto）	爱沙尼亚	2021	1.3	75.2		9.5				13.0	97.7	74	1.13240
芬兰国家彩票（博彩总收入）	芬兰	2021	5.5	434.4		212.5	204.3	168.7		63.8	1 083.8	196	1.13240
法国国家游戏集团	法国	2022	65.4				6 756.8	4 667.9		10 557.2	21 981.9	336	1.06749
GKL（NKL & SKL）	德国	2021	83.9						355.2		355.2	4	1.13240
巴登符腾堡州	德国	2022	10.8	791.6	214.2	18.0		7.4	18.7	92.9	1 142.8	106	1.06749
巴伐利亚州乐透公司	德国	2021	12.5	1 056.3		32.6	70.2	8.6	60.8	154.3	1 382.9	110	1.13240

续表

彩票机构	国家/地区	年份[1]	人口[2]（百万）	乐透/乐透附加[3]	数字型[4]	基诺[5]	其他[6]	体育竞猜[7]	抽签式	即开型/撕开式	总销量	人均销量（美元）	汇率[8]
柏林乐透公司	德国	2021	3.5	282.9		8.0	14.8	2.0	10.2	12.9	330.9	94	1.13240
不来梅透透公司	德国	2021	0.7	50.7		0.8	5.7	0.5	2.0	3.9	63.6	96	1.13240
基尔西北乐透公司	德国	2021	2.8	267.0		4.6	40.3	1.5	10.2	23.5	347.1	122	1.13240
黑森州乐透公司	德国	2021	6.1	610.1		20.2	44.5	25.5	24.1	104.6	829.0	136	1.13240
下萨克森乐透公司	德国	2020	7.9	685.6		12.0	99.5	21.7	38.6	27.9	885.3	112	1.22842
梅克伦堡乐透	德国	2020	1.6	143.7				3.7		5.5	152.9	93	1.22842
西德意志乐透公司	德国	2021	17.8	1 594.5		31.7	107.1	12.6	44.0	136.5	1 926.3	108	1.13240
莱因兰普法尔茨州乐透公司	德国	2021	4.0	363.8		8.9	23.8	19.9	19.1	28.5	463.9	116	1.13240
萨尔州乐透公司	德国	2022	1.0	110.6		2.9	8.4	0.7	4.8	8.9	136.4	135	1.06749
汉堡乐透公司	德国	2010	1.8	155.8		2.9	20.5	5.3	4.3	2.1	191.0	106	1.32520
萨克森－安哈特乐透公司	德国	2021	2.3	182.7		0.5	17.2	0.6	10.0	18.6	229.6	99	1.13240
萨克森乐透	德国	2021	4.1	298.0		7.6	24.8	1.1		39.9	371.4	90	1.13240
勃兰登堡乐透公司	德国	2021	2.5	217.4			11.9			12.2	241.5	97	1.13240
图林根州乐透公司	德国	2020	2.2	183.6		4.2	16.9	0.5	4.1	4.2	213.5	96	1.22824
直布罗陀政府彩票	直布罗陀	2015财年	0.03						7.9		7.9	272	1.48330
足球预测公司（OPAP）（博彩总收入）	希腊	2021	10.4	621.9			479.2	320.5			1 421.6	137	1.13240
希腊国家彩票公司（博彩总收入）	希腊	2021	10.4							100.6	100.6	10	1.13240
匈牙利国家彩票公司	匈牙利	2022	9.6	332.1	124.5	17.4	6.0	1 258.8		459.0	2 198.0	228	0.00267
冰岛彩票大学[9]	冰岛	2022	0.3						18.4	1.0	19.4	57	0.00703
Islensk getspa	冰岛	2022	0.3	51.7				14.3			66.0	194	0.00703
爱尔兰国家彩票	爱尔兰	2021	5.0	802.2						391.0	1 193.2	240	1.13240
体育竞猜委员会	以色列	2017	8.5					788.1			788.1	92	0.26009
Mifa Hapayis	以色列	2022	8.8	591.9	1 259.4	52.9	127.0			774.0	2 805.3	319	0.28350
西萨公司(SISAL S.p.A.[9])	意大利	2022	60.5	2 313.6			5 389.4	2 778.5		47.0	10 528.5	174	1.06749
IGT 彩票	意大利	2022	60.4	8 154.1					32.1	11 717.6	19 903.9	330	1.06749
哈萨克斯坦国家彩票	哈萨克斯坦	2022	18.8	5.4		0.9	55.1			11.6	72.9	4	0.00216
拉脱维亚乐透	拉脱维亚	2021	1.9				73.9				73.9	40	1.13240
UAB OLIFEJA	立陶宛	2022	2.7	62.2		3.9				40.1	106.2	39	1.06749
卢森堡国家彩票	卢森堡	2011	0.5	73.4		28.7				22.0	124.1	244	1.32515
Lotarija Makedonija[9]	北马其顿	2008	2.6					9.6			9.6	4	0.02343
Maltco（博彩总收入）	马耳他	2020	0.4	25.9		5.9	0.0	5.5		0.5	37.8	86	1.22824
摩尔多瓦彩票公司[9]	摩尔多瓦	2015	3.4	0.3				0.1			0.4	0	0.05004
Nederlandse Loterij（博彩总收入）	荷兰	2021	16.8	238.0				73.2	296.1		607.4	36	1.13240
Norsk Tipping	挪威	2021	5.5	1 126.8			2 311.8	487.4		104.3	4 030.3	738	0.10135

续表

彩票机构	国家/地区	年份[1]	人口[2]（百万）	乐透/乐透附加[3]	数字型[4]	基诺[5]	其他[6]	体育竞猜[7]	抽签式	即开型/撕开式	总销量	人均销量（美元）	汇率[8]
Totalizator Sportowy	波兰	2022	37.8	734.9		846.6			9.9	554.5	2 145.9	57	0.22787
里斯本慈善会（SCML）	葡萄牙	2021	10.2	818.9			94.2	575.4	79.5	1 715.8	3 283.8	323	1.13240
罗马尼亚彩票	罗马尼亚	2022	19.2					0.4	112.3	33.0	145.7	8	0.22158
JSC TC Center	俄罗斯	2021	145.9	201.4	190.7	13.3	369.6			41.5	816.6	6	0.01342
塞尔维亚国家彩票	塞尔维亚	2017	7.1	41.3			8.6			12.1	62.0	9	0.01009
Tipos AS	斯洛伐克	2020	5.5	219.9			518.1			98.7	836.8	153	1.22824
体育彩票公司	斯洛文尼亚	2022	2.1		2.6		9.0	102.6		1.2	115.4	55	1.06749
西班牙国家彩票（SELAE）	西班牙	2022	46.8	3 880.1			177.6	161.5	6 121.2		10 340.4	221	1.06749
加泰罗尼亚彩票	西班牙	2022	7.6	11.9	1.7	3.4	4.7		35.2	8.2	65.1	9	1.06749
全国盲人组织（ONCE）	西班牙	2022	46.8	357.2					1 344.3	888.6	2 590.1	55	1.06749
Svenska Spel[9]（博彩总收入）	瑞典	2021	10.2	365.3			73.4	187.0		177.8	803.5	79	0.11051
SwissLos 公司	瑞士	2022	6.1	826.1		73.6	84.5	870.5		450.4	2 305.1	378	1.08271
罗曼德彩票[10]	瑞士	2022	2.1	308.1	4.7	85.5	122.8	186.0		408.3	1 115.4	531	1.08271
土耳其国家彩票机构	土耳其	2018	76.7	429.8					158.1	54.3	642.2	8	0.18907
乌克兰 M.S.L. 公司	乌克兰	2019	44.0	6.6	0.0		2.8	2.0		3.7	15.2	0	0.04188
英国国家彩票	英国	2022	68.2	5 837.6						4 374.8	10 212.7	150	1.20582
总计				**38 200.9**	**2 061.9**	**1 530.4**	**17 990.6**	**13 062.3**	**8 946.5**	**34 516.3**	**$116 308.9**		
占比				32.8%	1.8%	1.3%	15.5%	11.2%	7.7%	29.7%	100.0%		

附表 6　2022 年中美洲、南美洲和加勒比海地区彩票销售

单位：百万美元

彩票机构	国家/地区	年份[1]	人口[2]（百万）	乐透/乐透附加[3]	数字型[4]	基诺[5]	其他[6]	体育竞猜[7]	抽签式	即开型/撕开式	总销量	人均销量（美元）	汇率[8]
阿根廷国家彩票	阿根廷	2016	42.2	115.0	289.1				4.9	2.1	411.0	10	0.06289
联邦储蓄银行	巴西	2022	214.0	4 314.9				15.4	63.5		4 393.7	21	0.18909
Polla Chilena	智利	2019	19.0	192.4			0.6	26.6	1.9	7.3	228.9	12	0.00134
Loter í a Concepcion	智利	2008	17.9	7.3		67.5			6.7	8.6	90.0	5	0.00159
Junta de Proteccion	哥斯达黎加	2017	4.9	30.0	108.3				307.2	7.8	453.3	93	0.00174
国家彩票	萨尔瓦多	2015	6.4	39.0						3.0	42.0	7	1.00000
Supreme Ventures	牙买加	2009	2.8	27.6	242.9	3.6	16.1			1.5	291.7	103	0.01120
巴拿马国家彩票	巴拿马	2015	4.0	638.0						5.0	643.0	161	1.00000
因特拉洛秘鲁	秘鲁	2012	29.5	38.0	0.8	1.8	0.1	41.6		7.2	89.5	3	0.39139
CBN 圣卢西亚公司	圣卢西亚	2022	0.2	2.3	14.1					1.3	17.7	96	0.37037
国家彩票	特立尼达	2010	1.2	37.8	191.3	3.4				17.0	249.5	203	0.15479
Banco de Qumielas	乌拉圭	2022	1.3	33.2	64.1	29.1		121.0		21.0	268.5	204	0.02475
总计				**5 475.4**	**910.5**	**105.5**	**16.9**	**204.6**	**384.1**	**81.7**	**$7 178.7**		
占比				76.3%	12.7%	1.5%	0.2%	2.9%	5.4%	1.1%	100%		

附表 7

2022 年北美洲彩票销售

单位：百万美元

彩票机构	国家/地区	年份[1]	人口[2]（百万）	乐透/乐透附加[3]	数字型[4]	基诺[5]	其他[6]	体育竞猜[7]	抽签式	即开型/撕开式	总销量	人均销量（美元）	汇率[8]
大西洋彩票公司[9]	加拿大	2022	2.5	242.1	0.5	7.6	74.0	47.1		237.1	608.3	241	0.73822
不列颠哥伦比亚省彩票公司	加拿大	2022	5.3	542.0		269.8	466.0	27.4	6.0	236.2	1 547.4	291	0.73822
魁北克乐透公司[9]	加拿大	2022	8.7	828.2	35.8	135.7	72.4	125.0	78.2	424.1	1 699.5	195	0.73822
安大略省彩票和游戏公司（OLG）	加拿大	2022	15.1	1 778.7	147.7	73.9		212.5		1 137.0	3 349.8	222	0.73822
加西彩票公司	加拿大	2022	7.3	784.4	20.9	12.6		69.0		250.9	1 137.9	156	0.73822
Pionosticos	墨西哥	2015	125.2	393.4				82.6		8.3	484.3	4	0.05781
墨西哥国家彩票	墨西哥	2016	125.2						262.9		262.9	2	0.04833
波多黎各电子彩票公司	美国	2021	2.9	140.3	297.3	0.6			283.9	67.9	790.0	276	1.00000
维尔京群岛彩票公司	美国	2022	0.1	0.7					14.8	1.4	16.9	153	1.00000
亚利桑那州彩票机构	美国	2022	7.4	333.0	16.2		43.4			1 080.3	1 473.0	200	1.00000
阿肯色州彩票机构	美国	2022	3.0	84.3	18.6		17.5			472.1	592.6	195	1.00000
加利福尼亚州彩票机构	美国	2022	39.0	1 825.7	217.3	399.4	38.0			6 513.8	8 994.2	230	1.00000
科罗拉多州彩票机构	美国	2022	5.8	262.9	15.4					583.9	862.2	148	1.0000
康涅狄格州彩票公司	美国	2022	3.6	240.9	265.5	136.7	41.5			767.3	1 451.8	400	1.0000
哥伦比亚特区彩票	美国	2022	0.7	19.4	111.7	6.1	19.0			42.3	198.3	295	1.0000
特拉华州彩票机构[9]	美国	2022	1.0	60.0	62.8	10.2		83.3		113.9	330.2	324	1.0000
佛罗里达州彩票机构	美国	2022	22.2	1 667.7	866.3		99.1			7 091.5	9 742.6	437	1.0000
乔治亚州彩票公司	美国	2022	10.9	536.4	1 007.3	229.9	519.1			3 723.3	6 016.0	551	1.0000
印第安纳州彩票机构	美国	2022	6.8	284.6	102.3		30.0			1 284.0	1 700.8	249	1.0000
爱达荷州彩票机构	美国	2022	1.9	57.3	3.5		15.1			300.6	376.4	194	1.0000
伊利诺伊州彩票机构	美国	2022	12.6	608.6	571.4[4]		239.2			2 085.0	3 504.2	279	1.0000
爱荷华州彩票机构	美国	2022	3.2	119.5	14.9		26.4			297.2	458.0	144	1.0000
堪萨斯州彩票机构	美国	2022	2.9	93.7	8.4	11.2	10.3	2.1		216.8	342.5	117	1.0000
肯塔基州彩票公司	美国	2022	4.5	166.9	232.7	71.6	70.2			945.8	1 487.2	330	1.0000
路易斯安那州彩票公司	美国	2022	4.6	170.1	136.7		18.7			305.0	630.4	137	1.0000
缅因州彩票机构	美国	2022	1.4	64.1	11.3		13.3			309.8	398.6	288	1.0000
马里兰州彩票机构[9]	美国	2022	6.2	358.3	643.6	284.3	395.6			1 026.8	2 708.6	439	1.0000
马萨诸塞州彩票机构	美国	2022	7.0	465.3	352.1	1 229.6				3 884.4	5 931.4	850	1.0000
密歇根州彩票机构	美国	2022	10.0	465.9	1 047.6	617.8	395.2			2 451.3	4 977.9	496	1.0000
明尼苏达州彩票机构	美国	2022	5.7	192.2	21.4		15.7			536.8	766.2	134	1.0000
密西西比州彩票机构	美国	2022	2.9	94.9	20.4		1.7			325.2	442.3	150	1.0000
密苏里州彩票机构	美国	2022	6.2	235.8	169.6	52.7	9.5			1 194.1	1 661.7	269	1.0000

续表

彩票机构	国家/地区	年份[1]	人口[2]（百万）	乐透/乐透附加[3]	数字型[4]	基诺[5]	其他[6]	体育竞猜[7]	抽签式	即开型/撕开式	总销量	人均销量（美元）	汇率[8]
蒙大拿州彩票机构	美国	2022	1.1	47.3			13.8	7.7		26.5	95.4	85	1.0000
内布拉斯加州彩票	美国	2022	2.0	91.2	7.8					117.7	216.7	110	1.0000
新罕布什尔州彩票机构	美国	2022	1.4	99.4	10.0	53.1	52.2	66.7		310.6	592.1	424	1.0000
新泽西州彩票机构	美国	2022	9.3	808.6	672.5	106.3	99.0			2 188.4	3 874.8	418	1.0000
新墨西哥州彩票机构	美国	2022	2.1	66.8	6.7		1.1			83.5	158.0	75	1.0000
纽约州彩票机构[9]	美国	2022	19.7	1 309.8	1 805.1	665.1				4 373.4	8 153.5	414	1.0000
北卡罗来纳州彩票	美国	2022	10.7	490.0	677.7	83.8	74.4			2 828.5	4 153.5	388	1.0000
北达科他州彩票	美国	2022	0.8	37.0							37.0	47	1.0000
俄亥俄州彩票机构[9]	美国	2022	11.8	514.4	746.4	640.8	240.9			2 283.3	4 425.7	376	1.0000
俄克拉何马州彩票	美国	2022	4.0	110.4	6.8		1.9			259.9	379.1	94	1.0000
俄勒冈州彩票机构[9]	美国	2022	4.2	149.9	2.0	110.6		49.5		157.6	469.6	111	1.0000
宾夕法尼亚州彩票	美国	2022	13.0	768.8	602.3	38.4	266.8			3 444.0	5 120.3	395	1.0000
罗得岛州彩票机构	美国	2022	1.1	62.8	22.4	88.2	12.0	49.3		123.9	358.5	328	1.0000
南卡罗来纳州彩票	美国	2022	5.3	237.8	435.1		65.8			1 563.5	2 302.1	436	1.0000
南达科他州彩票[9]	美国	2022	0.9	34.8						47.7	82.5	91	1.0000
田纳西州彩票机构	美国	2022财年	7.1	189.8	132.1	14.4	0.3			1 547.4	1 884.0	267	1.0000
得克萨斯州彩票机构	美国	2022	30.0	1 304.2	442.9					6 725.3	8 472.4	282	1.0000
佛蒙特州彩票机构	美国	2022	0.6	25.7	2.5		8.1			116.1	152.4	236	1.0000
弗吉尼亚州彩票机构	美国	2022	8.7	399.7	679.9	36.9	287.8			1 246.4	2 650.6	305	1.0000
华盛顿州彩票机构	美国	2022	7.8	272.8	21.4	6.0				649.1	949.3	122	1.0000
西弗吉尼亚州彩票机构[9]	美国	2022	1.8	68.8	12.3	4.9	2.9	5.1		167.7	261.7	147	1.0000
威斯康星州彩票机构	美国	2022	5.9	259.9	45.0		1.0			649.9	955.8	162	1.0000
怀俄明州彩票机构	美国	2022	0.6	33.8							33.8	58	1.0000
总计				**20 501.1**	**12 750.1**	**5 398.0**	**3 758.7**	**827.2**	**645.9**	**66 824.5**	**$110 705.5**		
占比				18.5%	11.5%	4.9%	3.4%	0.7%	0.6%	60.4%	100%		

注：

1.除非有特殊标注的“财政年度”，所有彩票销售都表示为公历年度。如果2022年度彩票销售数据在截稿前未能获得，编辑人员将采用上一年度提供的数据。栏中标注的“年度”表示销售数据公布的年度。表格列中的“年”表示彩票的销售年度，“PC”表示人均量。

2.美国人口数据为美国人口统计局2022年所预测的人口数据。2022年加拿大各省人口数据由加拿大统计局提供。2022年澳大利亚各州人口数据由澳大利亚统计局提供。其他国家的人口数据是该国2021年的预计人口数（来源：“统计时代”，Statistic Times）。

3.乐透游戏的销售数据包括各种乐透彩票的销售额以及乐透附加的销售额。

4.此栏数字销售为非乐透玩法。

如日开和周开型的2D、3D和4D。

5.基诺彩票销售包括定期基诺抽奖和快速基诺抽奖。

6.此栏为混合栏，彩票种类包括宾果和一款类似于超级6的niche游戏。此外，博彩机构未提供销售明细，因此其总销售额列入“其它”类。

7.体育竞猜销售额包括赔率竞猜彩票和固定赔率投注彩票的销售。

8.货币汇率以2022年12月31日的当天销售为准（来源：www.oanda.com）。

9.彩票机构总销售额不包含视频终端游戏收入。

10.销售额不包括Tactilo的营业总收入。

附表 8

2022 年非洲彩票销售

单位：当地货币百万计

彩票机构	国家	年份	货币	乐透 / 乐透附加[3]	数字型[4]	基诺[5]	其他[6]	体育竞猜[7]	抽签式	即开型 / 撕开式	总销量
阿尔及利亚体彩	阿尔及利亚	2003	第纳尔	359			6		35	491	890
贝宁国家彩票	贝宁	2000	非洲法郎					2 602		3 641	8 632
布基纳法索国家彩票	布基纳法索	2016	非洲法郎	460			2 389	106 040			110 000
布隆迪国家彩票	布隆迪	2010	布隆迪法郎								780
COGELO	刚果	1995	非洲法郎				8 738				8 738
科特迪瓦国家彩票	科特迪瓦	2003	非洲法郎							35 542	35 542
埃塞国家彩票	埃塞俄比亚	2012	比尔	7					159	341	507
冈比亚国家彩票	冈比亚	1997	达拉西				9			4	13
加纳国家彩票	加纳	2014	加纳塞地	316			2				317
肯尼亚慈善彩票	肯尼亚	1996	肯尼亚先令						1	463	464
Societe d’Explotiation	马达加斯加	1996	马达加斯加法郎	3 393						2 813	6 207
LONAMA	马里	1999	西非法郎					95		2	97
Lottotech Ltd.	毛里求斯	2021	毛里求斯卢比	2 916				06			2 922
游戏和体育公司	摩洛哥	2006	迪拉姆					227		111	339
摩洛哥国家彩票	摩洛哥	2017	迪拉姆	153	107	210	35			203	708
Empresa de Lotarias	莫桑比克	2003	梅蒂卡尔		26 678			22 616			49 294
尼日尔国家彩票	尼日尔	2014	非洲法郎					15 500		600	16 100
塞内加尔国家彩票	塞内加尔	2000	非洲法郎				23 286	573	68	1 331	25 258
南非国家彩票	南非	2019	南非兰特	6 174	7	1	14	244		86	6 525
多哥国家彩票	多哥	1999	非洲金融共同体法郎	4 350			81.741	4 032		290	8 745
津巴布韦国家彩票	津巴布韦	2010	津巴布韦元				11			43	54

附表 9

2022 年澳大利亚、新西兰彩票销售

单位：当地货币百万计

彩票机构	国家	年份	货币	乐透 / 乐透附加[3]	数字型[4]	基诺[5]	其他[6]	体育竞猜[7]	抽签式	即开型 / 撕开式	总销量
金匣子彩票机构	澳大利亚	2022	澳元	1 615					29	215	1 859
澳大利亚西部彩票	澳大利亚	2022	澳元	1 016	16		79			143	1 253
新南威尔士州彩票机构	澳大利亚	2022	澳元	2 334					126	134	2 594
南澳大利亚州彩票机构	澳大利亚	2022	澳元	500		138			8	36	681
塔茨集团	澳大利亚	2022	澳元	2 392					21	83	2 495
乐透新西兰	新西兰	2022	新西兰元	1 212		48	67			128	1 455

附表 10

2022 年亚洲、中东彩票销售

单位：当地货币百万计

彩票机构	国家	年份	货币	乐透 / 乐透附加[3]	数字型[4]	基诺[5]	其他[6]	体育竞猜[7]	抽签式	即开型 / 撕开式	总销量
中国福利彩票	中国大陆	2022	元	57 165	31 758	28 860				30 347	148 131
中国体育彩票	中国大陆	2022	元	43 934	22 560			180 927		29 100	276 521
香港赛马会	中国香港	2021	港元	2 700							2 700
财富彩票机构	印度	2003	印度卢比	62 500							62 500
马汀彩票机构	印度	2003	印度卢比	106	1 921				34 675		36 702
瑞穗银行	日本	2022	日元	309 335	82 049		26 571		357 652	48 064	823 670
日本体育委员会	日本	2021	日元					112 162			112 162
DongHang Lottery	韩国	2022	韩元	5 446 760			121 600		292 978	567 853	6 429 191
韩国体育透透公司	韩国	2022	韩元					5 809 028			5 809 028
体育推广基金会	韩国	2014	韩元					3 281 344			3 281 344
黎巴嫩游戏公司	黎巴嫩	2021	黎巴嫩镑				191 612			11	191 623
万能集团	马来西亚	2015	百万美元		2 700						2 700
泛马来西亚体彩公司	马来西亚	2020	百万美元		1 600			300			1 900
马来西亚体育透透公司	马来西亚	2022	百万美元				3 258				3 258
慈善彩票办公室	菲律宾	2019	菲律宾比索	10 717	28 998	1 753			11	777	42 257
新加坡博彩有限公司	新加坡	2022 财年	新加坡元				10 100				10 100
国家彩票管理局	斯里兰卡	2021	斯里兰卡卢比						17 041	251	17 292
台湾彩券股份有限公司	中国台湾	2022	新台币	36 393	2 180	15 523	10 270			68 689	133 055
台湾运彩	中国台湾	2022	新台币					60 211			60 211
政府彩票办公室	泰国	2022	泰铢						192 000		192 000
Vietlott	越南	2020	越南盾	2 613 681	236 467	2 078 773					4 928 922

附表 11

2022 年欧洲彩票销售

单位：当地货币百万计

彩票机构	国家	年份	货币	乐透 / 乐透附加[3]	数字型[4]	基诺[5]	其他[6]	体育竞猜[7]	抽签式	即开型 / 撕开式	总销量
奥地利彩票公司[9]	奥地利	2022	欧元	604	4	0	187	2	13	73	883
比利时国家彩票	比利时	2022	欧元	1 209	6	11	–8			450	1 488
保加利亚国家彩票	保加利亚	2022	列弗					340			340
Hrvatska Lutrija	克罗地亚	2022	库纳	582		67	267	639		146	1 701
塞浦路斯政府彩票	塞浦路斯	2019	欧元						3	24	27
Sazka 公司	捷克共和国	2021	捷克克朗		224		93	13		78	408
Danske Spil	丹麦	2021	丹麦克朗	2 787			1 820				4 607
D.K.Klasselotteri	丹麦	2021 财年	丹麦克朗						699		699

续表

彩票机构	国家	年份	货币	乐透 / 乐透附加[3]	数字型[4]	基诺[5]	其他[6]	体育竞猜[7]	抽签式	即开型 / 撕开式	总销量
爱沙尼亚乐透	爱沙尼亚	2021	欧元	66		8				12	86
芬兰国家彩票 Veikkaus Oy（博彩总收入）	芬兰	2021	欧元	384		188	180	149		56	957
法国国家游戏集团	法国	2022	欧元				6 330	4 373		9 890	20 592
GKL（NKL & SKL）	德国	2021	欧元						314		314
巴登符腾堡州	德国	2022	欧元	742	201	17		7	18	87	1 071
巴伐利亚州乐透公司	德国	2021	欧元	933		29	62	8	54	136	1 221
柏林乐透公司	德国	2021	欧元	250		7	13	2	9	11	292
不来梅透透公司	德国	2021	欧元	45		1	5	0	2	3	56
基尔西北乐透公司	德国	2021	欧元	236		4	36	1	9	21	307
黑森州乐透公司	德国	2021	欧元	539		18	39	23	21	92	732
下萨克森乐透公司	德国	2020	欧元	558		10	81	18	31	23	721
梅克伦堡乐透	德国	2020	欧元	117				3		5	125
西德意志乐透公司	德国	2021	欧元	1 408		28	95	11	39	121	1 701
莱因兰普法尔茨州乐透公司	德国	2021	欧元	321		8	21	18	17	25	410
萨尔州乐透公司	德国	2022	欧元	104		3	8	1	5	8	128
汉堡乐透公司	德国	2010	欧元	118		2	16	4	3	2	144
萨克森－安哈特乐透公司	德国	2021	欧元	161		0	15	1	9	16	203
萨克森乐透	德国	2021	欧元	263		7	22	1		35	328
勃兰登堡乐透公司	德国	2021	欧元	192			11			11	214
图林根州乐透公司	德国	2020	欧元	150		3	14	0	3	3	173
直布罗陀政府彩票	直布罗陀	2015财年	英镑						5		5
足球预测公司（OPAP）（博彩总收入）	希腊	2021	欧元	549			423	283			1 255
希腊国家彩票公司（博彩总收入）	希腊	2021	欧元							89	89
匈牙利国家彩票公司	匈牙利	2022	福林	124 394	46 623	6 535	2 261	471 477		171 927	823 217
冰岛彩票大学[9]	冰岛	2022	冰岛克朗						2 622	142	2 764
Islensk getspa	冰岛	2022	冰岛克朗	7 355				2 035			9 389
爱尔兰国家彩票	爱尔兰	2021	欧元	708						345	1 054
体育竞猜委员会	以色列	2017	新谢克尔					3 030			3 030
Mifa Hapayis	以色列	2022	新谢克尔	2 088	4 442	187	448			2 730	9 895
西萨公司（SISAL S.p.A.[9]）	意大利	2022	欧元	2 167			5 049	2 603		44	9 863
IGT 彩票	意大利	2022	欧元	7 639					30	10 977	18 646
哈萨克斯坦国家彩票	哈萨克斯坦	2022	坚戈	2 484		417	25 506			5 350	33 757
拉脱维亚乐透	拉脱维亚	2021	欧元				65				65
UAB OLIFEJA	立陶宛	2022	欧元	58		4				38	100
卢森堡国家彩票	卢森堡	2010	欧元	55		22				17	94

续表

彩票机构	国家	年份	货币	乐透 / 乐透附加[3]	数字型[4]	基诺[5]	其他[6]	体育竞猜[7]	抽签式	即开型 / 撕开式	总销量
Lotarija Makedonija[9]	北马其顿	2008	代纳尔					409			409
Maltco（博彩总收入）	马耳他	2020	欧元	21		5	0	4		0	30
摩尔多瓦彩票公司[9]	摩尔多瓦	2015	列伊	7				2			9
Nederlandse Loterij（博彩总收入）	荷兰	2021	欧元	210				65	262		537
Norsk Tipping	挪威	2021	挪威克朗	11 118			22 810	4 809		1 029	39 766
Totalizator Sportowy	波兰	2022	兹罗提	3 225		3 715			44	2 434	9 418
里斯本慈善会（SCML）	葡萄牙	2021	欧元	723			83	508	70	1 515	2 900
罗马尼亚彩票	罗马尼亚	2022	罗马尼亚列伊					2	507	149	657
JSC TC Center	俄罗斯	2021	卢布	15 006	14 211	993	27 542			3 096	60 847
塞尔维亚国家彩票	塞尔维亚	2017	塞尔维亚第纳尔	4 097			852			1 200	6 148
Tipos AS	斯洛伐克	2020	欧元	179			422			80	681
体育彩票公司	斯洛文尼亚	2022	欧元		2		8	96		1	108
西班牙国家彩票（SELAE）	西班牙	2022	欧元	3 635			166	151	5 734		9 687
加泰罗尼亚彩票	西班牙	2022	欧元	11	2	3	4		33	8	61
全国盲人组织（ONCE）	西班牙	2022	欧元	335					1 259	832	2 426
Svenska Spel[9]（博彩总收入）	瑞典	2021	瑞典克朗	3 306			664	1 692		1 609	7 271
SwissLos 公司	瑞士	2022	瑞士法郎	763		68	78	804		416	2 129
罗曼德彩票[10]	瑞士	2022	瑞士法郎	285	4	79	113	172		377	1 030
土耳其国家彩票机构	土耳其	2018	新土耳其里拉	2 273					836	287	3 397
乌克兰 M.S.L. 公司	乌克兰	2019	格里夫纳	157	1		66	49		89	363
英国国家彩票	英国	2022	英镑	4 841						3 628	8 470

附表 12　　2022 年中美洲、南美洲和加勒比海地区彩票销售

单位：当地货币百万计

彩票机构	国家	年份	货币	乐透 / 乐透附加[3]	数字型[4]	基诺[5]	其他[6]	体育竞猜[7]	抽签式	即开型 / 撕开式	总销量
阿根廷国家彩票	阿根廷	2016	阿根廷比索	1 828	4 597				78	33	6 535
巴西联邦储蓄银行	巴西	2022	雷亚尔	22 819				81	336		23 236
Polla Chilena	智利	2019	智利比索	143 616			462	19 867	1 413	5 459	170 817
智利彩票机构	智利	2008	智利比索	4 573		42 374			4 197	5 397	56 541
Junta de Proteccion	哥斯达黎加	2017	科朗	17 231	62 240				176 544	4 482	260 498
国家彩票	萨尔瓦多	2015	美元	39						3	42
Supreme Ventures Ltd	牙买加	2009	日元	2 465	21 684	324	1 439			131	26 043
巴拿马国家彩票	巴拿马	2015	巴拿马巴波亚	638						5	643
因特拉洛秘鲁公司	秘鲁	2012	新索尔	97	2	5	0	106		18	229

续表

彩票机构	国家	年份	货币	乐透 / 乐透附加[3]	数字型[4]	基诺[5]	其他[6]	体育竞猜[7]	抽签式	即开型 / 撕开式	总销量
CBN 圣卢西亚公司	圣卢西亚	2022	东加勒比元	6	38					4	48
特立尼达国家彩票	特立尼达	2010	特立尼达和多巴哥元	244	1 236	22				110	1 612
Banco de Quinielas	乌拉圭	2022	乌拉圭新比索	1 343	2 589	1 177		4 891		847	10 847

附表 13　　2022 年北美洲彩票销售概况

单位：当地货币百万计

彩票机构	国家	年份	货币	乐透 / 乐透附加[3]	数字型[4]	基诺[5]	其他[6]	体育竞猜[7]	抽签式	即开型 / 撕开式	总销量
大西洋彩票机构[9]	加拿大	2022	加元	328	1	10	100	64		345	848
不列颠哥伦比亚彩票机构	加拿大	2022	加元	734		366	631	37	8	320	2 096
乐透－魁北克彩票机构[9]	加拿大	2022	加元	1 122	49	184	98	169	106	575	2 302
安大略省彩票和游戏公司	加拿大	2022	加元	2 409	200	100		288		1 540	4 538
加拿大西部彩票机构	加拿大	2022	加元	1 063	28	17		93		340	1 541
Pionosticos	墨西哥	2015	墨西哥比索	6 805				1 429		143	8 377
墨西哥国家彩票	墨西哥	2016	墨西哥比索						5 440		5 440
波多黎各电子彩票公司	美国	2021	美元	140.3	297.3	0.6			283.9	67.9	790.0
维尔京群岛彩票公司	美国	2022	美元	0.7					14.8	1.4	16.9
亚利桑那州彩票机构	美国	2022	美元	333.0	16.2		43.4			1 080.3	1 473.0
阿肯色州彩票机构	美国	2022	美元	84.3	18.6		17.5			472.1	592.6
加利福尼亚州彩票机构	美国	2022	美元	1 825.7	217.3	399.4	38.0			6 513.8	8 994.2
科罗拉多州彩票机构	美国	2022	美元	262.9	15.4					583.9	862.2
康涅狄格州彩票公司	美国	2022	美元	240.9	265.5	136.7	41.5			767.3	1 451.8
哥伦比亚特区彩票	美国	2022	美元	19.4	111.7	6.1	19.0			42.3	198.3
特拉华州彩票机构[9]	美国	2022	美元	60.0	62.8	10.2		83.3		113.9	330.2
佛罗里达州彩票机构	美国	2022	美元	1 667.7	866.3		99.1			7 091.5	9 742.6
乔治亚州彩票公司	美国	2022	美元	536.4	1 007.3	229.9	519.1			3 723.3	6 016.0
印第安纳州彩票机构	美国	2022	美元	284.6	102.3		30.0			1 284.0	1 700.8
爱达荷州彩票机构	美国	2022	美元	57.3	3.5		15.1			300.6	376.4
伊利诺伊州彩票机构	美国	2022	美元	608.6	571.4		239.2			2 085.0	3 504.2
爱荷华州彩票机构	美国	2022	美元	119.5	14.9		26.4			297.2	458.0
堪萨斯州彩票机构	美国	2022	美元	93.7	8.4	11.2	10.3	2.1		216.8	342.5
肯塔基州彩票公司	美国	2022	美元	166.9	232.7	71.6	70.2			945.8	1 487.2
路易斯安那州彩票公司	美国	2022	美元	170.1	136.7		18.7			305.0	630.4
缅因州彩票机构	美国	2022	美元	64.1	11.3		13.3			309.8	398.6

续表

彩票机构	国家	年份	货币	乐透/乐透附加[3]	数字型[4]	基诺[5]	其他[6]	体育竞猜[7]	抽签式	即开型/撕开式	总销量
马里兰州彩票机构[9]	美国	2022	美元	358.3	643.6	284.3	395.6			1 026.8	2 708.6
马萨诸塞州彩票机构	美国	2022	美元	465.3	352.1	1 229.6				3 884.4	5 931.4
密歇根州彩票机构	美国	2022	美元	465.9	1 047.6	617.8	395.2			2 451.3	4 977.9
明尼苏达州彩票机构	美国	2022	美元	192.2	21.4		15.7			536.8	766.2
密西西比州彩票机构	美国	2022	美元	94.9	20.4		1.7			325.2	442.3
密苏里州彩票机构	美国	2022	美元	235.8	169.6	52.7	9.5			1 194.1	1 661.7
蒙大拿州彩票机构	美国	2022	美元	47.3			13.8	7.7		26.5	95.4
内布拉斯加州彩票	美国	2022	美元	91.2	7.8					117.7	216.7
新罕布什尔州彩票机构	美国	2022	美元	99.4	10.0	53.1	52.2	66.7		310.6	592.1
新泽西州彩票机构	美国	2022	美元	808.6	672.5	106.3	99.0			2 188.4	3 874.8
新墨西哥州彩票机构	美国	2022	美元	66.8	6.7		1.1			83.5	158.0
纽约州彩票机构[9]	美国	2022	美元	1 309.8	1 805.1	665.1				4 373.4	8 153.5
北卡罗来纳州彩票	美国	2022	美元	490.0	677.7	83.8	74.4			2 828.5	4 153.5
北达科他州彩票	美国	2022	美元	37.0							37.0
俄亥俄州彩票机构[9]	美国	2022	美元	514.4	746.4	640.8	240.9			2 283.3	4 425.7
俄克拉何马州彩票	美国	2022	美元	110.4	6.8		1.9			259.9	379.1
俄勒冈州彩票机构[9]	美国	2022	美元	149.9	2.0	110.6		49.5		157.6	469.6
宾夕法尼亚州彩票	美国	2022	美元	768.8	602.3	38.4	266.8			3 444.0	5 120.3
罗得岛州彩票机构	美国	2022	美元	62.8	22.4	88.2	12.0	49.3		123.9	358.5
南卡罗来纳州彩票	美国	2022	美元	237.8	435.1		65.8			1 563.5	2 302.1
南达科他州彩票[9]	美国	2022	美元	34.8						47.7	82.5
田纳西州彩票机构	美国	2022 财年	美元	189.8	132.1	14.4	0.3			1 547.4	1 884.0
得克萨斯州彩票机构	美国	2022	美元	1 304.2	442.9					6 725.3	8 472.4
佛蒙特州彩票机构	美国	2022	美元	25.7	2.5		8.1			116.1	152.4
弗吉尼亚州彩票机构	美国	2022	美元	399.7	679.9	36.9	287.8			1 246.4	2 650.6
华盛顿州彩票机构	美国	2022	美元	272.8	21.4	6.0				649.1	949.3

注：

1.除非有特殊标注的“财政年度”，所有彩票销售都表示为公历年度。如果2022年度彩票销售数据在截稿前未能获得，编辑人员将采用上一年度提供的数据。栏中标注的“年度”表示销售数据公布的年度。表格列中的“年”表示彩票的销售年度，“PC”表示人均量。

2.美国人口数据为美国人口统计局2022年所预测的人口数据。2022年加拿大各省人口数据由加拿大统计局提供。2022年澳大利亚各州人口数据由澳大利亚统计局提供。其他国家的人口数据是该国2021年的预计人口数（来源：“统计时代”，Statistic Times）。

3.乐透游戏的销售数据包括各种乐透彩票的销售额以及乐透附加的销售额。

4.此栏数字销售为非乐透玩法。

如日开和周开型的2D、3D和4D。

5.基诺彩票销售包括定期基诺抽奖和快速基诺抽奖。

6.此栏为混合栏，彩票种类包括宾果和一款类似于超级6的niche游戏。此外，博彩机构未提供销售明细，因此其总销售额列入“其它”类。

7.体育竞猜销售额包括赔率竞猜彩票和固定赔率投注彩票的销售。

8.货币汇率以2022年12月31日的当天销售为准（来源：www.oanda.com）。

9.彩票机构总销售额不包含视频终端游戏收入。

10.销售额不包括Tactilo的营业总收入。

附表 14　　2022 年亚洲视频彩票终端（VLT）机器净收入

单位：百万美元

彩票机构	国家	年份	人口（百万）	乐透 / 乐透附加	数字型	基诺	视频彩票终端净收入	体育竞猜	抽签式	即开型 / 撕开式	总销量	人均销量（美元）	汇率
中国福利彩票	中国	2022	1 444.2				1 065.8				1 065.8	1	0.1569

附表 15　　2022 年欧洲视频彩票终端（VLT）机器净收入

单位：百万美元

彩票机构	国家 / 地区	年份	人口（百万）	乐透 / 乐透附加	数字型	基诺	视频彩票终端净收入	体育竞猜	抽签式	即开型 / 撕开式	总销量	人均销量（美元）	汇率
奥地利彩票公司	奥地利	2022	9.0				52.7				52.7	6	1.06749
OPAP	希腊	2021	10.4				220.4				220.4	21	1.13240
冰岛彩票大学	冰岛	2022	0.3				62.2				62.2	183	0.00703
西萨公司 SISAL S.p.A.[1]	意大利	2022	59.3				3 287.7				3 287.7	55	1.06749
马其顿彩票机构	北马其顿	2008	2.1				20.76				20.8	10	0.02340
摩尔多瓦彩票公司	摩尔多瓦	2015	3.6				0.4				0.4	0	0.05044
挪威国家彩票公司 Norsk Tipping	挪威	2020	5.5				29.6				29.6	5	0.10135
罗马尼亚彩票	罗马尼亚	2020	19.6				216.5				216.5	11	0.22156
瑞典国家彩票 Svenska Spel	瑞典	2019	9.9				80.2				80.2	8	0.10717
罗曼德彩票公司	瑞士	2021	2.1				67.8				67.8	32	1.08271
乌克兰 M.S.L. 公司	乌克兰	2019	44.0				0.4				0.4	0	0.04188
总计			**165.7**				**4 038.6**				**4 038.6**	**246**	

注：包含视频彩票终端（VLT）收入以及有奖娱乐游戏机（AWP）收入。

附表 16　　2022 年北美洲视频彩票终端（VLT）机器净收入

单位：百万美元

彩票机构	国家 / 地区	年份	人口（百万）	乐透 / 乐透附加	数字型	基诺	视频彩票终端净收入	体育竞猜	抽签式	即开型 / 撕开式	总销量	人均销量（美元）	汇率
阿尔伯塔省游戏与酒类管理局	加拿大	2022 财年	4.4				271.3				271.3	61	0.73822
大西洋彩票公司	加拿大	2022	2.5				292.6				292.6	119	0.78241
乐透－魁北克公司	加拿大	2022	8.6				572.2				572.2	67	0.78241
马尼托巴省酒类和彩票公司	加拿大	2022 财年	1.4				181.6				181.6	132	0.80118
萨斯喀彻温酒类与博彩管理局	加拿大	2022 财年	1.2				173.1				173.1	147	0.80118
特拉华州彩票机构	美国	2022	1.0				409.0				409.0	408	1.00000
马里兰州彩票管理局	美国	2022	6.2				1 327.7				1 327.7	215	1.00000

续表

彩票机构	国家 / 地区	年份	人口（百万）	乐透 / 乐透附加	数字型	基诺	视频彩票终端净收入	体育竞猜	抽签式	即开型 / 撕开式	总销量	人均销量（美元）	汇率
纽约州彩票机构	美国	2022	19.8				1 768.4				1 768.4	89	1.00000
俄亥俄州彩票机构	美国	2022	11.8				1 327.6				1 327.6	113	1.00000
俄勒冈州彩票机构	美国	2022	4.3				1 205.4				1 205.4	284	1.00000
罗得岛州彩票机构	美国	2022	1.1				508.8				508.8	465	1.00000
南达科他州彩票公司[2]	美国	2022	0.9				327.1				327.1	365	1.00000
西弗吉尼亚州彩票机构	美国	2022	1.8				973.2				973.2	547	1.00000
总计			**64.9**				**$9 337.8**				**$9 337.8**	**144**	
全球总计							$14 442.3				$14 442.3		

附表 17　　2022 年亚洲视频彩票终端（VLT）机器净收入

单位：当地货币百万计

彩票机构	国家	年份	货币	乐透 / 乐透附加	数字型	基诺	视频彩票终端净收入	体育竞猜	抽签式	即开型 / 撕开式	总销量
中国福利彩票	中国	2022	元				6 793				6 793

附表 18　　2022 年欧洲视频彩票终端（VLT）机器净收入

单位：当地货币百万计

彩票机构	国家	年份	货币	乐透 / 乐透附加	数字型	基诺	视频彩票终端净收入	体育竞猜	抽签式	即开型 / 撕开式	总销量
奥地利彩票公司	奥地利	2022	欧元				49				49
足球预测公司	希腊	2022	欧元				195				195
冰岛彩票大学	冰岛	2022	冰岛克朗				8 844				8 844
西萨公司 SISAL S.p.A.[1]	意大利	2022	欧元				3 080				3 080
马其顿彩票机构	北马其顿	2008	代纳尔				887				887
摩尔多瓦彩票机构	摩尔多瓦	2015	列伊				8				8
Norsk Tipping AS	挪威	2022	挪威克朗				292				292
罗马尼亚彩票	罗马尼亚	2022	罗马尼亚列伊				977				977
瑞典国家彩票	瑞典	2019	瑞典克朗				748				748
罗曼德彩票	瑞士	2022	瑞士法郎				63				63
乌克兰 M.S.L. 公司	乌克兰	2019	格里夫纳				11				11

注：代表综合VLT和AWP收入。

附表 19　　2022 年北美洲视频彩票终端（VLT）机器净收入

单位：当地货币百万计

彩票机构	国家	年份	货币	乐透 / 乐透附加	数字型	基诺	视频彩票终端净收入	体育竞猜	抽签式	即开型 / 撕开式	总销量
阿尔伯塔省游戏与酒类管理局	加拿大	2022 财年	加元				367				367
大西洋彩票机构	加拿大	2022	加元				374				374
乐透 – 魁北克彩票机构	加拿大	2022	加元				731				731
马尼托巴省酒类和彩票公司	加拿大	2022 财年	加元				227				227
萨斯喀彻温酒类与博彩管理局	加拿大	2022 财年	加元				216				216
特拉华州彩票机构	美国	2022	美元				409				409
马里兰州彩票管理局	美国	2022	美元				1 328				1328
纽约州彩票机构	美国	2022	美元				1 768				1 768
俄亥俄州彩票机构	美国	2022	美元				1 328				1 328
俄勒冈州彩票机构	美国	2022	美元				1 205				1 205
罗得岛州彩票公司	美国	2022	美元				509				509
南达科他州彩票机构	美国	2022	美元				327				327
西弗吉尼亚州彩票机构	美国	2022	美元				973				973

七、彩票票样

中国福利彩票
面值10元
浙里有福
千树橘红藏翠色
谁调清景弄沉香
腊梅堆雪卧云巷
点水纵横揽韶光
最高奖金30万元
(6-1)

中国福利彩票
面值10元
明珠一颗耀荷池
雨相花开并蒂依
道作菱歌陶上舞
古窑相偕著新瓷
浙里有福
古窑文化园
最高奖金30万元(6-2)

中国福利彩票
面值10元
浙里有福
千里沃野连横港
山明水秀稻花香
风车转来丰收年
田园牧歌向斜阳
最高奖金30万元
(6-3)

中国福利彩票
面值10元
浙里有福
最高奖金30万元(6-5)

中国福利彩票
面值10元
浙里有福
最高奖金30万元
(6-6)

中国福利彩票
面值10元
和合美
10次中奖机会
招财进宝
保安区刮开无效
J0000-00000-0000000-000-1

中国福利彩票
面值10元
和合美
10次中奖机会
日进斗金
保安区刮开无效
J0000-00000-0000000-000-1

中国福利彩票
最高奖金5万元
面值5元
烩面
地道风味
烩面劲道筋根长
羊肉香浓汤里放
中华传统美食
面面俱到
6次中奖机会
(10-1)

中国福利彩票
最高奖金5万元
面值5元
热干面
汉味名吃
百味香四溢
馋死天上仙
中华传统美食
面面俱到
6次中奖机会
(10-7)

中国福利彩票
面值20元
浙里有福
最高奖金 80 万元 (2-1)

中国福利彩票
面值20元
你真棒
保安区刮开无效

中国福利彩票
面值20元
你博学
保安区刮开无效

中国福利彩票
北京发现
最高奖金25万元
面值10元
大兴国际机场 系列 现代建筑
中奖号码
我的号码
玩法区
10次中奖机会 (4-4)
保安区刮开无效
J0000-00000-0000000-000-2

中国福利彩票
最高奖金10万元
面值10元
A FU DE LVCHENG
阿福的旅城
盛京视界
沈阳世博园 (4-2)
玩法区
11次中奖机会
保安区刮开无效

中国福利彩票
最高奖金10万元
面值10元
A FU DE LVCHENG
阿福的旅城
盛京视界
沈阳故宫 (4-1)
玩法区
11次中奖机会
保安区刮开无效
J0000-00000-0000000-000-2

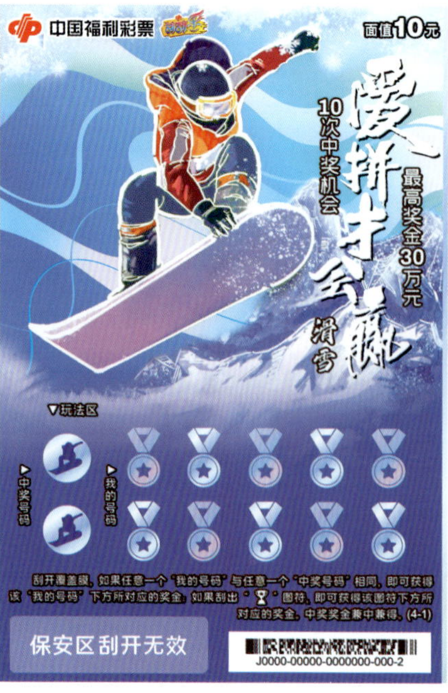
中国福利彩票
面值10元
10次中奖机会
爱拼才会赢
最高奖金30万元
滑雪
玩法区
中奖号码
我的号码
保安区刮开无效
J0000-00000-0000000-000-2

中国福利彩票
面值10元
10次中奖机会
爱拼才会赢
最高奖金30万元
花滑
玩法区
中奖号码
我的号码
保安区刮开无效
J0000-00000-0000000-000-2

中国福利彩票
面值10元
美味食足
牛肉面
玩法区
15次中奖机会
刮开覆盖膜，如果刮出任何奖金金额，即可获得该奖金；如果刮出“美”或“食”图符，即可获得50元奖金。中奖奖金兼中兼得。
(5-1)
最高奖金25万元
保安区刮开无效
J0000-00000-0000000-000-2

中国福利彩票
面值10元
美味食足
手抓羊肉
玩法区
15次中奖机会
刮开覆盖膜，如果刮出任何奖金金额，即可获得该奖金；如果刮出“美”或“食”图符，即可获得50元奖金。中奖奖金兼中兼得。
(5-4)
最高奖金25万元
保安区刮开无效
J0000-00000-0000000-000-2

中国福利彩票
面值10元
美味食足
甜胚子
玩法区
15次中奖机会
刮开覆盖膜，如果刮出任何奖金金额，即可获得该奖金；如果刮出“美”或“食”图符，即可获得50元奖金。中奖奖金兼中兼得。
(5-5)
最高奖金25万元
保安区刮开无效
J0000-00000-0000000-000-2

中国福利彩票
面值20元
20次中奖机会
丝路明珠
玩法区
最高奖金100万元
保安区刮开无效
J0000-00000-0000000-000-2

中国福利彩票
面值20元
20次中奖机会
丝路明珠
玩法区
最高奖金100万元
保安区刮开无效
J0000-00000-0000000-000-2

中国福利彩票
面值20元
20次中奖机会
丝路明珠
玩法区
最高奖金100万元
保安区刮开无效
J0000-00000-0000000-000-2

中国福利彩票
面值20元
20次中奖机会
丝路明珠
玩法区
最高奖金100万元
保安区刮开无效
J0000-00000-0000000-000-2

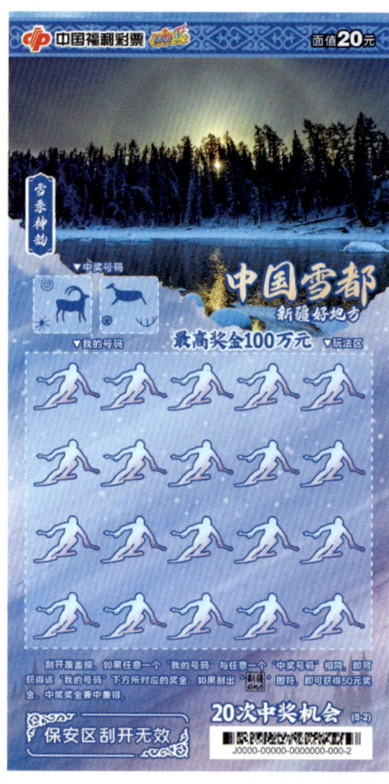
中国福利彩票
面值20元
雪乡神韵
中国雪都
新疆好地方
最高奖金100万元
玩法区
20次中奖机会
保安区刮开无效
J0000-00000-0000000-000-2

中国福利彩票
面值20元
冬日刊众
中国雪都
新疆好地方
最高奖金100万元
玩法区
20次中奖机会
保安区刮开无效
J0000-00000-0000000-000-2

中国福利彩票
面值10元
非常有戏
8次中奖机会
玩法区
奖金
最高奖金10万元
刮开覆盖膜，如果刮出“戏”图符，即可获得该图符右侧所对应的奖金。中奖奖金兼中兼得。
(4-2)
保安区刮开无效
J0000-00000-0000000-000-3

中国福利彩票
面值10元
非常有戏
8次中奖机会
玩法区
奖金
最高奖金10万元
刮开覆盖膜，如果刮出“戏”图符，即可获得该图符右侧所对应的奖金。中奖奖金兼中兼得。
(4-4)
保安区刮开无效
J0000-00000-0000000-000-3

红
包
旺
旺
财
最高奖金88万元
好事会发生
来
啦

红
包
最高奖金88万元
大吉
开运
好事会发生
来
啦

红
包
黄金萬兩
最高奖金88万元
好事会发生
来
啦

面值20元
TEAM CHINA
中国国家队
为中国力量
加油
幸运游戏
保安区刮开无效
最高奖金100万元
中奖奖金兼中兼得
36-0773-000000001-000

面值20元
TEAM CHINA
中国国家队
为中国力量
加油
幸运游戏
保安区刮开无效
最高奖金100万元
中奖奖金兼中兼得
36-0773-000000001-000

最高奖金100万元
面值50元
200X
超级加倍
¥100
¥200
¥500
¥1000
全中
保安区刮开无效
中奖奖金兼中兼得
36-0774-000000001-000

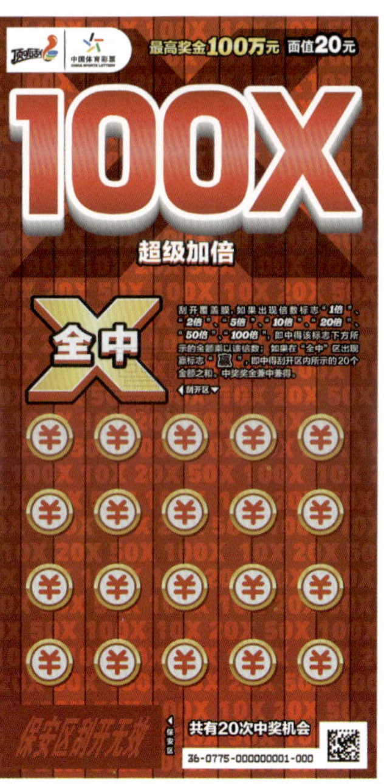
最高奖金100万元
面值20元
100X
超级加倍
全中
保安区刮开无效
共有20次中奖机会
36-0775-000000001-000

最高奖金50万元
面值10元
50X
超级加倍
全中
保安区刮开无效
共有10次中奖机会
36-0776-000000001-000

最高奖金100万元
面值20元
虎丘风光
保安区刮开无效
中奖奖金兼中兼得
36-0778-000000001-000

最高奖金25万元
面值10元
虎丘风光
幸运游戏
保安区刮开无效
中奖奖金兼中兼得
36-0779-000000001-000

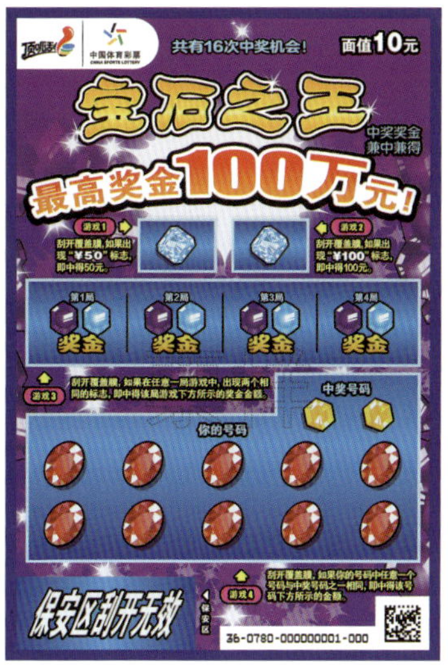
共有16次中奖机会!
面值10元
宝石之王
中奖奖金兼中兼得
最高奖金100万元!
奖金
保安区刮开无效
36-0780-000000001-000

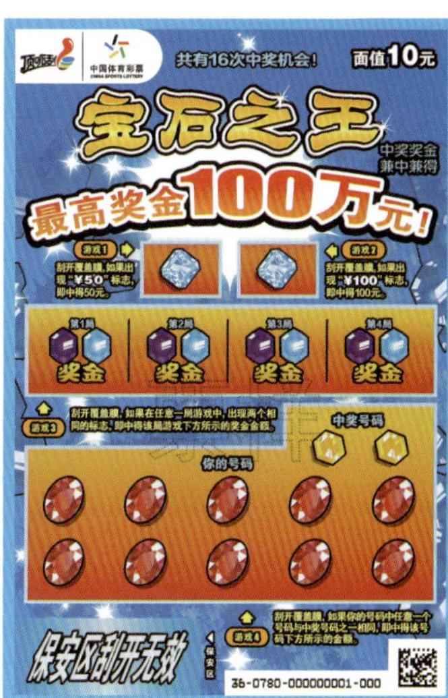
共有16次中奖机会!
面值10元
宝石之王
中奖奖金兼中兼得
最高奖金100万元!
奖金
保安区刮开无效
36-0780-000000001-000

中国体育彩票
CHINA SPORTS LOTTERY
共有8次中奖机会!
面值5元
宝石之王
中奖奖金兼中兼得
最高奖金50万元!
游戏1
刮开覆盖膜,如果出现"¥50"标志,即中得50元。
游戏2
刮开覆盖膜,如果出现"¥100"标志,即中得100元。
奖金
游戏3
刮开覆盖膜,如果出现钻戒标志,即中得该标志下方所示的奖金金额;如果出现王冠标志,即中得该标志下方所示奖金金额的两倍。
保安区刮开无效
保安区
36-0781-000000001-000

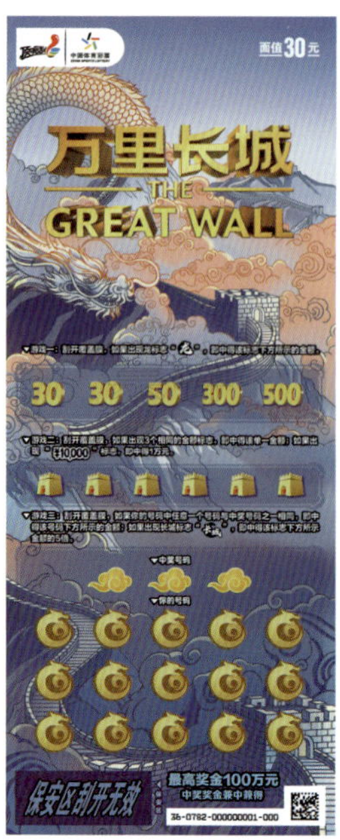
中国体育彩票
面值30元
万里长城
THE GREAT WALL
30 30 50 300 500
最高奖金100万元
中奖奖金兼中兼得
保安区刮开无效

中国体育彩票
CHINA SPORTS LOTTERY
最高奖金25万元
面值10元
CHINA
文化遗产
世界博物展
龙泉窑
中国瓷
弦纹梅瓶
刮开区
刮开覆盖膜,如果出现雅标志,即中得该标志下方所示的金额;如果出现韵标志,即中得该标志下方所示金额的两倍;如果出现传世标志,即中得该标志下方所示金额的5倍。中奖奖金兼中兼得。
保安区刮开无效
保安区
36-0783-000000001-000

中国体育彩票
CHINA SPORTS LOTTERY
最高奖金25万元
面值10元
CHINA
文化遗产
世界博物展
龙泉窑
中国瓷
凤耳瓶
刮开区
刮开覆盖膜,如果出现雅标志,即中得该标志下方所示的金额;如果出现韵标志,即中得该标志下方所示金额的两倍;如果出现传世标志,即中得该标志下方所示金额的5倍。中奖奖金兼中兼得。
保安区刮开无效
保安区
36-0783-000000001-000

中国体育彩票
面值20元
红红火火
最高奖金100万元
¥50 ¥50 ¥100 ¥100
奖金
中奖号码
你的号码
保安区刮开无效
共有20次中奖机会
中奖奖金兼中兼得
36-0784-000000001-000

中国体育彩票
面值20元
国宝
麋鹿
刮开区
保安区刮开无效
36-0785-000000001-000

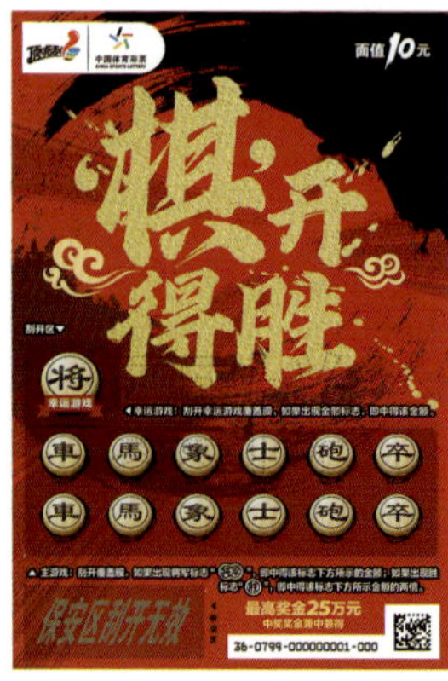
中国体育彩票
面值10元
棋开得胜
将
車 馬 象 士 砲 卒
保安区刮开无效
最高奖金25万元
中奖奖金兼中兼得
36-0799-000000001-000

中国体育彩票
CHINA SPORTS LOTTERY
说走就走
领略日出胜火的地方
面值10元
刮开区
快速游戏 ¥20
快速游戏 ¥100
快速游戏 ¥50
快速游戏 ¥200
游戏一:刮开覆盖膜,如果出现"¥20"标志,即中得20元。
游戏二:刮开覆盖膜,如果出现"¥100"标志,即中得100元。
游戏三:刮开覆盖膜,如果出现"¥50"标志,即中得50元。
游戏四:刮开覆盖膜,如果出现"¥200"标志,即中得200元。
中奖号码
你的号码
游戏五:刮开覆盖膜,如果你的号码中任意一个号码与中奖号码相同,即中得该号码下方所示的金额;如果出现旅行箱标志,即中得该标志下方所示金额的两倍。
中奖奖金兼中兼得
36-0800-000000001-000
保安区
共有12次中奖机会
最高奖金10万元
保安区刮开无效
36-0800-000000001-000

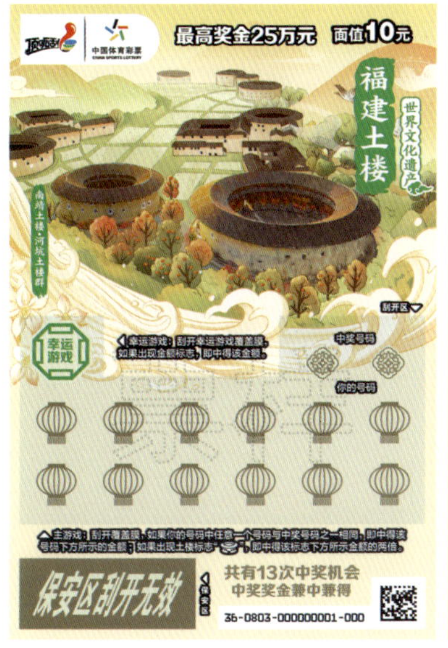

65个10万元至100万元的中奖奖金
超过13万个500元至1万元的中奖奖金
面值50元
新春大吉
最高奖金100万元

中国体育彩票
面值20元
瑞兔呈祥
425个1万元至100万元的中奖奖金
超过10万个200元至1千元的中奖奖金
保安区刮开无效
最高奖金100万元
36-0825-000000001-000

中国体育彩票
面值20元
瑞兔呈祥
425个1万元至100万元的中奖奖金
超过10万个200元至1千元的中奖奖金
保安区刮开无效
最高奖金100万元
36-0825-000000001-000

中国体育彩票
面值10元
玉兔贺岁
最高奖金30万元
505个5千元至30万元的中奖奖金
超过11万个100元至1千元的中奖奖金
保安区刮开无效
36-0826-000000001-000

中国体育彩票
面值10元
玉兔贺岁
最高奖金30万元
505个5千元至30万元的中奖奖金
超过11万个100元至1千元的中奖奖金
保安区刮开无效
36-0826-000000001-000

中国体育彩票
面值10元
玉兔贺岁
最高奖金30万元
505个5千元至30万元的中奖奖金
超过11万个100元至1千元的中奖奖金
保安区刮开无效
36-0826-000000001-000

中国体育彩票
CHINA SPORTS LOTTERY
面值5元
卯兔

中国体育彩票
CHINA SPORTS LOTTERY
面值5元
卯兔

红包来啦
最高奖金88万元
玉兔送财

红包来啦
最高奖金88万元

红包来啦
最高奖金88万元
身强体健